PC 3645. Q8 FRA

LE FRANÇAIS AU QUÉBEC

400 ans d'histoire et de vie

CONSEIL DE LA LANGUE FRANÇAISE

LE FRANÇAIS AU QUÉBEC

400 ans d'histoire et de vie

Sous la direction de
MICHEL PLOURDE

avec la collaboration de **HÉLÈNE DUVAL**
et de **PIERRE GEORGEAULT**

FIDES   LES PUBLICATIONS DU QUÉBEC

Cette publication a été réalisée par le Conseil de la langue française

Cette édition a été produite par les Éditions Fides
et Les Publications du Québec.

Révision linguistique
Jacques Archambault et Gisèle Leduc

Iconographie
Michèle Houle et Cécile Tardif

Conception graphique
Michel Allard et Bruno Deschênes

Index des noms propres
Andrée Laprise et Pierre Lhotelin

Conception de la couverture
Gianni Caccia

Données de catalogage avant publication (Canada)

Vedette principale au titre :
Le français au Québec : 400 ans d'histoire et de vie
Comprend des réf. bibliogr. et des index.
Publ. en collab. avec : les Éditions Fides et Les Publications du Québec.

ISBN 2-7621-2281-3 (Fides)
ISBN 2-551-19395-8 (Publications du Québec)

1. Français (Langue) - Québec (Province) - Histoire. 2. Français (Langue) - Aspect
politique - Québec (Province). 3. Sociolinguistique - Québec (Province). 4. Français
(Langue) - Qualité - Québec (Province). 5. Politique linguistique - Québec
(Province). I. Duval, Hélène. II. Georgeault, Pierre. III. Plourde, Michel.
IV. Publications du Québec (Maison d'édition). V. Québec (Province). Conseil de la
langue française.

PC3645.Q8F72 2000   440'.9714   C00-941719-2

Dépôt légal : 4e trimestre 2000
Bibliothèque nationale du Québec

Les Éditions Fides remercient le ministère du Patrimoine canadien du soutien qui leur est accordé dans le cadre du
Programme d'aide au développement de l'industrie de l'édition. Les Éditions Fides remercient également le Conseil
des Arts du Canada et la Société de développement des entreprises culturelles du Québec (SODEC).

IMPRIMÉ AU QUÉBEC (CANADA)

Sommaire

Première partie
Le français : un statut royal
(1608-1760)

Chapitre 1
L'aventure française en Amérique

Chapitre 2
La langue des premiers Canadiens

Épilogue
Le rêve français en Amérique

Deuxième partie

Le français : langue sans statut
(1760-1850)

Troisième partie

Le français : un statut compromis
(1850-1960)

Chapitre 8
État et illustration de la langue

Projection d'avenir
Les signes avant-coureurs

Quatrième partie
La reconquête du français
(1960-2000)

-I-
Le français : une langue qui s'impose
Chapitre 9
Luttes pour la primauté du français (1960-1976)

Chapitre 10
La Charte de la langue française, ou Loi 101 (1977)

Chapitre 11
Une langue qui prend sa place

-II-

Le français : langue commune

Chapitre 12

Une langue qui rassemble

Chapitre 13

Quelle langue pour l'avenir ?

Chapitre 14

Une langue en prise sur son temps

Conclusion

LISTE DES ENCADRÉS

Sont indiqués en gras les encadrés qui ont été expressément rédigés pour ce volume.
Les encadrés non signés ont été rédigés ou préparés par le comité scientifique.

Quatrième partie - II

LE COMITÉ SCIENTIFIQUE

Coordonnateur

Michel PLOURDE, professeur honoraire, Université de Montréal

Membres

Nadia BREDIMAS-ASSIMOPOULOS, présidente du Conseil de la langue française

Louis BALTHAZAR, professeur émérite (science politique), Université Laval

Hélène DUVAL, attachée de recherche

Pierre GEORGEAULT, directeur des études et recherches, Conseil de la langue française

Jacques LACOURSIÈRE, historien

Pierre-Paul PROULX, professeur honoraire (sciences économiques), Université de Montréal

Jean ROYER, écrivain, président de l'Académie des lettres du Québec

Arnaud SALES, professeur (sociologie), Université de Montréal

Conseiller spécial

Guy ROCHER, professeur (sociologie), Université de Montréal

LES AUTEURS

Claude BARITEAU, professeur (anthropologie), Université Laval

Maurice BASQUE, directeur (études acadiennes), Université de Moncton

Marie-André BEAUDET, professeure (littératures), Université Laval

Paul BÉLAND, agent de recherche (sociologie), Conseil de la langue française

Yves BÉLANGER, professeur (science politique), Université du Québec à Montréal

Nora BEN SAADOUNE, journaliste

Gaston BERGERON, linguiste, Office de la langue française

André BERNARD, professeur (science politique), Université du Québec à
    Montréal

Jean de BONVILLE, professeur (information et communication), Université Laval

Chantal BOUCHARD, professeure (linguistique), Université McGill

Pierre BOUCHARD, chef du service de la recherche, Office de la langue française

André BROCHU, écrivain, professeur honoraire, Université de Montréal

Hélène CAJOLET-LAGANIÈRE, professeure (lettres et communications),
    Université de Sherbrooke

Gretta CHAMBERS, journaliste, ex-chancelière de l'Université McGill

Jean-Pierre CHARLAND, professeur (sciences de l'éducation), Université de
    Montréal

Jean-Claude CORBEIL, linguiste, sous-ministre associé (politique linguistique)

Paul DAOUST, enseignant

Denys DELÂGE, professeur (sociologie), Université Laval

John A. DICKINSON, professeur (histoire), Université de Montréal

Henri DORION, géographe, ex-président de la Commission de toponymie

Marcel DUBÉ, écrivain

Denis DUMAS, professeur (linguistique), Université du Québec à Montréal

Micheline DUMONT, professeure (histoire et sciences politiques), Université de
    Sherbrooke

René DUROCHER, professeur honoraire (histoire), Université de Montréal

Marthe FARIBAULT, professeure (linguistique), Université de Montréal

Yves FRENETTE, professeur (histoire), Université York

Francine GAGNÉ, agent de recherche (linguistique), Conseil de la langue française

Gilles GAGNÉ, professeur (sciences de l'éducation), Université de Montréal

Alain G. GAGNON, professeur (science politique), Université McGill

Serge GAGNON, chercheur associé (histoire), Centre interuniversitaire d'études
    québécoises

Claude GALARNEAU, professeur émérite (histoire), Université Laval

André GAULIN, universitaire, écrivain

Lise GAUVIN, écrivaine, professeure (études françaises), Université de Montréal

Jean-Claude GÉMAR, professeur (traduction et interprétation), Université de
    Genève

Jean-Denis GENDRON, professeur émérite (linguistique), Université Laval

Stéphan GERVAIS, professionnel de recherche (article d'Alain G. Gagnon)

Benoît GODIN, professeur (sciences et technologies), INRS-Urbanisation

Fernand GRENIER, géographe

Fernand HARVEY, professeur (chaire Fernand Dumont), INRS-Culture et société

Richard A. JONES, professeur (histoire), Université Laval

Naïm KATTAN, écrivain

Simon LANGLOIS, professeur (sociologie), Université Laval

Monique LARUE, écrivaine

Gérard LAURENCE, professeur (information et communication), Université Laval

Jean-Christophe LAURENCE, journaliste à *La Presse*

Jean-Marc LÉGER, conseiller en relations internationales

Maurice LEMIRE, professeur émérite (littératures), Université Laval

Marc V. LEVINE, professeur (histoire et études urbaines), Université du Wisconsin
    à Milwaukee

Paul-André LINTEAU, professeur (histoire), Université du Québec à Montréal

Marcel MARTEL, professeur (histoire), Université York

Pierre MARTEL, professeur (lettres et communications), Université de Sherbrooke

Jacques MATHIEU, professeur (histoire), Université Laval

Jacques MAURAIS, agent de recherche (linguistique), Conseil de la langue
    française

Louis MERCIER, professeur (lettres et communications), Université de Sherbrooke

Marco MICONE, écrivain

Denis MONIÈRE, professeur (science politique), Université de Montréal

Jacques-Yvan MORIN, professeur émérite (droit), Université de Montréal

Raymond MOUGEON, professeur (linguistique française), Université York

Danièle NOËL, linguiste, directrice des communications, Régie des rentes du
    Québec

Émile OLLIVIER, écrivain

Gilles PELLERIN, nouvelliste, éditeur, Éditions de L'instant même

Réjean PELLETIER, professeur (science politique), Université Laval

Hélène PELLETIER-BAILLARGEON, écrivaine

Michel PLOURDE, professeur honoraire, Université de Montréal

Claude POIRIER, professeur (linguistique), Université Laval

Jean POIRIER, toponymiste, autrefois à la Commission de toponymie

Jean-Claude ROBERT, professeur (histoire), Université du Québec à Montréal

Yves ROBY, professeur (histoire), Université Laval

Guy ROCHER, professeur (sociologie), Université de Montréal

André ROY, écrivain et critique

Réjean ROY, consultant en technologies de l'information

Florian SAUVAGEAU, professeur (information et communication), Université Laval

Louise SYLVAIN, consultante en analyse de données

Charles TAYLOR, professeur émérite (philosophie), Université McGill

Marc TERMOTE, professeur (démographie), INRS-Urbanisation

Joseph Yvon THÉRIAULT, professeur (sociologie), Université d'Ottawa

Michel VAÏS, critique de théâtre, Société Radio-Canada

Denis VAUGEOIS, historien, éditeur, Éditions du Septentrion

Robert VÉZINA, linguiste (Trésor de la langue française), Université Laval

Marie-Éva de VILLERS, directrice (qualité de la communication), École des H.É.C.

Nive VOISINE, professeur émérite (histoire), Université Laval

José WOEHRLING, professeur (droit), Université de Montréal

Lothar WOLF, professeur (linguistique romane), Université d'Augsbourg

LES LECTEURS

Jacques ALLARD, professeur (études littéraires), Université du Québec à Montréal

Paul BÉLAND, agent de recherche (sociologie), Conseil de la langue française

André-J. BÉLANGER, professeur (science politique), Université de Montréal

Jean-Paul BERNARD, professeur (histoire), Université du Québec à Montréal

Gérard BOUCHARD, professeur (I.R.E.P.), Université du Québec à Chicoutimi

Gilles BOURQUE, professeur (sociologie), Université du Québec à Montréal

Micheline CAMBRON, professeure (études françaises), Université de Montréal

Louise DAGENAIS, professeure (linguistique), Université de Montréal

Jean DANSEREAU, conseiller juridique, Office de la langue française

Roma DAUPHIN, professeur (économie), Université de Sherbrooke

Christian DESSUREAULT, professeur (histoire), Université de Montréal

Gilles DORION, professeur émérite, Université Laval

Denis DUMAS, professeur (linguistique), Université du Québec à Montréal

Andrée FORTIN, professeure (sociologie), Université Laval

Marcel FOURNIER, professeur (sociologie), Université de Montréal

Nicole GAGNON, professeure (sociologie), Université Laval

Pierre GODIN, journaliste, écrivain

* Julien GOYETTE, étudiant de doctorat (histoire), Université du Québec à Montréal

Thérèse HAMEL, professeure (sciences de l'éducation), Université Laval

Pierre HARVEY, professeur émérite, École des Hautes études commerciales

Stéphane KELLY, sociologue

Guy LAFOREST, professeur (science politique), Université Laval

André LAPIERRE, professeur (linguistique), Université d'Ottawa

* Gérard LAPOINTE, sociologue, ex-secrétaire du Conseil de la langue française

* Jean-Christophe LAURENCE, journaliste à La Presse

Claude LESSARD, professeur (sciences de l'éducation), Université de Montréal

Jocelyn LÉTOURNEAU, professeur (histoire), Université Laval

Jacques MAURAIS, agent de recherche (linguistique), Conseil de la langue française

Marie McANDREW, professeure (sciences de l'éducation), Université de Montréal

Louis MERCIER, professeur (lettres et communications), Université de Sherbrooke

Jacques MICHON, professeur (lettres et communications), Université de Sherbrooke

Raymond MOUGEON, professeur (linguistique française), Université York

Conrad OUELLON, professeur (linguistique), Université Laval

Michel PAILLÉ, agent de recherche (démographie), Conseil de la langue française

Réjean PELLETIER, professeur (science politique), Université Laval

Claude POIRIER, professeur (linguistique), Université Laval

Alain PRUJINER, professeur (droit), Université Laval

Lucie ROBERT, professeure (études littéraires), Université du Québec à Montréal

François ROCHER, professeur (science politique), Université Carleton

Louis ROUSSEAU, professeur (sciences religieuses), Université du Québec à Montréal

Maurice SAINT-GERMAIN, professeur (sciences économiques), Université d'Ottawa

Claude SIMARD, professeur (sciences de l'éducation), Université Laval

Michel SPARER, juriste, secrétaire de l'Office des professions

Jean-Pierre WALLOT, professeur (histoire), Université d'Ottawa

---

* Julien GOYETTE, Gérard LAPOINTE et Jean-Christophe LAURENCE ont lu l'ensemble des textes.

Préface

Plus de quatre-vingts spécialistes, parmi les meilleurs, ont accepté de dérouler sous nos yeux, en un seul volume, les quatre cents ans d'histoire et de vie de la langue française au Québec. Cette fresque exceptionnelle et unique fait ressortir l'admirable continuité des actions accomplies pendant près de quatre siècles par une collectivité dynamique pour conserver et développer sa langue.

Dans le village global et mondialisé de demain, où nations et collectivités risquent de perdre leur nom, voici un ouvrage-phare qui peut servir de guide à tous ceux qui cherchent à fonder dans la légitimité et la continuité leur droit à la différence collective.

Le volume que nous sommes heureux de présenter aujourd'hui aidera les Québécoises et les Québécois à mieux comprendre le passé, le présent et l'avenir de leur langue, et à mieux situer leurs repères. On reconnaît de plus en plus qu'une langue commune peut être un facteur de rassemblement, de solidarité face à l'avenir. Ce volume illustre justement la vie et l'évolution d'une langue, non seulement comme entité linguistique, mais aussi comme milieu de vie et fondement de l'identité collective.

Il emprunte à l'histoire, à la linguistique, à la littérature, au droit, aux sciences sociales, politiques et économiques. Un comité scientifique a présidé à la conception du volume, au choix des articles, à l'équilibre entre les diverses disciplines. Nous avons sollicité des articles de synthèse courts et accessibles plutôt que des exposés savants, des vues d'ensemble plutôt que des analyses exhaustives. Nous tenons à remercier vivement tous les auteurs, à la fois pour l'intérêt et pour l'empressement qu'ils ont manifestés. Comme toujours, les signataires d'articles gardent l'entière responsabilité de leurs opinions.

Je retiens de cet ouvrage l'importance du facteur temps dans l'évolution d'une situation linguistique. La durée du changement linguistique dépasse de beaucoup celle d'un mandat politique et défie la patience d'un observateur individuel. À cet égard, il est remarquable de constater, au fil du temps, la détermination et la constance des différents acteurs, leur respect de la vie démocratique et leur volonté d'allier affirmation collective et respect des droits individuels.

Les travaux menés dans le cadre du présent ouvrage se sont aussi inspirés du même esprit. Je suis donc heureuse de rendre hommage à toutes les personnes qui y ont participé. Je remercie chaleureusement les membres du comité scientifique, et particulièrement Michel Plourde, Hélène Duval et Pierre Georgeault qui ont été l'âme de ce projet.

Nadia BREDIMAS-ASSIMOPOULOS
présidente du Conseil de la langue française

Avec nos mots, nos jeux, nos travaux et nos danses
Nos joies et nos chagrins aussi
Quatre cents ans de foi d'amour et d'espérance
Avec ceux qui vivaient ici
Nos miroirs et nos différences
Nous sommes devenus ce peuple et ce pays.

Gilles Vigneault

Extrait de la chanson «Avec nos mots»,
tiré de l'album *Voyagements*,
Les Éditions du Vent qui vire, Montréal, 2000

Le français au Québec, une aventure étonnante, à la mesure de l'Amérique! Car, si la langue française a élu domicile sur les bords du Saint-Laurent en 1608 et s'est d'abord développée sous l'aile de la France, par quel cheminement et dans quel état a-t-elle pu parvenir jusqu'à nous, quatre cents ans plus tard, en échappant à l'assimilation britannique, à l'annexion américaine et à la domination anglo-canadienne? Pourquoi, depuis moins de quarante ans, concentre-t-elle ses forces sur ses terres historiques du Québec? Qu'a-t-elle été pour les Québécois dans le passé et que représente-t-elle maintenant à leurs yeux et aux yeux des autres, à l'aube du nouveau millénaire? Plus de quatre-vingts spécialistes bien connus, appartenant à un grand nombre de disciplines, ont apporté leur contribution à cette fresque inusitée qui trace le portrait d'ensemble de quatre cents ans d'histoire et de vie en français au Québec.

Quatre périodes…

Le statut d'une langue (c'est-à-dire sa place officielle et sa situation réelle dans une société) étant l'élément essentiel de sa survie, c'est par rapport à lui que nous avons caractérisé chacune des quatre périodes de cette histoire, qui correspondent en gros, mais pas exactement, aux divisions historiques ou politiques traditionnelles : Régime français, Régime britannique, époque de la Confédération, Révolution tranquille et époque contemporaine.

Le français : un statut royal (1608-1760)

La langue française accompagne les découvertes et les établissements de la France dans le Nouveau Monde. Elle sème sur l'ensemble du territoire américain des noms de lieux français. Au cœur même de la Nouvelle-France, elle est exposée dès le début à la menace anglaise; après l'attaque des frères Kirke en 1629, Québec sera anglaise pendant trois ans. Mais après 1660, surtout avec l'arrivée des filles du roi, la langue française, soutenue et favorisée par Louis XIV, s'impose dans la vallée du Saint-Laurent. La majorité des colons immigrés proviennent de villes ou de régions davantage exposées au français et, comme la colonie les rapproche les uns des autres, les patois qu'ils ont apportés des provinces de France se résorbent, si bien que l'unification vers le français ou l'adoption du français comme langue commune s'opère au Canada beaucoup plus rapidement que dans la mère patrie.

En quittant la France, les premiers Canadiens cherchaient à s'affranchir des contraintes de l'ancienne société. Ils se démarquent rapidement des Français d'Europe, qui ne manquent pas de souligner, en même temps que la vanité et la gloriole des colons, leur endurance et leur esprit d'indépendance. Ces dernières qualités leur seront précieuses pour résister aux attaques qui s'annoncent.

Le français, langue sans statut (1760-1850)

La Conquête de 1760 sonne le glas de l'expansion française. L'Angleterre a eu raison de la France, mais aura-t-elle raison des Canadiens ? Réalisme oblige, comment imposer l'anglais à une population qui ne comprend que le français ? On nourrit le dessein d'ostraciser, d'angliciser, mais en même temps on est forcé de temporiser, d'autoriser. Les tentatives d'assimilation sont nombreuses, mais les Canadiens résistent à coups de pétitions. Dans le contexte de la menace révolutionnaire, on reconnaît les lois civiles françaises, puis on accorde au Bas-Canada son assemblée législative.

Les Canadiens entrent alors dans le jeu politique. Ils donnent à la langue française la reconnaissance qui lui faisait défaut et tentent de s'affranchir du veto continu du pouvoir britannique local. C'en est trop ! Après les troubles de 1837, Lord Durham rédige sa grande charte de l'assimilation, qui débouche sur l'Union des deux Canadas et le bannissement de la langue française, qui sera finalement rétablie dans les faits en 1848 grâce aux démarches et aux revendications des Canadiens.

C'est une époque de résistance, de défense active, de combat pour la reconnaissance du français. Au début, dans la nouvelle colonie britannique, la langue française s'appuie surtout sur la population des campagnes et sur son clergé. Elle survit et se développe dans l'adversité. Mais, bientôt, elle occupe les tribunaux et l'enceinte politique. Députés et chefs de file se lèvent pour la défendre. Souvent, ils parlent les deux langues et ils ne demandent, pour la langue française, que sa place à côté de l'anglais. En même temps se fait jour une nouvelle composante de la bourgeoisie canadienne : préoccupée avant tout de ses privilèges, elle cède volontiers à l'anglomanie et contribue, par ses attitudes, à l'affaiblissement du français.

Le français : un statut compromis (1850-1960)

Cent ans après la Conquête, l'Acte de l'Amérique du Nord britannique (Confédération) vient enfin donner à la langue française un véritable statut juridique et politique. Il lui donne en même temps un puissant partenaire, l'anglais. Cette dualité va jouer contre elle et renforcer l'inégalité entre les deux langues. À la joie de l'union succède rapidement la désillusion. Une seconde défaite, en un certain sens pire que la première! Devant la domination grandissante de l'anglais, la langue française s'affaiblit et se déprécie, oppose une résistance passive, survit et vivote, mais n'a pas la force de s'affranchir.

Elle est prisonnière de son image négative et paralysante. Tout lui échappe, le travail, l'argent, la considération, même la capacité de communiquer. Triste période pour la langue française: un statut compromis au lieu d'un partenariat promis, l'infériorité déclarée au lieu de l'égalité proclamée, la survivance* au lieu de la vie.

Et pourtant! Repliée sur elle-même, la langue refait déjà ses forces et prépare sa libération. En l'absence habituelle de discours et de soutien au niveau politique, elle s'emploie à exprimer sa condition et la réalité qui l'entoure, à travers des écrits remarquables relevant de la littérature ou des sciences sociales. Elle fait déjà pressentir également aux Québécois l'échec du rêve d'un Canada français et l'urgence de faire du Québec le seul territoire résolument français en Amérique.

La reconquête du français (1960-2000)

L'heure de l'affranchissement a sonné pour la langue française, qui se reprend en main, dénonce d'abord sa situation, reconquiert son statut d'égalité au Canada avec la Commission royale d'enquête sur le bilinguisme et le biculturalisme (Laurendeau-Dunton) et la loi fédérale sur les langues officielles. Elle reprend le dessus au Québec avec la Loi sur la langue officielle (Loi 22, 1974) et la Charte de la langue française (Loi 101, 1977). Mûrie par une longue fermentation, cette reconquête linguistique, portée par la Révolution tranquille, s'opère en moins de vingt ans.

Cette période s'accompagne aussi d'une reconquête politique, économique et culturelle qui révèle aux yeux de tous le rôle fondamental de la langue française dans la société québécoise. Déjà les écrivains, poètes, romanciers, essayistes, avaient donné le ton, exprimant fortement l'identité québécoise et, avec elle, l'existence du Québec français. Bientôt langue officielle et soutenu par un vaste mouvement de francisation, le français deviendra peu à peu «la langue normale et habituelle du travail, de l'enseignement, des communications, du commerce et des affaires». Avec la Charte de la langue française, les Canadiens français du Québec – devenus depuis peu des Québécois – se sentent désormais en sécurité, de plus en plus conscients de leur situation de majoritaires. Fin de la survivance, affirmation de la vie!

---

* Le mot «survivance» rend bien compte de la préoccupation majeure de l'époque, mais il s'appliquait surtout à la situation des Canadiens hors Québec et des Franco-Américains. Nous l'employons ici pour traduire l'état de «vie au ralenti» dans lequel se trouvait la langue française au Québec du fait de la domination de l'anglais.

Une nouvelle période s'ouvre alors, avec un nouveau profil de Québécois, moins ethnocentré, plus ouvert, plus inclusif, disposé à partager l'appellation de « Québécois » avec tous les citoyens du Québec. À la lumière des nouvelles relations interculturelles nées de l'immigration, la société québécoise prend davantage conscience de sa pluralité. Le discours linguistique va à la rencontre du discours culturel et cherche à établir de nouvelles bases, confortables et constructives pour tous. Plusieurs déjà s'emploient à « penser la nation québécoise » en fonction de l'avenir, en s'efforçant de concilier le respect de la diversité culturelle avec les exigences incontournables du français, langue commune.

En même temps, le Québec se voit confronté aux défis de la mondialisation et de la nouvelle société de l'information, qui posent d'une autre façon la question centrale des relations entre langue nationale et plurilinguisme. Qui sait, avec la construction de vastes ensembles supranationaux, il est possible que la langue française du Québec, soutenue par la francophonie mondiale, retrouve l'audace des premiers pionniers et s'étende encore à l'espace américain, non plus de façon territoriale, mais virtuelle et culturelle.

… Un même mouvement

Tel est ce parcours de quatre cents ans, brièvement décrit dans chacune de ses périodes : l'époque des conquêtes, le siècle de la résistance, la période de la survivance, l'époque de la reconquête. Mais le parcours global, le mouvement qui traverse les quatre périodes, mérite aussi d'être examiné. Trois couples d'éléments devraient retenir l'attention : les couples *statut-qualité*, *identité-espace* et *discours-expression*. Ils obéissent en effet au même mouvement, qui tend à libérer la langue et à la conforter, à lui donner la pleine capacité d'exprimer, de représenter, de solidariser la société québécoise. Ces éléments sont parmi les plus déterminants et les plus « porteurs », ceux qui conditionnent davantage la vie et le rayonnement d'une langue. Par ailleurs, ils correspondent à des réalités complexes et étendues, ils se recoupent parfois, car leurs contenus ne sont pas toujours mutuellement exclusifs.

Le statut et la qualité de la langue

Au point de départ, sous le Régime français, le statut de la langue s'impose à tous sous l'autorité du roi. Puis, après la Conquête de 1760, on assiste à un déclin du statut, qui atteint son plus bas niveau entre 1840 et 1848, alors que le français est banni de l'Assemblée législative. La remontée s'opère dès 1867 (Confédération) avec la pleine reconnaissance du français dans les institutions parlementaires et judiciaires. Toutefois, l'usage prédominant de l'anglais dans le monde du travail et de l'économie mine le statut du français et de ses locuteurs, si bien qu'il faut attendre les années 1970 pour refaire surface et redonner enfin au français son statut de langue officielle et normale au Québec.

La perception de la qualité de la langue suit un parcours à peu près semblable à celui de son statut. Nous disons bien «perception», car la norme de la qualité a varié au cours des siècles. De plus, il s'agit souvent de jugements externes, basés sur un échantillon non représentatif de l'ensemble de la population. À la fin du Régime français, témoins et visiteurs sont unanimes à reconnaître le «français pur et sans accent» des Canadiens! Mais, dès la fin du Régime britannique, ce n'est plus le même regard : des observateurs s'étonnent de «cette curieuse sorte de jargon» mêlé de français et d'anglais, entendu au marché dans la bouche des Canadiens. Vers le milieu du XIXᵉ siècle, on estime que le français du Canada est descendu au plus bas. En stigmatisant alors le *French Canadian patois*, les Anglo-Saxons ne font que souligner les effets dépréciatifs, sur la langue française et sur ses locuteurs, d'une confrontation de deux siècles avec l'anglais. Enfin, aujourd'hui, on juge que la langue française a remonté la pente pour s'affirmer, après la ruade du *joual*, comme une langue moderne et développée, en pleine possession de ses attributs québécois et internationaux. Avec d'ailleurs une nouvelle définition de la qualité et de la maîtrise de la langue plus conforme à la sensibilité contemporaine.

L'identité et l'espace linguistique

Au début, le rêve d'un empire français se déploie presque sans frontières sur l'ensemble du territoire américain. Puis, la nouvelle colonie britannique se voit amputée d'espaces considérables. Bientôt, l'horizon se rétrécit encore à l'ensemble canadien dont la province de Québec devient l'une des quatre composantes. Enfin, un siècle de vie confédérative amène le Québec à se définir de plus en plus à la seule dimension de ses frontières. Une parenthèse s'impose ici. Si l'espace géopolitique s'est rétréci de plus en plus au cours de ces quatre cents ans, il n'en reste pas moins que l'appartenance linguistique et culturelle profonde a souvent débordé de beaucoup ces limites d'espace et de temps. Par exemple, longtemps après la Conquête de 1760, le français a continué d'être la langue des fourrures dans l'espace américain, et le rêve d'une Amérique française a poursuivi les esprits jusqu'à la fin du XIXᵉ siècle, alimenté par l'exode des Québécois vers les États-Unis et la fécondité remarquable des Canadiens français.

À ces quatre espaces successifs, de plus en plus concentrés, correspondent quatre temps de l'identité québécoise, que l'on peut retracer dans les appellations historiques qui ont servi à désigner le groupe francophone depuis les origines : *Français-Canadiens, Créoles du Canada* ou *Canadiens* sous le Régime français, *Canadiens* sous le Régime britannique, *Canadiens français* depuis le milieu du XIXᵉ siècle jusqu'à nos jours, et *Québécois* dans les années 1960-1980 (car, depuis 1980, le mot *Québécois* tend de plus en plus à intégrer tous les citoyens du Québec).

Historiquement, ces appellations ont servi à démarquer l'identité des Québécois par rapport à celle des Français d'Europe, puis des Britanniques, ensuite des Canadiens anglais, et finalement des Canadiens français. Tout au long de cette histoire, elles renvoient donc aux démarches et aux combats qu'ils ont dû engager pour faire valoir leurs traditions, leurs droits, leur langue, et pour aménager et préserver leur espace vital face aux autres.

Bref, la chaîne n'a jamais été rompue. La reconquête de la langue et l'expression du sentiment national auquel elle a donné naissance ont été rendues possibles grâce à la force d'identité et de résistance développée dès avant la Conquête. À cet égard, le Régime français peut être considéré comme le creuset ou l'incubateur, et le Régime britannique comme le déclencheur d'identité, alors que le régime confédératif en a été le révélateur profond et la Révolution tranquille, le marqueur décisif. Et rien n'est encore achevé… Dans une société plurielle soumise à la mondialisation, l'époque contemporaine commence déjà à jouer son rôle d'architecte et de rassembleur.

La défense et l'illustration de la langue

À partir du moment où la langue française s'est sentie menacée, elle a commencé à s'affirmer. Au fur et à mesure qu'elle s'affirmait, qu'elle se libérait de ses entraves, qu'elle consolidait ses positions, elle a donné naissance à un discours et à un dispositif de défense de plus en plus structurés et à une expression littéraire et artistique de plus en plus dynamique et vivante.

Le discours linguistique dont nous parlons ici concerne la langue non pas en tant que système d'expression, mais en tant qu'enjeu politique et symbole d'une nation. Ce discours accompagne la langue et lui insuffle une bonne part de sa force et de son dynamisme. En France, sous l'Ancien Régime, la langue ne constituait pas un enjeu politique comme aujourd'hui. Encore que l'Académie française, fondée par Richelieu en 1634, ait fortement contribué à consolider le pouvoir et le prestige de la monarchie. C'est seulement à la faveur de la Révolution, après 1789, que la langue devient de plus en plus un élément constitutif de la nationalité et du sentiment national. Dans la province de Québec britannique, le premier débat public sur l'usage de la langue française a lieu en 1792, à l'Assemblée législative; il touche les députés, mais n'atteint pas encore la population. Des journalistes s'efforcent aussi d'éveiller l'opinion publique, mais il faut attendre l'Acte d'Union de 1840 et la mise au ban du français pour constater l'éveil d'un certain sentiment nationaliste qui, ultérieurement, accordera beaucoup d'importance à la langue. Essentiellement, le discours linguistique de l'époque réclame une place pour le français à côté de l'anglais.

Après l'échec de l'insurrection de 1837-1838, le discours linguistique quitte à toutes fins utiles l'arène politique pendant près de cent ans, pour se réfugier dans les associations et les organismes de la société civile, nombreux à cette époque, qui auscultent la langue et entretiennent une idéologie de survivance pancanadienne fondée sur les valeurs canadiennes-françaises. Le discours linguistique chante l'attachement à la langue française et se dédouble sur la question du bilinguisme, bienfaisant pour les uns, néfaste pour les autres.

La Révolution tranquille fait sauter le couvercle et donne libre cours à un vigoureux discours d'affirmation et de revendication sur la langue, en fonction des inégalités dont sont victimes les Canadiens français. La force de ce discours résulte de trois facteurs. Il a été longuement préparé par le siècle précédent, il est la convergence de l'expression de plusieurs groupes (syndicats, associations, écrivains, mouvements politiques, nouvelle élite) et, surtout, pour la première fois, il est pris en charge et assumé par l'État. La langue devient un bien public dont il faut s'occuper. Le discours linguistique se fait résolument politique et donne naissance à une abondance sans précédent de débats et d'écrits publics sur la langue. Il devient central dans la société québécoise. Enfin, une fois opéré le rattrapage des francophones, on constate que le discours linguistique s'oriente peu à peu vers la construction d'une société de langue française ouverte à la diversité culturelle.

Bref, au début de ces quatre cents ans, la langue française ne représentait pour les Canadiens qu'un moyen personnel de communication, mais elle est devenue, au fil des siècles, un élément constitutif de la nationalité, la condition de survie d'une société attachée à ses valeurs et à sa foi, et finalement le « milieu de vie » et le facteur de développement de tout un peuple, voire de toute une société.

L'expression littéraire – et de façon plus large l'expression artistique – constitue, à côté du discours linguistique, un élément représentatif et révélateur très important de la langue. Son rôle est mis en lumière dans chacune des parties de cet ouvrage. Un mot de Gaston Miron servira ici à résumer son influence : « L'avenir de la littérature québécoise et de son histoire d'amour avec la langue est lié au destin du peuple et de la culture qui les portent. » Certes, le rôle des poètes et des écrivains n'est pas nécessairement de « défendre » la langue, mais de l'« illustrer ». Mais, par l'image qu'ils nous renvoient de nous-mêmes et par leurs personnages qui incarnent la société, ils ont souvent réussi, mieux que quiconque, à nous faire prendre conscience de notre situation linguistique. Une satire de Bibaud sur les anglicismes, quelques lignes d'Arthur Buies sur notre langue, le récit de Miron sur son « aliénation linguistique », un paragraphe de Beauchemin sur l'affichage, une chanson de Vigneault sur les « vieux mots », ne trouvent-ils pas souvent, de façon plus sûre et plus durable qu'un discours, le chemin de pénétration de la langue dans l'imagination populaire ?

La montée continue de la production littéraire québécoise depuis le XIXe siècle et son sommet d'expression inégalé au cours des vingt premières années de la Révolution tranquille sont le plus bel exemple de ce qu'une langue peut réaliser quand elle recouvre sa liberté et ses moyens. De plus, le métier de créateur étant étroitement lié aux conditions dans lesquelles se développent la langue et la culture (pensons à l'absence d'imprimerie sous le Régime français!), auteurs et artistes se sont également battus pour l'avènement et la mise en place, dans la société québécoise, d'un ensemble de moyens institutionnels, d'outils d'expression et de technologies modernes capables de favoriser la création multimédias et la rencontre de tous les arts.

Les thèmes dont nous venons de brosser la synthèse à larges traits – et que le lecteur retracera dans ce livre – constituent en fait les conditions sans lesquelles une langue ne pourrait vivre ni se développer. Pour vivre, une langue doit d'abord être acceptée et reconnue, elle a donc besoin d'un *statut* à la fois politique, social, économique et culturel. Ce statut permet de généraliser l'usage et l'utilité de la langue et renforce en même temps l'*identité* du groupe qui la parle. Mais comme la langue renvoie au groupe une image de lui-même, celui-ci veut en préserver la *qualité*. Le couple statut-qualité devient ainsi la meilleure garantie du développement d'une langue, qui peut se permettre alors de s'exprimer et de créer en toute liberté. Et, pour boucler la boucle, l'*expression* et la *création* renforcent à leur tour le statut et la qualité de la langue, aussi bien que le sentiment identitaire du groupe.

Nous espérons que ce voyage à travers le temps fera mieux comprendre aux lecteurs, qu'ils soient du Québec ou d'ailleurs, comment et pourquoi la langue française est devenue avec le temps le symbole identitaire, l'élément rassembleur, le facteur de cohésion et de développement de la société québécoise. Cette appropriation du passé et du présent est particulièrement nécessaire à tous les Québécois, au moment où ils se tournent résolument vers l'avenir pour construire ensemble une nouvelle «nation», dans le partage d'une langue commune.

LE COMITÉ SCIENTIFIQUE

1 | LE FRANÇAIS : UN STATUT ROYAL

1608-1760

Marc-Aurèle de Foy Suzor-Côté, *Samuel de Champlain. Étude pour l'arrivée de Samuel de Champlain à Québec*, 1908.
Champlain, père de la Nouvelle-France.

Vue d'ensemble de la première partie

Aux XVIIe et XVIIIe siècles, les patois morcellent la France et le français ne s'impose pas encore. Mais Louis XIV favorise l'unification linguistique en protégeant l'Académie, en créant la Comédie-Française et en s'entourant des meilleurs écrivains. Déjà s'instaure un débat sur le bon usage du français. La langue française commence à s'imposer dans les traités internationaux.

En Nouvelle-France, la question de la langue ne se pose pas vraiment. Le statut et l'usage du français vont de soi : c'est la «langue du Roy». Champlain, surnommé le «père de la Nouvelle-France», reçoit mission d'«étendre et de faire connaître le nom de Sa Majesté» et aussi «de faire instruire [les peuples soumis] à la lumière de la foi». De langue il n'est point question, car elle doit s'imposer d'elle-même dans le sillage du roi. Les grands explorateurs porteront effectivement le nom du roi aux quatre coins de l'Amérique, jalonnant de noms français le territoire du Nouveau Monde.

Chez les colons, dont la majorité proviennent du Bassin parisien, les patois s'amenuisent et l'unification vers le français s'opère beaucoup plus rapidement qu'en France. Quant aux Hurons, ils ne sont pas enclins à adopter la langue française, ce sont les missionnaires qui doivent «se mettre à l'école des Sauvages». Ils ne sont pas les seuls : pour devenir interprètes, plusieurs effectuent des séjours prolongés parmi les populations autochtones.

Après un siècle et demi s'effondre le rêve d'un empire français en Amérique. Rivale séculaire, l'Angleterre mobilise ses colonies, dont les effectifs de guerre ont raison de la Nouvelle-France, affaiblie par le manque de peuplement et le désintéressement de la France. Malgré tout, l'héritage français est parvenu vivant jusqu'à nous. En témoignent les noms de familles et de lieux français répandus sur l'ensemble du continent, comme aussi les manifestations d'attachement de divers groupes à leurs origines françaises. Et surtout, les neuf millions de Canadiens et d'Américains qui aujourd'hui encore parlent français à la maison, soit l'équivalent de la population francophone de la Belgique et de la Suisse réunies.

DE « FRANÇAIS » À « CANADIENS »

Au fur et à mesure qu'ils prennent racine dans le Nouveau Monde, les colons français épousent une nouvelle identité. Marqués par l'esprit des coureurs des bois, ils aiment la bravoure et les grands espaces. Durant la deuxième guerre intercoloniale (1701-1713), les armateurs donnent «le quart plus de paie aux Français-Canadiens qu'aux Français d'Europe», à cause de leur santé et de leur endurance. Les Canadiens, ou «Créoles du Canada» comme les appelle Charlevoix, «mettent tout leur bonheur dans la liberté et l'indépendance». On les dépeint aussi comme «volages» et «naturellement indociles». À la fin du Régime français, leur identité les oppose nettement aux Français; au dire de Bougainville, les «Canadiens» et les «Français», bien qu'ayant une origine commune, ne semblent pas appartenir à la même nation.

ESPACE ET LANGUE

À son apogée, la Nouvelle-France s'étend de Terre-Neuve à la Louisiane et déborde les Grands Lacs. Il ne faut donc pas s'étonner de trouver des traces de vie française un peu partout sur le continent américain. Dans la vallée du Saint-Laurent, qui constitue le cœur de la colonie, les Canadiens adoptent rapidement le français comme langue commune et la transmettent à leurs descendants. Les témoignages de l'époque sont unanimes : vers la fin du Régime français, les Canadiens parlent un français pur et sans accent.

HISTOIRE ET POLITIQUE

Jusqu'en 1663, les efforts de Champlain et de Richelieu pour développer et peupler la Nouvelle-France se heurtent au monopole des compagnies, pour qui la colonie n'est qu'un comptoir commercial pour la traite des fourrures. Après 1663, il faudra l'intervention personnelle de Louis XIV et de Colbert, et la stature de grands intendants ou gouverneurs, comme Talon, Frontenac et Hocquart, pour promouvoir l'agriculture et l'industrie et donner au Canada une assise durable. Entre-temps, la France s'engage dans une série de guerres européennes qui grèvent son budget et aboutissent à la cession du Canada à l'Angleterre, au grand soulagement des Philosophes, qui condamnent le maintien des colonies ou qui, à l'exemple de Voltaire, ne voient pas à quoi peuvent servir ces « quelques arpents de neige ».

CULTURE ET SOCIÉTÉ

Le peuplement de la Nouvelle-France ne se fait vraiment que dans le dernier tiers du XVIIe siècle. La population passe alors de 2500 habitants à 15 000 : elle atteindra 70 000 au moment de la Conquête. L'accroissement est dû surtout à l'arrivée des filles du roi et des soldats du régiment de Carignan-Salières, et au taux de natalité. C'est la vallée du Saint-Laurent qui se développe en premier lieu ; à cause de la concentration géographique, les habitants communiquent facilement entre eux et avec l'Administration. Mais, en dépit du régime seigneurial introduit par Richelieu en 1627, l'intendant éprouve des difficultés à retenir les colons sur leurs terres. À Québec et à Montréal, missionnaires et religieuses réussissent à donner à la colonie des écoles et des hôpitaux semblables à ceux de France. Québec possède sa société de beaux esprits, on devise, on discute, on s'offre des spectacles. Comme l'imprimerie n'est pas autorisée au Canada, les écrivains se font publier en France, où récits et descriptions de l'aventure française en Amérique suscitent l'intérêt et la passion du public.

L'aventure française en Amérique

1. La naissance d'un nouveau monde

JACQUES **MATHIEU**

La vie française en Amérique se prête à une histoire exceptionnelle, relate une aventure extraordinaire. Elle est née de deux rêves, aussi démesurés l'un que l'autre : trouver le passage vers les Indes et la Chine, et faire de l'Amérique un continent français. Cette aventure française en Amérique a traversé quatre siècles, franchi quantité d'obstacles et rayonne encore sur l'ensemble du continent.

Un empire français en Amérique

La présence de la France en Amérique du Nord commence en 1534, quand Jacques Cartier, à la recherche des Indes et de leurs fabuleuses richesses par la route de l'Ouest, se heurte à des terres nouvelles dont il prend officiellement possession. L'année suivante, il pénètre, par la grande voie du Saint-Laurent, jusqu'à Stadaconé (Québec) et Hochelaga (Montréal), où il renouvelle son geste d'appropriation. Mais il faudra attendre encore trois quarts de siècle pour qu'un établissement permanent prenne racine en Canada.

Le 3 juillet 1608, Samuel de Champlain débarque à Québec et jette les fondations de la première ville française en Amérique du Nord. Située au cœur du continent, elle relie l'Ancien et le Nouveau Monde. Au détour du Saint-Laurent, Québec jouit d'un

Verrière de Frédéric Back, 1967 (métro Place-des-Arts, Montréal).

Prélude au peuplement : lors d'un bal masqué du régiment de Carignan, vers 1665, un soldat fait danser une fille du roi.

« Le pays de Votre Nouvelle-France »

Sous le règne de Votre Majesté, la France reçoit l'honneur d'être augmentée et enrichie d'un pays dont l'étendue excède plus de seize cents lieues de longitude, et de latitude près de cinq cents; [...] la bonté des terres et l'utilité qui s'en peut tirer, tant pour le commerce au dehors, que pour la douceur de la vie au dedans, est telle que l'on ne peut estimer l'avantage que vos sujets y auront quelque jour, si jamais les habitants de ces lieux, sujets de Votre Majesté, y sont protégés de sa bienveillance, et maintenus par son autorité.

[...] Le pays de Votre Nouvelle-France est un nouveau monde, et non un Royaume, beau en toute perfection, qui a des situations très commodes, tant sur les rivages du grand fleuve Saint-Laurent, l'ornement du pays, qu'est autres rivières, lacs, étangs et ruisseaux, une infinité de belles îles accompagnées de prairies et bocages fort plaisants et agréables, [...] la communication des grandes rivières et lacs, qui sont comme des mers traversant les contrées, et qui rendent une grande facilité à toutes les découvertes, dans le profond des terres, d'où on pourrait aller aux mers de l'occident, de l'orient, du septentrion, et s'étendre au midi.

Samuel de CHAMPLAIN, *Lettre à Louis XIII, roi de France*, 1630.

accès direct à la haute mer et sert d'avant-poste à la colonisation du territoire. De là partent les directives et les entreprises destinées à réaliser le rêve d'un empire français qui couvrira les trois quarts de l'Amérique septentrionale.

Jacques Cartier, puis Samuel de Champlain, reconnu comme le père de la Nouvelle-France, ont ouvert les portes du continent en remontant la «grande rivière de Canada» (l'axe souverain de la Nouvelle-France, selon les mots de Lionel Groulx)[1]. Pendant quelque deux siècles, explorateurs et découvreurs poursuivront dans leurs foulées la conquête d'espaces plus vastes au nom du Royaume de France. Le mirage des Indes toujours vivant, soutenu par le goût de l'aventure, la vitalité du commerce des fourrures et la volonté d'évangéliser les Amérindiens poussent les Français d'Amérique à dérouler la carte de ces contrées nouvelles.

À partir de la vallée du Saint-Laurent, où se sont fondés, après Québec, les établissements permanents de Trois-Rivières (1634) et de Montréal (1642), la présence française rayonne sur l'ensemble du continent. Les missionnaires jésuites érigent une grande mission auprès des Hurons de la baie Georgienne (1632). Dollier de Casson et François de Galinée explorent la région des Grands Lacs (1668). Louis Jolliet et le père Marquette descendent le Mississippi (1673), tandis que Robert Cavelier de La Salle en atteint l'embouchure et prend possession de la Louisiane au nom de Louis XIV (1682). Pierre Lemoyne d'Iberville pousse jusqu'à la baie d'Hudson (1690). Cadillac fonde Détroit (1701), La Vérendrye part à la conquête de l'Ouest et se rend au pied des Rocheuses (1743). Ces explorateurs aux noms illustres et, dans leur sillage, les missionnaires ont érigé des forts, créé des missions, fondé des établissements, posant, dans les noms et dans l'espace, l'empreinte de la France sur l'ensemble du continent[2].

Au début du XVIIIe siècle, l'empire français d'Amérique atteint l'apogée de son expansion territoriale. Il s'étend du détroit de Belle-Isle aux Grands Lacs, en passant par Terre-Neuve et l'Acadie[3], et de la baie d'Hudson à la Louisiane. Il n'est limité que par la frontière des colonies anglaises qui occupent le littoral de la côte est du continent. À la vérité, cet immense empire a tout d'un colosse aux pieds d'argile, selon le mot de l'historien Marcel Trudel; il est peu peuplé et impossible à contrôler. Déjà, en 1674, le grand ministre de Louis XIV, Jean-Baptiste Colbert, avait refroidi l'enthou-

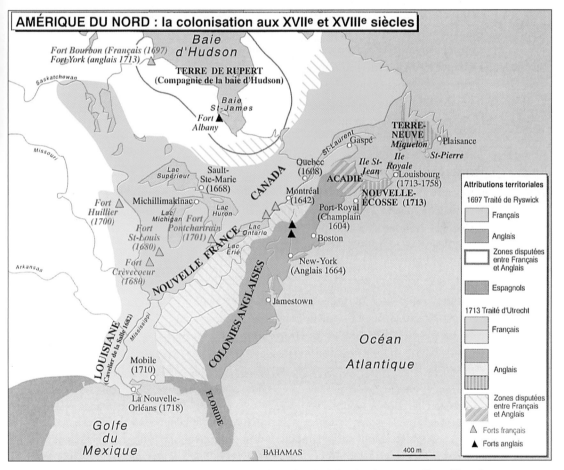

Vers 1712, l'immense empire français d'Amérique s'étendait du Labrador (y compris Terre-Neuve) jusqu'à la Louisiane, et de la frontière des colonies anglaises (à l'est) jusqu'aux deux rives du Mississippi.

L'évolution de la population

Cinquante ans après sa fondation, la Nouvelle-France ne compte pas encore 2500 habitants. Mais, entre 1663 et 1675, l'envoi régulier de colons ainsi que la venue des filles du roi et des soldats du régiment de Carignan-Salières, à qui l'obligation est faite de se marier, vont multiplier par six le peuplement de la colonie; aussi peut-on dire qu'une bonne partie des Canadiens descendent des filles du roi. Pour fêter ses cent ans, la Nouvelle-France compte 18 000 habitants. À la fin du Régime français, marquée par 40 années de paix, la fécondité joue à plein, la population quadruple pour atteindre 70 000[4] en 1760. Vers cette date, Québec, avec ses 8 000 habitants, l'emporte encore sur Montréal qui n'en compte que 4000.

2

siasme des autorités de la Nouvelle-France, l'intendant Jean Talon et le gouverneur Frontenac, face à ces «découvertes en-dedans des terres si éloignées qu'elles ne peuvent jamais être habitées ni possédées par les Français[5]». Comment rêver d'un si vaste empire, alors que la France a du mal à peupler sa petite colonie des bords du Saint-Laurent ? L'Angleterre d'ailleurs n'entend pas laisser le champ libre aux aspirations de la France. La possession du territoire met en jeu le monopole du commerce et de la traite des fourrures. Ces facteurs, conjugués au sous-peuplement, scelleront le sort de la colonie française et la mèneront tout droit à sa perte[6].

Un nouveau langage

Entre 1608 et 1663, les nouveaux colons sont en quelque sorte soumis aux intérêts des compagnies[7] qui ont obtenu le monopole de la traite des fourrures. Relativement peu peuplée par la France, la colonie doit miser sur le développement de réseaux d'alliances avec les nations amérindiennes pour assurer son emprise territoriale et la vitalité de son commerce extérieur.

La langue des échanges avec les Amérindiens

Il est prévu que les Amérindiens convertis pourraient être considérés au même titre que les Français. Une politique d'intégration par le mariage, la culture et la langue est mise en place. Les espoirs et les efforts sont grands, comme le laisse entrevoir une lettre de Marie de l'Incarnation datant de 1668[8] :

Nous avons francisé[9] plusieurs filles Sauvages, tant Huronnes qu'Algonquines, que nous avons ensuite mariées à des Français, qui font fort bon ménage. Il y en a une entre autres qui sait lire et écrire en perfection, tant en sa langue huronne qu'en notre française; il n'y a personne qui la puisse distinguer ni se persuader qu'elle soit née Sauvage. […] Sa majesté […] désire que l'on francise ainsi peu à peu tous les Sauvages, afin d'en faire un peuple poli. L'on commence par les enfants. Mgr notre Prélat en a pris un grand nombre à cet effet, les révérends Pères en ont pris aussi en leur collège de Québec; tous sont vêtus à la française, et on leur apprend à lire et à écrire comme en France. Nous sommes chargées des filles, conformément à notre esprit […]

L. R. Batchelor, *Les premières Ursulines enseignant aux Indiens à Québec*, vers 1931.

Mais très tôt, les Français se rendent compte du caractère utopique de cette politique. Les Amérindiens sont réfractaires; «ils ne se soucient guère d'apprendre nos langues», lit-on dans les *Relations des Jésuites*. Les Français doivent donc «se mettre à l'école des Sauvages » et apprendre leurs langues, ce qui demande beaucoup de temps et de patience, car ce sont des langues complexes, au dire du récollet Gabriel Sagard[10], qui a visité les Hurons et établi un *Dictionnaire de la langue huronne*. Un missionnaire aussi doué que Jean de Brébeuf ne s'exprime couramment en huron qu'après trois ans et demi. Mais l'interprète qui réussit à apprendre la langue des Indiens est très considéré et fort recherché des commerçants et des compagnies. Si bien qu'à cette époque plusieurs jeunes Français acceptent de séjourner chez les Indiens et même d'y vivre quelques années pour devenir interprètes. Au contact des Indiens, ils découvrent un nouveau mode d'existence, un nouveau type de relations et de croyances. Au-delà de la langue, c'est un langage nouveau de symboles et de valeurs, inscrit dans un environnement fort différent, qui s'impose à eux et les façonne.

Plus encore, l'attrait de la «vie sauvage» et l'appel des grands espaces donnent naissance à un nouveau type de personnage, le «coureur des bois», qui adopte le mode de vie des Indiens et se laisse tenter par l'esprit d'aventure et de découverte. C'est sans doute grâce aux coureurs des bois que le français deviendra la langue des Métis et demeurera la «langue de la fourrure» jusqu'au milieu du XIXe siècle. Mais, épris de liberté et d'indépendance, ils sont continuellement absents et ne contribuent guère au développement de la colonie. C'est au point que l'Administration doit sévir et rendre contre eux des ordonnances. De l'avis de l'intendant, en effet, « les petits enfants ne pensent qu'à devenir un jour coureurs des bois[11] ».

Le grand-père du Français était homme de lettres
Le grand-père du Canadien était coureur des bois
Félix LECLERC, *Le Calepin d'un flâneur.*

Marc-Aurèle de Foy Suzor-Côté, *Le Coureur des bois*, 1907.

Au XVIIe siècle, l'esprit et le mode de vie des coureurs des bois ont séduit bien des jeunes, beaucoup trop au dire des autorités.

La langue des échanges entre colons

La population française d'Amérique provient de différentes provinces, mais comporte une majorité originaire du Bassin parisien, en particulier à cause des filles du roi, ces orphelines prises en charge par l'État. Il semble acquis que la plupart des colons avaient reçu une instruction et parlaient français avant d'émigrer en Nouvelle-France[12]. La région des basses-terres du Saint-Laurent constitue alors le foyer principal de la vie économique et culturelle de la Nouvelle-France. La plus grande partie de la population venue de France s'y installe à demeure et occupe l'espace relativement restreint entre Québec et Montréal. Les villes retiennent environ 25 % des familles. Le reste des habitants occupe les campagnes, encadrés par le seigneur et le curé, auxquels ils ont facilement accès pour leurs affaires. Même l'Administration supérieure (à Québec ou à Montréal) leur est beaucoup plus accessible qu'en France. Grâce à tous ces facteurs – communications rapprochées, concentration de l'habitat, instruction des colons, mariages intergroupes –, l'existence des patois s'amenuise et l'unification linguistique s'opère rapidement dans l'Administration en faveur de la « langue du Roy », ou français de Paris. C'est ce qui a permis à François-Xavier de Charlevoix, Jésuite et historien, de faire l'éloge de la société canadienne et de sa langue :

> On politique sur le passé, écrit-il en 1720, on conjecture sur l'avenir; les Sciences et les Beaux-Arts ont leur tour, et la conversation ne tombe point. Les Canadiens, c'est-à-dire les Créoles du Canada, respirent en naissant un air de liberté qui les rend fort agréables dans le commerce de la vie, et nulle part ailleurs on ne parle plus purement notre Langue. On ne remarque même ici aucun accent[13].

Et le naturaliste Pehr Kalm, qui a séjourné au Canada quelques années plus tard, note dans son récit de voyage que « la plupart des habitants du Canada, hommes et femmes, peuvent lire un texte, mais aussi écrivent assez bien »[14].

La ville de Québec, considérée comme la capitale de la Nouvelle-France, est le siège du gouvernement et le lieu de résidence de l'évêque. Des établissements, fondés par les Jésuites et les Ursulines, donnent l'enseignement et s'efforcent aussi d'apprendre le français à de « jeunes Sauvages ». La ville se distingue par son élite et par ses beaux esprits, qui cultivent les lettres et les arts. Si Sagard, les Jésuites, Charlevoix, Marie de l'Incarnation et bien d'autres sont publiés à Paris, c'est qu'il n'y a pas d'imprimerie en Nouvelle-France. La belle société a ses fêtes et ses réunions. Montcalm n'hésitera pas à affirmer qu'on ne saurait trouver en France « plus d'une douzaine de villes au-dessus de Québec, pour la société »[15].

Mais l'organisation sociale et hiérarchique qu'on a voulu transplanter dans cette colonie du Nouveau Monde ne fonctionne pas comme on l'aurait souhaité. Les seigneurs ont les mêmes droits qu'en France, mais les obligations de leurs sujets restent souvent lettre morte. Le défrichement est difficile. L'indépendance et le style de vie des coureurs des bois attirent les fils d'habitants. Bref, la mise en valeur de la colonie reste marquée par un double langage ou, si l'on veut, par un double univers d'expériences et de significations : d'une part, celui de la forêt, des grands espaces, des coureurs des bois et, d'autre part, celui de la terre, de la vallée du Saint-Laurent, des fidèles sujets de Sa Majesté. Ces deux univers souvent contradictoires se retrouvent dans l'imaginaire et dans la langue. Une langue française façonnée et unifiée par les réalités et les échanges de la vie quotidienne, mais aussi une langue émaillée de termes marins et amérindiens empruntés aux grands espaces. Bref, la nouvelle langue des Canadiens.

Une nouvelle identité

Car les habitants de la Nouvelle-France ne sont plus des Français, mais bien des Canadiens, tant par leur histoire que par leur rapport avec l'environnement. Dans la vallée du Saint-Laurent, les fondements économiques de la stratification sociale et le rapport avec la terre n'ont pas la même importance ni la même signification que dans la mère patrie; ils s'enracinent dans une histoire de colonisation et de survie fort différente et renvoient à un style de relations impensable en France. Ensuite, le rapport avec l'espace et la pratique d'un autre mode de vie, plus près de celui des Amérindiens et de la nature, ont contribué à forger une mentalité nouvelle, plus indépendante que soumise, plus égalitaire que hiérarchique. On estime qu'en 1700 un jeune homme sur deux a vécu au moins une saison dans la grande sauvagerie. Au dire de Marie de l'Incarnation, «on fait plus facilement un Sauvage avec un Français qu'un Français avec un Sauvage». Ainsi donc un fossé culturel se creuse entre Français de France et colons du Canada. Dès 1670, les Français établis à demeure sont nommés Canadiens, ou Français-Canadiens. Dans un mémoire au duc d'Orléans, daté de 1715, il est dit que «les armateurs français ont toujours donné pendant cette dernière guerre le quart plus de paie aux Français-Canadiens qu'aux Français d'Europe[16]», à cause de leur santé et de leur endurance.

> Les Canadiens sont vifs et glorieux, écrira plus tard Charlevoix. [...] L'air qu'on respire dans ce vaste continent y contribue, mais l'exemple et la fréquentation de ses habitants naturels, qui mettent tout leur bonheur dans la liberté et l'indépendance, sont plus que suffisants pour former ce caractère[17].

Il y a donc, dans la culture des Canadiens, une relation avec l'espace et avec la nature qui invite à fuir et à s'évader, à se soustraire aux obligations sociales, à l'autorité, aux contraintes hiérarchiques du Vieux Monde... En 1727, l'intendant Claude Dupuy demande à Paris l'envoi de colons pour renouveler la «race de Français, celle que les premiers y ont formée devenant fière et canadienne à mesure qu'elle s'éloigne de son principe[18]».

Toutefois, l'enracinement des Canadiens dans leur pays est réel. Ils perçoivent leur identité culturelle distincte, et le patrimoine historique auquel elle est fortement liée. Dans une requête au conseil de marine en 1719, ils écrivent :

Des domiciliés ont eu dans cette colonie : trisayeux, bisayeux, ayeux, leurs pères [...]. Ils y ont leurs familles, dont la plupart sont nombreuses; qu'ils ont contribué à l'établir [la colonie], qu'ils y ont ouvert et cultivé les terres, bâti les églises, arboré des croix, maintenu la religion, fait construire de belles maisons, contribué à fortifier les villes, soutenu la guerre tant contre les nations sauvages que contre les autres ennemis de l'État [...][19].

C'est finalement le chevalier Louis-Antoine de Bougainville qui, à la fin du Régime français, rend le témoignage le plus frappant :

Les Canadiens et les Français, quoique ayant la même origine, les mêmes intérêts, les mêmes principes de religion et de gouvernement, un danger pressant devant les yeux, ne peuvent s'accorder. Il semble que ce soient deux corps qui ne peuvent s'amalgamer. [...] Il semble que nous soyons d'une nation différente, ennemie même[20].

Il n'empêche que, au lendemain de la Conquête, les Canadiens sentiront le besoin de réaffirmer leurs souches et leur culture françaises. Ils feront appel à leur histoire, leur langue, leurs institutions et leur religion pour assurer la survie et la vitalité de cette nation qui a pris naissance dans la vallée du Saint-Laurent.

«Kanadâ», personnage du caricaturiste Lévis Martin, dans *Boréal Express*, journal historique reconstitué. © Lévis Martin.

«Moi aussi j'ai du panache», allusion aux Canadiens de cette époque, qu'on décrit comme «fiers et glorieux» et «ayant trop bonne opinion d'eux-mêmes».

2. La Nouvelle-France vécue et racontée

MARCEL **DUBÉ**

La littérature de la Nouvelle-France rassemble des œuvres écrites par ceux et celles qui ont façonné son destin : explorateurs et fondateurs, missionnaires et religieuses, chroniqueurs et historiens. C'est une littérature de faits et de constatations, marquée par la nécessité de vivre et de s'adapter, mais aussi de découvertes et d'enchantement, qui dépeint la grande aventure de l'«homme blanc» en Amérique septentrionale. Ce n'est pas une littérature de fiction, si l'on excepte Marc Lescarbot, premier poète de la Nouvelle-France. Et pourtant, elle a immanquablement bouleversé, émerveillé, nourri l'imaginaire des rois et des sujets de la France entière.

Les débuts de cette histoire remarquable ont été racontés par le navigateur français Jacques Cartier qui, en 1534, a remonté le Saint-Laurent. Dans ses *Voyages en Nouvelle-France*, il décrit le pays, l'île de Bacchus (d'Orléans), les coutumes et les comportements des « Sauvages ». À son tour, Samuel de Champlain, le fondateur du Canada, raconte dans ses *Œuvres* toutes les péripéties de ses explorations, de ses conquêtes, de ses découvertes. Ses notations sont précises, méticuleuses, et certaines de ses descriptions sont pleines de fraîcheur, comme celle de la côte de Beaupré et de la chute Montmorency, ou bien empreintes de grandeur, comme sa présentation de la Nouvelle-France au roi.

Toutefois, ce sont les *Relations des Jésuites* et les écrits de Marie de l'Incarnation qui constituent sans aucun doute les deux monuments littéraires de la Nouvelle-France, aussi bien par la qualité de leur écriture que par leur valeur documentaire. Malgré leur style sobre et héroïque, les *Relations* des missionnaires, bien adaptés au pays et en communication constante avec les Indiens, livraient à leurs lecteurs français une description fidèle et pittoresque d'une aventure à la fois réelle, exotique et passionnante. Quant à Marie de l'Incarnation, femme de lettres digne du Grand Siècle, elle a laissé, outre ses *Écrits spirituels*, une *Correspondance* où elle se révèle, à la fois par la langue et la variété des sentiments, une brillante épistolière.

Esprit curieux, capable d'émerveillement, le frère Gabriel Sagard nous a légué, avec un dictionnaire huron, un récit intitulé *Le Grand Voyage du pays des Hurons* (1632), dans lequel il note de façon parfois savoureuse la faune et la flore nord-américaines, les mœurs des baleines, etc. Plus tard, vers 1720, un autre missionnaire-historien, plus lettré et bien documenté, le Jésuite François-Xavier de Charlevoix, remettra en cause l'*Histoire du Canada* de Sagard et écrira son *Histoire et Description générale de la Nouvelle-France*.

Parmi les fondateurs et les témoins de la vie et de l'évolution de la Nouvelle-France, il faut mentionner sœur Marie Morin, supérieure des Hospitalières et première annaliste canadienne, qui rédigea à compter de 1697 les chroniques de l'Hôtel-Dieu de Montréal dans un style simple et affectueux.

Pendant plus d'un siècle et demi, grâce à ces écrivains et à d'autres encore comme eux, l'histoire de cette aventure demeurera vivante et engagée, conçue et racontée avec passion et témérité par des hommes et des femmes que soulevaient une foi indéfectible et un goût de l'aventure surhumaine, transmise aussi par des témoins audacieux tentés par l'inconnu et le besoin de l'apprivoiser, jetant après leur passage sur un continent fabuleux l'éclairage de récits et de témoignages qui ont permis d'assister à la naissance, au développement, à la survie, à l'agonie et à la perte d'un Nouveau Monde français sur tous les territoires de l'Amérique où s'était heurtée la quête illusoire d'une route vers l'Asie.

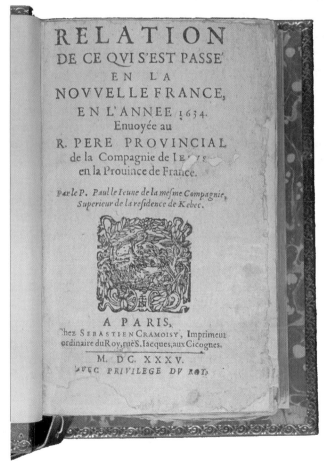

Les récits ou *Relations des Jésuites* étaient attendus avec impatience et lus avec passion par le public français.

15

3. Blancs et Amérindiens

DENYS **DELÂGE**

On évalue à environ 25 000 habitants la population de l'actuel territoire du Québec à l'arrivée des premiers Européens. Les autochtones appartenaient à trois familles linguistiques : les cultivateurs iroquoiens des rives du Saint-Laurent, les Inuits des régions arctiques et, partout ailleurs, les Algonquiens (Cris, Naskapis, Montagnais, Algonquins, Malécites et Micmacs).

La venue de chasseurs de baleines basques et de pêcheurs européens au XVIe siècle a suscité l'émergence d'un pidgin empruntant au basque et aux langues côtières. Au cours de ce siècle, certains équipages ont lancé un nouveau commerce, celui des fourrures pour lequel Tadoussac est devenu le lieu de rencontre principal. Des Amérindiens ont été ramenés en Europe pour y apprendre la langue et pour servir d'interprètes.

Ces premiers contacts généralement amicaux ont engendré, comme partout ailleurs, de terribles épidémies qui ont dépeuplé les côtes au fur et à mesure de cette « hantise et fréquentation », ainsi que l'exprime le père Biard dans la *Relation* de 1611[21]. Lorsque Champlain s'établit à Québec, il ne retrouve pas les villages iroquoiens que Cartier avait visités. Les Français qui s'installent sur les rives du Saint-Laurent ne délogent donc aucune population autochtone, et leurs activités de sédentaires sont complémentaires de celles des nomades qui occupent la région, entre autres ces 1500 Montagnais et Algonquins qui tiennent leurs camps de pêche tous les étés entre Québec et Sillery[22].

Les rapports entre Français et Amérindiens se caractérisent à la fois par l'alliance et par la conquête. La traite des fourrures devient le fondement économique de la colonie, et les alliés sont mutuellement dépendants tant pour la paix que pour la guerre. Chefs autochtones et français s'échangent des jeunes afin qu'ils apprennent la langue et les mœurs; les deux plus célèbres sont le Huron Amantacha qui ira en France et le Français Étienne Brûlé. Il s'agit aussi de rapports de conquête parce que le projet colonial vise à subjuguer les autochtones pour en faire des sujets du roi et des fidèles du pape.

Il importe de distinguer pendant le Régime français deux périodes qui caractérisent tout à la fois la nature de la colonie et les rapports entre les langues. Celle du comptoir, jusque vers 1660, alors que les colons minoritaires parmi les autochtones. Après cette date, celle de la colonie, où les Français deviennent majoritaires dans l'espace qu'ils occupent. Cela résulte de deux phénomènes. D'abord, la récidive d'une vague d'épidémies entre 1630 et 1660, ensuite la venue de France d'un plus grand nombre d'immigrants. Durant la première période, quand ils viennent au

Canada, les Français se trouvent en pays amérindien. Ainsi, les Ursulines viennent éduquer et convertir les petites «sauvagesses» et, même cloîtrée, Marie de l'Incarnation apprend le montagnais, l'algonquin, le huron et l'iroquois, langues de ces «peuples innombrables». Mais voyez ce contraste: alors qu'elle écrivait en 1640, un an après son arrivée, «de ce bout du monde où l'on est sauvage toute l'année, sinon lorsque les vaisseaux sont arrivez que nous reprenons notre langue française», elle soulignait en 1664 qu'il ne subsistait plus qu'un vingtième des Amérindiens qui habitaient le pays à son arrivée. Graduellement, son couvent allait recevoir principalement les jeunes Françaises[23].

Au cours de la deuxième période, la langue française supplante les langues autochtones dans l'espace agricole depuis Montréal vers l'aval du Saint-Laurent. Les langues autochtones se maintiennent néanmoins, tandis que d'autres s'ajoutent avec la venue de tribus réfugiées entre les années 1650 et 1690: les Hurons, les Abénaquis et les Iroquois qui se fixent à proximité des colons. Le roi a voulu franciser ces «domiciliés», mais ceux-ci ont résisté tandis que les Jésuites s'y sont opposés. À la fin du Régime français, les autochtones représentaient environ 10 % de la population du territoire du Québec actuel.

L'espace agricole colonial se juxtaposait à un autre espace beaucoup plus grand, celui de l'aire du réseau d'alliance franco-amérindien qui englobait le bassin des Grands Lacs et le haut Mississippi. Ces «Pays d'en Haut» étaient un pays amérindien où Canadiens et Français furent toujours fortement minoritaires et fréquemment bilingues. Attirés là-haut par le commerce et, au XVIIe siècle, repoussés de la colonie par le déséquilibre entre les sexes à l'âge du mariage, les hommes y ont le plus souvent vécu avec des Amérindiennes dont ils ont appris la langue.

Commerce, guerre, explorations, diplomatie ont nécessité des interprètes nombreux dans la zone coloniale et dans les Pays d'en Haut: ils ont presque toujours été des Français ou des Canadiens.

Les gallicismes des langues autochtones

De l'Atlantique au Pacifique, plusieurs langues autochtones conservent la trace des échanges survenus entre francophones et membres des Premières Nations. Des mots (ou racines) d'origine française ponctuent le discours de Micmacs, d'Algonquins, d'Ojibwas, de Cris, etc. Ce phénomène ancien et méconnu représente une des manifestations les plus originales de la présence française en Amérique. Déjà, dans le dictionnaire français-abénaquis du père Rasles (vers 1691), on remarque l'usage de racines d'origine française pour dénommer des réalités nouvelles associées à l'univers matériel et spirituel des Français; des passages laissent croire que des adaptations de mots comme *ange, communier, confesser* et *hostie* étaient usitées dans la langue abénaquise de l'époque. Les emprunts au français dans les langues autochtones du Québec sont généralisés, conséquence de la forte présence francophone. Ainsi, au XIXe siècle, les Abénaquis domiciliés dans la région des Bois-Francs utilisent un nombre significatif de gallicismes parfaitement intégrés : *lago* (< *ragoût*), *labial* (< *la bière*), *moswa* (< *mouchoir*), etc. De nos jours, le même phénomène est perceptible dans plusieurs autres langues; par exemple, en montagnais de Mingan, on retrouve *natamât* (< *la tomate*), *nahup* (< *la soupe*), *nekâutû* (< *le gâteau*), *pûtai* (< *bouteille*), etc. Il est intéressant de constater que quelques emprunts évoquent d'anciennes prononciations canadiennes. Ainsi, le mot abénaquis *koswa* provient de la forme *Écossois* encore courante au XIXe siècle; de même, le traditionnel *Bo Jou* (< *bonjour*) qu'on peut entendre chez les nations des régions boréales rappelle inévitablement le parler des anciens Canadiens.

Robert VÉZINA

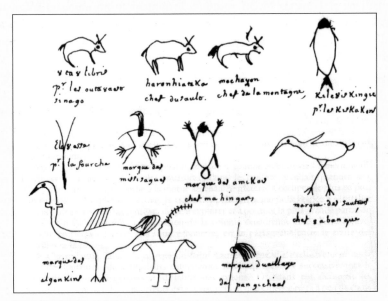

Lors du grand traité de paix de Montréal, en 1701, entre Français, Iroquois et autres nations, les chefs indiens ont signé en dessinant l'animal totémique de leur tribu.

3

4. Le français et les langues amérindiennes

MARTHE **FARIBAULT**

> Il [Pierre Du Gua de Monts] avoit envoyé au Roy l'année passée un animal nommé Caribous qui estoit de haulteur et proportion d'une biche toutefois de corsaige le moins du monde plus gros. [...] On la laissa mourir dans les fossez de St-Germain-en-Laye, à faulte d'eau et d'autres commoditez[24].

Ce passage relate un incident survenu en 1605, au retour du voyage de fondation de l'Acadie par Du Gua de Monts, auquel participait Samuel de Champlain. C'est la toute première attestation d'un des emprunts amérindiens les plus stables du français québécois.

Il s'est écoulé soixante-dix ans depuis les voyages de Jacques Cartier. Or, dans les textes de Cartier, on ne relève aucun emprunt aux langues autochtones (c'est-à-dire les langues amérindiennes et l'inuktitut) qui se soit implanté par la suite en français. On suppose donc que le mot *caribou* a été emprunté par l'intermédiaire des pêcheurs européens, basques en particulier, qui fréquentaient le golfe du Saint-Laurent pendant tout le XVIe siècle. Tel serait également l'itinéraire suivi par *matachias* (peintures corporelles, broderies, parures diverses des Amérindiens), attesté dès 1609.

Pendant les XVIIe et XVIIIe siècles, les colons d'origine française, installés sur les rives du Saint-Laurent, n'auront eux-mêmes que peu de contacts avec les Amérindiens et aucun avec les Inuits du Grand Nord. Seuls les trappeurs et les missionnaires côtoieront les Amérindiens à l'occasion de leurs expéditions à l'intérieur des terres. On les considère donc comme les principaux vecteurs de pénétration des amérindianismes dans le français de la Nouvelle-France. On notera toutefois que le nombre des emprunts demeurera toujours très faible, à peine quelques dizaines de termes se rapportant tous à la faune, à la flore et aux cultures nord-américaines. Parmi les plus anciens, on relève *achigan* (poisson, 1656), *atoca* (airelle canneberge, 1656), *babiche* (lanière de cuir cru, 1669), *cacaoui* (canard, 1672) et *carcajou* (mammifère, 1685); tous ces emprunts sont encore courants en français québécois. Ce phénomène d'emprunt se poursuivra au cours du XVIIIe siècle, mais toujours aussi modestement. C'est durant cette période qu'ont été empruntés *malachigan* (poisson), *mascouabina* (fruit du sorbier), *pimbina* (fruit de la viorne), *savoyane* (plante, coptide du Groenland) et *ouaouaron* (grenouille géante).

Par contre, les colonisateurs français emprunteront très tôt et largement à la toponymie amérindienne. Ainsi, *Québec* et *Tadoussac*, sur les rives du Saint-Laurent, sont en usage dès les premières années du XVIIe siècle, parallèlement aux tout premiers toponymes français, comme *île aux Coudres* ou *île d'Orléans*. À l'intérieur des terres, fréquentées mais non colonisées par les Européens jusqu'au XIXe siècle, la toponymie est généralement amérindienne sous le Régime français, en particulier celle des lacs (lac *Témiscaming*, lac *Nepisssing*, lac des *Abitibis*) et des lieux stratégiques, comme Chicoutimi et Mattawa (*Chekoutimi* et *Mataouane*).

Cette première vague d'emprunts couvre tout le Régime français et le début du Régime anglais, et elle sera suivie d'une seconde vague, aux XIXe et XXe siècles.

Les toponymes amérindiens

Lors de son deuxième voyage (1535-1536), Jacques Cartier remonte pour la première fois le Saint-Laurent. Il rencontre des Iroquoiens à **Stadaconé** («grande falaise» dans leur langue, aujourd'hui Québec) et nomme la région le «Royaume de Canada», du mot iroquoien *kanata* qui signifie «village», tandis que la région de Montréal reçoit le nom de «Royaume d'Hochelaga».

À la fin du XVIe siècle, les Iroquoiens laurentiens se retirent de la vallée du Saint-Laurent. Les Micmacs des Maritimes, qui y venaient déjà depuis longtemps par une route de portages le long des rivières Restigouche, Matapédia et Matane ou, plus au sud, par le bassin des rivières Etchemin et Chaudière, se firent alors plus présents dans la vallée. Ce sont donc les topo-nymes de la langue micmaque qui seront adoptés par les Français à la fin du XVIe siècle et au début du XVIIe. Ainsi, **Gaspé**, du mot micmac *gespeg* signifiant «extrémité», remplace le toponyme Honguedo, d'origine iroquoienne et employé par Cartier. De même, **Québec**, du mot micmac *gepèg* signifiant «détroit», remplace l'iroquoien Stadaconé. Quant à **Anticosti**, du toponyme micmac *Natigosteg* («terre avancée»), il remplace le nom d'île de l'Assomption donné par Cartier. Enfin, le site de **Tadoussac**, du toponyme micmac *Gtatosag* signifiant «entre les rochers», est ainsi nommé par les Français autour de 1600.

Marthe FARIBAULT

4

«Caribou» ou renne d'Amérique, d'un mot micmac signifiant le «pel-leteur» ou le «gratteur». On reconnaît bien la tête du caribou, mais l'animal porte des bois d'orignal (élan du Canada).

Carte de J. N. Bellin (1755).
Détail de la partie orientale de la Nouvelle-France ou du Canada, indiquant l'emplacement de tribus indiennes.

5. *Les Acadiens*

MAURICE **BASQUE**

L'histoire de l'Acadie remonte au tout début du XVIIe siècle, alors qu'une poignée d'entrepreneurs français installent un poste de traite à Port-Royal, en 1605. Le lucratif commerce des fourrures motive cet établissement qui sera à la base du peuplement français de l'Acadie. Tout au long du XVIIe siècle, la colonie acadienne va se développer en périphérie de l'espace principal de colonisation française en Nouvelle-France qu'est la vallée du Saint-Laurent.

Une bonne partie des colons français qui se fixent en terre acadienne sont originaires des provinces du centre-ouest français, telles l'Aunis, le Poitou et la Saintonge. Cible privilégiée des attaques anglaises, l'Acadie devient officiellement possession britannique par le traité d'Utrecht de 1713. Les dirigeants acadiens proposent une politique de neutralité à l'endroit des puissances coloniales britannique et française, car ils sont bien conscients qu'ils vivent dans une colonie au potentiel militaire stratégique, à la croisée des chemins de la Nouvelle-Angleterre et de la Nouvelle-France.

Or les autorités coloniales britanniques de l'Acadie, qui est déjà pour les Anglais la Nouvelle-Écosse, tolèrent mal la neutralité acadienne. À l'été 1755, une solution radicale est adoptée pour mettre fin au problème acadien. C'est le début de la déportation des Acadiens, qu'on accuse d'être restés trop fidèles aux Français, à leur langue, à leur religion… Leurs biens sont confisqués, leurs maisons brûlées et les familles acadiennes, baïonnettes anglaises au dos, sont forcées d'embarquer sur des navires insalubres qui les poussent vers les treize colonies américaines ou vers des camps de prisonniers en Angleterre. Près d'une dizaine de milliers d'Acadiens sont ainsi déportés, alors que des milliers d'autres prennent la fuite en forêt afin de se réfugier sur le territoire actuel du Québec. Dans les années 1780, près de 3000 Acadiens vont s'établir en Louisiane, où leurs descendants aujourd'hui sont au nombre d'environ 700 000.

Dix ans plus tard, les instructions royales autorisent les anciens habitants à rentrer en Acadie comme colons. Dans *Pélagie-la-Charrette*, qui lui a valu le prix Goncourt en 1979, Antonine Maillet relate l'odyssée du peuple acadien au moment du Grand Dérangement et le pénible voyage de retour d'un groupe d'entre eux :

> Je remonte au pays pour ceux qui restent, dit Pélagie, pour nos enfants et pour ceux qui sortiront des enfants de nos enfants. Et un jour, en terre des aïeux, une Pélagie dira à l'un de vos Bélonie[25] de descendants… Elle s'engotta[26] sur son dernier mot, Pélagie, car les descendants des Bélonie, apparence que…

Marc Lescarbot,
poète, voyageur et premier historien de la Nouvelle-France

Avocat de profession, Marc Lescarbot fait la connaissance du sieur Jean de Poutrincourt, proche ami du roi Henri IV.

Officiellement chargé d'apporter renfort en hommes et secours en vivres à la colonie française de l'Acadie, première fondation de la France en Amérique (1604), Poutrincourt n'a aucun mal à recruter parmi les compagnons de la relève Marc Lescarbot, alors plus enclin à voyager qu'à plaider.

Comme d'autres colons, Lescarbot secondera dans ses projets le sieur de Poutrincourt, qui assumera le gouvernement de Port-Royal en l'absence du fondateur Pierre Du Gua de Monts. Il profitera de son séjour pour entreprendre son *Histoire de la Nouvelle-France* et faire valoir ses talents de poète.

Au retour d'une expédition de Poutrincourt vers les côtes de la Floride, Lescarbot compose, pour l'accueillir sur les flots mêmes de Port-Royal, une allégorie mythologique intitulée *Le Théâtre de Neptune*, qui s'avérera être la première œuvre théâtrale créée en Amérique du Nord. Présentée le 14 novembre 1606, cette grande fantaisie est rédigée en vers et construite comme un ballet sur l'eau.

Ce récit poétique et une autre pièce de circonstance de Lescarbot constituent les seules œuvres qui, de mémoire, marquent l'ensemble des récits littéraires et historiques de la Nouvelle-France du sceau de la fantaisie, voire de la fiction. Lescarbot les a rassemblées en un chapitre unique, précédé d'une «ode pindarique» à la gloire du roi Henri IV; le tout aura pour titre *Les Muses de la Nouvelle-France* et sera consigné en appendice à la fin de son *Histoire de la Nouvelle-France*, «imprimée à La Rochelle».

Marcel DUBÉ

La première pièce de théâtre au Canada, dessin à l'encre de C. W. Jefferys, 1606.

Le Théâtre de Neptune en la Nouvelle-France, de Marc Lescarbot.

Henri Beau, *L'Arrivée de Samuel de Champlain à Québec* (détail), 1903.

L'installation des premiers colons en Amérique septentrionale, le 3 juillet 1608, marque le début de l'empire français d'Amérique.

La langue
des premiers Canadiens

6. *Les colons de Nouvelle-France*

LOTHAR **WOLF**

Plusieurs témoins des XVIIe et XVIIIe siècles nous ont fourni une bonne idée du français que parlaient les premiers colons de la Nouvelle-France et aussi les premiers Canadiens vers la fin du Régime français.

Les premiers témoignages sur la qualité de la langue

Ces témoignages sont abondants[1]. Nous n'en présentons que quelques-uns parmi les plus significatifs. Dès le dernier quart du XVIIe siècle, un missionnaire récollet, Chrestien Le Clerc, qui a séjourné plusieurs années à Québec, soulève une question que les études linguistiques n'ont pas encore totalement élucidée : comment se fait-il qu'on parlait français en Nouvelle-France, alors que les colons, provenant de diverses provinces françaises, avaient peut-être apporté avec eux aussi des patois ou, du moins, des usages linguistiques différents?

> J'avois peine à comprendre, écrit-il, ce que me disoit un jour un grand homme d'esprit sur le point de mon départ pour le Canada, où il avait fait sejour & rétabli les Missions des Recollets (c'est le Reverendissime Pere Germain Allart, depuis Evesque de Vences) que je serois surpris d'y trouver d'aussi honnestes gens, que j'en trouverois; [...] il nous assuroit que nous y trouverions mème un langage plus poli, une énonciation nette & pure, une prononciation sans accent.

J'avois peine à concevoir qu'une peuplade formée de personnes de toutes les Provinces de France, de mœurs, de nation, de condition, d'interest, de genie si differents, & d'une manière de vie, coûtumes, éducation si contraires fut aussi accomplie qu'on me la representoit [...], mais il est vray que lorsque je fus sur les lieux, je connus qu'on ne m'avoit rien flaté[2].

La même constatation est reprise, au début du XVIIIe siècle (au moment où les Canadiens commencent à se distinguer des Français), par un contrôleur de la marine, Claude Charles Le Roy, dit Bacqueville de La Potherie. Il compare les bourgeoises du Canada à celles de Paris et des provinces françaises et il ajoute : « On parle ici parfaitement bien, sans mauvais accent. Quoi qu'il y ait un mélange de presque toutes les Provinces de France, on ne sauroit distinguer le parler d'aucune dans les Canadiennes[3] ». Et le missionnaire François-Xavier de Charlevoix, passant de la bourgeoisie à la paysannerie, affirme que « la rusticité, soit dans le Language, soit dans les façons, n'est pas même connuë dans les Campagnes les plus écartées »[4].

Enfin, trois autres témoignages intéressants, datant du milieu du XVIIIe siècle, indiquent bien que la qualité de la langue des premiers Canadiens s'est maintenue jusqu'à la fin du Régime français. C'est d'abord le naturaliste Pehr Kalm qui, après avoir séjourné en Amérique du Nord de 1748 à 1751, écrit :

Tous, ici, tiennent pour assuré que les gens du commun parlent ordinairement au Canada un français plus pur qu'en n'importe quelle *Province* [*sic*] de France et qu'ils peuvent même, à coup sûr, rivaliser avec Paris. Ce sont les Français nés à Paris, eux-mêmes, qui ont été obligés de le reconnaître[5].

Puis, lors de la guerre de Sept Ans, un officier français, Jean-Baptiste d'Aleyrac, qui passa cinq ans au Canada, de 1755 à 1760, écrit très clairement dans son journal : « Il n'y a pas de patois dans ce pays. Tous les Canadiens parlent un français pareil au nôtre[6] ». Enfin, le marquis de Montcalm lui-même, qui commanda les troupes lors de la bataille des Plaines d'Abraham en 1759, écrivait dans une lettre datée du 13 mai 1756 :

J'ai observé que les paysans canadiens parlent très bien le françois, et comme sans doute ils sont plus accoutumés à aller par eau que par terre, ils emploient volontiers les expressions prises de la marine[7].

Face à ces témoignages élogieux et unanimes, deux questions se posent : Quelle valeur peut-on leur accorder ? Concordent-ils avec le portrait sociodémographique des premiers colons ?

Ces témoignages, en effet, ont déjà été mis en doute. On a prétendu que les témoins étaient surtout des voyageurs, qu'ils n'avaient fait que passer au Canada, que, la plupart du temps, ils n'auraient été en contact qu'avec l'élite et que, par conséquent, leurs constatations ne valent pas pour l'ensemble de la population.

Pourtant, si l'on y regarde de plus près, on constate que les témoins cités plus haut avaient des fonctions officielles (sauf Pehr Kalm) et que, selon les données disponibles, ils semblent avoir séjourné en Nouvelle-France pendant au moins trois ans. De plus, il ne semble pas que leurs fonctions les aient amenés à être en contact uniquement avec l'élite; les missionnaires ont pénétré l'arrière-pays et le naturaliste a découvert la campagne, les deux officiers étaient en contact avec les soldats, et l'on sait que la population avait accès aux hauts fonctionnaires.

On comprend alors que les témoignages portent, en fait, sur toutes les classes de la société, sur les personnes aisées (comme les «bourgeoises», Bacqueville), et aussi sur les «gens du commun» (Kalm), sur les «paysans» et les habitants des campagnes reculées (Montcalm, Charlevoix) et sur «tous les Canadiens» (d'Aleyrac). Quant au témoignage de Pehr Kalm, il fait certes des observations personnelles, mais surtout il rapporte le sentiment universel («tous ici tiennent pour assuré que…») et se place sous l'autorité du jugement des «Français nés à Paris eux-mêmes».

Ces témoignages paraissent donc crédibles et ils concordent tous : on parlait, en Nouvelle-France entre 1650 et 1760, une langue française qui n'avait rien à envier à celle de France, voire de Paris. On y parlait un français «pur», «pareil au nôtre», par référence au français de France. Les témoins n'y décèlent «aucun accent» ou constatent que l'accent des Canadiens «est aussi bon qu'à Paris». Enfin, ils ne signalent aucun parler dialectal ou régional et attestent, au contraire, qu'«il n'y a pas de patois dans ce pays».

Les données sociodémographiques relatives aux colons qui ont émigré en Nouvelle-France s'accordent-elles avec ces témoignages?

Portrait sociodémographique des colons de Nouvelle-France

À l'époque de l'émigration des quelque 10 000 colons dont la langue représente la base du français au Québec, la langue française n'était pas répandue de façon égale dans toutes les provinces de France. À mesure qu'on s'éloignait du Bassin parisien, les provinces parlaient encore patois.

Or, les recherches les plus récentes sur l'ensemble du XVIIe siècle montrent que 53 % des colons provenaient du Bassin parisien[8] et 38 % des provinces périphériques[9]. Il est important de noter que le Bassin parisien a fourni beaucoup plus de femmes (près de 70 %) que d'hommes (46 %). Les émigrants de Paris, de l'Île-de-France et du proche Bassin parisien (les plus nombreux) ont donc pu jouer un rôle important dans l'évolution linguistique en Nouvelle-France, puisqu'ils provenaient des régions de France où le français était déjà le plus répandu comme langue commune. Les pays de langue d'oc (moitié sud de la France), plus éloignés du français, n'ont fourni que 8 % de colons.

Nous savons aussi que la majorité des colons provenaient des villes de France, et en majorité des grandes villes, où le français était couramment parlé. Ces chiffres sont impressionnants «quand on sait que seulement 15 % des Français vivaient en milieu urbain à cette époque»[10].

Quant à l'origine sociale des colons, le père Chrestien Le Clerc est un des premiers à en faire état, en 1691 : «On doit reconnaître, écrit-il, que les chefs de famille qui ont passé en Canada étaient en France de bons bourgeois de ville médiocrement accommodés, ou des artisans de différents métiers, des laboureurs peu aisés ou des soldats, mais tous honnêtes gens de leurs personnes»[11].

Une étude de la population de 1663[12] montre que, des 1244 personnes en âge de se marier (c'est-à-dire à partir de 14 ans), 44 % seulement ne savaient pas signer, alors qu'en France à l'époque, environ 80 % de la population était analphabète. Ce pourcentage ne comprend évidemment pas le clergé et les religieux ni l'Administration. Parmi les 42 «marchands» ou «bourgeois», on ne compte que quatre analphabètes. Par contre, le pourcentage d'analphabètes est de 43 % parmi les 465 personnes exerçant un métier, et il s'élève aux deux tiers chez les 89 hommes «à tout faire». Ces statistiques touchent surtout les immigrants (car les personnes nées au Canada ont alors un âge moyen de huit ans) et témoignent de leur niveau d'instruction. Visiblement, ceux qui émigrèrent au Canada se démarquaient du statut d'analphabète encore largement répandu en France.

Concernant l'instruction des 10 000 colons français qui ont émigré au Canada, une étude a relevé que, dans plusieurs des provinces d'où venaient ces colons, «les petites écoles furent nombreuses, même à la campagne». Et elle a permis de conclure : «Les colons qui vinrent de France au XVIIe siècle n'étaient pas des ignorants; la plupart possédaient un fonds de culture légué par la famille, ils savaient lire et écrire[13]».

Bref, la provenance géographique des colons de Nouvelle-France, leur condition sociale et leur instruction concordent avec le portrait linguistique global qui se dégage des témoignages cités et permettent raisonnablement de conclure que la majorité d'entre eux parlaient le français ou utilisaient le français avant d'émigrer. Cette situation n'aurait fait que se renforcer au sein même de la colonie, à la faveur des échanges, des mariages ou de l'instruction.

Car, face à l'accroissement de la population – qui passe de 18 000 à 50 000 personnes dans la première moitié du XVIIIe siècle –, la qualité de la langue, telle qu'évoquée dans les récits de voyage, ne saurait être justifiée uniquement par l'héritage apporté par les émigrants et par les contacts avec la France. Elle a dû être soutenue sur place par des facteurs favorables et des mesures appropriées. À cet égard, le rôle joué par les femmes, tant au sein des familles que dans la société, ne peut être minimisé. La «culture» de la langue a également été assurée par l'instruction publique, qui a maintenu la tradition connue dans les provinces d'origine, et par les petites écoles placées sous l'égide de l'Église.

Henry Bunnett, *Le Séminaire de Québec*, 1886.
Fondé en 1663, il donna naissance au petit séminaire, au grand séminaire et à l'Université Laval.

Langue et éducation en Nouvelle-France

Très tôt dans la colonie, le clergé ainsi que les religieuses se donnent de petites écoles. Les Récollets, Jésuites, Sulpiciens, Ursulines et autres congrégations joignent la catéchisation à l'enseignement général, ménager et professionnel et assurent la création et l'entretien d'écoles pour les filles comme pour les garçons. En 1693, on compte 24 écoles pour 46 paroisses; en 1725, 33 pour 70; et en 1760, 44 (dont 19 pour filles) pour 112. Une instruction de base, de qualité inégale certes, mais donnée selon les mêmes contenus et proportionnellement aussi répandue qu'en France. Dès 1635, l'enseignement secondaire est assuré par les Jésuites à Québec[14].

La création de nouvelles écoles se fait plus d'une fois à la demande et sur les instances de la population, d'autant plus que l'enseignement est presque gratuit. En fait, la plus grande difficulté réside dans la faible concentration géographique des communautés qui oblige parfois à avoir recours à des maîtres ambulants. À la fin du Régime français, la ville de Québec compte donc 45 % d'alphabétisés, mais l'ensemble de la colonie, seulement 23 %. Bref, on a pu dire de la Nouvelle-France qu'elle n'était ni une société d'analphabètes ni une société de l'écriture, mais plutôt un pays appartenant à une époque et à un milieu colonial encore peu développés, où il fallait d'abord et avant tout défricher, construire et cultiver la terre[15].

L'éducation qu'on donnait au collège des Jésuites était «toute classique, pareille à celle que l'on donnait dans les collèges de France. Ni histoire ni géographie, mais du français, un peu de grec, et surtout du latin, beaucoup de latin». «On lisait beaucoup» au Canada, semble-t-il; à Québec, les Jésuites et le séminaire prêtaient des livres; mais on n'évalue qu'à 60 000 le nombre de volumes existant dans la colonie vers 1760. Les ouvrages les plus représentés dans les bibliothèques de l'époque, outre les auteurs latins comme César, Ovide, Lucain, Pétrone, Virgile, étaient Boileau, Érasme, Montaigne, Guez de Balzac, La Fontaine, Mme de Sévigné et quelques livres d'histoire. On trouve peu de Corneille et de Molière, car Mgr de Saint-Vallier trouvait qu'on lisait trop et décréta en 1699, qu'«assister à une représentation théâtrale constituait un péché grave[16]».

Claude GALARNEAU

7. Les filles du roi

MICHELINE **DUMONT**

De 1663 à 1673, quelque 770 jeunes Françaises, célibataires ou veuves, ont émigré en Nouvelle-France, dans le cadre d'un effort de peuplement inédit de la part des autorités coloniales. En effet, elles ont été recrutées, transportées, souvent dotées par le roi, d'où leur nom si romantique, pour corriger un déséquilibre démographique alarmant : sept hommes pour une femme. La très grande majorité d'entre elles, 737 précisément[17], se sont mariées, ce qui en fait le groupe social dont le taux d'enracinement est le plus élevé en Nouvelle-France. Forcément ! Signant un contrat de mariage, elles n'ont pu, à l'instar des « trente-six-mois[18] » qui venaient ici comme engagés, retourner en France. On a épilogué longtemps sur leur moralité, dans un débat qui révèle davantage le sexisme des historiens que la personnalité de ces femmes, qui se mariaient sans l'entremise de la famille, à la limite de la norme sociale de l'Ancien Régime. Elles sont aujourd'hui l'objet d'une controverse linguistique.

On sait que, dans la France de l'Ancien Régime, les patois régionaux sont majoritaires et ce phénomène se retrouve parmi les gens qui émigrent en Nouvelle-France. Les spécialistes estiment à 20 %[19] la population de « parlant français » dans la France du XVIIe siècle ; cette proportion serait toutefois plus élevée parmi les émigrants. Or, parmi le groupe des filles du roi, cette proportion atteint 58 %, puisqu'elles ont été recrutées principalement dans la région parisienne[20]. « Le choix du conjoint s'exerçait presque sans égard à la langue parlée ou à la compréhension du français », soutient Yves Landry. On peut donc penser que l'arrivée massive de filles à marier dans la colonie, concentrée durant une seule décennie, aurait contribué à accélérer le recours à la langue française comme langue d'usage entre les colons. Mais, note Philippe Barbaud, qui a proposé cette hypothèse intéressante, « le fait français était d'ores et déjà inscrit dans la structure sociale du rapport de force linguistique de la colonie lorsqu'elles prirent mari ». Vedettes involontaires de notre historiographie, les filles du roi demeurent un élément incontournable de nos origines et de nos pratiques langagières.

Arthur E. Elias, *L'Arrivée des filles du roi à Québec*, 1667.

À un moment où la colonie encore très peu peuplée avait un urgent besoin de filles à marier.

8. Le français s'impose en Nouvelle-France

RAYMOND **MOUGEON**

La diversité linguistique qui existait au sein de la population coloniale de la Nouvelle-France au XVIIe siècle s'est résorbée beaucoup plus rapidement qu'en France, où les patois issus de la fragmentation du latin ont survécu au moins jusqu'au début du XXe siècle, et où le français a pendant longtemps présenté des différences considérables d'une région à l'autre.

Diversité linguistique de la France au XVIIe siècle

Au XVIIe siècle, la France était loin d'avoir réalisé son unité linguistique. À cette époque, le français coexistait avec les patois – normand, poitevin, picard, provençal, etc. – et avec les langues régionales – basque, breton, flamand, etc. Langue du pouvoir étatique, le français s'employait dans les domaines officiels de la société (par exemple, dans l'Administration, le moyen ou le grand commerce, l'enseignement), et aussi pour communiquer avec les gens qui n'étaient pas de la communauté. Par contraste, les langues régionales et les patois servaient aux communications ordinaires entre les membres d'une même communauté (à la table familiale, dans les travaux champêtres, à la fête paroissiale). La connaissance et l'usage du français étaient également reliés au statut socio-professionnel des personnes et à leur lieu de résidence. Ceux qui se situaient en haut de l'échelle sociale communiquaient surtout, voire exclusivement, en français, *a fortiori* s'ils résidaient en milieu urbain et en France d'oïl (moitié nord du territoire), plutôt qu'à la campagne ou en France d'oc (moitié sud)[21].

Les premiers colons parlaient-ils français ?

Jusqu'à récemment, dans les travaux linguistiques sur la Nouvelle-France, on a affirmé ou tenté de démontrer[22] qu'un nombre non négligeable de premiers colons ignoraient le français ou le connaissaient de façon rudimentaire, et qu'ils se sont francisés de ce côté-ci de l'Atlantique. Cette analyse partait du principe que nombre de colons étaient d'origine rurale et d'un milieu social modeste, donc qu'ils connaissaient peu ou pas du tout le français.

Cependant, les nouvelles données sur les provinces et habitats d'origine des immigrants[23] permettent d'affirmer aujourd'hui que la majorité des colons parlaient français avant d'émigrer en Nouvelle-France. Rappelons ici les principaux arguments qui confirment cette thèse[24] :

- Plus de 90 % d'entre eux provenaient de la moité nord de la France.
- 70 % des colons de sexe féminin et 47 % des colons de sexe masculin provenaient d'une agglomération urbaine, soit 55 % de l'ensemble des colons.

- La majorité des colons avaient reçu une instruction, plus de la moitié d'entre eux pouvaient signer les différents actes qui les concernaient.
- Près d'un tiers des colons occupaient un rang social ou exerçaient des métiers impliquant le maniement et une bonne connaissance du français (nobles, gens d'Église, fonctionnaires, officiers de l'armée, commerçants et maîtres-artisans).

Les premiers colons parlaient-ils d'autres langues que le français?

S'il est vraisemblable que la majorité des colons parlaient français avant d'émigrer, on peut néanmoins supposer qu'un nombre non négligeable d'entre eux avaient aussi comme langue maternelle un patois ou une langue régionale et qu'ils ont apporté ce «bagage» linguistique avec eux.

Rappelons brièvement ce qui motive cette deuxième supposition[25].

- Environ 47 % des immigrants ne provenaient pas du Bassin parisien, mais surtout des provinces périphériques où les patois faisaient partie de la vie quotidienne.
- 45 % des premiers colons provenaient d'un bourg rural ou d'une paroisse.
- 68 % des premiers colons étaient issus des couches populaires (artisans sans maîtrise, hommes à tout faire et ouvriers dont le métier était relié à la terre).

Les témoins du XVIIe siècle cités par Lothar Wolf n'ont pas entendu d'accent ni d'usages patois dans le français des Canadiens. Ces témoignages ne remettent pas en cause notre supposition. On peut penser que certains de ces témoins n'ont pas eu accès aux situations plus ou moins «privées» où les colons d'une même localité ou région communiquaient entre eux dans le parler de leur région. On peut croire aussi que «ces témoignages rendent compte d'un jugement sur l'usage le plus répandu» et que «le fait qu'ils soient généralement louangeurs s'explique par la surprise des Européens de ne pas retrouver au Canada le morcellement linguistique de la mère patrie»[26]. Plusieurs études[27] révèlent clairement la présence d'usages régionaux dans le français des colons en Nouvelle-France; ils indiquent aussi que nombre de ces régionalismes ont fini par disparaître du français laurentien.

L'unification linguistique de la Nouvelle-France

Disparition des patois

Les patois étaient fragmentés et présentaient des divergences les uns par rapport aux autres à tous les niveaux de la structure de la langue. Comme tels, ils ne pouvaient être utilisés que par les colons provenant de la même localité ou région.

Or, on sait qu'en Nouvelle-France les paroisses ou les rangs regroupaient des colons provenant de régions différentes, que 74 % des mariages étaient contractés entre colons originaires de provinces différentes[28] et que la majorité des femmes étaient issues d'un milieu urbain[29]. Somme toute, la possibilité d'employer les patois pour la communication, même ordinaire ou privée, et la transmission intergénérationnelle de ces gens devaient être plutôt réduites. On comprend donc pourquoi les patois se sont rapidement éteints en Nouvelle-France, issue d'autant plus naturelle que la majorité des colons pouvaient communiquer en français.

Dans les régions d'origine des immigrants, la situation était tout autre. Les foyers et les communautés locales étaient beaucoup plus stables et homogènes, et par conséquent, les patois ou les langues régionales pouvaient résister davantage à l'avancée du français.

Homogénéisation du français

L'unification linguistique de la Nouvelle-France s'est traduite par l'émergence graduelle d'une variété de français homogénéisée, qui est devenue plus tard le français québécois moderne. En plus des facteurs démographiques énumérés plus haut, on peut attribuer cette homogénéisation à plusieurs causes sociologiques qui ont dû catalyser ce type de changement linguistique.

D'abord, un grand nombre de colons ont considérablement amélioré leur statut social durant leur vie en Nouvelle-France[30]. Ensuite, plusieurs d'entre eux exerçaient simultanément plusieurs métiers : on trouvait des maîtres-charpentiers dans des fonctions administratives, des laboureurs qui étaient aussi artisans, des artisans qui faisaient office de notaires, etc. Enfin, on peut remarquer que l'élite coloniale était relativement accessible : par exemple, le gouverneur et l'intendant entendaient personnellement les requêtes des colons. Tous ces facteurs ont sans doute contribué à réduire les clivages sociaux, en même temps qu'ils ont entraîné de nouvelles exigences, dont celle d'une communication plus officielle en français.

Les usages typiques du français québécois ont progressivement émergé du large ensemble d'usages concurrentiels qui reflétaient la diversité des origines sociales ou régionales des colons. Mais ce processus d'unification linguistique ne s'est pas déroulé de façon uniforme. Sur certains points de la langue, un seul usage (français ou patois) a subsisté en français québécois. Sur d'autres, par contre, une partie de la variation sociale et stylistique du français du XVIIe siècle a été préservée.

Comme exemples du premier type d'évolution, on peut mentionner :
- la terminaison verbale *-ent* à la 3e personne du pluriel qui a éliminé sa concurrente, la terminaison *-ont*;
- l'emploi de *donner* qui a évincé celui de son ancien concurrent *bailler* (peut-être parce que *-ont* et *bailler* étaient surtout employés par les paysans et que ceux-ci n'étaient pas un groupe majoritaire parmi les immigrants);
- l'emploi du mot normand *gadelle* qui a triomphé de ses concurrents poitevin (*castille*) et français (*groseille*).

Comme exemples du deuxième type d'évolution, soulignons :

- le cas peu ordinaire des multiples formes du verbe *aller* à la 1re personne du singulier exprimant le futur proche ou une action habituelle : *je vas, j'm'en vas* pour *je vais, je m'en vais*[31];
- l'emploi de *dessus* et *dessous* pour *sur* et *sous*; l'emploi de *à matin/à soir* pour *ce matin/ce soir*;
- l'emploi de *le celle, la celle* et de *les ceux / ceusses* pour *celui, celle* et *ceux*;
- l'emploi de *mais que* + subjonctif («mais qu'il vienne…») pour *quand* + indicatif («quand il viendra…»).

Dans la plupart de ces cas de variation qui ont été maintenus en français québécois, deux ensembles de formes s'opposaient : les usages que les grammairiens normatifs de l'époque (Vaugelas, Malherbe) recommandaient à ceux qui voulaient bien parler (*je vais, sur, asseoir, ce matin*, etc.) et ceux qu'ils leur recommandaient d'éviter, sans doute parce qu'ils étaient plus typiques du parler populaire ou familier (*je vas, dessus, à matin*, etc.). Cela dit, alors que ces derniers usages ont fini par disparaître du français parlé en France, on les trouve encore dans les différents registres du français québécois contemporain.

L. R. Batchelor, *Jean Talon rendant visite aux premiers colons*, vers 1931.

En se rapprochant de ses sujets, l'Administration de la Nouvelle-France a favorisé l'adoption du français comme langue commune.

La très grande majorité des colons français venait de la moitié nord de la France, domaine de la langue d'oïl dont le dialecte français devint prépondérant. La langue d'oc occupait la moitié sud de la France.

Le français et le patois en Nouvelle-France

Si la majorité des colons parlaient le **français**, ils ne le parlaient pas tous de la même façon. Le théâtre de Molière révèle la diversité sociale des usages du français au XVIIe siècle. Dans les extraits ci-dessous, les personnages représentent des types sociaux situés en bas et en haut de l'échelle sociale.

CHARLOTTE (paysanne)
C'est donc le coup de vent da matin qui les avoit renvarsez dans la mar.
PIERROT (paysan)
Aga quien [Regarde, tiens!] Charlotte, je m'en vas te conter tou fin drait comme cela est venu [...] Je n'avons pas putost eu gagé que javons vu les deux hommes tout à plain, qui nous faisiont signe de les aller quérir. Allons, Lucas, çay je dit, tu vois bian qu'ils nous appelont : allons viste à leu secours.
DON LOUIS (aristocrate, père de Don Juan)
Non, insolent, je ne veux point m'asseoir, ny parler davantage et je vois bien que toutes mes paroles ne font rien sur ton âme; mais sçache fils indigne, que la tendresse paternelle est poussée à bout par tes actions, que je sauray plutost que tu ne penses, mettre une borne à tes déreglemens, prévenir sur toy le courroux du ciel, et laver par ta punition la honte de t'avoir fait naître.
(Extraits de *Don Juan* de Molière.)

Le parler des deux paysans est particulièrement intéressant, car, en plus des usages qui ont survécu en français québécois (*amatin*, *drait*, la prononciation 'ar' pour 'er', 'leu' pour 'leur', *je m'en vas* pour *je vais*, etc.), il comporte aussi des particularismes grammaticaux (par exemple, l'emploi de *je* et de la terminaison verbale -*ons* à la 1re personne du pluriel et de -*ont* à la 3e du pluriel) qui en ont disparu, bien que par ailleurs ils aient été conservés en français acadien.

Pour donner au lecteur une petite idée des caractéristiques des **patois** qui ont pu être employés en Nouvelle-France, nous fournissons ci-dessous un extrait de texte du XVIe siècle en patois poitevin[32]. On sait que la région Poitou-Charente a fourni un grand nombre d'immigrants (29%). Il est donc hautement probable que plusieurs des immigrants originaires de cette région parlaient ce type de patois :

> *Et mé d'estre pus estonny que s'ol ust grely ou tonny, I me frottis lé deux espalles quem iqualez qui ant les galles a meme oure in grond tabutar vinguit dire, quem in sotart, qu'i avé la moison guatie de Perrin Morea, ma pretie, pre mon fumer, qui ave mis tout rasibus de son logis, et que pr iqueu, ertet reson qu'i fisse abilly sa meson et qu'i poysse le dimage.*

Traduction en français[33] :

> [La scène se passe au tribunal] Et moi, d'être plus assommé que s'il eût grêlé ou tonné, je me frottai les deux épaules comme ceux qui ont la gale. Au même moment, un grand emmerdeur [avocat] vint dire, comme un sot, que j'avais endommagé la maison de Perrin Moreau, ma partie adverse, pour avoir mis mon fumier tout contre son habitation, et que, pour cela, il n'était que justice que je fasse réparer sa maison et que je paye le dommage.

On peut voir que, sur de nombreux aspects de sa structure (prononciation, grammaire, vocabulaire), ce patois présentait des particularismes qui le distinguaient du français. Signalons, entre autres, l'emploi du pronom *i* plutôt que *je* et du pronom impersonnel *o*, ici *ol* devant un mot à initiale vocalique (traits typiques du poitevin), ou celui des démonstratifs *iqualez* et *iqueu* («ceux/celles» et «cela»), l'emploi de désinences en -*i* au passé, la forme de *payer* à l'imparfait du subjonctif (*poysse*) et des noms tels que *sotart* et *tabutar*.

Raymond MOUGEON

9. Le français des premiers Canadiens

JEAN-DENIS **GENDRON**

La morphologie et la syntaxe

Tous les témoignages des visiteurs français et étrangers cités dans l'article de Lothar Wolf sont clairs et constants sur la *pureté* de la langue parlée en Nouvelle-France, c'est-à-dire sur le respect du bon usage dans les tournures de phrase et dans l'emploi des mots. Aussi les particularismes du français canadien traditionnel trouvent-ils leur source dans des usages courants, mais alors fort discutés à Paris, aux XVIIe et XVIIIe siècles[34]. Les exemples qui suivent illustrent bien ce fait :

- *cy /icy* adverbes joints aux substantifs dans des expressions comme *cet homme-icy, cet homme-cy*, les deux formes se faisant concurrence au XVIIe siècle. Vaugelas écrit :

  Tout Paris dit, par exemple, *cet homme-cy, ce temps-cy, cette année-cy*, mais la plus grand'part de la Cour dit, *cet homme-icy, ce temps-icy, cette année-icy* et trouve l'autre insupportable...

Le français canadien dans *c'moment-ici, c'te maison-ici* fait donc usage d'une expression qui était autrefois usuelle dans le bon usage parlé de la cour, dans l'usage de Vaugelas lui-même, mais non dans celui de Paris. Mais la langue populaire du XXe siècle, à Paris, connaît *ci* et *ici*. Le tour est également attesté pour le normand et le nantais :

- emploi de *y* pour *à lui, à elle*, en parlant des personnes (par exemple, j'y ai dit que...). Cet emploi, selon Vaugelas, était une faute commune parmi les courtisans. Pour l'Académie, c'est une faute véritable et, si on l'emploie, ce ne peut être que dans une conversation fort négligée. Vaugelas et l'Académie n'acceptent donc pas cet emploi comme faisant partie du bon usage, malgré le langage de la cour et malgré l'usage qu'en font Corneille, Molière, Pascal ou Mme de Sévigné. En dépit de cette condamnation, l'usage canadien traditionnel de *y* dans cette fonction particulière a donc une assise sociale solide, qui remonte au XVIIe siècle, en plus d'une assise géographique bien attestée dans les parlers régionaux.

D'autres traits de morphologie ou de syntaxe analogues sont abondamment discutés par Vaugelas, l'Académie ou d'autres grammairiens, tels : *dont* ou *d'où*, *résou* ou *résolu*, *assisez-vous* ou *asseyez-vous*, etc.

Tous ces usages, souvent perpétués jusqu'à aujourd'hui dans le français canadien traditionnel[35] (aujourd'hui surtout rural, ou encore populaire ou vieilli), remontent au XVIIe siècle et trouvent leur assise dans le français de cette époque, que ce soit celui de la cour ou de Paris, et ils sont par ailleurs souvent renforcés par le soutien qu'ils ont pu trouver dans les parlers régionaux. Ces usages québécois, aujourd'hui vieillis, étaient donc, à l'époque, conformes au bon usage, ou encore obéissaient aux variations de ce bon usage.

La prononciation du français au Canada

Second témoignage clair et constant des visiteurs, tout au long du Régime français : l'*absence d'accent* des Canadiens. On est en mesure de mieux comprendre aujourd'hui ces témoignages élogieux. On peut en effet faire le lien entre la prononciation du français à Paris aux XVIIe et XVIIIe siècles[36] et la prononciation courante dans le parler canadien de la même époque, grâce à l'étude des graphies dans les documents d'archives des XVIIe et XVIIIe siècles[37], cette prononciation canadienne ancienne s'étant par ailleurs largement perpétuée jusqu'à aujourd'hui dans la forme traditionnelle de ce parler.

Ainsi en est-il, à titre d'exemple, des prononciations suivantes :

- *Ustache, Ugène* pour *Eustache, Eugène*, prononciation qui ne sera rejetée en France qu'au cours du XIXe siècle[38] ;

- *parche, ouvarte*, etc., pour *perche, ouverte*, etc., prononciation discutée tout au long du XVIIe siècle et que la cour a imposée tardivement à la bourgeoisie et au peuple de Paris;

- *fret, pleyer, breyer, coreyeur* pour *froid, ployer, broyer, corroyeur*, prononciations discutées tout au long des XVIIe et XVIIIe siècles;

- *pognet, pognée*, etc., pour *poignet, poignée*, mots dont la prononciation avec [O] est courante à Paris jusqu'au XIXe siècle, alors que la graphie *oign* en vient graduellement à se prononcer [wa];

- *menusier, menuserie, essue-mains, cullière, julliette, tuliau, russeau* pour *menuisier, menuiserie, essuie-mains, cuillère, juillet, tuyau, ruisseau*, mots à propos desquels la langue de Paris a longtemps hésité entre les prononciations [y] et [Hi] pour ne s'arrêter à la prononciation [Hi] qu'au cours du XIXe siècle;

- *corialle, choronerie, chaurette* pour *carriole, charronnerie, charrette*, prononciation avec [A] postérieur, répandue de part et d'autre de l'Atlantique tout au long des XVIIe et XVIIIe siècles, et qui pose le problème des deux /A/, le [a] antérieur et le [A] postérieur. Alors que le français québécois est resté fidèle à la distribution ancienne des deux /A/, le français parisien, à partir du début du XIXe siècle, a procédé à une distribution nouvelle des deux voyelles, creusant ainsi un écart très marqué entre les deux parlers (exemples : *tache* et *tâche*, *patte* et *pâte*);

- *quin, tourquière, inguienne, raquiette, chaquieun, bayette*, etc., pour *tiens, tourtière, indienne, raquette, chacun, baguette*, tendance à la palatalisation des consonnes dentales [t] et [d] et vélaires [k] et [g] qui remonte très loin dans le parler de Paris, où elle a laissé des traces même dans le parler soigné jusqu'à la fin du XIX[e] siècle, et qui s'est perpétuée jusqu'à aujourd'hui dans le parler québécois soigné et traditionnel;

- *beu, neu, chéti* pour *bœuf, neuf, chétif*, mots dont la prononciation sans [f] s'est maintenue à Paris jusqu'à la fin du XVIII[e] siècle, pour se voir complètement rejetée au début du XIX[e] siècle.

D'autres exemples pourraient s'ajouter qui accentueraient encore davantage la parenté entre la prononciation qui avait cours à Paris et au Canada sous le Régime français. Cette parenté a par ailleurs été renforcée par le fait qu'un grand nombre de colons venaient des provinces de l'Ouest (Poitou, Saintonge, Aunis)[39]. Car on a constaté entre leur parler et celui de l'Île-de-France une communauté assez large de traits de prononciation qui a pu favoriser à l'époque un rapprochement, puis un alignement phonétique précoce sur le parler de Paris. On comprend alors qu'aient plutôt persisté «les formes phonétiques qui n'étaient pas tout à fait caractéristiques d'une province et se rattachaient à un type commun»[40].

Mais la conformité d'accent entre les parlers parisien et canadien aux XVIIe et XVIIIe siècles va se trouver remise en cause par la suite, car, tout au long du XIXe siècle, l'accent canadien sera perçu et jugé par les voyageurs français et étrangers[41] comme provincial. C'est que, à partir de la Révolution française (1789) et des bouleversements sociaux qu'elle engendre, le français de Paris va faire des choix de prononciation qui vont éloigner de façon sensible la forme soignée de ce parler[42] du français québécois traditionnel, resté, quant à lui, à peu près stationnaire, figé dans la forme qu'il avait prise à la fin du Régime français, forme qui, avec quelques variations, était alors commune aux deux parlers. Et le parler québécois n'évoluera collectivement dans sa prononciation, particulièrement dans l'usage public de la parole (radio, télévision), qu'à partir de la Révolution tranquille (1960) pour adopter alors, dans sa forme soignée, une nouvelle norme le rapprochant de celle de Paris[43].

Reste à déterminer où se serait opérée la rencontre entre le phonétisme des parlers régionaux et celui du parler de Paris : en France ou au Canada? On incline à croire aujourd'hui[44] que c'est en France même que l'opération se serait produite, et l'examen des faits phonétiques, tout comme la précocité des témoignages sur l'absence d'accent provincial, contribue à renforcer cette thèse. Si «dédialectalisation» il y a eu, elle aura été très rapide, et elle ne repose sur le plan phonétique que sur peu de faits[45], la masse de ceux-ci attestant, confortée en cela par les données de la méthode comparative[46], que le français était la langue de la grande majorité des émigrants, dès leur arrivée au Canada.

Le vocabulaire

Aussi, ce qui frappe les Européens francophones à la fin du Régime français, ce ne sont ni les manquements au bon usage ni l'accent, mais bien le vocabulaire des Canadiens, lequel commence à diverger. Plusieurs observateurs notent ces différences, dont Montcalm (1756), Bougainville (1758) et surtout d'Aleyrac (1755), qu'il vaut la peine de citer :

Tous les Canadiens parlent un français pareil au nôtre. Hormis quelques mots qui leur sont particuliers, empruntés d'ordinaire au langage des matelots, comme amarrer pour attacher, hâler pour tirer non seulement une corde mais quelque autre chose. Ils en ont forgé quelques-uns comme une tuque ou une fourole pour dire un bonnet de laine rouge... Ils disent une poche pour un sac, un mantelet pour un casaquin sans pli... une rafale pour un coup de vent, de pluie ou de neige; tanné au lieu d'ennuyé, chômer pour ne manquer de rien; la relevée pour l'après-midi; chance pour bonheur; miette pour moment; paré pour prêt à. L'expression la plus ordinaire est : de valeur, pour signifier qu'une chose est pénible à faire ou trop fâcheuse.

Ces témoignages établissent clairement qu'à la fin du Régime français ce qui distingue les Canadiens des Européens francophones, c'est le vocabulaire et les expressions. Ce que va amplement confirmer le père Pierre-Philippe Potier, belge de naissance et d'éducation française, qui s'attache à relever entre 1743 et 1758, à Québec, à Lorette et surtout au Détroit et à l'Île-au-Bois-Blanc où il est missionnaire, plus de mille expressions et locutions nouvelles sans jamais dire un mot de l'accent des Canadiens.

Potier témoigne abondamment que s'est développé au Canada, au cours des XVIIe et XVIIIe siècles, un vocabulaire courant, formé d'archaïsmes et de régionalismes, ainsi que d'emprunts aux langues amérindiennes[47]. Ce vocabulaire diffère, pour diverses raisons, du vocabulaire français usuel de l'époque, en même temps qu'il fait partie du fonds traditionnel du vocabulaire québécois, celui que l'on trouve consigné dans les différents glossaires, depuis 1880, et dans les atlas linguistiques parus ces dernières années[48].

Voici quelques exemples de régionalismes canadiens relevés par Potier :

Abrier, s'abrier [couvrir, s'abriter]	Gratte [planche, grattoir] pour les chemins
Être allège [vide, sans charge]	Gravois [gravier]
Attisée [bon feu, non renouvelé]	Il mouille [il pleut]
Bordages [bordures de glace]	Poudrerie [fine neige tourbillonnante]
Bûcher [abattre, couper] du bois	Il rase [frôle] la cinquantaine
Calé [chauve]	Ripe [copeaux] de bois
Chicot [reste, morceau] de bois	Une secousse [un certain temps]
Corder [empiler] du bois	Solage [fondations] d'une maison
Éjarré [jambes écartées]	Tirer au poignet [bras de fer]
Courir la galipote [partir en vadrouille]	Traîner [errer, vagabonder]
Garrocher [jeter, lancer]	Tuque [bonnet pointu en laine]
Gibelotte [mets peu réussi]	C'est de valeur! [c'est dommage!]

Ainsi, malgré ces quelques divergences de vocabulaire, l'ensemble des témoignages cités plus haut sur la qualité de la langue parlée en Nouvelle-France aux XVIIe et XVIIIe siècles montre bien que les fondements de la langue française au Canada se trouvent, non pas tant, sur les plans morpho-syntaxique et phonétique, dans les dialectes qui ont pu exister un certain temps dans la colonie, mais avant tout dans la langue commune française de l'époque qui a tôt fait de prédominer et de l'emporter sur toutes les autres formes de parler, s'imposant ainsi précocement à l'ensemble des Canadiens.

LE
DICTIONNAIRE
DE
L'ACADÉMIE
FRANÇOISE,
DEDIÉ AU ROY.
TOME PREMIER.
A—L

A PARIS,

Chez la Veuve de JEAN BAPTISTE COIGNARD, Imprimeur ordinaire du Roy,
& de l'Académie Françoise, ruë S. Jacques, à la Bible d'Or:

ET

Chez JEAN BAPTISTE COIGNARD, Imprimeur & Libraire ordinaire
du Roy, & de l'Académie Françoise, ruë S. Jacques, prés S. Severin, au Livre d'Or.

M. DC. LXXXXIV.
AVEC PRIVILEGE DE SA MAJESTE'.

Dictionnaire de l'Académie françoise, première édition parue en 1694. Le grammairien Vaugelas et l'Académie ont imposé leurs normes concernant le bon usage du français.

Cornelius Krieghoff, *The Blizzard*, 1860.

«Pour le coup, mon cher fils, je suis toute étourdy du tempt qu'il fais. [...] Ce matin, il poudre neige et faite un froid et une poudrerie comme je n'an ay jamais veu.»
(Lettre de Mme Bégon, 26 décembre 1748.)

Le rêve français en Amérique

10. *Rêve et réalité*

FERNAND **GRENIER**

> *Le rêve est plus puissant que la réalité...*
> *il est l'âme des choses.*
> (Anatole France, *Thaïs*)

On peut dater de 1624, alors que Richelieu devient premier ministre de Louis XIII, la formulation explicite du rêve d'un empire français d'Amérique. On parle alors d'une «France plus grande par la mer et plus grande au-delà des mers». L'établissement de la Compagnie de la Nouvelle-France, en avril 1627, permet d'espérer un vigoureux effort du Royaume tant sur le plan du commerce et de l'industrie que sur celui du peuplement. Au cours du siècle suivant, la traite des fourrures connaît certes un essor considérable, mais l'immigration française dépasse à peine 70 personnes par an en moyenne. Aussi, quand le traité de Paris de 1763 confirme la chute définitive de l'empire, la population francophone d'Amérique est-elle plus de vingt fois inférieure en nombre à celle des colonies britanniques voisines. Dépositaire d'un rêve inachevé, le peuple francophone, concentré dans la moyenne vallée du Saint-Laurent, mais déjà ramifié dans presque toute l'Amérique septentrionale, hérite d'un devoir de continuité particulièrement difficile à assumer.

La loi du nombre

En 1760, la Nouvelle-France compte à peine 70 000 habitants, alors que l'ensemble des colonies anglaises d'Amérique[1] compte 1 500 000 habitants. La loi du nombre a donc joué pour beaucoup dans la perte de la Nouvelle-France.

8

Sous le signe de la rivalité anglo-française

Les pêcheries sont la première cause de la rivalité anglo-française. Français et Basques, tôt au XVIe siècle et sans doute avant, fréquentent le littoral de Terre-Neuve, les côtes du golfe du Saint-Laurent ainsi que les îles et les deux rives de l'estuaire au moins jusqu'à la hauteur de Tadoussac. La morue et la baleine étant devenues des denrées essentielles en Europe, l'Acadie et les colonies anglaises poursuivent une rivalité qui s'intensifie et s'atténue au rythme des guerres et des traités; les Anglais s'emparent de Port-Royal à quatre reprises entre 1613 et 1710.

Du côté de la Nouvelle-France, les fourrures, celle du castor surtout, constituent l'ingrédient majeur de l'activité commerciale. Elles expliquent, tout comme la recherche de la mer de l'Ouest, le besoin d'explorer le continent et d'établir des postes de traite près des lacs et aux points de confluence des grandes rivières. Les relations sont particulièrement ardues avec certains groupes d'Iroquois, sollicités par les Hollandais et les Anglais en vue de mettre la main sur les fourrures que les Outaouais et les Cris, pourvoyeurs des précieuses peaux, obtiennent en abondance dans l'arrière-pays des Grands Lacs et du Saint-Laurent.

La position stratégique de Québec à la tête du réseau des fourrures explique les nombreux assauts dont elle est constamment l'objet. Dès 1628-1629, les frères Kirke forcent Champlain à rentrer en France. L'amiral Phipps se présente à son tour devant Québec le 16 octobre 1690, mais il doit lever l'ancre au bout de huit jours grâce à la fière attitude du gouverneur Frontenac et à la bravoure de ses miliciens et soldats. Vers la fin de l'été 1711, l'imposante flotte de Walker fait naufrage à l'île aux Œufs, dans l'estuaire du Saint-Laurent. Sauvée par le fleuve et par l'hiver menaçant, la Nouvelle-France n'est pourtant pas au bout de ses peines.

La guerre n'est pas encore déclarée en Europe, en effet, que les Virginiens, sous le commandement de George Washington, affrontent, en 1754, les Français dans la vallée de l'Ohio, voie stratégique entre le Saint-Laurent et la Louisiane. En dépit de quelques beaux succès militaires français, celui de Montcalm à Carillon, par exemple, la guerre, déclarée en 1756, conduira inéluctablement à la chute de Québec en septembre 1759, et à la capitulation de Montréal l'été suivant. La disproportion entre les forces militaires en présence, l'extrême dispersion des lieux à défendre, les secours en provenance de la France n'arrivant pas ou arrivant trop tard, tout cela explique l'impuissance à résister aux Anglais.

L'appropriation du territoire

Tous les noms de son pays, ceux qu'elle entendait tous les jours, comme ceux qu'elle n'avait entendus qu'une fois, se réveillèrent dans sa mémoire : les mille noms que des paysans pieux venus de France ont donnés aux lacs, aux rivières, aux villages de la contrée nouvelle qu'ils découvraient et peuplaient à mesure... lac à l'Eau-Claire... la Famine... Saint-Cœur-de-Marie... Trois-Pistoles... Sainte-Rose-du-Dégel... Pointe-aux-Outardes... Saint-André-de-l'Épouvante...

Louis HÉMON, *Maria Chapdelaine*, Paris, Nelson, 1941, p. 275-276.

Le français était naturellement la langue parlée dans l'empire français d'Amérique du Nord, aux XVIIe et XVIIIe siècles. Le découvreur Samuel de Champlain a connu très tôt l'existence des Grands Lacs. À l'époque de l'extension maximale de la Nouvelle-France, en 1712, le français était la langue d'usage à Terre-Neuve, en Acadie, dans la vallée laurentienne, à la baie d'Hudson, dans le bassin des Grands Lacs et dans la vallée du Mississippi jusqu'au golfe du Mexique. Il n'y a donc rien d'étonnant à ce qu'on trouve encore aujourd'hui plusieurs noms de lieux et de famille français partout en Amérique du Nord.

Dès le XVIe siècle, explorateurs et colonisateurs ont attribué des noms à des lieux géographiques de la Nouvelle-France. C'est à Jacques Cartier et à Samuel de Champlain, parmi les premiers, que l'on doit les toponymes *baie des Chaleurs, île d'Orléans, lac Saint-Pierre, mont Royal*. La carte de 1757 de l'ingénieur du roi J. N. Bellin, intitulée *Cours du fleuve de St. Laurent*, contient environ deux cents toponymes français dispersés dans la vallée laurentienne.

Les militaires, les missionnaires, les marchands de fourrure ont sillonné le continent nord-américain en tous sens en y laissant des noms de lieux français, souvent inspirés par les traits du relief de ce vaste territoire. Parmi les toponymes ainsi attribués, mentionnons : *brûlé, butte, chute, coulée, détour, détroit, plateau, portage, prairie, rapides, sault*.

Présents presque partout en Amérique du Nord, ces toponymes connaissent une grande fréquence et servent également à désigner des localités : *Brule* (Louisiane, Nebraska, Nouvelle-Écosse, Wisconsin); *Butte* (Alaska, Dakota du Nord, Montana, Nebraska); *Portage* (Indiana, Maine, Michigan, Pennsylvanie, Wisconsin).

Après la conquête de 1760, à la suite du contact linguistique entre le français et l'anglais, des appellations françaises ont été transformées, d'autres partiellement ou totalement traduites. Le linguiste américain G. R. Stewart mentionne, dans son dictionnaire des noms de lieux, les toponymes *Baraboo* (Wisconsin), qui vient de Baribault; *Castine* (Maine), évolution de Saint-Castin; *Deschutes River* (Oregon); *South Loup River* (Nebraska); *False River* (Louisiane), traduction de Fausse Rivière.

Les noms de villes et de personnalités françaises étaient encore peu représentés dans la toponymie du continent nord-américain avant 1760. Parmi les toponymes américains d'origine française qui rappellent des personnages célèbres, mentionnons : *Louisiane*, en l'honneur de Louis XIV; *Vincennes* (Indiana); les lacs *Pontchartrain* et *Maurepas* (Louisiane); le lac *Champlain* (Québec, New York, Vermont); les villes de *Jolliet, La Salle, Marquette*, qui apparaîtront plus tard; *La Nouvelle-Orléans* (Louisiane); le fort *Crèvecœur*, du nom d'un bourg de Normandie (Peoria, Illinois).

Après 1760, on comptera un plus grand nombre d'appellations d'origine française, des noms de personnes comme *La Fayette, Napoleon, Fremont, Juneau*; des toponymes transplantés : *Calais, Lyon, Montpelier, Paris, Versailles*; et des désignations du type *Belair, Bellerive, Belvedere*.

Jean POIRIER

La marche vers l'Ouest américain

Après 1763, la situation géopolitique est totalement modifiée. Ne restent plus de l'empire français américain que quelques îles des Antilles et des droits de pêche autour de Terre-Neuve, notamment aux îles Saint-Pierre et Miquelon. Les vieilles rivalités coloniales ne sont cependant pas éteintes puisque l'accès aux fourrures et le contrôle du Mississippi continuent à opposer les anciennes colonies de l'Est à la *Province of Quebec*, devenue colonie anglaise, et à la Louisiane, colonie espagnole. Dans le vaste intérieur continental, on trouve partout des Indiens, mais aussi des Métis et des Canadiens, habitants, traiteurs, coureurs des bois, voyageurs. En 1836, dans *Astoria*, Washington Irving pourra écrire qu'un «patois français, brodé de phrases anglaises et de mots indiens» est toujours la langue des fourrures à l'ouest du lac Supérieur. Une si tenace persistance est le fruit d'un long contact avec la terre et d'un intense commerce entre les peuples.

À l'ouest et au sud des Grands Lacs, d'importants noyaux de peuplement francophone subsistent ou sont créés après la Conquête. Il suffit de mentionner Cahokia (1699), Détroit (1701), Kaskaskia (1703), Vincennes (1732), Saint-Louis (1764) et Saint-Charles (1769)[2]. Des Canadiens et des Métis qui parlent français se rencontrent un peu partout près des postes de traite fondés jusque dans le Dakota, la Saskatchewan et le Manitoba actuels. C'est ainsi que, lorsque le nouvel État de Virginie établit le comté d'Illinois, en décembre 1778, John Todd désigne, à Cahokia, François Trottier au poste de capitaine de milice, Michel Beaulieu et Pierre Godin à ceux de capitaines de compagnie.

Bien encadrés par les autorités coloniales britanniques, les Canadiens de Montréal et de Québec résistent à l'invasion américaine de 1775 par les rivières Richelieu et Chaudière. Cela n'empêche cependant pas Clément Gosselin, originaire de l'île d'Orléans, de former avec Amable Boileau un bataillon dans l'État de New York et, comme plusieurs de ses compatriotes, de rallier la cause de l'Indépendance. Pendant que la France de Louis XVI appuie la cause des Américains contre l'Angleterre, envoie des troupes et confie d'importantes missions au comte de Rochambeau et au marquis de La Fayette, le curé Gibault (1737-1804) entraîne les Canadiens catholiques et les Indiens des Illinois à favoriser l'indépendance des anciennes colonies anglaises; un grand nombre iront s'enrôler en Virginie, à Albany, à New York et dans le Connecticut[3]. Ces mêmes Canadiens joueront, pendant tout le siècle suivant, un rôle essentiel dans l'organisation des États du Centre et du Midwest.

Dans les années suivant la Conquête, bon nombre de Canadiens vont rejoindre les Français et les Acadiens à La Nouvelle-Orléans et ils sont actifs dans toute la Louisiane espagnole. Un plan cadastral de Saint-Louis dressé en 1780 montre des lots étirés à la manière du rang québécois et des noms de propriétaires, tels Desruisseau, Dodier, Guyon, Péroux, Dion, Soulard, Lucas, Laroche. En 1794, la Compagnie de commerce créée à Saint-Louis en vue d'explorer le haut Missouri compte parmi ses

Les patronymes français

Les colons venus de France ont transmis leurs noms de famille, un des éléments fondamentaux du patrimoine, à leurs descendants. Le *Dictionnaire généalogique* de René Jetté, qui retrace le réseau des familles ancestrales françaises en Nouvelle-France, permet de connaître les quelque 2000 patronymes (avec les formes d'origine et leurs variantes) des pionniers.

Contrairement aux toponymes qui ont une attache territoriale précise, les noms de personnes se sont déplacés plus facilement. À peine installés dans la vallée du Saint-Laurent, des pionniers français ont migré vers l'ouest et le sud du continent nord-américain. Des déplacements considérables se feront ainsi périodiquement, à cause notamment de la traite des fourrures, des déportations dues aux guerres (comme en Acadie) et du sous-développement (comme l'exode historique de plus de 900 000 Canadiens français vers les États-Unis entre 1840 et 1940).

La consultation des répertoires de noms de famille des États-Unis et du Canada permet de prendre conscience de cette réalité. Très révélateur à cet égard est le répertoire réalisé par E. C. Smith, en 1988, sur les noms de famille les plus répandus aux États-Unis. Ainsi, plus de 6 % des quelque 30 000 patronymes contenus dans cet ouvrage sont français. Ce répertoire montre en outre que, si plusieurs noms de famille ont conservé leur forme française (*Bernier, Fortier, Grenier, Plamondon*), d'autres ont été adaptés (*O'Quin* pour *Aucoin*; *Bessett* pour *Bessette*; *Clutter* pour *Cloutier*), ou traduits dans certains cas (*Boisvert* en *Greenwood*; *Meunier* en *Miller*; *Roy* en *King*).

Jean POIRIER

10

---

sociétaires Laurent Durocher, Joseph Robidoux, Charles Sanguinet et Hyacinthe Rouillard. C'est d'ailleurs à Jean-Baptiste Truteau, originaire de Montréal et instituteur à Saint-Louis depuis 1774, qu'elle confiera, à la demande de Don Zénon Trudeau, lieutenant-gouverneur espagnol pour les Illinois, la mission de conduire une expédition et de trafiquer chez les Aricaras, à plus de 1500 kilomètres de l'embouchure du Missouri[4].

Lors de leur célèbre exploration, commandée par le président Jefferson en vue de connaître les limites de la Louisiane récemment achetée de Napoléon, Lewis et Clarke utilisent abondamment les récits des explorateurs canadiens qui les ont précédés. Ils se font d'ailleurs accompagner par des voyageurs canadiens expérimentés et par d'habiles chasseurs, tels François Labiche et Georges Drouillard. Au printemps 1805, au village des Mandanes, ils embauchent René Jusseaume et Toussaint Charbonneau, trappeurs qui connaissent plusieurs langues indiennes. La jeune femme de Charbonneau, Sacajewea, «la femme-oiseau», de la nation des Serpents, joue un rôle diplomatique marquant dans la poursuite de l'expédition. Après avoir dépassé les villages de Saint-Charles et de La Charette ainsi que les rivières Gasconnade, Boueuse, Saline, Feu-de-Prairie et Corne-de-Cerf, les découvreurs doivent en effet aborder une région moins connue, jusqu'au fleuve Columbia et l'océan Pacifique qu'ils atteignent à la fin de l'année.

Dans le contexte du brassage interethnique qui caractérise son histoire au XIXe siècle, l'Ouest américain conserve longtemps un très fort pouvoir d'attraction auprès des Canadiens français. Ainsi, Julien Dubuque (1762-1810), coureur des bois originaire de Saint-Pierre-les-Becquets, s'établit à la Prairie-du-Chien vers 1785 et, en 1805, exploite encore une mine de plomb où travaillent des Canadiens, des Métis et des Indiens; la ville de Dubuque (Iowa) sera nommée en son honneur. De même, Prudent Beaudry, frère de Jean-Louis, maire de Montréal en 1862, deviendra lui-même maire de Los Angeles en 1874. Rémi Nadeau, émigré d'abord au New Hampshire, s'intéresse ensuite aux chemins de fer de l'Ouest et devient l'un des premiers grands viticulteurs de la Californie. Le plus célèbre est peut-être Jean-Charles Frémont (1813-1890), ingénieur topographe qui explore les Rocheuses après 1838, est élu sénateur du nouvel État de Californie en 1850 et devient le premier candidat du parti républicain à la présidence des États-Unis en 1856; par la suite, général dans les troupes nordistes lors de la guerre de Sécession, il termine sa carrière comme gouverneur du territoire d'Arizona (1878-1882); le nom de quatre villes et celui du mont Fremont (4189 m) perpétuent son souvenir dans la toponymie américaine.

Pendant la seconde moitié du XIXe siècle, la poursuite du rêve français se dilue à travers le métissage racial, linguistique et culturel dans le vaste mouvement de colonisation, de guerres indiennes et d'acquisitions territoriales qui couvre tout l'ouest des États-Unis[5]. Il en va de même au Canada, sous le signe de la Confédération et des chemins de fer; l'échec de Riel, en 1885, marque la fin du rêve d'une nation métisse parlant français.

Nostalgie à la mode du temps

Solidement établis dans la vallée du Saint-Laurent, les Canadiens français, grâce à une fécondité exceptionnelle, peuplent presque entièrement les seigneuries et se lancent à la conquête des Cantons-de-l'Est où les ont précédés depuis 1783 des loyalistes anglophones. Attirés par l'industrie, ils émigrent en grand nombre vers les villes de la Nouvelle-Angleterre, y fondant des paroisses catholiques et des journaux de langue française. Sur tous les fronts, ils doivent défendre leur langue et leur religion qui deviennent ainsi les ingrédients obligés de leur rêve national. Le lien avec la France, s'il n'est pas complètement interrompu, n'est guère entretenu avec régularité sinon par les élites du clergé, de la politique et du journalisme. Déjà, en 1809, Denis-Benjamin Viger dénonce les «importants» qui ne cessent de «crier» contre les Français qui, selon lui, n'ont ni le désir ni la capacité de reconquérir leur ancienne colonie. Le véritable danger, toujours selon Viger, ce sont les Américains et il faut se «garantir contre la contagion de leurs principes[6]».

En juillet 1855, *La Capricieuse*, premier vaisseau français accostant à Québec depuis 1760, soulève l'enthousiasme populaire même si sa mission est avant tout commerciale. Cette année-là, l'avocat et député Joseph-Guillaume Barthe, alors en

Villes américaines fondées par des Canadiens français, maquette de char allégorique pour un défilé de la Saint-Jean-Baptiste, 1949.

mission en France pour l'Institut canadien et collaborateur à *La Gazette de France*, après avoir longuement insisté sur le patriotisme et la «piété nationale» des Canadiens, implore l'appui «moral» en faveur de sa société qui «soupire après le regard de la France pour y lire un signe d'encouragement». Et il ajoute : «La France pourrait-elle lui refuser son sourire d'approbation[7] ?»

Pendant que les politiciens, les journalistes et le clergé font leur pain quotidien des thèmes nationalistes, des écrivains de la fin du XIXe siècle, comme Louis Fréchette, puisent abondamment dans le courant romantique et expriment la nostalgie du souvenir français[8]. Confiant en la fécondité des Canadiens français, Faucher de Saint-Maurice écrit en 1890 : «[...] tôt ou tard, en marchant ensemble, nous arriverons à être une grande nation [...]. Un jour nous serons la France catholique américaine.[9]» À la même époque, exilé au Havre, Octave Crémazie se demande s'il ne devrait pas écrire en iroquois, car, en France, «on ne prend pas la peine de lire un livre écrit en français par un colon de Québec ou de Montréal». Edmond de Nevers n'hésite pas, quant à lui, à prédire l'éventualité du rattachement au Québec d'une bonne partie de la Nouvelle-Angleterre. «Un État français, libre, indépendant, autonome [...] à l'heure voulue par la divine Providence», précise Jules-Paul Tardivel en 1901[10]. L'utopie nationaliste, alors d'inspiration romantique, cherche l'avenir du peuple canadien-français un peu dans toutes les directions, mais trouve souvent des portes closes.

Arrivée de *La Capricieuse* en rade de Québec, le 13 juillet 1855

La Capricieuse

Je ne suis pas très vieux; pourtant j'ai souvenance
Du jour où notre fleuve, après un siècle entier,
Pour la première fois vit un vaisseau de France
Mirer dans nos flots clairs son étendard altier.
....
C'était l'enfant perdu qui retrouvait sa mère;
C'était la mère en pleurs embrassant son enfant.
....
Ce beau jour fut pour nous presque une délivrance;
L'embrassement fut long; on pleurait à genoux…

Louis FRÉCHETTE, *La Légende d'un peuple*, 1887.

11

Implantée en Acadie, en Nouvelle-France et en Louisiane, la présence française s'est propagée dans l'ensemble du continent nord-américain. Cette présence a engendré un rêve qui, suivant les vicissitudes de l'histoire, s'est traduit dans des réalités couvrant toutes les sphères de la vie des collectivités. Les traces, révélées dans notre survol qui se termine à l'aube du XXe siècle, manifestent des aspects essentiels et durables de la civilisation moderne de l'Amérique.

«La France catholique américaine»

Encouragé par une lettre du géographe Onésime Reclus — à qui on doit le mot francophonie — et qui croyait très fermement à la «victoire en Amérique» des Canadiens français, à cause de leur «fécondité supérieure», Faucher de Saint-Maurice souscrit à l'idée que ces derniers «allaient franciser la Nouvelle-Angleterre»:

«N'est-ce pas la nationalité canadienne-française qui, en jetant son vote dans la balance politique, a porté aux honneurs de la présidence des États-Unis, M. Cleveland?

En 1760, je me plais à le répéter, les Canadiens français étaient 60 000. Aujourd'hui ils sont 1 073 820 au Canada, 102 743 dans Ontario, et, d'après les calculs de M. Chamberlin, 800 000 aux États-Unis.

Les provinces maritimes comptent 108 605 Acadiens, qui sont pour nous les frères des mauvais jours comme des jours ensoleillés.

Avec du courage, de la persévérance, de l'union, du travail et par-dessus tout un dévouement incessant à notre religion et à notre langue, l'avenir ne peut faire autrement que d'être à nous tous. Tôt ou tard, en marchant ensemble, nous arriverons à être une grande nation. La conclusion logique de ce travail ne peut être autre que celle-ci: Un jour nous serons la France catholique américaine.»

FAUCHER DE SAINT-MAURICE,
La question du jour – Resterons-nous français?, 1890.

12

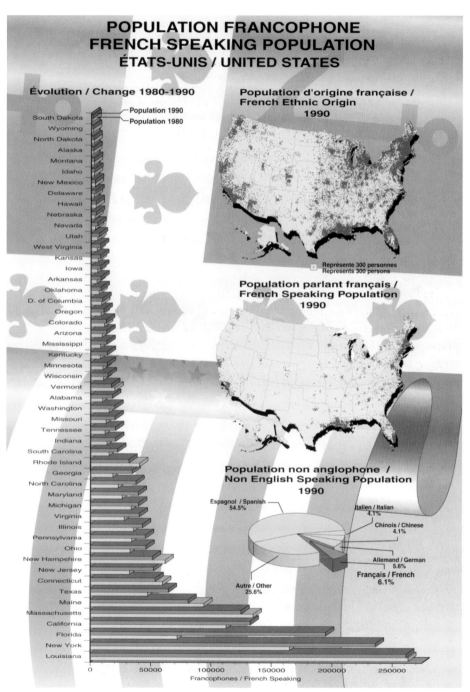

POPULATION FRANCOPHONE
FRENCH SPEAKING POPULATION
ÉTATS-UNIS / UNITED STATES

Évolution / Change 1980-1990

Population 1990
Population 1980

South Dakota
Wyoming
North Dakota
Alaska
Montana
Idaho
New Mexico
Delaware
Hawaii
Nebraska
Nevada
Utah
West Virginia
Kansas
Iowa
Arkansas
Oklahoma
D. of Columbia
Oregon
Colorado
Arizona
Mississippi
Kentucky
Minnesota
Wisconsin
Vermont
Alabama
Washington
Missouri
Tennessee
Indiana
South Carolina
Rhode Island
Georgia
North Carolina
Maryland
Michigan
Virginia
Illinois
Pennsylvania
Ohio
New Hampshire
New Jersey
Connecticut
Texas
Maine
Massachusetts
California
Florida
New York
Louisiana

0   50000   100000   150000   200000   250000
Francophones / French Speaking

Population d'origine française / French Ethnic Origin 1990

Représente 300 personnes
Represents 300 persons

Population parlant français / French Speaking Population 1990

Population non anglophone / Non English Speaking Population 1990

Espagnol / Spanish 54.5%
Italien / Italian 4.1%
Chinois / Chinese 4.1%
Allemand / German 5.6%
Français / French 6.1%
Autre / Other 25.6%

En 1990, aux États-Unis, les États de Louisiane, de New York et de Floride sont ceux qui comptaient le plus de francophones.

2 | LE FRANÇAIS : LANGUE SANS STATUT

1760-1850

Après la Conquête de 1760, le Québec est en quelque sorte
« une colonie française avec une garnison anglaise ».

Vue d'ensemble de la deuxième partie

Après la Conquête, le Canada sera-t-il anglais? En principe, il devrait l'être. Mais les différents textes de nature constitutionnelle qui jalonnent le Régime britannique ne se prononcent jamais sur le statut des langues, sauf l'article 41 de l'Acte d'Union qui fait de l'anglais la seule langue de la législature. Bref, au cours de ces cent années, le français demeure une langue sans statut officiel.

Par contre, dans la vie réelle, l'usage l'emportera sur le statut. Jusqu'à la fin de cette période, les Canadiens demeurant largement majoritaires, on est donc forcé de communiquer avec eux en français! Les journaux se font bilingues, la justice est rendue dans les deux langues, la première Assemblée législative décide elle-même d'employer le français. Pendant plus d'un demi-siècle, les Canadiens réclameront l'usage de leur langue à côté de l'anglais, tout simplement, disent-ils, parce qu'ils sont de loyaux sujets britanniques et que l'Angleterre se doit de respecter les droits de ses citoyens.

Bientôt cependant, le discours va changer de registre. Les tentatives d'anglicisation se succèdent, clairement exprimées, aussi bien en politique que dans l'instruction publique. L'immigration anglophone afflue vers le Bas-Canada, les marchands britanniques contrôlent l'économie, et Montréal sera majoritairement anglophone de 1831 à 1867. Si une certaine élite canadienne flirtait avec l'anglomanie à la mode, les alliances et les relations entre les deux groupes se font désormais rares et tendues; on assiste à la naissance des «deux solitudes».

En 1840, l'union des deux Canadas vient concrétiser le dessein bien arrêté d'angliciser les Canadiens. Les hommes politiques et les journalistes les plus lucides sonnent le réveil. S'opère alors une prise de conscience qui fait passer la langue au niveau du débat politique et du sentiment national. La lutte pour l'abrogation de l'article 41 de l'Acte d'Union oppose deux «nationalités» : la «race française» qui dit non à l'assimilation pour préserver son identité, et la «race anglaise» qui utilise le système politique pour «absorber» la première.

LES «CANADIENS»

D'une façon générale, sous le Régime britannique, l'appellation «Canadiens» désigne les descendants des colons français qui se sont établis en Nouvelle-France et qui continuent habituellement à parler français, par opposition aux «Britanniques» ou aux «Anglais», nouveaux occupants et nouveaux immigrants. Toutefois, vers la fin de cette période, ces derniers commencent aussi à s'appeler «Canadiens». Les mots «peuple», mais surtout «race» et «nationalité» sont souvent utilisés pour désigner les deux groupes en présence. Le sentiment d'identité se cherche à travers les mots. Mais les tentatives d'anglicisation forcée vont finalement amener les Canadiens à se définir comme peuple distinct, différent des Français, des Britanniques et des Américains.

ESPACE ET LANGUE

En 1763, l'empire français est amputé de ses grands espaces. Dans l'imaginaire des Canadiens, le sentiment d'appartenance ne s'étend plus beaucoup au-delà de la vallée du Saint-Laurent. De plus, le lien culturel avec la France est pratiquement coupé.

Dans cet espace géopolitique et culturel restreint, la langue française survit et se développe en vase clos. Elle est surtout en contact constant avec l'anglais, si bien que, vers la fin de cette période, les Canadiens vivent dans un espace visuel (affichage, etc.) complètement anglais. Les journaux et les tribunaux créent un bilinguisme «bâtard». La langue est envahie par les anglicismes. Bref, le contraste est grand entre les témoignages de 1760 sur la pureté du français des Canadiens, et ceux du XIXᵉ siècle sur le «jargon» qu'on parle au Canada.

HISTOIRE ET POLITIQUE

L'histoire du Canada de l'époque se confond en grande partie avec les luttes qu'ont menées les Canadiens pour la reconnaissance de leurs institutions, de leur langue et de leurs droits. Bien qu'animée du désir d'*anglifier* la colonie à tout prix, l'Angleterre a parfois temporisé pour éviter que ses sujets ne cèdent à la tentation d'indépendance portée par les révolutions française et américaine. L'expérience parlementaire a amené l'émergence de grands chefs politiques, tels que Panet, Viger, Papineau, La Fontaine, qui ont su défendre les intérêts des Canadiens.

CULTURE ET SOCIÉTÉ

En moins de cent ans, le nombre des Canadiens d'origine française se multiplie par 10, passant de 70 000 à 696 000. L'immigration anglaise aura pourtant raison de ce nombre puisqu'en 1851 la population du Haut-Canada dépassera celle du Bas-Canada. La vie canadienne reste largement organisée autour des paroisses de campagne, où les curés assurent la préservation du français.

À compter de 1830, on ne trouve plus de terres à cultiver. Les jeunes s'exilent aux États-Unis ou s'en vont à Montréal. Ils se retrouvent alors au bas de l'échelle sociale, dans un milieu de travail dominé par les anglophones. L'analphabétisme caractérise cette période, les projets de création d'écoles, la plupart du temps teintés de visées assimilatrices, se heurtent à l'opposition du clergé. La dernière décennie verra pourtant la mise en place d'un véritable réseau scolaire.

En 1764, la première imprimerie voit le jour à Québec. La nouvelle élite canadienne crée des sociétés littéraires, anime des journaux et favorise l'éclosion des premières œuvres d'une littérature proprement canadienne.

A. Sherriff Scott, *L'Entrée des troupes britanniques à Montréal*, 1760.

Avec la capitulation de Montréal s'écroule le rêve d'un empire français en Amérique.

La langue d'un pays conquis

11. *Une langue sans statut*

DENIS VAUGEOIS

Le 23 juin 1759, les sentinelles postées sur l'île d'Orléans font le compte : 29 vaisseaux de ligne, 12 frégates et corvettes, 2 galiotes à bombes, 80 transports, entre 50 et 60 bateaux et goélettes. La flotte ennemie transporte 39 000 hommes.

Le 13 septembre, les généraux Wolfe et Montcalm s'affrontent sur les Plaines d'Abraham. Cinq jours plus tard, Ramezay, le major de Québec, capitule.

Après un siècle de luttes, de multiples tentatives d'invasion, les Anglo-Américains sentent la conquête de la Nouvelle-France à leur portée. Dès le printemps 1760, trois armées totalisant près de 20 000 hommes marchent sur Montréal. L'officier français Lévis, commandant en second sous Montcalm, sait qu'il peut compter sur 3600 soldats réguliers et «un millier d'Indiens» si les «marchandises de traite» arrivent à temps. Les miliciens canadiens? Ils seraient plus nécessaires que jamais. Hélas, ils sont «cordialement fatigués» de la guerre. Le gouverneur Vaudreuil le reconnaît : «Il y a maintenant dans toutes les paroisses plus d'infirmes que de gens en santé[1]».

Le 7 septembre 1760, le commandant Bougainville fait la navette entre Amherst, commandant en chef des troupes britanniques, et Vaudreuil. Ce dernier a préparé un projet de capitulation de Montréal en 55 points. «Les français et Canadiens Continüeront d'Estre Gouvernés Suivant La Coutume de Paris et les Loix et Usages Etablis pour ce pays», propose-t-il dans l'article 42. «Ils deviennent Sujets du Roy», répond Amherst[2].

Vaudreuil capitule dans le plein sens du terme, le 8 au matin. Amherst fait préparer un duplicata portant sa signature. Aussitôt le colonel Frederick Haldimand prend possession de la ville avec mandat de mettre à exécution les articles de la capitulation. D'origine suisse alémanique, «il se voit confier la tâche d'organiser l'embarquement des militaires et fonctionnaires français» en tant qu'officier de liaison détaché auprès du gouverneur Vaudreuil.

1763   Formation d'une nouvelle colonie britannique

Outre les militaires, les administrateurs coloniaux rentrent en France. Plus de 300 chefs de famille les imitent. Michel Chartier de Lotbinière est de ceux-là.

Quels sont ceux qui restent? Environ 10 000 chefs de famille établis dans la vallée du Saint-Laurent. Parmi eux, quelques seigneurs, officiers et hommes de loi et une population de plus de 65 000 personnes, dont 50 000 vivent de l'agriculture.

Une société décapitée, mais déterminée à vivre. La guerre est finie. Le soulagement est grand. Dans la région de Québec, les maisons sont à reconstruire, les troupeaux à reconstituer. Que vaut l'argent de papier des Français? On verra[3]. Avant de s'embarquer pour la France, Lévis a le temps de «s'étonner de voir avec quelle facilité les habitants du gouvernement de Québec paraissent s'accommoder des occupants[4]».

C'est que les Canadiens n'ont pas eu la vie facile durant la guerre. Et même avant. Pour l'instant, les troupes britanniques se conduisent mieux que les troupes françaises. Les Canadiens l'apprécient. On leur a promis de respecter leurs biens – du moins ce qui en reste –, leur religion et leurs lois. Leur langue? On n'en parle pas encore.

Les capitulations de Québec et de Montréal ont été rédigées en français. Il en sera de même du traité de Paris de 1763. Paradoxalement, le document qui fait du Canada une colonie britannique est rédigé en français. L'administration de la nouvelle colonie, la *Province of Quebec*, s'organisera en français. Murray, Gage et Burton se verront confier les gouvernements de Québec, Montréal et Trois-Rivières. Les deux premiers savent le français. C'est moins sûr pour Burton, mais il le comprend. De toute façon, à titre de gouverneur de Trois-Rivières, il jouera à la chaise musicale avec Haldimand. À noter aussi que les secrétaires de chacun des trois gouvernements seront des huguenots de langue française : Hector Theophilus Cramahé à Québec, Georges Mathurin à Montréal, John Bruyères et Louis de Mestral à Trois-Rivières.

Amputée des Pays d'en Haut, Michillimakinac, Détroit et de la région des Illinois, Vincennes, Cahokia, Kaskaskia, Sainte-Geneviève, Prairie-du-Rocher, la province de Québec créée en 1763 est réduite aux deux rives du Saint-Laurent. Londres a dû faire

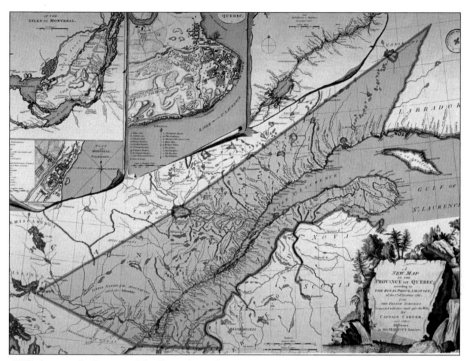

1763 : la nouvelle *Province of Quebec*, colonie britannique.

vite. À l'ouest, les ministres Egremont et Halifax ont improvisé un immense territoire indien dans lequel vivent des centaines de Canadiens parmi les plus entreprenants et les plus actifs. Au sud, la Louisiane, la grande Louisiane, il faut le préciser, a été cédée à l'Espagne.

Organisée autour de Québec, Trois-Rivières et Montréal, la province de Québec est l'ombre famélique de l'ancienne Nouvelle-France dont le cœur était le centre même du continent. Subdivisée en quelque 200 seigneuries ou fiefs, cette nouvelle colonie britannique offre plus de 8 000 000 d'arpents de terres accessibles, dont 3 % seulement sont défrichés et 12,5 % sont concédés. En tant que cultivateurs, les Canadiens ont donc un espace suffisant pour se développer. Sans sortir de la zone seigneuriale, ils pourront atteindre le demi-million et constituer une force de résistance qui pourra tenir au moins jusque vers les années 1820 et 1830.

Au lendemain du traité de Paris de 1763, les Canadiens acceptent d'être gouvernés par les Britanniques. Le temps de le dire, des amitiés se développent, des liens se tissent. À Trois-Rivières, John Bruyères s'éprend de Catherine-Élisabeth Pommereau, veuve et remariée. En 1764, ils se marient devant un ministre protestant. L'Église accorde son pardon en pareil cas, à la condition que les catholiques mariés à des protestants fassent pénitence[5]. Les mariages mixtes se multiplient. Les nouveaux venus choisissent bien et, à l'exemple de Bruyères, tombent comme par hasard sur les plus riches héritières.

L'auteur de *L'Histoire d'Émilie Montague*, Frances Brooke, note le fort penchant de certaines Canadiennes pour les officiers anglais : «Les Dames [de Montréal] qui semblent faire du plaisir leur unique affaire, m'ont paru belles. Je les ai presque toutes vues ce matin se promenant autour de la Ville, dans des calèches, avec des Officiers anglais. Elles ont un air de vivacité qui charme[6]».

Les Canadiennes sont sûres d'elles. Les Canadiens aussi. «Ils s'attendent, observe l'historien Maurice Séguin, à être traités comme doit être traité un peuple depuis longtemps établi sur un territoire que ce peuple considère comme sa patrie et où il constitue l'immense majorité principalement à l'extérieur des villes.» Si des différends surgissent dans l'administration de la justice[7], il en va tout autrement pour la question des frontières. En effet, Canadiens et marchands anglais s'entendent tout à fait sur l'urgence de placer sous la juridiction de Québec l'immense et riche région des Grands Lacs. Le pays des fourrures.

La révolte des treize colonies américaines sera l'occasion de corriger la constitution peu appropriée de 1763. Londres se mettra à l'écoute des Canadiens.

1775-1783   Les Canadiens et la Révolution américaine

Ingénieur militaire, cadre supérieur de l'administration française, Michel Chartier de Lotbinière a choisi de passer en France avec son fils, Michel-Eustache-Gaspard-Alain, laissant derrière lui sa femme et sa fille. Il n'y rencontre que déceptions. Il revient dans son pays natal et acquiert de nouvelles seigneuries, dont celles de Vaudreuil et de Rigaud, à l'ouest de Montréal, et celle de Hocquart, dans la région du lac Champlain où il possède déjà celle d'Alainville. Ces seigneuries se trouvent en territoire new-yorkais, vu la frontière déterminée par la Proclamation royale de 1763. Il prend le chemin de Londres pour faire valoir ses titres de propriété. Il y est en 1774 au moment de l'étude de l'Acte de Québec. Il se présente devant la Chambre des communes «tant en son nom qu'au nom des Canadiens». Il plaide pour un «pouvoir législatif» confié «aux plus gros propriétaires de terres dans ce pays»; il termine sa présentation par une défense de la langue française, proposant qu'elle «soit la seule emploiée dans tout ce qui traitera et sera arrêté pour toute affaire publique, tant dans les cours de justice, que dans l'assemblée du corps législatif[8]». Le législateur britannique en décida autrement, le premier ministre d'alors, lord North, jugeant, à l'instar de Carleton, prématuré d'accorder une chambre d'assemblée ou d'aborder la question de la langue. Il accepta toutefois d'élargir le Conseil chargé d'assister le gouverneur, d'y nommer un bon nombre de Canadiens (8 sur 27), de rétablir les lois civiles françaises, de conserver la tenure seigneuriale, d'ignorer pour les Canadiens le serment du Test[9], d'instaurer

Cornelius Kreighoff, *Officier courtisant une jeune fille.*

Les Ursulines s'inquiètent de leurs anciennes élèves. «Les Anglais agrègent tous les jours des demoiselles françaises par des mariages contractés selon les lois anglaises», écrit l'une d'entre elles en 1766.

l'obligation de payer la dîme et enfin d'annexer à la province de Québec la vallée de l'Ohio et la région des Grands Lacs. Les Américains suffoquent de colère. Ils attaqueront Québec.

À l'été de 1775, Benedict Arnold marche sur Québec par la vallée de la rivière Chaudière, tandis que Richard Montgomery avance par la rivière Richelieu en direction de Montréal.

Comblés par l'Acte de Québec, des seigneurs se mobilisent autour de François-Marie Picoté de Belestre et Joseph-Dominique-Emmanuel Le Moyne de Longueuil. Pendant six semaines, ils tiendront tête aux Américains à Saint-Jean. Parmi eux, Michel-Eustache-Gaspard-Alain Chartier de Lotbinière qui, avec plusieurs autres seigneurs canadiens, sera amené en captivité dans les Treize Colonies.

L'indépendance des États-Unis (1783) oblige les Britanniques à un sérieux examen de conscience. Deux jeunes parlementaires, William Pitt et William Grenville, prennent bientôt les commandes. Ils n'ont pas besoin de longues explications. Tous deux âgés de trente ans, cousins et complices, ils ont un lourd héritage politique. Pitt, le père, a tout fait pour empêcher l'indépendance des États-Unis; Grenville, le père également, a presque tout fait pour la provoquer avec son régime de taxation.

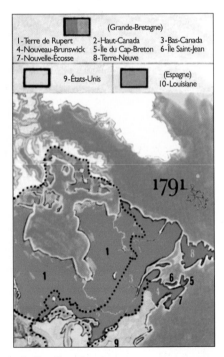

Les frontières successives de la province de Québec et du Bas-Canada.

Les Loyalistes, ceux-là même qui ont résisté jusqu'à la fin à la séparation, à l'indépendance des États-Unis, prennent la route de l'exil. Près de 6000 d'entre eux gagnent la province de Québec. Avec étonnement, ils découvrent qu'on y parle français, qu'on y vit en français. Autre déception, c'est la seule partie de l'Amérique du Nord sans institutions parlementaires.

Les Loyalistes ne sont pas longs à réagir. Prudent, le gouverneur Haldimand a tenu à ce qu'ils s'installent au nord du lac Ontario. Ils demandent immédiatement à être débarrassés de la tenure seigneuriale et des lois civiles françaises; ils réclament un district séparé du futur Bas-Canada. Ils n'ont rien en commun avec les Canadiens et guère plus avec les marchands anglais de Montréal.

Au recensement ordonné par Haldimand en 1784, on dénombre 113 000 Canadiens. Ces derniers n'ont pas l'intention de s'en laisser imposer. À son retour d'Angleterre, Carleton, devenu lord Dorchester et redevenu gouverneur de la province de Québec, veut bien les écouter, mais d'autres voix se font entendre, dont celles de quelques Loyalistes qui se sont glissés dans son entourage. Le nouveau juge en chef, William Smith, est de ceux-là. Il se fait le champion des intérêts des colons britanniques. À long terme, ne peut-on envisager l'assimilation des Canadiens ? N'est-ce pas le sort que les colons hollandais ont connu dans l'État de New York d'où il vient ?

Londres commence par accorder des districts judiciaires aux Loyalistes, mais sans les lois anglaises. Rien n'est réglé. En 1789, Grenville devient ministre des Colonies. Il opte pour la division. La province de Québec donnera naissance au Haut et au Bas-Canada. Smith tente une dernière suggestion : pourquoi pas un gouvernement fédéral qui regrouperait «ce qui reste à la Grande-Bretagne de ses anciennes possessions en Amérique du Nord»? N'est-ce pas d'ailleurs ce que sont en train de réaliser les jeunes États-Unis? Grenville ne l'écoute pas. Les Canadiens ne seront pas fédérés dans un grand ensemble. Du moins pas tout de suite[10].

1792 Premier débat sur la langue

Les deux nouvelles provinces – qui deviendront plus tard l'Ontario et le Québec – auront des régimes juridiques différents, mais des institutions parlementaires semblables. Elles sont nées de la volonté des hommes politiques britanniques de reconnaître le caractère distinct d'une toute jeune société loyaliste et d'une ancienne société canadienne, qu'on dira plus tard canadienne-française, et aujourd'hui, québécoise.

Dans le Bas-Canada, 48 députés se présentent en chambre le 17 décembre 1792[11]. Quinze sont Anglais. Première tâche : choisir un président. Premier échec des députés anglais. Jean-Antoine Panet est élu. Le 20, il se présente devant le lieutenant-gouverneur : «Je supplie votre Excellence de considérer que je ne puis m'exprimer que dans la langue primitive de mon pays natal, et d'accepter la traduction en anglais de ce que j'aurai l'honneur de lui dire[12] ».

En préparant l'Acte constitutionnel, le législateur britannique a ignoré les questions de religion et de langue. Mieux valait ne rien préciser. C'est ainsi que les femmes, les juifs, les Indiens obtinrent le droit de vote en 1792. Et les catholiques aussi bien que les protestants, bien sûr.

Quelle serait la langue des débats et des lois? Pour le premier ministre, William Pitt, il serait extrêmement désirable que les Canadiens et les Britanniques du Bas-Canada fussent unis et induits universellement à préférer les lois et les institutions anglaises. «Avec le temps, espère-t-il, les Canadiens adopteront peut-être les lois anglaises par conviction. Ce sera l'expérience qui devra enseigner aux Canadiens que les lois anglaises sont les meilleures.» Quant à la langue, les députés britanniques l'ont ignorée. Ils connaissent sans doute la forme de bilinguisme qui s'est installée dans l'administration, y compris celle de la justice et dans les journaux. Pragmatiques, ils prennent acte.

Que le président de la Chambre du Bas-Canada soit francophone, qu'il connaisse mal la «langue de l'empire», n'est pas un obstacle, mais, à l'occasion de son élection, la question de la langue est soulevée. Pour la première fois peut-être depuis 1763.

La tenue des procès-verbaux ou journaux de la Chambre ramène la question dès le 27 décembre 1792. William Grant propose alors la langue anglaise avec traduction «dans la langue française pour l'usage de ceux qui le désirent». Joseph Papineau défend l'usage de l'anglais ou du français. Le 14 janvier, on convient de présenter les motions en anglais et en français.

Le vrai débat reste à venir. Il éclate sur la langue des textes de lois. Le député Amable de Bonne propose deux registres «dans l'un desquels les procédés de la Chambre et les motions seront écrits en langue française, avec la traduction des motions originairement faites en langue anglaise» et l'inverse pour l'autre registre. Le député John Richardson ajoute : «Afin de préserver cette unité de langue légale indispensablement nécessaire dans l'Empire [...], l'anglais sera considéré le texte légal.» En bon loyaliste, le député n'avait pas manqué au passage de souligner qu'en pareille matière «une législature subordonnée n'est point compétente». Façon polie de rappeler aux députés qu'ils siégeaient dans une assemblée coloniale, donc dépendante.

Le débat dure trois jours. «Si, après trente ans de connection [*sic*] avec la Grande-Bretagne, si peu de Canadiens ont pris la peine d'apprendre l'anglais, c'est peut-être un argument bien fort pour insister [pour] que les lois continuent en anglais, mais un bien mauvais pour le contraire, vu que cela ne pourrait que tendre qu'à [*sic*] prolonger le mal au lieu de le corriger», souligne Richardson qui admet toutefois les «avantages qui résultent de posséder les deux langues». Il ne dénonce pas l'usage du français, n'oubliant d'ailleurs pas que cinq de ses collègues ont épousé des Canadiennes. Pour lui, l'anglais doit être langue officielle, et le français langue de traduction.

Sur une grande toile qui surplombe le fauteuil du président de l'Assemblée nationale à Québec, le peintre Charles Huot a immortalisé le député Michel-Eustache-Gaspard-Alain Chartier de Lotbinière prononçant un discours en 1793. Il compte parmi les députés canadiens qui parlèrent en faveur de l'égalité des deux langues. Plus modéré que son père en 1774, le fils non seulement n'exige pas l'usage exclusif du français, mais encore demande-t-il d'employer les deux langues comme mesure temporaire «jusqu'au moment où nos constituants seront mieux instruits dans la langue Anglaise». Était-ce une ruse de sa part? Ses arguments le laissent croire : pourquoi la division de la province si ce n'est pour permettre aux Canadiens «de faire leurs lois, suivant leurs usages, leurs préjugés, leur langue et la situation actuelle de leur pays»? D'ailleurs, ajoute-t-il, si Londres avait tenu au caractère officiel de l'anglais, le Parlement britannique ne l'aurait-il pas précisé dans l'Acte constitutionnel[13].

Tout au long du débat, la Chambre avait été saisie de diverses résolutions. Elle devait finalement accepter que les textes soient «mis dans les deux langues», étant entendu que chaque député pouvait présenter une motion dans la langue de son choix, laquelle serait traduite pour être «considérée dans la langue de la loi à laquelle le dit bill aura rapport»; autrement dit, en français pour celles qui se réfèrent aux lois civiles et en anglais pour celles qui se réfèrent aux lois criminelles ou à la religion protestante, comme on le précisera peu après[14].

Bien entendu, le lieutenant-gouverneur Clarke a suivi le débat sans intervenir. Il fait rapport au ministre de l'Intérieur, Henry Dundas. Lord Dorchester sera là pour recevoir la réponse : il est d'accord pour les deux langues «pourvu que tout bill soit passé en anglais». Londres se limitera à ce commentaire. Il faudra attendre l'Acte d'Union de 1840 pour que l'anglais soit reconnu comme seule langue officielle.

Pendant cette période (1792-1840), le français et l'anglais sont utilisés dans l'enceinte de la Chambre d'assemblée. Tout ce qui en découle est également dans les deux langues, même si «théoriquement, la langue française n'est pas encore admise à exprimer la législation courante[15]».

Cette cohabitation, pour satisfaisante qu'elle fût, n'était pas sans risque. John Lambert, ce voyageur anglais qui séjourne au Bas-Canada en 1806 et en 1807, souligne dans son récit de voyage paru à Londres en 1810 sous le titre *Travels Through Lower Canada, and the United States* «que les Canadiens, reconnus autrefois pour la pureté de leur français, ont depuis adopté bien des anglicismes et des archaïsmes. Sur la place du marché, le visiteur qui aura appris le français à l'école sera dérouté par *a curious sort of jargon*[16]».

Les observateurs de l'époque sont unanimes sur ce point. On est donc loin du témoignage élogieux que prononçait le géographe Thomas Jefferys en 1761, lorsqu'il disait que les Canadiens parlent un français très pur et sans le moindre accent : «*they speak the French in the greatest purity, and without the least false accent*»[17].

Le problème est réel. Le vocabulaire politique, surtout celui du scrutin, subit l'influence de l'anglais. Joseph-François Perrault, qui avait roulé sa bosse de Québec à la Louisiane, en passant par Saint-Louis (Missouri) et Détroit, est chargé de traduire la *Lex parlementaria*, sorte de traité des lois et coutumes des parlements, au bénéfice des députés francophones. Dans une lettre adressée au président de l'Assemblée, Perrault le polyglotte, lui qui attache tant d'importance à l'instruction, souligne avoir mis tout son savoir-faire dans cette traduction : «J'ai surtout mis la plus scrupuleuse attention à conserver la pureté de la langue Française, d'autant que je m'aperçois qu'on l'Anglifie [*sic*] tous les jours inconsidérément, et que si l'on continue ainsi, nous nous rendrons inintelligibles aux étrangers[18]».

En août 1831, le célèbre Alexis de Tocqueville séjourne au Bas-Canada. C'est la confusion des langues qu'il constate dans un tribunal de Québec qui l'amène à dire : «Je n'ai jamais été plus convaincu qu'en sortant de là que le plus grand et le plus irrémédiable malheur pour un peuple c'est d'être conquis.» Il ne désespère pourtant pas

Charles Huot, *Premier Parlement.*

La chambre d'Assemblée du Bas-Canada en 1793 : le premier débat parlementaire sur l'usage officiel du français en chambre.

de l'avenir des Canadiens qui lui plaisent bien. «Somme toute [...] ce sont encore des Français [...]. Le peuple est en général plus moral, plus hospitalier, plus religieux qu'en France.» Il mise beaucoup sur le clergé dont il admire le comportement. «Ou il faut nier l'utilité d'un clergé, ou l'avoir comme au Canada.» Mais il faudra un chef capable «de remuer les Canadiens, ces Français d'Amérique» qui «ont en eux tout ce qu'il faudrait pour créer un grand souvenir de la France dans le Nouveau monde».

«Tout annonce que le réveil de ce peuple approche», écrit-il tout de même[19]. Peu de temps après le départ de Tocqueville, le ton monte. Bientôt le sang coulera dans les rues de Montréal. La révolte armée n'est pas loin. C'est ce que les autorités attendaient, pour ne pas dire espéraient pour mater un mouvement d'affirmation à la fois politique et national. Ce sera l'union des deux Canadas. Enfin! À deux reprises, en 1810 et en 1822, des projets d'union avaient été proposés. Tant d'administrateurs britanniques en avaient rêvé! Placer les Canadiens en minorité dans une nouvelle chambre d'assemblée – quitte à fausser la représentation –, les assimiler le plus rapidement possible, telles avaient été les préoccupations de plusieurs gouverneurs et de leurs conseillers. Depuis trente ans qu'on y songe, Londres juge que le moment est venu.

1841   … que dans la langue anglaise…

La déclaration d'indépendance proclamée en 1838 par l'un des chefs de la rébellion, Robert Nelson, proposait «qu'on se serve des langues Française et Anglaise dans toute matière publique». C'était sans doute assez conforme aux désirs de l'ensemble des chefs patriotes. Or, l'Acte d'Union sanctionné à Londres le 23 juillet 1840 est sans compromis: l'article 41 décrète que tout document écrit ou imprimé émanant de la législature ne sera «que dans la langue anglaise». Dans son rapport, l'enquêteur lord Durham avait plutôt recommandé une certaine patience à cet égard, mais on a compris à Londres qu'il faudrait tôt ou tard voir à l'anglicisation des Canadiens. Pourquoi attendre?

Dans les deux Canadas réunis, la mesure surprend. Le Bas-Canada compte environ 600 000 habitants, dont 150 000 Britanniques, le Haut-Canada, 400 000. Les Britanniques sont donc majoritaires dans l'ensemble des deux Canadas et l'égalité de la représentation dans chaque ancienne province, soit 42, leur assure une majorité en Chambre. Mais les Britanniques ne logent pas tous à la même enseigne politique. Pour fonctionner, les institutions mises en place par l'Union supposent la participation des Canadiens.

Louis-Hippolyte La Fontaine choisit de croire que l'union est une espèce de juxtaposition qui porte les germes d'une indépendance à deux. Il se battra pour le rétablissement de certains droits et, par-dessus tout, pour la reconnaissance de la responsabilité ministérielle. Mais, préalablement, ne faut-il pas rétablir les droits du français?

En septembre 1842, au moment d'accepter du gouverneur Charles Bagot le poste de procureur général pour le Bas-Canada et de chef éventuel d'un gouvernement réformiste, La Fontaine s'adresse aux députés en français. Jusque-là, tous les débats s'étaient déroulés en anglais. Ignorant quelques protestations, il entreprend d'expliquer sa position. Un débat s'ensuit sur l'envoi d'une adresse au gouverneur en réponse au discours du trône. Plus tard, La Fontaine reprend la parole.

> Je me défie de mes forces à parler la langue anglaise, explique-t-il. [...] Mais quand même la connaissance de la langue anglaise me serait aussi familière que celle de la langue française, je n'en ferais pas moins mon premier discours dans la langue de mes compatriotes Canadiens-français, ne fût-ce que pour protester solennellement contre cette cruelle injustice de cette partie de l'acte d'union qui tend à proscrire la langue maternelle d'une moitié de la population du Canada. Je le dois à mes compatriotes, je le dois à moi-même... Si nous devons succomber, nous succomberons du moins en nous faisant respecter[20].

Le français reprit peu à peu sa place au Parlement que La Fontaine avait fait transférer de Kingston à Montréal. Finalement, en décembre 1844, Louis-Joseph Papineau, rentré depuis peu de son exil en France, annonça son intention de demander la révocation de l'article 41. L'homme ne faisait pas l'unanimité dans la députation, mais son geste la fit. Le 13 janvier 1845, plusieurs orateurs s'exprimèrent en ce sens. «Dunlop, rappelle Danièle Noël, suggéra que la requête [à l'effet d'amender l'article 41] soit adoptée par acclamation. Toute la Chambre se leva immédiatement et il s'ensuivit un tonnerre d'applaudissements (*a great clapping of hands*).»

Le texte final de l'adresse fut adopté le 21 février suivant par la Chambre et cinq jours plus tard par le Conseil législatif. Dans les deux cas, à l'unanimité. Le 13 mars 1845, le gouverneur Metcalfe la transmettait à Londres.

Puisqu'il fallait retoucher le texte de l'Acte d'Union, le législateur britannique voulut procéder à d'autres ajustements. Il faudra trois ans pour les mettre au point.

Finalement, le 18 janvier 1849, le nouveau gouverneur Elgin, le gendre de lord Durham, dans un discours prononcé d'abord en anglais puis en français, annonçait aux députés «que conformément au désir de la Législature locale exprimé dans une adresse des deux Chambres du Parlement provincial, le parlement impérial a passé un Acte révoquant la clause de l'Acte d'Union qui imposait des restrictions à l'usage de la langue française».

Quel serait dorénavant le statut du français? L'article 41 n'avait été ni amendé ni remplacé. Il avait été abrogé. Sans plus. Londres avait choisi le vide constitutionnel. Il appartenait à ses coloniaux de le combler. En ce début d'année 1849, ils furent happés par des questions plus urgentes. En l'espace de quelques semaines, les Anglais de Montréal se déchaînaient. Le 25 avril, ils attaquaient le gouverneur Elgin à coups de pierres et d'œufs pourris; le soir même, ils mettaient le feu au Parlement.

«Un acte de stricte justice»

Le geste de lord Elgin, salué par tous, fut pourtant dénigré en Chambre par quelques députés anglais qui se demandaient pourquoi le gouverneur avait lu le discours du trône «dans une langue étrangère». Papineau leur répliqua :

C'est un acte de justice trop agréable, trop digne d'approbation, de la part du souverain du pays pour qu'on pût se permettre d'en faire un sujet de basses railleries, comme on s'en est permises. Le gouverneur a prononcé son discours en anglais et en français. Le rétablissement de la langue Française dans le parlement Canadien était un acte de stricte justice, que nous devait l'autorité constituée. Son excellence remplissait donc son devoir, en agissant comme il l'a fait [...]

Louis-Joseph PAPINEAU

C. W. Jefferys, *Papineau s'adressant à la foule.*

Louis-Joseph Papineau (1786-1871), grand orateur qui magnétise les foules. C'est derrière lui que se rangent tous ceux qui se battent pour le rappel de l'Union et l'abrogation de l'article 41 proscrivant l'usage de la langue française.

12. Une langue qui ne capitule pas (la justice et les tribunaux)

DANIÈLE **NOËL**

En 1760, pour reprendre l'expression de Guy Bouthillier et Jean Meynaud, il y eut notamment un «choc des langues» dans la colonie : l'administration était de langue anglaise, tandis que la très grande majorité de la population était de langue française. Malgré cette conjoncture, il fallait bien que justice se fasse! Mais en quelle langue? En utilisant quel code de lois? En suivant quelles procédures? En faisant administrer la justice par qui?

1759-1791 : le Régime militaire, la Proclamation royale et l'Acte de Québec

Il y eut, dès le début du Régime militaire (1759-1764), une coupure très nette dans l'administration de la justice, entre les causes criminelles et les causes civiles. En effet, le général Amherst précisait :

> Pour ce qui est des vols et des meurtres il est d'absolue nécessité qu'on les soumette à la loi martiale; mais quant aux différends qui s'élèveront entre les habitants, je désirerais, ainsi que je l'ai fait observer, qu'ils puissent les régler parmi eux et conformément à leurs propres lois[21].

Dès le départ donc, l'administration de la justice criminelle fut réservée à la compétence de la plus haute autorité militaire. Quant aux affaires civiles, elles furent confiées aux officiers de milice, ceux-là même qui avaient assumé ces fonctions sous le Régime français. Tous les tribunaux des districts de Montréal et de Québec furent donc pourvus de juges canadiens recrutés parmi les officiers de milice. De cette manière, on s'assurait que les habitants pourraient résoudre leurs différends en présence de personnes connaissant bien leur droit et leur langue.

Il en fut bien autrement sous le régime de la Proclamation royale (1764-1774). En effet, les lois anglaises furent réintroduites dans leur entier au criminel et au civil. De même, le serment du Test[22] fut imposé à quiconque voulait exercer une fonction officielle au sein de la colonie. Catholiques, les Canadiens se virent donc, comme c'était le cas en Angleterre, exclus d'office de toute tâche administrative et judiciaire.

Certains assouplissements furent cependant apportés à cette politique, notamment en ce qui concerne le droit de siéger comme juré et celui d'exercer la profession d'avocat. James Murray, alors gouverneur de la province de Québec, était bien conscient qu'il ne pouvait administrer la justice en excluant tous les Canadiens. C'est pourquoi, dans son ordonnance du 17 septembre 1764, où il créait une cour supérieure, la Cour du banc du roi, et une cour inférieure, la Cour des plaids communs, il autorisait tous les sujets de Sa Majesté, sans distinction, à siéger comme jurés.

Murray était aussi conscient qu'il n'y avait pas encore «un seul juge ou procureur anglais comprenant la langue française[23]».

À peine cette ordonnance fut-elle promulguée que les marchands britanniques protestèrent violemment. Dans un texte connu sous le titre de *Représentation du jury d'accusation de Québec*, daté du 16 octobre 1764, ils dénonçaient notamment le fait que des catholiques pussent être appelés à faire partie d'un jury, même lors de litiges entre deux protestants. À leurs yeux, cela constituait une violation manifeste de leurs lois et libertés les plus sacrées, conduisait à la destruction de la religion protestante et menaçait le pouvoir, l'autorité et les droits de Sa Majesté dans la province. Ce débat prit une telle ampleur qu'une pétition, datée du 7 janvier 1765 et signée par 95 sujets canadiens, *Pétition des habitants français au roi au sujet de l'administration de la justice*, fut transmise à Sa Majesté. Le propos était le suivant :

> Qui sont ceux qui veulent nous faire proscrire? Environ trente Marchands anglois, dont quinze au plus sont domiciliés, qui sont les Proscrits? Dix mille Chefs de famille, qui ne respirent que la soumission aux Ordres de Votre Majesté, ou de ceux qui la représentent [...]. Ce n'est point que nous soyons prêts de nous soumettre avec la plus respectueuse obéissance à tous les Règlements qui seront faits pour le bien et avantage de la Colonie; mais la Grace, que nous demandons, c'est que nous puissions les entendre [...][24].

De plus, ils demandaient que l'ordonnance du 17 septembre 1764 soit confirmée, qu'ils soient autorisés à siéger comme jurés et à exercer diverses professions, que leurs notaires et avocats conservent leurs fonctions, qu'ils puissent rédiger leurs affaires de famille dans leur langue, qu'ils puissent suivre leurs coutumes et que la loi et les ordres de Sa Majesté soient promulgués dans leur langue.

L'ordonnance du 17 septembre 1764 fut remplacée par celle du 1er juillet 1766. Il y était dit que tous les sujets de Sa Majesté, sans distinction, seraient autorisés à siéger comme jurés dans toutes les causes criminelles et civiles, et que les avocats et procureurs canadiens pourraient exercer leurs fonctions dans toutes les cours. De même, les marchands furent en partie satisfaits, car on ordonna que, dans les causes entre sujets britanniques, le jury fût composé de sujets britanniques seulement; dans les causes entre sujets canadiens, de sujets canadiens seulement, et dans toute cause entre sujets canadiens et sujets britanniques, d'un nombre égal de chaque nationalité.

L'ordonnance restait cependant silencieuse sur le rétablissement des lois civiles. Comment se comportèrent alors les Canadiens? En étudiant les registres de la Cour des plaids communs de Montréal, le juriste André Morel[25] a remarqué une absence presque totale des causes relatives à ce que les Canadiens ont eux-mêmes appelé leurs «affaires de famille». Il semble qu'à défaut de règlements à l'amiable, le recours à l'arbitrage devant le notaire ou le curé fut un moyen privilégié par les Canadiens pour régler leurs affaires. On peut penser qu'insatisfaits de la manière dont la justice était administrée, les Canadiens opposèrent ainsi une forme de résistance passive.

Pendant cette période, Murray, tout comme Carleton qui lui succéda, nomma des juges connaissant la langue française, mais aucun d'eux n'avait de formation juridique ni en droit anglais ni en droit français. De même, les deux juges en chef, William Gregory puis William Hey, ne connaissaient ni le droit français ni la langue française.

Devant les nombreuses plaintes des habitants tant britanniques que canadiens à l'égard de l'administration de la justice, Londres fit préparer un projet de constitution qui se traduisit par l'Acte de Québec promulgué en 1774. Dans son ensemble, cette loi fut bien accueillie par les Canadiens; les lois françaises furent réintroduites en ce qui avait trait à toutes les affaires de nature civile, et le serment du Test fut aboli et remplacé par un serment d'allégeance formulé de manière à ne pas heurter les convictions religieuses des Canadiens et leur permettre d'accéder à toutes les fonctions administratives et judiciaires. Les assouplissements apportés par l'Acte de Québec permirent certes aux Canadiens de jouir d'un certain nombre de droits, bien que ceux-ci fussent limités à bien peu de chose.

Dans le domaine juridique, sur une possibilité de six postes de juges au civil, il n'y eut que deux juges canadiens et aucun au criminel. Le bilinguisme en usage dans les tribunaux civils était aussi la source de beaucoup de confusion; les avocats plaidaient dans les deux langues et les juges pouvaient commencer leur jugement en anglais, dire deux phrases en français, revenir à l'anglais, etc. Les registres étaient, dans la mesure du possible, tenus dans les deux langues, mais seuls ceux de John Reid, commis à la cour de Montréal en 1787, semblent avoir été correctement tenus[26]. Au mélange des langues s'ajoutait le mélange des lois. En effet, même si les lois françaises avaient été reconnues comme base du droit civil, elles étaient sans cesse amendées dans le sens des lois anglaises.

Pendant ces quelque trente années qui ont suivi la Conquête, le va-et-vient constant entre les différents régimes juridiques, l'absence de formation juridique des uns, l'ignorance de la langue française des autres ainsi que l'incertitude en ce qui regarde l'interprétation et l'application des lois engendrèrent une insatisfaction générale à l'égard de l'administration de la justice. Ainsi, au dire tant des Canadiens que des Britanniques, on appliquait «un système ni français, ni anglais, ni canadien[27]». Cependant, la restitution des lois civiles françaises en 1774 permettra par la suite aux Canadiens de justifier la légalité de leur langue. En effet, ils feront valoir qu'en leur accordant la reconnaissance de leurs lois, la Grande-Bretagne leur avait implicitement accordé la reconnaissance de leur langue.

1791-1840 : l'Acte constitutionnel

L'Acte constitutionnel, sanctionné le 10 juin 1791, ne modifie pas les garanties fondamentales déjà reconnues aux Canadiens par l'Acte de Québec, c'est-à-dire la conservation des lois civiles françaises et le libre exercice de la religion. À cette époque, tous les juges en chef ainsi que près des trois quarts de la magistrature étaient d'origine britannique. Dans les tribunaux de juridiction criminelle, seuls la langue et le droit anglais étaient employés; dans les tribunaux civils, le droit français était en usage, mais les juges avaient pour consigne de l'appliquer «aussi conformément que possible aux lois d'Angleterre».

Comme on l'a vu, il s'était établi un «certain» usage concernant l'emploi des langues devant les tribunaux. Mais plusieurs accrochages survinrent, qui permettent de mettre en relief les statuts respectifs de l'anglais et du français. En 1809, en effet, à la suite d'une loi édictée aux fins d'abattre les murs et les fortifications qui entouraient la ville de Montréal, le gouverneur poursuivit en justice Pierre Talon et son fils, qui, selon toute vraisemblance, occupaient un terrain de façon illégale. Après un

En 1786, c'est William Smith, un Loyaliste new-yorkais nouvellement arrivé, qui devient juge en chef de la province de Québec. Il se fait le champion des intérêts des colons britanniques.

long procès, «la Cour du banc du roi, se fondant sur les autorités du droit français […] décida qu'on ne pouvait avoir recours au droit anglais pour donner au Roi une action que les lois du pays ne lui accordaient pas[28]». Mais le fait le plus important dans cette affaire est qu'au tout début de la contestation, l'avocat des Talon avait demandé le rejet de l'action, car l'ordonnance d'assignation avait été rédigée en français, langue qui n'était pas celle du souverain. Cette requête fut rejetée par la Cour selon les termes suivants :

> […] la langue française doit être reçue dans la conduite des procédures légales comme étant reconnue par la loi du pays et qu'elle a été en usage constant dans la pratique des cours du pays depuis la Conquête […] Sa Majesté s'est servie de la langue française dans ses communications à ses sujets dans cette province, aussi bien dans sa capacité exécutive que légale, et cette langue a été reconnue comme le moyen légal de communication de ses sujets canadiens[29].

Pourtant, quelques années plus tard, le juge Edward Bowen, alléguant pour seul motif la rédaction française d'une ordonnance d'assignation, débouta de leur action deux plaideurs canadiens. L'attitude du magistrat fut d'autant plus remarquée qu'il occupait le poste de traducteur et de secrétaire d'expression française auprès du gouvernement.

Extrait de la lettre au juge Bowen

« Je vais tâcher de prouver que les Canadiens, comme hommes libres, et en vertu de titres que la conquête n'a pu leur faire perdre, ont un droit naturel à la conservation de leur langue ; que le libre usage leur en a été garanti par la capitulation ; qu'il n'est aucune loi subséquente qui les en ait privés ; que la Grande-Bretagne n'a jamais prétendu restreindre l'exercice de ce privilège ; que la langue française est le langage des lois civiles qui de droit n'ont jamais cessé d'être en force dans cette colonie ; que la Constitution libérale qui nous a été accordée en 1791 [...] nous garantit ce privilège d'une manière plus formelle encore. »

Augustin-Norbert MORIN

14

L'« affaire Bowen » déclencha un tollé et, dans une lettre publique parue en 1825, Augustin-Norbert Morin, jeune étudiant en droit qui allait devenir député, premier ministre et juge de la Cour supérieure, entreprit de démontrer que les Canadiens avaient « un droit naturel à la conservation de leur langue ». En effet, il arguait que, puisque les Canadiens s'étaient vu accorder la jouissance de leurs lois civiles, il leur avait été automatiquement reconnu l'usage de leur langue, et qu'il eût été difficile d'expliquer et de justifier comment des « magistrats éclairés » avaient pu prononcer tant de jugements qui avaient touché les propriétés mêmes des sujets britanniques. De plus, il ajoutait : « [...] la conduite de tant d'hommes publics seroit seule une preuve suffisante à la cause que je soutiens[30] ».

Le mélange des lois et des langues continua d'être une grande source de confusion devant les tribunaux civils. Alexis de Tocqueville, qui séjourna au Bas-Canada au mois d'août 1831, décrivit la situation de la façon suivante :

[...] l'avocat du défenseur se levait avec indignation et plaidait sa cause en français, son adversaire lui répondait en anglais. On s'échauffait de part et d'autre dans les deux langues sans se comprendre sans doute parfaitement. L'Anglais s'efforçait de temps en temps d'exprimer ses idées en français pour suivre de plus près son adversaire ; ainsi faisait parfois celui-ci. Le juge s'efforçait tantôt en anglais, tantôt en français, de remettre de l'ordre. Et l'huissier criait : Silence ! en donnant alternativement à ce mot la prononciation anglaise et française[31].

Michel Bibaud s'en était déjà pris à l'invasion des mots anglais dans le vocabulaire de la justice et à l'irresponsabilité du barreau qu'il accusait de « s'être laissé entraîner [...] au torrent des anglicismes et des barbarismes[32] ».

En 1832, Joseph-François Perrault fit paraître une brochure dans laquelle il proposait toute une série de réformes destinées à l'assainissement du fonctionnement de la justice[33]. Il affirmait d'emblée que son dessein était « de traiter le système judiciaire, conséquemment de parler de nos institutions, de notre langue et de nos lois, qui y sont essentiellement liées ». Il constatait notamment que toutes les entorses faites tant au droit français qu'au droit anglais avaient complètement défiguré la nature même de ces droits et qu'il était urgent de procéder à un redressement «avant que la gangrène n'ait tout corrompu».

Comme l'Acte constitutionnel ne comportait aucune disposition précise à l'égard des langues – ce que les affaires Talon et Bowen mettent en évidence –, la légalité du français comme langue des tribunaux de la colonie a sans cesse été remise en cause. En effet, trop souvent, lorsque la situation s'avérait incertaine, on s'empressait d'invoquer des motifs d'ordre linguistique, et ce, toujours en défaveur du français.

Sous cette « tête à perruque » n'y a-t-il que pré-jugés ?

Caricature de Lévis Martin dans *Boréal-Express*. © Lévis Martin.

1840-1850 : l'Acte d'Union

L'article 41 de l'Acte d'Union faisait de l'anglais la seule langue officielle de la législature. Cet article fut bien vite rendu caduc par la pratique. En effet, l'Assemblée prit toute une série de résolutions pour restituer le bilinguisme, et cette « officialisation » du bilinguisme dans la législature eut son pendant du côté judiciaire[34].

En 1842, à la demande de l'Assemblée, trois commissaires furent chargés de réviser tous les *statuts* et ordonnances en vigueur au Bas-Canada. À la suite de leurs recommandations et au cours des années qui suivirent, l'usage des deux langues fut proclamé dans tous les *brefs, actes* et *procédures* des cours d'appel, des cours du banc du roi, des cours de circuits et des cours supérieures ainsi que dans les avis publiés dans les journaux pour la convocation du défenseur. Le bilinguisme fut également exigé des baillis exerçant leur fonction à la Cour supérieure. Des traducteurs officiels furent affectés à certaines cours. On modifia enfin la composition des jurys, aussi bien en matière criminelle que civile, pour assurer une représentation égale aux jurés des deux langues[35].

L'article 41 fut simplement révoqué en 1849 et l'Angleterre, selon sa vieille habitude, se garda bien de légiférer sur le statut des langues. En maintenant cette imprécision, ce flou juridique, elle donnait encore une fois libre cours aux considérations les plus diverses : « l'anglais est la langue de la colonie puisqu'elle est la langue de l'Empire », « le français est aussi la langue de la colonie puisque Sa Majesté ne peut ignorer la langue parlée par une très nombreuse classe de ses Sujets… » *and so on, and so forth…*

Une langue qui ne capitule pas…

Que doit-on retenir concernant la langue de la justice sous le Régime britannique ? D'abord la coupure très nette entre droit criminel et droit civil. Au civil, la langue française et le droit français furent respectés dans leur ensemble. Par ailleurs, le droit civil subit de nombreuses modifications et fut sans cesse amendé dans le sens des lois anglaises. Au criminel, seules les lois anglaises furent en vigueur, et, pour le Canadien qui ignorait la langue anglaise, le droit criminel demeura « un univers fermé et impénétrable[36] », d'autant plus que tous les ouvrages de référence étaient en langue anglaise.

En résumé, les tribunaux civils furent bilingues, et les tribunaux criminels unilingues anglais ; la magistrature fut composée pour les trois quarts de juges anglais animés d'« un esprit juridique anglicisateur[37] », ce qui eut pour effet d'imprimer à l'ensemble de l'appareil judiciaire canadien une marque toute britannique.

Pourquoi les tribunaux ont-ils été le théâtre des premières querelles linguistiques ? Parce que la langue française était la seule langue comprise par les Canadiens, la langue dans laquelle étaient rédigées leurs lois et que ces lois permettaient notamment de maintenir en vigueur les droits et privilèges reliés à leurs propriétés et au régime seigneurial. En d'autres termes, les Canadiens ne refusaient pas que l'anglais fût la langue de la justice et des affaires publiques, mais comme ils ne comprenaient pas cette langue et voulaient participer à ces «lieux de pouvoir», ils exigeaient que le français fût la langue d'usage. Leurs revendications linguistiques ne visaient donc pas à défendre la langue française parce qu'elle était «leur» langue ou qu'elle était une «grande» langue, mais bien parce qu'elle était la langue qu'ils parlaient, la seule qu'ils comprenaient.

Après l'Acte constitutionnel qui confirma le maintien du droit civil français, les Canadiens n'eurent plus à combattre pour la reconnaissance de leurs lois. Par ailleurs, c'est à cette époque que l'on vit se former une petite bourgeoisie qui, de plus en plus consciente de son pouvoir, commença à élaborer un discours visant à définir le rôle et la spécificité du peuple canadien. La langue française deviendra un des éléments constitutifs de la nationalité canadienne, et son usage ne sera plus réclamé uniquement dans l'enceinte des tribunaux. Elle deviendra même, dans la dernière décennie de cette période (1840-1850), où l'on avait tenté de la proscrire, le symbole rassembleur d'une nation qui se refusait à l'assimilation.

Théophile Hamel, *Jean-Antoine Panet*, 1850.

Notaire et avocat de profession, J.-A. Panet a été président de la chambre d'Assemblée du Bas-Canada de 1792 à 1794 et de 1797 à 1815.

13. L'anglicisation

JOHN A. **DICKINSON**

Première anglicisation des élites (avant 1774)

La cession du Canada par le traité de Paris de 1763 marque les débuts d'une présence britannique permanente au Canada. Certes, quelques centaines de colons anglo-américains étaient venus s'installer dans la vallée du Saint-Laurent avant la Conquête, les uns de leur plein gré, comme Timothée Sullivan, dit Sylvain, médecin à Montréal, les autres de force comme captifs de guerre. Toutefois, ces anglophones durent accepter de se convertir au catholicisme et s'intégrèrent rapidement à la population francophone par le mariage. D'autres, venus à la suite des armées d'invasion, cherchaient à faire fortune en approvisionnant les troupes, mais, pour beaucoup, leur présence était liée à la force d'occupation et, avec la diminution de la garnison après 1763, plusieurs repartirent. Le retour de la paix incita des marchands à tenter leur chance dans la nouvelle colonie britannique où ils jouissaient de liens privilégiés avec les fournisseurs de Grande-Bretagne. Des soldats démobilisés choisirent de s'établir dans la vallée laurentienne, notamment les Écossais du régiment Fraser qui s'installèrent dans les seigneuries octroyées à leurs commandants. Le nombre d'anglophones, cependant, n'était pas élevé et ne dépassait pas les 600 en 1765.

Malgré les instructions données au premier gouverneur général, sir James Murray, favorisant l'immigration et l'anglicisation, la prépondérance du français dans la colonie n'était pas menacée. La vallée laurentienne n'était pas une destination privilégiée des immigrants britanniques, qui se dirigèrent toujours vers les possessions du littoral atlantique. La présence britannique au Canada se limita, pendant de nombreuses années, à quatre catégories de personnes : les administrateurs venus de Grande-Bretagne, les marchands, quelques artisans urbains et des soldats.

Les administrateurs et officiers militaires, le plus souvent issus de l'aristocratie, parlaient couramment le français et sympathisaient avec l'élite seigneuriale et cléricale de la société coloniale. Si les titulaires des plus hautes fonctions, tout comme sous le Régime français, avaient des ambitions impériales et ne s'intégraient guère à la société locale, les militaires avaient plus tendance à prendre femme et projetaient de se fixer au pays. Les mariages entre soldats et filles de l'élite seigneuriale étaient fréquents, comme l'atteste la généalogie de la famille Baby à laquelle appartenait le célèbre auteur des *Anciens Canadiens*, Philippe Aubert de Gaspé. Élevé dans un milieu qui fréquentait l'élite coloniale et qui assistait aux bals donnés par le gouverneur, Aubert de Gaspé épousa Susanne Allison, fille d'un officier anglais et de Thérèse Baby.

Les marchands qui s'installèrent en ville ou à la campagne étaient moins portés à être bilingues au départ, mais les forces du marché les obligèrent rapidement à apprendre à communiquer avec leur clientèle dans la langue du pays. Samuel Jacobs, un marchand juif qui arriva avec l'armée de Wolfe, s'établit à Saint-Denis-sur-Richelieu en 1768, avec sa compagne, Marie-Josette Audet. À ses côtés travaillaient des clercs, en majorité des Canadiens, dont certains, comme Henri Laparre, devinrent des marchands importants. L'usage de deux langues dans la boutique comportait des inconvénients, et un commis anglophone expliqua la perte d'un tas de blé en alléguant que c'était « *owing to people vesen leur poche on top of it*[38] ». Avec l'expansion économique du tournant du siècle, les marchands ruraux proliférèrent, mais c'étaient surtout des Canadiens qui dominaient ce commerce lucratif.

Quelques artisans britanniques s'établirent dans les villes après la Conquête, mais leur importance fut minime avant l'essor qui suivit la fin des guerres napoléoniennes. Des soldats démobilisés et quelques rares agriculteurs s'installèrent aux côtés d'une population rurale bien enracinée et mirent peu de temps à se fondre parmi les *habitants* canadiens, chez qui l'on trouve des patronymes anglo-allemands.

Malgré la politique impériale, la survivance et la prépondérance du français ne furent pas mises en cause dans les premières années qui suivirent la Conquête. Les notaires rédigeaient toujours leurs actes dans la langue de Molière et les actes de l'état civil continuaient à être dressés en français par les curés, comme auparavant. Toutefois, l'acquisition de la langue du conquérant était utile pour assurer la promotion sociale et économique, et l'élite canadienne se mit lentement à l'apprentissage de la nouvelle langue. Comme la majorité des immigrants étaient des hommes, les mariages entre Britanniques et Canadiennes étaient fréquents. Parmi le peuple, ces unions amenaient le plus souvent l'homme à adopter la langue et la culture de sa belle-famille, mais chez l'élite, les femmes adoptaient plus volontiers la culture anglaise qui leur permettait d'entrer dans les hautes sphères de la société coloniale.

Les bouleversements de la période révolutionnaire (1774-1815)

En englobant toutes les terres de la région des Grands Lacs dans la province de Québec, l'Acte de Québec de 1774 provoqua une migration des marchands de fourrures d'Albany, désormais privés de leur arrière-pays, vers Montréal, qui affirma sa domination dans la traite des fourrures. Cette arrivée massive créa une forte concurrence et poussa les trafiquants toujours plus loin vers l'ouest, augmentant ainsi les frais d'exploitation. Il fallait donc un capital considérable pour survivre dans ces conditions. Les principaux marchands anglo-écossais se regroupèrent autour de Robert Ellice, John Forsyth, John Richardson et Joseph Frobisher dans la Compagnie du Nord-Ouest en 1787 et réussirent à éliminer leurs concurrents. La plupart des nouveaux venus, mais aussi les marchands canadiens, furent écartés des activités de cette puissante société commerciale. Désormais, les principaux leviers de l'économie étaient aux mains des Britanniques.

Par suite de la Révolution américaine (1774-1783), des milliers de colons anglo-américains demeurés fidèles à la monarchie émigrèrent vers les colonies restées dans le giron de l'empire. Ces Loyalistes s'établirent surtout en Nouvelle-Écosse et dans ce

George Henriot, *Bal au château Saint-Louis*, 1801.

Les membres de la bonne société, aussi bien française que britannique, se côtoient régulièrement au château Saint-Louis à Québec, résidence du gouverneur.

qui allait devenir le Nouveau-Brunswick. Quelque 6000 réfugiés provenant surtout de Pennsylvanie et de New York s'installèrent dans la province de Québec. Sorel, rebaptisé William Henry, devint un centre important d'accueil pour les Loyalistes, mais c'était surtout un lieu de transit, et peu d'anglophones s'y fixèrent. La colonisation de la frontière sud de la province n'était pas encouragée par les autorités, si bien qu'il fallut attendre les années 1790 avant que des colons venus des États voisins de la Nouvelle-Angleterre s'établissent dans ce qui deviendrait les Cantons-de-l'Est.

Avant le déclenchement de la Révolution française, les rapports ethniques dans la colonie étaient sous le signe de la tolérance et de l'entente. Les membres de l'élite, comme le juge Adam Mabane et le gouverneur sir Guy Carleton (plus tard lord Dorchester), partageaient des affinités sociales avec l'élite canadienne qu'ils préféraient de beaucoup aux marchands britanniques issus d'une autre classe sociale. Francophones et anglophones des milieux bourgeois formaient des alliances commerciales et familiales et s'allièrent pour réclamer une assemblée élue. Les guerres révolutionnaires en Europe, qui mirent aux prises les empires français et britannique, créèrent une animosité et une « mentalité de garnison » chez les élites britanniques qui se méfiaient de tout ce qui était français[39]. Désormais le parti bureaucrate et les gouverneurs, à l'exemple de sir James Craig, cherchaient à assimiler les Canadiens et étaient hostiles à toute initiative visant à améliorer le statut du français. Cette hostilité trouva son expression dans les pages de journaux partisans comme le *Quebec Mercury* et *Le Canadien,* qui étalaient les conflits ethniques au grand jour. L'Institution royale (1801) visant à angliciser la population par l'enseignement et les débats acrimonieux sur le *Bill* d'union de 1822, qui préfigurait l'esprit anti-français du rapport Durham aboutissant à l'union du Haut et du Bas-Canada en 1840, sont le reflet du durcissement de la politique officielle à l'égard du français.

La création d'un régime parlementaire fondé sur les usages de Grande-Bretagne obligea les élites laïques à se mettre à l'école de la constitution britannique. Les grands auteurs politiques comme Locke, Blackwell et Hume figuraient dans les bibliothèques des avocats et des députés à l'Assemblée. Pour alimenter leurs revendications, les politiciens suivaient avidement les événements qui, dans les autres parties de l'Empire, mettaient aux prises les élus et les gouverneurs. Les usages parlementaires faisaient entrer dans la langue courante des mots comme « bill » pour projet de loi.

Malgré une forte présence canadienne à l'Assemblée législative, l'administration publique centrale se faisait en anglais. Devant les tribunaux les deux langues étaient employées, mais le plus souvent les juges rendaient leurs jugements en anglais. Les délibérations judiciaires laissèrent une mauvaise impression sur Alexis de Tocqueville :

> [Les avocats] parlent français avec l'accent normand des classes moyennes. Leur style est vulgaire et mêlé d'*étrangetés* et de locutions anglaises. Ils disent qu'un homme est *chargé* de dix louis pour dire qu'on lui demande dix louis. – Entrez dans la boîte, crient-ils au témoin pour lui indiquer de se placer dans le banc où il doit déposer. L'ensemble du tableau a quelque chose de bizarre, d'incohérent, de burlesque même[40].

Deux journaux politiques s'affrontent

Le Quebec Mercury, *fondé en 1805 pour «assurer la suprématie politique des Canadiens anglais»,* attaque de front les Canadiens français, qui répliquent en fondant Le Canadien *en 1806.*

Le journal anglais s'en prend à l'Assemblée et aux députés canadiens, met en cause leur loyauté à la Couronne britannique, déplore que «cette province soit beaucoup trop française pour une colonie anglaise» et recommande de la «défranciser» en toute priorité :

> «This province is already too much a french province for an english colony. To "unfrenchify" it, as much as possible… should be a primary object [...] My complaint is against [...] the propagation of the french language, as a mother tongue [...] A french education will form a frenchman [...] After forty years possession of Quebec, it is time the province should be english.» (27 octobre 1806.)

Le Canadien *réplique en novembre 1806 :*

> «On les [les Canadiens] a vus flétris par de noires insinuations, dans un papier publié en Anglais, sans avoir eu la liberté d'y insérer un mot de réponse… [...] On leur a fait des crimes [...] de se servir de leur langue maternelle pour exprimer leurs sentiments, mais [...] l'expression sincère de la loyauté est loyale dans toutes les langues [...] Ce n'est pas au langage, c'est au cœur qu'il faut regarder [...]
>
> Avancer que [...] le Canada doive être défrancisé, c'est une proposition qui, ridicule en elle-même, paraîtra, je crois, également impolitique.»

15

Même si l'on comptait bon nombre de francophones parmi les agents locaux, aussi bien capitaines de milice que juges de paix (sauf pendant le mandat du gouverneur francophobe Dalhousie dans les années 1820, alors que les Canadiens furent remplacés par des Britanniques), l'usage des formulaires et de la procédure inspirés de la loi anglaise amena un glissement vers un bilinguisme qui corrompit la langue française[41].

L'implantation d'une population anglaise après 1815

La fin des guerres napoléoniennes marque le début de l'essor de la population britannique au Bas-Canada. Pendant une trentaine d'années, le Canada devient une destination privilégiée des émigrants fuyant les bouleversements sociaux et économiques provoqués par la révolution industrielle. Des dizaines de milliers d'immigrants débarquent à Québec chaque année. Si la majorité n'est que de passage en route vers les terres du Haut-Canada, bon nombre se fixent, et la population britannique passe de 30 000 en 1812 à plus de 200 000 en 1851.

L'afflux d'immigrants britanniques transforma donc surtout les villes de Québec et de Montréal. Près de la moitié de la population de Québec était anglophone à l'époque de l'Union tandis qu'à Montréal les Britanniques étaient majoritaires de 1831 à 1867[42]. Ailleurs la présence britannique était très inégale; dominante dans les cantons voisins de la frontière américaine et dans la haute vallée de l'Outaouais, elle

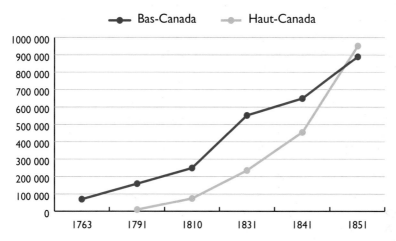

L'évolution des populations du Bas et du Haut-Canada (1763-1851)

La population du Haut-Canada, qui comptait à peine 10 000 habitants en 1791, dépasse celle du Bas-Canada en 1851, à cause de l'importante vague d'immigration anglaise de la décennie 1840.

16

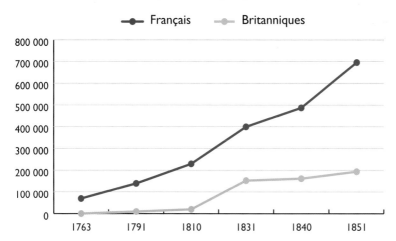

L'évolution de la population du Bas-Canada selon l'origine ethnique (1763-1851)

La population d'origine française du Bas-Canada se multiplie par dix entre 1763 et 1851, pour atteindre 696 000 habitants. Grâce à l'immigration, le groupe d'origine britannique augmente rapidement au début du XIXe siècle pour constituer plus du quart de la population totale du Bas-Canada à la fin de la période.

17

était appréciable en Gaspésie, mais très faible dans les anciennes terres seigneuriales. Tous ces immigrants n'étaient pas anglophones, cependant. Parmi les Écossais et les Irlandais, on trouvait en effet des personnes qui ne parlaient que le gaélique[43]. Regroupés souvent dans des communautés distinctes, ces gens conservèrent leur langue jusqu'à la généralisation de l'enseignement public à la fin des années 1840, qui les obligea à opter pour des écoles de langue française ou, le plus souvent, de langue anglaise.

La constitution de communautés britanniques a fortement marqué plusieurs régions. Les populations des Cantons-de-l'Est étaient majoritairement d'origine américaine et conservaient des liens sociaux, économiques et religieux avec leur parenté restée au sud de la frontière. Avant 1850, elles étaient relativement isolées des populations canadiennes vivant plus au nord et elles ne commencèrent à coloniser la région que vers l'époque de la Confédération, en 1867. En Gaspésie, la domination de la pêche par des entreprises des îles Anglo-Normandes, comme la compagnie Robin, renforçait les liens avec l'Europe, et le système de crédit en vigueur obligeait les habitants à s'approvisionner auprès des magasins de la compagnie, limitant ainsi les contacts avec le reste de la province. Dans l'Outaouais, les Irlandais constituaient un prolétariat turbulent qui, dans les chantiers forestiers, défendait son travail contre le tout-venant. Mais c'est en ville que la présence anglaise eut le plus d'impact.

L'anglicisation économique et sociale

Avec l'accroissement de la population anglophone, les villes devinrent des centres cosmopolites où l'anglais prit le dessus. La domination économique des marchands britanniques fit de l'anglais la langue usuelle des affaires. Les notaires, qu'ils fussent anglophones ou francophones, devaient savoir rédiger des contrats dans la langue de Shakespeare. Cette exigence explique que des termes anglais se soient glissés dans des actes où l'équivalent français était pourtant connu comme, par exemple, le *mohoganey* (*sic*) qui se substitua à l'acajou, bois recherché en ébénisterie. Les nouvelles modes introduisirent également des articles dont on hésitait à traduire le nom, comme le buffet anglais désigné par le mot *sideboard* dans l'inventaire des biens après décès de Charles Foucher, dressé à Montréal par le notaire Jean-Guillaume Delisle, le 22 mai 1799. Toutefois, les professions libérales étant majoritairement exercées par des francophones, il était fréquent pour un anglophone de passer un acte rédigé en français. Même avec une majorité de locataires d'origine britannique, la plupart des baux à loyer à Montréal se présentaient en français au moins jusque dans les années 1830[44].

Les mariages entre anglophones et francophones rendaient très complexes les relations sociales dans les villes. L'expérience du jeune commis George Jones illustre les différentes facettes de la sociabilité au début des années 1840. Fils d'un père anglais et d'une mère canadienne, George était protestant, mais ses deux sœurs fréquentaient l'église catholique. Sa bien-aimée, Honorine Tanswell, était aussi issue d'un mariage mixte, mais son père s'était converti et toute sa famille fréquentait la chapelle de la Congrégation dans la ville haute de Québec. Les jeunes amants parlaient anglais ensemble, mais écrivaient leurs billets doux en français. Les amis de George étaient tous francophones et les personnes reçues chez les parents étaient plus souvent des francophones que des anglophones. Le père d'Honorine s'opposait au mariage et destinait sa fille à un jeune Canadien du nom de Gingras, mais l'amour surmonta les réticences familiales et George et Honorine se marièrent en 1847. La religion ne présentait pas un obstacle majeur pour George et Honorine, mais la montée de l'ultramontanisme entraîna un durcissement de la part des autorités cléricales qui craignirent l'influence protestante; les mariages mixtes se firent de plus en plus rares au milieu du siècle.

Les progrès techniques qui marquèrent le XIXe siècle rendaient désuètes plusieurs techniques artisanales traditionnelles. Or, ce furent des immigrants apportant dans leurs bagages de nouvelles connaissances qui imposèrent de nouvelles façons de faire tout en conservant le vocabulaire du pays d'origine. Les employeurs exigeaient le silence de leurs employés pour qu'ils ne divulguent pas des connaissances considérées comme secrets industriels. Les inventeurs, ingénieurs et techniciens venant d'Angleterre ou des États-Unis transmettaient leur savoir au cours de conférences prononcées uniquement en anglais au Mechanics Institute de Québec, par exemple. Pour maîtriser les nouvelles techniques, il fallait donc comprendre l'anglais, et même quand des Canadiens s'initiaient à ces nouveaux modes de production, ils conservaient la terminologie anglaise pour décrire outils et procédés[45].

Sous le Régime français, les commerces utilisaient généralement des pictogrammes comme affiches, puisque la population était largement analphabète. Avec la généralisation de la scolarisation vers 1850, les mots vinrent remplacer les images comme moyen d'attirer la clientèle. L'arrivée de l'imprimerie avait permis la publication de placards pour annoncer les nouveautés et les services offerts. Depuis les débuts du Régime britannique, les annonces officielles étaient bilingues, mais l'affichage commercial dépendait du marchand. L'affichage était souvent français ou bilingue pendant le premier quart du XIXe siècle. Cependant, avec l'accroissement de la population anglophone dans les principaux centres urbains, l'anglais commença à prendre le dessus, on vit même des artisans canadiens qui affichèrent des enseignes en anglais au-dessus de leur porte. De passage à Montréal en 1831, Alexis de Tocqueville remarqua avec quelque peu d'exagération :

> Bien que le français soit la langue presque universellement parlée, la plupart des journaux, les affiches, et jusqu'aux enseignes des marchands français sont en anglais. Les entreprises commerciales sont presque toutes entre leurs mains[46].

Cependant, le phénomène était surtout confiné aux villes et aux régions où dominait une population d'origine britannique. Ailleurs à la campagne, et donc pour la grande majorité de la population canadienne, l'affichage se faisait en français.

James Pattison Cockburn, *Cul-de-Sac, Looking Toward the Château*, 1830.

« L'habitant de la Grande-Bretagne qui arrive dans notre ville ne peut croire que les deux tiers de la population soient d'origine canadienne-française. À chaque pas qu'il fait, il voit sur la devanture des boutiques et des magasins des enseignes avec ces mots : *Dry Goods Store, Groceries Store, Merchant Taylor, Watch and Clock Maker, Boot and Shoe Maker, Wholesale and Retail*, etc. »
Le Fantasque, 18 novembre 1848.

Les débuts de l'industrialisation concentraient la production dans des ateliers de taille imposante, et les entrepreneurs étaient fiers d'afficher leur raison sociale sur les murs des fabriques. L'accélération de ce mouvement au milieu du XIXe siècle sous l'impulsion de capitalistes d'origine britannique amena une prolifération d'affiches et donna un visage de plus en plus anglais aux principales agglomérations urbaines et même aux bourgs de moindre importance.

L'anglicisation visuelle qu'on pouvait constater dans les villes n'était que la manifestation d'un processus plus subtil qui affectait toutes les couches de la population et toutes les régions. L'intégration économique du Canada dans l'Empire britannique avait des conséquences profondes qui s'accélérèrent au tournant du siècle, alors que les campagnes participèrent enfin à un essor économique qui ouvrit les horizons locaux et transforma la culture.

C'est d'abord l'alimentation qui fut touchée. Dès le régime militaire, le gouverneur Murray encouragea la culture de la pomme de terre que ses soldats écossais affectionnaient particulièrement. Les Canadiens mirent du temps à adopter cette culture, qui néanmoins devint très importante au début du XIXe siècle, alors que les agriculteurs canadiens commencèrent à coloniser des terres plus marginales pour la culture du blé. Le rhum remplaça l'eau-de-vie comme boisson alcoolique la plus vendue et fut débité en *gallons* plutôt qu'en pots ou en barriques. La bière prit son essor avec l'arrivée de brasseurs comme John Molson. Plus considérable encore fut la pénétration de la consommation du thé, boisson anglaise par excellence. Cette consommation atteignit rapidement toutes les couches de la société, et les tasses à thé et les théières, parfois appelées *tea pots* encore de nos jours, pullulèrent dans les inventaires des biens après décès.

L'historiographie récente a mis à l'écart l'image de l'*habitant* autarcique vivant de sa propre production. Les *habitants* furent de tout temps de bons consommateurs, notamment en ce qui concerne les textiles, et l'Angleterre en voie d'industrialisation disposait de grandes quantités de nouveautés à vendre. Même dans les campagnes reculées, plus de la moitié de la garde-robe se composait de tissus et de vêtements importés. En ville, l'engouement pour les produits de consommation britanniques obligeait les bourgeois à se tenir au fait des dernières modes londoniennes, sinon ils risquaient de passer pour des mal dégrossis. Les biens de consommation courante, comme la vaisselle ornée de motifs rappelant les gloires de l'Angleterre, entraient dans tous les foyers et contribuaient à une certaine anglomanie. Comme en conclut D.-T. Ruddel :

> L'habitude d'imiter la mode britannique en matière d'habitation, de vêtements et même de parures pour les chevaux, ainsi que l'usage de termes techniques anglais par les francophones, tous ces éléments attestent que l'acquisition de biens manufacturés étrangers n'est plus un simple acte de consommation, mais est devenue partie intégrante de la mentalité de la population[47].

L'anglomanie

« L'anglomanie fait fureur chez les "beaux" et les "belles" d'origine canadienne-française [...]. Les beaux parlent presque toujours la langue anglaise, singent aussi bien qu'ils peuvent le "dandy" de Londres [...], les belles emploient toujours des modistes anglaises, copient de leur mieux la "lady", et sèment leurs paroles [...] des exclamations anglaises :*"Dear me"*, *"Good gracious"*, *"O Lord"*... [...]. Mais ce que vous auriez peine à croire, lecteurs, c'est que les amants canadiens deviennent furieusement anglomanes et "font du sentiment" à l'anglaise. Quelle horreur! [...] Comme à présent, je vous le demande, soupirer en français auprès d'une Canadienne qui vous répondra en anglais. C'est décourageant, ma foi ! »

Le Fantasque, 18 novembre 1848.

A. Robertson, *Ann McGillivray, née Easthope*, 1838.

Les *anglaises* font fureur au Bas-Canada. Ces longues boucles de cheveux verticales et roulées en spirale copient fidèlement la mode de Londres.

Ce mimétisme des usages britanniques apparaît même là où on s'y attendrait le moins. La pratique écossaise, déjà répandue aux États-Unis, de faire débuter les baux à loyer le 1er mai de chaque année, s'implante lentement à Montréal et s'impose à partir des années 1820 pour ensuite s'intégrer tout à fait dans la culture des francophones[48].

La politique d'anglicisation instaurée par le gouvernement au début du Régime britannique eut peu de succès dans l'immédiat faute d'une population d'origine britannique suffisante. Peu à peu, cependant, les élites canadiennes se mirent à l'apprentissage de l'anglais, qui leur permettait de maintenir leur rang ou d'espérer une promotion sociale. Pour la majorité de la population, il faut attendre la fin des guerres napoléoniennes et l'arrivée massive d'immigrants des îles Britanniques pour que l'impact soit vraiment perceptible. La population des principales villes était désormais constituée d'un grand nombre d'anglophones qui maîtrisaient des techniques nouvelles. Ces artisans s'imposèrent dans le transfert de savoirs dont la terminologie était uniquement en anglais. La multiplication des boutiques tenues par des anglophones et des premières fabriques où l'affichage était en anglais donna aux villes un visage anglais. En même temps, la colonie connut un essor économique qui fit entrer des produits britanniques dans tous les foyers et transforma les mentalités pour les adapter aux usages du monde britannique.

Au-delà de ces transformations dues à la dynamique économique et sociale, il ne faut pas passer sous silence le fait que les autorités britanniques menèrent une politique visant à angliciser les Canadiens. Grâce à la résistance de l'élite politique et religieuse canadienne, ces mesures législatives et politiques furent largement tenues en échec.

Témoin de la pénétration des coutumes anglaises, cette théière en argent dédiée à James McGill.

James Cockburn, *Place du marché, Québec*, 1830.

Pour les Canadiens de l'époque, les processions religieuses sont aussi importantes que le seront plus tard les défilés de la Saint-Jean-Baptiste.

Une langue qui résiste

14. L'Église, gardienne de la langue

NIVE **VOISINE**

Après 1760, dans les foyers comme dans les églises, particulièrement à la campagne où vit la très grande majorité de la population, les Canadiens parlent encore français comme ils continuent à pratiquer la religion catholique. Cependant, diverses mesures prises par les conquérants et les instructions aux gouverneurs – entre autres, l'exclusion de toute juridiction «émanant du siège de Rome», la demande d'encourager les écoles protestantes et la «colonisation rapide» du territoire par l'arrivée des Loyalistes[1] – manifestent un désir évident d'angliciser et d'anglicaniser les conquis. Seules la faiblesse de l'immigration anglophone et la prudence obligée des autorités coloniales empêchent la britannisation escomptée. Néanmoins, l'Église se pose-t-elle en gardienne de la langue de 1760 à 1850 ?

Une absence de préoccupation (1760-1791)

Certainement pas, au moins de façon consciente, pendant les premières décennies qui suivent la Conquête. L'Église, en effet, vu l'absence de Britanniques dans les campagnes, ne se préoccupe guère de la langue, car elle croit ses fidèles bien protégés du contact linguistique et religieux avec les protestants; elle consacre plutôt ses énergies à défendre son droit à l'existence dans une colonie désormais officiellement protestante. Les évêques s'efforcent de tourner à leur avantage la tolérance officielle, mais ambiguë des autorités (la liberté de culte est accordée «en tant que le permettent les lois de la Grande-Bretagne» par le traité de Paris de 1763 et «sous la suprématie du roi» dans l'Acte de Québec de 1774) et de contrecarrer les visées de Londres d'établir l'Église d'Angleterre «tant en principe qu'en pratique[2]».

Il leur faut en même temps, pour contrebalancer les craintes et les préjugés des conquérants envers un clergé «papiste» et francophone, faire la démonstration d'un loyalisme sans faille, basé d'ailleurs sur des convictions théologiques : c'est de Dieu, «arbitre souverain de tous les hommes», que relève la Conquête[3]. «Il n'y a point d'autorité qui ne vienne de Dieu [...]. Si bien que celui qui résiste à l'autorité se rebelle contre l'ordre établi par Dieu»; ce texte de saint Paul sert de base aux diverses interventions des autorités religieuses.

Vivant au milieu du peuple, les curés servent d'intermédiaires entre la bureaucratie britannique et la population canadienne. Il leur revient, par exemple, de communiquer à leurs fidèles les textes officiels en français, pendant le prône dominical. De moins en moins nombreux, compte tenu de la population grandissante et ne possédant pas encore l'influence qu'ils auront dans la seconde moitié du XIXe siècle, ils deviennent néanmoins les porteurs d'une solidarité nationale où s'harmonisent, selon leur conception, le religieux, le culturel et le juridique. C'est pourquoi, moins tenus à la diplomatie que leurs supérieurs hiérarchiques, quelques prêtres signent, le 7 janvier 1765, une pétition demandant la levée des interdictions contre les catholiques (le serment du Test) et la possibilité d'utiliser le français devant les tribunaux. Le recours à l'argument religieux et la signature de prêtres pétitionnaires demeureront cependant un fait exceptionnel pendant plusieurs décennies.

Un réveil forcé (1791-1839)

Après la création de la première Assemblée législative (1791) et pendant le demi-siècle qui suit, ce sont les hommes politiques qui assurent la défense de la langue française. Les évêques, pour leur part, continuent leur politique conciliatrice envers l'administration coloniale et essaient de demeurer à l'écart des débats linguistiques.

Les circonstances les amènent cependant à prendre position. C'est vrai, par exemple, au début du XIXe siècle, quand le trio composé de l'évêque anglican Jacob Mountain, du juge en chef Jonathan Sewell et du secrétaire Herman Witsius Ryland lance une offensive assimilatrice, particulièrement dans le domaine culturel et religieux[4]. Consternés que les masses canadiennes-françaises soient «déplorablement ignorantes» et n'aient fait aucun progrès «dans la connaissance de la langue du pays sous le gouvernement duquel ils avaient le bonheur de vivre[5]» et s'étonnant que l'Église ne soit pas encore sous l'emprise directe de la Couronne conformément aux

Thomas Davies, *Vue de l'église de Château-Richer près de Québec, au Canada, prise en 1788.*

Une des vieilles paroisses de la côte de Beaupré, à l'est de Québec.

instructions royales, ils proposent la création d'un réseau d'écoles protestantes anglophones et la manipulation du clergé par la nomination aux cures et l'attrait d'une participation aux conseils[6]. Mgr Joseph-Octave Plessis, qui y voit un désir d'«anéantir l'autorité de l'Évêque Catholique [et de] s'emparer de l'éducation publique[7]», encourage ses prêtres à boycotter les écoles de l'Institution royale, en même temps qu'auprès du gouverneur James Craig il défend personnellement, avec succès, les prérogatives de l'Église[8].

De même, quand le projet d'union de 1822 propose des clauses menaçantes «à l'égard de la langue et des établissements religieux[9]», le clergé s'allie au Parti canadien et s'intègre aux 69 904 signataires des pétitions anti-unionistes.

Plus que par la politique, c'est grâce à leur travail pastoral que les prêtres s'avèrent des agents essentiels de préservation de la langue. Alexis de Tocqueville souligne, en 1831, qu'ils «parlent le français avec pureté[10]». Hommes de confiance de leurs paroissiens, ils peuvent sans doute leur servir de modèles dans la vie quotidienne, mais c'est encore plus par la prédication du dimanche et des jours de fête qu'ils contribuent à maintenir la présence du français et à le normaliser. Le prône consiste en une lecture tirée du rituel, suivie le plus souvent d'annonces faites en une langue moins littéraire. Le sermon, en revanche, a une forme littéraire bien définie et même ceux qui veulent être personnels s'inspirent de modèles puisés dans les nombreux sermonnaires en circulation. Les prédicateurs, dont un certain nombre sont Français d'origine (sulpiciens, prêtres immigrés et autres), contribuent à donner l'exemple d'une expression orale de qualité[11].

De plus, grâce aux séances de catéchisme et au livre qu'ils y expliquent, les prêtres en viennent à toucher tous les enfants et beaucoup d'adultes et leur transmettent une culture religieuse et une pensée formelle traduites dans une langue appropriée (vocabulaire, définitions, etc.). Mgr Plessis, lui-même auteur d'un catéchisme, reconnaît que certains mots sont destinés à «accoutumer les fidèles au langage de l'Église» et certaines prières servent à fournir une aide à «ceux qui ne savent pas lire[12]». La langue française, tout autant que la religion, y trouve son compte.

Un début de leadership (1840-1850)

Dans le contexte du «grand découragement» qui suit l'insurrection de 1837-1838, au moment même où la classe politique est extrêmement faible, les chefs patriotes ayant fui, ayant été exécutés ou exilés, ou croupissant encore dans les prisons, l'Église, qui vient d'acquérir sa pleine autonomie, prend la tête de la lutte pour la survivance, dont l'une des manifestations est l'appui aux pétitions signées contre l'Union. Mgr Joseph Signay, par exemple, devant l'appréhension «des suites fâcheuses que l'union projetée pourrait avoir pour le pays», incite ses curés à «user prudemment de [leur] influence auprès de [leurs] paroissiens, pour les engager à signer» les adresses proposées par les hommes politiques[13].

L'Église enclenche elle-même une phase de revitalisation, grâce à un clergé plus nombreux et mieux encadré et à de multiples initiatives lancées par Mgr Ignace Bourget, qui permettent au peuple de retrouver «ses sentiments d'affection et de confiance pour ses pasteurs[14]». Imbu des idées ultramontaines relatives à la supériorité de la société religieuse sur la société civile, l'évêque de Montréal oblige la classe politique à tenir compte des vues de l'Église; lui-même entreprend une vaste campagne pour «christianiser» et «régénérer» la société canadienne-française[15].

Devenue «un élément constitutif de la nationalité[16]», la langue française trouve aussi son compte dans ce renouveau. Directement, par la mise en place d'un réseau d'écoles que le clergé appuie, parce qu'il en prend la direction, et par la diffusion de la pédagogie de Jean-Baptiste de La Salle (surtout après l'arrivée des frères des Écoles chrétiennes en 1837), qui donne la priorité à la langue maternelle : grâce à ce dernier, l'initiation à la lecture se fait dans la langue maternelle, alors qu'auparavant on apprenait à lire en latin[17].

Contribuent également à la défense et à l'illustration de la langue française ces organismes que le clergé encourage ou crée lui-même, entre autres, les journaux, dont les *Mélanges religieux* (1840), organe de l'évêché de Montréal, qui propose de «bonnes» lectures et l'étude de la religion, de l'histoire, de la langue, etc., «parce que dans tout cela notre bien-être moral et matériel, notre existence comme peuple, notre vie entière est souverainement intéressée[18]»; les associations, dont la plus célèbre est l'Institut canadien de Montréal (1844), que le clergé appuie jusqu'à la fin de la décennie 1840, alors que l'association lui apparaîtra comme un foyer de libéralisme radical et un danger pour la jeunesse à cause de sa bibliothèque et de l'anticléricalisme de certains de ses membres[19] (l'Institut canadien de Québec, pour sa part, reçoit une large collaboration du clergé); l'Œuvre des bons livres (1842 à Québec, 1844 à Montréal) qui donne naissance aux bibliothèques paroissiales.

De Montréal, où le plus souvent il prend naissance dans les années 1840, ce mouvement culturel s'étend à l'ensemble du Bas-Canada au cours des décennies suivantes. S'il a une forte connotation religieuse, il prône aussi l'étude et la connaissance des droits civils et politiques, de l'histoire et de la langue et il s'inscrit dans l'affirmation nationale en cours : «L'éducation morale et religieuse est le fondement de la prospérité, de la liberté et de la gloire d'un peuple», écrit Étienne Parent dans *Le Canadien* du 10 novembre 1841.

Cette affirmation religieuse et sociale du clergé, qui vise à gagner les élites et à diriger les classes populaires, n'en est encore qu'à ses débuts en 1850, et les aspects négatifs de la censure et du contrôle clérical sont encore peu apparents. Néanmoins se dessinent déjà les liens étroits entre les deux «institutions nationales», la religion et la langue.

Antoine Plamondon, *Portrait de Cyprien Tanguay*, 1832.

Cyprien Tanguay sera l'auteur du premier dictionnaire généalogique des francophones d'Amérique du Nord.

15. L'école, gardienne de la langue

CLAUDE **GALARNEAU**

Colonie française et catholique, la Nouvelle-France passe sous la domination d'un empire anglais et protestant. Les instructions que reçoit le nouveau gouverneur Murray recommandent d'amener graduellement les habitants à embrasser la religion anglicane et d'établir des écoles à cette fin. Mais Murray ne peut rien faire en ce sens, puisque le pays ne compte que quelques centaines de sujets britanniques dans une population de 70 000 habitants et que Londres lui a demandé d'user de tolérance et de prudence quant à la religion.

Législation scolaire et rôle du clergé

Les Britanniques sollicitent assez tôt l'aide de Londres pour l'instruction de leurs enfants, et les Canadiens en font autant. En 1787, lord Dorchester crée un comité spécial pour étudier les problèmes de l'enseignement et demande l'avis de l'évêque et de son coadjuteur.

Le comité proposait un organisme centralisé, comprenant une école par paroisse, une école de niveau plus élevé par comté et une université mixte à Québec, sans enseignement de la théologie pour ne point heurter les convictions des catholiques ni celles des protestants. Le coadjuteur, Mgr Bailly de Messein, se montre très favorable. L'évêque, Mgr Hubert, ne peut pas accepter que l'instruction publique soit soustraite à sa juridiction et soumise à l'autorité anglo-protestante. Il se contente de poser quelques questions sur la future université et explique que ce n'est peut-être pas encore le moment de créer des écoles. Le projet meurt.

Le régime parlementaire étant installé en 1791, les autorités gouvernementales ont sans doute cru qu'il serait plus facile de préparer une véritable loi, cette fois adoptée par les députés, en majorité canadiens. C'est ce qui se produit en 1801 avec la Loi dite de l'Institution royale. Il s'agit d'une loi qui vise la multiplication des écoles gratuites et l'instruction de la jeunesse, sous l'autorité du gouverneur, bref un réseau d'établissements d'enseignement pour tous, dirigé par l'État. Mais les écoles dirigées par les communautés religieuses et les écoles privées existant en 1801 ou pouvant être créées après sont soustraites à la Loi. Et la fondation des écoles royales doit venir de la libre décision des habitants de chaque paroisse. Cette fois encore, la peur bien ou mal fondée de la protestantisation et surtout de l'autorité de l'État l'emporte chez le clergé. Mgr Plessis recommande à ses prêtres de ne pas se prévaloir de cette Loi. De 1805 à 1824, quelques paroisses pourtant le feront (13 sur 84) et s'en trouveront fort bien.

En 1824, le clergé fait voter par la chambre d'assemblée la loi dite des écoles de fabrique, qui autorise les fabriques, chargées de l'administration des paroisses, à payer jusqu'au quart de leur revenu annuel pour financer des écoles. En 1829, la Chambre adopte enfin la Loi dite des écoles de syndics, qui confie au Parlement l'autorité suprême en matière d'instruction, mais avec la participation active des syndics élus par les propriétaires fonciers puisque ceux-ci contribuent au financement des écoles. Si la première loi n'a donné que peu de résultats, la seconde est acceptée de la population au point que le nombre des écoles passe de 327 à 1372. Malheureusement, la crise politique met fin au système scolaire en 1836.

Le clergé ne lâche pas prise et veut toujours revenir à l'état ancien, à la direction de l'école par l'Église. Mgr Lartigue et plusieurs prêtres rappellent à l'évêque de Québec, Mgr Signay, que l'on doit s'emparer de l'enseignement comme de droit. Les *Mélanges religieux*, journal de l'évêché de Montréal, déplorent que le projet de loi de 1841 écarte les évêques et le clergé catholique des écoles, dont ils ont, «de droit divin», la responsabilité. De fait, les lois scolaires de 1841-1846 permettront aux catholiques et aux protestants de diriger les écoles suivant leurs prescriptions religieuses, cela à la demande des *Dissenters* (protestants autres qu'anglicans). Ce qui donne en pratique la confessionnalité, sans qu'elle ait été promulguée comme telle, aux petites écoles, les seules comprises dans la législation.

Création d'écoles

À défaut d'un réseau centralisé, il faut voir ce qu'il en a été des écoles. Distinguons entre les villes et les campagnes. Ces dernières n'auront que très peu d'écoles, sauf dans la région de Montréal, où les religieuses sont plus nombreuses, et dans les rares paroisses où l'Institution royale s'est établie. En 1790, les Canadiens possèdent une quarantaine d'écoles pour 160 000 habitants (soit une école pour 4000 habitants) alors que les anglophones en ont 17 pour 10 000 habitants (soit une pour moins de 600 habitants et la plupart en ville). En 1830, villes et campagnes réunies, les écoles royales sont au nombre de 81, les écoles de syndics de 752 et les écoles privées de 154, pour un total de 987. En 1850, les écoles publiques sont déjà au nombre de 2005.

Les campagnes ont encore profité de la fondation des collèges dits classiques, presque tous nés dans les presbytères de campagne (11 sur 15 ouverts avant 1850) et qui comptent des classes préparatoires de niveau élémentaire.

La situation ne pouvait pas demeurer aussi mauvaise et aussi longtemps dans les villes de Québec et de Montréal. À Québec, l'évêque et le curé fondent cinq écoles avant 1850, les Ursulines et les Dames de la Congrégation de Notre-Dame ont leur couvent, tandis que le petit séminaire prend la succession des Jésuites. Mais cela ne peut suffire à une population qui passe de 9000 à 42 000 habitants en 1851. Comme en Angleterre et en France depuis le XVIIIᵉ siècle, des particuliers ouvrent peu à peu des écoles dans leur maison, pour les filles et les garçons. Ces écoles payantes donnent l'enseignement élémentaire, les études classiques, les arts d'agrément (musique, chant, danse, travaux d'aiguille) et la préparation au travail. Des instituteurs et institutrices des deux langues y font la classe.

Joseph Légaré, *Monastère des Ursulines*, 1840.

C'est aux Ursulines qu'on doit le premier établissement d'enseignement pour jeunes filles en Amérique du Nord.

Dans les villes, il reste pourtant beaucoup d'enfants pauvres, totalement livrés à l'analphabétisme. Après 1815, fin des 25 ans de guerre de la Révolution et de l'Empire, les citoyens de Québec créent trois sociétés d'éducation, comme cela se pratiquait en Angleterre. Vivant des quêtes aux portes des églises, de quelques subventions de l'État et de sommes reçues d'associations diverses, elles alphabétiseront beaucoup d'enfants des deux langues.

Trois-Rivières a une Société d'éducation et Montréal quatre pour les seuls anglophones. L'île de Montréal, ville et campagne, est davantage favorisée, grâce aux religieuses de la Congrégation de Notre-Dame et aux sœurs de la Charité (sœurs grises), grâce aussi aux Sulpiciens et à Mgr Lartigue, qui financent des écoles dirigées par des religieuses et des laïques. En 1825, l'île possède 54 écoles (41 dans la ville et les faubourgs) et, en 1835, 89 (66 dans la ville et les faubourgs), soit une augmentation de 65 % en 10 ans. La Loi des écoles de syndics est responsable en bonne partie de cette forte hausse.

L'enseignement du français

Le pire anachronisme que l'on puisse commettre ici, c'est de juger l'enseignement de la langue suivant les critères contemporains. Les notions de diplômes et de programmes n'existent pas avant le milieu du XIXe siècle, et il est impossible d'apprécier la fréquentation scolaire. Les instituteurs enseignent à lire, à écrire et à compter. Aucun discours n'est encore connu sur la qualité de la langue qu'on enseigne. Il n'y a ainsi que bien peu de possibilités d'en appréhender la mesure. Mais ce qui ne se mesure pas peut s'estimer.

Ces instituteurs ont utilisé quelques manuels scolaires, tels que des abécédaires et des syllabaires. Et, de 1778 à 1849, 77 manuels, publiés en France pour la plupart, ont été édités à Québec ou à Montréal, ou écrits par des instituteurs canadiens. Notons les grammaires des Français Restaut, Charles-François Lhomond, E.-A. Lequien et Jean Palairet, ou des Canadiens J.-Ph. Boucher-Belleville, Joseph-François Perrault et Amable Berthelot. En 1822, Perrault avait esquissé dans son *Cours d'éducation élémentaire* un programme pour les six classes de la société d'éducation de Québec, dont quatre matières sur six étaient consacrées à l'apprentissage de la langue. En 1850, F.-X. Valade publie le *Guide de l'instituteur*. Pour 11 matières, il accorde 75 pages sur 318 à la langue. Quant aux collèges classiques, ils enseignent une langue de bonne qualité.

Toutes écoles confondues, les instituteurs enseignent le français aux francophones, et la majorité d'entre eux sont des laïcs. Il ne pouvait en être autrement puisqu'il n'y avait pas eu de nouvelles communautés religieuses enseignantes depuis plus de cent ans, qu'elles étaient peu nombreuses et se trouvaient surtout dans la région de Montréal. La situation changera après 1840, avec l'arrivée de communautés françaises et la fondation de communautés canadiennes. C'est ainsi que peu à peu les religieuses et les frères deviendront majoritaires. Le clergé – c'est-à-dire les prêtres et les religieux clercs – n'enseigne pas au niveau primaire, sauf exception, même s'il est le maître de l'enseignement à partir de cette décennie.

Il n'en demeure pas moins que le clergé, par sa peur déclarée de la protestantisation et par sa volonté d'empêcher l'État de se substituer à lui comme responsable de l'instruction publique, a retardé l'organisation d'un véritable réseau scolaire pendant un bon demi-siècle et ne l'a accepté qu'au moment où la porte s'ouvrait toute grande pour lui permettre d'en reprendre la maîtrise.

Évolution de l'alphabétisation au Québec
(sans Montréal)[20]

Les taux d'alphabétisation (sauf pour la ville de Montréal) nous sont maintenant connus. Dix ans après la Conquête, moins du cinquième de la population est alphabétisée. Le taux d'alphabétisation descend même jusqu'à 13 % vingt ans plus tard (1779). Puis il se relève lentement, surtout entre 1820 et 1850, pour se situer à 27 % à la fin de la période (1849). Il faudra attendre encore cinquante ans pour atteindre, grâce à la scolarisation, le pourcentage de 75 % considéré comme «alphabétisation générale». Le retard dramatique que nous constatons au cours de cette période (1760-1850) a été causé en grande partie par le refus opposé par le clergé aux systèmes scolaires de 1789 et de 1801.

Claude GALARNEAU

19

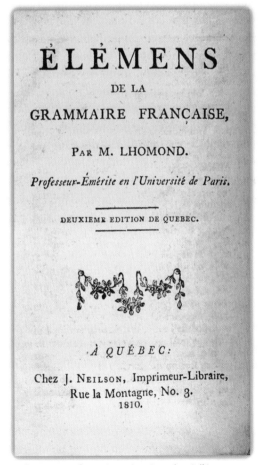

Grammaire française très répandue à l'époque.

16. Le français et l'émergence du sentiment nationaliste

DENIS **MONIÈRE**

Durant le demi-siècle qui suit la défaite de la France au Canada, le nouveau pouvoir colonial britannique impose graduellement l'usage de l'anglais dans l'administration de la colonie. L'économie, le commerce, la justice et l'administration publique doivent dorénavant fonctionner en anglais. La langue devient une marque de clivage politique, social et national.

« Une colonie française avec une garnison anglaise »

Mais cette logique colonialiste est entravée par des facteurs sociodémographiques et géopolitiques. D'une part, les francophones constituent plus de 98 % de la population totale et ils vivent dans un relatif isolement de la société britannique. Cette situation est bien résumée par l'évêque anglican Inglis qui soutient que la province est « une colonie française avec une garnison anglaise[21] ». Le clivage ville-campagne, qui recoupe le clivage des deux langues, limite les contacts entre les deux groupes linguistiques. Les habitants sont donc relativement préservés de l'anglicisation par les distances, l'isolement rural et l'analphabétisme. Seuls les membres du clergé et les seigneurs sont appelés à communiquer directement avec le conquérant et à utiliser la langue anglaise. Même l'administration de la justice qui relève du pouvoir colonial britannique doit s'adapter à la réalité démographique et accepter l'usage des deux langues au civil[22].

D'autre part, la politique coloniale de la Grande-Bretagne en territoire canadien doit tenir compte de facteurs géostratégiques. Londres doit s'assurer de la collaboration des populations conquises pour repousser les offensives des révolutionnaires américains qui menacent de s'emparer du Canada afin de protéger l'indépendance de la jeune république américaine. Cette conjoncture favorise un climat de conciliation entre le pouvoir colonial et les élites canadiennes qui aboutira à un assouplissement du régime par l'Acte de Québec en 1774.

Mais, par une ruse de l'histoire, les droits concédés aux Canadiens à cause de la Révolution américaine sont contestés par un des effets de cette même révolution, c'est-à-dire l'arrivée des Loyalistes qui viennent renforcer les rangs des marchands anglais. Si la population anglophone n'est que de 3 % avant 1775, elle triple par la suite avec l'afflux de 6000 Loyalistes dans la région est du Canada. Ceux-ci ne sont pas demeurés loyaux à Sa Majesté britannique pour se retrouver dans une colonie où ils sont soumis aux lois civiles françaises et où ils ne retrouvent pas les droits politiques équivalents à ceux qu'ils possédaient en Nouvelle-Angleterre. Ils revendiquent donc la création d'une chambre d'assemblée d'où seraient exclus les Canadiens pour éviter qu'ils ne détiennent la majorité et le pouvoir de faire les lois, ce qui est proprement inconcevable dans un contexte colonial. On ne conquiert pas un territoire pour en remettre l'administration aux conquis. Les marchands anglais ont finalement gain de cause avec l'Acte constitutionnel de 1791. Rappelons que cette Loi divise la province de Québec en deux territoires, le Haut et le Bas-Canada, et crée dans chacun une chambre d'assemblée élue, mais sans pouvoir effectif sur les dépenses publiques et les décisions du gouvernement, qui n'est pas responsable de ses actes devant les représentants du peuple, mais devant le monarque.

Les clivages politiques et linguistiques

C'est dans le cadre de la nouvelle constitution de 1791 que la question linguistique se politise. La logique de la représentation rend les différences linguistiques politiquement significatives, car le choix des députés reflète les rapports de force linguistiques et donne forcément la majorité en chambre aux représentants des circonscriptions francophones (34 sur 50). Les anglophones sont fortement sur-représentés puisqu'ils obtiennent 32 % des sièges, bien qu'ils ne représentent que 7 % de la population.

Les premières escarmouches politiques à l'Assemblée législative indiquent que les allégeances politiques vont se construire sur les différences sociales et linguistiques. Les députés francophones représentant les circonscriptions rurales formeront le parti

Deux « races », deux solitudes

Le mot « race », ainsi que le mot « nationalité », est celui qui est le plus employé à cette époque pour désigner un peuple et sa langue, ses usages, ses mœurs, ses traditions. Malgré tous les efforts déployés pendant cent ans pour « fusionner » les deux races (française et anglaise), on est resté la plupart du temps face à « deux solitudes ».

« Je veux dire que par la langue, la religion, l'attachement et les coutumes, [ce peuple] est complètement français, qu'il ne nous est attaché par aucun autre lien que par un gouvernement commun; et que, au contraire, il nourrit à notre égard des sentiments de méfiance […], des sentiments de haine […]. La ligne de démarcation entre nous est complète. »

James CRAIG, gouverneur, 1810.

« Je m'attendais à trouver un conflit entre le gouvernement et le peuple; je trouvai deux nations en guerre au sein d'un même État; je trouvai une lutte non de principes, mais de races, […] deux races qui se regardent l'une l'autre depuis si longtemps comme ennemies héréditaires, si différentes dans leurs coutumes, dans leur langage et dans leurs lois… »

Lord DURHAM, 1839.

20

canadien et s'opposeront aux projets soutenus par les députés anglophones représentant les marchands des villes. Un conflit de nature sociale va se traduire en un conflit de nationalités.

Les Canadiens défendent alors le français non pas parce qu'ils veulent en faire une langue hégémonique, mais parce qu'ils doivent résister aux pressions anglicisantes de la bourgeoisie marchande anglaise qui, elle, veut imposer la domination absolue de l'anglais. Il est dans l'ordre des choses, aux yeux de celle-ci, qu'une population conquise par les armes se soumette aux règles du vainqueur. Comme elle a besoin d'immigrants pour soutenir ses entreprises de colonisation et d'exploitation du territoire, elle doit assurer aux nouveaux venus qu'ils trouveront au Canada un milieu de vie comparable à celui de la Grande-Bretagne. Cela va de soi dans le Haut-Canada, où la population est linguistiquement homogène, mais pas au Bas-Canada, où la majorité est de langue, de religion et de tradition fort différentes de celles d'Angleterre. D'où la nécessité d'assimiler rapidement les Canadiens, conviction qui obsède les marchands de Montréal. À cet égard, l'Institution royale qui est mise sur pied doit constituer à leurs yeux un instrument puissant pour angliciser les Canadiens français. Le secrétaire du gouverneur explique en ces termes l'objectif poursuivi : « Cette mesure serait un instrument extrêmement puissant pour accroître le pouvoir exécutif et modifier graduellement les sentiments politiques et religieux des Canadiens français[23] ». Mais ce projet restera lettre morte[24].

La création d'un organe de presse est devenue indispensable à la structuration d'une idéologie nationaliste. La fondation du journal *Le Canadien* par les leaders du

En 1831, Étienne Parent relance *Le Canadien*, 21 ans après l'interruption de sa parution, avec une nouvelle devise : *Nos institutions, notre langue et nos lois.*

Rêves et desseins d'anglicisation

À plusieurs reprises entre 1760 et 1850, des représentants officiels de l'autorité britannique ont exprimé, de façon claire et explicite, leur dessein ou leur rêve d'anglifier ou angliciser les Canadiens.

Il ne faut pas créer une chambre d'assemblée, car « si une telle assemblée était constituée, la discussion s'y ferait en français, ce qui tiendrait à maintenir leur langue, [...] à retarder pendant longtemps et à rendre impossible peut-être cette fusion des deux races ou l'absorption de la race française par la race anglaise au point de vue de la langue, des affections, de la religion et des lois. »

Francis MASERES, procureur de la colonie, 1769.

« Que les maîtres d'école soient anglais si nous voulons faire des Anglais de ces Canadiens [...]. Nous pourrions angliciser complètement le peuple par l'introduction de la langue anglaise. Cela se fera par des écoles gratuites... »

Hugh FINLAY, membre du Conseil législatif, 1789.

« Nous proposons d'établir une union plus intime entre les deux colonies en incorporant en une seule leurs deux législatures, afin que la langue anglaise et l'esprit de la constitution anglaise puissent être plus puissamment répandus parmi toutes les classes de la population. »

Robert WILMOT, sous-secrétaire d'État aux Colonies, 1822.

« Et cette nationalité canadienne-française, devrions-nous la perpétuer pour le seul avantage de ce peuple, même si nous le pouvions ? Je ne connais pas de distinctions nationales qui marquent et constituent une infériorité plus irrémédiable. La langue, les lois et le caractère du continent nord-américain sont anglais. Toute autre race que la race anglaise [...] y apparaît dans un état d'infériorité. C'est pour les tirer de cette infériorité que je veux donner aux Canadiens notre caractère anglais. [...] Le premier objectif du plan quelconque qui sera adopté pour le gouvernement futur du Bas-Canada devrait être d'en faire une province anglaise; à cet effet, que la suprématie ne soit jamais placée dans d'autres mains que celles des Anglais [...]. Le Bas-Canada, maintenant et toujours, doit être gouverné par la population anglaise. »

Lord DURHAM, gouverneur, dans son rapport de 1839
qui sert de prélude à l'union des deux Canadas.

21

parti canadien constitue une riposte à celle du journal *Mercury* qui, le 27 octobre 1806, attaquait les Canadiens en ces termes : « Cette province est déjà beaucoup trop française pour une colonie anglaise. La défranciser autant que possible, si je peux me servir de cette expression, doit être notre premier but[25]. »

La bourgeoisie marchande tente d'atteindre ce but en présentant un projet d'union en 1822. L'*Union Bill* est proposé au Parlement de Londres par Edward Ellice avec l'appui de ses amis montréalais Richardson, Grant et Molson. Dans une pétition de citoyens anglais en appui à ce projet, on peut trouver un bel exemple de logique « suprémaciste » : « L'influence qu'aurait l'union sur l'anglicisation du Bas-Canada a été le principal argument des Canadiens français pour s'opposer à son adoption et, au nom de prétentions fallacieuses, ils essaieraient d'amplifier les inconvénients qu'ils subiraient d'un changement qui se produirait dans leur langue, leurs manières et leurs habitudes. Personne ne peut douter des bénéfices qui résulteraient de ce changement même pour les Canadiens français[26] ». Ce projet stipule que la langue anglaise sera la langue officielle et qu'il y aura une seule assemblée où les Anglais seront majoritaires. Le projet soulève une vive indignation dans la population canadienne et est dénoncé par une pétition qui recueille 60 000 signatures. Londres juge donc l'initiative prématurée, mais se sert de l'idée d'union du Haut et du Bas-Canada en 1840 pour éliminer la résistance des Canadiens à la suprématie britannique.

La résistance patriotique ne se limite pas à contrer les tentatives d'anglicisation institutionnelles, mais elle lutte aussi contre la dégénérescence du français. La presse patriotique dénonce à l'occasion les corruptions langagières et l'usage d'anglicismes. Ainsi dans *L'Aurore* du 17 juillet 1817, une lettre d'un lecteur signée « Un Québécois » incite ses compatriotes au bon parler français et s'inquiète de l'évolution de la langue parlée : « Les anglicismes et surtout les barbarismes sont déjà si fréquents, qu'en vérité je crains fort que bientôt nous ne parlions plus la langue Française, mais un jargon semblable à celui des îles Jersey et Guernesey[27] ». Le nationalisme exprimé par le parti patriote qui succède au parti canadien en 1828 est principalement axé sur des revendications politiques et économiques, c'est-à-dire l'obtention du gouvernement responsable, le contrôle par les députés des dépenses publiques et des nominations dans la fonction publique et le développement d'une économie centrée sur la mise en valeur de l'agriculture. Le changement d'appellation montre bien que les leaders politiques du peuple canadien se définissent plus sur une base idéologique que sur une base ethnique. Ils justifient leurs revendications en s'appuyant sur le fait qu'ils représentent la majorité de la population. En visant la maîtrise des institutions politiques, ils contestent la suprématie politique et économique du colonisateur britannique.

Cette lutte ne se fait pas au nom de la préservation de la langue et de la culture, mais au nom de la démocratie. Les Patriotes ne se définissent pas sur une base ethnolinguistique, puisqu'ils accueillent dans leurs rangs quelques Irlandais et quelques Écossais qui se rapprochent de certains idéaux républicains. Ils ne sont pas non plus réfractaires à l'usage de la langue anglaise, puisqu'ils préconisent le bilinguisme dans la future république du Bas-Canada (article 18)[28]. Ils protestent à l'occasion contre des abus de pouvoir de certains juges anglophones qui refusent d'entendre des causes parce que les plaignants ne parlent pas anglais. Ils invoquent alors la justice et l'esprit d'équité qui doivent régir le traitement des sujets de la Couronne et réclament le libre emploi de la langue française devant les tribunaux. Que le pouvoir politique soit exercé par le peuple et non pas par une minorité au service des intérêts des marchands anglais et de l'aristocratie bureaucratique, tel est le programme des Patriotes qui menait inéluctablement à la rupture du lien colonial.

Henri Julien, *Saint-Denis*.

La rébellion des Patriotes, « un épisode tragique dans la longue lutte d'un petit peuple [...] pour la conquête de ses libertés essentielles ».

Ce projet républicain est réprimé par les armes en 1837-1838. La puissance coloniale impose à la suite de l'échec du mouvement patriotique une nouvelle constitution qui va rendre impossible la création d'un État dirigé par le peuple colonisé. Devenir minoritaires dans leur propre pays, tel sera le destin des anciens Canadiens.

La langue comme enjeu et symbole de la nation

Dans le cadre de l'Acte d'Union (1840), qui impose la structure politique du Canada-Uni, les députés représentant les circonscriptions francophones sont irrémédiablement mis en minorité. En effet, la population du Bas-Canada est de 650 000 habitants en 1840, dont 150 000 Britanniques, alors que celle du Haut-Canada n'est que de 450 000 habitants. Toutefois, les deux anciennes colonies sont représentées chacune par 42 députés. Cette représentation inéquitable sera remise en cause dès que la population du Canada-Ouest surpassera celle du Canada-Est.

Pour bien montrer sa volonté assimilatrice, Londres interdit l'usage du français dans les nouvelles institutions politiques par l'article 41 de l'Acte d'Union.[29] La minorisation et l'anglicisation des Canadiens français vont de pair et doivent constituer l'objectif prioritaire de la nouvelle politique coloniale. À cette fin, lord Durham incite Londres à favoriser l'immigration massive d'Anglais : « [...] l'intention première et ferme du gouvernement britannique doit à l'avenir consister à établir dans la province une population anglaise, avec les lois et la langue anglaises et à ne confier le gouvernement de cette province qu'à une assemblée décidément anglaise[30]. » À la résistance dynamique et libératrice fondée sur le projet de construire sur les rives du Saint-Laurent une société à majorité française et politiquement indépendante, succède après 1840 une stratégie défensive qui intériorise l'infériorité démographique et politique et se replie sur la survivance de la langue, de la religion et des traditions. Le nationalisme de conservation remplace le nationalisme de libération des Patriotes. Désormais, les élites cléricales proposent une nouvelle définition de l'identité collective. Les Canadiens français doivent former une nation catholique et française inspirée par une mission providentielle : porter le flambeau de la civilisation et les palmes de l'apostolat en Amérique du Nord.

L'addition du qualificatif «français» au substantif Canadien dans la définition de l'appellation identitaire montre bien que la conscience collective est occupée par la présence tutélaire d'un autre. L'idéologie cléricale qui va dominer la société canadienne pendant plus d'un siècle admet que le statut de groupe minoritaire est irrémédiable et qu'à ce titre la nation canadienne-française est incapable d'exister par elle-même, qu'elle ne va survivre que subordonnée à une autre identité. Le colonialisme britannique condamne les Canadiens français à l'ethnocentrisme comme stratégie de survie.

Identité et sentiment national (1800-1850)

Les Canadiens forment une société distincte,
différente de la France, de l'Angleterre, de la république américaine.

«Nous sommes un peuple catholique […]. Nous sommes une nationalité française […]. Catholiques de foi et français de langue, nous pouvons attester devant le ciel et la terre que nous sommes britanniques d'allégeance.»

Mgr PLESSIS (1763-1825), évêque de Québec.

«Tous les habitants de la Province ne sont-ils pas Sujets Britanniques? Les Anglois ici ne doivent pas plus avoir le titre d'Anglois que les Canadiens celui de François. Ne serons-nous jamais connus comme un peuple, comme Américains britanniques?»

Le Canadien, 22 novembre 1806.

«Qu'est-ce que les Canadiens? Généalogiquement, ce sont ceux dont les ancêtres habitaient le pays avant 1759 […]; politiquement, les Canadiens sont tous ceux qui font cause commune avec les habitants du pays, quelle que soit leur origine […]. Ceux-là sont les vrais Canadiens.»

Michel BIBAUD, *La Bibliothèque canadienne*, mai 1827.

«Il n'y a pas, que nous sachions, de peuple français en cette province, mais bien un peuple canadien, un peuple religieux et moral, un peuple loyal et amoureux de la liberté en même temps, et capable d'en jouir; ce peuple n'est ni Français, ni Anglais, ni Écossais, ni Irlandais, ni Yanké, il est Canadien.»

Le Canadien, 21 mai 1831.

Une langue
qui se développe

17. Une langue qui se définit dans l'adversité

CLAUDE POIRIER

À la veille du débarquement des troupes de Wolfe à Québec, le français de la Nouvelle-France possédait déjà un bon nombre des traits qui font de nos jours l'originalité du français du Québec. Ces traits étaient répandus parmi les *habitants*, ceux qui étaient établis sur des terres, et devaient pour la plupart être familiers à l'ensemble des Canadiens, quelle que fût leur condition sociale. Les gens instruits, les bourgeois et les administrateurs, qui entretenaient des rapports suivis avec leurs homologues de France, participaient plus étroitement que les autres à la culture du royaume et avaient une meilleure maîtrise de la langue, comme le montre l'examen de la correspondance. Le français de la Nouvelle-France se conformait donc à un schéma qui a paru normal aux contemporains, avec des variations selon les régions, les groupes et les personnes. Le seul étonnement des visiteurs européens a été de constater que le français était parlé par tous et sur tout le territoire, alors qu'en France il n'avait pas encore réussi à déloger les patois qui dominaient à l'extérieur de la région parisienne.

La bataille des Plaines d'Abraham allait bouleverser cet état de choses en raison de la séparation d'avec la France et des changements sociaux qui découleraient de la défaite de l'armée française. Par l'examen philologique des écrits de l'époque (manuscrits, journaux, textes littéraires), complété par les témoignages directs, on peut se faire une idée de la façon dont le français était parlé dans cette situation nouvelle. L'analyse conduit à la constatation que c'est pendant les premières décennies qui ont suivi la Conquête que s'est définie, dans ses grandes lignes, l'identité linguistique des Québécois et que s'est établi le rapport qu'ils entretiennent avec leur langue, marqué à la fois par un lien affectif très fort et un profond sentiment d'insécurité[1].

Vers un nouveau modèle linguistique

Ce qui saute aux yeux de l'observateur qui scrute les textes écrits après 1760, c'est le fait qu'ils comportent un grand nombre de mots qui ne sont pas attestés sous le Régime français. Bien sûr, les documents sont plus nombreux et plus variés, avec la parution des premiers journaux, mais on voit nettement que le vocabulaire se renouvelle en comparant des textes de même nature rédigés avant et après la Conquête. On n'est évidemment pas surpris de constater que des emprunts à la langue anglaise font leur apparition, mais on est frappé par la dynamique nouvelle qui régit le vocabulaire d'origine française.

La montée des mots hérités des régions de France

Les documents du Régime français, surtout les manuscrits des notaires, livrent régulièrement des mots ou des sens qui se rattachaient à des usages régionaux de France ou qui étaient alors désuets dans le français de Paris. Mais ce vocabulaire apporté par les premiers colons est beaucoup plus présent dans les textes dès qu'on franchit le cap de 1760.

Le mot *patate*[*2] (plutôt que *pomme de terre**) fait son apparition dès 1764 dans *La Gazette de Québec*, bientôt noté *pétaque** ou *pataque** dans les inventaires de biens. Ces notations indiquent à l'évidence que le mot était connu au Canada avant l'arrivée des Anglais puisque ces graphies correspondent à des prononciations qu'on retrouve telles quelles dans les parlers de France. On trouve de même *habillement** «vêtements portés par-dessus le linge de corps» (1765), *tombe** «cercueil» (1774), *brunante* «crépuscule» (1778), *cretons* (1785, noté kerton), *marinades** «cornichons confits dans le vinaigre» (1785), *vase** «boue» (1803), *manchon** (de charrue, 1804), *cocotier** «coquetier» (1806), *broue* «mousse (de savon)» (1817), etc. Ces mots, qu'on rencontre pour la première fois à l'écrit, sont des héritages de France qui n'appartenaient pas au français standard et qui étaient certainement utilisés par les Canadiens sous le Régime français.

Le plus étonnant, c'est que certains des mots de provenance régionale française qu'on voit surgir remplacent des mots du français parisien qui n'offrent pas une résistance vigoureuse. C'est ainsi que la locution adjective *à carreaux*, courante sous le Régime français depuis 1694 en parlant d'un tissu ou d'un vêtement, baisse pavillon à partir des années 1780 devant le régionalisme *carreauté*, de même sens, qu'on n'avait jamais vu dans les textes avant 1779; *à carreaux* sera par la suite un mot rare, dont la survie, pendant une longue période, ne sera assurée que par les écrivains. *Coquemar**, mot français pour désigner la bouilloire, se voit rapidement évincé par *canard** (1773) et *bombe** (1779), appellations que les immigrants français avaient rapportées de leur province d'origine. En parlant d'un bonnet de fourrure, *casque** l'emporte sur *bonnet (de poil)* qui était usuel auparavant et qui ne trouve refuge, lui aussi, que dans la littérature.

Les canadianismes se rencontrent non seulement dans les textes d'archives, mais aussi dans les journaux et, de façon épisodique, dans la littérature naissante, en dépit du fait que les auteurs cherchent à se conformer à des modèles d'écriture français. Par exemple, en parlant d'une coiffure de dame, c'est le mot *capine** qui s'est imposé à Boucher de Boucherville (*Une de perdue, deux de trouvées*, 1849); son concurrent français *capeline** devra attendre les années 1880 avant de paraître sous la plume d'un auteur. Aubert de Gaspé (*L'Influence d'un livre*, 1837) incorporera *capot de chat sauvage* «manteau de raton laveur» et *serrer* «ranger» dans son récit et emploiera les mots *embarquer* (dans une voiture), *malcommode** «rétif (en parlant d'un cheval)» et fera dire *je vas* à ses personnages.

Même les innovations locales récentes ont accès à l'écrit, par exemple l'adjectif *traversier** qui a commencé à s'employer librement avec divers substantifs (*canot, steamboat, bateau*), contrairement à l'usage de France qui en restreint la distribution aux mots *nef* et *barque*. Cet emploi nouveau est illustré dans ce passage de 1830, tiré de *La Gazette de Québec*, où *traversier** se rencontre en outre comme substantif au sens de « passeur », selon un usage attesté dans l'ouest de la France :

> Vendredi un de nos canots traversiers d'hiver chavira, au moment où il fut lancé dans l'eau, pour traverser de la Pointe Lévi à Québec. Le courant était dans toute sa force, et les gens, au nombre de 11 […] furent entraînés rapidement. Les jeunes et actifs traversiers de la Pointe Lévi eurent bientôt lancé des canots à l'eau pour courir à leurs [*sic*] secours.

Le déferlement des anglicismes

Dès les premières années de sa publication, *La Gazette de Québec*, fondée en 1764, atteste de la pénétration d'anglicismes dans la langue juridique (*coroner**, *foreman* «président (d'un jury)», *writ* «assignation», *warrant* «mandat») et donne un aperçu de la place que prendra l'anglais dans la formation du vocabulaire parlementaire puisque ce journal rend compte des débats à la Chambre des communes de Londres (*bill* «projet de loi»; *orateur* «président» *de la chambre*, d'après l'anglais *speaker*, *membre* «député», d'après *member*). Ces emprunts, témoignant du changement du pouvoir politique, montrent que la langue des nouveaux maîtres du pays a une incidence immédiate sur le vocabulaire des institutions qui se mettent en place.

Edmond J. Massicotte, *Le Retour de la messe de minuit*, 1919.

La *robe de carriole* et le *capot de chat sauvage*, bien utiles pour les hivers canadiens.

Plus révélateur est le fait que les anglicismes se fraient un chemin dans la langue quotidienne du commerce, de l'affichage, du travail. Les textes de la période qui nous occupe sont jalonnés de nombreux emprunts qui, une fois introduits, s'incrustent dans la langue. Dès les années 1760, le mouvement est lancé et chaque décennie voit s'accroître la masse des mots, sens et expressions d'origine anglaise : *fixture** «accessoire» (1764), *pain** *brun* d'après l'anglais *brown bread* «pain complet» (1767), *ketchup** (1785), *groceries* «produits d'alimentation» (1788), *barley** «orge» (1793), *strap* «courroie» (1798), *teaboard** «plateau» (1801), *boiler** «chaudière» (1807), *drab** «beige» (1825), etc. La langue traduit ainsi une certaine anglicisation de la culture qui intègre de nouvelles habitudes alimentaires, comme le thé, des références anglo-saxonnes, comme le recours aux abréviations *A.M.** et *P.M.** pour marquer la matinée et l'après-midi, et même certains comportements sociaux, comme la façon de se saluer par une simple poignée de main qu'un Jésuite français qualifiera en 1851 de «froide étiquette, qui va si mal à l'expansion française[3]».

La rencontre du français et de l'anglais

De la même façon que la langue d'origine régionale française fait concurrence au français parisien, les anglicismes font reculer des mots français qui avaient cours jusque-là. *Service de vaisselle* devient d'un emploi épisodique dans le premier quart du XIXe siècle et finit par laisser toute la place à *set de vaisselle*; attesté depuis 1799 (*un set de porcelaine*), le mot *set* est d'ailleurs déjà un générique dans les années 1830, s'employant à la place de *service, ensemble, jeu* ou *assortiment* (*set à thé, set de rideaux, set de pelles*). *Cuillère à café*, fréquent depuis le début du XVIIIe siècle, ne peut contrer *cuillère à thé* qui paraît le devancer à partir de 1840. *Casserole* est en net recul par rapport à *saucepan* dès 1820.

Certaines appellations de création canadienne résistent bien à la vague, comme *robe de carriole* «fourrure servant de couverture de voyage» (depuis 1784), qui garde la faveur malgré la lutte que lui livre *robe de buffalo* (depuis 1829). C'est également à cette époque que le mot *char** s'installe dans l'usage comme équivalent du mot américain *car* pour désigner un wagon de chemin de fer. Ces exemples, auxquels s'ajoutent *traversier**, puis *centin** et *piastre** qui s'opposeront à *cent** et à *dollar** au début des années 1850, font voir que la langue maternelle des Canadiens n'est pas dépourvue de ressources pour faire échec à la progression de l'anglicisme.

Dans ce contexte où le français et l'anglais sont en interaction, il n'est pas toujours facile de déterminer à quelle langue attribuer tel emploi qui se dessine. *Appointement** au sens de «nomination» (1764) constitue-t-il un usage français du XVIIe siècle ou est-il entièrement attribuable à l'anglais? La même question se pose à propos du pluriel *argents** (1767 : *la rentrée des argens qui nous sont dûs*). Peut-être aussi l'anglais a-t-il favorisé la reviviscence de certains mots hérités des parlers de France courants dans les inventaires de biens à partir des années 1770-1780, comme *cloque* «manteau» (d'après l'anglais *cloak*), *moque* «tasse» (d'après *mug*), *fleur* «farine» (d'après *flour*).

Symbole quotidien du choc des deux cultures, le vocabulaire de la monnaie est particulièrement représentatif de la fusion du français et de l'anglais. La monnaie française ayant été intégrée après dévaluation au fonctionnement de la monnaie anglaise, la plupart des appellations anciennes se sont maintenues, souvent avec des sens nouveaux, ce qui donne lieu à des énoncés où des mots français comme *piastre**, *louis**, *franc**, *livre**, *sol** et *denier** cohabitent avec *pound**, *chelin** (*shilling*), *pence** et *coppre** (*copper*) et où une même somme peut s'exprimer sous diverses formules issues d'un métissage des deux langues, comme dans le passage suivant, de 1810 (texte écrit à L'Islet) :

> [...] ces trois vases d'or [un calice, un ostensoir et un ciboire] m'ont couté cinq cent vingt sept louis et treize chelins, qui font deux mille cent dix piastres et trois chelins, formant la somme de douze mille six cent soixante trois francs ou livres françoises et douze copres.

Billet privé émis par un particulier en 1837. Écu, *dollar*, sous, *pence*, franc, *2s* (shillings), *6d* (deniers)…
Il faut savoir lire et compter.

Émergence d'une variété canadienne du français

Une langue prise en charge par le peuple

Les faits ci-dessus témoignent d'une langue dont le vocabulaire est en réorganisation et dont la dynamique interne n'est pas freinée par l'autorité des lettrés; la distance entre la langue parlée et la langue écrite s'est réduite par rapport à l'usage observé sous le Régime français. La majorité de ces changements ne peuvent s'expliquer que par l'expansion de la langue du peuple au sein de la société, celle des gens de condition modeste, ce qui traduit une transformation sociale. Cette langue est caractérisée par le conservatisme et le régionalisme, mais aussi par une créativité qu'illustre bien le traitement des emprunts à l'anglais.

Le relevé des nombreux cas d'adaptation orthographique des anglicismes indique clairement en effet que les emprunts se sont pliés aux règles de la phonétique populaire avant d'être intégrés. Les anglicismes qui pénètrent dans la langue de tous les jours prennent des désinences françaises et sont souvent réinterprétés à la lumière de formes connues ou de perceptions étymologiques naïves. *Mahogany* « acajou » (1783) peut être noté *maguénés* (1793), *magoné* (1810) ou encore *maguiné* (1838); *canister* « boîte en métal » (1799) passe à *canistre* (1806), *gang* « groupe, équipe » (1837) à *gagne* (1849). Très souvent, l'emprunt se présente d'abord sous une forme adaptée, comme *thépot** « théière » (1787), dont on ne trouvera la forme d'origine (*teapot*) qu'en 1825; *corduroy* « velours côtelé » (1776) est précédé de deux ans par *corderoye* et bientôt suivi par *corps-de-roi* (1785) et *corde du roy* (1788) qu'on retrouvera encore après 1800. De même, *tombleur* « verre » (1818), qui survit encore au XXe siècle dans l'œuvre de Ringuet, fait son apparition dix ans avant *tumbler* (1828). *Saucepan*

« casserole » (1806) est la source d'une véritable explosion de variantes parmi lesquelles dominent *saspan* (1779), *sauce-panne* (1794), puis *saspinte* (1825), lequel conduira à *chasse-pinte* (1877), encore bien connu de nos jours dans certaines régions du Québec.

Ce phénomène de francisation populaire des anglicismes empruntés par voie orale, qui rappelle l'adaptation de *riding-coat* en *redingote* dans la France dialectale du premier quart du XVIIIᵉ siècle, continuera de se manifester jusqu'au début du XXᵉ siècle avec les *waguine* « charrette » (d'après *wagon*) et les *aspor** ou *horsepâille* « manège actionné par un animal » (d'après *horse-power*), culminant avec des expressions savoureuses comme *souhaiter la pinouillère* (d'après *Happy New Year*).

On trouvera chez les historiens les raisons qui permettent de comprendre comment la langue du peuple a pu aussi rapidement devenir la langue de toute une société. Qu'il suffise ici de rappeler que, à la suite de la Conquête, une bonne partie de l'élite est retournée en France, que la proportion des ruraux a augmenté et que les personnes sachant lire étaient l'exception vers la fin du XVIIIᵉ siècle; elles représentaient moins de 4 % de la population en 1810, selon l'historien Claude Galarneau. Dans ce contexte où la tradition orale reprenait ses droits et où les diplômés des collèges, en très petit nombre, retournaient souvent vivre dans leurs paroisses d'origine, il ne faut pas s'étonner que la nouvelle élite issue du peuple soit elle-même demeurée attachée aux façons de parler traditionnelles. Par ailleurs, l'accroissement naturel remarquable de cette population, passée de 60 000 habitants en 1760 à au moins 450 000 à l'époque du rapport de Durham (1839), explique que le modèle linguistique qui s'est constitué pendant ces quelque quatre-vingt-dix ans ait pu s'implanter partout et devenir une référence pour l'ensemble de la société canadienne-française.

L'appellation *Canayen* à laquelle recourront les Canadiens français à partir des années 1870 pour souligner le caractère authentique de leur façon de vivre, de penser et de parler[4], montre qu'ils avaient pris conscience que leur identité avait été marquée de façon indélébile par les conséquences de la Conquête. Les comportements sociaux et les traits linguistiques qui se sont fixés dans les décennies qui ont suivi le changement de régime, empreints de familiarité et de bonhomie, ont influencé de façon durable l'évolution de la société québécoise.

Le fait que la langue ait été ainsi laissée à la garde du peuple a eu pour effet que le français canadien n'a pu participer à cette époque au mouvement de création terminologique lié à l'émergence de la société industrielle; l'anglais, seule source à laquelle les *habitants* pouvaient puiser, a profondément marqué la langue du commerce, celle des travailleurs et même celle de l'exploitation agricole, empêchant le renouvellement de l'expression des réalités techniques en français. Ce n'est qu'au début du XXᵉ siècle que seront entrepris les premiers travaux structurés en vue de franciser les terminologies apprises en anglais.

Une évolution distincte

La distance qui s'est opérée entre le français du Canada et celui de France par suite de l'interruption des échanges directs entre Canadiens et Français, conséquence de la cession de la colonie aux Britanniques, a été accentuée par la Révolution française, qui a renouvelé l'expression des idées et provoqué des changements linguistiques considérables. Alors que les Canadiens conservent la prononciation [wE] ou [wé] pour les mots en -*oi*, les Français passent à [wa]. Le sémantisme de certains mots se modifie en France, par exemple celui de *brun* qui se restreint par suite de l'implantation de *marron* dans le vocabulaire des couleurs vers 1765, et celui de *placard** qui s'enrichit, remplaçant *armoire** dans les années 1790 en parlant d'un renfoncement fermé par une porte; ces changements ne se sont répercutés au Canada que de façon partielle et seulement après 1950. Et pendant qu'*achaler* et *bâdrer*, d'après l'anglais *to bother*, se confirment dans l'usage canadien comme termes usuels au sens d'«importuner», les Français adoptent *enquiquiner* et *emmerder*, dans le style familier.

Le français du Canada et celui de France sont donc engagés dans des voies parallèles, bien que les liens ne soient pas totalement rompus entre les deux comme on peut le constater par l'arrivée, après 1793, d'une quarantaine de prêtres français fuyant la Révolution et qui exerceront une influence par leur enseignement. On observe en outre que certaines tendances amorcées au Canada avant 1760 en faveur d'un alignement sur l'usage parisien continuent à jouer, d'où l'éradication de la prononciation [jo] à la place de [o] (*ridiau* pour *rideau*) dès les années 1790, sauf dans le mot *seau* (*mouiller à siaux*), la disparition avant 1850 de l'hésitation entre [o] et [u] (*fourchette – forchette*), et, sur le plan du vocabulaire, la victoire de *soixante-dix* sur *septante*, acquise avant les années 1830.

Les deux variétés de français se distinguent de façon frappante dans leur évolution en ce qui a trait aux anglicismes. Plutôt que le volume des mots en cause, qui est comparable dans les deux pays, c'est d'abord l'esprit dans lequel se font les emprunts qui diffère. En effet, à partir de la seconde moitié du XVIIIe siècle, la France est gagnée par un phénomène d'anglomanie favorisé par l'élite, alors que le Canada français subit une véritable agression contre laquelle il n'a pas d'armes; Alexis de Tocqueville note cependant en 1831 que, si «les instincts du peuple sont contre les Anglais, [...] beaucoup de Canadiens appartenant aux classes éclairées» sont tentés «de se fondre avec les Anglais[5]». Les emprunts se faisant de façon indépendante de chaque côté de l'Atlantique, les mêmes mots peuvent présenter un genre différent et leur sens peut varier; c'est le cas de *toast**, attesté depuis 1769 en France et 1833 au Canada, qui est masculin et est associé à un goûter fin pour les Français, alors qu'il prend au Canada le genre féminin et se dit de toute tranche de pain grillée. De plus, on sait que les anglicismes de France seront incorporés par centaines dans les dictionnaires de bon usage, alors que ceux du Canada, tenus à l'écart de ces ouvrages publiés à Paris, seront perçus comme des fautes et des symboles d'aliénation.

La conscience linguistique
La perception de la différence

La question de l'écart entre l'usage du Canada et celui de France commence à se poser au début du XIXe siècle. Mais on a l'impression que, jusque dans les années 1830, les Canadiens, mis à part quelques lettrés, n'en avaient pas pris conscience. Dans le peuple, la chose se comprend; Michel Bibaud en fera l'observation en 1826 :

> *Saucepan, Bowl, &c.* étant des ustensiles d'un usage général, ces mots ont passé dans le langage du peuple qui les croit français, de même que les termes *sauvages, micouan, orogan, mitas, &c.*[6].

Même chez les gens instruits, la perception paraît avoir été imprécise. Bibaud, exposant en 1842 son point de vue dans le débat qui fait suite à la publication du *Manuel* de Thomas Maguire, donne à entendre qu'il ne connaît pas parfaitement l'état de la prononciation en France. Encore en 1855, Boucher-Belleville corrige le mot *chiard** par *hachis** dans son *Dictionnaire des barbarismes et des solécismes*, sans se rendre compte que le second aussi est propre au Canada dans le sens de «ragoût». On observe également que Joseph Papineau (le père de Louis-Joseph), notaire et député, utilise de nombreux canadianismes dans ses lettres des années 1820-1830, comme *s'adonner*, faire son grand barda*, couverte, coppre**, etc.; le choix de ces mots était-il conscient?

Il faut tout de même reconnaître que Jacques Viger fait la preuve dès 1810 dans sa *Néologie canadienne*, recueil de notes lexicographiques publié seulement au début du XXe siècle, qu'il a une bonne connaissance de la question, bien qu'il ne semble pas avoir su que les emplois réunis dans son lexique remontaient pour la plupart à l'époque coloniale (il ne parle que de néologismes et d'anglicismes). Mais ce qu'il faut retenir de son texte, outre les données précises qu'il livre sur le français de l'époque, c'est qu'il témoigne de l'existence d'une variété de langue partagée par l'ensemble de la population, ce que confirmerait la correspondance de Papineau. À propos de *paré*, Viger écrit qu'on «se sert par toute la Campagne et assez généralement dans la bonne Compagnie de ce participe pour l'adjectif *prêt, prête*».

Illustration d'un *haspard* (*horse power*) utilisé pour déménager des maisons.

Les témoignages des visiteurs

Le commentaire ambigu de l'Anglais John Lambert, en 1807, sur la contamination du français canadien par l'anglais paraît être la première affirmation du genre, si l'on fait exception de la satire de Joseph Quesnel à propos de l'anglomanie, en 1802[7]. En fait, on a le sentiment que, malgré le relevé de quelques dizaines d'anglicismes par les observateurs canadiens du langage avant 1840, c'est plutôt l'attitude de prosternation devant la culture anglaise qui les agace.

Mais ce n'est pas ce thème qui émerge de la prose des visiteurs européens à cette époque. Si l'on fait un bilan rapide des propos d'Alexis de Tocqueville (1831), d'Isidore Lebrun (1833), de Xavier Marmier (1849) et de François-Thérèse Lahaye (1850), on retient que tout le monde parle un français parfaitement intelligible d'un bout à l'autre du pays, bien que l'affichage soit en anglais, mais que la langue a incorporé quelques anglicismes (comme *payer une visite à quelqu'un*) et comprend des locutions incorrectes. Tant à cette époque que plus tard, les témoignages des visiteurs sont relativement modérés par comparaison avec ceux des puristes canadiens, dont l'abbé Maguire est le prototype.

La naissance du mouvement de correction

La publication par Thomas Maguire du *Manuel des difficultés les plus communes de la langue française*, en 1841, marque le début du purisme linguistique. Avant cette date, on trouve dans les journaux de brefs articles dénonçant les emprunts à l'anglais dans des vocabulaires spécialisés, tel celui de la justice dans *L'Aurore* (novembre 1818), mais la langue commune n'avait jamais été prise à partie. Dans *Néologie canadienne* (1810) de Viger, les jugements négatifs explicites sont relativement rares. Bibaud s'intéresse même à la langue populaire dans un article de 1831 portant sur la botanique où les dénominations courantes côtoient celles des scientifiques[8]. Et, dans un article de 1837 intitulé « Patates ou Pommes de terre » (dans *Le Glaneur*, p. 53), Boucher-Belleville utilise exclusivement le mot *patate**.

Dans ce contexte, le *Manuel* de Maguire, qui refuse tout mot qui n'est pas consigné dans les dictionnaires de France, est une attaque d'une virulence, semble-t-il, inattendue, contre la façon de parler des Canadiens, du moins si l'on en juge par la réaction qu'elle a suscitée. Elle se manifeste d'abord par une critique sévère de l'abbé Jérôme Demers, dans *La Gazette de Québec*, qui prend le contre-pied des condamnations de Maguire à propos de nombreux canadianismes et qui sera appuyé sur divers points par Bibaud. Cette sortie fracassante de l'abbé Demers, érudit de grand prestige mais discret de nature, indique que Maguire avait touché une corde sensible, car des intellectuels de renom étaient attachés à la façon canadienne de parler le français. Maguire répliquera à Demers et les échanges entre les deux protagonistes, dont Bibaud fera valoir le pour et le contre, prendront l'allure d'une véritable « dispute grammaticale ».

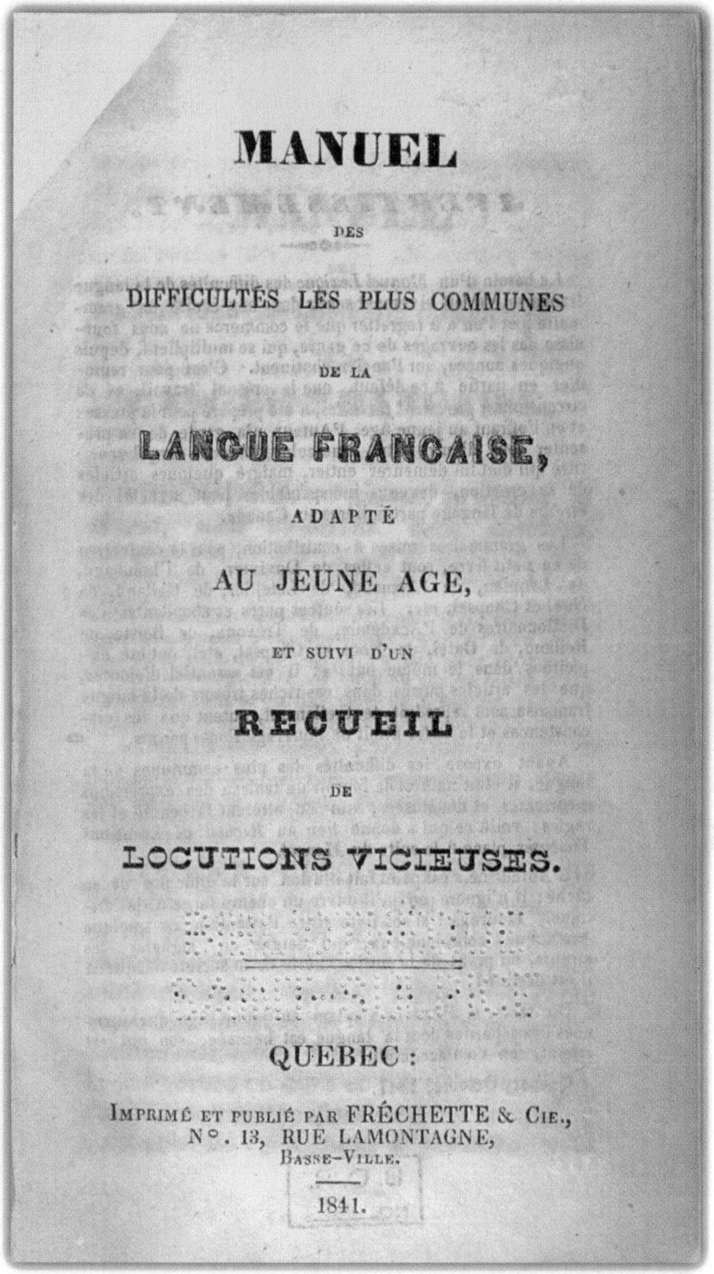

MANUEL

DES

DIFFICULTÉS LES PLUS COMMUNES

DE LA

LANGUE FRANÇAISE,

ADAPTÉ

AU JEUNE AGE,

ET SUIVI D'UN

RECUEIL

DE

LOCUTIONS VICIEUSES.

QUEBEC :

Imprimé et publié par FRÉCHETTE & Cie.,
N°. 13, RUE LAMONTAGNE,
Basse-Ville.

1841.

Dans son *Manuel*, Thomas Maguire parle de l'«emploi abusif de termes de marine» *(virer, embarquer, bordée)* qu'il dénonce comme étant un mal qui, «des derniers rangs de la société, s'est communiqué aux premiers».

121

Maguire avait certainement exagéré « sa thèse », comme l'écrira Narcisse-Eutrope Dionne, condamnant des mots bien implantés, comme *carriole, demiard, poudrerie, traîne*, etc. Même s'il acceptait le principe du droit à la néologie pour dénommer les réalités nouvelles, il récusait en fait tout canadianisme, allant jusqu'à écrire, à propos du mot *atoca**, que la baie « que les anglais [*sic*] appellent *cranberry*, ne porte point de nom en français ». Bibaud, tout en reconnaissant l'utilité du travail de Maguire, lui reprochera en outre de ne pas suggérer un équivalent français pour tous les mots qu'il dénonce.

L'étude de ce débat conduit à l'hypothèse que l'élite intellectuelle s'interrogeait depuis quelque temps sur l'usage canadien puisque des points de vue tranchés ont pu être exprimés dès que parut le *Manuel*. Maguire, qui était d'origine américaine et qui avait fait un séjour en France, pouvait sans doute porter un regard plus détaché sur cet usage. Son *Manuel* fera école et de nombreux ouvrages correctifs lui feront écho par la suite. La querelle qui l'a opposé à Demers préfigure la lutte que se livreront par la suite les tenants de l'orthodoxie parisienne et les partisans d'une norme adaptée au contexte nord-américain.

Les changements linguistiques qui se sont produits pendant la période qui va de 1760 à 1850 auront une influence durable sur l'évolution de la langue; déjà, dans la seconde moitié du XIXe siècle, les visiteurs européens souligneront l'uniformité du français canadien, indépendamment des fortunes et des situations. La prise de conscience de l'écart qui s'était créé par rapport au français de France, suscitée par la publication du *Manuel* de Maguire, est à l'origine d'une grande inquiétude qui se transmettra d'une génération à l'autre à travers une impressionnante collection de manuels correctifs. La connaissance de cette tranche de l'histoire du français du Québec est cruciale pour comprendre à la fois l'attachement des Québécois à leur langue familière et les divergences de points de vue qui perdurent à propos de la définition de la norme, en somme pour cerner l'identité québécoise.

L'influence du français sur l'anglais nord-américain

Bien que modestes, les emprunts au français (ou *gallicismes*) ont quelque peu contribué à singulariser l'anglais des Américains et des Canadiens surtout par l'entremise des *voyageurs* et autres coureurs des bois qui imposèrent le français comme langue parlée dans la traite des fourrures. De nombreux forts de traite disséminés dans l'ouest et le nord-ouest du continent (surtout de 1760 à 1850) étaient de véritables « classes d'immersion française » pour les anglophones qui y travaillaient complètement entourés de francophones. Dans l'ensemble, les *gallicismes* en question désignent des choses concrètes, notamment celles reliées à l'environnement naturel, mais aussi des réalités propres à l'univers culturel de l'ensemble des francophones (*capot, carriole, tuque*, etc.) ou à celui des *voyageurs* en particulier (*cache* « lieu secret pour entreposer des vivres ou des marchandises », *cordelle* « câble pour haler les bateaux », *portage, travail* ou *travois* « brancard rudimentaire tiré par un cheval ou un chien », etc.).

Robert VÉZINA

18. La distribution linguistique de la presse au Québec

GÉRARD **LAURENCE**

C'est devenu au Québec une constante de l'Histoire : les médias y naissent bilingues. Ainsi en fut-il de la télévision en 1952 et de la radio publique en 1936. Ainsi en avait-il été des premiers journaux canadiens pendant près d'un demi-siècle. Et, lorsque le phénomène s'estompe au début du XIXe, apparaît une presse anglophone en pleine vitalité qui contraste avec une presse francophone longtemps anémique.

De la fondation du premier journal, *La Gazette de Québec / The Quebec Gazette*, en juin 1764, jusqu'au tout début du XIXe siècle, la publication bilingue domine presque sans partage. Sur les neuf titres créés entre 1764 et 1804, huit sont bilingues. Seule fait exception *La Gazette littéraire*, premier journal entièrement en français, lancé à Montréal par Fleury Mesplet en 1778. Elle ne survit qu'un an.

Phénomène étonnant, à première vue, que ce traitement apparemment égal accordé aux deux communautés linguistiques dont les poids démographiques respectifs sont néanmoins tout à fait disproportionnés. Lorsque paraît *La Gazette de Québec* en 1764, on compte dans la province 300 anglophones contre 65 000 francophones, soit moins de 0,5 % de la population. Dans la première décennie du XIXe siècle, cette proportion n'a pas atteint 10 % d'une population totale de 250 000 habitants. L'explication tient donc plutôt aux caractères socioculturels de chacune des deux communautés. Les anglophones plus instruits, plus soucieux d'information du fait de leurs fonctions et activités, ayant déjà une certaine pratique des journaux, plus riches (à une époque où le journal est presque un produit de luxe[9]), constituent pour les imprimeurs une clientèle privilégiée sans rapport avec leur nombre. D'autant que leur infériorité numérique est compensée par leur concentration à Québec et à Montréal où sont alors lancés tous les journaux. Les anglophones fournissent aussi l'essentiel de la publicité qui, en ces débuts laborieux, permet souvent aux imprimeurs de boucler leurs budgets. Quant aux Canadiens, bien que fortement majoritaires, ils sont disséminés sur l'ensemble du territoire, peu alphabétisés, peu familiarisés avec la presse, moins riches, et leurs activités ne les portent pas naturellement vers le journal. Il existe cependant, parmi les francophones, une élite cultivée qui forme à la fin du XVIIIe siècle une petite bourgeoisie professionnelle et marchande de plus d'un millier de personnes concentrées à Québec et Montréal, que les propriétaires de journaux ne sauraient négliger. La formule bilingue, en visant simultanément les deux collectivités linguistiques, permettait donc d'atteindre une masse critique suffisante d'abonnés. Calcul justifié par les quelques tirages dont nous disposons. Pour les années 1770 à 1794, les 300 à 500 abonnés de *La Gazette de Québec* se distribuent à peu près également

Premier journal publié dans la province de Québec : il était bilingue, publiait toutes les ordonnances dans les deux langues et devint la Gazette officielle du Québec.

entre les deux groupes; après 1794, le nombre des francophones fléchit et se stabilise autour de 42 % et de 45 % à la charnière des deux siècles[10]. Une évaluation faite pour la *Gazette de Montréal* à la fin des années 1780 donne des proportions analogues.

Cette situation illustre aussi, bien sûr, le statut des langues au Bas-Canada et justifie les caractéristiques du bilinguisme de ces premiers journaux. Le français, langue de l'écrasante majorité, ne peut être ignoré. Mais du fait de la Conquête, il est considéré comme «langue de traduction». Dans les journaux de l'époque, le texte anglais est premier, la partie française n'étant généralement qu'une traduction. Cette priorité est encore soulignée dans la mise en page : la colonne de gauche, traditionnellement privilégiée, est réservée à l'anglais, le français occupant la colonne de droite. Au-delà, on peut aussi attribuer cette priorité aux conditions de l'époque. D'une part, la grande majorité des journaux sont aux mains des anglophones. D'autre part, la matière de ces publications est puisée à même les journaux étrangers, anglais et américains presque essentiellement. Le texte français est donc obligatoirement une traduction. Fait notable, les contenus sont à quelques détails près parfaitement identiques dans les deux langues.

Cette situation change radicalement dans la première moitié du XIXe siècle. D'abord, les textes anglais et français sont devenus différents. La traduction en regard entraînait pertes de temps, d'espace et d'argent en raison des frais supplémentaires, alors même que la connaissance des deux langues progressait. Au-delà, cette évolution annonçait la difficile éclosion d'une presse de langue française autonome.

Second changement majeur, le nombre des journaux bilingues fléchit radicalement. Ils représentent moins de 5 % des 160 titres créés entre 1805 et 1845. En 1845, sur les 32 titres parus durant l'année, un seul est rédigé dans les deux langues. Ce mouvement d'unilinguisation correspond très exactement au processus de politisation qui marque fortement la presse bas-canadienne dès les années 1804-1805. La ligne de démarcation entre les deux camps recouvre largement celle qui sépare les deux groupes linguistiques. Les publications de nature politique, très majoritairement répandues, vont naturellement opter pour l'une ou l'autre langue. En outre, le nombre des anglophones augmente sensiblement, passant de près de 20 000 en 1800 à 170 000 en 1841. Toujours concentrés à Québec et à Montréal, ils constituent dès lors un marché suffisant pour faire vivre une presse exclusivement en anglais. En 1845, ils ne comptent toutefois que pour 24 % de la population. Or, le nombre des journaux qu'ils entretiennent est inversement proportionnel à leur poids démographique. Sur les 160 publications lancées durant cette première moitié du XIXᵉ siècle, on compte en effet 92 titres anglais contre 61 titres français. Alexis de Tocqueville, de passage au Bas-Canada en août 1831, en fait l'observation : « Presque tous les journaux imprimés au Canada sont en anglais[11]. » Et en août 1837, le rédacteur du *Populaire* se lamente :

> Il y a une disproportion honteuse entre les journaux qui s'impriment en français et ceux qui s'impriment en anglais dans la province du Bas-Canada. Si l'on considère l'immense majorité de ceux qui revendiquent l'usage de la langue française, cette inégalité devient encore plus frappante. L'étranger ne pourra jamais concevoir que 4 feuilles publiques puissent suffire à 400 000 descendants de Français, tandis que 100 000 Anglais trouvent le moyen de soutenir 10 périodiques (10 août 1837).

Avec l'immigration qui s'accentue durant ces décennies, les anglophones ont sans doute considérablement renforcé leurs effectifs. Mais plus déterminante pour l'augmentation des titres semble être l'hétérogénéité de cette immigration anglophone : Anglais, Américains, Irlandais, Écossais créent chacun des journaux pour servir leurs intérêts spécifiques et exprimer leurs valeurs particulières, surmultipliant ainsi les taux de fécondité de la presse anglophone.

À côté, la presse francophone se développe difficilement. Propriétaires et éditeurs de journaux déplorent la situation. Ils réprouvent le « manque d'encouragement » qu'ils reçoivent de leurs compatriotes. Ils en attribuent la cause « à leur esprit d'indifférence » à l'égard des affaires publiques, « à leur manque de curiosité » et « au peu de goût qu'ils ont pour la lecture »[12]. De plus, le Canadien est mauvais payeur, les journaux multiplient sans cesse les rappels pour recouvrer une, deux, voire trois ou quatre années d'abonnement... quand ils ont réussi à survivre jusque-là. Et, de fait, les taux de mortalité des journaux francophones sont très nettement supérieurs à ceux des publications en langue anglaise.

La loi du nombre n'a donc pas joué durant ces décennies. La distribution linguistique de la presse québécoise est plutôt révélatrice du rapport de force qui s'est instauré entre les deux collectivités. La crise politique de 1837-1838, qui va d'abord provoquer une coupe à blanc dans la presse de langue française, aurait constitué, selon Hector Langevin, une prise de conscience : le Canadien, écrit-il en 1855, aurait compris «que pour faire valoir ses prétentions et ses volontés, il devait avoir des organes[13] ».

Verrière de Frédéric Back, 1967 (métro Place-des-Arts, Montréal).

C'est en 1802 que Joseph Quesnel écrit sa pièce *L'Anglomanie ou le Dîner à l'angloise*, où il dénonce l'engouement d'une certaine société canadienne pour les manières anglaises.

19. Les écrivains canadiens et la langue française

MAURICE **LEMIRE**

Même si les contacts entre Français et Canadiens sont peu nombreux, ils ne tardent pas à révéler les écarts qui séparent leur langue commune. En effet, les journaux bilingues, comme *La Gazette de Québec*, les cours de justice et l'administration civile ont introduit de nombreux anglicismes dans le parler des citadins. De plus, comme la langue n'évolue pas au même rythme en Amérique, plusieurs archaïsmes la déflorent. Le petit peuple d'ici colore son discours d'expressions imagées, alors que le français du XVIIIe siècle, en France, tend vers l'abstraction.

Dans le premier journal uniquement en français qui paraît à Montréal en 1778 sous le titre de *Gazette du commerce et littéraire, pour la ville et le district de Montréal*, Fleury Mesplet et Valentin Jautard, deux Français de naissance, cherchent déjà à promouvoir le bon usage. Jautard, en particulier, sollicite des textes de ses lecteurs qu'il corrige pour les instruire de la langue littéraire. Il rêve de poursuivre cette tâche dans le cadre d'une académie qui regrouperait les élèves du collège de Montréal et les intellectuels de la ville. Mais le supérieur des Sulpiciens, qui veille au grain, dénonce ces révolutionnaires au gouverneur Haldimand. En juin 1779, les deux journalistes sont emprisonnés.

La même année arrive à Montréal un autre Français amateur de belles lettres. Joseph Quesnel, qui a vécu un certain temps à Bordeaux, voudrait recréer ici la vie littéraire qu'il a connue en Aquitaine avec des comédies, des concerts, des récitals de poèmes. Il rassemble autour de lui un certain nombre de lettrés pour former la troupe du Théâtre de société. En 1790, il fait jouer son opérette *Colas et Colinette*. Mais le public reste indifférent à ses initiatives. Retiré à Boucherville, il espère obtenir plus de succès dans un cercle plus restreint. Mais les villageois le déçoivent de nouveau par leur manque de culture. Tous, lui semble-t-il, ne s'intéressent qu'à l'argent. Aucun ne veut prêter une oreille attentive à sa poésie. En 1802, dans la petite comédie en un acte, *L'Anglomanie*, il flétrit une certaine bourgeoisie qui considère l'abandon du français au profit de l'anglais comme une promotion sociale. Amer, il conclut dans l'*Épître à M. Généreux Labadie* :

> Parcours tout l'univers, de l'Inde en Laponie,
> Tu verras que partout on fête le génie
> Hormis en ce pays; car l'ingrat Canadien
> Aux talents de l'esprit n'accorde jamais rien.

Le poète Joseph Mermet, peut-on croire, s'est appliqué à faire mentir Quesnel. Ce militaire français qui séjourne au Canada de 1813 à 1816 se lie d'amitié avec Jacques Viger, qui lui ouvre les portes des salons montréalais. Plus que sa poésie patriotique, ce sont surtout ses bons mots, ses distiques plaisants et ses portraits légèrement satiriques qui plaisent aux Montréalais, une preuve que cette société n'a pas encore perdu l'esprit français.

C'est probablement la fréquentation de cet ami qui permet à Jacques Viger de mesurer les écarts entre la langue française d'ici et celle de France. Le premier, il tente de répertorier les différences terminologiques qui séparent les deux usages. Dans *Néologie canadienne ou dictionnaire des mots créés en Canada et maintenant en vogue [...]*, il signale les différences de prononciation et d'orthographe, les différences d'acception et les emprunts aux langues indiennes et anglaise. Malheureusement, son dictionnaire demeure manuscrit. Michel Bibaud poursuit dans le même sens avec une chronique dans *L'Aurore* de 1817. Il avait commencé sa carrière de journaliste au *Spectateur*, sous la direction du Français Charles-Bernard Pasteur qui a attiré son attention sur les questions de langue. Dans sa chronique du type «ne dites pas, mais dites», il dénonce dès 1817 les barbarismes et les anglicismes et prône le français normé. Il ne semble pas avoir obtenu plus de succès que Quesnel. Aussi fustige-t-il l'ignorance des Canadiens :

> Serait-on bien compris au pays canadien
> Où les arts, le savoir sont encor dans l'enfance;
> Où règne en souveraine une crasse ignorance ?
> Peut-on y dire en vers rien de beau, rien de grand ?
> Non, l'ignorance oppose un obstacle puissant
> (*Satire contre l'ignorance.*)

Les anglicismes dans la première partie du XIXe siècle

> La paresse nous fait mal parler notre langue :
> Combien peu, débitant la plus courte harangue,
> Savent garder et l'ordre, et le vrai sens des mots,
> Commencer et finir chaque phrase à propos ?
> Très souvent, au milieu d'une phrase française,
> Nous plaçons, sans façon, une tournure anglaise :
> «*Presentment, indictment, impeachment, foreman,*
> *Sheriff, writ, verdict, bill, roast-beef, warrant, watchman*».
> Nous écorchons l'oreille, avec ces mots barbares,
> Et rendons nos discours un peu plus que bizarres.
> C'est trop souvent le cas, à la chambre, au barreau,
> Mais voulez-vous entendre un langage nouveau ?
> Un langage ! que dis-je ? un jargon pitoyable,
> Un patois ridicule autant que détestable,
> Déshonneur de Québec et du nom québécois.
>
> Michel BIBAUD (1782-1857), *Satire III « Contre la paresse »,*
> dans *Épîtres, Satires, Chansons, Épigrammes, et Autres Pièces de Vers,* 1830.

24

Avec la multiplication des journaux, un nombre accru de Français occupent des postes de rédacteurs : Hyacinthe Leblanc de Marconnay, Alfred-Xavier Rambau, Napoléon Aubin, Léon Potel et Amury Girod font souvent de la langue leur cheval de bataille. À court d'arguments dans les disputes, ils se rabattent souvent sur les fautes langagières. Par exemple, Napoléon Aubin se moque dans le *Fantasque* de Robert-Shore-Milnes Bouchette du *Libéral* : « M. Bouchette est parfait bilingue. Le problème c'est qu'il manie les deux langues en même temps. » Pour sa part, Hyacinthe Leblanc de Marconnay ouvre généreusement les pages du *Populaire* au cours des années 1830 à plusieurs jeunes poètes qu'il corrige avec une sévérité qui déplaît. Ces étrangers croient détenir une autorité absolue en matière de langue.

À l'époque où se fait jour l'idée d'une littérature nationale, les écrivains canadiens s'interrogent sur le danger d'entrer en lice avec les écrivains français. Déjà, en 1837, le jeune Aubert de Gaspé trouve le romancier canadien particulièrement défavorisé : « Le Canada, pays vierge, encore dans son enfance, n'offre aucun de ces grands caractères marqués, qui ont fourni un champ si vaste au génie des romanciers de la vieille Europe » (Préface de *L'Influence d'un livre*). Louis-Auguste Olivier conseille à ses compatriotes d'éviter de rivaliser avec les maîtres européens pour les mêmes raisons : « Notre histoire, dépouillée des grands événements qui ont agité l'Europe au commencement de ce siècle, ne leur offrait qu'un champ ingrat à cultiver[14]. » Cependant, il faudra attendre Octave Crémazie pour qu'un écrivain admette la pauvreté de la langue française parlée au Bas-Canada.

Les écrivains français font donc figure d'antagonistes à combattre. Joseph Doutre, dans la préface des *Fiancés de 1812*, s'en prend aux « *dilettantissimi* qui, pour avoir vu Paris, ne regardent plus les efforts de leurs concitoyens qu'avec une grimace de dédain ». La bonne littérature, selon ces derniers, ne pourrait être régie que par les codes parisiens : « Écrivez comme un Dumas, leur fait-il dire, un Eugène Sue, etc., en un mot, comme mes auteurs de prédilection, et alors, je suis tout à vous. Mais croyez-vous que la fadeur de vos écrits, votre ton sec, votre style des premiers âges, enfin votre sauvage simplicité soient dignes de mon attention ? »

La question de la langue se précise quand il s'agit de savoir comment, dans un roman respectueux de la réalité canadienne, doivent s'exprimer les personnages. On se rappellera qu'en 1841 l'abbé Thomas Maguire, dans son *Manuel des difficultés les plus communes de la langue française*, avait déjà pris fait et cause pour la langue parlée en France. En riposte, l'abbé Jérôme Demers avait soutenu que certains canadianismes avaient leur place dans la langue littéraire[15]. C'est dans ce contexte que les premiers romanciers tentent de faire parler leurs personnages sans s'exposer aux quolibets des *dilettantissimi*. Patrice Lacombe glisse timidement dans *La Terre paternelle* quelques expressions populaires qu'il met en italique : « *Zods lé ventes* (lots et ventes), *les ac de damnation* (les actes de donation), un jeune notaire *ben retors dans le capablement* ». Mais, en dehors de ces échantillons, les dialogues sont en français de type parisien.

Pierre-Joseph-Olivier Chauveau ose davantage dans son roman *Charles Guérin,* en particulier dans le chapitre intitulé «La mi-carême». Non seulement il imite dans les dialogues les tournures de phrase populaires, mais il orthographie certains mots d'après la prononciation, comme «jupe de *dragué*», une «*câline*», un «*commichon*»… Cette tentative de reconstituer le langage populaire sera dénoncée par l'abbé Henri-Raymond Casgrain, qui écrit dans *Les Silhouettes littéraires* : «De canadien, il [*Charles Guérin*] n'a guère que la signature.» Chauveau n'aurait pas retrouvé le génie de la langue populaire parce qu'il «est né, a grandi, a vécu dans la ville. Il n'a étudié nos mœurs canadiennes que dans nos salons mi-français, mi-anglais[16]». Déjà donc se pose la question qui sera débattue plus ouvertement dans la seconde moitié du siècle : la littérature doit-elle refléter l'originalité de la langue française au Canada ou doit-elle plutôt la gommer ?

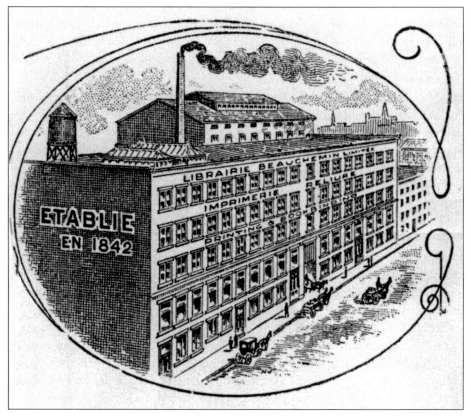

C.-O. Beauchemin fonde à la fois une librairie et une maison d'édition.

C'est dans ce contexte que James Huston publie son *Répertoire national*. Son intention n'est pas de sélectionner seulement les chefs-d'œuvre, mais de tracer une trajectoire pour montrer les progrès de l'écriture parmi nous : « Le lecteur se réjouira, comme nous, en arrivant à l'époque actuelle, de voir combien la littérature canadienne s'émancipe du joug étranger; de voir combien les écrivains, mûris par l'âge et par l'étude, diffèrent en force, en vigueur, en originalité, des premiers écrivains canadiens[17]. »

Que veut dire dans l'esprit du compilateur « s'émanciper du joug étranger » ? Certes, il veut louer l'originalité des sujets, de la forme et, pourquoi pas, de la langue. Que la littérature canadienne soit en phase d'autonomisation par rapport à la littérature française, la sélection de textes présentée par Huston ne vise pas à le démontrer. En effet, il élimine par souci d'impartialité tous les textes à saveur politique et accueille ceux qui témoignent de quelque talent : « Mais au milieu des défauts de composition, et souvent des incorrections de style, le talent étincelle et brille […]. » Son souci n'est évidemment pas de légitimer les particularités de la langue française au Canada, mais de montrer une amélioration dans sa maîtrise.

Bien qu'encore latent, le conflit entre les tenants du français de France et ceux du français canadien se profile. Sous l'impulsion des Français, qui travaillent en particulier dans le journalisme, les Canadiens se rendent compte des écarts entre leur parler et celui de la France. Faut-il obéir à la norme française ou en imposer une nouvelle ? Telle est la question qui se posera au cours de la seconde moitié du siècle.

Mais la langue a besoin d'un patrimoine littéraire pour s'illustrer et se fortifier. Au cours de la décennie 1840, plusieurs écrivains s'emploient à relever le défi lancé par lord Durham qui a déclaré les Canadiens « peuple sans histoire et sans littérature ». Le penseur Étienne Parent entame une réflexion sur la survivance des siens au cours d'une série de conférences. Fonctionnaires et députés prennent part aux débats d'idées de l'Institut canadien. Mais c'est finalement le jeune François-Xavier Garneau qui fournira à la littérature canadienne son premier ouvrage d'envergure.

En effet, entre 1845 et 1852, Garneau publie les quatre tomes de son *Histoire du Canada depuis la découverte jusqu'à nos jours*. Son but, certes, est de faire mentir lord Durham, mais sa méthode, inspirée de Michelet, est scientifique et rigoureuse. Pourtant, rigueur ne veut pas dire ennui : Garneau met en scène la vie, la pensée et les souffrances de tout un peuple. Son *Histoire* sera source d'enthousiasme et d'inspiration pour nombre de jeunes et d'écrivains.

Si, sur le plan de l'écriture, Garneau n'est pas un artiste remarquable, il est devenu sans conteste un grand historien national. Il a permis à la nation canadienne de prendre conscience d'elle-même. Son œuvre est un monument qui a réussi à franchir les frontières et qui est parvenu jusqu'à nous en suscitant encore aujourd'hui l'intérêt et la fierté.

L'*Histoire du Canada* de François-Xavier Garneau

«J'ai entrepris ce travail dans le but de rétablir la vérité si souvent défigurée et de repousser les attaques et les insultes dont mes compatriotes ont été et sont encore journellement l'objet de la part d'hommes qui voudraient les opprimer et les exploiter tout à la fois. J'ai pensé que le meilleur moyen d'y parvenir était d'exposer tout simplement leur histoire.»

François-Xavier GARNEAU à lord Elgin.

Garneau décrit comment les Canadiens, immédiatement après la Conquête, ont été doublement dépossédés, d'abord de leur territoire, ensuite de leurs lois. Et il conclut :

«C'était renouveler l'attentat commis contre les Acadiens, s'il est vrai de dire que la patrie n'est pas seulement dans l'enceinte d'une ville, dans les bornes d'une province, mais qu'elle est aussi dans les affections et les liens de famille, dans les lois, dans les mœurs et les usages nationaux.»

25

Caricature de Lévis Martin dans *Boréal Expess*. © Lévis Martin.

Dans son rapport publié à Londres, lord Durham recommande l'assimilation des Canadiens français («peuple sans histoire»), l'union des deux Canadas et l'instauration d'un seul parlement de langue anglaise.

Vitrail représentant Ludger Duvernay (Société Saint-Jean-Baptiste de Montréal).

Ludger Duvernay, fondateur de la Société Saint-Jean Baptiste, créée en 1834 pour défendre les intérêts des Canadiens français et leur langue.

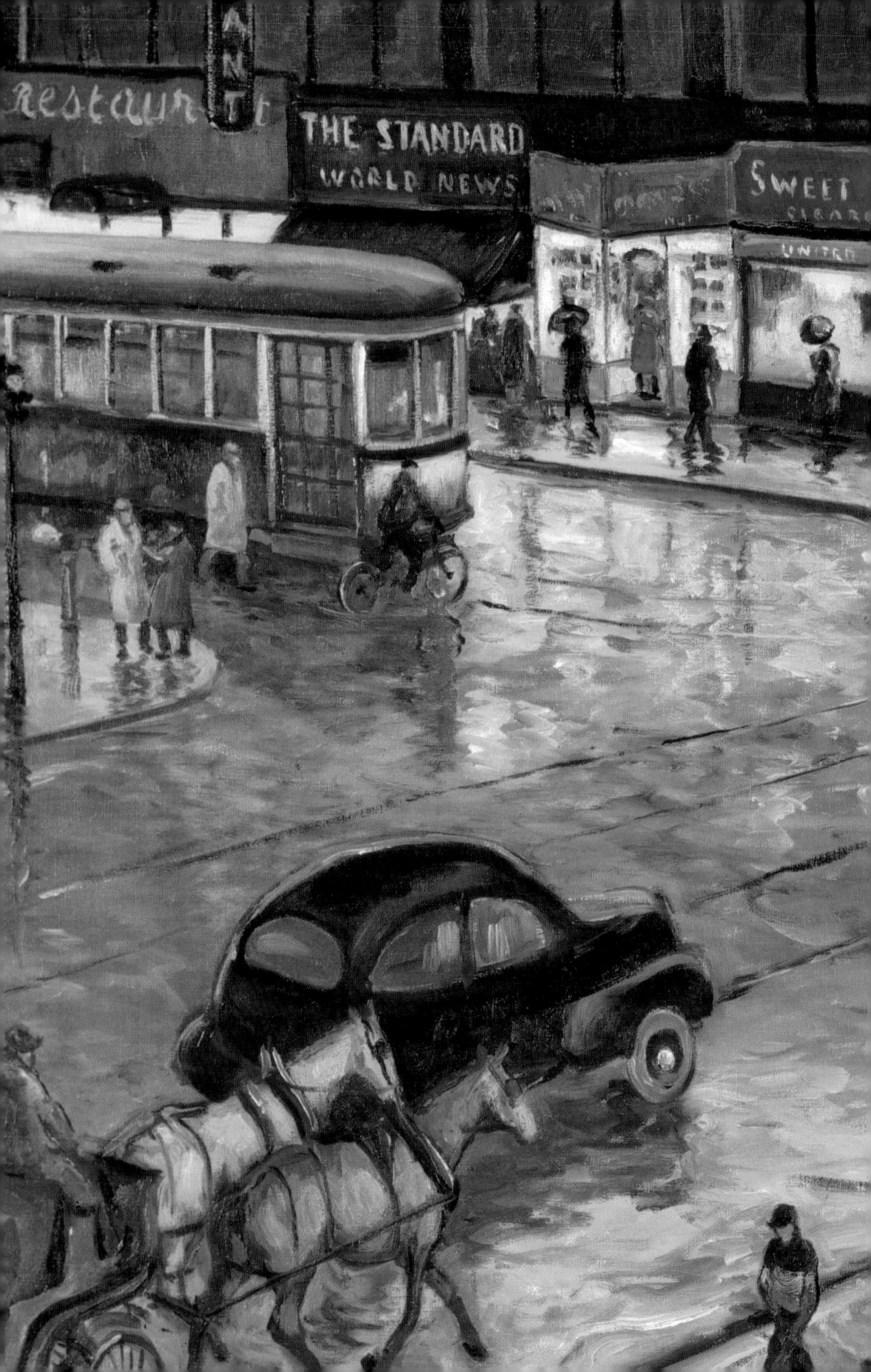
THE STANDARD
WORLD NEWS
SWEET
UNITED

3 | LE FRANÇAIS : UN STATUT COMPROMIS

1850-1960

Vue d'ensemble de la troisième partie

Pour la première fois depuis la Conquête, la langue française aura enfin, en 1867, un statut politique et juridique. La Confédération est accueillie par plusieurs avec des cris de joie. On acclame le «parlement français» qui s'ouvre à Québec. On célèbre le «pacte d'honneur» conclu entre les deux peuples fondateurs. Certains voient déjà le Canada parlant français et anglais d'un océan à l'autre. Peu à peu, toutefois, la réalité s'impose de façon brutale. Non seulement le français n'a pas été placé à égalité avec l'anglais dans l'ensemble canadien, mais, même au Québec où il devrait dominer, la constitution a donné un statut égal à l'anglais, qui ne tardera pas à l'emporter sur le français.

Les Canadiens français prennent graduellement conscience de leur situation sociale et économique peu reluisante; les affaires se brassent en anglais et les emplois favorisent les anglophones. On exige des Canadiens français un bilinguisme qui mène droit à l'assimilation. De plus, au cours de cette période, près de 900 000 Canadiens français quittent le Québec pour tenter leur chance aux États-Unis. La population du Québec s'en trouve gravement affaiblie et devient de plus en plus minoritaire dans l'ensemble canadien, où l'arrivée massive d'immigrants britanniques vient grossir les rangs de l'élément anglais. Les minorités francophones des autres provinces se voient interdire le droit à l'école de langue française, alors que le Québec accorde à sa minorité anglophone un système d'éducation complet dans sa langue.

Bref, le portrait n'est pas rose. On voit s'estomper le rêve d'un pays bâti sur l'égalité des chances et des «races». On constate que le Canada sera désormais anglais et anglicisant. La langue française perd de son prestige et se dégrade, si bien qu'au cours de cette période, pourtant marquée par un grand essor littéraire, les Canadiens français sont ballottés entre l'autodéfense et l'autodépréciation. Hier encore, dans l'ensemble canadien, on menait un combat de «résistance» contre l'assimilation; aujourd'hui on parle de «survivance» face à la minorisation.

Déçus de la position libérale traditionnelle qui favorise le bilinguisme et la cohabitation politique, et qui ignore trop souvent les attaques anti-françaises des *Canadians*, les nationalistes canadiens-français vont s'engager de plus en plus, au nom de la lucidité, dans une politique d'autonomie québécoise et de prédominance du français. Leur action va déboucher sur la Révolution tranquille (1960) et mettre fin au sous-développement de la société québécoise.

LES «CANADIENS FRANÇAIS»

L'appellation «Canadiens» s'étend désormais à tous les habitants du nouveau pays; elle n'est plus l'apanage des «anciens Canadiens», forcés de se redéfinir comme «Canadiens français», par opposition aux «Canadiens anglais», qui sont minoritaires dans la province de Québec et majoritaires dans les autres provinces du Canada. Les mots «nation» et «élément» sont employés pour désigner les deux groupes, mais le mot «race» demeure encore largement répandu.

ESPACE ET LANGUE

À cette époque, le sentiment national et identitaire des Canadiens français recouvre l'ensemble de l'espace canadien et s'étend jusqu'aux États-Unis pour rejoindre la diaspora. Le Québec devient le foyer de ce vaste espace linguistique : il se sent responsable et solidaire de tous les Canadiens français.

La langue française se développe, avec ses particularismes canadiens. Mais deux cents ans de contact obligé avec l'anglais l'ont défigurée : on la ravale souvent au niveau d'un *French Canadian patois*. Plusieurs personnes et organismes se donnent alors pour mission d'analyser, d'épurer, de corriger le parler canadien. Ils mènent aussi le combat pour la survie de la langue et organisent les grands congrès de la langue française de cette époque.

HISTOIRE ET POLITIQUE

L'attitude souvent impérialiste du gouvernement fédéral et le traitement politique qu'il a réservé à certains événements névralgiques – comme la pendaison de Louis Riel, la question des écoles de langue française du Manitoba et de l'Ontario, la conscription obligatoire – ont contribué au renforcement du nationalisme québécois et opéré une fracture profonde entre francophones et anglophones.

L'un après l'autre, les gouvernements du Québec réclameront une part accrue des subsides et des pouvoirs, et le respect des droits des Canadiens français. Pourtant, ils s'intéresseront à peine à la question de la langue. Les grands débats linguistiques se feront surtout en dehors de l'enceinte politique, où les Canadiens français ne réussiront à obtenir que des bribes de lois (Lacroix, Lavergne) et quelques victoires symboliques (timbres-poste et billets de banque bilingues).

CULTURE ET SOCIÉTÉ

Entre 1850 et 1961, en dépit de l'exode vers les États-Unis, la population du Québec passe de 890 000 à 5 259 000 : elle est très majoritairement de langue française (à plus de 81 %). Malgré cela, les trois quarts des enfants d'immigrants fréquentent l'école de langue anglaise et s'intègrent à la minorité anglophone, situation qui sera bientôt dénoncée.

L'industrialisation et l'exode de la population vers les villes mettent en relief l'infériorisation économique et l'anglicisation forcée des travailleurs canadiens-français. Au tournant du siècle, le quart de la population âgée de plus de neuf ans ne sait ni lire ni écrire au Québec. Il faudra attendre jusqu'en 1942 pour que l'instruction devienne obligatoire. Malgré tout, l'éducation et la culture progressent. On assiste à la création de plusieurs écoles et collèges, à la fondation de trois universités (Laval, Montréal, Sherbrooke), à l'inauguration des grandes écoles (HEC, Polytechnique, etc.).

Les œuvres littéraires surgissent, la critique se développe et des maisons d'édition dynamiques voient le jour (Beauchemin, Fides, L'Hexagone), à côté des grands journaux (*La Patrie, La Presse, L'Action catholique, Le Devoir*) qui favorisent la diffusion des idées et annoncent déjà l'*Âge de la parole*.

Les Pères de la Confédération posent devant l'hôtel du gouvernement de Charlottetown à l'Île-du-Prince-Édouard en 1864. Au premier plan, devant la colonne de gauche la plus près du centre, se tient George-Étienne Cartier et, assis, John A. Macdonald.

Le français menacé

20. *Le Canada français et la question linguistique*

FERNAND **HARVEY**

L a période qui s'étend du milieu du XIXe siècle jusqu'à la Révolution tranquille a été associée par le sociologue Marcel Rioux à l'idéologie de conservation. Pour les élites canadiennes-françaises préoccupées d'identité nationale et de culture française, il s'agissait en effet d'articuler un discours autour de la survivance française après l'échec des rébellions de 1837-1838 et du projet politique du parti patriote de Louis-Joseph Papineau. Pour sa part, Fernand Dumont considère le milieu du XIXe siècle comme une époque charnière où les élites clérico-nationalistes élaborent la *référence* à la nation canadienne-française, définie en termes de survivance[1].

Entre 1850 et 1960, la société canadienne-française fait donc face au défi de son avenir. Mais elle cherche également, non sans difficulté, les voies de son affirmation politique, économique et culturelle dans le cadre de deux régimes constitutionnels successifs, le Canada-Uni et la Confédération. Tout au long de cette période, la langue française est l'objet de préoccupations variables, mais réelles. Quel sera son statut politique et constitutionnel au sein de la future Confédération ? Pourra-t-on parler français à l'extérieur du Québec ? Comment répondre au défi linguistique que posent l'industrialisation, l'urbanisation et la faible présence des francophones dans les secteurs clés de l'économie et dans la fonction publique fédérale ? Dans quelle mesure le français peut-il être présent sur la place publique, notamment dans l'affichage ? Peut-on espérer rester francophone sans le secours de la religion catholique ? Les nouveaux médias de masse que sont le cinéma, le disque, la radio et plus tard la télévision, risquent-ils d'angliciser et d'américaniser le Québec ? Telles sont les grandes questions à connotation linguistique qui animent les élites culturelles du Canada français à cette époque.

À la recherche de solutions politiques, de l'Union à la Confédération

On se rappellera que les Canadiens français vivent sous le régime de l'Union du Bas et du Haut-Canada depuis 1840. En 1850, la question linguistique s'inscrit d'abord dans ce contexte politique et constitutionnel. Deux événements importants sont alors à retenir. D'abord le statut du français au Parlement du Canada-Uni est rétabli officiellement en 1848, à la suite de l'abrogation de l'article 41 qui en interdisait l'usage, puis l'octroi par les autorités coloniales de la responsabilité ministérielle en janvier 1849. Dans les partis politiques, la démission successive en 1851 des deux chefs réformistes Robert Baldwin et Louis-Hippolyte La Fontaine à la suite des attaques des *Clear Grits*, l'aile réformiste radicale du Canada-Ouest, ne crée pas autant de bouleversements immédiats puisqu'un nouveau tandem réformiste est constitué par Francis Hinks et Augustin-Norbert Morin jusqu'au renversement de ce ministère en 1854. Par la suite, on assiste à une longue période d'instabilité politique qui dure jusqu'à la fin du régime de l'Union.

Au cours de cette période d'instabilité, de nouvelles alliances politiques se tissent. En 1857, George-Étienne Cartier, nouveau chef politique des «bleus» canadiens-français, s'allie aux conservateurs du Canada-Ouest dirigés par John A. Macdonald pour former un gouvernement libéral-conservateur. Mais les ministères se succèdent et le régime ne fonctionne pas. En 1864, c'est la crise constitutionnelle. Pour dénouer l'impasse, George Brown, chef des réformistes du Haut-Canada, propose une grande coalition avec ses adversaires politiques, George-Étienne Cartier, John A. Macdonald et Alexander Galt. Au cours des conférences de Charlottetown et de Québec, à l'automne de 1864, des discussions s'amorcent entre les délégués du Canada-Est (Québec), du Canada-Ouest (Ontario) et des provinces maritimes en vue de créer une nouvelle structure politique à caractère fédéral.

Les débats entourant la naissance de la Confédération canadienne de 1867 ont fait l'objet de multiples interprétations. Contrairement à ce que souhaitaient les députés qui s'y opposaient, le projet de constitution ne fut pas soumis à l'approbation du peuple, mais prit la forme d'une simple loi adoptée par le Parlement impérial de Londres. Derrière ces luttes partisanes se dessinent deux philosophies politiques opposées puisant leur source dans l'Europe du XVIIIe siècle: d'un côté, le républicanisme civique qui inspire notamment les «rouges» dirigés par Antoine-Aimé Dorion et qui avait dominé le discours politique dans le Bas-Canada à l'époque de Louis-Joseph Papineau et, de l'autre, le libéralisme à caractère économique de la coalition libérale-conservatrice au pouvoir. Alors que le républicanisme civique prônait la participation démocratique et les valeurs communautaires, le libéralisme mettait l'accent sur la nécessité d'un gouvernement fort dans le but de favoriser les entrepreneurs engagés dans le développement économique[2].

George-Étienne Cartier est sans contredit le meilleur représentant canadien-français du libéralisme économique. Ambitieux, autoritaire et peu porté sur la consultation, y compris à l'intérieur de son propre parti, il se méfiait du républicanisme et de la démocratie directe à l'américaine, lui préférant le principe monarchique jugé plus stable et moins sujet à la démagogie[3]. Cette attitude explique sans doute pourquoi aucun député « rouge » ne faisait partie de la délégation canadienne-française à la conférence de Québec, alors que les autres provinces avaient toutes délégué des représentants des deux partis politiques.

La place du français dans la constitution de 1867

Quelle a été la place occupée par la langue française dans les discussions préalables à la constitution de 1867? À cette époque, il importe de rappeler que la langue est intimement liée à la religion et que cette dernière a préséance dans la définition des enjeux politiques et des droits constitutionnels des minorités. C'est ainsi que, lors de la dernière session de l'Union à l'été de 1866, Alexander T. Galt, député de Sherbrooke, exigea une protection constitutionnelle pour les écoles de la minorité protestante de la province de Québec et pour les 12 circonscriptions électorales des Cantons-de-l'Est[4]. Malgré l'opposition qu'elle n'a pas manqué de susciter, cette exigence fut intégrée dans la rédaction de la constitution de 1867.

PROCLAMATION

PAR LA REINE.

PROCLAMAMION.

Pour unir les Provinces du Canada, de la Nouvelle-Écosse et du Nouveau-Brunswick, en une seule et même Puissance, sous le nom de Canada.

Proclamation royale, par la reine Victoria, de l'*Acte de l'Amérique du Nord Britannique* (Confédération).

Du côté des hommes politiques du Canada français, les préoccupations à l'égard de la langue française à la veille de la Confédération étaient centrées sur sa reconnaissance officielle au sein des nouvelles institutions fédérales. Ainsi, le projet de constitution discuté lors de la conférence de Québec de 1864 prévoyait à l'article 46 que «les langues anglaise et française *pourront* être simultanément employées dans les délibérations du Parlement fédéral ainsi que dans la législature du Bas-Canada, et aussi dans les cours fédérales et les cours du Bas-Canada[5]». Cette proposition, qui ne créait pas une obligation à l'égard du français, suscita un vif débat entre les députés canadiens-français, lequel est assez significatif de l'état d'esprit de l'époque. Les «rouges» réclamaient des garanties constitutionnelles plus explicites pour rendre le français obligatoire au Parlement fédéral. On craignait en effet l'éventualité où une majorité anglaise pourrait s'en tenir à la lettre de la constitution et remettre en cause l'usage du français au Parlement fédéral. George-Étienne Cartier, par ailleurs, se voulait rassurant et optimiste quant à l'usage du français au Parlement fédéral, évoquant le *fair play* britannique; il rappelait que le bilinguisme parlementaire avait également été prévu pour protéger la minorité anglophone du Bas-Canada relativement à l'usage de sa langue, puisque dans le Parlement local du Bas-Canada, la majorité serait composée de députés canadiens-français[6].

Ce débat sur l'usage du français ne fut pas inutile puisque l'article 46 du projet de constitution de 1864 fut remplacé par l'article 133 de l'Acte de l'Amérique du Nord britannique de 1867. Cet article, le seul qui concerne directement la question des langues au Canada, établissait l'usage obligatoire du français et de l'anglais au niveau fédéral et dans la province de Québec, tant au parlement que devant les tribunaux. La constitution de 1867 officialisait donc des usages qui s'étaient développés sous le Régime anglais, notamment en ce qui concerne l'utilisation du français devant les tribunaux[7].

Un autre article de la constitution, l'article 93, contient aussi des éléments linguistiques quoique de manière implicite. Il stipule que l'éducation est une compétence qui relève des provinces, mais que celles-ci ne peuvent pour autant porter atteinte aux droits et privilèges des écoles confessionnelles[8]. Dans l'esprit des pères de la Confédération, il s'agissait de protéger avant tout les minorités religieuses; celles-ci ne se limitaient pas aux franco-catholiques, mais touchaient les anglo-protestants du Québec et les anglo-catholiques d'origine écossaise ou irlandaise de l'Ontario et des provinces maritimes. C'est donc par le truchement de la religion que les franco-catholiques à l'extérieur du Québec se trouvaient protégés, du moins en principe. La constitution prévoyait également un droit de désaveu par le Parlement fédéral des lois provinciales jugées anticonstitutionnelles (articles 56 et 90)[9].

Les partisans de la protection des écoles confessionnelles se recrutaient surtout dans la province de Québec, mais aussi dans une partie de l'opinion publique anglo-catholique, alors que les partisans de l'école publique neutre étaient liés aux milieux protestants, tel Charles Tupper en Nouvelle-Écosse et George Brown en Ontario (ce dernier était connu pour ses positions anti-papistes et anti-françaises). Les événements des décennies postérieures à la Confédération allaient démontrer que la question scolaire devenait un enjeu politique majeur pour les minorités francophones à l'extérieur du Québec. Malgré les menaces qui se profilaient à l'égard des minorités, des pères canadiens-français de la Confédération faisaient preuve d'un optimisme sans faille face à l'avenir. Hector Langevin, notamment, déclarait en Chambre : «Avec la Confédération, il n'y aura pas de domination d'une race sur l'autre, et si une section voulait commettre une injustice envers une autre section, toutes les autres s'uniraient ensemble et l'en empêcheraient[10]. »

Dans leur volonté d'assurer à la province de Québec le plus d'autonomie possible en matière de culture et d'éducation, George-Étienne Cartier et Hector Langevin avaient refusé de se rallier à la position de l'évêque anglo-catholique d'Halifax, Mgr Connolly, qui réclamait une restriction au contrôle provincial sur l'instruction publique afin de protéger les minorités catholiques, tant francophones qu'anglophones. En 1867, les Acadiens, dont le nombre était estimé à quelque 85 000 personnes, commençaient à peine leur mouvement de renaissance, et leur situation demeurait à peu près inconnue au Québec. Quant aux 75 000 Canadiens français de l'Ontario, ils ne constituaient que 2,4 % de la population de la province et leur poids politique demeurait marginal[11]. À cet égard, il est significatif de constater que les pères fondateurs canadiens-français (Cartier, Taché, Langevin, Belleau, Chapais) sont demeurés silencieux, alors que les écoles catholiques du Haut-Canada faisaient l'objet de violentes attaques de la part du journal *The Globe* de Toronto dirigé par George Brown. Un tel contexte et un tel état d'esprit n'inclinaient guère à considérer le bilinguisme et le biculturalisme comme un élément fondamental de l'esprit de 1867 de la part des pères de la Confédération. De leur côté, les Canadiens français du Québec avaient tendance à s'identifier d'abord aux frontières de l'ancien Bas-Canada; ils souhaitaient une confédération décentralisée à l'intérieur de laquelle ils contrôleraient un État provincial.

Au moment d'adopter la constitution de 1867, la question de la langue n'a fait l'objet d'aucune déclaration de principe quant à la nature bilingue ou biculturelle du Canada. Le bilinguisme des institutions politiques fédérales était, selon l'historien Donald Creighton, une concession à la minorité francophone à Ottawa en retour d'une concession identique pour la minorité anglophone au Parlement de la province de Québec. Personne n'a proposé, selon lui, d'étendre le bilinguisme aux législatures ni aux tribunaux des autres provinces[12]. Peut-on, dès lors, parler d'un pacte entre deux nations, voire d'un pacte linguistique? Le terme de compromis politique entre les quatre provinces à l'origine de la Confédération paraît plus conforme à la réalité de l'époque. D'autant plus que d'autres considérations plus importantes sont à l'origine du nouveau régime : le besoin de stabilité politique et d'un pouvoir exécutif fort, la crainte d'une invasion militaire américaine à l'époque de la guerre de Sécession, la volonté de mettre en valeur un espace économique plus vaste relié par un réseau de chemins de fer, sans oublier l'attrait pour un système plus étendu de favoritisme, comme moyen de récompenser les amis du parti.

Bronze de Marc-Aurèle de Foy Suzor-Côté, intitulé *Je me souviens*, 1926.

Cette devise du Québec a été ajoutée aux armoiries officielles en 1939.

Les minorités francophones et la question scolaire

Après 1867, la question linguistique refait surface dans le cadre du conflit autour des écoles confessionnelles à l'extérieur du Québec. Déjà en 1864, la Nouvelle-Écosse avait voté une loi sur les écoles publiques qui supprimait toute subvention aux écoles catholiques et francophones. Le Nouveau-Brunswick s'engage sur la même voie en 1871, et les Acadiens de la province doivent subir une double imposition pour soutenir leurs écoles catholiques et de langue française. Cette mesure discriminatoire soulève même une émeute à Caraquet. Les élites acadiennes en appellent aux tribunaux et au Parlement fédéral pour désavouer cette loi, mais sans succès[13].

À l'autre bout du pays, la loi de 1870 créant la province du Manitoba accordait une protection aux écoles séparées francophones (article 22) et établissait le bilinguisme officiel au sein du Parlement (article 23), comme pour le Québec. Vingt ans plus tard, en 1890, une loi provinciale mettait fin au soutien financier des écoles catholiques et abolissait l'usage du français au Parlement et devant les tribunaux. Un recul analogue peut être observé dans le cas des Territoires du Nord-Ouest, annexés au Canada en 1869. La constitution de ces territoires garantissait le bilinguisme à l'assemblée législative et devant les tribunaux. Néanmoins, une ordonnance de 1892 fait de l'anglais la seule langue possible d'enseignement. Lors de la création des provinces de la Saskatchewan et de l'Alberta formées à même les Territoires du Nord-Ouest en 1905, aucune garantie constitutionnelle n'est accordée aux minorités franco-catholiques de ces nouvelles provinces et le gouvernement fédéral ne manifeste guère de volonté de protéger ces droits, pas plus qu'il ne l'avait fait lors des conflits scolaires au Nouveau-Brunswick et au Manitoba. Dans ce dernier cas, Wilfrid Laurier, fraîchement élu Premier ministre du Canada en 1896, refuse de désavouer la loi provinciale. Le compromis Laurier-Greenway ne rétablit pas le système des écoles séparées, mais permet de nouveau l'enseignement religieux, selon certaines normes, dans les écoles publiques. Les Franco-Manitobains devront attendre la fin des années 1970 pour bénéficier de mesures plus équitables à l'égard de l'école de langue française.

De son côté, l'Ontario adopte en 1912 le Règlement 17 qui interdit l'enseignement en français au-delà des deux premières années du niveau primaire dans les écoles de la province. Malgré la mobilisation des élites canadiennes-françaises qui s'ensuit, l'article 93 de la constitution canadienne se révèle inefficace pour protéger les droits des minorités francophones, parce qu'il est trop exposé aux pressions politiques de la majorité anglophone. De plus, l'interprétation qu'en fait en 1916 le comité judiciaire du Conseil privé de Londres est restrictif : « [...] les droits linguistiques ne jouissent d'aucune protection au plan constitutionnel, à l'exception de l'usage du français devant les tribunaux et aux parlements d'Ottawa et de Québec[14] ».

Toutes ces luttes scolaires des minorités francophones au Canada ont eu plusieurs conséquences. Ainsi, malgré l'anglicisation d'une partie croissante de leurs effectifs et l'hostilité du clergé catholique irlandais, ces minorités, appuyées par le clergé canadien-français, organisent la lutte pour la survivance et mettent sur pied diverses associations pour la défense de leurs droits scolaires et linguistiques. Rome, qui a souvent été appelée à arbitrer ces conflits, s'est généralement rangée du côté des évêques irlandais, car on considérait que la stratégie d'expansion du catholicisme en Amérique du Nord à l'extérieur du Québec passait par l'usage de l'anglais[15].

Une autre conséquence de ces conflits scolaires a été de repenser les paramètres de l'identité canadienne-française, qui correspondait jusque-là plus ou moins aux limites de la province de Québec. Or, la multiplication des conflits scolaires dans les autres provinces, à laquelle venait s'ajouter la migration des Canadiens français aux États-Unis, en Ontario et dans l'Ouest canadien, a fait prendre conscience aux élites canadiennes-françaises de la fin du XIXe siècle et du début du XXe de l'importance des minorités francophones à l'extérieur du Québec, certains nationalistes y voyant même une stratégie de conquête du sol par le Nord. Un sentiment de solidarité culturelle et linguistique s'est donc développé, lequel a débordé les frontières du Québec pour s'étendre à l'ensemble du Canada français; ce dernier comprenait même tout naturellement les Franco-Américains, du moins jusqu'à la Seconde Guerre mondiale.

L'affirmation d'une identité canadienne-française pancanadienne heurtait toutefois certains milieux du Canada anglais peu enclins à encourager l'usage du français à l'extérieur des frontières du Québec. D'une prise de conscience quant à la nécessité de concilier ces visions divergentes du Canada est née *a posteriori* la thèse des deux peuples fondateurs pour caractériser l'« esprit de 1867 ». Henri Bourassa, qui s'en est fait le promoteur, a tenté d'en expliquer le bien-fondé au Canada anglais. Son nationalisme pancanadien était basé sur l'idée d'une dualité culturelle non territoriale et incluait une protection scolaire, linguistique et religieuse des minorités francophones contre la tyrannie de la règle de la majorité[16]. Dans la foulée de ces débats politiques se développe au sein des élites nationalistes de l'époque l'idée d'une solidarité culturelle et institutionnelle où la province de Québec serait considérée comme le château fort, et les minorités canadiennes-françaises, acadiennes et franco-américaines comme ses avant-postes. La survivance du fait français en Amérique supposait un appui réciproque entre toutes ses composantes, à défaut de quoi le Québec lui-même s'en trouverait menacé. Cette vision organique du Canada français catholique se maintiendra jusqu'à la Révolution tranquille. Les états généraux du Canada français tenus à Montréal en 1967 consommeront la rupture idéologique entre les tenants du néo-nationalisme québécois et ceux du nationalisme canadien-français traditionnel.

La Confédération, bienfait ou menace
pour la « nationalité » canadienne-française ?

Un bienfait

« Les délégués de toutes les provinces ont consenti à ce que l'usage de la langue française formât l'un des principes sur lesquels serait fondée la Confédération. » – « Il n'y a ici ni vainqueurs ni vaincus... Nous avons maintenant une constitution sous l'égide de laquelle tous les sujets britanniques sont, à l'heure actuelle, dans une condition d'absolue égalité, jouissant de droits égaux en tout domaine : langue, religion, propriété, droits personnels. »
John A. MACDONALD, premier ministre du premier Parlement fédéral.

« On y voit [dans la nouvelle constitution] la reconnaissance de la nationalité canadienne-française. Comme nationalité distincte et séparée, nous formons un État dans l'État, avec la pleine jouissance de nos droits, la reconnaissance formelle de notre indépendance nationale. »
La Minerve, 1867.

Pour Henri Bourassa, la Confédération était un « pacte » entre deux nations, deux peuples fondateurs :

« La base de la Confédération, c'est la dualité des races, la dualité des langues, garantie par l'égalité des droits. » – [Ce pacte] « devait mettre fin au conflit des races et des Églises et assurer à tous, catholiques et protestants, Français et Anglais, une parfaite égalité des droits dans toute l'étendue de la Confédération canadienne ».
Henri BOURASSA, 1912, 1916

La thèse du «pacte» a été reprise par Lionel GROULX et invoquée par plusieurs, comme Richard Arès, la Commission Tremblay (1956), etc.

Une menace

« Ce que l'on dit être le pacte des résolutions de Québec est sans fondement historique ou constitutionnel. » Norman McL. ROGERS, futur ministre canadien, 1931.

« [...] le prétendu pacte de la Confédération n'existe pas. »
William F. O'CONNOR, 1938.

[La Confédération est]
« la tombe de la race française et la ruine du Bas-Canada. »
Wilfrid LAURIER, avocat d'Arthabaska au moment de la Confédération.

« le coup de mort à notre nationalité qui commençait à prendre racine sur cette terre de l'Amérique du Nord. » Henri-E. TASCHEREAU, député de 1861 à 1867.

Après la pendaison de Louis Riel (1885), Honoré MERCIER, premier ministre du Québec, déclare au sujet de la Confédération : « Nous avons été trompés, nous avons été trahis. »

Quand les Canadiens français verront que le Manitoba et l'Ontario adoptent des mesures législatives contre la langue de leurs minorités françaises, alors que le Québec est tout à fait respectueux de la langue de sa minorité anglaise, ce sentiment de trahison et d'insatisfaction face à la Confédération ne fera que s'accentuer.

« L'unité artificielle de la Confédération n'a pas réglé le problème des races. »
André SIEGFRIED, 1906.

« La constitution canadienne, en son entier comme en ses articles 91, 92, 93, 133, articles essentiels à la vie d'une province comme le Québec, restera par trop sujette à l'interprétation du parlement fédéral, c'est-à-dire d'une majorité anglo-canadienne et protestante. »
Lionel GROULX, *Histoire du Canada français.*

La lutte pour l'usage et le bon usage du français

Si la lutte pour les écoles de langue française à l'extérieur du Québec a été un élément fondamental de la construction d'une identité culturelle canadienne-française et de l'évolution des relations entre francophones et anglophones du Canada, un autre aspect semble tout aussi essentiel pour cerner l'évolution de la question linguistique entre 1867 et 1960 : la lutte pour l'usage du français, tant au niveau du gouvernement fédéral qu'à l'intérieur des frontières du Québec.

Vers la fin du XIXe siècle, il paraissait de plus en plus évident que la survie du français était menacée, non seulement par les brimades et les reculs qu'il subissait pour des motifs politiques dans les provinces anglophones, mais également à cause des transformations de l'économie causées par l'industrialisation et l'urbanisation. Alors que les Canadiens français quittaient le milieu rural par familles entières pour grossir les rangs des ouvriers d'usine à Montréal ou dans les villes de la Nouvelle-Angleterre, ils étaient confrontés à un environnement économique anglophone. Cette situation ne pouvait qu'accélérer la détérioration du français parlé et écrit, tant au travail que dans la vie quotidienne. L'anglicisation du vocabulaire et de la syntaxe, observée dans les villes du Québec en particulier, était également alimentée par le va-et-vient des familles entre le Québec rural et les villes industrielles de la Nouvelle-Angleterre.

La détérioration du bon usage du français au sein des milieux populaires venait s'ajouter à celle des élites politiques canadiennes-françaises occupant des postes de pouvoir qui avaient manifesté depuis la Conquête un net sentiment d'anglophilie, sans se préoccuper en contrepartie de la qualité du français parlé et écrit. Les anglicismes abondaient dans le langage politique et juridique de même que dans les journaux. Un député français de passage en 1864 l'avait observé en termes non équivoques : «Presque toutes les familles de l'aristocratie de Québec ont contracté des alliances avec les Anglais, et parlent plus souvent la langue officielle que la langue natale. Le gouvernement en est plein[17].» Jusqu'à la fin du XIXe siècle, seuls quelques intellectuels éclairés, tels Arthur Buies, Oscar Dunn et Jules-Paul Tardivel, se scandalisaient de la déchéance de la langue française au Canada.

Au tournant du XIXe siècle, la conscience linguistique cesse d'être le fait de quelques individus isolés pour s'étendre aux élites clérico-nationalistes. L'action qui s'amorce en faveur du français n'est pas le fait de l'État québécois ou fédéral; il relève d'associations et de mouvements issus de la société civile. La première initiative en matière linguistique se situe en 1902, alors qu'est fondée la Société du parler français au Canada, sous les auspices de l'Université Laval de Québec. Cette société entreprend d'organiser à Québec le premier congrès de la langue française en 1912. Ces assises réunissent des membres du clergé, des intellectuels et les hommes politiques en provenance du Québec et du Canada français parmi les plus en vue de leur époque. Un ralliement au monument des Braves, à Québec, dans le cadre des activités du congrès, réussit même à attirer une foule de 25 000 personnes. À la même époque, on voit naître la Ligue des droits du français, fondée à Montréal par le père Joseph-Papin Archambault et un groupe d'amis «dont le but avoué est de propager l'usage du français, de l'imposer même dans le commerce, les services publics et la toponymie[18]». La revue de combat *L'Action française* est lancée en 1917 par Lionel Groulx dans la foulée de ce mouvement. Commencent alors des campagnes en faveur de la francisation du Québec, notamment dans l'affichage public. Par ailleurs, ces campagnes en faveur de la langue française doivent être mises en parallèle avec l'amélioration du réseau scolaire québécois et de la qualité de l'enseignement depuis le début du siècle. À cet égard, l'apport culturel des communautés religieuses immigrées au Québec entre 1880 et 1914, à la suite des lois anticléricales du gouvernement français, n'est pas à négliger.

Les luttes pour le bilinguisme au gouvernement fédéral

Les campagnes des groupes de pression canadiens-français, tel l'Ordre de Jacques-Cartier fondé en 1926, visent également à assurer plus de bilinguisme au niveau fédéral par une présence accrue des francophones au sein de la fonction publique et par de meilleurs services en français. Au cours des années 1930, le ministre Ernest Lapointe, considéré alors comme le bras droit du premier ministre libéral Mackenzie King, fut le seul à lutter pour augmenter la proportion des francophones dans la fonction publique fédérale et pour fournir des services bilingues à la population. Mais son action se heurta à des difficultés insurmontables pour diverses raisons. En premier lieu, ses efforts entraient en contradiction avec l'idéologie technocratique qui émerge au début du siècle, à la suite de la création, en 1908, de la Commission du service civil. Cette commission cherchait à imposer une conception de la fonction publique axée sur le recrutement des fonctionnaires par voie de concours en s'appuyant sur le principe de compétence et d'efficacité. Or, toute mesure en faveur d'un recrutement basé sur la langue ou le groupe ethnique était considérée dans les hautes sphères de la fonction publique fédérale comme un retour au favoritisme hérité du XIXe siècle, lequel par ailleurs subsistera parallèlement au nouveau régime. D'autres motifs moins avouables, à ranger dans la catégorie des préjugés, contribuaient également à cette résistance au fait français dans une fonction publique essentiellement anglophone. Les initiatives de Lapointe se heurtèrent finalement à l'indifférence du puissant ministre C. D. Howe et à celle de Mackenzie King lui-même. Au cours de sa carrière politique, Lapointe ne réussit à faire adopter qu'une seule loi à caractère linguistique, la Loi Lacroix (1938). Cette loi, selon son parrain, le député Wilfrid Lacroix, avait pour but «de faire en sorte qu'un employé faisant déjà partie du service civil dans une province et ne parlant pas français ne puisse être transféré dans la province de Québec[19]». D'une timidité extrême, cette mesure était néanmoins la première loi linguistique fédérale de quelque importance, depuis la loi de 1888 qui accordait une prime de 50 $ aux fonctionnaires capables de s'exprimer dans une langue seconde.

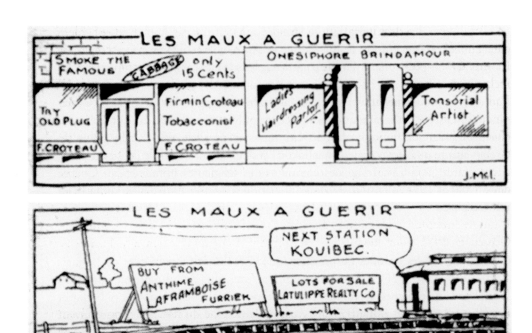

Almanach de la langue française, 1920-1922, illustrant plusieurs maux de la langue française au Québec.

Par la suite, d'autres initiatives en faveur du français au niveau fédéral se perdent dans l'indifférence générale. En 1946, un mémoire de la Chambre de commerce de Montréal à la Commission Gordon sur la classification dans la fonction publique réclame sans succès une présence accrue des francophones dans l'appareil fédéral. L'année suivante, un groupe de cinq députés francophones prend l'initiative de former un comité pour déplorer le fait que les francophones ne constituent que 10 % des effectifs de la fonction publique fédérale et qu'ils ne détiennent *aucun* des 20 postes de sous-ministres (ministres adjoints). Pour apaiser les tensions, King charge le solliciteur général Joseph Jean d'agir comme agent de liaison entre le cabinet et le Comité des cinq, appelé également *Little Chicago*. Après deux ans d'enquêtes et de rapports, les recommandations du comité se perdent dans les méandres de la fonction publique. Il faudra attendre la formation du comité sur le bilinguisme de la Commission Glassco, en 1962, pour que soit discuté de façon systématique le lien entre le principe d'efficacité administrative et celui de représentativité et de bilinguisme.

L'État québécois et la langue française

Pendant ce temps, les initiatives en faveur de la défense du français se poursuivent au Québec. Un deuxième Congrès de la langue française se tient dans la ville de Québec en 1937, puis un troisième en 1952[20]. Poursuivant sur sa lancée, le Conseil de la vie française en Amérique tient à Québec un quatrième congrès, dit de la «Refrancisation[21]», en juin 1957. Toutes ces initiatives sont issues de la société civile, car l'État québécois se fait discret en matière de politique linguistique avant 1960. Le geste le plus significatif remonte à 1910, année où Armand Lavergne réussit à faire adopter un projet de loi obligeant les compagnies de services publics (transports ferroviaire et maritime, télégraphe, téléphone, électricité) à respecter le bilinguisme avec leurs usagers et abonnés. Lavergne avait d'abord tenté de déposer un projet de loi analogue au Parlement fédéral en mars 1908, mais le premier ministre Wilfrid Laurier, quoique d'accord en principe, refusa de le discuter en séance publique, faisant valoir qu'il fallait d'abord savoir si les compagnies de chemin de fer visées pourraient s'y opposer. Même au niveau provincial, le projet de loi Lavergne suscita de la résistance de la part des compagnies et du Conseil législatif et dut être présenté à deux reprises avant d'être finalement adopté sous les pressions de l'opinion publique et des milieux nationalistes[22]. Quoique de portée limitée, la Loi Lavergne constituait la première affirmation de l'action de l'État québécois en matière linguistique.

Cette Loi pionnière demeure cependant un geste isolé. Les politiciens canadiens-français d'avant la Révolution tranquille étaient sans doute trop dépendants du pouvoir économique de la bourgeoisie anglophone – y compris quant au financement des partis – pour oser s'aventurer plus loin en matière de politique linguistique. Comme l'Église catholique occupait le champ de l'éducation et une bonne partie de celui de la culture, y compris la promotion de la langue française, ils préféraient sans doute laisser aux élites cléricales et laïques le soin de promouvoir la langue française, quitte à leur accorder un appui officiel par des discours et de modestes subventions ponctuelles, plus particulièrement lors des congrès de la langue française. Dans un discours prononcé lors du congrès de 1957, Maurice Duplessis réaffirme ses positions traditionnelles à l'égard de la langue française comme «manifestation indispensable d'une culture»; il reprend la thèse de la province de Québec comme point d'appui et gardienne de cette culture, sans dépasser pour autant les lieux communs concernant le «respect de l'héritage sacré» et la défense des droits exclusifs des provinces en matière d'éducation[23].

Pendant ce temps, de nouvelles élites plus nombreuses et plus instruites commençaient à discuter d'hypothèses de changements sociaux qui allaient se concrétiser à partir des années 1960. La Commission royale d'enquête sur les problèmes constitutionnels créée par Duplessis en 1953 s'est avérée à cet égard un vaste laboratoire d'idées nouvelles. En matière de langue, la Commission Tremblay reprend à son compte la recommandation contenue dans le mémoire de l'Académie canadienne-française et dans celui de la Société du parler français au Canada, à l'effet de créer un office de la langue française. Cet office, qui serait composé exclusivement de linguistes recrutés parmi les membres de l'Académie, de la Société du parler français, au sein des universités, des ministères ou ailleurs, aurait pour objet «la conservation, l'expansion et l'épuration du français au Canada» et serait financé par des fonds publics. Cet office sera effectivement créé en 1961, mais il relèvera directement de l'État québécois et non de l'Académie canadienne-française comme l'avait souhaité son fondateur, Victor Barbeau[24].

Si les luttes de la première moitié du XXe siècle en faveur du français relèvent surtout des mouvements patriotiques et nationalistes, on aurait tort de négliger pour autant le rôle décisif des médias de masse dans le domaine de la langue. La radio s'implante au Québec à partir de 1922, suivie trente ans plus tard de la télévision. Ces deux médias, plus particulièrement la Société Radio-Canada et certaines stations de radio privées, telle CKAC à Montréal, contribueront largement à la création de standards linguistiques se référant au «bon parler français». Des chroniques linguistiques paraissent également dans la presse écrite[25].

Ainsi, la longue période qui s'étend du milieu du XIXe siècle jusqu'à 1960 a été témoin de percées, de reculs et de stagnation en matière de défense et de promotion du français, tant au Québec qu'au Canada. Au départ, les enjeux linguistiques étaient surtout axés sur la reconnaissance du français dans les institutions parlementaires et dans les tribunaux. Puis, la question des écoles de langue française en milieu minoritaire a fait l'objet d'âpres débats ponctués d'échecs retentissants. Progressivement, la question linguistique a débordé du côté de l'affichage et des services publics, en même temps que naissait chez les élites canadiennes-françaises une prise de conscience quant à la nécessité de promouvoir le bon usage de la langue. Cet héritage – certes modeste mais tangible –, était surtout le fait de mouvements ou d'associations, mais également de certains médias de masse. Or, c'est une nouvelle donne qui s'esquisse au cours des années 1960, alors que la politique du gouvernement du Québec et celle du gouvernement fédéral en matière linguistique auront tendance, malgré leurs effets bénéfiques, à reléguer au second plan la société civile et la responsabilité individuelle en matière de sauvegarde de la langue française.

CKAC, première station de radio francophone d'Amérique (1922). En 1940, l'animateur Roger Baulu transmet aux auditeurs les résultats d'un scrutin municipal à Montréal.

21. La nouvelle organisation économique et sociale

PAUL-ANDRÉ **LINTEAU**

Entre 1850 et 1960, l'organisation économique et sociale du Québec est transformée en profondeur. Un peuple d'agriculteurs, dispersés dans les villages et les campagnes, s'est mué en un peuple de citadins que la presse, puis la radio et la télévision ont ouvert sur le monde. Quelles forces ont façonné ces changements et comment ont-elles affecté le statut et l'usage du français ?

Vers le milieu du XIXe siècle, l'industrialisation amorce un mouvement de grande envergure qui modifie les façons de produire et de consommer et qui accélère l'urbanisation. Celle-ci accroît à son tour la demande de services et stimule la tendance à la tertiarisation qui caractérisera le XXe siècle. Le développement économique reste toutefois dominé par les anglophones, et les francophones y sont confinés à un rôle subalterne dont ils arrivent mal à se dégager. La société canadienne-française profite tout de même des transformations économiques qui, à long terme, entraînent un indéniable enrichissement collectif et favorisent l'émergence de nouvelles élites et une laïcisation croissante.

Industrialisation et espace économique francophone (1850-1914)

Comme c'est le cas depuis les débuts de la colonisation française, le Québec continue à s'insérer dans des circuits commerciaux internationaux, à la fois en tant qu'exportateur de matières premières et comme centre de transit dans les échanges entre l'Europe et le nord de l'Amérique. Cependant, et de façon croissante après 1850, il joue un rôle spécialisé dans un marché intérieur canadien en forte expansion, celui de producteur de biens de consommation, non seulement pour sa propre population, mais aussi pour celle des autres provinces et territoires.

La disponibilité d'énergie hydraulique et surtout l'abondance de la main-d'œuvre en surplus dans les campagnes favorisent en effet l'émergence d'une industrie produisant des aliments, des tissus, des vêtements, des chaussures et du tabac. En outre, la position stratégique de Montréal au carrefour des grands axes de transport canadiens (navigation et chemins de fer) favorise la naissance d'une industrie lourde : transformation des métaux et fabrication de matériel de transport.

Les nouvelles implantations industrielles sont, pour l'essentiel, réalisées par des anglophones. Des immigrants américains mettent sur pied les grandes scieries de l'Outaouais et les premières manufactures de chaussures de Montréal, mais ce sont surtout des hommes d'affaires canadiens-anglais et des immigrants anglo-écossais qui dominent la nouvelle économie. Certes, des entrepreneurs canadiens-français manifestent leur présence – par exemple, un Victor Hudon dans les filatures, un

Jean-Baptiste Rolland dans le papier –, mais, sauf dans la chaussure, l'imprimerie et quelques productions alimentaires, elle est marginale.

La langue des affaires, aussi bien celle des transactions que celle de la production, sera donc la langue des patrons, l'anglais. La technologie utilisée au Québec étant d'origine britannique ou américaine, le vocabulaire spécialisé qui l'accompagne sera diffusé et assimilé en anglais. Quel exemple plus révélateur que celui de l'automobile? La France est au premier rang en ce domaine et met au point une terminologie française, mais comme ce nouveau produit pénètre au Québec par les États-Unis, c'est en anglais que les Québécois en apprennent le vocabulaire : *truck, tire, windshield*, etc.

Dans plusieurs petites villes, l'industrialisation façonne un paysage social similaire. D'un côté, les patrons et les cadres vivent à l'aise en anglais dans un quartier distinct, de l'autre, les ouvriers canadiens-français, fraîchement arrivés de la campagne, s'entassent dans de petites maisons de bois ou de briques; entre les deux, une élite de notables et de contremaîtres francophones porte le poids du bilinguisme et assure des rapports harmonieux. À Montréal, où se concentre plus de la moitié de la production industrielle du Québec, la situation est plus complexe. On y trouve une importante classe ouvrière anglophone dont les membres sont surreprésentés parmi les ouvriers qualifiés, tandis que les ouvriers canadiens-français, dont les effectifs sont constamment gonflés par l'exode rural, se retrouvent massivement parmi les travailleurs les moins qualifiés. Anglophones et francophones, puis immigrants allophones, se disputent le petit commerce et les nombreux services qu'engendre une grande métropole. Une telle coexistence se fait au détriment du français, l'anglais dominant outrageusement sur la place publique montréalaise, dans les commerces, dans les services publics et dans la publicité.

Le monde rural paraît mieux protégé. Sauf dans les enclaves anglophones de l'Outaouais, du sud de Montréal, des Cantons-de-l'Est et de la Gaspésie, le français domine partout. Cependant, au fur et à mesure que le capitalisme pénètre dans les campagnes, la langue anglaise l'accompagne. Le chemin de fer, la poste et le télégraphe contribuent à disséminer les produits manufacturés – et leurs modes d'emploi en anglais –, un phénomène que vient renforcer la publication des catalogues des grands magasins. Même les régions de colonisation éloignées ne sont pas à l'abri. L'implantation de grandes sociétés forestières, puis de centrales électriques, d'usines de pâtes et papiers ou d'alumineries porte jusqu'aux confins du Québec, de Shawinigan à Rimouski, l'emprise des entrepreneurs anglophones et de leur langue.

Il serait cependant trop simple de tout ramener à une dichotomie de patrons canadiens-anglais et de porteurs d'eau ou scieurs de bois canadiens-français. On recense au Québec, dans les campagnes comme dans les villes, plusieurs milliers d'anglophones de condition modeste ou même carrément pauvres. À l'inverse, le Québec francophone a son lot d'hommes d'affaires riches, de membres des professions libérales qui vivent à l'aise et de cultivateurs prospères.

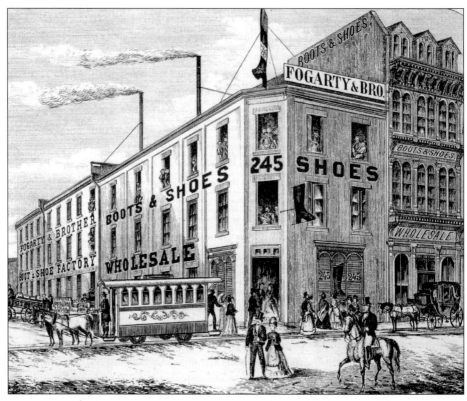

Eugene Haberer, 1871.

La manufacture Fogarty, angle des rues Sainte-Catherine et Saint-Laurent à Montréal, n'affiche pas un seul mot de français.

Il existe en effet une économie canadienne-française, avec ses institutions et ses réseaux, qui fonctionne parfois comme une enclave ethnique à l'intérieur de l'économie globale. Son rayon d'action ne dépasse guère le niveau local ou régional, mais la somme des initiatives constitue un ensemble qui n'est pas négligeable. Dans les villes, le commerce d'épicerie en gros passe de plus en plus aux mains de Canadiens français et permet l'ascension sociale d'une classe d'entrepreneurs nouveaux. Le commerce de détail est plutôt l'apanage du petit marchand, mais permet aussi l'affirmation de quelques grands commerçants, tels Dupuis à Montréal ou Paquet à Québec. Des banques canadiennes-françaises sont mises sur pied et voient leurs affaires se développer graduellement, notamment la Banque nationale à Québec, la Banque Jacques-Cartier (Banque provinciale, à partir de 1900) et la Banque d'Hochelaga à Montréal. Timidement apparaissent des compagnies d'assurances, telle La Sauvegarde. La presse quotidienne permet la constitution de belles fortunes, celles de Beaugrand ou de Berthiaume, par exemple. La création d'une presse d'affaires de langue française

– *Le Moniteur du Commerce, Le Prix Courant* – témoigne du dynamisme de la bourgeoisie francophone, tout comme la mise sur pied de la Chambre de commerce du district de Montréal.

Entre 1850 et 1914, les établissements francophones connaissent une croissance significative, limitée cependant par la faiblesse des revenus de la clientèle canadienne-française. Leur part dans l'économie québécoise est encore modeste et ne fait guère le poids face à la puissance de la grande entreprise anglophone. Les membres des élites laïques canadiennes-françaises, tant les entrepreneurs que les hommes politiques, sont partagés entre leur quête de pouvoir et de reconnaissance et leur désir de maintenir la bonne entente, à saveur de soumission, avec leurs homologues canadiens-anglais.

Réclame publicitaire du magasin Paquet de Québec dans le *Daily Telegraph*.

Le recul des francophones (1914-1939)

En 1850, à peine le cinquième de la population de la province de Québec était urbaine. À l'époque de la Première Guerre mondiale, la proportion atteint la moitié et grimpe à 60 % en 1931. L'urbanisation paraît plus lente chez les Canadiens français que chez les Canadiens anglais, mais il ne faut pas oublier l'exode rural considérable en direction des villes de la Nouvelle-Angleterre. Quoi qu'il en soit, le Québec du XXe siècle est de plus en plus urbain. Avec son demi-million d'habitants en 1911 et son million en 1931, l'agglomération de Montréal rassemble une part croissante de la population, mais les petites et moyennes villes voient aussi leurs effectifs augmenter. Dans les régions de colonisation, les investissements massifs dans l'exploitation des ressources naturelles entraînent la création de villes nouvelles, telles Arvida et Témiscaming, et l'expansion de centres plus anciens.

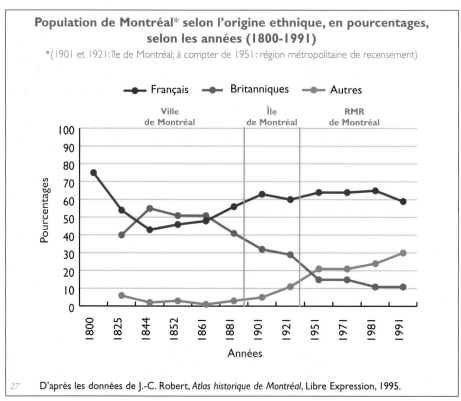

Population de Montréal* selon l'origine ethnique, en pourcentages, selon les années (1800-1991)

*(1901 et 1921 : île de Montréal ; à compter de 1951 : région métropolitaine de recensement)

27   D'après les données de J.-C. Robert, *Atlas historique de Montréal*, Libre Expression, 1995.

Avec la migration vers la ville, l'exposition des anciens ruraux à l'anglais s'accentue. Beaucoup de commerçants anglophones ne font à peu près aucune concession à cette nouvelle clientèle et la servent généralement en anglais, bien que les grands magasins de Montréal commencent à s'adapter en embauchant des commis francophones. De leur côté, les marchands francophones sont surtout préoccupés d'afficher leur bilinguisme et donc leur capacité de commercer en anglais. Dans les années 1920, l'image anglophone du marché est renforcée par la pénétration accrue des produits et des marques de commerce américains, appuyée par l'usage abondant de la publicité. L'anglais paraît de plus en plus comme la langue de la réussite économique et de l'ascension sociale.

Le mouvement de concentration marginalise ou élimine l'entreprise locale, qu'elle soit anglophone ou francophone. La grande entreprise règne désormais sans partage. C'est une entreprise dépersonnalisée, dotée d'une administration pléthorique : le seul siège social de la compagnie Sun Life, à Montréal, compte près de 3000 employés en 1930. Les fils et les filles d'ouvriers canadiens-anglais trouvent dans les nouveaux emplois de cols blancs une intéressante voie d'ascension sociale ; les Canadiens français doivent se contenter des emplois les moins intéressants, au bas de l'échelle, et n'ont à peu près aucun espoir de promotion. Ainsi, la division ethnique du travail se maintient dans le processus de tertiarisation.

La grande entreprise est aussi, dans une proportion croissante, dirigée de l'extérieur du Québec, depuis Toronto ou les grandes villes américaines. Elle délègue sur place des gestionnaires professionnels qui ont peu d'affinités avec le milieu ambiant. Même quand les sièges sociaux restent à Montréal, ils sont isolés de la réalité canadienne-française.

Dans ce contexte, l'espace économique francophone est menacé. Des entreprises sont emportées dans le tourbillon de la concentration et celles qui résistent ont difficilement accès aux capitaux qui assureraient leur croissance. Quand, en 1936, le journaliste Victor Barbeau publie *Mesure de notre taille*, le portrait n'est guère réjouissant. Les entrepreneurs canadiens-français sont malmenés par la crise économique du début des années 1920 et surtout par celle des années 1930. La dépression touche en effet de façon plus marquée leur clientèle : les travailleurs des régions d'exploitation des ressources naturelles, les ouvriers les moins qualifiés de l'industrie et des transports, majoritairement francophones. Incapables d'obtenir le remboursement du crédit qu'ils ont consenti ou le paiement de leurs loyers, de nombreux petits commerçants, propriétaires ou membres des professions libérales, y perdent leur chemise et leur maison.

Les transformations économiques de l'entre-deux-guerres suscitent, parmi les élites canadiennes-françaises, des débats majeurs concernant l'avenir du Québec. Les hommes politiques, notamment les libéraux au pouvoir de 1897 à 1936, estiment que le salut du Québec passe par le développement économique et la modernisation. Ils accueillent à bras ouverts les nouveaux investissements, quelle que soit leur origine, qui seuls permettront de créer de l'emploi et d'enrayer l'émigration vers les États-Unis. Leur adhésion aux principes du libéralisme et de l'individualisme les empêche de s'intéresser aux solutions collectives, et la promotion du français comme langue de travail et de vie ne fait pas partie de leurs priorités.

À l'opposé, les intellectuels nationalistes regroupés autour de l'abbé Lionel Groulx voient le salut de la nation dans le repli sur soi et l'exaltation des valeurs traditionnelles. Ils versent dans la xénophobie, n'hésitant pas à attribuer à l'étranger et aux valeurs matérialistes qu'il apporte la source des malheurs de leur groupe. Leur vision du développement est passéiste et n'assigne qu'un rôle modeste aux hommes d'affaires francophones. Ils cherchent donc à faire jouer la fibre collective, mais leur rejet de la modernité les discrédite. La crise et le désarroi que celle-ci provoque leur donne une audience nouvelle, mais un impact politique limité.

L'issue de ces débats de société se trouve dans un mariage entre la soif de modernisation des libéraux et les préoccupations collectives des nationalistes. Dans les années 1930, l'heure de cette nouvelle synthèse n'a pas encore sonné.

Vers une réorientation (1940-1960)

La Seconde Guerre mondiale marque le retour de la prospérité, une prospérité qui se prolonge tout au long de l'après-guerre. Cette fois, les Canadiens français en profitent. Pour la première fois de leur histoire, ils connaissent un enrichissement collectif considérable qui touche, quoique à des degrés divers, toutes les classes de la société. L'économie interne de la société canadienne-française refleurit et de nouveaux entrepreneurs tirent profit de l'amélioration du statut économique de leur clientèle traditionnelle. C'est ce qui explique, par exemple, la formidable poussée des caisses populaires, jusque-là surtout actives en milieu rural, qui s'implantent solidement en ville et canalisent l'épargne des francophones; entre 1940 et 1960, leur actif total passe de 21 à 738 millions de dollars et la part des caisses urbaines grimpe de 44 à 66 %. Par ailleurs, l'accès à la propriété résidentielle commence à transformer un peuple de locataires en banlieusards. Ce réseau francophone permet à de nombreux Canadiens français d'être servis dans leur langue, que ce soit pour faire leur épicerie, acquérir une maison ou négocier une hypothèque, mais les modes d'emploi des produits qu'ils ont pu acheter en français sont souvent unilingues anglais. Quant au marché du travail, il exige généralement une certaine connaissance de l'anglais.

L'économie du Québec reste en effet dominée par la grande entreprise anglophone – canadienne-anglaise ou américaine –, qui émerge de la guerre considérablement renforcée. Les établissements canadiens-français, généralement de petite taille, ne font pas le poids. En 1960, dans le secteur industriel, ils embauchent environ 22 % de la main-d'œuvre, mais n'assurent que 16 % de la valeur ajoutée. Des experts analysent ce problème de l'«infériorité économique»; certains y voient un effet de la mentalité religieuse, d'autres l'attribuent à l'insuffisance des capitaux. On commence à dire que seule une intervention de l'État québécois en faveur du capital canadien-français peut permettre de redresser la situation.

Le premier ministre Adélard Godbout a bien cherché à accroître le rôle de l'État. Il a fait fi des objections séculaires des évêques pour régler des questions controversées, comme le vote des femmes et l'instruction obligatoire. Il réalise la première phase de l'étatisation de l'électricité – une mesure réclamée depuis longtemps par certains cercles nationalistes – et amorce la conversion à l'État-providence. Cette première Révolution tranquille fait long feu. Tout au cours des années 1950, pouvoir politique et pouvoir clérical s'allient pour résister au changement social qui déferle sur les sociétés occidentales.

Les élites au pouvoir continuent à clamer bien haut la vocation agricole des Canadiens français, au moment même où une nouvelle poussée d'exode rural consacre leur orientation urbaine. En 1960, il n'y a plus que 7,5 % de la main-d'œuvre québécoise dans l'agriculture. La généralisation de l'automobile accroît la mobilité des personnes et la popularité des vacances aux États-Unis, source d'exposition à la modernité, mais aussi à la langue anglaise. L'entrée fracassante de la télévision dans les foyers – en huit ans à peine, près de 90 % d'entre eux sont branchés – provoque un élargissement des perspectives et une indéniable ouverture sur le monde. Accessible en français, la télévision contribue au changement des mentalités qui se manifestera avec éclat après 1960.

Aux États-Unis comme au Canada, l'un des fruits de la prospérité est la formidable expansion de la classe moyenne, un phénomène qui touche aussi le Québec francophone. Cette classe accède à la société de consommation et exprime une soif de modernité. Elle investit beaucoup dans l'éducation de ses enfants. Mais en ce domaine, le Québec francophone, affligé d'un sous-financement chronique et de l'absence d'un réseau scolaire public intégré, est nettement en retard par rapport aux autres provinces canadiennes.

De nouvelles élites francophones, mieux formées que celles des générations précédentes, émergent de cette classe moyenne : ingénieurs, comptables, enseignants, spécialistes des sciences sociales. Elles se heurtent à plusieurs verrous sur la voie de l'ascension sociale. La grande entreprise anglophone continue à être discriminatoire à leur endroit et les confine aux postes subalternes; les promotions n'y sont souvent acquises qu'au prix d'une renonciation à leur culture, d'une assimilation linguistique et culturelle. L'entreprise francophone n'offre pas de solution de rechange, car sa petite taille et sa faiblesse chronique limitent les débouchés. Les grands réseaux sociaux, encore sous la houlette de l'Église, font certes une place croissante aux laïcs, mais les membres du clergé s'assurent de conserver tous les postes de pouvoir. Quant à l'État québécois, il n'a que faire des nouveaux spécialistes, qui doivent se tourner vers la fonction publique fédérale.

C'est d'ailleurs d'Ottawa que vient le changement. Dès la période de la guerre, le gouvernement fédéral met en place les premières mesures universelles de l'État-providence. Les chèques de pensions de vieillesse, d'allocations familiales et d'assurance-chômage fournissent une partie non négligeable du budget des familles à faible revenu. Ces manifestations d'un nouveau processus de centralisation fédérale remettent en question bien des certitudes. Des intellectuels prêchent un nationalisme renouvelé, ouvert à la modernité et qui ferait de l'État québécois le fer de lance d'une revalorisation des Canadiens français. Un nouveau projet de développement économique et social pour le Québec est ainsi en voie d'être esquissé.

Les élites canadiennes-françaises de l'après-guerre acceptent de moins en moins, pour elles-mêmes et pour leur langue, un statut de seconde zone sur leur propre territoire.

Le Québec des années 1950 apparaît donc comme une marmite qui bouillonne, mais dont on tente de maintenir le couvercle bien vissé. Les nouvelles élites piaffent d'impatience et sont prêtes à se lancer avec frénésie dans la course au rattrapage et à la modernisation que sera la Révolution tranquille.

La rue Notre-Dame à Montréal et son affichage anglais en 1882.

22. La loi du nombre :
le nouveau profil démographique

MARCEL **MARTEL**

Quatre phénomènes démographiques marquent le développement des groupes francophones au Canada de 1850 à 1960 : l'émigration des Canadiens français aux États-Unis; l'immigration au Canada et la faible intégration des immigrants à l'élément francophone; la forte fécondité des Canadiennes françaises et des Acadiennes et l'assimilation d'une partie des Canadiens français et des Acadiens à la majorité anglophone.

Après 1867, l'aire territoriale du Canada se modifie pour inclure les Territoires du Nord-Ouest, le Manitoba, la Colombie-Britannique et l'Île-du-Prince-Édouard dans les premières années de la Confédération, l'Alberta et la Saskatchewan, au début du XXᵉ siècle, et Terre-Neuve en 1949. La proportion des francophones au Canada s'élève à 31,1 %, en 1871, comprenant les Acadiens du Nouveau-Brunswick et de la Nouvelle-Écosse. Les structures politiques modifient les rapports entre les Canadiens français, les Acadiens et les autres groupes ethniques puisqu'elles placent les francophones dans la situation de minoritaires.

Majoritaires au lendemain de la Conquête et aveuglés par leur rêve d'une Amérique française, les Canadiens français mettront du temps à prendre conscience de l'état de minoritaires dans lequel les aura placés la Confédération et à en tirer les conséquences pour le statut et l'usage de leur langue au Canada.

L'émigration des Canadiens français

Le départ de nombreux Canadiens français pour les États de la Nouvelle-Angleterre est un phénomène qui sème d'abord l'inquiétude chez les chefs de file religieux et politiques du Québec francophone. Rappelons pourtant que les Canadiens français n'ont pas été les seuls à traverser la frontière américaine. Entre 1840 et 1940, environ 925 000 résidants du Québec ont quitté le Canada, comparativement à 2 825 000 Canadiens des autres provinces. Ces émigrants étaient attirés par les perspectives d'emploi intéressantes aux États-Unis, alors que d'autres quittaient le pays en raison des difficultés économiques sévissant dans leur région.

Devant l'ampleur du phénomène qui devient une véritable « saignée démographique » au cours des années 1880-1900, et face à l'échec des tentatives de rapatriement de Canadiens français au Québec, les élites canadiennes-françaises se résignent. À leurs yeux, les Canadiens français deviennent l'avant-garde d'un mouvement qui, espèrent les plus optimistes, permettra au Canada français d'étendre ses assises territoriales en direction du sud. Qui sait, peut-être, ce mouvement permettra-t-il aux Canadiens français de constituer une majorité appréciable et un poids politique déterminant aux États-Unis[26].

Le départ de centaines de milliers de Canadiens français en direction des États-Unis stimule un autre rêve, celui d'un peuplement francophone appréciable dans les plaines de l'Ouest canadien. Tour à tour, les évêques de Saint-Boniface, ville francophone du Manitoba, indiquent à leurs confrères du Québec qu'il faudrait orienter le déplacement de Canadiens français en direction de leur coin de pays. Ils se heurtent toutefois à une résistance des chefs de file du Québec. Ces derniers préfèrent conserver la base démographique de la province de Québec en vue d'assurer un rapport de force politique avantageux pour les Canadiens français à l'intérieur du Canada. Ces calculs politiques et stratégiques expliquent aussi pourquoi ils ont donné leur préférence aux efforts de colonisation des Laurentides, du Saguenay et plus tard de l'Abitibi.

De toute façon, les Canadiens français hésitent à se diriger vers les Prairies, soit à cause des distances, soit à cause du manque d'attrait économique de ces régions. Entre 1851 et 1901, on estime que 50 000 Canadiens français ont pris la route de l'Ouest, ce qui est peu par comparaison avec le nombre des départs vers les États-Unis. Le nombre de Canadiens français ne sera pas suffisant pour permettre la constitution d'un groupe francophone doté d'un poids démographique et politique appréciable dans les Prairies. Ainsi, les Canadiens français, qui constituent 15,6 % de la population manitobaine en 1881, ne forment plus que 6,8 % de la population totale de cette province trente ans plus tard. En Alberta et en Saskatchewan, les francophones forment environ 5 % de la population totale.

L'immigration au Canada

Entre 1816 et 1851, l'arrivée de plus d'un million d'immigrants britanniques modifie la répartition ethnique et linguistique de la population de l'Amérique du Nord britannique au profit du groupe ethnique britannique et de la langue anglaise. La forte émigration de Canadiens anglais en direction des États-Unis limite toutefois les effets de cette arrivée d'immigrants britanniques. Mais il en est autrement entre 1896 et 1914. L'arrivée de plus de trois millions d'immigrants britanniques ou d'autres origines constitue alors la véritable cause de l'augmentation spectaculaire de la population canadienne.

Cette vague d'immigration incite certains Canadiens français à croire à l'existence d'un complot destiné à noyer l'élément francophone au sein du Canada, car on constate que le gouvernement fédéral déploie très peu d'efforts pour attirer des immigrants francophones. De 31,1 % qu'il était en 1871, le poids relatif de la population canadienne-française dans l'ensemble canadien ne sera plus que de 27,9 % en 1921. Certains comprendront alors que la « victoire » de la langue française est loin d'être assurée au Canada et que celle-ci sera de plus en plus soumise à la « loi du nombre », celle d'une population canadienne anglophone de plus en plus forte. Mais, entre-temps, la crise économique des années 1930 vient mettre un terme aussi bien à l'émigration des Canadiens français vers les États-Unis qu'à la politique de la porte ouverte en matière d'immigration.

De 1896 à 1930, la politique canadienne d'immigration se caractérise par un manque d'ouverture à l'égard des groupes ethniques désireux de s'établir au Canada. Le racisme et la xénophobie de certains syndicats, de certains groupes nationalistes anglo-saxons et de certaines Églises protestantes obligent le personnel de l'immigration à limiter ou à interdire l'entrée du territoire canadien aux personnes jugées éloignées culturellement du groupe de référence anglo-saxon ou carrément inassimilables, comme les Asiatiques et les Noirs. Les immigrants préférés sont ceux dont les pratiques culturelles ressemblent à celles de la majorité anglo-saxonne[27].

L'immigration au Canada, 1860-1960

Années	Nombre d'immigrants	Années	Nombre d'immigrants
1860-1879	485 260	1920-1929	1 264 220
1880-1899	1 222 088	1930-1949	680 777
1900-1919	3 259 258	1950-1959	1 544 642

Source : Jean R. Burnet et Howard Palmer, *Coming Canadian. An Introduction to a History of Canada's Peoples*, Toronto, McClelland and Stewart, 1988, p. 40.

Marcel MARTEL

28

La population d'origine ethnique française au Canada, 1871-1951

Année de recensement	Population canadienne-française	Population totale du Canada	% population can.-française
1871	1 082 940	3 485 761	31,07
1881	1 298 929	4 324 810	30,03
1891	*	*	*
1901	1 649 371	5 371 315	30,71
1911	2 061 719	7 206 643	28,61
1921	2 452 473	8 787 949	27,91
1931	2 927 990	10 371 786	28,23
1941	3 483 038	11 506 655	30,27
1951	4 319 167	14 009 429	30,83

*Données non utilisables.
Source : Recensements du Canada.

29

Marcel MARTEL

William Raphael, *Derrière le marché Bonsecours, Montréal.*

Arrivée d'immigrants dans le port de Montréal en 1857.

L'arrivée d'immigrants a des conséquences considérables sur la composition ethnique de la population canadienne. En 1921, 15 % de la population canadienne n'est ni d'origine britannique ni d'origine française. Le Canada commence à subir l'influence de la diversité culturelle qui s'exerce dans toutes les régions et notamment dans les Prairies. Le Québec subit les effets de cette diversité culturelle, mais dans une moindre mesure. Bien que les villes de Québec et de Montréal constituent les principaux ports d'entrée de ces immigrants, la plupart poursuivent leur route en direction de l'Ontario et de l'Ouest canadien. Entre 1901 et 1931, le Québec accueille 684 000 immigrants, tandis que plus de 822 000 personnes quittent la province au cours de la même période. Voilà qui explique en partie pourquoi seulement 6 % de la population québécoise n'est ni francophone ni anglophone en 1931 [28].

Les immigrants qui s'établissent au Québec choisissent le principal centre économique, soit Montréal. Outre les raisons économiques, le système d'éducation confessionnel favorise l'intégration des immigrants, dont plusieurs ne sont pas catholiques, à la communauté anglophone. En 1957, 75 % des enfants d'immigrants fréquentaient les écoles de langue anglaise [29].

La fécondité des Canadiennes françaises et des Acadiennes

La population francophone réussit par sa forte fécondité à limiter les effets de ces arrivées massives et du nombre très faible d'immigrants qui s'intègrent à la communauté francophone. Certes, la proportion des francophones à l'échelle nationale est ramenée de 30,7 % à 27,9 % entre 1901 et 1921, mais les effets de la fécondité sont différents d'une province à l'autre. Dans le cas du Québec, la proportion des francophones demeure relativement stable, autour de 80 %. Au Nouveau-Brunswick, l'augmentation de la proportion de la population acadienne, qui passe de 17,6 % en 1881 à 38,3 % en 1951, s'explique par la forte fécondité des Acadiennes et par l'émigration des anglophones qui sont plus portés que les Acadiens à quitter le pays à cause des difficultés économiques.

La fécondité élevée des Canadiennes françaises et des Acadiennes est perçue par le groupe francophone comme une revanche des berceaux, alors que certains anglophones y voient un complot destiné à noyer l'élément anglais [30]. De 1851 à 1871, les taux de fécondité des anglophones et des francophones de l'Ontario et du Québec sont similaires. De 1871 à 1960, la décroissance du taux de natalité est moins rapide chez les Canadiennes françaises du Québec que chez les anglophones. En 1891, le Québec enregistre un taux de 163 naissances pour 1000 femmes, alors que ce taux est de 144 pour le Canada. Trente ans plus tard, ces taux sont respectivement de 155 et 120. En 1951, l'écart continue à avantager le Québec; toutefois, il rétrécit puisque les taux sont de 117 et 109 respectivement [31]. L'augmentation du nombre relatif des francophones à cette époque est attribuable à un taux de natalité plus élevé chez les francophones et au faible nombre d'immigrants qui sont autorisés à entrer au Canada

Un exemple vivant de la fécondité exceptionnelle des Canadiens français dans les années 1900.

entre 1930 et 1945[32]. Ainsi, de 1931 à 1951, la proportion de la population d'origine ethnique française passe de 28,2 % à 30,8 %.

Les démographes d'aujourd'hui parlent de la fécondité comme d'un « facteur » relié à la croissance de la population et à la consolidation de la langue, puisque la force d'une langue repose en grande partie sur le nombre de ses locuteurs. Mais il est intéressant de rappeler que, dans le dernier quart du XIXe siècle, la fécondité des Canadiens français était souvent associée, dans les discours et les journaux, aux valeurs sociales et historiques de la nation canadienne-française.

L'assimilation linguistique

Après 1951, la proportion de la population d'origine française diminue graduellement dans l'ensemble canadien. L'assimilation linguistique des groupes francophones au Canada devient alors un objet de préoccupation. Les transferts linguistiques au profit de l'anglais étaient connus des francophones puisqu'ils étaient dénoncés publiquement à l'occasion sans toutefois avoir fait l'objet de calculs scientifiques. À compter des années 1950, le Jésuite Richard Arès analyse le phénomène. À partir des données des recensements décennaux canadiens de 1941 et 1951, il démontre que les communautés francophones s'assimilent, en fondant ses observations sur l'écart entre le nombre d'individus d'origine ethnique française et le nombre d'individus de langue maternelle française[33].

Arès indique que les taux d'assimilation augmentent en fonction de l'éloignement des communautés francophones par rapport au Québec. Dans un article publié en 1963, il évalue à tout près d'un demi-million les pertes attribuables à l'assimilation linguistique chez les francophones à l'extérieur du Québec, principalement en Ontario et dans les Prairies. L'assimilation linguistique modifie la répartition des groupes linguistiques du Canada au détriment des francophones.

Les données de Richard Arès alimentent le débat sur la définition du Canada français qui a cours au Québec dans les années 1950. Puisque la loi du nombre désavantage les Canadiens français dans l'ensemble du Canada, le temps est venu pour les élites néo-nationalistes de repenser les stratégies qui permettront d'assurer l'épanouissement du fait français au Canada.

La loi du nombre, selon les néo-nationalistes, influe sur la redéfinition du Canada français dont ils voudraient faire cadrer les frontières avec celles du Québec. Pour briser la dynamique de la minorisation, les Canadiens français n'ont d'autre moyen, à leurs yeux, que de devenir une majorité. Dans les années 1960, le contrôle d'un État deviendra l'instrument privilégié pour le maintien du fait français au Canada. À l'intérieur des limites territoriales du Québec, une majorité francophone, désormais appelée les Québécois, se donnera les moyens d'agir. Quant aux groupes francophones de l'extérieur du Québec, ils sont condamnés, selon certains, à une lente assimilation.

L'espace identitaire des Canadiens français

Lionel GROULX constate que, «depuis longtemps et surtout depuis la Confédération, le Canada français ne se confond plus avec le Québec. Il a cessé d'être une entité géographique pour devenir une entité nationale, culturelle, répartie à travers tout le Canada [...]. Dans l'histoire de la race française en Amérique, c'est l'un des faits dominants que sa dispersion depuis le milieu du XIXe siècle.»

Histoire du Canada français, vol. 4, 1952.

De son côté, Richard ARÈS écrit : «Nous n'en sommes pas encore à croire que le Québec constitue à lui seul le Canada français ou que l'on puisse parler et écrire comme si, de fait, il y avait exacte équivalence entre Franco-Québécois et Canadiens français. [...] Si la province de Québec n'est pas tout le Canada français, elle en a été et elle en demeure la cellule-mère, le pôle dynamique et le centre vital. [...] Le Québec a charge d'âmes et Québec n'est pas une simple capitale de province, c'est la capitale du Canada français, c'est la capitale de l'Amérique française.»

Notre question nationale, 1945.

30

La grande saignée et les Franco-Américains

«On dirait que la guerre a exercé ses ravages et porté sa désolation au sein de nos belles paroisses[34].» Ce commentaire de l'abbé Jean-Baptiste Chartier, agent de colonisation, illustre bien l'ampleur du mouvement migratoire qui, de 1840 à 1930, pousse environ 900 000 Canadiens français à s'établir définitivement aux États-Unis, surtout en Nouvelle-Angleterre. L'impact s'en fait encore sentir aujourd'hui. La démographe Yolande Lavoie a en effet calculé qu'en l'absence d'émigration la population franco-québécoise, qui dépassait à peine un demi-million vers 1840, se serait chiffrée à environ neuf millions en 1980. Le déficit dû à l'émigration atteint donc quatre millions de personnes[35].

Les émigrés sont des paysans dynamiques et progressistes qui ont été ruinés par une succession de mauvaises récoltes ou une baisse prolongée des prix; des agriculteurs que le déclin de l'industrie du bois ou le ralentissement des grands travaux de voirie a jetés dans les griffes de l'usurier; des journaliers; des familles ouvrières réduites au chômage et criblées de dettes; parfois de jeunes diplômés des collèges classiques que l'encombrement des professions libérales prive d'espoir. Ces gens choisissent d'aller travailler temporairement aux États-Unis afin d'accumuler rapidement l'argent nécessaire pour payer leurs dettes et recommencer à neuf. Pour atteindre leurs objectifs, ils sont prêts aux plus grands sacrifices; ils envisagent leur séjour aux États-Unis, dira le docteur Gédéon Archambault en 1884, «comme un terme d'emprisonnement[36]». De fait, dans les premières décennies, un émigré sur deux rentre au pays après quelques mois ou quelques années. Les autres succombent aux charmes de la société américaine et s'installent à demeure.

En 1900, 573 000 Canadiens français vivent en Nouvelle-Angleterre; en 1930, ils sont un peu plus de 800 000, soit environ 10 % de la population. On les trouve en majorité dans les villes moyennes de 25 000 à 100 000 habitants qui forment un large demi-cercle autour de Boston. Ils y sont parfois majoritaires, comme à Suncook (60 %) et Woonsocket (60 %), le plus souvent fortement minoritaires, comme à Fall River (32 %), Lowell (26 %), Holyoke (34 %), Worcester (13 %), New Bedford (24 %), Manchester (40 %), Nashua (40 %). Ils forment ce que les Américains nomment des quartiers français et que nous connaissons sous le nom de *Petits Canadas*.

Pendant longtemps, les émigrés et leurs enfants y mènent une vie catholique et française si intense que certains observateurs se croyaient dans un Québec agrandi et que certaines élites se disaient assurées de la permanence du fait français en terre américaine. Ce n'était qu'un rêve. À l'aube de l'an 2000, seule une petite minorité utilise encore le verbe français en Nouvelle-Angleterre.

Yves ROBY

La défense de la langue

23. La langue, gardienne de la foi

SERGE **GAGNON**

Langue et foi, constituants de la nation

À la fin des années 1840, Bernard O'Reilly, missionnaire colonisateur de la région de Sherbrooke, fit la promotion des Cantons-de-l'Est en vue d'y établir des surnuméraires de la vallée du Saint-Laurent. Ce vaste territoire avait été ouvert à la colonisation par des pionniers de langue anglaise et de religion protestante. Des Canadiens (qu'on allait appeler bientôt Canadiens français) s'y étaient déjà aventurés à leurs risques et périls :

> Sans écoles où ils puissent s'instruire dans la connaissance de leur langue maternelle, sans église où ils puissent recueillir même les éléments de l'instruction religieuse, il n'est point étonnant, si en cessant de parler français, un trop grand nombre, hélas! cessent d'être catholiques et canadiens[1].

La foi, subordonnée à la langue, devenait peu à peu l'élément clé d'un nationalisme clérical. Louis-François Laflèche (1818-1898), évêque de Trois-Rivières, a proposé une autre version de ce nationalisme religieux avant la naissance de la fédération canadienne. Aux « rouges » qui assimilaient le « principe des nationalités » à la « conscience des intérêts communs », Mgr Laflèche répliqua « que la langue maternelle, la foi des ancêtres [...] sont les éléments constitutifs de la nation[2]». Devant un auditoire réuni à Ottawa, il reconnut la nécessité d'apprendre l'anglais par suite des obligations découlant de la Conquête, mais les Canadiens de langue française devaient, selon lui, s'en tenir au strict nécessaire, car qui perd sa langue perd aussi sa foi[3]; ce corollaire accompagna pendant un siècle le nationalisme religieux né au lendemain des rébellions de 1837-1838.

Au XXIe congrès eucharistique international tenu à Montréal en 1910, Mgr Francis Bourne, archevêque de Westminster, affirma que le catholicisme parlerait anglais en Amérique, puisque les immigrants adoptaient massivement cette langue. Donner l'impression que le lien entre langue française et catholicisme empêcherait celui-ci de se maintenir ou de progresser hors des frontières québécoises, fut reçu comme un affront auquel Henri Bourassa répliqua en ces termes :

> Je ne veux pas, par un nationalisme étroit, dire [...] que l'Église catholique doit être française au Canada [...], mais [...] chez trois millions de catholiques, descendants des premiers apôtres de la chrétienté en Amérique, la meilleure sauvegarde de la foi, c'est la conservation de l'idiome dans lequel, pendant trois cents ans, ils ont adoré le Christ[4].

Les catholiques de l'Amérique française étaient minoritaires partout, sauf au Québec et au Nouveau-Brunswick. L'épiscopat anglo-canadien misait sur cette situation précaire pour concéder avec parcimonie les moyens de survivance française. La guerre linguistique fut particulièrement orageuse en Ontario au tournant du XXe siècle.

La lutte pour la pérennité du français à l'extérieur du Québec prit la forme de revendications en faveur de prêtres et d'évêques de langue française là où le nombre le justifiait. Dans certaines paroisses de l'Amérique de langue française, on se plaignait de ne pouvoir prier, et surtout de ne pouvoir se confesser dans sa langue. En nommant un évêque d'ascendance irlandaise, là où on croyait pouvoir obtenir un francophone, Rome se faisait complice des assimilateurs anglo-canadiens. Refuser de nommer des prêtres de langue française ou parlant français dans certaines paroisses équivalait à vouer les communautés locales au processus d'anglicisation. Il n'en fallait pas davantage pour déclencher les hostilités.

Dans sa brochure sur *La langue, gardienne de la foi* (1918), Henri Bourassa associe étroitement la langue à la vocation des Canadiens français en terre d'Amérique :

> Si nous voulons défendre notre patrimoine intellectuel et national [...], nous devons le faire selon l'ordre harmonieux de nos devoirs sociaux et de notre vocation providentielle. Ne luttons pas seulement pour garder la langue et la foi; luttons pour la langue afin de mieux garder la foi.

Il s'en prend à l'anglais, «la langue de l'erreur, de l'hérésie, de la révolte, de la division, de l'anarchie dogmatique et morale»; la littérature de l'Amérique anglaise lui semble «l'expression la plus complète de l'égoïsme, du matérialisme, du culte de l'or et du confort matériel, du paganisme vécu[5]». Après sa visite au pape qui lui avait reproché de tenir des propos nationalistes outranciers, sa profession de converti prit la forme de trois conférences prononcées à Montréal en 1935. La première, «Le nationalisme est-il un péché?», proclamait le repentir de n'avoir pas toujours «clairement respecté la primauté des droits de Dieu et de l'Église sur la race»; la seconde, «Le nationalisme religieux est l'antithèse du catholicisme», traduisait l'idée que, contrairement au judaïsme, religion nationale, le catholicisme s'adressait à tous les peuples; et la troisième, «Catholiques et non catholiques», dénonçait l'antisémitisme[6].

Bourassa fut vertement pris à parti par Lionel Groulx, qui rappela au fondateur du *Devoir* ses déclarations de 1922. Dans un article publié en 1934, «Le national et le religieux», Lionel Groulx proclame que l'appartenance au catholicisme «ne détruit [...] pas le national», elle le sublime, même si «le religieux [est] au-dessus du national». Le prêtre-historien va multiplier les déclarations de ce genre jusqu'à l'aube de la Révolution tranquille :

> L'éducation catholique importe [...] beaucoup plus que l'éducation nationale; [...] le jour où le Canadien français [...] n'aura plus le courage de rester de sa race, il sera bien près de n'avoir plus le courage de rester de sa foi (1934).

> Rien ne nous marque, au Canada et en Amérique, rien ne nous distingue [...] autant que notre catholicisme (1941).

> [...] Il faut, au Canada français, une vie économique gardienne de la langue et de la culture et par conséquent de la foi (1953)[7].

Cette indifférenciation entre religion et culture était si profondément intériorisée par les élites traditionnelles qu'un bilan historico-statistique du catholicisme canadien, paru au milieu des années 1950, appliquait aux néo-Canadiens d'origines polonaise et italienne, la thèse de «la langue, gardienne de la foi», banalisée par un siècle d'association entre religion et culture :

> Partout où une population catholique baigne dans un milieu protestant, les contacts journaliers créent un problème très délicat. La langue anglaise est la propagandiste naturelle des idées protestantes, au Canada comme aux États-Unis et en Grande-Bretagne, pays où le protestantisme contrôle les sources d'information, le cinéma, la radio, la presse et la télévision. [...] Les Anglais et les Écossais sont restés protestants. Les Canadiens de langue française, les Italiens, les Polonais [...] sont restés catholiques. Les Irlandais qui ont perdu leur langue ont perdu leur foi dans une large mesure [...] même constatation chez les canadiens-français qui vivent dans des régions anglo-protestantes[8].

Soutenir que la fidélité religieuse est liée à l'existence de paroisses «nationales» et d'écoles paroissiales où la langue d'enseignement est celle de la minorité linguistique, c'est exprimer, encore au milieu du XXᵉ siècle, le primat du religieux sur le national. Or, au cours des années 1930, certains intellectuels, même parmi les prêtres, commençaient à souhaiter une distinction entre profane et religieux. Groulx s'opposa à pareil divorce. Séparer les deux sphères équivaudrait, prétendait-il, «à introduire dans l'âme des jeunes Canadiens français, un dualisme moral [...] leur donnant à choisir entre leur foi et leur nationalité».

Le père Georges-Henri Lévesque, dominicain et esprit moderne, celui-là même qui allait implanter l'enseignement des sciences sociales à l'Université Laval, soutenait au contraire qu'il fallait distinguer. À la suite d'une rencontre avec Groulx, cet aîné qu'il admirait, il fut contraint de reporter au début des années 1940 la publication d'un article dans lequel il proposait une forme de sécularisation du national[9]. On connaît la suite : le père Lévesque fut accusé de gauchisme communisant par un politicien opportuniste, Maurice Duplessis, qui sut exploiter à des fins électorales et politiques le mariage apparemment indissoluble de la langue et de la foi, que la décatholicisation amorcée au cours des années 1960 allait rendre à jamais caduc.

Entre 1850 et 1950, les manuels de grammaire et de lecture puisent abondamment leurs exemples dans la religion.

Langue et religion à travers les manuels de l'école primaire[10]

La plupart du temps, au XIXe siècle, les auteurs et les contenus des manuels scolaires sont sélectionnés et jugés en fonction de la foi catholique. Un prêtre-rédacteur, Pierre Lagacé (1830-1884), fait figure de pionnier : son *Cours de lecture à haute voix* (1875), en usage jusqu'à la Révolution tranquille, est une adaptation d'un manuel belge dont il a enrichi le contenu religieux. Les phrases détachées doivent selon lui «communiquer quelques vérités [...] essentielles comme l'existence de Dieu, [...] l'ensemble des dogmes que l'on doit croire et des préceptes que l'on doit observer». Les «vérités accidentelles, c'est-à-dire, la lecture, l'écriture, l'orthographe» doivent être inculquées «en plus petite proportion». Peut-on dire plus clairement que l'apprentissage de la langue est subordonné à celui de la religion ?

Le contenu religieux des manuels de français langue maternelle connaît peut-être son apogée avec la série produite par les clercs de Saint-Viateur et approuvée à la fin du XIXe siècle. Le «deuxième livre» de français est un énoncé des croyances et de la morale catholiques. La pratique de la vertu y est affirmée de manière obsédante comme une condition de salut. Le pécheur non repenti est passible de l'enfer. Un enfant de religion juive qui a accepté l'eucharistie lors d'une cérémonie catholique s'attire la colère de son père qui le précipite «dans une fournaise ardente»; il en ressort vivant trois jours plus tard et le miracle entraîne la conversion de ses parents.

En grammaire, on inculque la règle morale en même temps que l'accord du participe, comme par exemple dans les *Exercices d'orthographe en rapport avec la grammaire élémentaire* (1886) des frères du Sacré-Coeur. La publication en 1907 de *L'analyse grammaticale et l'analyse logique*, de Charles-Joseph Magnan, est saluée en ces termes par Omer Héroux : «Il n'est pour ainsi dire pas une page [...] qui ne tende à élever le petit écolier, à l'orienter vers des aspirations plus hautes, à lui faire comprendre l'indignité de certains vices.» Remarquons encore une fois ici le lien entre langue et religion : cela fait partie du discours national des Canadiens français de l'époque, qui croient que la perte de leur langue rendrait inévitable la renonciation à la foi catholique.

Au milieu du XXe siècle, le message religieux est progressivement évacué du manuel de français. Les éditions successives de *Mon premier, Mon deuxième* et *Mon troisième livre de lecture* (Granger Frères), de Marguerite Forest et Madeleine Ouimet, attestent de manière exemplaire cette érosion de la référence religieuse : «[...] une histoire racontant la conversion miraculeuse d'un juif en 1954, est remplacée en 1962 par un poème où deux enfants font pousser des fleurs; aux mêmes dates, deux textes de l'abbé Albert Tessier sur la prière sont remplacés par une longue histoire mettant en scène des écureuils. En 1958, [...] Claire va à la messe; en 1972, Claire se promène avec son père au parc Lafontaine, à Montréal, un dimanche après-midi. Les illustrations qui accompagnent l'épellation des mots sont également soumises au même processus de sécularisation[11].»

Serge GAGNON

32

175

Jean-Paul Lemieux, *La Fête-Dieu à Québec*, 1944.

24. L'instruction chez les Canadiens français

JEAN-PIERRE **CHARLAND**

Au milieu du XIXe siècle, l'objectif de nombreuses sociétés occidentales était de mettre en place un réseau scolaire destiné à l'ensemble de la population. Les lois de 1841, 1845 et 1846 permirent la mise en place d'un réseau scolaire public au Bas-Canada. Les deux premiers *surintendants* de l'Instruction publique, Jean-Baptiste Meilleur (1841-1855) et Pierre-Joseph-Olivier Chauveau (1855-1873), rêvaient de voir des écoles nombreuses, dotées d'un personnel compétent et fréquentées par tous les enfants.

Des écoles publiques communes

Ils se heurtaient néanmoins à des circonstances difficiles. D'abord, la population paraissait peu encline à fréquenter l'école. Le recensement canadien de 1891 rappelait une réalité un peu cruelle : au Québec, les analphabètes comptaient pour 29,6 % de la population. Ils représentaient 15 %, 13,8 % et 7 % des populations respectives du Nouveau-Brunswick, de la Nouvelle-Écosse et de l'Ontario. Bien sûr, la prospérité de l'Ontario permettait de créer des écoles nombreuses et de bonne qualité. Les deux provinces maritimes se tiraient pourtant bien d'affaire, malgré des conditions économiques aussi mauvaises que celles du Québec. Outre la pauvreté, les *surintendants* invoquaient aussi la dispersion de la population sur un immense territoire et la rigueur du climat. En effet, comme il fallait se rendre en classe à pied, la distance à parcourir et les intempéries amenaient des parents à garder les enfants à la maison.

Le facteur religieux jouait vraisemblablement un rôle dans ce retard. Les Églises réformées favorisaient habituellement le contact direct des croyants avec les *Saintes Écritures*. Ainsi, au milieu du XIXe siècle, alors que les catholiques voyaient la mise en œuvre de la politique d'instruction de masse comme une nouveauté coûteuse, les protestants se réjouissaient de voir l'État offrir à leurs enfants une formation de base. Aux États-Unis comme au Canada anglais, on allait vers une école commune *(non denominational)*, mais profondément chrétienne, gratuite et obligatoire.

Les catholiques allaient suivre un chemin tout à fait différent. Dans les années 1840, le Bas-Canada connut un véritable réveil religieux. Mgr Bourget fit venir d'Europe des congrégations enseignantes, tout en cherchant à faire naître des vocations sacerdotales dans les séminaires ou les collèges. L'ascendant de l'Église sur la société s'accrut. Elle put faire disparaître l'Institut canadien parce qu'il avait refusé de purger les rayons de sa bibliothèque des livres et des journaux figurant à l'Index. Des valeurs communes et un certain opportunisme lui permirent de tisser une longue collaboration avec le parti conservateur. Ce dernier trouvait un appui électoral utile chez les membres du clergé – l'expression « le ciel est bleu (les conservateurs), l'enfer est rouge (les libéraux) » date de ces décennies –; il devait, bien sûr, s'en souvenir au moment d'adopter de nouvelles lois, particulièrement dans le domaine scolaire.

Le Conseil de l'instruction publique (CIP) fut créé en 1856 (mais ses membres furent nommés à la fin de 1859 seulement) afin de donner plus de légitimité à la politique éducative. Un groupe de personnes parmi les plus respectables de la société – membres des divers clergés, politiciens, hommes d'affaires, érudits même – devaient classer les écoles, autoriser le matériel pédagogique, établir les programmes, fixer les conditions d'accès à la profession enseignante. En 1869, le CIP se vit scinder en deux comités confessionnels : chacun assumait les responsabilités autrefois confiées au conseil, auprès des commissions scolaires, des maîtres et des élèves de leur confession. À compter de 1875, le Comité catholique se composa de tous les évêques dont le diocèse se trouvait totalement ou en partie dans la province de Québec et d'un nombre égal de laïcs. Dans les faits, l'Église fut en mesure d'imposer ses volontés au Comité catholique jusqu'aux années 1960. Quant au CIP, ce n'était plus qu'une coquille vide.

La marge d'autonomie de l'État restait limitée. Après avoir eu un ministre de l'Instruction publique de 1867 à 1875, on revint au régime du *surintendant*, au grand plaisir de l'Église. Dans les années 1880, le gouvernement Mousseau acceptait que toutes les lois concernant l'instruction publique fussent au préalable soumises aux comités confessionnels pour approbation. Autant le souci d'économie d'un gouvernement aux ressources limitées que les convictions inspirées de l'idéologie ultramontaine amenèrent le gouvernement à ne pas remettre sérieusement en cause le partage des responsabilités éducatives avant les années 1960.

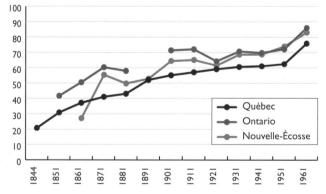

Indice de la fréquentation scolaire (Québec, Ontario et Nouvelle-Écosse) proportion des 5-19 ans à l'école

Légende : Québec, Ontario, Nouvelle-Écosse

Source : *Recensements décennaux*, années pertinentes. Il faut considérer avec prudence les chiffres concernant la Nouvelle-Écosse en 1861. Il n'est pas certain que le recensement dans cette colonie ait été réalisé selon la même méthodologie que dans le Canada-Uni.

Jean-Pierre CHARLAND

33

Une performance scolaire médiocre

Le graphique de la page précédente permet de comparer la fréquentation scolaire au Québec, en Ontario et en Nouvelle-Écosse. Il ne s'agit pas ici du taux de scolarité – la proportion des enfants faisant l'expérience de l'école –, mais d'une comparaison de l'effectif scolaire avec la population âgée de 5 à 19 ans. Quoiqu'il tendît à s'amenuiser au fil des ans, l'écart avec l'Ontario demeura très sérieux pendant tout le siècle. La performance québécoise s'avérait inférieure aussi à celle de la Nouvelle-Écosse, une province plutôt pauvre et durement touchée par les changements économiques de la seconde moitié du XIXe siècle. Lors du recensement de 1941, on demanda aux Canadiens combien de temps ils avaient fréquenté l'école. Pour toutes les catégories d'âge, les Québécois avouaient avoir la scolarité la plus courte de toutes les provinces. Par ailleurs, pour la dernière fois en 1931, le recensement décennal indique la proportion des personnes de diverses catégories d'âge qui étaient illettrées. Le tableau donnait le nombre d'années passées à l'école et la proportion d'illettrés dans chacune des cohortes d'âge au moment où celles-ci avaient neuf ans, l'âge où la plus grande proportion des enfants se trouvaient à l'école.

Scolarité et illettrisme, 1841-1931

Années médianes de scolarité et pourcentage d'illettrés selon la période
où les personnes recensées en 1931 et 1941 avaient 9 ans.

Moment où ces personnes avaient 9 ans	Années médianes de scolarité			Proportion d'illettrés		
	Nouvelle-Écosse	Québec	Ontario	Nouvelle-Écosse	Québec	Ontario
1926-1931	9,3	8,2	10,0	1,2	1,2	0,5
1921-1925	9,2	8,2	9,7	1,7	1,9	0,9
1911-1920	8,8	8,0	8,8	2,8	2,8	1,8
1901-1910	8,6	7,8	8,6	3,6	3,5	2,4
1891-1900	8,4	7,5	8,5	4,8	5,6	2,7
1881-1890	8,2	7,0	8,2	6,1	8,8	3,1
1871-1880[12]	7,3	6,4	7,9	7,9	13,7	3,7
1861-1870	—	—	—	11,6	20,9	5,4
1851-1860	—	—	—	15,9	25,2	6,4
1841-1850	—	—	—	21,2	31,9	10,5

Source : Recensements de 1931 et 1941[13].

34

Jean-Pierre CHARLAND

Si les Québécois ayant atteint l'âge de la scolarisation au XIXe siècle étaient bien plus nombreux que les Néo-Écossais à être illettrés, la proportion était semblable au début du siècle suivant. Cependant, le retard de notre province sur l'Ontario, quoiqu'allant en s'amenuisant, demeurait important encore à la fin des années 1920.

Si l'on ne considère que la population de 10 ans et plus, en 1931, 6,2 % des hommes et 3,3 % des femmes du Québec étaient illettrés. En Nouvelle-Écosse, la proportion était de 4,9 % et de 3,5 %; en Ontario, de 2,7 % et de 1,9 %. Au Québec encore, les illettrés représentaient 7,6 % de la population rurale et 3,2 % de la population urbaine. Enfin, dans toutes ces comparaisons, la présence d'une forte minorité de langue anglaise venait améliorer la performance du Québec. En effet, les habitants de la province d'origine anglaise âgés de 10 ans et plus étaient illettrés dans la proportion de 1,3 %, ceux d'origine irlandaise de 1,9 %, ceux d'origine écossaise de 1 %. Quant aux descendants de Français, ils affichaient un taux de 5,2 %!

Les Québécois atteignaient trop rarement le niveau secondaire : 34 % seulement en 1954. Pourtant Meilleur et Chauveau avaient clamé l'importance de limiter la multiplication des séminaires et des collèges classiques pour favoriser plutôt la création des académies, susceptibles de préparer les jeunes aux emplois dans le commerce et l'industrie. Chez les anglo-protestants, ces établissements allaient se muer en *high schools* publics et permettre aux élèves des deux sexes de se rendre aux portes des universités. Ils abandonnèrent bientôt les humanités gréco-latines au profit d'un contenu «moderne» sans doute moins rebutant pour les enfants d'origine modeste.

Le cours académique devint le primaire supérieur chez les catholiques, le plus souvent donné par des congrégations enseignantes. Il ne donnait pas accès à l'université. Au mieux, ses diplômés étaient admis aux écoles normales et techniques, de même qu'aux établissements supérieurs affiliés aux universités. Les efforts des congrégations de religieux, à compter des années 1920, pour enrichir le contenu du cours primaire supérieur afin que ses diplômés puissent satisfaire aux conditions d'admission des facultés universitaires, se heurtèrent à une fin de non-recevoir. Au Comité catholique, les évêques préservèrent le monopole des séminaires et des collèges. Il en résulta une accessibilité limitée : un cours de huit ans, dans des établissements privés – donc coûteux –, précédait l'entrée en faculté. Les élites de langue française étaient formées selon un programme prestigieux certes, mais peu touché par la «modernité» scientifique, technique et culturelle.

Les prélats n'étaient pas sensibles à la nécessité d'adapter le contenu de l'enseignement aux attentes du marché du travail. Timidement, le gouvernement créait des réseaux parallèles qui devaient combler les besoins les plus criants: des écoles techniques, de métiers, d'agriculture, de laiterie, de mines et des centres d'apprentissage étaient confiés à divers ministères. Ces établissements formaient autant de voies étanches, sans liens entre eux, et surtout étrangers aux écoles publiques qui devaient leur procurer un effectif suffisamment préparé, ce qui n'était pas le cas. En 1923-1924, 85 % des étudiants inscrits en première année au cours technique abandonnaient, faute de connaissances préalables suffisantes, notamment en mathématiques.

La langue d'enseignement

Puisque les commissions scolaires choisissaient le personnel enseignant et le matériel pédagogique, elles déterminaient aussi la langue d'enseignement des écoles. Sans doute, dans la majorité des cas, l'école fonctionnait-elle dans la langue des habitants de la municipalité scolaire. Cependant, l'anglais exerçait un grand attrait sur la population francophone, car c'était la langue du gouvernement, des affaires, de la science. Par exemple, dans les années 1850, les citoyens de Boucherville demandaient « une ou plusieurs écoles anglaises ». Ailleurs, des parents catholiques et francophones décidaient de placer leurs enfants dans des écoles protestantes dissidentes du voisinage pour leur permettre d'apprendre l'anglais. Dans des communautés à la population mixte, on avait parfois recours à des expédients étonnants. En 1860, à Chicoutimi, les commissaires décidaient que l'enseignement se ferait alternativement dans chacune des deux langues. En 1864, l'instituteur et son assistant devaient plutôt s'adresser à chaque élève dans la langue choisie par ses parents !

Il n'est malheureusement pas possible de connaître la proportion des francophones qui faisaient instruire leurs enfants en anglais. Dans les années 1860, les autorités scolaires commençaient à s'inquiéter de cet engouement. L'abbé Jean Langevin

Mlle Alice Cyr dans sa salle de classe. L'instruction devient obligatoire en 1942 au Québec.

écrivait, dans son *Cours de pédagogie* publié en 1865 : «Ah! Comprenons-le bien : si nous voulons conserver nos institutions et nos mœurs canadiennes-françaises, nous ne devons pas mettre de côté la belle langue de nos pères pour adopter une autre langue. » De plus en plus, l'anglais langue seconde se fit discret dans les écoles rurales. Dans les villes, la préparation aux carrières industrielles et commerciales continua d'entraîner une forte présence de l'anglais dans les programmes des écoles de langue française, surtout au primaire supérieur.

La question de la langue d'enseignement se posait d'une façon plus aiguë au sujet des immigrants. Les catholiques et les protestants fréquentaient le réseau de leur confession. Les autres, souvent de religion juive, pouvaient choisir l'un ou l'autre réseau, tant pour y payer leurs taxes que pour y placer leurs enfants. Si les parents d'élèves payaient le plus souvent leurs taxes chez les protestants, les autres contribuables non chrétiens choisissaient plutôt de soutenir de leurs deniers les commissions scolaires catholiques, dont les tarifs étaient plus bas. Les protestants réclamaient toutes les contributions des communautés dont ils instruisaient les enfants. En 1903, le gouvernement du Québec acceptait que tous ceux qui n'étaient pas catholiques relèvent des commissions scolaires protestantes. Par exemple, 40 % de la population scolaire de la Commission des écoles protestantes de Montréal était de religion juive en 1924, un sommet jamais atteint jusque-là. Les immigrants de religion catholique envoyaient leurs enfants dans les écoles de cette confession, de plus en plus souvent dans des

Les programmes d'enseignement du français

Dans les programmes des écoles publiques catholiques et francophones qui se succédèrent de 1873 à 1957, l'apprentissage de la langue française reçut une attention considérable. Pour la lecture, on trouvait la même nomenclature : épellation, lecture courante, lecture expressive, déclamation (souvent de mémoire), compte rendu oral ou écrit. Parfois, les programmes se faisaient laconiques, mettant à contribution des séries de manuels approuvés par le Comité catholique (les cinq livres d'une série de Montpetit et *Devoirs du chrétien*, en 1879). La calligraphie, au XIXe siècle, faisait parfois l'objet d'une longue énumération : en 1879, éléments de lettres, écriture en gros, demi-gros et fin, appliquée, courante, expédiée. Souvent, on renvoyait plutôt simplement à des séries de cahiers d'exercices approuvés (1878, 1888, 1898), sans donner plus de détails. De même, il était fait mention que les plus jeunes devaient se faire la main sur une ardoise, avant de gaspiller du papier. Au XXe siècle, il n'était plus fait mention des types d'écriture : l'invention du «clavigraphe» (machine à écrire) fit de la calligraphie un loisir. La grammaire figurait dans tous les programmes, tantôt pour en énumérer tous les éléments, tantôt pour inviter à consulter certains manuels (la *Petite grammaire* et la *Grande grammaire*, en 1879). Toujours, la dictée était évoquée.

Pour les ordres supérieurs (cours académique, puis primaire supérieur), la littérature figurait aux programmes, parfois aussi la stylistique, et, exceptionnellement, le latin, comme matière optionnelle (1873).

Jean-Pierre CHARLAND

35

écoles de langue anglaise. Par exemple, alors qu'en 1930-1931 le secteur francophone de la Commission des écoles catholiques de Montréal recevait 53,2 % des écoliers d'origine ethnique autre que française et anglaise, la proportion n'était plus que de 25,5 % en 1961-1962 et de 9,2 % en 1972[14].

Aussi longtemps que leur taux de natalité permettait aux Canadiens français de maintenir leur poids relatif dans la population québécoise, ces derniers pouvaient se payer le luxe d'abandonner aux anglo-catholiques et aux protestants la mission d'accueillir et d'intégrer les nouveaux venus. La révolution démographique des années 1960 allait rendre cette attitude intolérable.

L'insuffisance de l'offre de services éducatifs rendait précaire la situation de la langue française. D'abord, parce que la fréquentation scolaire était courte et irrégulière, la maîtrise de la langue écrite s'avérait bien sommaire. Encore en 1959, la majorité des enfants ne dépassait pas l'élémentaire. Quant à ceux et celles qui accédaient au secondaire, ils se trouvaient confrontés à un univers culturel étriqué, coupé de la réalité scientifique, technique et littéraire. Cet état de faiblesse ne pouvait que favoriser l'engouement pour la culture et la langue anglaises, perçues comme les seules voies d'accès à la modernité. Enfin, plutôt que d'intégrer les nouveaux venus à la communauté majoritaire, l'école québécoise formait un milieu homogène où l'on vivait frileusement en vase clos, alors que les immigrants allaient en proportion croissante vers les établissements de langue anglaise.

L'Université de Montréal, créée en 1878, obtient sa charte en 1920 et s'établit sur le mont Royal. Elle devient, avec l'Université Laval de Québec, un important foyer de rayonnement culturel francophone.

25. *Que serait ici la langue française sans les femmes?*

MICHELINE **DUMONT**

Les travaux modernes de la linguistique depuis Chomsky ont mis au rancart le concept même de langue maternelle. Les bébés n'apprennent pas à parler de leur mère : le langage est un instinct, assuré par une programmation complexe du cerveau. Soit. Il reste que la langue que les enfants apprennent si spontanément et si savamment est celle de leur milieu social. Et au cœur de ce milieu la fonction des femmes est plus déterminante que ne le laissent supposer les travaux de la sociologie du langage. Les spécialistes posent souvent comme base la communauté, sans remettre en question la conception androcentrique qui la soutient.

Avant l'entrée du Québec dans la modernité, enfermées dans la famille par les prescriptions sociales de leur rôle, les mères transmettent non pas les rudiments, mais la totalité des codes linguistiques. Elles le font souvent en l'absence du père, parti au champ, au chantier, à l'usine, au bureau. Elles transmettent aussi les attributs nationaux. «Ce travail de constitution, de protection et de reproduction de la collectivité nationale sera accompli en grande partie par le travail des femmes, ce qui n'est pas spécifique au Canada français, puisque rapports nationaux et rapport de sexe sont partout en ce monde, étroitement imbriqués», nous dit Danielle Juteau[15], qui a proposé un concept éclairant : les femmes sont productrices d'ethnicité. «Leur travail de socialisation auprès des nouveaux-nés représente un travail d'humanisation qui correspond souvent à l'ethnicisation des êtres humains. » En dépit de ses allures essentialistes, cette hypothèse est au contraire nourrie de composantes très matérielles, celles des cycles de vie des femmes. Il ne s'agit pas d'une mère mythologique. Il s'agit de milliers de mères qui parlent, chantent, racontent, soupirent, bercent, cajolent, crient, consolent, conseillent, murmurent, pleurent, fredonnent, ordonnent, pardonnent...

Cette fonction indispensable des femmes est complétée par leur participation aux institutions éducatives et culturelles. Déjà, au XVIIe siècle, Marguerite Bourgeoys propose d'apprendre à lire aux fillettes en utilisant la langue française plutôt que le latin, innovation hardie à cette époque de la contre-réforme catholique, qui tentait de résister à l'influence protestante en proposant un modèle romain de christianisation des masses. Elle met en place plusieurs couvents/écoles qui permettent à plusieurs femmes d'acquérir la maîtrise de la lecture, sinon de l'écriture. Les femmes ne sont pas plus instruites que les hommes, contrairement à une idée reçue bien tenace : elles sont toujours moins nombreuses à pouvoir signer. Mais celles qui fréquentent l'école ont un rapport différent avec les livres. Au début du XIXe siècle, les Ursulines conservent précieusement la seule grammaire qui a résisté au premier demi-siècle de la présence anglaise. Au milieu du XIXe siècle, les femmes deviennent rapidement

John Lyman, *The Serial, Le Roman feuilleton*, 1940.

Illustration du rôle de la mère dans l'apprentissage de la langue.

majoritaires dans la profession enseignante : maîtresses d'école ou religieuses, elles assurent la base de la scolarisation, choisies de préférence aux hommes, surtout parce qu'il est possible de moins les rémunérer. Les femmes sont d'ailleurs bien plus alphabétisées que les hommes entre 1850 et 1900. Mais non pas plus instruites : elles ne représentent à cette époque qu'une mince fraction du nombre d'adolescents aux études dans les collèges. Il ne faut pas confondre alphabétisation et instruction.

Dans leurs petites écoles de campagne, les institutrices assurent les apprentissages de base. Dans leurs pensionnats, les religieuses proposent une tradition d'excellence dans la maîtrise honnête du langage et de la culture : maîtrise de la grammaire, de l'orthographe et de la calligraphie ; cours de littérature et de musique, prodigués en dépit des interdictions épiscopales ; cours de diction ; tous ces attributs qui assurent une bonne place sur le marché du mariage. Jusqu'aux années 1960, dans leurs écoles normales et leurs pensionnats, les religieuses forment la totalité des institutrices, lesquelles forment l'essentiel du corps enseignant à l'école primaire, la seule que fréquente la majorité de la population. Privées, pour la grande majorité d'entre elles, de l'accès au collège et à l'université (on fait plus volontiers instruire les garçons), les femmes transmettent à leurs enfants, surtout après 1950, le goût et le besoin de s'instruire. Elles mettent sur pied des bibliothèques municipales, forment le gros des troupes de ceux et celles qui achètent des livres, empruntent des livres, fréquentent les salons du livre, les théâtres et les manifestations culturelles.

Pendant plus de trois siècles, les femmes ne prononcent pas de discours, ne votent pas de lois, ne président pas de groupes de pression, ne rédigent pas de rapports. Mais sans elles, ces discours n'auraient aucun sens, ces lois seraient restées inopérantes, les groupes de pression poursuivraient des objectifs inaccessibles, les rapports resteraient sans fondement matériel. Mieux, elles ont sans doute davantage conscience de leur rôle qu'on ne le pense, comme l'exprime cette grand-mère de jadis :

> J'ai souvent porté mes petits aux champs comme des bêtes, pour cultiver le jardin pour faire la généreuse cueillette des fruits sauvages [...]. Nous n'avons peut-être pas laissé de grands arpents de culture, mais nous avons cultivé comme on l'entendait : la culture de nos huit enfants [...] nous leur avons laissé notre foi enracinée telle que nous l'avions, la suite de notre langue et de nos traditions, et l'instruction, qui nous avait toujours manqué et que nous avions tant désirée[16].

J'écris des livres avec les mots étouffés de ma mère. On dit qu'ils sont français. La langue qu'on a essayé de m'apprendre. La seule que je connaisse un peu. La seule qui, par un concours de circonstances, m'intéresse autant.

Denise DESAUTELS, « Parler 101 », 1987.

26. Le discours nationaliste (1850 à 1920)

HÉLÈNE PELLETIER-BAILLARGEON

> *Nous n'abandonnons pas la lutte; au contraire, nous la pousserons jusqu'au bout et jusqu'à ses dernières conséquences, car nous voulons savoir, en fin de compte, si l'Acte de la Confédération a été pour tous un pacte d'honneur ou pour nous un piège d'infamie.*
>
> Sénateur Philippe Landry
(Le Droit, 2 décembre 1915, en contestation
du Règlement 17 en Ontario)

Vers la prise de conscience (1850-1899)

Si Louis-Joseph Papineau prend la parole dans les débats qui précèdent la Confédération, c'est moins pour défendre les droits du français dans la future constitution, que pour stigmatiser un régime politique qui condamnera les siens au statut d'éternels minoritaires dans le pays dont ils ont été les premiers bâtisseurs. Le discours sur la langue porte la marque de ces lacunes et de ces confusions.

Quant aux ex-disciples de Papineau, Louis-Hippolyte La Fontaine et George-Étienne Cartier, la Couronne les associera aux honneurs liés au statut de chefs de file du Canada français, afin d'obtenir leur collaboration dans la réalisation du grand projet confédéral. Guère de discours articulé, là non plus, touchant les garanties accordées à la langue et à la culture françaises dans la future constitution. L'imprécision de ces garanties ne se révélera d'ailleurs qu'après coup, notamment à la lumière des luttes scolaires.

Déclenché en 1885 par la pendaison de Louis Riel au Manitoba, un premier discours nationaliste s'exprime, sous le leadership d'Honoré Mercier, qui réussit, jusqu'en 1892, à regrouper les forces vives au sein du Parti national et à prendre le pouvoir à Québec.

Redoutant l'ingérence d'Ottawa dans les champs de compétence provinciale et l'affaiblissement des Canadiens français dans la Confédération, décidé à s'opposer fermement à l'assimilation des siens, Honoré Mercier réaffirme la volonté de résistance de ses compatriotes :

> Cette province de Québec est catholique et française, déclare-t-il, et elle restera catholique et française [...]. Nous ne renoncerons jamais aux droits qui nous sont garantis par les traités, par la loi et la constitution. (Discours de la Saint-Jean-Baptiste de 1889 [17].)

Henri Bourassa, chef de file des nationalistes (1899-1911)[18]

À l'occasion de la guerre du Transvaal, un député libéral et orateur prestigieux, Henri Bourassa, entre en dissidence avec Laurier et s'entoure rapidement de disciples : c'est le début d'un mouvement nationaliste dont l'objectif sera de combattre l'impérialisme. En 1903, le journaliste Olivar Asselin fonde la Ligue nationaliste pour soutenir l'action de son chef et, en 1904, l'hebdomadaire *Le Nationaliste* pour diffuser ses idées autonomistes.

La question des écoles

Mais, à compter de 1905, la question impériale va se trouver débordée par une succession de crises scolaires dans les provinces de langue anglaise. La réaction en chaîne avait commencé dès 1871. Dans les provinces à majorité anglaise, le droit de la minorité canadienne-française de recevoir l'enseignement en français dans les écoles publiques est remis en cause, voire aboli par des lois. L'élection de Wilfrid Laurier en 1896 – premier Canadien français à accéder au poste de premier ministre du Canada – n'infléchit pas la tendance. Les Canadiens français commencent à prendre conscience de la situation réelle dans laquelle les a placés la Confédération. Et c'est naturellement du côté de Bourassa que leurs regards vont se tourner dans l'espoir d'obtenir enfin justice.

Le comble est atteint en 1912 quand le Règlement 17 décrète l'élimination progressive de l'enseignement du français dans les écoles séparées (francophones) de l'Ontario. Mais, cette fois-ci, le financement des écoles catholiques de langue anglaise est maintenu. Les Canadiens français comprennent enfin que ce n'est pas en tant que « catholiques » qu'ils ont subi, depuis 1871, toute une série de restrictions de leurs droits scolaires, mais bien en tant que « francophones ». L'article 93 de la Constitution est respecté au Québec en faveur de la minorité anglo-protestante, alors qu'il est bafoué dans les provinces anglaises à l'endroit des franco-catholiques.

À partir du Règlement 17, leur discours de résistance va s'en trouver modifié. Fervent catholique, pour qui la défense du français se confond avec celle de la foi catholique des minorités affectées, Henri Bourassa achève d'unifier le discours de résistance en ralliant autour de lui évêques libéraux et évêques ultramontains.

Désireux, entre-temps, de se doter d'un journal davantage fidèle à ses valeurs et à sa pensée, Bourassa avait fondé *Le Devoir* en 1910 avec l'appui des conservateurs, prenant ainsi ses distances avec *Le Nationaliste* d'Asselin et de ses amis, pour qui la langue française méritait d'être défendue pour elle-même, peu importe la religion de ses locuteurs, et qui préconisaient la division des écoles selon la langue.

Le discours de Notre-Dame

Aux yeux des autorités romaines, le Canada est devenu une colonie britannique et sa langue d'usage est appelée à devenir l'anglais. Les Canadiens français constituant une minorité catholique en Amérique, il est d'ailleurs de l'intérêt de leur foi qu'ils adoptent la langue de la majorité, afin de se faire des propagandistes plus efficaces de leur religion. Tel est le message que Mgr Francis Bourne, délégué du pape au congrès eucharistique de 1910, apporte aux résistants canadiens-français réunis à l'église Notre-Dame de Montréal.

Bourassa improvise au pied levé une riposte flamboyante qui cristallise le sentiment national; il est porté en triomphe par 10 000 personnes. Son discours met en valeur le droit de tous les catholiques, de quelque nation qu'ils soient, d'exprimer leur foi dans leur langue. Ce faisant, toutefois, Bourassa fonde son plaidoyer, moins sur le droit politique des Canadiens français de parler leur langue dans la Confédération, que sur celui des catholiques d'expression française de dire leur foi dans la leur au sein de leurs propres institutions. La nuance est de taille, l'histoire montrera les limites d'un plaidoyer soumis au devoir d'allégeance envers un pape qui tient tous les nationalismes en suspicion. En 1924, après une visite à Rome, Bourassa désavouera de façon cinglante, dans *Le Devoir*, la résistance des Franco-Américains aux nominations anglophones imposées dans les cures canadiennes-françaises de leurs diocèses par les évêques irlandais favorables à l'assimilation.

Le «discours de Notre-Dame», longtemps étudié et mémorisé, n'en constituera pas moins, pendant un demi-siècle, une référence majeure pour la pensée nationaliste canadienne-française en matière de langue. Et *Le Devoir*, présent dans tous les évêchés, les presbytères et les maisons d'enseignement du Canada français, deviendra le porte-parole attitré de la résistance des minorités dans leurs incessants combats pour la survie de leur langue.

Carte postale souvenir publiée à l'occasion du congrès eucharistique de 1910, marqué par le discours d'Henri Bourassa sur la langue.

L'illusion du « pacte d'honneur » (1914-1920)

La Première Guerre mondiale achèvera de révéler la véritable dimension ethnique et culturelle du rapport de forces opposant le Canada anglais au Canada français, depuis l'avènement de la Confédération. Les Canadiens anglais, fidèles à la Couronne impériale, réclameront l'enrôlement des Canadiens français en tant que sujets britanniques. Les Canadiens français rétorqueront que la restauration de leurs droits linguistiques devra précéder, en matière scolaire, l'enrôlement volontaire des leurs.

Henri Bourassa et *Le Devoir*, qui s'opposent à la conscription, se verront accusés d'intelligence avec l'ennemi. Les écoles ontariennes de langue française attendront en vain la restauration de leurs droits, et la conscription sera votée en 1917.

Les chefs de la résistance canadienne-française en tireront l'amère conclusion que le pacte confédéral reposait sur une grande illusion de la part de leur groupe, celle d'un « pacte d'honneur » qui aurait été conclu en 1867 entre les « deux nations fondatrices » du Canada. L'expérience venait de leur prouver qu'il s'agissait d'un leurre et qu'aux yeux des signataires canadiens-anglais les droits du français avaient plutôt été laissés, en tant que portion congrue, à la discrétion des provinces dont une seule, le Québec, possédait la majorité nécessaire pour les défendre efficacement.

Henri Bourassa s'est fait l'ardent défenseur de la langue française et le porte-parole des minorités canadiennes dans leurs luttes pour le maintien de leurs écoles françaises.

27. Le discours de résistance et les associations (1920-1960)

RICHARD A. **JONES**

Le demi-siècle qui précède la Révolution tranquille est marqué par la création de plusieurs associations et revues consacrées à la défense de la langue et de la culture françaises au Québec et au Canada. Les élites cléricales et intellectuelles qui animent ces œuvres s'emploient à démasquer les ennemis de la langue tant à l'intérieur qu'à l'extérieur de la société canadienne-française.

L'engagement pour la langue (1920-1930)

Pour les nationalistes des années 1920, la domination économique que subit le Québec aux mains des Américains explique largement la menace qui pèse sur la langue française. Selon eux, le français perd son utilité et donc son prestige.

L'abbé Lionel Groulx devient directeur de la revue *L'Action française* en 1920 et inspire largement l'idéologie qu'elle défend. Pour Groulx, le «bouclier de la langue» permet de résister à la puissance envahissante du protestantisme anglo-américain. En même temps, la foi catholique aide les Canadiens français à contrer l'assimilation. Fondée en 1917 par la Ligue des droits du français, qui veut travailler à la diffusion du français, *L'Action française* clame l'urgence d'agir : «Nos droits, nos traditions, notre langue... qu'en restera-t-il dans dix ans si pour les maintenir un groupe organisé n'est pas sans cesse sur la brèche?» Se consacrant à des questions relatives à la langue et à la politique, la revue réalise, au cours des années 1920, de nombreuses enquêtes sur la situation plutôt décourageante des Canadiens français. Elle cesse de paraître en 1928, victime de problèmes financiers et de dissensions internes, mais elle renaîtra cinq ans plus tard.

L'Association catholique de la jeunesse canadienne-française (ACJC), fondée à Montréal en 1903, s'inquiète également des progrès de l'anglicisation. Elle souhaite une campagne de refrancisation pour «procurer à notre belle province de Québec une toilette neuve».

À cette époque, les nationalistes ne cessent de condamner l'«anglomanie». Henri Bourassa et d'autres déplorent l'importance accordée à l'anglais dans les écoles commerciales. Olivar Asselin reproche aux frères des Écoles chrétiennes, qui dirigent plusieurs de ces écoles, d'être «bien intentionnés mais bornés», et de chercher à «exploiter pécuniairement le snobisme anglomane des parents». L'anglomanie serait la conséquence du manque de fierté et du sentiment d'infériorité des Canadiens français. Athanase David, secrétaire de la province, réplique aux nationalistes : «C'est là notre supériorité, la connaissance des deux langues.»

Page couverture de l'*Almanach de la langue française*, édition de 1922.

La Société du parler français au Canada, créée dès 1902, se propose d'entretenir le patriotisme et la fierté de la langue française. Elle associe intimement les mots «langue» et «nation». Mais, en même temps, elle vise à asseoir la défense du français sur l'étude scientifique de la langue. Son bulletin, *Le Canada français*, contient une variété d'articles portant aussi bien sur l'histoire, la philosophie et les sciences que sur la langue. En 1930, la Société publie son *Glossaire du parler français au Canada*, un répertoire de quelque 10 000 mots[19].

La fin de la décennie donne peu de raisons aux nationalistes de se réjouir. Certes, ils avaient réussi à amener le gouvernement fédéral, en 1927, à émettre des timbres-poste bilingues. (Pour les billets de banque bilingues, il faudra attendre 1936.) Mais, au Québec, les libéraux, partisans de l'industrialisation rapide de la province, financée par des capitaux étrangers, demeurent solidement en selle. Leurs journaux accusent les nationalistes de fomenter les haines de «race».

Un regain de nationalisme (1930-1940)

La crise économique des années 1930 provoque un regain de nationalisme au Québec, alors que les militants cherchent à défendre la société canadienne-française contre les assauts qui la menacent. Les thèmes privilégiés demeurent essentiellement ceux qui avaient été mis en avant au cours des années 1920.

L'Action nationale, qui a pris la relève de *L'Action française* en 1933, mène la charge contre le bilinguisme généralisé. Son président, l'économiste Esdras Minville, soutient que le culte de la langue et de l'esprit anglais aboutit à l'avilissement intellectuel. Pour Paul Bouchard, fondateur en 1936 de l'hebdomadaire *La Nation*, le bilinguisme intégral trahit une «mentalité de vaincu».

D'autres milieux se portent aussi à la défense du français. La *Revue dominicaine* conclut, à la suite d'une grande enquête qu'elle mène en 1936, que la principale menace pour la survie de la culture canadienne-française vient de l'américanisation. En 1937, la Société du parler français convoque à Québec le deuxième Congrès de la langue française au Canada. Désireux de se donner un instrument durable pour la défense du français, les congressistes fondent le Comité permanent de la survivance française.

Quelques jeunes s'illustrent aussi dans le peloton de tête des défenseurs de la langue. Les Jeune-Canada, parmi lesquels se trouve André Laurendeau, tiennent leur première manifestation en décembre 1932 pour protester contre le traitement infligé à la langue française. Appuyé par le journal *Le Devoir*, le groupe restera actif jusqu'à la fin de 1935.

Mais on doit conclure que, malgré leur activité débordante, les nationalistes engagés dans la défense de la langue laissent derrière eux peu de réalisations durables et ne réussissent guère à convaincre la population de la justesse de leur cause.

Un nationalisme multiforme (1940-1960)

Plusieurs groupements nationalistes nés dans les années 1930 demeurent actifs après 1940; d'autres viennent s'y ajouter. L'Ordre de Jacques-Cartier (connu sous le nom de «La Patente»), société secrète fondée à Ottawa en 1926, milite pour la promotion des francophones au sein de la fonction publique fédérale.

Le Comité de la survivance française qui, à partir de 1955 s'appellera le Conseil de la vie française en Amérique, poursuit son œuvre et organise, en 1952, le troisième Congrès de la langue française au Canada sur le thème de l'éducation nationale; quelque 6000 congressistes y affluent de tous les coins du continent nord-américain.

D'autres organismes voient aussi le jour à cette époque. L'Association canadienne des éducateurs de langue française (ACELF), créée en 1947, se consacre au rayonnement de la langue, de l'éducation et de la culture des Canadiens français, notamment en aidant les minorités francophones à l'extérieur du Québec.

Victor Barbeau fonde l'Académie canadienne-française en 1944. L'Académie se donne pour but de «travailler [...] à la conservation de la langue française et au développement de notre littérature nationale». Elle publie un bulletin, organise des concours et des dictées, encourage la publication d'ouvrages littéraires et remet des prix.

Mentionnons enfin, en 1946, la création de l'Institut d'histoire de l'Amérique française, qui regroupe les historiens francophones et publie le premier numéro de sa revue en 1947.

Mais le mouvement nationaliste de l'époque suscite aussi des réserves. Les mouvements catholiques spécialisés, comme la Jeunesse étudiante catholique, s'intéressent davantage à l'action sociale qu'à la cause nationaliste. Des personnages en vue, tels le sénateur Télesphore-Damien Bouchard et l'abbé Arthur Maheux, éducateur, continuent de prêcher en faveur du bilinguisme intégral.

Cependant, au cours du demi-siècle qui a précédé la Révolution tranquille, les associations et les mouvements qui se sont donné pour mission de défendre la langue française ont été suffisamment nombreux et dynamiques pour ouvrir la voie à un sentiment national renouvelé qui, après 1960, soutiendra largement les transformations linguistiques que le Québec connaîtra.

La déesse Athéna, effigie de l'Académie des lettres du Québec, fondée en 1944 sous le nom d'Académie canadienne-française.

Nation canadienne-française et nationalisme

La période qui va de la Confédération (1867) à la Révolution tranquille (1960) voit surgir tous les clivages politiques et sociaux, parfois déchirants, qui caractérisent encore aujourd'hui la société québécoise : allégeance première au Canada ou au Québec, confiance ou non dans le régime fédéral, croyance ou non à la coexistence harmonieuse de deux nations, etc. Ces clivages se manifestent dans deux visions parfois inconciliables de l'État et de la nation.

Nationalisme « canadien » ou « canadien-français » ?

Le nationalisme canadien mise sur le respect et la bonne entente entre les deux peuples fondateurs. Henri BOURASSA se fait le champion de ce nationalisme pancanadien : « La nation que nous voulons voir se développer, c'est la nation canadienne, composée des Canadiens français et des Canadiens anglais » (1904). Il croit à un idéal fondé sur l'égalité des deux nations, à un Canada qui parlerait les deux langues *from coast to coast*. Par ailleurs au même moment, la majorité canadienne-anglaise, à Ottawa, a tendance à considérer le Canada comme un pays avant tout britannique et unilingue anglais. Plus tard, un député anglais (W.E. Tucker) se dit même « étonné de voir la tolérance dont les Canadiens de langue française font preuve » (1941).

Se disant plus lucide et moins naïf, le nationalisme canadien-français ne croit pas au pacte d'égalité entre les deux peuples fondateurs. Il prend acte du fait que le gouvernement fédéral n'a pas défendu les droits des minorités de langue française. Il constate que Dalton McCARTHY est applaudi aux Communes quand il déclare qu'« il n'y a qu'une seule langue officielle au Canada [... et qu'] il serait peu politique d'encourager un nationalisme français qui ne saurait aboutir tant que le Canada fera partie de l'empire britannique » (1896). Chef de file de ce nationalisme, Honoré MERCIER, comme d'autres premiers ministres qui lui succéderont à Québec, s'emploie donc à mobiliser les forces vives des Canadiens français pour défendre l'autonomie du seul gouvernement qui permette à la nation canadienne-française de conserver sa langue et sa religion.

Du sentiment à la raison

Wilfrid Laurier avait accusé le Québec de n'avoir que des sentiments, pas d'opinions. Le deuxième quart du XXᵉ siècle sera témoin d'un mouvement notable de réflexion, instauré par des écrivains lucides (Richard Arès, Esdras Minville, Lionel Groulx, Édouard Montpetit, Victor Barbeau, François-Albert Angers), pour éclairer notre « question nationale » et opérer une relance du nationalisme canadien-français.

On trace d'abord le portrait de la situation, qui est « catastrophique ». Cent ans après Durham, les minorités canadiennes-françaises sont spoliées de leurs droits. Seul l'anglais est parlé partout, « mais le plus grave, c'est que l'unilinguisme anglais ne respecte pas même la réserve québécoise ». Bref, la Confédération n'a pas apporté l'égalité promise. L'immigration se fait au profit de l'élément britannique. Et sur le plan économique, chiffres à l'appui, « l'élément français n'est pas seulement en posture d'infériorité, il est aussi en état de dépendance et même de servitude ».

« Chez les peuples désireux de survivre, des efforts incessants sont faits pour éveiller [...] et activer chez les membres du groupe la conscience de la nationalité. [...] Mais cette prise de conscience ne suffit pas à elle seule à parfaire l'unité nationale. » Il y faut encore le « vouloir-vivre collectif ». Arès s'en prend à la fois aux « optimistes », aux « résignés » et aux « indifférents », qui se soustraient aux « devoirs envers leur propre nationalité ». Il faut donc s'engager, mais l'action collective doit être guidée par un « nationalisme culturel ». « C'est une grossière erreur que celle qui confond la race avec la nation. [...]. Ce n'est pas alors du véritable, mais bien du faux nationalisme ». (Richard ARÈS, *Notre question nationale*, 1945.)

Souvenir du premier Congrès de la langue française en Amérique, tenu à Québec en 1912. À droite, une plaque commémorative rappelle les noms de quelques vaillants défenseurs de la langue française : Papineau, Chartier de Lotbinière, Viger, Duvernay, La Fontaine, A.-N. Morin, Parent, Tardivel, etc.

CHAPITRE

8

État et illustration de la langue

28. Anglicisation et autodépréciation

CHANTAL **BOUCHARD**

M il huit cent cinquante. Voilà bientôt un siècle que les Canadiens français vivent sous l'autorité des Britanniques. Tout laisse croire qu'à cette date, à l'exception de quelques lettrés, les Canadiens français se préoccupent assez peu de l'état de leur langue. Certes, Michel Bibaud s'en est pris aux anglicismes et à certaines prononciations qui lui semblent fautives dans le journal *L'Aurore*, Jacques Viger a bien compilé une *Néologie canadienne* et Thomas Maguire a soulevé quelques réactions en publiant son *Manuel des difficultés les plus communes de la langue française*. Mais, pour l'heure, la question linguistique n'inquiète pas la population, car personne n'éprouve le besoin d'en parler.

Cependant, divers phénomènes commencent à avoir des effets à la fois sur la langue et sur la perception qu'on en a. Vers le milieu du XIXe siècle, les contacts ayant repris avec la France après la longue rupture provoquée par le traité de Paris et les guerres entre la France et l'Angleterre, certains Canadiens se rendent compte que des écarts se sont formés entre le français tel qu'on le parle au Canada et en France. Ensuite, l'adoption d'institutions britanniques et les contacts entre francophones et anglophones depuis 1763 ont entraîné une certaine anglicisation de la langue dans une partie encore limitée de la population.

Toutefois, un nouveau phénomène intervient, qui sortira l'élite de sa torpeur et l'amènera à sonner l'alarme : le préjugé du *French Canadian patois*. On ne sait pas quand au juste commence à circuler l'idée, parmi les Anglo-Saxons, que les Canadiens français parlent un patois, plutôt que le « vrai français », qualifié celui-là de *Parisian French*. On en retrouve des traces dès le début du XIXe siècle. Quoi qu'il en soit, vers 1860, le préjugé semble déjà bien ancré et les lettrés commencent à en percevoir des échos. Leur première réaction consiste à réfuter cette réputation en bloc, jugeant qu'elle procède de l'ignorance de ceux qui l'avancent. Pourtant, le préjugé persiste malgré leurs dénégations. Ils établissent alors un lien entre les particularismes du français canadien par rapport à la norme française et l'opinion dépréciative des Anglo-Saxons, et ils commencent à penser que ces écarts sont à l'origine du préjugé négatif.

Bien entendu, les répercussions que pourrait avoir cette mauvaise réputation linguistique les inquiètent également, les patoisants passant toujours, au XIXe siècle, pour des arriérés et des ignares. Ces lettrés sont écrivains ou journalistes pour la plupart, mais on trouve aussi parmi eux des ecclésiastiques, des professeurs, des avocats ou des médecins. Ils vont dès lors entreprendre une campagne de presse dans le but d'alerter leurs compatriotes contre la dérive du français canadien. En effet, si, à force d'évolution divergente, la langue s'éloignait par trop du français normatif, les Canadiens français risqueraient de perdre un atout précieux pour la défense de leur position. Atout qui consiste à appartenir à une culture et une langue qui, à cette époque, jouissait du plus grand prestige international. Ainsi, Edmond de Nevers écrit en 1896 :

> On a déjà dit bien souvent que la langue française est la langue parlée par excellence, la langue de la diplomatie, des salons de l'aristocratie. Je ne le répéterai pas.
>
> Chez l'étranger qui sait s'en servir, elle équivaut à un brevet de distinction et de haute éducation. Elle contient en germe toute cette politesse élégante, cette science du bien vivre, cette douce philosophie de la gaieté, cette sociabilité parfaite, qui distinguent la nation française des autres nations.
>
> [...] Nous ne pouvons pas nous permettre d'emprunter aux Anglais comme pourraient le faire nos frères de France, pour deux raisons principales : La première c'est que les mots que nous franciserions ne seraient francisés que pour nous et resteraient des barbarismes pour le reste du monde [...]. La seconde, c'est que la pente de l'anglicisme est trop glissante; nous ne saurions pas nous limiter et nous tomberions bientôt dans le patois. Toute langue qui se détache dans ces circonstances de l'un des grands idiomes littéraires du monde peut difficilement réussir à être autre chose qu'un patois[1].

Les lettrés, notamment Arthur Buies, Louis Fréchette, Jules-Paul Tardivel, dans leurs articles, leurs pamphlets et leurs livres, s'attaquent en priorité aux emprunts à l'anglais qui leur paraissent être la menace la plus grave, mais ils visent également tous les particularismes canadiens, qu'il s'agisse d'archaïsmes, de provincialismes ou de néologismes. Ils préviennent leurs lecteurs que le maintien de tous ces écarts risque d'accréditer le préjugé du *French Canadian patois*. Arthur Buies, par exemple, dénonce dans une série d'articles publiés dans *Le Pays* en 1865, et avec beaucoup de verve, aussi bien des emprunts à l'anglais tels que *set, tombleur* (tumbler)*, clairer, bâdrer* (to bother), et des emprunts sémantiques ou des calques comme *marchandises sèches, faire application pour* (une place), *certifier à* (quelqu'un), que des archaïsmes ou des provincialismes tels que *barrer* (fermer à clef), *espérer* (attendre), *siau* (seau) ou *méchant* (mauvais)[2]. Cette campagne de presse, qui sera relancée périodiquement pendant des décennies, si elle ne parvient guère à réduire les conséquences de l'interférence avec l'anglais, a tout de même pour effet de transmettre l'inquiétude des lettrés à un plus large segment de la population. C'est la première phase de la détérioration de l'image que les Canadiens français se font de leur langue. Elle commence principalement dans la bourgeoisie des villes.

Caricature d'Henri Letondal.

L'anglomanie de l'époque, démasquée par un commis souriant.

Les chroniques sur la langue

Avec sa rubrique *Barbarismes canadiens*, Arthur Buies inaugure en 1865, dans le journal *Le Pays*, la mode des « chroniques de langage ». Jusqu'en 1960, 64 autres chroniques paraissent dans des périodiques francophones. *La Presse* les publie pendant 45 ans, *La Patrie*, 28 ans, et *Le Droit*, 20 ans.

Parmi les auteurs, relevons un grammairien, un traducteur et un seul linguiste. Par contre, sept journalistes, six prêtres ou religieux, trois avocats, deux écrivains, deux historiens, un diplomate, un ingénieur, un artiste et un peintre s'érigent en censeurs de la langue. Ce sont surtout des Québécois, auxquels s'ajoutent quelques Français. Plusieurs s'abritent derrière un pseudonyme ou préfèrent l'anonymat. On sait aujourd'hui que Cyprien était Louis Fréchette et Lionel Montal, Lionel Groulx. Ceux qui ont été les plus persévérants sont Pierre Daviault (19 ans), Jacques Clément (18 ans) et Jean-Marie Laurence (17 ans).

De quoi parle-t-on dans ces chroniques ? Presque toujours de la qualité de la langue, très rarement de son statut ou de son rayonnement, préoccupation qu'on laisse aux éditorialistes. On y décrit la langue d'ici comme « informe, abâtardie, déliquescente, pauvre, déficiente, désarticulée, corrompue, défectueuse, gangrenée, anémique, boiteuse, avilie et relâchée ». On y stigmatise le « patois, le jargon, le baragouin, le canayen, le petit nègre et l'iroquois ».

Quelques auteurs y valorisent les archaïsmes qui nous relient à la vieille France (Rivard et Geoffrion). Tous dénoncent à des degrés divers la terrible maladie des anglicismes ; l'abbé Blanchard y voit même des « concessions anticatholiques ». On n'y trouve pas de position commune sur les canadianismes, probablement faute de consensus sur ce qui est spécifiquement canadien-français. De rares chroniqueurs se montrent tout de même plus respectueux de la langue de leurs compatriotes : Montal, Daviault, Laurence et de Chantal, notamment. Bref, pendant 96 ans, il n'est question la plupart du temps que de visions masochistes, monolithiques, esthétiques et racistes de la langue, à laquelle de surcroît on associe des valeurs morales.

Quelques titres de chroniques

Corrigeons-nous – La langue de nos pères – Épurons notre langue – Le terroir – Dites en bon français – La défense de la langue – Parlons mieux – Paroles en l'air – Sauvegardons notre langue – Zigzags autour de nos parlers

Paul DAOUST

À la même époque, soit le dernier tiers du XIXe siècle, une série d'événements politiques, de transformations économiques et sociales qu'on a décrits dans les chapitres précédents, va concourir à dégrader la position des Canadiens français, ce qui aura de puissants effets sur leur image identitaire collective et tout ce qui la compose. Rappelons brièvement que l'Acte d'Union de 1840 avait déjà mis les Canadiens français en minorité et que la Confédération de 1867 venait encore diminuer de beaucoup, dans l'ensemble canadien, le poids relatif de la seule province possédant une majorité de langue française. Les Canadiens français du Québec se rendent alors compte des menaces que constituent pour leur groupe linguistique l'assimilation, l'émigration vers les États-Unis et l'accroissement soutenu du nombre des anglophones. Le statut de minoritaires s'intègre peu à peu à leur identité, avec ce que cela suppose d'impuissance politique.

On a décrit également la situation qui a forcé nombre de jeunes Canadiens français à s'établir dans les villes pour y travailler. Fils de paysans, généralement peu instruits, ils se trouvent embauchés au plus bas échelon du commerce ou de l'industrie, domaines entièrement contrôlés par les Canadiens anglais. Naguère modestes mais autonomes, les Canadiens français deviennent les employés des Anglo-Saxons dont ils dépendent. Le plus souvent, ils doivent apprendre un peu d'anglais pour comprendre les ordres de leurs contremaîtres. Quittant un milieu fortement structuré où le statut d'agriculteur était valorisé, ils arrivent dans des villes pour former un prolétariat généralement miséreux. Une proportion croissante des Canadiens français subit donc, génération après génération, un véritable déclassement social. Petit à petit, ils en viennent à associer leur identité collective aux conditions dans lesquelles les place une série de circonstances.

À partir de la fin du XIXe siècle, on peut observer, inscrite en creux dans le discours des élites, la progression de cette nouvelle identité négative. Les membres de cette élite, le clergé, les lettrés, les hommes politiques, dans leurs discours, sermons, articles et conférences, se mettent à exhorter leurs compatriotes à être fiers de leurs origines, de leur langue, à dénoncer ceux qui, par leur comportement plus ou moins servile à l'égard des Anglo-Saxons, font la preuve de leur démission, de leur résignation. Du même souffle, ils font l'éloge du paysan, de l'*habitant* canadien-français porteur, selon eux, de toutes les vertus de la nation, protégé qu'il est, par son mode de vie, du contact avec les anglo-protestants qui serait néfaste pour son catholicisme et pour sa langue. Le problème est que cette image officielle du Canadien français correspond de moins en moins à la réalité, puisque l'exode rural, l'industrialisation et la prolétarisation ne font que s'accentuer.

L'image refoulée, masquée par le portrait officiel de l'*habitant*, est celle du dominé, du minoritaire impuissant à diriger son sort, du pauvre, de l'ignorant, de celui dont la seule appartenance ethnique détermine un destin médiocre, du dépossédé de tout, de son pays, de son passé, de sa culture et même de sa langue. Car si on fait l'éloge de la langue du paysan – parce qu'elle n'est pas anglicisée –, on stigmatise du même coup celle des classes urbaines. L'anglicisation, qui touchait surtout la bourgeoisie citadine à la fin du XIXe siècle, rejoint maintenant la nouvelle classe ouvrière. Ces ex-paysans peu instruits reçoivent toutes les nouveautés de la vie moderne et de la technologie avec leur appellation anglaise, ils doivent s'adapter à un environnement fortement dominé par l'anglais.

Il faut dire que le discours positif qu'on tient à propos de la langue paysanne est formulé pour une bonne part en réaction au mythe du *French Canadian patois*. Il s'agit de légitimer le français canadien et de faire la preuve que cette langue n'est pas un patois. Dans les premières années du XXe siècle, les lettrés, notamment les membres de la Société du parler français au Canada, qui fut fondée à cette époque, entreprennent de démontrer pourquoi et comment le français du Canada se distingue

Horatio Walker, *Labour aux premières lueurs du jour*, 1900.

Le discours de l'époque fait l'éloge du retour à la terre et de la langue du paysan, préservée de l'anglicisation.

de celui de la France. Pour eux, tout ce qui a été hérité des colons du XVIIIe siècle est légitime, y compris les traits devenus archaïques en France, et même les caractéristiques ayant pour origine des variétés régionales du français, puisqu'il ne s'agit pas de déformations du français dont les Canadiens se seraient rendus coupables. Le secrétaire général de la Société, Adjutor Rivard, fait par exemple la déclaration suivante lors du premier Congrès de la langue française au Canada, tenu à Québec en 1912 :

> Et la gloire de nos aïeux est d'avoir apporté ici, non seulement le français classique, mais une langue qui, «de province en province avait cueilli son miel» (Zidler). Comme la langue française s'est enrichie par l'apport des dialectes, qui fournissent au langage littéraire les substantifs dont il a besoin pour remplacer les vocables disparus, de même notre langage s'est conservé ici grâce aux formes dialectales et vieillies, apportées des provinces de France et transmises jusqu'à nous[3].

Ce genre de démonstration s'accompagne toujours de dénonciations des emprunts à l'anglais, bien entendu, mais aussi de réserves quant à la perpétuation des archaïsmes et des provincialismes. Ainsi, Tardivel dans une conférence prononcée en 1901 déclare :

> Faut-il tenter de rétablir dans nos collèges et nos couvents cette prononciation d'autrefois et enseigner à notre jeunesse studieuse à prononcer : *i zaiment* pour ils aiment; *note* curé pour notre curé; *quèque* chose et *quèqu'un* pour quelque chose et quelqu'un; *su* la table, pour sur la table; *gloère, crère, devoère,* etc.? Assurément non. Mais par exemple, il faut bien se garder de rire de ces archaïsmes de prononciation et d'admettre que c'est du patois, ou encore moins une prononciation corrompue[4].

Cela démontre que ces auteurs estiment, comme leurs prédécesseurs, qu'il convient de moderniser le français canadien et de le rapprocher de la norme de France, en particulier au point de vue de la prononciation[5].

Peu à peu, à mesure que la situation des Canadiens français se détériore et que l'image identitaire négative se met en place, le discours sur la langue trahit une angoisse plus vive. On formule des condamnations de plus en plus sévères. On en viendra, vers les années 1940-1960, à intégrer complètement l'opinion négative émise par les Anglo-Saxons, à dire et à écrire que les Canadiens français parlent une langue déstructurée à l'extrême, de plus en plus éloignée du français normatif et de la langue écrite. On ajoutera qu'elle est saturée d'anglicismes et de barbarismes, que son vocabulaire est pauvre, sa syntaxe fautive, sa prononciation vulgaire, bref, un grand nombre de gens en arrivent à avoir honte de la langue qui se parle au Québec. On pourrait citer des centaines d'articles de journaux illustrant ce discours, un petit échantillon illustrera le ton :

> En d'autres termes, si nous écrivons convenablement le français, trop souvent nous nous contentons, pour nous exprimer de vive voix, d'un infâme charabia[6].

> Du haut en bas de l'échelle sociale, bien qu'à des degrés différents évidemment, le langage parlé des Canadiens français est d'une indigence et d'une vulgarité incroyables[7].

Mais comment défendre la langue que nous écorchons à Montréal? [...] C'est un idiome de plus en plus désossé dont les innombrables défauts ne nous apparaissent guère parce que l'oreille y est accoutumée, mais dont l'incorrection, la lourdeur et la vulgarité sont indiscutables[8].

Certains auteurs estiment que le bilinguisme pratiqué par un nombre croissant de Canadiens français est la principale cause de cette détérioration, car c'est encore et toujours la contamination par l'anglais qu'on dénonce avec le plus de véhémence. En outre, un bilinguisme généralisé, envisagé par quelques-uns comme un avantage, paraît à plusieurs comme la première étape vers l'assimilation à l'anglais et la disparition de la nation canadienne-française. En revanche, certains auteurs estiment que seule l'étude poussée de l'anglais peut permettre, par contraste, de retrouver le véritable esprit du français. Édouard Fabre-Surveyer avait déjà formulé cette idée dans une conférence de 1903[9] et elle sera reprise par des personnes comme François Hertel en 1941[10]. Enfin, l'autocritique devient virulente après la Seconde Guerre mondiale. Plus rien de ce qui caractérise et différencie le français canadien ne trouve grâce aux yeux des chroniqueurs linguistiques. Même les emprunts à l'anglais, intégrés par les Français en France, sont préférés aux mots ou expressions de forme française maintenus ou créés au Québec. Gérard Dagenais, chroniqueur linguistique au *Devoir* écrit par exemple, en 1960 :

L'erreur d'optique qui nous fait croire que nous parlons français parce que nous nous servons de mots «français» y est accentuée par une forme puérile de nationalisme. [...] Le vocabulaire technique des sports en France comprend beaucoup de mots anglais et cela nous irrite. Mais n'est-il pas dès l'abord déraisonnable de supposer que les Français dont c'est la langue, se préoccupent moins de protéger le français que nous? [...] Quand nous parlons d'usage, nous devons savoir que celui qui peut s'établir dans le Québec ne compte pour rien... en français[11].

La langue des paysans ne paraît désormais guère plus légitime que celle des ouvriers urbains. Les Canadiens français ne semblent même plus très sûrs qu'ils parlent encore le français.

C'est dans ce contexte d'angoisse identitaire et d'insécurité linguistique aiguë que, vers 1960, toutes les inquiétudes viendront se cristalliser autour d'un nouveau nom, qu'on prêtera à la langue populaire. Le terme en question, qui déclenchera des polémiques et des querelles illustrant parfaitement le profond malaise qui s'était développé chez les Québécois à l'égard de leur langue, c'est le mot *joual*, déformation de *cheval*.

En somme, de 1850 à 1960, la progression des sentiments négatifs à l'égard du français au Québec est déterminée par la détérioration de la position socio-économique et politique de la collectivité canadienne-française, déclassement à l'origine de la crise identitaire qui atteint son point culminant après la Seconde Guerre mondiale. En effet, si la langue parlée au Québec s'est peu à peu chargée d'emprunts à l'anglais au cours de cette période, elle ne s'est pas transformée au point de justifier le discours extraordinairement négatif qu'on tient à son sujet de 1940 à 1960. C'est bien plutôt dans le déclassement subi par une forte proportion des francophones depuis la fin du XIXe siècle qu'il faut chercher la source principale de cette perception dépréciative.

De l'anglomanie à l'anglicisation

L'anglomanie de la période précédente affectait probablement davantage la nouvelle bourgeoisie canadienne, alors que celle qui va de la Confédération à la Révolution tranquille touche aussi la masse. Cette anglomanie dépasse la simple imitation, elle mène tout droit à l'anglicisation.

« Nous prenons des airs pour gourmander le sens pratique des Anglais, qui n'est pas fait pour nous, mais nous nous hâtons de singer les Anglais dans ce qu'ils nous offrent de plus douteux : l'empirisme… Nous en venons, par la contagion de l'exemple, par un esprit d'imitation qui est une dangereuse faiblesse, une infériorité avouée, acceptée, à priser la pratique à l'égal d'une réussite, et à mépriser la théorie. […] Nous copions nos voisins et, sans nous en rendre compte, nous nous anglicisons par ce nouveau côté. »

Édouard MONTPETIT, *La Conquête économique*, t. I, p. 42.

« Dans les relations sociales l'anglomanie sévit : au téléphone, dans les grands magasins, les gares, les hôtels, sur les chemins de fer, il est devenu de bon ton de s'adresser en anglais aux employés et aux commis. Servilisme. L'école elle-même est atteinte : arrivistes et snobs y réclament toujours plus d'anglais […] : l'on en profite pour enseigner que l'anglais est la langue des affaires, la clé du succès. »

Richard ARÈS, *Notre question nationale*, 1945.

« Celui-là cesse vite de parler le français, de s'en servir comme véhicule habituel de sa pensée qui, l'esprit imprégné de culture étrangère, ou simplement vide de toute culture originale, a cessé de sentir, de penser, d'agir et de réagir en français. Or, nous avons – surtout dans nos villes – des masses de ces Canadiens français qui parlent encore leur langue maternelle dans le cours ordinaire de la vie, mais attachent infiniment plus d'importance à l'anglais, qui portent encore un nom français, mais sont anglais, américains […] par les goûts, les mœurs, la pensée et l'esprit. La langue ne subsiste plus chez eux qu'à l'état de vestige – un vestige dont ils se débarrasseront d'ailleurs à la prochaine occasion comme on se défait de meubles de famille devenus encombrants. »

Esdras MINVILLE, *Invitation à l'étude*, 1948.

« L'ouvrier de ces firmes impersonnelles dont les Canadiens français sont la proie sait qu'il ne tient qu'à lui de renier sa nationalité, de s'angliciser graduellement, de vivre dans l'Ontario, ou même dans le Québec, pour travailler pour la même firme et recevoir le double de son salaire actuel. »

Burton LEDOUX, dans *Relations*, 1942.

39

29. Des différences à décrire, un parler à revaloriser

LOUIS **MERCIER**

Au milieu du XIXe siècle, la description du français canadien était à peine amorcée et elle était assujettie à une approche strictement puriste, illustrée par le *Manuel des difficultés [...]* de Maguire (1841). Grâce aux efforts individuels et collectifs qui seront déployés pendant la seconde moitié du XIXe siècle et surtout la première moitié du XXe, la connaissance du français canadien va connaître un développement considérable, du moins en ce qui a trait à sa spécificité lexicale. Ces efforts aboutiront notamment à la publication en 1930 du *Glossaire du parler français au Canada* et, en 1957, du *Dictionnaire général de la langue française au Canada*, de Louis-Alexandre Bélisle.

Devant les excès du mouvement puriste et la progression du préjugé du *French Canadian patois*, certains lettrés sentiront le besoin de travailler à la revalorisation du français canadien. Les recherches historiques menées par Dunn, Clapin et la Société du parler français au Canada mettront à jour le caractère conservateur de cette variété de français, s'inscrivant en faux contre le discours de la dégénérescence.

Réaction au purisme et premiers efforts de valorisation

Tout au long de la période qui nous intéresse, on assiste à la publication d'une foule de répertoires de plus en plus volumineux (*dictionnaires, glossaires, lexiques*, etc.) qui sont en général l'œuvre de puristes. Leur objectif avoué est la lutte contre les anglicismes et les «locutions vicieuses», mais, dans un même élan, ils ne se gênent pas pour stigmatiser l'ensemble des particularismes repérés, de façon à provoquer l'alignement inconditionnel de l'usage canadien sur le français de France (tel que décrit dans les ouvrages de référence hexagonaux), perçu comme «le» français. Si leurs travaux ont relativement bien servi le mouvement de correction langagière, leurs condamnations peu nuancées ont largement contribué à répandre dans la population une vision négative du parler canadien et à accroître l'insécurité du groupe francophone nord-américain face à une norme résolument européenne. Les excès et les limites du mouvement puriste ont donc amené un certain nombre de lettrés, parmi lesquels Dunn et Clapin, à rechercher, au-delà des différences avec le français de France, l'origine des particularismes canadiens; ils étaient conscients du fait que l'influence de l'anglais ou le laisser-aller ne suffisaient pas à tout expliquer.

Oscar Dunn est le premier lexicographe à apporter des éléments nouveaux de réponse. Il écrit, dans la préface de son *Glossaire franco-canadien et vocabulaire de locutions vicieuses usitées au Canada* (1880) : «Nous employons un bon nombre de mots qui, rejetés par l'Académie, nous sont venus toutefois de France [...]. Toutes ces expressions prouvent notre origine; elles sont autant de certificats de nationalité[12]».

Certes, son ouvrage contient des condamnations, mais bon nombre d'emplois identifiés comme des archaïsmes, des emplois d'origine dialectale et des innovations canadiennes, sont décrits en termes neutres, parfois même louangeurs (voir exemple 1 ci-dessous). Dans certains cas (exemples 2 et 3), l'auteur va jusqu'à recommander à ses lecteurs l'usage de l'emploi canadien, voire jusqu'à souhaiter l'inscription de cet emploi dans les dictionnaires français. Il reconnaît à ses compatriotes le droit de créer les mots français dont ils ont besoin pour nommer les réalités proprement cana-diennes (comme celles qui ont trait à l'hiver, à l'industrie du sirop d'érable, etc.). Il contribue ainsi à lutter contre le préjugé du *French Canadian patois*[13] et à proposer la vision émancipatrice d'une norme qui n'est plus uniquement européenne.

(1) POUDRERIE. Neige soulevée *en poudre* par le vent : poussière de neige. Le mot est pur franco-canadien, et c'est le chef-d'œuvre de *notre* langue.

(2) BEIGNES. Le dictionnaire ne donne que *Beignet* ; mais nous aurions tort de renoncer aux *Beignes* ou *Croquignoles*, de notre invention.

(3) SUCRERIE. […] Ce mot et tous les autres termes techniques de l'industrie du sucre d'érable […] ne sont pas dans les dictionnaires […]. Comment la France pouvait-elle nous transmettre la langue d'une industrie qui n'existe pas chez elle, dont elle n'a pas la moindre idée ? N'est-ce pas à nous plutôt de lui fournir cette langue, et ne doit-elle pas en enrichir son dictionnaire ?

Dans la préface de son *Dictionnaire canadien-français* (1894), où il se situe nettement dans le prolongement de Dunn, Sylva Clapin s'en prend à ceux qui voudraient débarrasser ce qu'ils appellent le jargon canadien […] « non seulement des canadianismes proprement dits [c'est-à-dire des mots créés au Canada], mais aussi de tous les vieux mots venus de France et qui n'ont que le tort de ne plus être habillés à la dernière mode » :

En un mot, le rêve de ces novateurs serait de faire, du langage des Français d'Amérique, un décalque aussi exact que possible de la langue de la bonne société moderne en France, surtout de celle de la bonne société de Paris. […] dans l'ardeur du combat, ces puristes ont dépassé le but et sont allés trop loin. En effet, s'il est indéniable que nous y gagne-rions à élaguer notre langage courant d'une foule d'expressions impropres et vicieuses, en grande partie tirées de l'anglais, il n'est pas moins évident, d'un autre côté, que nous serions les perdants à laisser tomber dans l'oubli un grand nombre de mots, qu'on ne trouve pas, il est vrai, dans le *Dictionnaire de l'Académie*, mais qui n'en sont pas moins, pour cela, essentiellement corrects au point de vue du génie de la langue et de la grammaire[14].

Contrairement à Dunn, Clapin évite les commentaires dépréciatifs ou mélioratifs, donnant ainsi le premier exemple d'une description lexicographique objective. Il se contente de livrer à ses lecteurs l'information susceptible d'éclairer leurs propres choix.

Le projet collectif de la Société du parler français au Canada

Une trentaine d'années plus tard, la Société du parler français au Canada (SPFC) affiche une position similaire dans la préface de son *Glossaire* : « Nous n'entendons pas porter de jugement sur chacun des mots inscrits au *Glossaire* ; nous laissons ce soin au lecteur, après lui avoir fourni les éléments qui permettront à son bon goût de se prononcer[15]. »

Grâce au dynamisme de ses fondateurs et à la qualité des études publiées dans son *Bulletin* mensuel, cette société savante (créée en 1902) n'a pas tardé à asseoir sa crédibilité et à se faire connaître de l'ensemble de l'élite canadienne-française. Particulièrement active pendant les trois premières décennies du XXe siècle, elle allait exercer une influence considérable sur le développement des études portant sur le français canadien et la diffusion de leurs résultats. En 1912, 1937 et 1952, elle organise trois importants congrès de la langue française qui réunissent des représentants de toutes les grandes régions du Québec, mais aussi des régions francophones du Canada et des États-Unis. De 1902 à 1930, elle mène à terme un vaste projet collectif de description des particularismes du français canadien, qui aboutit à la publication du *Glossaire du parler français au Canada*.

Son dictionnaire, qui répertorie quatre fois plus d'emplois que celui de Clapin, constitue sans aucun doute le meilleur témoin des particularismes de la langue orale du début du XXe siècle. À l'instar de Dunn et de Clapin, la SPFC se dit convaincue que son travail de description et ses recherches historiques vont servir la cause de la revalorisation du français canadien :

> […] on y prendra une idée plus juste du caractère essentiel de notre parler populaire. C'est la langue de l'Île-de-France, telle qu'elle était déjà répandue dans les provinces du centre, du nord et de l'ouest [de la France], lors des grandes émigrations en Amérique; nos pères, venus de ces régions, nous l'ont léguée, et nous l'avons conservée, avec certaines particularités provinciales, qui, légitimes ou irrégulières, n'attestent pas moins que les archaïsmes sont la survivance chez nous du génie de l'idiome[16].

Les auteurs du *Glossaire* – ce répertoire qui allait si largement contribuer à fixer l'image « traditionnelle » du parler populaire et rural du Québec – avaient conscience de n'offrir qu'une image partielle du « français régional » en usage au Canada :

> C'est la langue parlée, et parlée par le peuple, que nous étudions dans ce glossaire; et nous y relevons seulement ce qui n'a pas été ou n'est plus admis dans la langue académique[17].

Première tentative de description globale

Après avoir réalisé ce dictionnaire différentiel que l'on croyait relativement exhaustif à l'époque, la SPFC pouvait envisager de passer à l'étape suivante, celle de l'élaboration d'un dictionnaire global; mais les conditions difficiles des deux décennies suivantes l'ont empêchée d'entreprendre un tel projet. L'idée sera reprise par L.-A. Bélisle qui publiera son *Dictionnaire général de la langue française au Canada* en 1957. Il s'agit de la première tentative de description globale du français qui tienne compte des particularismes linguistiques et du contexte canadiens, de façon à répondre plus précisément aux besoins linguistiques du Québec. Malgré ses limites méthodologiques, ce dictionnaire – qui sera largement diffusé et restera sans concurrent pendant une trentaine d'années –, va jouer un rôle capital dans le développement de la conscience linguistique, ne serait-ce qu'en rappelant aux Québécois les limites de la représentation du français telle que véhiculée par les dictionnaires de France.

Si, au milieu du XIXᵉ siècle, les Canadiens français ne pouvaient avoir de leurs particularismes linguistiques qu'une connaissance très limitée, la situation est tout autre au seuil de la Révolution tranquille. L'héritage de Dunn, de Clapin et de la Société du parler français au Canada ne se résume pas aux dictionnaires qu'ils ont laissés derrière eux. Leur préoccupation relative aux origines des canadianismes a servi la cause de la revalorisation du français canadien; un temps oublié, cet intérêt reprendra de l'importance dans les années 1970, notamment avec le projet de Trésor de la langue française au Québec. Grâce à leur approche normative plus nuancée que l'approche puriste, et plus attentive au contexte canadien, ils ont laissé entrevoir à l'élite canadienne-française une autre voie que celle menant à l'alignement inconditionnel du français du Canada sur le français de France.

Figure particulièrement marquante de la première moitié du XXᵉ siècle, la SPFC a en outre largement contribué à démontrer l'intérêt du français canadien comme champ d'observation et objet de recherche.

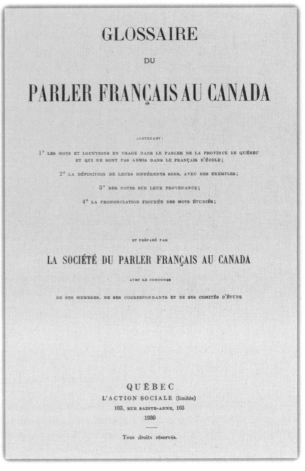

Le *Glossaire du parler français au Canada*, publié en 1930 par la Société du parler français au Canada, constitue un ouvrage majeur pour la connaissance et la description du français canadien et de ses spécificités.

Notre langue

«La langue, c'est l'âme d'une nation. [...] Voulez-vous faire disparaître un peuple? Détruisez sa langue. [...] Il est donc important pour un peuple, surtout pour un peuple conquis, de conserver sa langue. [...] On m'objectera sans doute que la langue française n'est nullement exposée à s'éteindre parmi nous [... mais il est possible qu'elle] devienne un véritable patois qui n'aurait de français que le nom. [...] Je veux signaler une tendance inconsciente à adopter des tournures étrangères au génie de notre langue, des expressions et des mots impropres; je veux parler des anglicismes [...]»

Jules-Paul TARDIVEL, L'anglicisme, voilà l'ennemi, 1880.

«C'est le grand mal canadien, c'est le mal de l'*à peu près.* [...] Vous voulez [...] changer mon langage? Commencez donc par me changer le cerveau! [...] De cerveaux à moitié noyés et dissous dans l'à peu près, vous ne tirerez pas plus, quoi que vous fassiez, un langage précis, correct, français [...]. En vain, vous armant des gaules formidables des "Corrigeons-nous", taperez-vous à grands coups sur tous les fruits flétris du solécisme et du barbarisme [...]. Croyez-moi, ce ne sont pas les fruits qu'il faut soigner : c'est l'arbre; ce n'est pas notre langage: c'est la mentalité qui le produit.»

Jules FOURNIER, lettre écrite en janvier 1917, en réponse à un livre
de M. de Montigny intitulé La Langue française au Canada.

«Notre affaiblissement intellectuel se traduit par l'affaiblissement de notre langue.» – «Ce dont nous avions et ce dont nous avons le plus besoin, c'est d'un commerce quotidien, familier, pratique avec le français. Des mots en premier lieu, beaucoup de mots, le plus grand nombre de mots possible. De quoi exprimer toute notre vie économique, intellectuelle, sociale. À quoi bon les règles si, devant les choses, nous sommes impuissants à les désigner?»

Victor BARBEAU, Le Français tel qu'on le parle au Canada, 1939.

«Au milieu d'un océan d'hommes et de femmes de langue anglaise, le français n'a de chance de survivre que s'il devient synonyme d'audace, de culture, de civilisation et de liberté.»

Jean-Charles HARVEY, La peur, 1945.

40

Le français et les langues autochtones

Les emprunts aux langues autochtones (c'est-à-dire langues amérindiennes et inuktitut) de l'Amérique du Nord constituent certainement l'un des traits les plus originaux du français parlé au Québec actuellement. S'ils sont relativement peu nombreux dans le vocabulaire commun, on les retrouve par contre à foison dans la toponymie (*Québec, Chicoutimi, Abitibi, Kuujjuaq,* etc.).

Les emprunts appartenant au vocabulaire commun résultent de deux vagues d'emprunts[18]. La seconde, dont il est ici question, correspond à la période de développement économique du XIXe siècle et du début du XXe, durant laquelle de nouveaux contacts se sont produits entre populations d'origines autochtone et européenne, à cause de l'expansion de cette dernière à l'intérieur des terres, en particulier dans les régions de la Haute-Mauricie et du Saguenay-Lac-Saint-Jean. C'est de cette période que datent *atosset* et *ouananiche* (poissons), et *rabaska* (canot collectif). C'est également durant cette période que les contacts avec les Inuits ont véritablement commencé, favorisant l'emprunt de quelques mots à l'inuktitut.

Qu'ils soient anciens ou récents, les emprunts aux langues autochtones obéissent au même schéma; ils se font en nombre restreint et toujours dans les mêmes champs sémantiques : faune et flore, et mots liés aux cultures locales. Ce phénomène est typique des zones de colonisation européenne, à date ancienne ou plus récente : on emprunte aux langues exotiques afin de nommer les réalités nouvelles auxquelles on est confronté; mais là s'arrête généralement l'influence des langues locales.

Les amérindianismes du vocabulaire franco-québécois actuel viennent presque tous des langues algonquiennes. Seuls *atoca* et *ouaouaron* sont d'origine iroquoienne, huronne fort probablement. Certains ont été empruntés directement par le français, en terre d'Amérique même, et se trouvent maintenant consignés dans les dictionnaires français comme régionalismes propres au français du Canada (québécois ou acadien); c'est le cas de *achigan, cacaoui, caribou, maskinongé* (poisson) et *pimbina*. D'autres ont un itinéraire plus complexe; d'abord empruntés par l'anglo-américain, ils passent ensuite en français européen. De là, ils s'intègrent au franco-québécois, où ils viennent parfois remplacer des expressions traditionnelles de facture bien française. Ainsi, par exemple, *mocassins, squaw* (femme amérindienne), *tomahawk* (sorte de hache) et *wigwam* (sorte d'habitation), qui ont remplacé les expressions « souliers sauvages », « sauvagesse », « casse-tête » et « cabane sauvage », courantes au Québec jusqu'à la fin du XIXe siècle au moins. Par ailleurs, d'autres amérindianismes intégrés au français européen par le truchement de l'anglais résistent à l'acclimatation en franco-québécois; c'est le cas de *toboggan*, utilisé en France pour désigner un plan incliné servant à glisser, comme dans les terrains de jeux ou dans les avions, que les enfants du Québec appellent généralement une glissoire.

Dans cet ensemble, les emprunts à l'inuktitut constituent un cas à part : ils ont généralement été réalisés par l'intermédiaire de l'anglais et, en français de référence, ne dépassent pas la dizaine. Ceci s'explique par le fait que les contacts avec les peuples du Grand Nord ont toujours été très épisodiques, autrefois comme aujourd'hui. Ces emprunts du français de référence se classent soit parmi les noms de peuples (*Aléoute, Inuit*) ou de langues (*inuktitut*), soit parmi les noms de choses caractéristiques de ces cultures, comme *anorak* (manteau), *igloo* (habitation), *kayak* (embarcation), *nunatak* (formation géologique particulière) et *parka* (manteau). Quant au franco-québécois, il comprend quelques autres termes empruntés à l'inuktitut; ce sont *cométique* (traîneau à chiens), *inukshuk* (borne de pierres à forme humaine), *mukluk* (bottes), *ookpik* (poupée en peau de phoque, à forme d'oiseau) et *oumiak* (grand canot collectif).

En ce qui concerne l'avenir, il est peu probable que le franco-québécois emprunte encore aux langues autochtones, du moins sur le plan du vocabulaire général. En effet, l'exploration du territoire par la population d'origine européenne est maintenant terminée. Par ailleurs, les autochtones sont sédentarisés depuis quelques décennies déjà, et ce sont maintenant leurs langues qui empruntent au franco-québécois. Par contre, on peut entrevoir que l'emprunt subsistera pour les toponymes (p. ex. : *Nunavut*) et les termes officiels (p. ex. : le Regroupement *Mamit Innuat* ou le Conseil tribal *Mamuitun*), puisque les communautés autochtones demandent que l'usage en franco-québécois soit orienté dans ce sens. Ce renversement de l'échange est plus particulièrement sensible pour les noms des peuples autochtones, qui sont en voie d'amérindianisation : ainsi, *Attikamek* a remplacé « Tête-de-boule » depuis une trentaine d'années et *Huron-Wendat* remplace peu à peu « Huron »; de même, *Innu* est de plus en plus souvent utilisé à la place de « Montagnais ».

Marthe FARIBAULT

James Duncan, *Montreal from the North*, 1856.

Le mot « toboggan » a été emprunté à l'amérindien par le truchement de l'anglais.

30. Les journaux et la langue

JEAN DE **BONVILLE**

Tout au long du XIXᵉ siècle, les journaux de langue française demeurent les parents pauvres de la presse canadienne-française, mais la situation s'améliore sensiblement au XXᵉ siècle. Quelques chiffres témoignent de ces progrès. En 1881, les francophones, qui forment plus de 80 % de la population, ne font vivre qu'un peu plus de la moitié des journaux, quotidiens ou hebdomadaires, et les feuilles de langue française ne contribuent que dans une proportion de 42 % au tirage de la presse quotidienne. Même en région, où la population canadienne-française domine largement, les journaux de langue anglaise affichent, encore au début du XXᵉ siècle, un tirage global comparable à celui des titres français. En 1961, en revanche, ces derniers constituent plus de 71 % des effectifs, tandis que les journaux de langue anglaise n'en représentent plus que 18 %, les autres 10 % se répartissant entre publications bilingues ou d'une langue autre que l'anglais ou le français. Les quotidiens de langue française, quant à eux, accaparent 66 % du tirage.

Comment expliquer cette remontée, qui s'étend sur pratiquement un siècle ? Jusqu'à la fin du XIXᵉ siècle, les journaux de langue française sont doublement désavantagés. À une époque où de piètres conditions de transport présentent encore des obstacles à la distribution de la presse, la forte concentration de la population anglophone à Montréal, à Québec et dans les petites villes des Cantons-de-l'Est favorise les feuilles de langue anglaise. Moins touchés par l'analphabétisme, les Canadiens anglais sont proportionnellement beaucoup plus nombreux à s'abonner aux journaux, tandis que les hommes d'affaires anglophones, plus prospères, consacrent des sommes plus importantes à la publicité dans les journaux de leur langue. En conséquence, les feuilles de langue française souffrent d'une rentabilité plus faible et s'avèrent plus sensibles aux revers de la conjoncture.

Mais, à la fin du XIXᵉ siècle, l'industrialisation gonfle la population urbaine de dizaines de milliers de Canadiens français venus de la campagne. Sachant lire et disposant du revenu nécessaire à l'achat d'un journal bon marché, ils forment un lectorat plus accessible. À la même époque, une transformation profonde touche le financement de la presse. Les recettes publicitaires deviennent la principale source de revenu des journaux, tandis que les producteurs de biens de consommation courante, qui se rangent désormais parmi les plus importants annonceurs, n'entretiennent qu'une préoccupation : rejoindre la masse des consommateurs, quelle que soit leur langue. Dans cette nouvelle logique marchande, le poids démographique des francophones joue de plus en plus en faveur de la presse de langue française. Les conséquences ne s'en font sentir que progressivement, mais la tendance s'accélère après la Seconde Guerre mondiale, alors que le budget de consommation des Québécois francophones augmente fortement et que, d'autre part, les hommes d'affaires canadiens-français exercent plus d'influence sur l'économie du Québec et sur la gestion de son industrie publicitaire.

Le contenu des journaux de langue française se ressent à la longue de l'amélioration de leur situation financière. Jusqu'à la fin du XIXe siècle, la plupart des journaux sont imprimés sur une seule feuille de grand format qui, pliée en deux, donne quatre pages d'une composition très dense : petits caractères, peu de titres sinon de faible taille, pas de photos et de très rares illustrations. La contribution des rédacteurs et des chroniqueurs se résume à quelques textes d'opinion et, vers la fin du siècle, à d'occasionnels reportages. Le reste du journal se compose d'extraits de journaux étrangers, de lettres de lecteurs, de la traduction plus ou moins habile de documents publics, de feuilletons ou d'essais d'auteurs français. Les éditeurs francophones disposent généralement d'un personnel moins nombreux que leurs concurrents anglais et ils consacrent moins d'argent à la collecte de l'information. Aussi, au XIXe siècle, les quotidiens anglais, mieux informés et mieux documentés, sont-ils des modèles à imiter.

Au cours des premières décennies du XXe siècle, le volume des journaux augmente sensiblement, atteignant, voire dépassant, les 24 pages en semaine. Les gros titres et les illustrations de toutes sortes se multiplient. Les feuilletons d'écrivains français font place bien souvent à des bandes dessinées américaines, et les dépêches d'agences de presse se multiplient à la une et dans les pages intérieures. La production des journalistes s'est, elle aussi, beaucoup accrue à la suite de l'augmentation sensible des effectifs de la plupart des salles de rédaction, y compris celles des quotidiens de langue française.

Mais les conditions d'exercice de la profession continuent à désavantager les journalistes francophones. Ils travaillent dans un milieu où l'anglais domine, et c'est en anglais que leur est très souvent présentée la réalité économique, politique et sociale. Le français demeure sous-représenté dans les documents publics, les rapports financiers, les dépêches d'agences de presse, etc. Les éditeurs de langue française doivent absorber les frais de traduction et subir les délais qui s'ensuivent. De plus, l'unilinguisme d'un grand nombre de journalistes anglophones oblige les personnalités publiques canadiennes-françaises et les institutions qu'elles représentent à recourir fréquemment à l'anglais. Le contenu des journaux de langue française, surtout celui des quotidiens montréalais, est donc en grande partie le résultat d'un travail plus ou moins heureux de traduction.

La prose journalistique se ressent de ce contact des langues, car la pression de la tombée ne laisse guère le temps au rédacteur de soigner son style. Aussi plusieurs journalistes, parmi les meilleures plumes, déplorent-ils la piètre qualité de la langue des journaux; ils stigmatisent en particulier les anglicismes qui en parsèment les articles. La situation s'explique, rétorquent les journalistes, par de piètres conditions de travail et l'appât du gain des propriétaires, qui préfèrent garder à leur service des journalistes sous-payés et médiocres, au lieu de recruter et de rémunérer correctement des rédacteurs de valeur. La domination sociale de l'anglais ne transpire pas seulement dans les nouvelles, mais s'étend à tout le journal, aux bandes dessinées comme à la publicité.

Après la Seconde Guerre mondiale, plusieurs facteurs contribuent à la francisation progressive de l'exercice du journalisme. La syndicalisation des journalistes entraîne des améliorations notables dans les conditions de travail et l'exercice de la profession. Plus nombreux, mieux formés et mieux rémunérés, les journalistes deviennent plus exigeants à l'endroit de leurs journaux. La fondation de l'Union canadienne des journalistes de langue française, en 1954, catalyse ces préoccupations. L'agence Canadian Press qui, depuis sa fondation en 1917, diffusait ses dépêches uniquement en anglais, établit un service français en 1951. À la simple traduction d'articles anglais, s'ajouteront éventuellement des reportages originaux. Les mesures de francisation de l'administration publique fédérale et la croissance de l'État québécois contribuent à revaloriser le français comme langue de communication publique et entraînent une augmentation sensible de l'information en français destinée à la presse.

En outre, la prospérité revenue gonfle les recettes publicitaires, lesquelles font augmenter en proportion le volume des journaux et la quantité d'informations de toutes sortes offertes au public. Dès lors, les lecteurs francophones, qui se recrutent dans toutes les couches de la population et non plus seulement parmi les élites comme au XIXe siècle, ont accès à presque toutes les facettes de l'actualité grâce à des textes rédigés, dans leur langue, par des rédacteurs québécois.

Bien que fondé en 1910 par Henri Bourassa pour s'éloigner un peu du *Nationaliste* d'Olivar Asselin, le journal *Le Devoir* n'en demeure pas moins inscrit dans le courant nationaliste.

31. Le développement des lettres

MARIE-ANDRÉE **BEAUDET**

D ans toutes les littératures, on peut dire que l'écrivain entretient un rapport privilégié avec la langue, son matériau premier et sa véritable patrie. Or, dans les littératures dites des petites nations, ces littératures nées au cours du XIXe siècle, l'écrivain hérite en outre d'un fort sentiment de responsabilité à l'égard de sa langue, sentiment que Lise Gauvin a très justement qualifié de «surconscience linguistique». L'histoire de la littérature québécoise en témoigne.

Très tôt, en fait dès les premières manifestations d'une expression littéraire au Canada, les écrivains ont été sensibles à l'étonnant destin de la langue française en Amérique; ils n'ont cessé d'être aux premiers rangs des luttes pour lui assurer survie et statut, comme ils ont passionnément pris part aux grandes campagnes menées en faveur du «bon parler».

Que des écrivains soient attentifs à la qualité ou au rayonnement de leur langue n'a en soi rien pour surprendre. Mais, au Québec, comme nous le verrons, ce souci a pris – en raison des circonstances historiques particulières dans lesquelles les écrivains ont dû exercer leur art – une ampleur considérable. Entre 1850 et 1960, en effet, la question de la langue est devenue non seulement un thème majeur chez les essayistes, mais est également apparue, à partir des années 1880, à l'ensemble des écrivains canadiens-français comme une condition majeure posée à l'existence et à l'autonomie de leur littérature. Au cours de ce siècle, qui voit la naissance institutionnelle de la littérature canadienne avec l'École patriotique de Québec, la relation des écrivains québécois avec leur langue emprunte diverses voies et divers registres qui peuvent être systématisés et retracés en quatre grandes périodes.

1850-1880. Du malheur de n'être pas iroquois ou huron

Lorsque, dans les années 1860, sous l'impulsion du grand historien François-Xavier Garneau, l'abbé Henri-Raymond Casgrain en appelle à la naissance d'une littérature canadienne, il se voit rappeler par le poète Octave Crémazie, alors en exil en France, les écueils qui se dressent. Au premier chef, celui de la langue. «Plus je réfléchis sur les destinées de la littérature canadienne, moins je lui trouve de chance de laisser une trace dans l'histoire. Ce qui manque au Canada, c'est d'avoir une langue à lui. Si nous parlions iroquois et huron, notre littérature vivrait», lui écrit Crémazie en janvier 1867 [19]. Dans ce grand siècle des nationalités, où la langue est censée traduire le génie d'une race et la littérature exprimer l'âme du peuple, il paraît en effet difficile de croire à l'existence d'une *autre* littérature de langue française. D'autant plus difficile au Canada que le statut de cette langue fait l'objet, depuis la Conquête, de constants désaveux et que les Canadiens, en raison de leur éloignement et de leur situation précaire, ont le sentiment de ne pas pouvoir parler et écrire aussi bien que leurs cousins français.

Ce contexte défavorable n'empêche pas la production d'œuvres fortes comme celles d'Antoine Gérin-Lajoie (*Jean Rivard, le défricheur*, 1862, et *Jean Rivard l'économiste*, 1864), ou de Philippe Aubert de Gaspé. On trouve par ailleurs chez l'auteur des *Anciens Canadiens* (1863), incarnées dans le personnage du valet José, quelques marques du parler populaire que nous appelons aujourd'hui le français québécois. Mais c'est toutefois à Pierre-Joseph-Olivier Chauveau et à son roman *Charles Guérin*, publié en 1846, que l'on doit les toutes premières transcriptions des particularités linguistiques canadiennes. Sur ce plan, le poète Louis Fréchette, dans ses contes, en particulier dans *Originaux et détraqués* (1892), apportera une contribution décisive. Fréchette, premier lauréat étranger de l'Académie française en 1880 pour son recueil poétique *Les Fleurs boréales. Les Oiseaux de neige*, se retrouve également au premier rang du bataillon des écrivains engagés dans la grande offensive menée contre les anglicismes au cours de la période qui suit l'entrée en vigueur de la Confédération.

L'Opinion publique, 24 juin 1880.

Composition faite à partir des œuvres du poète Louis Fréchette, proclamé lauréat de l'Académie française.

Ozias Leduc, *La Liseuse*, 1894.

C'est l'époque où la littérature canadienne prend son essor.

1880-1902. Aux grands maux les grands remèdes

La fin de siècle constitue du point de vue linguistique une période extrêmement mouvementée qui marque incontestablement le début de l'engagement social et politique des écrivains québécois. Plusieurs facteurs, dont au premier rang la douloureuse question des écoles de langue française du Manitoba, suscitent un vaste mouvement d'inquiétude au sein de la population francophone. L'inquiétude est si vive que Faucher de Saint-Maurice n'hésitera pas à donner à l'un de ses essais un titre aussi alarmiste que *La question du jour. - Resterons-nous français ?*

D'autre part, la prise de conscience du fait que l'industrialisation a fortement contribué à angliciser une langue déjà fragilisée par le maintien d'un usage archaïque mobilise les écrivains et les incite à agir. L'action empruntera deux voies. D'une part, celle de la dénonciation du péril que constitue l'anglicisation et, d'autre part, la création d'instruments destinés à contrer le mal tout en valorisant le patrimoine linguistique canadien-français. Certains écrivains se livrent alors à de patients travaux lexicographiques. En 1880, Oscar Dunn fait paraître son fameux *Glossaire franco-canadien,* et, en 1894, Sylva Clapin son *Dictionnaire canadien-français* [20]. Les deux ouvrages empruntent quelques citations à des œuvres québécoises. D'autres écrivains, tels Louis Fréchette, Arthur Buies ou Jules-Paul Tardivel, inondent les journaux de chroniques linguistiques dont le ton relève souvent de la rhétorique pamphlétaire. La chasse aux anglicismes mobilise l'ensemble des écrivains, et l'on assiste à la constitution d'un véritable front commun d'intellectuels, qui transcende les traditionnels clivages idéologiques entre libéraux et conservateurs. Au cœur de cette veillée d'armes, une voix s'élève portée par un style incomparable, celle d'Arthur Buies : « Le temps est venu, et il presse, où il faut mettre un terme au galimatias qui nous envahit, nous résoudre enfin à parler un français réel, et non pas, sous la dénomination trompeuse de français, un anglais travesti, corrompu, une forme interlope, également étrangère à la nature des deux langues [21]. » Dans ce même essai, *Anglicismes et canadianismes,* paru en 1888, Buies n'hésitera pas à imputer les problèmes que connaît la pratique du français au Canada aux « *conditions d'infériorité* [22] » dans lesquelles celle-ci se trouve réduite.

1902-1937. Le français des champs contre le français des villes

La mobilisation des écrivains en faveur du français prendra une physionomie nouvelle avec le début du XXe siècle. Les actions individuelles qui avaient marqué la période précédente sont relayées par la mise sur pied de grandes associations de défense et de promotion des intérêts canadiens-français, telle la Société du parler français, fondée en 1902. C'est dans un tout nouveau contexte nationaliste que se poseront avec une vive acuité les questions de norme et de modernité. Malgré une volonté manifeste de redéfinition, l'époque demeure nettement francophile. Jules Fournier et Olivar Asselin, deux plumes exceptionnelles, mettent volontiers leur style – qui sait se faire polémique lorsque les circonstances l'exigent – au service de la langue et du progrès intellectuel de la nation.

Aux tenants du régionalisme et du programme de «canadianisation» lancé par l'abbé Camille Roy, la littérature paraît comme l'«écrin» qui peut permettre de sauver de l'oubli et de mettre en valeur les vieilles expressions et les canadianismes de bon aloi; aux yeux de leurs adversaires, ceux qu'ils nommeront par dérision les «exotistes» ou les «parisianistes», la littérature, à l'instar de toute autre forme d'art, ne saurait être que souveraine, libre de ses sujets comme de son vocabulaire. Aux yeux de ces derniers, le poète Émile Nelligan fait office d'artiste-phare : il ouvre avec génie les portes de la modernité, il échappe à la «mission» de la langue pour s'adonner librement à la création. Les œuvres et les titres témoigneront de ce profond différend idéologique et esthétique; qu'on pense aux proses du régionaliste Adjutor Rivard, *Chez nous* (1914), ou à la poésie de l'«exotique» Paul Morin, *Le Paon d'émail* (1911). Cette querelle linguistico-littéraire, la plus longue et sans aucun doute la plus significative de l'histoire de la littérature québécoise, prendra fin au moment de la Seconde Guerre mondiale avec le déclin de l'École du terroir et la floraison d'une littérature réaliste et résolument urbaine.

Mais déjà, en fait, depuis les années 1920 et 1930, l'évolution de la culture québécoise s'avère de plus en plus marquée, notamment au théâtre dans les genres comme le vaudeville et le burlesque, par les modèles de la culture populaire américaine. On assiste parallèlement à l'essor d'une création de facture populiste. Qu'on pense aux chansons de la Bolduc ou aux poèmes de Jean Narrache (pseudonyme d'Émile Coderre), auxquels «la langue verte, populaire et quelquefois française» des *Cantouques* de Gérald Godin devra beaucoup.

1937-1959. Le forage de la modernité

Pendant les années 1940 et 1950 s'amorce du point de vue institutionnel l'entrée décisive dans la modernité. Avec la guerre, l'édition canadienne connaît un développement spectaculaire. Dans le domaine de la poésie, du roman, du théâtre, l'heure est à l'aventure spirituelle et à l'expérimentation formelle. Les œuvres de Saint-Denys Garneau (*Regards et jeux dans l'espace*, 1937) ou d'Alain Grandbois (*Les Îles de la nuit*, 1944), dans leurs différences mêmes, illustrent la maturité de ce renouveau. Si la France demeure toujours une influence prépondérante, notamment pour les élites intellectuelles, le sentiment d'appartenance au continent américain et à une civilisation matérielle distincte et de plus en plus fortement influencée par les modes de vie étatsuniens s'accroît. La prospérité économique, inconnue jusque-là, s'installe et le développement des communications favorise l'ouverture sur le monde tout en offrant de nouveaux débouchés aux créateurs. Les écrivains, hommes et femmes, sont plus nombreux, plus déterminés à se faire entendre, et des succès comme ceux que connaissent Gabrielle Roy (*Bonheur d'occasion*), Gratien Gélinas (*Ti-Coq*) ou Roger Lemelin (*Les Plouffe*) – succès qui contribuent à élargir le public lecteur – créent un nouveau climat de confiance en dépit du conservatisme étouffant maintenu par les élites cléricales et politiques.

Le célèbre roman de Roger Lemelin, *Les Plouffe*, a d'abord été adapté pour la radio, puis pour la télévision et le cinéma.

La vie littéraire s'enrichit et se consolide avec la multiplication des revues – citons *La Nouvelle Relève* (1941-1948), *Amérique française* (1941-1956) et *Liberté,* qui voit le jour en 1959; la création de maisons d'édition, dont l'Hexagone en 1953, et la fondation d'organismes prestigieux tels que l'Institut d'histoire de l'Amérique française en 1946 et l'Académie canadienne-française (aujourd'hui l'Académie des lettres du Québec), fondée en 1944 par Victor Barbeau, Philippe Panneton (Ringuet) et Roméo Boucher, dont les objectifs visaient à la fois à promouvoir le développement de la littérature et à assurer le rayonnement de la langue française.

Même si les vieilles structures résistent encore – l'épisode du Refus global le démontre –, les forces du changement sont à l'œuvre et tout annonce la victoire prochaine de *L'Âge de la parole,* pour reprendre le beau titre de Roland Giguère.

Les québécismes dans la littérature

La littérature québécoise naît dans le second quart du XIXᵉ siècle, à une époque où l'on prend conscience avec inquiétude de l'écart qui s'est créé entre l'usage canadien et celui de France. Dans ce contexte, les auteurs cherchent à suivre la norme de France et laissent peu de place aux canadianismes. Les mots qui passent la rampe en premier sont ceux qui ont trait aux réalités canadiennes (comme *habitant, poudrerie, coroner, tire de la Sainte-Catherine*) ou qui désignent des objets usuels (comme *capot d'étoffe, couverte, mitasses*). C'est à travers les chroniques humoristiques que la langue courante percera vraiment à l'écrit dans les dernières décennies du XIXᵉ siècle, par exemple dans le journal *Le Vrai Canard* (Montréal, 1879-1881), qui fait la nique aux bien-pensants et auquel fera écho plus tard *Le Goglu* (Montréal, 1929-1933). Au début du XXᵉ siècle, les auteurs régionalistes puisent librement dans la langue rurale, cherchant même à faire revivre des mots déjà tombés en désuétude, comme Adjutor Rivard dans *Chez nous* (1914). À partir de cette époque, la pénétration des canadianismes usuels dans la langue littéraire se fait par étapes, à travers des stratégies diverses : utilisation de ces mots dans les dialogues, puis timidement dans le récit, recours à l'italique et aux guillemets. Claude-Henri Grignon sera l'un des premiers à bannir ces artifices dans *Un homme et son péché* (1933) et il réussira à convaincre Félix-Antoine Savard de suivre son exemple dans le deuxième tirage de *Menaud, maître draveur* (1938). Les romans urbains de Roger Lemelin (*Au pied de la pente douce,* 1944) et de Gabrielle Roy (*Bonheur d'occasion,* 1945), renouvelant la thématique littéraire, exploiteront avec plus de liberté les ressources du français canadien, annonçant la liberté que prendront plus tard les auteurs *joualisants,* avec les romanciers Jacques Renaud (*Le Cassé,* 1964), André Major (*La Chair de poule,* 1965) et le poète Gérald Godin (*Les Cantouques,* 1967). Donnant la parole à des personnages dont la langue était très socialement marquée, Michel Tremblay contribuera à faire tomber les dernières réticences, malgré les condamnations des puristes. Depuis les années 1970, les canadianismes, désormais appelés québécismes, peuvent être utilisés dans les textes littéraires sans qu'on se sente obligé de les justifier, ou même sans que l'on s'en préoccupe (par exemple chez Yves Beauchemin et Marie Laberge). La pénétration progressive des *québécismes* dans la langue des auteurs témoigne de l'évolution de la conscience linguistique des Québécois qui sont en voie d'assumer leur originalité langagière.

Claude POIRIER

Les signes avant-coureurs

32. *Les germes du changement*

RENÉ **DUROCHER**

Les révolutions, même tranquilles, ne surgissent pas du néant. Elles se préparent et se développent souvent lentement et discrètement. Le Québec de l'après Seconde Guerre mondiale est une société en mutation, en dépit du conservatisme du régime Duplessis, conforté par l'Église catholique et la bourgeoisie anglophone[1] dans une sorte de « pacte tacite » qui dure depuis le XIXe siècle, mais qui est à la veille d'être désavoué.

Une société en mutation

La grande misère des années 1930 nourrie par un chômage massif se résorbe avec la Seconde Guerre mondiale. Après la fin des hostilités en Europe, le Canada et le Québec connaissent une phase de prospérité, et la vie de l'ensemble de la population s'améliore. Le revenu annuel par habitant passe de 655 $ en 1946 à 1455 $ en 1961, ce qui permet à un grand nombre de Québécois d'accéder à la société de consommation : logement, électroménagers, télévision, etc.

Mais la prospérité ne signifie pas la fin des inégalités. Ainsi, les travailleurs aussi bien que les élites francophones sont défavorisés par rapport aux anglophones. La Commission Laurendeau-Dunton montrera de manière convaincante le phénomène de discrimination ethnique qui affecte les Canadiens français : ils se retrouvent presque au dernier rang sur l'échelle socio-économique du Québec[2]. L'ouvrier francophone doit souvent travailler dans un univers culturel et linguistique qui lui est étranger. S'il n'est pas bilingue, ses possibilités de trouver un emploi qualifié et d'obtenir des promotions sont fort limitées, ce qui n'est pas le cas de l'anglophone unilingue.

Avec l'exode rural, le *baby-boom* et l'arrivée d'immigrants, l'urbanisation du Québec reprend à un rythme soutenu. Montréal, à plus de 60 % francophone, est la grande métropole du Québec avec le tiers de la population totale. Mais c'est aussi la ville où vivent la majorité des Anglo-Québécois et des immigrants.

Dans les années 1950, les manifestations de travailleurs illustrent la montée du syndicalisme et les revendications de justice sociale qui s'étendront bientôt jusqu'au domaine de la langue.

L'après-guerre amène l'émergence d'une nouvelle classe moyenne urbanisée qui sape graduellement les fondements de la société traditionnelle. Le réseau scolaire, tout déficient qu'il soit, produit quand même une masse critique de diplômés, ingénieurs, comptables, scientifiques ainsi que des spécialistes en sciences humaines et sociales en nombre suffisant pour créer cette classe moyenne qui assume de plus en plus un rôle de leadership.

Celle-ci prend peu à peu conscience de la discrimination qu'elle subit et de la situation anormale faite au français dans les institutions, dans les milieux de travail et dans l'affichage. De même, elle s'inquiète, comme les générations qui l'ont précédée, de la détérioration de la langue française parlée et écrite.

Revendications traditionnelles

Dans les milieux nationalistes canadiens-français des années 1950, l'idéologie de la survivance reste bien présente. Le combat pour la sauvegarde et la restauration du français reprend les revendications traditionnelles des générations précédentes.

Le discours linguistique de l'époque repose sur les arguments suivants : la langue française est une grande langue de civilisation, malheureusement les Canadiens français la parlent et l'écrivent mal. Il faut combattre l'anglicisme et l'américanisation. L'école doit améliorer l'apprentissage de la langue. La tâche de refranciser le Québec s'impose à tous et à chacun.

En premier lieu, il faut refranciser le visage de Montréal, et même de l'ensemble du Québec où l'affichage est lamentable et s'attaquer ensuite à la toponymie.

Il y a enfin les combats à mener auprès du gouvernement fédéral, avec ses forces armées massivement anglophones et anglicisantes, sa fonction publique presque exclusivement anglaise, son Office national du film qui fait la portion congrue aux francophones.

Éléments déclencheurs et nouvelles perspectives

En 1955, sous l'égide de *L'Action nationale* relayée par *Le Devoir*, un combat acharné s'organise pour que le grand hôtel qu'entend édifier le Canadien National (CN) porte le nom de Château Maisonneuve plutôt que celui de Queen Elizabeth. On considère comme une insulte et une stupidité que, dans une ville majoritairement francophone comme Montréal, une société publique fédérale veuille imposer un nom anglais à un immeuble public. *L'Action nationale*, qui se bute à l'arrogance du président du CN, Donald Gordon, mène une campagne auprès des députés fédéraux et organise une pétition qui recueillera l'appui de 200 000 personnes, 500 conseils municipaux et 40 organismes divers.

Le gouvernement fédéral ne veut pas intervenir. Le refus de Duplessis lui-même d'appuyer le mouvement est interprété par l'opinion publique comme «une grossière erreur ». L'hôtel s'appellera finalement Queen Elizabeth, mais ni Gordon ni la mobilisation qu'il a provoquée ne seront oubliés.

En 1962, la déclaration du même Gordon selon laquelle il n'aurait pas trouvé de Canadien français compétent pour remplir un poste de cadre supérieur à la société Canadien National soulèvera un nouveau tollé et suscitera des manifestations à Québec et à Montréal.

Ces sursauts indiquent que les Canadiens français sont en train de secouer le joug et n'acceptent plus leur subordination socio-économique. Ils sont prêts à affirmer leurs droits de majoritaires. C'est la fin de l'attitude de passivité résignée.

En 1955, l'appellation *The Queen Elizabeth* qu'on veut donner à un grand hôtel de Montréal provoque un tollé et donne lieu à une pétition de 200 000 signatures en faveur d'un nom français.

L'émeute du Forum de mars 1955, à l'occasion de la suspension du joueur de hockey «national» Maurice Richard, est une illustration de ce signe des temps, comme aussi, dans un domaine tout différent, les campagnes d'«achat chez nous» qui préludent déjà au slogan de 1962 «Maîtres chez nous»! Le cri du général de Gaulle, du haut du balcon de l'hôtel de ville de Montréal, en 1967, ne fera que traduire ce mouvement de libération économico-politique qui traversait alors le Québec.

À la fin des années 1950, cette prise de conscience était aussi portée par une soif d'ouverture sur le monde et sur la modernité, qui appelait une réforme en profondeur de l'éducation et une importante mise à jour technologique. En même temps, Jean-Marc Léger, alors journaliste, se fait le propagandiste d'une vision internationale de la défense du français au Québec. Dès 1953, il appelle à la formation d'une «Union culturelle française», rappelant que nous faisons partie d'un grand ensemble de 150 millions de personnes qui participent directement ou indirectement à la vie française dans le monde[3].

La création de la première chaîne de télévision de Radio-Canada, avec sa section de langue française en 1952, puis son programme entièrement en langue française deux ans plus tard, a aussi contribué de façon considérable à cette prise de conscience linguistique, sociale et culturelle, à cause du rôle puissant du petit écran comme révélateur d'identité et catalyseur d'énergie.

Prise de conscience politique

Mais la dimension la plus nouvelle de cette prise de conscience est incontestablement l'aspect politique. La nouvelle élite se fait de plus en plus critique de l'inaction du gouvernement québécois. Elle l'engage à assumer ses responsabilités premières, comme il ne l'a jamais fait auparavant, dans les domaines stratégiques des ressources naturelles, de l'immigration, de l'éducation, du redressement linguistique.

Dans ce qu'on pourrait appeler une «première Révolution tranquille», Adélard Godbout, premier ministre du Québec en 1936 et en 1939-1944, avait déjà cherché à accroître le rôle de l'État, en amorçant par exemple la nationalisation de l'électricité. Mais la résistance au changement devait persister jusqu'à la fin des années 1950.

Les problèmes liés à l'immigration et surtout à la nécessité d'intégrer les nouveaux venus au groupe francophone commençaient à inquiéter sérieusement les esprits. En 1952, un éditorialiste écrit «que des Canadiens français refusent de s'intéresser aux immigrants, qu'en particulier de [*sic*] gouvernement du Québec boude le problème et néglige activement de s'en occuper, cela passe l'entendement». Et avec une mordante ironie il ajoute : est-ce «un nouveau domaine où l'autonomie du gouvernement actuel a choisi de ne pas s'exercer[4]»? En 1954, on revient sur la question : «La clé de voûte d'un système vraiment efficace [pour accueillir, aider et intégrer les immigrants] devrait être le gouvernement de la province de Québec[5].»

C'est aussi le gouvernement du Québec qu'on entend désormais tenir responsable de la dégradation du français dans le secteur économique. On l'invite à intervenir pour obliger les entreprises canadiennes-françaises à choisir une raison sociale au moins bilingue sinon uniquement française. On réclame de lui qu'il mette sur pied une « Commission de redressement linguistique » chargée d'étudier la question au nom de l'État. « Rien de sérieux, de durable, déclare J.-M. Léger, ne peut être accompli sur aucun plan en dehors d'une action décisive du gouvernement du Québec[6]. »

Les pressions de l'opinion publique sont pourtant suivies d'effets. Au cours de l'été 1959, Georges-Émile Lapalme, alors simple député, écrit un document qui servira de programme et d'inspiration aux libéraux qui seront élus en juin 1960 et qui, sous la direction de Jean Lesage, « porteront » la Révolution tranquille. Dans cet ouvrage, plusieurs pages sont consacrées à la culture et à la langue. L'auteur soutient qu'il « faut affirmer avec force que tout l'avenir de notre province doit s'édifier en fonction du fait français[7] ».

Un détonateur

Le 21 octobre 1959, l'éditorialiste André Laurendeau écrit dans *Le Devoir* un billet désenchanté : à peu près tous les enfants et les jeunes qu'il connaît « parlent JOUAL[8] ». Le 23 octobre, il reçoit une lettre du frère Pierre-Jérôme qu'il publiera, sous le pseudonyme de Frère Untel. Une lettre mordante et d'une implacable logique :

> Il est question d'un Office provincial de la linguistique. J'en suis. LA LANGUE EST UN BIEN COMMUN, et c'est à l'État comme tel de la protéger. L'État protège les orignaux, les perdrix et les truites [...] et l'État devrait la [la langue] protéger avec autant de rigueur. Une expression vaut bien un orignal, un mot une truite[9].

D'octobre 1959 à juin 1960, *Le Devoir* publie une douzaine de lettres du Frère Untel, et la polémique prend une ampleur insoupçonnée. Comme l'écrira André Laurendeau, le Frère Untel « rend populaires des critiques qu'on formulait en cercles fermés et qui souvent faisaient bailler[10] ».

La critique du français parlé au Québec n'est pas nouvelle. Périodiquement, depuis le XIXe siècle, auteurs et chroniqueurs s'en sont pris aux diverses manifestations de dégradation de la langue, renforçant ainsi la perception négative que les Canadiens français ont développée à propos de leur langue. Mais, cette fois, le mouvement de critique est accompagné d'une prise de conscience sociale et politique qui lui donne une tout autre dimension et qui sonne le réveil.

Ainsi, à la fin des années 1950, le terrain est préparé pour des changements substantiels. De nouvelles perspectives continuent d'émerger, en particulier sur le rôle de l'État québécois, sur la place des Québécois francophones dans leur économie, sur l'immigration, sur la francophonie. Une nouvelle classe moyenne, formée des jeunes du *baby-boom* et des nationalistes anciens et nouveaux, continue à monter et à s'affirmer. Les débats publics ouvrent des champs nouveaux qui vont s'élargissant. Des mouvements et des groupes, comme l'Alliance laurentienne de 1957 et les premiers rassemblements indépendantistes de 1960, se mettent en place pour encadrer le gouvernement et prendre la relève.

Le gouvernement est forcé d'agir et de changer. Il n'a d'autre choix que de s'engager dans la révolution qui s'annonce.

Paul-Émile Borduas, *Bleu*, 1954.

Les signataires du *Refus global*, dont Paul-Émile Borduas, dénoncent les peurs qui empêchent d'agir et annoncent déjà la Révolution tranquille.

4 | LA RECONQUÊTE DU FRANÇAIS

1960-2000

Une mer de drapeaux fleurdelisés, symbole de l'identité québécoise
et de la démarche collective d'un peuple qui reconquiert sa langue.

Vue d'ensemble de la quatrième partie

Après la mort de Maurice Duplessis, qui marque la fin de l'«ancien régime», l'élection de Jean Lesage donne le coup d'envoi de la Révolution tranquille. La nouvelle société québécoise reprend en mains tous les leviers de son affirmation et de son existence propre. La langue française prend la tête de cette reconquête, dont l'État devient pour la première fois le moteur.

I. L'état d'infériorité économique et sociale des Canadiens français du Québec, en même temps que l'aliénation culturelle et linguistique dans laquelle les a plongés la domination de l'anglais, provoquent une mobilisation générale. Entre le cri du général de Gaulle («Vive le Québec libre!», 1967) et le premier référendum sur la souveraineté (1980), le chemin de la reconquête est ponctué de crises et d'événements majeurs : Saint-Léonard, McGill français, rassemblements indépendantistes, crise d'Octobre, Mouvement Québec français, bataille des Gens de l'air, élection du Parti Québécois, Charte de la langue française.

Sur le plan linguistique, on s'en prend à la fois au «bilinguisme intégral» et à cette espèce de langue en décomposition qu'est le *joual.* Il saute aux yeux de tous que la langue de la majorité, au Québec, a un urgent besoin d'être rétablie et respectée dans son statut et dans sa qualité. C'est à quoi s'appliqueront les grandes commissions d'enquête mises sur pied dans les années 1960 (Parent, Laurendeau-Dunton, Gendron) et les premières lois linguistiques adoptées par le gouvernement fédéral et le gouvernement du Québec entre 1969 et 1974, en particulier la Loi 22 faisant du français la langue officielle du Québec.

Avec les États généraux du Canada français (1967), les Québécois se démarquent des Canadiens français du reste du Canada et se disent convaincus que la seule chance d'avenir du français en Amérique réside dans un Québec «aussi français que l'Ontario est anglais». La Charte de la langue française, ou *Loi 101* (août 1977), vient traduire cet objectif de faire du français la langue officielle et la langue normale et habituelle de toutes les activités publiques.

La Loi 101 a eu un impact considérable sur la société québécoise. Bien qu'elle ait été contestée dans certaines de ses dispositions, elle a réussi à établir un large consensus de base sur les balises essentielles d'une société désireuse de vivre en français. Entre autres, elle a redonné au Québec son visage français et aux francophones la place qui leur revient dans l'économie; elle a donné à tous les Québécois le droit de travailler et d'être servis en français; elle a suscité un nouveau type de relations entre francophones et anglophones; elle a amené les allophones à fréquenter l'école de langue française et à s'intégrer davantage à la communauté francophone.

II. Au cours des deux décennies (1975-1995) qui ont suivi la Loi 101, on a vu s'opérer l'essentiel de la «normalisation» linguistique et du «rattrapage» dont les francophones avaient besoin. Depuis lors, le discours officiel – doublé d'une réflexion sociale – invite de plus en plus tous les Québécois à participer à l'édification d'un Québec essentiellement français, mais en même temps respectueux de toutes ses composantes.

Des énoncés de politique en direction des communautés culturelles (1981, 1990, 1997) reconnaissent l'égalité des Québécois dans leur diversité culturelle et leur proposent un «contrat moral» de solidarité et de participation active à la société, fondée sur la reconnaissance du français comme langue commune de tous les Québécois et comme élément constitutif de la «nation».

Le cas de Montréal et le nouveau contexte mondial retiennent particulièrement l'attention. La «reconquête» linguistique de Montréal n'est pas terminée, loin de là. Par le jeu conjugué de l'immigration et de la dénatalité, l'île de Montréal assiste à une diminution du poids de ses effectifs francophones. Comment, dans ce contexte, favoriser l'intégration des immigrants à la communauté francophone? De plus, l'intégration mondiale des marchés et la pénétration en masse des nouvelles techniques de l'information et de la communication font peser sur les entreprises et les milieux de travail une pression accrue en faveur de l'anglais. Face à ces nouveaux défis, la situation demeure préoccupante et alimente un nouveau débat linguistique.

Malgré tout, la langue française, au Québec, s'engage dans l'avenir avec assurance. Débarrassée de ses anciens stigmates, elle s'est enrichie, développée et modernisée. Elle est capable de tenir sa place au niveau international. Pour les jeunes qui n'ont pas connu les luttes linguistiques, le français va de soi. La littérature, la chanson et les autres créations québécoises se font connaître partout. Et des écrivains québécois, venus de tous les horizons et de toutes les cultures, célèbrent en français le don de la parole.

DE «CANADIENS FRANÇAIS» À «QUÉBÉCOIS»

Les deux expressions continuent à coexister, mais il est certain qu'après les États généraux du Canada français de 1967 les francophones du Québec s'approprient le mot «Québécois», laissant de plus en plus aux francophones hors Québec l'appellation de «Canadiens français». C'est au cours de cette période que s'exprime le plus fortement le sentiment identitaire des Québécois et que les termes «francophone», «anglophone» et «allophone» commencent à se répandre, pour désigner les groupes selon la langue parlée à la maison.

En même temps, et surtout depuis une dizaine d'années, on tend à désigner par «Québécois» tous les citoyens du Québec sans distinction. Tous les Québécois sont invités à utiliser le français comme langue commune et à participer en français à la vie publique et à l'évolution de la société.

ESPACE ET LANGUE

I. Le rêve d'un Canada français s'estompe de plus en plus après les États généraux de 1967. Les gouvernements qui se succèdent à Québec réaffirment de diverses façons leur rôle à l'endroit des francophones hors du Québec. Mais, pour un nombre croissant de Québécois, l'espace français réel se réduit de plus en plus aux limites territoriales du Québec.

Les insolences du frère Untel, publiées en 1960, donnent un dur coup au français québécois, qui porte encore les stigmates du *French Canadian patois.* La querelle du *joual* oppose alors les «francisants» aux «joualisants». Si le *joual* a aidé à libérer l'expression et continue d'être en usage, le français parlé à Radio-Canada, puis le «français standard d'ici» ne l'emportent pas moins dans l'opinion publique.

II. Trois facteurs nouveaux placent désormais les Québécois dans un espace linguistique élargi, sans frontières, à la fois pluriel et francophone : la tenue des sommets francophones (dont l'un à Québec en 1987), la création des réseaux d'échanges informatisés et le virage nord-sud de l'économie québécoise dans le contexte du libre-échange des Amériques. Une nouvelle dynamique commence à s'instaurer, mettant en lumière le rôle important que peut jouer le Québec dans un triple espace francophone, virtuel et américain.

En même temps, la langue française québécoise s'affirme et se renouvelle, aussi bien dans les domaines technologiques que culturels. L'abondante production de lexiques et de dictionnaires illustre la vitalité – reconnue sur le plan international – de la langue française du Québec, qui est mieux préparée que jamais à affronter les nouveaux défis de la société de l'information.

HISTOIRE ET POLITIQUE

I. Cette période de quarante années est fortement marquée par deux antagonismes – linguistique et politique – entre les deux gouvernements. Dans les années 1960, le gouvernement canadien fait adopter la Loi sur les langues officielles. Heurté par cette vision d'un bilinguisme qui, au Québec, a toujours joué en faveur de l'anglais, le gouvernement du Québec décide d'accorder la primauté au français sur son territoire, voire d'exiger l'unilinguisme français dans l'affichage. Ottawa se range alors du côté de ceux qui contestent la loi québécoise. Et la Loi constitutionnelle canadienne, adoptée en 1982 sans l'accord du Québec, s'oppose directement à la Loi 101 au chapitre de la fréquentation scolaire.

Sur le plan politique, le conflit n'est pas moins vif. L'idée d'indépendance et le mouvement souverainiste ont fait leur chemin au Québec, portant au pouvoir, pour la première fois en 1976, le Parti québécois. Celui-ci tient son premier référendum sur l'indépendance en 1980 et, malgré l'échec du «oui», il est immédiatement reporté au pouvoir, forçant le gouvernement canadien et les tenants du fédéralisme à prendre très au sérieux la nouvelle dynamique québécoise.

II. Vingt ans après la première Loi sur les langues officielles, le gouvernement canadien fait adopter, en 1988, malgré les protestations du Québec, la Loi C-72, qui élargit le pouvoir d'intervention du gouvernement fédéral auprès des minorités, des entreprises et des associations n'importe où au Canada, en vue de «favoriser la progression vers l'égalité de statut et d'usage du français et de l'anglais dans la société canadienne». Sur le plan linguistique, les visions canadienne et québécoise continuent donc toujours à s'opposer.

Pendant une courte période, des efforts seront tentés pour «guérir les blessures» et ramener le Québec dans la Constitution, mais les accords constitutionnels du lac Meech et de Charlottetown n'aboutiront jamais. Le retour d'un gouvernement libéral à Ottawa et d'un gouvernement péquiste à Québec marque la reprise des tensions. Un deuxième référendum sur la souveraineté-association, tenu en 1995, passe à un cheveu de la victoire.

CULTURE ET SOCIÉTÉ

I. Entre 1961 et 1999, la population du Québec augmente de près de 40% et dépasse les 7,3 millions. Quant à la population de la région de Montréal (RMR), elle augmente de plus de 62% et atteint presque les 3,5 millions. Sur l'île de Montréal même, la population se compose de 26,5% d'immigrants. Dès 1971, la perspective d'une diminution des francophones (déjà irréversible dans les autres provinces) et l'augmentation rapide des allophones sur l'île de Montréal avaient contribué à justifier l'adoption de mesures législatives pour amener les immigrants à fréquenter l'école de langue française.

Dans la foulée du rapport Parent, on met en place un système d'éducation original et polyvalent, doté des infrastructures les plus modernes, ce qui amène le Québec à se classer (en 1996) en tête des pays de l'OCDE pour l'espérance de scolarisation. Enfin, en moins d'un quart de siècle, poètes, écrivains et artistes, dans une explosion de création jusque-là inconnue, donnent libre cours à la parole et chantent le Québec sous toutes ses formes.

II. Depuis le milieu des années 1980, à la faveur d'une relative paix linguistique, le Québec s'ouvre davantage à la diversité culturelle et tend la main à tous les Québécois à la recherche d'un «cadre civique commun», dans lequel la langue française devra occuper la place centrale. Si l'avenir du français à Montréal reste préoccupant, on constate toutefois que les immigrants de fraîche date ont tendance à se tourner davantage vers le français.

Malgré les défis auxquels elle doit faire face, la société québécoise semble avancer vers l'avenir avec assurance. Entre les fusions d'entreprises, les alliances commerciales, les créations informatiques, les productions artistiques et littéraires – où se croisent en français plusieurs voix de Québécois venus d'ailleurs –, elle trouve son chemin et s'affirme sans crainte sur le plan international, tout en restant elle-même, avec le soutien de maisons d'édition et de sociétés de production dont les réseaux s'élargissent sans cesse.

Le Québec c'est chez moi. Il est ma maison au toit enneigé où brûle un feu de réconfort, à l'intérieur une danse s'anime, c'est le coeur joyeux des Québécois.

LE FRANÇAIS :
UNE LANGUE
QUI S'IMPOSE

Poème-affiche de Daniel Roy, primé lors d'un concours lancé conjointement par le Conseil de la langue française et l'Office franco-québécois pour la jeunesse, à l'occasion du Printemps du Québec à Paris, 1999.

La Révolution tranquille et, peu après, la « révolution » linguistique ont allumé dans le coeur des Québécois la joie d'être eux-mêmes.

Slogan de la Révolution tranquille qui illustre le besoin d'autonomie des Québécois, désireux de gérer eux-mêmes leurs ressources naturelles, l'électricité d'abord, la langue ensuite…

Luttes pour la primauté du français (1960-1976)

33. La langue, enjeu politique du Québec

JEAN-CLAUDE **ROBERT**

La Révolution tranquille ouvre une nouvelle page de l'histoire du Québec. Dans l'article qui clôt la période précédente, René Durocher a déjà identifié les germes des changements qui s'opèrent. Pour la première fois depuis le milieu du XIXᵉ siècle, les Canadiens français commencent à remettre en question la gestion des rapports entre anglophones et francophones, basée sur le cloisonnement institutionnel des deux groupes et sur une résolution des conflits par les élites traditionnelles. Ces rapports, fondés sur une sorte de « pacte tacite », se traduisaient par la suprématie de la langue anglaise dans le domaine économique et par l'autonomie des institutions socioculturelles de la minorité anglophone. Cette suprématie était aussi liée à la place occupée par la grande bourgeoisie montréalaise anglophone et, partant, par la ville de Montréal, dans la direction de l'économie canadienne.

La conjoncture politique et idéologique évolue rapidement dans la foulée de la Révolution tranquille, marquée par une volonté de modernisation des institutions sociales et politiques. L'Église catholique, en particulier, n'apparaît plus comme la grande institution médiatisant les éléments culturels et identitaires des Canadiens français; vite débordée sur sa droite comme sur sa gauche, son rôle dans la gestion des rapports socio-économiques est de plus en plus récusé.

L'éclosion des mouvements indépendantistes illustre cette rupture. Jamais, dans l'histoire du Québec, l'idée d'indépendance n'avait été soutenue de façon systématique et constante. Elle prend désormais une place durable dans l'horizon politique du Québec et sera consolidée par la fondation du Mouvement Souveraineté-Association en 1967, puis du Parti Québécois l'année suivante. Parallèlement, l'idée indépendantiste est stimulée par des mouvements idéologiques comme la revue *Parti Pris* (1963-1968).

Durant la même période, les syndicats, longtemps en butte à l'hostilité du gouvernement du Québec, deviennent des acteurs sociaux de premier plan, connaissent un nouveau dynamisme et sont traversés par des courants plus radicaux. Ces années voient également la formation de nombreux groupes populaires porteurs de revendications sociales, culturelles et économiques. Cette effervescence idéologique et politique transforme la vie québécoise en inaugurant une ère de manifestations de masse et d'expression d'opinions, dont l'effet est amplifié par la télévision. La Commission Parent livre un rapport magistral qui conduit à la création du ministère de l'Éducation et à une réforme en profondeur de l'enseignement à tous les niveaux.

Le réveil linguistique des francophones

Sur le plan linguistique, la conjoncture évolue rapidement. L'unilinguisme du monde des affaires montréalais est de plus en plus mal toléré par les francophones, dont la proportion dans la ville oscille autour de 65 %. Par ailleurs, la prospérité des années 1960 provoque un accroissement de la présence et de la clientèle francophone au centre-ville de Montréal. Ainsi, de plus en plus de francophones se heurtent dans les commerces au refus de se faire servir en français.

Du côté de l'emploi, la structuration des entreprises exige encore des Canadiens français qu'ils travaillent en anglais. Si, à l'usine, ce phénomène peut être mitigé par le peu de communication nécessaire entre les travailleurs et par l'existence d'équipes relativement unilingues, dans les bureaux, où le travail est axé sur la communication, cette obligation a un impact beaucoup plus grand. Généralement la langue du travail est l'anglais. Le sociologue Jacques Brazeau a bien décrit le rôle des bilingues dans la structure interne des établissements :

> [l'entreprise] trouvait une main-d'œuvre anglophone suffisante pour ses cadres administratifs et techniques et suffisamment de Canadiens français bilingues pour des postes où la connaissance du français pouvait avoir une valeur symbolique ou pratique. Les postes de bilingues n'étaient pas très élevés, car la sélection de bilingues dans les cadres inférieurs permettait à la haute administration et aux employés d'avoir l'anglais comme seule langue de travail[1].

Dans le Québec rural, l'unilinguisme était beaucoup moins ressenti, mais, dans chacune des petites villes industrielles nées de l'exploitation hydroélectrique des richesses naturelles, comme Shawinigan ou Arvida, on trouvait de petites enclaves unilingues réservées aux cadres anglophones des grandes sociétés et à leurs familles, avec leurs équipements collectifs d'enseignement et de loisirs, dont l'opulence jurait avec la relative pauvreté des quartiers canadiens-français.

Avec les années 1960, les francophones refusent de plus en plus de porter seuls le poids du bilinguisme. La critique du bilinguisme devient plus active et suscite des publications, dont un pamphlet du Rassemblement pour l'indépendance nationale (RIN) intitulé *Le bilinguisme qui nous tue*, en 1962. Toutefois, durant cette décennie, la majorité appuie davantage un bilinguisme rééquilibré que l'unilinguisme français. La question linguistique suscite alors beaucoup de débats, tant sur la qualité de la langue que sur sa place dans la cité. De nombreux articles paraissent dans les journaux et les revues. En 1961, le gouvernement du Québec crée l'Office de la langue française dans le cadre de la formation du ministère des Affaires culturelles. Des efforts de francisation sont entrepris, comme l'Opération «visage français» menée par la Société Saint-Jean-Baptiste de Montréal entre 1963 et 1965, ou encore la campagne du RIN de 1965, qui emprunte au mouvement des Noirs américains la stratégie du *sit in* pour forcer des sociétés anglophones à assurer un service en français. (À midi, des employés francophones de Radio-Canada, alors situé au centre-ville de Montréal, vont occuper sans consommer les tables du restaurant Murray's dont le menu est rédigé en anglais seulement.)

La même année, le projet de livre blanc sur la culture, préparé par le ministre Pierre Laporte, propose de faire du français la langue officielle du Québec, mais l'hostilité du Premier ministre Jean Lesage en bloque la publication. Néanmoins, l'opinion publique francophone est devenue très sensible aux problèmes linguistiques, même si elle n'en approuve pas nécessairement toutes les manifestations. L'Exposition universelle de 1967 permet au gouvernement du Québec d'avoir une plus grande visibilité, et les diverses retombées de la déclaration du général de Gaulle («Vive le Québec libre!») stimulent la discussion sur le thème de la langue et du statut des Canadiens français.

La crise de Saint-Léonard

En 1967 également, la question de l'anglicisation des immigrants fait irruption dans l'actualité avec l'affaire des écoles de Saint-Léonard et remet en cause l'équilibre traditionnel entre les communautés anglophone et francophone.

L'assimilation des immigrants à la langue anglaise est plus marquée après la guerre et le cas des Italiens est exemplaire et particulièrement dérangeant pour les Canadiens français, car la parenté religieuse et la latinité auraient dû, à leurs yeux, assurer la pérennité du modèle d'assimilation qui, depuis les débuts de la communauté, les avait plutôt francisés. Or, dès avant la guerre, les Italiens avaient commencé à aller vers l'école de langue anglaise, d'abord à l'intérieur du régime catholique, où l'on met en place des classes théoriquement bilingues, puis vers le réseau anglophone, catholique ou protestant. Les raisons en sont assez claires et ressortent d'une étude menée dans le cadre des travaux de la Commission d'enquête sur le bilinguisme et le biculturalisme : l'anglais est vu comme la langue de prestige et d'avancement au Canada et à Montréal.

Dès 1968, dans la foulée de la demande d'une meilleure intégration des immigrants à la société francophone, le gouvernement du Québec décidera d'utiliser son pouvoir constitutionnel et créera le ministère de l'Immigration.

Dupras, *Vive le Québec libre!*, Éditions de l'Homme, 1972.

Le cri du général de Gaulle « Vive le Québec libre ! », lors de sa visite à Montréal en 1967, a laissé un vif souvenir.

Le film des événements qui ont marqué la crise de Saint-Léonard est assez représentatif des tensions linguistiques qui ont secoué la société québécoise à l'époque. Le fait que le gouvernement ait dû légiférer à deux reprises, sans satisfaire les parties en cause, met en lumière l'embarras politique dans lequel le dossier linguistique plongeait les gouvernants.

Autres événements significatifs

À la même époque, d'autres événements illustrent les bouleversements profonds qui sont en train de se produire. L'année 1968 est marquée par l'émeute qui perturbe le traditionnel défilé de la Saint-Jean-Baptiste du 24 juin, à Montréal. Pierre Elliott Trudeau – dont les prises de position heurtent le sentiment des nationalistes – est alors en campagne électorale et décide d'assister à l'événement à la tribune d'honneur avec les dignitaires, dont le maire Jean Drapeau et le premier ministre du Québec, Daniel Johnson. Devant l'agitation et le désordre grandissants, la police charge brutalement les manifestants et les caméras de la télévision montrent un Trudeau stoïque devant la pluie de projectiles.

Le 28 mars 1969, les militants indépendantistes, joints à ceux du Mouvement pour l'intégration scolaire (MIS) et à ceux du conseil central de la Confédération des syndicats nationaux (CSN), organisent la manifestation de l'opération «McGill français» qui vise deux objectifs : d'une part, dénoncer la portion congrue faite au Québec et aux francophones par l'Université McGill et, d'autre part, revendiquer la création d'une seconde université de langue française à Montréal.

La langue d'enseignement devient un enjeu politique et soulève toute la question de l'identité québécoise.

La crise de Saint-Léonard

Saint-Léonard, banlieue de Montréal créée après la Deuxième Guerre mondiale, connaît une croissance rapide, surtout après l'ouverture de l'autoroute métropolitaine en 1960; très rapidement, la population afflue, dont la communauté italienne. Au moment de la crise, la population est francophone à 60%, d'origine italienne à 30%, avec quelque 10% provenant de communautés diverses.

La crise débute par la décision des commissaires d'école, à la rentrée de 1967, de mettre fin aux classes bilingues et de les remplacer par des classes unilingues de langue française. En effet, depuis 1963, devant l'accroissement de la demande, la commission scolaire locale avait ouvert des classes bilingues qui, quatre ans plus tard, accueillaient 90% des écoliers allophones. La constatation que plus de 85% de ces écoliers continuaient leur secondaire dans le réseau anglophone motive la décision des commissaires. La mesure doit prendre effet à compter de la rentrée de 1968 pour les nouveaux inscrits et prévoit qu'en six ans les classes bilingues seront graduellement abolies. Devant l'hostilité des parents allophones qui forment leur propre association, les commissaires hésitent et sursoient d'un an à l'application de la mesure. En avril 1968, un groupe d'activistes fonde à Saint-Léonard le Mouvement pour l'intégration scolaire (MIS), dont l'objectif est l'intégration des immigrants dans le réseau scolaire francophone. Aux élections scolaires de mai 1968, les candidats de la Saint Leonard English Catholic Association of Parents et ceux du MIS se font la lutte. Le 27 juin, la commission scolaire locale, dominée par les élus du MIS, adopte une résolution faisant du français la langue d'enseignement obligatoire pour les nouveaux écoliers à la rentrée de 1968 dans toutes les écoles élémentaires de Saint-Léonard.

Sur ces entrefaites, un problème de locaux force la commission scolaire régionale à proposer de transformer l'unique école secondaire de Saint-Léonard en école secondaire anglophone, imposant aux élèves francophones un transport en autobus vers une école voisine. Avec l'appui de parents membres du MIS, des élèves occupent par surprise l'école Aimé-Renaud entre la fin d'août et le 5 septembre, donnant ainsi à la crise une grande visibilité médiatique. La mobilisation déborde les cadres municipaux et dresse l'une contre l'autre la communauté francophone et la communauté anglophone de Montréal, cette dernière soutenant ouvertement les parents catholiques allophones. La rentrée est marquée par le refus des parents d'envoyer leurs enfants dans les écoles de langue française. Les médias anglophones prennent parti pour les parents allophones et allèguent que la constitution canadienne donne droit au libre choix de la langue d'enseignement.

Fin novembre 1968, le gouvernement du Québec, pour régler la question des écoles de Saint-Léonard, annonce le dépôt du projet de loi 85, dont la pièce maîtresse est la liberté de choix de la langue d'enseignement pour tous les parents. Mais devant le tollé que soulève cette proposition dans l'opinion publique francophone, le gouvernement retire son projet en mars 1969 et surseoit à toute mesure pendant que la situation continue à se détériorer. En septembre 1969, une série de manifestations ont lieu à Saint-Léonard, dont l'une, plus violente, dégénère en véritable affrontement entre militants francophones et parents italiens, ce qui amène les autorités à proclamer la Loi sur l'émeute.

Le gouvernement du Québec, dirigé par le Premier ministre Jean-Jacques Bertrand, avait été obligé de retirer son projet de loi 85 et son intention était d'attendre le dépôt du rapport de la Commission d'enquête sur la langue créée en 1968 (Commission Gendron)[2]. Toutefois, la tournure des événements l'amène à présenter un nouveau projet de loi (63) qui garantit la liberté de choix de la langue d'enseignement. Le gouvernement fait adopter la Loi le 27 novembre 1969, satisfaisant le désir des parents allophones et s'attirant du même coup la colère des francophones. Rien n'est donc réglé.

Jean-Claude ROBERT

43

Cette année-là, des démographes de l'Université de Montréal rendent publiques leurs projections de croissance de la population qui sèment l'inquiétude au sujet de l'avenir même des Canadiens français au Québec. Ils publient dans le quotidien *Le Devoir* une étude qui évoque la possibilité que Montréal devienne un jour une ville à majorité anglophone. Pour eux, l'équilibre entre les mouvements de population des groupes francophones, britanniques et immigrants repose depuis très longtemps sur la surfécondité des Canadiens français. Or, l'affaissement brutal de la fécondité, perceptible depuis 1965, introduit une rupture lourde de conséquences pour l'avenir de la collectivité francophone. Cette étude déclenche des réflexions inquiètes sur l'avenir du français à Montréal et renforce l'idée de la nécessité de franciser les immigrants.

Par ailleurs, le mouvement terroriste du Front de libération du Québec (FLQ), qui avait commencé à se manifester en 1963, s'est radicalisé vers 1966, prenant pour cible des entreprises en conflit de travail et donnant une dimension révolutionnaire aux revendications indépendantistes. L'année 1970 est marquée par l'accession au pouvoir du Parti libéral dirigé par Robert Bourassa et par les événements d'octobre provoqués par le FLQ, qui ont amené le gouvernement fédéral à décréter la Loi sur les mesures de guerre. L'année suivante, une coalition de syndicats, d'enseignants et de groupes nationalistes met sur pied le Mouvement Québec français (MQF), dont l'objectif est de promouvoir le rappel de la Loi 63 et la désignation du français comme langue officielle du Québec. Le gouvernement de Robert Bourassa adopte, en 1974, son projet de loi 22 [3]. Ce projet réussit à mécontenter tout le monde, mais, pour la première fois, un gouvernement québécois proclame effectivement le français comme langue officielle.

Enfin, la bataille entreprise par les Gens de l'air du Québec pour faire reconnaître l'usage du français dans les communications aériennes aboutit, en 1976, à une véritable confrontation nationale qui révèle, une fois de plus, jusqu'à quel point la langue est devenue un enjeu politique.

Bref, entre 1960 et 1976, des changements profonds transforment la société québécoise. L'Église perd son ascendant au profit d'une nouvelle élite francophone, plus nombreuse et plus instruite, qui investit l'État et qui entreprend d'affirmer le statut majoritaire de la population francophone en lui donnant la place qui lui revient dans l'économie, en assurant sa réussite et la maîtrise de ses ressources au moyen d'un système éducatif solide et performant, et par-dessus tout en lui permettant de s'exprimer, de vivre et de travailler en français. Pour la première fois, par conséquent, la langue devient un enjeu majeur qui s'impose aux programmes des partis politiques, une affaire d'État qui somme les gouvernements de prendre position et d'agir.

La bataille des Gens de l'air

Au début des années 1970, l'augmentation du nombre des francophones comme utilisateurs et employés des transports aériens amène une revendication pour le droit à l'usage du français dans certaines des communications entre avions et tours de contrôle sur le territoire du Québec. Depuis la Seconde Guerre mondiale en effet, l'anglais était la seule langue utilisée dans toutes ces communications. Devant la lenteur des changements, contrôleurs de la navigation aérienne et pilotes francophones fondent, en 1975, l'Association des gens de l'air du Québec et font des pressions auprès du gouvernement et des organismes fédéraux. Un projet pilote d'implantation de communications bilingues dans certaines régions du Québec se heurte à un tollé de la part des deux associations professionnelles de pilotes et de contrôleurs de la navigation aérienne du Canada, qui arguent que la sécurité de la navigation aérienne serait mise en péril par l'introduction du bilinguisme.

La querelle prend la dimension d'une crise majeure le 20 juin 1976, alors que les pilotes déclenchent une grève pour appuyer leur refus et que l'opinion publique canadienne-anglaise appuie sans réserve leur résistance au nom de la sécurité. À quelques semaines de l'ouverture des Jeux olympiques de Montréal, le gouvernement fédéral choisit de reporter l'implantation du projet pilote, renvoyant la question du rapport entre le bilinguisme et la sécurité à une commission d'enquête. La grève prend fin le 28 juin, mais les retombées sont immédiates, entraînant la démission du ministre Jean Marchand et suscitant l'indignation de l'opinion publique québécoise. La commission dépose son rapport en 1979 et le bilinguisme sera implanté par la suite, mais, pour beaucoup d'observateurs, la question des Gens de l'air a joué un rôle politique direct dans la victoire du Parti Québécois aux élections de novembre 1976.

44

Jean-Claude ROBERT

Les travailleurs descendent dans la rue pour réclamer l'usage du français au travail.

34. Les grandes commissions d'enquête et les premières lois linguistiques

JEAN-CLAUDE **GÉMAR**

Entre 1969 et 1977 – en moins d'une décennie –, les gouvernements qui se succèdent à Québec (Union nationale, Parti libéral, Parti Québécois) vont légiférer à trois reprises pour tenter d'apporter une solution à la crise linguistique qui secoue la société québécoise. À ces lois québécoises s'ajoute une quatrième, canadienne cette fois, qui est d'ailleurs la première dans le temps.

C'est sous la pression des événements et des remous engendrés par la Révolution tranquille que le gouvernement du Québec a été forcé d'agir dans le domaine de la langue[4]. L'opinion publique, libérée du régime Duplessis, a pris fortement conscience de l'inaction gouvernementale face à la situation d'infériorité de la langue française dans des domaines névralgiques pour l'avenir des francophones, notamment le monde du travail et l'intégration des immigrants.

La surchauffe commence avec la crise de Saint-Léonard en 1968[5], mais les anomalies et les tensions relatives à la situation linguistique sont débattues dans l'opinion publique depuis 1960. On pense aux éditoriaux d'André Laurendeau, aux nombreuses lettres de lecteurs, au débat sur le *joual*, aux pressions des groupes et des personnes pour la primauté du français, voire pour l'unilinguisme français.

Les grandes commissions d'enquête

Cette explosion de débats et d'opinions, en prise directe sur les événements, mène à la création des grandes commissions d'enquête qui ont jalonné les années 1960 et qui, elles-mêmes, sont étroitement liées à la législation linguistique de l'époque.

La Commission Parent

Imposant monument de la Révolution tranquille, le rapport de la *Commission royale d'enquête sur l'enseignement dans la province de Québec*, créée en 1961, a enclenché une réforme en profondeur du système éducatif québécois. Cette réforme a exercé un impact considérable sur la langue française en mobilisant l'attention sur les questions d'éducation, et donc de langue d'enseignement. Elle a permis la mise en place des infrastructures qui ont facilité massivement la formation et l'affirmation des francophones. Enfin, elle a aidé la langue française à se dégager des pesanteurs du passé, à perdre en quelque sorte son caractère de « langue de traduction » face à l'anglais, à réaffirmer son autonomie et sa personnalité comme « langue d'expression ».

Après avoir identifié les grandes faiblesses de l'enseignement du français, le rapport Parent recommande « les efforts et le temps nécessaires » pour en assurer la qualité, une formation poussée des futurs maîtres, la mise sur pied d'un comité des manuels, «l'introduction de textes canadiens de très bonne qualité», et l'obligation pour les enseignants de toutes les matières de faire preuve d'une «connaissance très sûre» du français[6]. Enfin, face au danger de «dichotomie linguistique imposée au Canadien français» forcé de travailler en anglais, il demande au gouvernement du Québec d'assumer sa pleine responsabilité d'intervention :

> L'école aura beau faire, le français sera sans cesse menacé d'effritement et de disparition au Québec si l'enseignement qu'on en donne ne s'appuie pas sur de solides et profondes motivations socio-économiques. On a dit avec raison qu'«une langue qu'on ne parle qu'après cinq heures du soir est déjà une langue morte». [...] Le gouvernement du Québec tout entier doit [...] adopter des mesures très fermes pour protéger le français non seulement dans les écoles et universités, mais dans toute la vie publique. C'est particulièrement urgent à Montréal[7].

La Commission Laurendeau-Dunton

Au début des années 1960, les Québécois manifestent clairement leur inquiétude et leur insatisfaction face à l'assimilation des minorités francophones au Canada, à la maigre place faite à la langue française dans les institutions fédérales, à la situation d'infériorité des Canadiens de langue française partout au Canada. André Laurendeau réclame une enquête sur l'ensemble du territoire canadien. En 1963, le gouvernement fédéral met effectivement sur pied une Commission d'enquête sur le bilinguisme et le biculturalisme, appelée Commission B-B ou Laurendeau-Dunton, du nom de ses deux coprésidents. Ce sera la première intervention politique majeure d'un gouvernement canadien dans les questions de langue. Elle aboutira, en 1969, à l'adoption par Ottawa de la Loi sur les langues officielles.

Les membres de cette Commission reconnaissent que « le Canada traverse actuellement [...] la crise majeure de son histoire », du fait que les Canadiens français du Québec – et aussi certaines minorités francophones des autres provinces – dénoncent à haute voix, pour la première fois, «l'état de choses établi en 1867». Ils constatent que, contrairement à ce que pensait une majorité de Canadiens anglais, la culture française du Québec n'est pas près de céder la place à la grande culture anglo-américaine, mais qu'elle est plutôt en train de «passer de l'étape de la "survivance" pure et simple» à un mode spécifique de fonctionnement et de vie, avec une langue qui s'enrichit chaque jour. Ils constatent du même coup le bien-fondé des doléances des Québécois : leur langue et leur culture n'occupent pas la place qui leur revient dans l'ensemble canadien[8].

La Commission reconnaît «dans le Québec les principaux éléments d'une société francophone distincte». Elle réaffirme fortement le «principe de l'égalité entre les deux peuples qui ont fondé la Confédération canadienne (*equal partnership between the two founding races*)». Et elle souligne que cette «égalité» doit être une «égalité des chances réelles» entre anglophones et francophones[9].

Elle recommande donc au gouvernement canadien «que l'anglais et le français soient formellement déclarés langues officielles du Parlement du Canada, des tribunaux fédéraux, du gouvernement fédéral et de l'administration fédérale». Pour elle, la «situation [du français] doit être redressée sans retard», car «cette égalité entre l'anglais et le français doit être complète».

La Commission Gendron

D'une commission à l'autre, on note un changement de perspective, une progression dans l'appropriation du domaine linguistique. Le rapport Parent est la prise de conscience : il sonne le réveil des Québécois et de leur gouvernement. Le rapport Laurendeau-Dunton est un sévère avertissement au gouvernement canadien sur la dynamique linguistique amorcée au Québec; il met fin au bilinguisme à sens unique, mais n'interpelle que le gouvernement fédéral, ce qui ne garantit nullement qu'on puisse vivre en français en Ontario ou au Nouveau-Brunswick. Que fera maintenant le Québec sur son propre territoire? C'est la Commission Gendron qui est chargée de répondre à cette question.

La Commission d'enquête sur la situation de la langue française et sur les droits linguistiques au Québec est mise sur pied par le gouvernement du Québec le 9 décembre 1968, en pleine crise de Saint-Léonard[10]. La langue d'intégration des immigrants n'est d'ailleurs pas le seul problème : le gouvernement subit de fortes pressions pour faire du français la langue du travail et la langue prioritaire du Québec. Il cherche à y voir clair et confie à la Commission Gendron (du nom de son président) le soin de «faire enquête et rapport sur la situation du français comme langue d'usage au Québec» dans tous les secteurs d'activité.

De l'avis des commissaires, «aussi longtemps que le français n'est pas une langue nécessaire pour toutes les activités de travail, il y a peu d'espoir que l'immigrant adulte s'intéresse au français et fasse des efforts pour devenir compétent dans cette langue[11]». Dans cette perspective, leurs principales recommandations visent à faire du français la langue du travail au Québec : c'est, à leurs yeux, la meilleure façon d'amener les immigrants à fréquenter l'école de langue française; cela les dispense, du même coup, de proposer au gouvernement toute autre action dans ce domaine.

Par contre, les mesures qu'ils recommandent touchent des secteurs névralgiques de première importance si l'on veut faire du français la langue d'usage au Québec. Et leur faisabilité est fondée sur des études sérieuses touchant aussi bien les compétences et les pouvoirs législatifs du Québec que les droits de la majorité et de la minorité. La première recommandation du rapport se lit comme suit :

> Nous recommandons que le gouvernement du Québec se donne comme objectif général de faire du français la langue commune des Québécois, c'est-à-dire une langue qui, étant connue de tous, puisse servir d'instrument de communication dans les situations de contact entre Québécois francophones et non francophones.

On peut dire que le rapport de la Commission Gendron est le premier document substantiel établissant les fondements d'une politique linguistique sérieuse pour le gouvernement du Québec. On constate cependant qu'il ne va pas jusqu'au bout de sa logique et que, sur certains points, il passera pour timoré dans l'opinion publique.

Ainsi, par exemple, il recommande en même temps de proclamer le français «langue officielle» du Québec, ainsi que le français et l'anglais «langues nationales» du Québec. Il recommande aussi de «faire du français la langue des communications internes dans les milieux de travail au Québec» tout en marquant sa préférence pour les mesures incitatives, aussi bien dans ce domaine que dans celui de la langue d'enseignement.

Il faudra donc attendre l'énoncé de politique et la Charte de la langue française de 1977 (la Loi 101) pour donner à l'aménagement linguistique québécois son orientation la plus claire et la plus forte. Un pas décisif aura alors été franchi, à la faveur de l'élection du Parti Québécois, entre un fonctionnement encore bilinguisant et les exigences d'une société qui a choisi de vivre en français.

Les premières lois linguistiques

Les premières lois linguistiques ont été tributaires de ces commissions d'enquête. Rappelons qu'entre 1968 et 1977 le gouvernement québécois légifère à trois reprises – et le gouvernement canadien une fois – en matière de langue. Laissons de côté la dernière et la plus fondamentale des lois québécoises – qui sera traitée à part – pour n'aborder ici que les deux premières.

Le projet de loi 85 (1968) et la loi 63 (1969)[12]

Le 27 juin 1968, la Commission scolaire de Saint-Léonard, désireuse de voir les enfants d'immigrants s'intégrer à la population francophone, adopte une résolution mettant fin aux classes bilingues et faisant du français la langue d'enseignement obligatoire pour les nouveaux élèves à la rentrée de 1968. Cette décision jette les uns contre les autres francophones, anglophones et italophones. Le gouvernement est forcé d'intervenir : il fait d'abord connaître son projet de loi 85. Conçu dans le dessein de protéger les droits de la minorité, le projet de loi 85, qui consacre le principe du libre choix de la langue d'enseignement, est taillé en pièces par la majorité francophone, et le gouvernement doit le retirer.

En novembre 1969, Québec récidive et fait adopter la Loi 63, qui sanctionne le droit de chacun de choisir sa langue d'enseignement. Ainsi, les enfants d'immigrants ont désormais le droit reconnu de fréquenter l'école de langue anglaise sur simple demande de leurs parents (article 2 de la Loi). Inutile de décrire le tollé qu'a provoqué cette loi ! Pourtant, le gouvernement disposait déjà d'une abondante documentation issue des rapports Parent et Laurendeau-Dunton sur les problèmes liés à la langue et sur le droit qui lui était reconnu de légiférer sur la langue d'enseignement.

La Loi canadienne sur les langues officielles (1969)

Cette loi se situe dans le droit fil des recommandations de la Commission Laurendeau-Dunton. Le gouvernement du Canada, pressé par les événements et voyant ce qui se passe au Québec (agitation de Saint-Léonard, troubles du FLQ, audience des mouvements indépendantistes), va se faire le défenseur du français au Canada dans l'idée de refaire l'unité du pays. Il est sans doute un peu tard, car le mal est profond. En réalité, la loi qu'il va adopter marque le début d'une sérieuse divergence de vues entre Ottawa et Québec : deux visions différentes, deux lois linguistiques opposées vont s'affronter de façon inconciliable sur le terrain québécois. Pour Ottawa, l'avenir du français au Canada passe par l'implantation du bilinguisme *from coast to coast*; c'est, à ses yeux, le fondement de la nouvelle société canadienne et aussi, par conséquent, de la société québécoise. Pour Québec, ce bilinguisme pancanadien est une «vision de l'esprit» conduisant à une survie artificielle du français. La seule façon d'assurer une véritable vie française au Canada, c'est de construire un Québec fort où le français domine dans toutes les sphères d'activité.

La Loi sur les langues officielles est adoptée le 7 septembre 1969, quelques semaines avant la Loi 63 au Québec. Elle comporte 39 articles. Elle consacre l'égalité de l'anglais et du français dans toutes les institutions du Parlement et du gouvernement du Canada, et dans les organismes fédéraux. Elle prévoit la création de districts bilingues et institue un poste de commissaire aux langues officielles pour veiller à l'application de la Loi.

Crise de Saint-Léonard : manifestation provoquée par l'adoption de la Loi 63 sur la langue d'enseignement (1969).

La **Loi sur la langue officielle** (1974), ou Loi 22

Sans doute pour donner la riposte à la loi fédérale, le projet de loi 22 du gouvernement Bourassa, sanctionné le 31 juillet 1974, s'intitule «Loi sur la langue officielle». Celle-ci proclame en effet le français, pour la première fois, langue officielle du Québec. Le gouvernement suit, en cela, la recommandation de la Commission Gendron, mais il quitte le sentier du bilinguisme que suivait encore celle-ci, car il ne proclame pas le français et l'anglais langues nationales du Québec. Fort des fondements théoriques et juridiques que lui livre la Commission, il établit, en 123 articles, les principes et les conditions de fonctionnement d'une politique de la langue française touchant tous les secteurs, mais avant tout le monde du travail, des entreprises et des affaires. Et il dépasse la lettre sinon l'esprit du rapport Gendron en adoptant certaines mesures de persuasion plus coercitives qu'incitatives. Enfin, il crée une Régie de la langue française, qui prend la relève de l'Office et qui reçoit le mandat, entre autres, de veiller à l'implantation des programmes de francisation des entreprises et de mener les enquêtes prévues par la Loi.

Mais il commet, lui aussi, un dérapage sur la langue d'enseignement (domaine dans lequel le rapport Gendron ne lui était d'aucun secours). Tout en continuant à reconnaître le principe du libre choix de la langue d'enseignement, il soumet ce choix à une condition : il exige que les élèves connaissent suffisamment la langue d'enseignement pour recevoir l'enseignement dans cette langue (art. 41) et il impose des tests pour vérifier cette connaissance de la langue (art. 43). Le principe, comme toujours, a mécontenté les francophones, et la condition imposée a déplu aux anglophones. Cette situation contribue pour beaucoup à la défaite électorale du Parti libéral, deux ans plus tard.

Les réactions à la Loi 22, de même qu'un sondage d'opinion réalisé peu de temps avant son adoption, témoignent du fossé grandissant qui sépare francophones et anglophones sur la question linguistique[13]. Les francophones estiment que la Loi recourt encore à des demi-mesures et continue à reconnaître un certain bilinguisme institutionnel condamné par la majorité. Les anglophones la rejettent comme discriminatoire et probablement anticonstitutionnelle.

Loi sur la langue officielle
(**Loi 22**, sanctionnée le 31 juillet 1974)

1. *Le français est la langue officielle du Québec*

45

Le français, langue du travail : enjeu majeur de la Loi 22 adoptée en 1974.

C'est donc sous la pression des événements et à la faveur des circonstances que la question linguistique a échappé progressivement aux intérêts particuliers pour devenir d'intérêt public, affaire d'État, matière à législation.

Au niveau fédéral, Ottawa a cherché à tourner les événements à son avantage en se portant à la défense du français et en imposant sa vision du bilinguisme. Au Québec, l'action conjuguée des divers groupes de pression intéressés et des pouvoirs publics a permis, dans le sillage de la Révolution tranquille, d'atteindre deux résultats toujours fragiles et menacés : l'affirmation du fait français et le redressement de la langue française, devenue langue officielle.

À l'époque de la Loi 63, l'action législative du gouvernement québécois obéit plus à des tâtonnements qu'à un plan directeur, elle reflète « une sorte de laisser-faire général dans le dualisme français-anglais, de même qu'une conception pluraliste de la société québécoise ». Puis, au fur et à mesure qu'on se rapproche de la Loi 22, la démarche du gouvernement, inspirée des débats qui ont cours dans la société et des études de la Commission Gendron, accorde « nettement la priorité à la langue française comme moyen majeur de protéger et de développer le caractère français du Québec[14] ». C'est au cours de cette période que s'opère le passage d'une société de traduction à une société d'expression. Le pas décisif sera franchi en 1977, avec la Charte de la langue française, qui ne représente plus un simple projet de loi, mais bien un projet de société de langue française.

35. La langue, symbole de l'identité québécoise

JOSEPH YVON **THÉRIAULT**

O n pourrait retracer l'histoire du rapport entre langue et identité dans le Québec des années 1960 et 1970 en reprenant la figure identitaire de la Révolution tranquille telle qu'elle s'est imposée, selon Jocelyn Létourneau, dans l'imaginaire collectif du Québec francophone contemporain. Cette figure identitaire est celle d'un homme résolument tourné vers l'avenir «assuré, audacieux, conscient de ses capacités et tout prêt à en maximiser l'application[15]». Dans la même veine, l'affirmation linguistique suivrait un cheminement analogue : frileuse et gélatineuse au cours du siècle qui précède la Révolution tranquille, ne voilà-t-il pas qu'elle s'emballe au cours des années 1960 et 1970.

Il faut sans doute nuancer quelque peu ce tableau qui procède trop de l'imaginaire collectif. Mais un tel récit ne saurait être une pure fabulation, il se réfère quelque part à des processus réels. Essayons de retracer les signes de cette nouvelle affirmation linguistique, qui va de 1960 à 1976. Trois processus, l'autonomisation, la territorialisation et la politisation, permettent de baliser l'audace nouvelle que prend alors la langue dans son rapport avec l'identité québécoise.

L'autonomisation de la langue

Le lien est évident entre langue et identité dans l'histoire du peuple francophone d'Amérique. Dès les premières affirmations d'une identité qui transcende les solidarités concrètes (solidarités familiales, claniques, villageoises)[16], la langue s'affirme comme l'une des caractéristiques essentielles de cette référence collective. Toutefois, historiquement, l'identité linguistique a été encastrée dans un univers identitaire qui la dépasse largement. Par exemple, à l'époque où les habitants de langue française des rives du Saint-Laurent se nommaient «Canadiens» – avant 1840 –, la langue participait d'une revendication identitaire principalement politique que résume bien l'épigraphe du journal de l'époque, *Le Canadien*: «Nos institutions, notre langue et nos lois». Plus tard, à l'époque du *Canada français* (env. 1840-1960), la langue, même si elle devient plus centrale dans la référence identitaire, reste largement dépendante des caractéristiques culturelles de la civilisation canadienne-française, dont en premier lieu la religion catholique, comme en fait foi cette affirmation alors largement répandue, «la langue, gardienne de la foi».

Ce qu'il y aura de proprement nouveau autour des années 1960, c'est donc l'affirmation «en soi» de la langue comme élément fondamental d'identité. La langue sera dite délestée de ses attributs, elle devient une valeur en soi, la valeur principale du Québec moderne, et peut-être à certains égards la seule valeur commune. C'est ce qui lui vaudra dorénavant un traitement autonome. D'une commission à l'autre, d'une loi à l'autre[17], le statut de la langue française progresse clairement; de langue dominée, elle devient d'abord langue prioritaire, puis langue officielle du Québec, et tend à devenir la langue commune des Québécois. Elle se détachera de plus en plus de l'Église et du groupe ethno-culturel français pour se rattacher davantage à l'État, au territoire, à l'ensemble de ses habitants. La Charte de la langue française (1977) proposera de faire de la langue française la pierre angulaire du Québec moderne.

La territorialisation de la langue

En s'autonomisant, la langue se déleste de sa référence culturelle pour se mouler au territoire politique. Au tournant des années 1960, un tel processus sonne le glas du Canada français. Depuis le milieu du XIXe siècle, le Canada français avait largement essaimé en dehors de son foyer principal, la vallée du Saint-Laurent. En plus des Canadiens français du Québec, la référence canadienne-française en était venue à regrouper les Canadiens français de l'Ontario et de l'ouest du Canada ainsi que, quoique d'une manière distinctive, la population acadienne des provinces maritimes et la population franco-américaine. Cette population canadienne-française de l'exté-rieur du Québec n'était pas négligeable et a pu représenter autour des années 1930 plus du tiers des francophones habitant le nord et l'est de l'Amérique[18]. Héritières du même patrimoine culturel, de la même civilisation française d'Amérique, ces popu-lations partageaient également le même réseau d'établissements, d'institutions dirigés par le clergé catholique. C'est en grande partie l'existence de ce Canada français d'outre-frontière qui retiendra pendant longtemps plusieurs leaders nationalistes (on pense notamment à Lionel Groulx et à André Laurendeau) de réduire l'avenir du peuple français d'Amérique à l'avenir du Québec.

Les États généraux du Canada français réunis en 1967 définissent l'État québécois comme le lieu incontournable du développement des Canadiens français, excluant du même coup du nouveau critère d'identité par la langue les autres francophones canadiens. Ils confirment ainsi la fin du Canada français[19] et la naissance de la froide expression «francophones hors Québec» (FHQ), en même temps que la montée inéluctable du terme «québécois». L'éloignement progressif, en raison des ravages de l'assimilation, d'une partie des effectifs hors du Québec, principalement chez les Franco-Américains et les populations de l'Ouest canadien, est certes une partie de l'explication de cette rupture. Mais là n'est pas la cause principale de la fin du Canada français. Au Canada, les effectifs francophones hors du Québec sont encore, au cours des années 1960, en pleine expansion[20] et même, grâce en partie à l'audace de l'affirmation française au Québec, le français y acquiert alors une légitimité qu'il n'avait jamais eue (c'est principalement le cas en Ontario francophone et dans l'Acadie du Nouveau-Brunswick).

Tiré de l'album intitulé «Le français, je le parle par coeur - rétrospective d'une démarche collective : l'Année du français », Télé-université, 1979.

Les luttes pour la primauté du français au Québec marquent toute cette période.

La rupture entre le Québec et le Canada français est plus largement redevable à la territorialisation de l'identité. Au Québec, comme hors du Québec, le déploiement des institutions propres aux francophones (écoles, services sociaux, hôpitaux, collèges, universités, etc.) peut de moins en moins faire l'économie d'un État, au fur et à mesure que le siècle avance. C'est ainsi que l'État québécois prendra en charge le vieux réseau des établissements canadiens-français sur le territoire du Québec. Les francophones hors du Québec entreprendront cette reconstruction avec une certaine amertume vis-à-vis du Québec, accusé de les avoir laissé tomber, et aussi avec une certaine timidité, en raison des luttes qu'ils doivent mener contre leurs gouvernements respectifs peu sensibles, dans la plupart des cas, aux revendications de nature linguistique. Ils recevront par ailleurs un appui non négligeable du gouvernement fédéral. Cet appui, inscrit dans l'effort de promotion du bilinguisme pancanadien, s'oppose à la volonté québécoise de faire du français la langue commune du territoire politique, accentuant ainsi l'éloignement des deux branches de l'ancien Canada français.

Car justement, au Québec, la territorialisation de la langue ne signifie pas uniquement la fin de la référence canadienne-française et le passage, après les années 1960, d'une identification des Québécois francophones au territoire et à l'État où ils sont majoritaires. La territorialisation de la langue veut dire aussi la volonté de faire du français la «langue commune» des Québécois, peu importe leurs origines ethniques ou linguistiques. C'est en prenant ses distances par rapport au reste du Canada que le français au Québec pouvait aspirer à une identité politique et au statut de langue publique de tous les Québécois.

La politisation de la langue

Il serait manifestement faux d'affirmer que c'est uniquement dans la foulée de l'effervescence des années 1960 que surgit le caractère politique de la revendication identitaire autour de la langue. Le contenu de ce livre rappelle maints exemples historiques du caractère éminemment politique de l'affirmation du français.

Mais ce qui se produit, au tournant des années 1960, c'est d'abord la nouvelle centralité de la langue dans le débat politique, et ensuite la reconnaissance politique de la primauté du français, en même temps que l'extension de sa présence dans l'espace public. La langue devient l'enjeu d'un mouvement populaire qui vise à donner au français un statut correspondant à la nouvelle identité de majoritaires que viennent de se donner les Québécois francophones. Des luttes syndicales aux revendications issues des divers milieux, la langue est de tous les combats. Dans les articles qui précèdent ou qui suivent celui-ci, on rappelle les premières grandes mobilisations populaires autour de la langue, les crises linguistiques au sein des partis politiques, les réactions des milieux anglophones et des fédéralistes québécois à la Charte de la langue française. Bref, la langue constitue dorénavant un enjeu incontournable au cœur des luttes politiques.

Pour satisfaire ou encadrer cette audace nouvelle de la langue, le gouvernement du Canada proposera de valoriser l'usage du français grâce à une politique pancanadienne de bilinguisme et une protection des droits des minorités de langue officielle, alors que le gouvernement du Québec voudra faire du français la langue officielle et commune des Québécois. Bilinguisme ou unilinguisme, droits individuels ou droits collectifs, appartenance au Canada ou au Québec, ce dilemme à trois volets structurera un long débat identitaire qui ne laissera personne indifférent et qui forcera chacun à se définir.

Les sources de la nouvelle audace du français

Qu'est-il donc arrivé à la langue pour qu'elle s'impose ainsi dans la nouvelle identité québécoise ? Des raisons structurelles expliquent en partie cette audace. Nous avons déjà fait référence au développement de l'État-providence et à la croissance de l'État québécois directement responsable dorénavant du réseau des institutions de l'ancien Canada français. Ce développement de l'État québécois se fait parallèlement à la modernisation accélérée du Québec français. Dans les années 1960, à la faveur d'une scolarisation plus poussée et d'un enrichissement collectif, les francophones voient surgir de leur sein, pour la première fois, une véritable classe moyenne compétente et sûre d'elle-même. Sous son influence, la croissance d'un appareil d'État fonctionnant en français ainsi que la francisation progressive de l'espace économique montréalais concourent à la valorisation du «capital linguistique» francophone. Cette nouvelle élite trouve des appuis dans les milieux populaires qui, eux aussi, ont intérêt à favoriser le développement d'un État interventionniste ainsi que la francisation des entreprises[21].

Il serait pourtant trop simple de réduire l'affirmation linguistique des années 1960 à des transformations structurelles et à son usage utilitaire par les groupes sociaux. La langue, en effet, n'est pas n'importe quel critère. Au-delà de la rupture introduite par les processus d'autonomisation, de territorialisation et de politisation de la langue que nous venons de décrire, il faut voir, paradoxalement, que la mise en avant du critère linguistique est tout autant un signe de continuité. Comme le rappelait Fernand Dumont dans sa rétrospective des modifications identitaires touchant le Québec de la Révolution tranquille, «le passé a resurgi, dans les années 1960, par une autre voie qui eut peu de rapport avec les discussions plus ou moins abstraites sur le nationalisme. La langue n'est-elle pas la figure la plus concrète de l'héritage[22]?» Avec le passé et l'héritage, c'est toute la dimension sociale de l'identité québécoise qui était ramenée au grand jour par un débat public centré sur la langue.

Un tel rappel nuance l'analyse que nous venons de faire. Le cheminement que nous avons décrit correspond-il à l'histoire réelle de l'identité linguistique? Même civique, l'identité politique ne repose-t-elle pas sur quelque chose de plus qu'une référence froide au territoire et au partage d'une loi commune? Et la langue

Caricature de Girerd. © Girerd, 1976.

Humour à la québécoise, dans le cadre de la dispute sur l'usage des mots «Stop» et «Arrêt».

ne renvoie-t-elle pas toujours à l'existence préalable d'une communauté[23]? D'où le défi identitaire révélé par l'audace de la langue : transformer une communauté d'histoire en communauté politique.

D'ailleurs – il faut le reconnaître – ni l'autonomisation, ni la territorialisation, ni la politisation de la langue n'ont été complètes. Au cours des années 1960 et 1970, la langue est en effet restée profondément intégrée à l'affirmation identitaire du peuple qui la parlait. Chez les écrivains de l'époque, la référence à la langue évoquait souvent toute une histoire sociale faite d'humiliation et de domination[24]. Et les sociologues n'ont-ils pas tenté, au cours de ces décennies, de faire voir derrière l'affirmation linguistique un projet émancipateur, mais résolument ancré dans un groupe humain spécifique[25]? C'est peut-être pourquoi le projet politique associé à cette affirmation linguistique est souvent demeuré étranger aux Québécois qui n'ont pas reçu cette langue en héritage. En se tournant vers l'avenir, tous les Québécois finiront-ils par s'identifier – et jusqu'à quel point? – à cette langue commune et à l'héritage qu'elle représente?

La langue, référence collective

«S'il est vrai que la langue française est devenue la seule *référence* collective, il reste à montrer qu'elle n'est pas uniquement une jolie note folklorique dans le concert américain, mais l'outil et le symbole d'une culture créatrice. La littérature a ouvert la voie; mais l'éducation devra revenir au premier rang des préoccupations, prendre la tête des utopies des années prochaines. Ce sera une heureuse façon de renouer avec les plus hautes aspirations d'autrefois, avec les rêves de François-Xavier Garneau, des Rouges, d'Étienne Parent, de tant d'autres. Ce sera raccorder ce que la survivance avait dissocié, réconcilier la communauté nationale avec un grand projet politique.»

Fernand DUMONT, *Genèse de la société québécoise*, 1993.

«La langue n'est pas le revêtement de nos vies, leur traduction en paroles. La langue constitue en quelque sorte notre existence puisqu'elle est l'outil indispensable pour la comprendre, pour la reprendre jusque dans ses déterminismes les plus lointains, pour en tirer des intentions et des projets, pour partager aussi avec autrui une conquête commune de nos sentiments et de nos pensées.»

Fernand DUMONT, août 1982.

46

36. L'éveil de la parole

ANDRÉ **BROCHU**

La Révolution tranquille se caractérise avant tout par une prise de conscience soudaine et massive de la situation faite aux Canadiens français du Québec dans le cadre de la Fédération canadienne. Le sentiment aigu des retards accumulés dans les secteurs stratégiques pour la modernité – éducation, économie, industrie, services – provoque une réaction sans précédent de la population. Tout se passe comme si la mort de Maurice Duplessis et la nécessité d'un réalignement des forces politiques et sociales dégageaient un espace de liberté inédit et permettaient une ouverture nouvelle sur le monde.

La prise de conscience s'est nécessairement accompagnée d'une métamorphose de la conscience linguistique. Le poète Roland Giguère a appelé «âge de la parole» cette ère inaugurée par la disparition des contraintes morales et religieuses qui avaient fortifié la soumission des Québécois face à leur destin séculaire. La pensée individuelle cesse d'être le luxe d'une élite souvent complaisante à l'égard du pouvoir pour devenir une faculté répandue bien au-delà de la classe qui, jusque-là, avait le monopole de l'instruction. L'essor du syndicalisme – désormais laïc –, dont les combats sont publicisés par les médias, compte pour beaucoup dans l'épanouissement du sens des droits et des libertés, et un discours de la revendication s'articule maintenant en relation étroite avec les expériences de chacun. Dans ce contexte de la prise de parole, des questions se sont vite posées sur la place et la qualité de la langue française au Québec.

«Le joual de Troie»

Le succès phénoménal des *Insolences du frère Untel* (1960) tient certainement au fait que l'auteur, Jean-Paul Desbiens, occupe une position ambiguë, mais aussi bien décisive, entre le Québec d'autrefois et celui qui s'annonce. Frère enseignant, donc imprégné de doctrines religieuses et intellectuelles qui le mettent en continuité avec une longue tradition, homme du peuple qui se porte à la défense des valeurs culturelles, il manifeste un courage et un sens de l'affirmation personnelle qui seront les vertus premières de la Révolution tranquille. Quelle thèse soutient cet accoucheur de nos vérités nouvelles? Que les élèves de nos écoles parlent mal, qu'ils parlent *joual* – le mot, jadis utilisé par Claude-Henri Grignon, est repris par André Laurendeau qui engage un dialogue, dans les pages du *Devoir*, avec l'anonyme samaritain venu au secours de notre langue malmenée; le mot *joual* restera associé aux vigoureuses diatribes du frère Untel.

Tout en portant un diagnostic très sévère sur notre langue tant écrite que parlée, le frère Untel fait explicitement la constatation de l'échec de notre système d'enseignement et déclenche ainsi le mouvement qui mènera à la rédaction du rapport Parent et à la création d'un ministère de l'Éducation. Mais surtout, il pose à chacun la question de ce que doit être le français au Québec. Une langue greffée aux activités quotidiennes, professionnelles, ou seulement scolaires et culturelles? Sera-t-elle la langue dynamique, inventive, de Montaigne ou une langue académique et «châtiée»? Proscrire le *joual*, répond Desbiens, ce n'est d'aucune façon prendre le parti du musée. Au contraire, c'est refuser cette impasse de l'expression qui caractérise notre vie collective et qui explique l'absence généralisée de la pensée au Québec.

Une dizaine d'années après le succès des *Insolences* où un grand nombre de petites gens apprennent à s'interroger sur toute la part d'échec qui s'attache tant à l'enseignement qu'à la religion au Québec, deux essayistes, Henri Bélanger et Giuseppe Turi, tenteront une apologie du franco-québécois, c'est-à-dire d'une norme linguistique locale qui serait différente de la norme française (ou parisienne), inapplicable chez nous. C'est contre eux que part en guerre Jean Marcel dans son *Joual de Troie* (1973), splendide pamphlet qui retrouve, en les approfondissant, les positions du frère Untel et conclut à la nécessité d'un alignement sur le français universel. Le *joual*, en effet, loin d'être un instrument d'affirmation et de réalisation culturelle de la collectivité, est un ferment de dégénérescence et fait le jeu du pouvoir étranger. Mais c'est au niveau des présupposés théoriques et politiques que la discussion est surtout menée, avec des arguments fort stimulants.

En même temps que l'ensemble de la population « prend la parole » et, notamment grâce à la télévision, s'initie à un discours plus articulé que celui que permettait le *joual*, l'université, dont le secteur des sciences humaines s'affranchit des tutelles traditionnelles et connaît une croissance sans précédent, devient un foyer dynamique d'où rayonne une profusion de langages de la connaissance. Un tel épanouissement linguistique, en dépit du jargon qui souvent l'accompagne, servi par la scolarisation massive et répandu par les médias amènera maints observateurs à conclure à une amélioration de la qualité du français après la Révolution tranquille. Le fait est que le champ de l'expression, en particulier dans les divers domaines professionnels, se sera considérablement élargi et que l'omniprésence de l'anglais, du moins sur le plan lexical, y aura été combattue, souvent efficacement. Grâce à l'Office de la langue française, à son action directe ou à son influence, des progrès majeurs sont réalisés dans les différents secteurs de la technologie et de la publicité. La création du service de linguistique de Radio-Canada, dès 1960, contribue aussi fortement à l'assainissement linguistique de la communication dans les médias.

Poètes et écrivains

Sur le plan littéraire, l'emploi du *joual* par un certain nombre d'écrivains a provoqué d'âpres discussions. Les jeunes révolutionnaires de la revue *Parti pris*, en réaction contre la littérature instituée, se sont faits les champions de l'hérésie linguistique. Jacques Renaud, l'auteur du *Cassé*, a fait montre d'une audace considérable en

Les insolences du frère Untel (1960)

«Parler *joual*, c'est précisément dire *joual* au lieu de cheval.

Nos élèves parlent *joual*, écrivent *joual* et ne veulent pas parler ni écrire autrement.

[…] Le vice est donc profond : il est au niveau de la syntaxe. Il est aussi au niveau de la prononciation…

[…] Le *joual* est une décomposition.

[…] Cette absence de langue qu'est le *joual* est un cas de notre inexistence, à nous, les Canadiens français [….]. Notre inaptitude à nous affirmer, notre refus de l'avenir, notre obsession du passé, tout cela se reflète dans le *joual*, qui est vraiment notre langue. Je signale en passant l'abondance, dans notre parler, des locutions négatives.

[…] La question est de savoir si on peut faire sa vie entre *jouaux*. […] Pour échanger entre primitifs, une langue de primitif suffit […]. Mais si l'on veut accéder au dialogue humain, le *joual* ne suffit plus.

[…] On est amené ainsi au cœur du problème, qui est un problème de civilisation. Nos élèves parlent *joual* parce qu'ils pensent *joual* […]. On ne réglera rien en agissant au niveau du langage lui-même (concours, campagnes de bon parler français, congrès, etc.).

[…] C'est au niveau de la civilisation qu'il faut agir. Or, la publicité commerciale est un fait de civilisation. C'est donc là qu'il faut frapper. Nous parlerons français aussitôt, mais pas avant, qu'il sera *snob* de parler français, et honteux de parler *joual*. Je veux dire que nous parlerons français quand la Radio et la TV parleront français, la TV surtout.»

Jean-Paul DESBIENS

47

Les insolences du frère Untel dénoncent l'usage du *joual* et disent tout haut ce que plusieurs pensent déjà.

262

Le joual de Troie (1973)

Après avoir décrit en quelques pages l'histoire du joual *depuis la* Conquête, *Jean Marcel conclut à la nécessité d'un plan de structuration politique de la langue.*

« Le vocabulaire du *joual* n'est pas nécessairement pauvre, c'est la totalité de l'expression qui l'est, amputant l'exercice du langage de toutes ses autres réalisations possibles.

[...] Un plan de structuration de la langue [...], quand l'affichage sera partout français, quand les moyens de diffusion diffuseront *du* français, quand l'enseignement de la langue reprendra son caractère d'enseignement de la dignité normale, un tel plan a toutes les chances du monde de nous faire parvenir à un point où nous nous retrouverons face à face avec une liberté aussi française que possible. [...] Nous apprendrons, par exemple, qu'il existe des niveaux dans toute langue, et que le langage familier n'est pas celui qu'on utilise pour envoyer des fusées sur la lune [...]. Et il ne s'agit pas de parler *comme les Français* mais de parler *français* avec l'exercice plein et entier de toutes ses possibilités.

[...] Pour tout dire, le fait de parler une langue française commune avec d'autres cultures, ne nous condamne nullement à renoncer à notre originalité. »

Jean MARCEL

48

Jean Marcel oppose à l'intrusion du *joual* la liberté et les possibilités d'une langue française commune à tous les francophones.

utilisant la langue vernaculaire non seulement pour le discours des personnages, comme le faisaient André Major ou Claude Jasmin – un aîné fraternel –, mais aussi dans la narration dite impersonnelle. On peut voir là un cas limite de discours indirect libre, où les particularités stylistiques du «héros» se transmettent au langage du narrateur.

L'intention n'était pas seulement de choquer, mais aussi d'arracher la culture et la littérature à la classe dominante et de l'obliger à manifester sa connivence avec la classe opprimée. Du reste, nous l'avons vu, la Révolution tranquille se caractérisait par la prise de parole de tous ceux qui, depuis si longtemps, se taisaient, convaincus de leur inaptitude à penser et à s'exprimer convenablement. Désormais, le reproche de s'exprimer en mauvais français n'a plus prise sur le «peuple», et c'est cette vitalité du discours retrouvé que certains écrivains saluent par leur utilisation du *joual*. Les valeurs d'expressivité étant profondément liées, comme le montre Mikhaïl Bakhtine, à la parole populaire, carnavalesque, seul le *joual* paraît capable de les ramener en litté-

Notre «aliénation linguistique»

«En fait, à cette époque [1950-1955], j'étais un monsieur Jourdain de l'aliénation linguistique, je la parlais sans le savoir. Personne n'en mourait, mais tous étaient atteints à des degrés divers. [...] (Aliénation [...]. Dépossession. Ne plus s'appartenir. Devenir étranger à soi-même). En ces années auxquelles je fais allusion je ne savais plus reconnaître dans les signes de ma langue la présence incrustée, voilée ou éclatante, d'une autre langue : ses calques, ses syntagmes, sa sémantique. [...] Presque tout ce que je voyais était de l'anglais en français, ou du genre traduidu [...]. Une large part de la langue institutionnelle, sociale, du travail et des loisirs tombait sous le coup de ce volet de notre aliénation linguistique. [...] Désinvestir ma langue de la langue de l'autre, redonner aux mots le sens de la tribu. [...] Non pas dans une langue figée, pure, mais dans une langue d'aujourd'hui, qui crée sa propre dynamique, qui se détermine à partir d'elle-même dans son évolution et les échanges qu'elle se choisit. J'écris avec toute l'étendue de la langue, de l'archaïsme au néologisme et à l'emprunt, dans le souci constant, maniaque pour ma part, de la justesse du mot, d'où qu'il vienne.»

Gaston MIRON, «Le mot juste»,
dans la revue *Possibles*, vol. 11, n° 3, printemps 1987.

Mais Miron, comme d'autres poètes et écrivains, chemine au-delà de cette aliénation linguistique :

«L'avenir de la littérature québécoise et de son histoire d'amour avec la langue est lié au destin du peuple et de la culture qui les porte. Le dire, c'est d'une évidence à faire pleurer.

Je sais que la poésie parle la même langue dans toutes les langues. Je sais qu'elle est une autre langue dans la même langue. Je sais que la poésie n'a qu'une seule patrie, la langue, mais ma langue, elle, ma langue à moi, ma langue à nous, a une patrie : le Québec.»

Gaston MIRON, *Les Signes de l'identité*, 1991, p. 11.

49

rature, après des décennies d'écriture exsangue où l'on s'exerçait à la rigueur et à la perfection classiques. Le *joual* représente la parole réintroduite dans l'écriture, ou encore le peuple qui redevient – ou devient – *sujet* de la culture.

En poésie, Gérald Godin, dont l'inspiration est tournée vers les petites gens, acclimate avec bonheur les tournures familières de la communication quotidienne. Il est toutefois l'un des rares poètes à s'engager dans cette voie. Gaston Miron, dans les grands textes qui deviendront *L'Homme rapaillé*, suivi en cela par Michèle Lalonde (*Speak White*), utilisera les anglicismes populaires pour faire ressortir l'aliénation du « *damned Canuck* », mais la forme poétique chez lui reste éminemment française et relève d'un rigoureux travail d'écriture. La puissance expressive de ses vers tient à la fusion de ressources linguistiques parfaitement françaises (par la rhétorique, notamment) et pleinement québécoises (par l'utilisation d'un certain lexique).

C'est le théâtre, surtout, qui devient le lieu par excellence de l'affirmation du *joual*, avec *Les Belles-Sœurs* et les autres pièces de Michel Tremblay. L'immense talent de l'auteur lui permet de mettre en relation la misère existentielle et linguistique d'une communauté humaine défavorisée avec la dimension tragique, porteuse des mythes fondateurs de l'Occident, et de libérer ainsi la parole retenue captive en chacun des êtres. L'universel s'inscrit par conséquent au cœur même du particulier, à la fois comme langue et comme pensée. Le succès international des pièces de Tremblay n'est

Dans sa pièce à succès *Les Belles-Soeurs*, Michel Tremblay fait parler ses personnages dans une langue populaire très proche du *joual*.

Joual ou parler populaire

«Une maudite vie plate! […] J'me lève, pis j'prépare le déjeuner […] J'ai d'la misère que l'yable à réveiller mon monde […]. Mon mari, y'est chômeur. Y reste couché. Là, là, j'travaille comme une enragée. J'lave […]. Pis frotte, pis tord, pis refrotte, pis rince… C't'écœurant, j't'écœurée. J'sacre. […] Le monde reviennent, y'ont l'air bête, on se chicane! Pis le soir, on regarde la télévision. […] Chus tannée de mener une maudite vie plate! […] Y'a pas une crisse de vue française qui va arriver à décrire ça! […] Quand moé j'm'réveille, le matin, y'est toujours là qui me r'garde… Tous les matins que le bonyeu emmène […] Ça, y le disent pas dans les vues, par exemple! […] J'l'ai-tu assez r'gretté, mais j'l'ai-tu assez r'gretté. J'arais jamais dû me marier! […] Ben, moé, ma Carmen, a s'f'ra pas poigner de même, ok? A pourra pas dire que j'l'ai pas avartie!»

Michel TREMBLAY, *Les Belles-Sœurs*, 1968.

50

pas l'effet du hasard. D'autres dramaturges, tels Jean-Claude Germain et Jean Barbeau, recourront à la langue populaire dans une perspective moins libératrice, parfois pour flatter la hargne d'un certain public à l'égard de «sa majesté la langue française» (*Le Chant du sink*, de Barbeau).

N'allons pas croire, toutefois, que la littérature de la Révolution tranquille fut marquée uniquement par le *joual*. Au contraire, les plus grandes réussites en poésie et sur le plan romanesque ne font nullement appel (ou presque) à la langue vernaculaire et, pourtant, elles manifestent une liberté de ton, une richesse de ressources, un dynamisme langagier qui les place d'emblée dans l'*après* de la révolte «partipriste», comme si elles avaient récupéré instantanément ces valeurs d'expressivité que le *joual* manifeste au grand jour. Même sur la scène ou à la télévision, des dramaturges comme Gratien Gélinas et Marcel Dubé s'orientent, après 1960, vers une forme de théâtre moins populiste, plus proche du grand répertoire international, voire de la tragédie antique, et leurs personnages, qui appartiennent à la bourgeoisie, parlent une langue plus articulée (sinon plus expressive) que *Ti-Coq* ou le «simple soldat».

Parmi les grands auteurs de la Révolution tranquille, on peut mentionner d'abord Jacques Ferron qui est sur le plan formel aux antipodes de la littérature populaire, même si son inspiration s'alimente volontiers au trésor des contes et légendes et de la petite histoire du Québec. La langue de Ferron est à la fois classique, par l'usage de la litote et de la suggestion, l'économie des moyens, l'élégance, un certain goût des archaïsmes, et éminemment vivante, sous-tendue qu'elle est par un esprit constamment en éveil et un besoin soutenu d'inquiéter le lecteur, de l'entraîner hors de ses certitudes. On pourrait rapprocher l'écriture très française de Ferron, par exemple dans *Le Ciel de Québec* (1969) ou *L'Amélanchier* (1970), de celle d'un Jean Simard (*Mon fils pourtant heureux*, 1956), mais pour marquer le progrès accompli dans le sens de la désaliénation du verbe littéraire. Jacques Ferron convertit toute une rhétorique et une esthétique proches du XVIIIe siècle français en moyens d'assumer, de façon très inventive, la réalité politique et existentielle de son pays.

Le romancier le plus applaudi de la Révolution tranquille est sans conteste Réjean Ducharme, surtout pour *L'Avalée des avalés* (1966) qui éclate comme un coup de tonnerre dans le ciel local, après le détour par une France apparemment fort impressionnée. Au milieu de la querelle du *joual* qui sévit alors, une autre émotion médiatique vient faire un instant diversion : Réjean Ducharme existe-t-il ? Oui, finit-on par comprendre, et en excellent français, sans l'ombre d'un doute ! L'action de son roman se passe successivement au Québec, aux États-Unis et en Israël, et le personnage qui est aussi la narratrice, une jeune juive francophone de la banlieue de Montréal, s'y déplace avec aisance comme si elle était citoyenne du monde plutôt que d'une patrie particulière. Cependant, son observation de la réalité manifeste beaucoup d'acuité et confère une ardeur paradoxale à son refus des êtres et des choses. En conséquence, le langage revendicateur et violent, bien accordé à une « révolution » qui se veut « tranquille », surtout dans les comportements pratiques, mais non dans les rêves, est d'une somptuosité jusque-là sans égale dans nos lettres, et constitue un point tournant dans notre prose narrative. La liberté d'invention, l'humour souverain, le génie expressif des romans de Ducharme seront un modèle pour beaucoup d'écrivains ultérieurs soucieux de tirer eux aussi pleinement parti des ressources du français tel qu'il se parle et s'écrit partout dans le monde.

Il est difficile de dissocier l'utilisation littéraire du *joual* d'une intention réaliste, qui est manifeste dans le théâtre de Tremblay, mais aussi dans les poèmes d'un Godin ou les récits d'un Renaud, d'un Major ou d'un Jasmin. Or le réalisme est précisément battu en brèche par une autre esthétique dans le roman qui s'écrit à partir de 1960 au Québec. Les œuvres d'un Gérard Bessette (à partir de *L'Incubation*), de Jacques Godbout, de Marie-Claire Blais (en particulier *Une saison dans la vie d'Emmanuel*, qui obtient un grand succès à l'étranger), d'Hubert Aquin, sans compter celles de Ducharme et de Ferron, constituent ce que Gilles Marcotte a appelé le « roman à l'imparfait », soit un roman où prédomine une logique de l'écriture en laquelle on peut reconnaître une *parole* sans limite, qui prolonge la prise de parole de la collectivité, mais la déploie dans tout l'espace du possible linguistique, ce possible étant, en l'occurrence, français.

Du fait de l'esthétique baroque souvent à l'œuvre dans le roman moderne, l'écriture prend le pas sur la représentation tout comme, dans l'art abstrait, l'esthétique figurative s'efface au profit d'une logique différente. La description du réel se trouve ainsi bousculée, fragmentée, soumise à l'exploration de l'intériorité, du rêve. Le langage qui porte cette vision subjective est nécessairement plus souple, plus libre que celui du récit traditionnel, et l'expérimentation formelle devient une visée première. La prose tend à se rapprocher de la poésie : « Cuba coule en flammes au milieu du lac Léman pendant que je descends au fond des choses », écrit Hubert Aquin au début de

Prochain Épisode. Le français que manient nos écrivains des années 1960 et 1970 est imprégné de cette modernité qui s'édifie partout dans le monde, notamment en Europe et en France, sur la base d'un accueil fervent des sciences humaines et, tout particulièrement, de la linguistique qui devient une inspiration pour la psychanalyse (Lacan) et la pensée marxiste (Althusser), pour les sociologies et pour beaucoup de savoirs nés au croisement de ces disciplines. L'université joue désormais un rôle accru dans la formation et la diffusion des savoirs, et les écrivains, qui ont souvent étudié dans les facultés, conçoivent leurs œuvres en tenant compte du mouvement général de la connaissance et de la réflexion. La langue qu'ils manient est donc très différente de celle des années 1950, qui se conformait aux canons de l'esthétique traditionnelle et s'inspirait des chefs-d'œuvre classiques, caractérisés par la rigueur élégante et l'économie des moyens. Une recherche de fulgurance dicte plutôt les délires verbaux de nos «nouveaux romans», recherche que, on le comprendra, le *joual,* qui est une langue pittoresque, mais pauvre, ne permettait guère. Aussi la plupart des écrivains marquants de l'époque se sont-ils plutôt ralliés au français «international», sans toutefois s'interdire absolument la langue populaire. Un Victor-Lévy Beaulieu a concilié les deux dans ses romans, comme l'ont fait à l'occasion d'autres écrivains plus «hexagonaux», tels Réjean Ducharme et Jacques Godbout.

De cette période très riche, effervescente, il faut retenir surtout le goût d'inventer, de faire reculer les frontières et de prendre son bien là où il se trouve, dans le *joual* comme dans le français le plus recherché. Les autres domaines de la culture – chanson, cinéma – ont connu les mêmes tendances, tantôt cherchant à célébrer l'homme québécois à travers ses différences, mais dans une langue foncièrement française (les chansons de Gilles Vigneault, Jean-Pierre Ferland, Claude Léveillée...; les films de Claude Jutra, Pierre Perrault, Jacques Godbout...), tantôt recourant au *joual,* parfois très inventive (Robert Charlebois). Le débat qui a opposé les tenants du *joual* et ceux du «bon français», les Léandre Bergeron et les Henri Tranquille – ou, à un autre niveau, un André Langevin et un Victor-Lévy Beaulieu – a eu beaucoup d'échos dans les médias, mais moins chez les écrivains et les intellectuels en général. Pour ceux-ci, la solution de la question du français au Québec passait d'abord par la répudiation de la donne politique séculaire qui exposait – et qui expose toujours, malgré la Charte de la langue française, bien chancelante – la population francophone à une assimilation feutrée, mais constante.

Les écrivains des années 1960 et 1970 ont cru, avec Jacques Ferron, que la création d'une littérature québécoise forte serait le signe et, pour ainsi dire, l'instrument d'une réussite du Québec lui-même. Aujourd'hui, cette littérature existe, est reconnue partout dans le monde, mais l'avenir du Québec, de sa langue et de sa culture, n'est guère plus assuré qu'il ne l'était. Une littérature ne fait pas un pays.

Chanter le Québec et le chanter en français

Dans un de ses essais qui lui ont valu le prix Liberté 1970, le romancier André Langevin demandait si parler français en Amérique était «une forme d'extrémisme». Et chanter alors! Ce que firent les gens de ce pays dès l'origine. C'est assez dire l'importance d'une tradition orale sonorisée (Paul Zumthor) qui reste attachée à la langue originelle et qui transite par Paris, Falaise, Charenton, La Rochelle, Nantes et combien de lieux encore d'un folklore resté vivant. Cette pratique mnémonique forge notre mémoire et garde vive non seulement une tradition orale reliant au Moyen Âge, mais marque la musicalité de notre langue, le plaisir de chanter, l'art de raconter et même la rythmique d'un Gaston Miron.

La chanson de la Révolution tranquille, expression même d'un «âge de la parole» (Roland Giguère), est aussi née du travail têtu de ceux qui, comme Fernand Robidoux, Robert L'Herbier, Guy Maufette à la radio ou Jacques Normand au cabaret *Le Faisan doré*, à Montréal, vont tenir tête à la chanson étatsusienne qui entre à pleines ondes. Travail de combat fait par la traduction, puis par la composition des textes de nos premiers paroliers. Autant la Bolduc qu'Oscar Thiffault se défendront de chanter en français, boudés qu'ils sont par les puristes. Plus que le Soldat Lebrun et Lionel Daunais, restés plus près du folklore, Félix Leclerc et Raymond Lévesque devront passer par la France, surtout pour y faire consacrer la chanson elle-même, un genre associé au terroirisme par les intellectuels ou soupçonné d'influence corrosive par les artisans de «la Bonne Chanson», de Camille Roy à Charles-Émile Gadbois.

S'explique alors, avec la Révolution tranquille, cette immense explosion du mouvement *chansonnier*, allant des petites boîtes aux grandes scènes, où des centaines de jeunes passent du violon, instrument national, à la guitare et chantent non surtout le pays, comme on l'a trop affirmé, mais tout simplement la vie, l'amour dédouané, «l'avenir dégagé» (Miron). Par la magie d'un «désormais», ce qui était l'innommable (Paul Chamberland), le vulgaire quotidien, est devenu objet de chansons et de poésie.

Issue d'abord des personnages gargantuesques d'un Gilles Vigneault, dont Jacques Labrecque illustre le *Jos Montferrand* de manière dérangeante, la chanson identitaire de la Révolution tranquille ramène en ville une ruralité salvatrice qui rappelle les grands espaces, la poésie de la nature, l'aventure du *Fer et titane*, la joie de la danse interdite. Vigneault inverse en quelque sorte la tendre désespérance des premières chansons de Félix Leclerc. Le *Bozo* dépossédé de 1946 devient un groupe d'interprètes, «les Bozos» en 1958, à partir de la boîte *Chez Bozo*, matrice de celles qui vont naître partout au Québec. Et finalement, *Bozo-les-culottes* (Raymond Lévesque), une chanson politique.

Puis la chanson va chanter cette ville si longtemps maudite. Déjà, Hervé Brousseau avait évoqué le pittoresque quartier de Limoilou, à Québec, mais Montréal entre dans la ronde avec Claude Dubois, Jean-Pierre Ferland. Tout ce Québec, de ville et de campagne, est nommé dans cette *Manic* (Dor), symbole du génie québécois et du français au travail. La modernité advient vraiment, celle d'un son qui quitte l'influence du musette d'un Jacques Blanchet, ou du folklore d'un Jean-Paul Filion ou d'un Tex Lecor, pour épouser le *rock* de la civilisation industrielle avec Mouffe, Robert Charlebois, Louise Forestier, dans l'*Osstidcho* de 1968. Après eux vont venir des groupes influents comme Harmonium et surtout Beau Dommage. À la première génération de chansonniers, ces faiseurs de textes et de musique, Clémence DesRochers, Claude Gauthier, Claude Léveillée, Pierre Létourneau, Pierre Calvé, Georges Dor, s'ajoute une nouvelle génération où Raoul Duguay, Michel Rivard, Paul Piché, les Séguin vont percer. Et bien d'autres.

De 1960 à 1980, la chanson québécoise exprime la conscience identitaire au-delà des frontières partisanes. Souvent militante et présidant au pouvoir symbolique des forces du «oui» en mai 1980, quitte à y laisser un peu sa peau, la chanson dit avant tout la grande ferveur de vivre d'un peuple qui se découvre, se nomme et s'affirme. Ce peuple se reconnaît en elle parce que les chansonniers se sont reconnus en lui. *Les Gens de mon pays*, chanson plutôt rurale, reste la poétique du mouvement chansonnier : «Je vous répéterai Vos parlers et vos dires Vos propos et parlures Jusqu'à perdre mon nom.» De sorte que, d'abord chanson paysanne, l'*Hymne au printemps* de Félix Leclerc (1948) est devenu à sa mort, quarante ans plus tard, une chanson de rapatriement : «Et les crapauds chantent la liberté.» De *Ti-Jean Québec* (Filion) au *Tour de l'île* (Leclerc), en passant par *Le plus beau voyage* (Gauthier), l'itinéraire de la chanson québécoise est impressionnant. Quoique, en un sens, inachevé.

André GAULIN

51

Gilles Vigneault, Félix Leclerc, Robert Charlebois, lors de la francofête… La chanson québécoise «dit avant tout la grande ferveur de vivre d'un peuple qui se découvre, se nomme et s'affirme.»

Les gens de mon pays

Les gens de mon pays
Ce sont gens de paroles
Et gens de causerie
Qui parlent pour s'entendre
Et parlent pour parler
[...]
Parlant de mon pays
Je vous entends parler
Et j'en ai danse aux pieds
Et musique aux oreilles
Et du loin au plus loin
De ce neigeux désert
Où vous vous entêtez
À jeter des villages
Je vous répéterai
Vos parlers et vos dires
Vos propos et parlures
Jusqu'à perdre mon nom
Ô voix tant écoutées
Pour qu'il ne reste plus
De moi-même qu'un peu
De votre écho sonore
[...]

Est-ce vous que j'appelle
Ou vous qui m'appelez
Langage de mon père
Et patois dix-septième
Vous me faites voyage
Mal et mélancolie
Vous me faites plaisir
Et sagesse et folie
Il n'est coin de la terre
Où je ne vous entende
Il n'est coin de ma vie
À l'abri de vos bruits
Il n'est chanson de moi
Qui ne soit toute faite
Avec vos mots vos pas
Avec votre musique

Je vous entends rêver
Douce comme rivière
Je vous entends claquer
Comme voile du large
[...]
Je vous entends passer
Comme glace en débâcle
Je vous entends demain
Parler de liberté

Gilles VIGNEAULT
Tenir paroles, vol. 1,
Nouvelles Éditions de l'Arc, 1983.

L'énoncé de politique qui a donné naissance à la Charte de la langue française (Loi 101) met symboliquement l'accent sur le mot Québec pour indiquer que le français sera désormais la langue *officielle, normale et habituelle*.

CHAPITRE	La Charte de la langue française,
10	ou Loi 101 (1977)

37. La politique et la loi linguistiques du Québec en 1977

GUY **ROCHER**

Conscient de déposer à l'Assemblée nationale un projet de loi d'une portée historique majeure, le gouvernement du Québec, présidé par le premier ministre René Lévesque, a voulu accompagner la Charte de la langue française d'un Énoncé de politique (appelé couramment Livre blanc) intitulé *La politique québécoise de la langue française* et daté de mars 1977. Nous présentons d'abord cet énoncé de politique, avant de résumer les grandes lignes de la Charte elle-même.

Le Livre blanc de la politique linguistique

Le document comprend un avant-propos et quatre chapitres. Dans l'avant-propos, on rappelle d'abord, en quelques phrases, le contexte historique de cette Loi à laquelle le gouvernement entend accorder une priorité parmi toutes les autres lois. Depuis la Conquête, la survie et la qualité de la langue française sur le continent américain n'ont cessé d'être l'objet d'inquiétude, de débats et de luttes faisant appel à des stratégies diverses. La présente Loi s'inscrit naturellement dans cette longue tradition.

On annonce ensuite que les grandes lignes de la Charte vont être présentées dans un langage accessible à tous. On rappelle enfin que la Loi – bien que nécessaire – a des limites et que la mise en œuvre de la Charte repose sur une concertation plus vaste des organismes et des citoyens. C'est dans les deux premiers chapitres du Livre blanc que s'exprime l'essentiel de la pensée gouvernementale.

La situation du français

Le premier chapitre décrit la «situation de la langue française au Québec». Le portrait, inquiétant à bien des égards, s'appuie sur les travaux de recherche menés par divers organismes, les commissions d'enquête notamment, depuis 1950. Tout d'abord, on peut clairement prévoir une diminution inéluctable du groupe francophone dans l'ensemble de la population québécoise. Les immigrants que le Québec a accueillis depuis la Seconde Guerre mondiale s'intègrent pour la plupart à la communauté anglophone québécoise, ce qui s'explique bien plus par le pouvoir d'assimilation dont jouit cette communauté, pour des raisons surtout économiques et géopolitiques, que par la prétendue xénophobie des francophones.

Ensuite, la langue anglaise prédomine nettement dans les entreprises et les milieux de travail, notamment dans les postes supérieurs et dans les communications. Le taux d'utilisation du français, variable selon les secteurs, y est dans l'ensemble si faible que les anglophones ne ressentent ni l'obligation ni le besoin d'apprendre le français et d'y recourir. Quant aux francophones, ils se retrouvent majoritairement dans les petits emplois, au bas de l'échelle des revenus.

Ce diagnostic, qui est loin d'être indulgent, le Livre blanc le poursuit sur un autre plan, celui des opinions et attitudes des Québécois à l'endroit du français. Il constate l'insatisfaction qu'expriment un grand nombre de Québécois à l'égard de l'enseignement du français et de la piètre qualité de la langue française parlée et écrite. Il fait

Le visage anglais de Montréal en 1960.

état également des attitudes ambiguës des Québécois. Plusieurs craignent que de réclamer de travailler en français nuise finalement à leurs chances d'avancement. On se persuade aussi que l'anglais est devenu d'une manière définitive la langue du monde moderne et que le français, victime d'un certain rigorisme, ne serait pas apte à évoluer au rythme des exigences de la modernité.

Mais le tableau n'est pas uniquement sombre. Il existe aussi une prise de conscience et une volonté de redressement. En particulier, on s'est rendu compte que la solution ne réside pas seulement dans les initiatives privées, mais qu'elle appelle une intervention de l'État. Celui-ci doit lui-même donner l'exemple d'un usage généralisé du français et d'un français de qualité. Il doit aussi élaborer la politique linguistique qu'exige la situation, dans le but explicite de «donner aux institutions, à la société québécoise, un caractère foncièrement français».

On ne saurait compter, pour ce faire, sur le gouvernement fédéral. Sa politique de bilinguisme institutionnel ressemble à un «écran de fumée qui masque bien mal le fait que le Canada et l'Amérique sont anglophones[1]». C'est à l'État du Québec, «lieu politique d'une nation originale» au Canada et en Amérique du Nord, qu'il revient d'élaborer une politique linguistique appropriée pour la protection et la promotion du français au Québec.

Les principes d'une politique linguistique

C'est pour assumer cette responsabilité que le gouvernement du Québec se propose de légiférer. Son intervention se fonde sur les quatre principes exposés dans le deuxième chapitre du Livre blanc.

Le premier principe s'attache à situer la langue d'un peuple dans le contexte culturel global qui est le sien. Une langue n'est pas simplement un moyen d'expression, un véhicule de la pensée et des sentiments, elle est aussi un «milieu de vie». On entend par là qu'«elle est une institution, une façon de vivre et de concevoir l'existence». Protéger une langue, lui assurer les conditions de sa survie et de sa vitalité, c'est du même coup «protéger et développer dans sa plénitude une culture originale». Si l'on souhaite que tous les citoyens du Québec connaissent et utilisent désormais le français dans un Québec dont la majorité est francophone, c'est afin d'«assurer une communauté foncière d'expression», comme le réalise l'anglais dans le reste du Canada. C'est dans cet esprit que «le français doit devenir la langue commune de tous les Québécois».

Ce premier principe est immédiatement complété par un deuxième : faire du français la langue officielle du Québec doit se réaliser dans le respect des minorités, de leurs langues et de leurs cultures. La première de ces minorités est le groupe anglophone qui, à cause d'une longue cohabitation avec la communauté francophone, est en droit de s'attendre au respect que celle-ci lui a toujours manifesté. Le Québec se compose aussi maintenant de nombreux groupes ethniques, qui n'ont pas reçu jusqu'ici l'attention souhaitée, et auxquels le gouvernement du Québec désire accorder le soutien nécessaire pour les aider à conserver leur langue et leur culture. Enfin, ce respect des minorités et ce soutien du gouvernement s'imposent encore davantage lorsqu'il s'agit des Inuits et des Amérindiens, « premiers habitants de notre territoire ».

Pour bien témoigner que la politique qui proclame le français langue officielle du Québec ne prône pas par ailleurs l'unilinguisme individuel, le Livre blanc pose comme troisième principe l'importance d'apprendre au moins une « langue seconde ». Cela « concerne les francophones, les anglophones, les autres participants à la société québécoise ». Il s'agit, précise le Livre blanc, d'« un enrichissement important pour l'individu ». Il paraît évident que, dans le contexte nord-américain, l'anglais est pour les non-anglophones la première des « langues secondes » que les Québécois doivent apprendre. L'enseignement de l'anglais doit donc recevoir l'attention qu'il mérite, tout en se situant dans une perspective d'humanisme et de respect de la langue maternelle. On peut en effet regretter « le manque d'intérêt sinon l'aversion de la jeunesse étudiante québécoise d'aujourd'hui envers l'apprentissage de la langue anglaise[2] ». Le Livre blanc va plus loin; il suggère que les jeunes Québécois aient l'occasion de « s'ouvrir davantage à d'autres grandes cultures par l'apprentissage d'une deuxième ou d'une troisième langue ». Il est essentiel de rappeler ces passages du Livre blanc à l'intention de tous ceux qui ont taxé la politique linguistique du Québec de repli ethnocentrique et d'étroitesse d'esprit.

Enfin – quatrième principe – le Livre blanc affirme que « le statut de la langue française au Québec est une question de justice sociale[3] ». Les inégalités culturelles autant que les inégalités économiques sont en effet sources d'injustice. Cela s'observe particulièrement dans le monde du travail, où la langue anglaise est imposée à un grand nombre de travailleurs francophones, très souvent sans nécessité objective. Il n'est donc que juste que la majorité francophone en vienne à « ressaisir le pouvoir qui lui revient, non pour dominer, mais pour s'imposer au rang et dans tout l'espace qui convient à son importance ».

L'accueil fait au Livre blanc

Dans les semaines qui ont suivi sa publication, le Livre blanc a évidemment fait l'objet d'une vive attention, mais surtout à cause de ce qu'il annonçait, c'est-à-dire la Charte elle-même. Les quatre principes n'ont pas vraiment été discutés. Il faut le regretter, car un débat sur ces principes aurait mieux fait comprendre l'« esprit » de la Charte et les fondements « moraux » de la politique linguistique du gouvernement. En particulier, la largeur de vue des propos du chapitre II a échappé à ceux qui ont voulu critiquer soit l'énoncé lui-même, soit la loi linguistique annoncée.

C'est le chapitre I qui est vite devenu l'objet de débats. L'analyse qui y était proposée a en effet ouvert et animé une polémique qui s'est longtemps prolongée. Le portrait qu'on y faisait de la situation du français a été jugé par certains exagérément pessimiste, inspiré, a-t-on même dit, par une idéologie « passéiste » et un esprit « revanchard ». Cela leur permettait de conclure par anticipation que le projet de loi allait trop loin. C'était, à notre avis, faire une bien mauvaise analyse de la situation, qui était en réalité décrite sur un ton modéré ; de plus, elle s'appuyait sur des observations solidement étayées et présentait des considérations équilibrées. On aurait pu lui reprocher, au contraire, et certains l'ont fait, de ne pas tout dire sur la menace qui planait sur l'avenir du français au Québec.

Mais l'Énoncé de politique n'a reçu qu'une attention limitée. Tous les regards se sont bientôt portés sur la Charte elle-même, déposée à l'Assemblée nationale comme projet de loi n° 1, et votée, après amendements, comme Loi 101, le 26 août 1977.

La Charte de la langue française, ou Loi 101

Soulignons d'abord l'entorse que le législateur a faite à la tradition législative en qualifiant cette loi de Charte. L'initiative était assez osée. Le terme Charte est en effet normalement réservé à cette loi à tous égards exceptionnelle qu'est une Charte des droits et libertés de la personne. En faisant de la Loi linguistique une Charte, le législateur ne prétendait pas la mettre sur le même pied que la Charte des droits et libertés, à laquelle elle est d'ailleurs soumise. Il a cependant voulu témoigner que, par sa signification historique et nationale, cette loi n'était pas sur le même pied que les autres lois.

C'est aussi avec la même intention que la Charte de la langue française a été précédée d'un Préambule particulièrement remarquable, composé de cinq paragraphes, dont on peut admirer la beauté et la noblesse. Même s'il n'a pas force de loi, le Préambule possède une haute valeur significative : il explicite le sens de la Loi, il exprime ce que les juristes appellent l'« intention du législateur ». Ce Préambule paraissait d'autant plus nécessaire que le gouvernement était conscient de présenter une loi qui n'allait laisser personne indifférent.

On peut résumer les grandes articulations de la Loi 101 en disant qu'elle a cinq objectifs : définir la nature linguistique de la société québécoise, assurer l'intégration scolaire des enfants immigrants, franciser le monde du travail, pourvoir aux conditions de respect de la majorité francophone, créer les organismes chargés de la mise en œuvre de la Charte.

Un panneau célèbre, où le mot « STOP », partiellement effacé, a été transformé en « (Loi) 101 ».

**Camille Laurin
père de la Loi 101**

Le nom de Camille Laurin, ministre d'État au développement culturel, restera à jamais attaché à la Charte de la langue française et à son Énoncé de politique, dont il a été le père et le défenseur. Très tôt au cours des travaux d'élaboration et de rédaction, le ministre s'est rendu compte qu'il était en pratique impossible de simplement amender la Loi 22, comme on l'avait cru d'abord. «La Loi 22 avait le tort de poursuivre en même temps deux objectifs divergents : l'un, de francisation du Québec et l'autre, de bilinguisme institutionnel.» Il fallait donc sortir du cadre de cette loi et en penser une nouvelle. C'est ainsi qu'est née la Charte de la langue française.

«Il ne faisait pas de doute pour moi que le Québec, majoritairement français, ne pouvait avoir qu'une seule langue officielle, commune à tous ses habitants, langue de la communication et de la cohésion sociale, langue d'usage de l'administration et de toutes les institutions qui en dépendent, langue de la vie collective, milieu de vie où se meuvent avec aisance et bien-être ceux qui l'utilisent pour atteindre à leur plein développement sur tous les plans. Il fallait faire une loi pour nous et non contre les autres, qui donne leur place logique et juste à la majorité et aux minorités selon leur importance respective, qui mette au service des libertés et aspirations individuelles d'une majorité longtemps pauvre et dominée les ressources et le support de leur État démocratiquement élu.

[...] La Charte de la langue française concerne tous les Québécois sans exception; elle leur propose à tous de participer, en français, à la vie et au progrès d'un peuple qui aspire à réaliser son unité dans la fidélité à sa tradition française et dans le plus grand respect de toutes ses composantes.

[...] On ne saurait le dire assez clairement : le véritable épanouissement culturel et social des non-francophones ne pourra s'accomplir que dans la mesure où la majorité sentira l'avenir de sa culture assuré par des garanties fondamentales. [...] Peut-être faut-il rappeler qu'il existe ici en Amérique du Nord une enclave, elle est française et elle se trouve ici, au Québec. Cette évidence constitue la pierre angulaire de la politique linguistique du Québec. Et si l'on craint que la collectivité francophone se replie sur elle-même, on a tort. En fait, il est peu de peuples plus ouverts, plus désireux de partager, plus prêts à bâtir avec vous un Québec nouveau.

[...] Lorsque nous parlons d'un Québec français, c'est précisément ce que nous voulons dire : pour que subsiste et s'épanouisse la culture française, il faut que, sur cette portion du continent où une forte majorité de la population est de langue française, la langue commune soit le français – au même titre que l'anglais est la langue commune en Ontario.

[...] Un Québécois, c'est quelqu'un qui participe à la vie québécoise et qui trouve naturel de contribuer à l'édification d'une cité plus humaine dans une patrie qui peut être la sienne aussi légitimement par adoption que par naissance.»

Camille LAURIN, *Une traversée du Québec*, Montréal, L'Hexagone, 1999.

52

Préambule de la Charte de la langue française

Langue distinctive d'un peuple majoritairement francophone, la langue française permet au peuple québécois d'exprimer son identité.

L'Assemblée nationale reconnaît la volonté des Québécois d'assurer la qualité et le rayonnement de la langue française. Elle est donc résolue à faire du français la langue de l'État et de la Loi aussi bien que la langue normale et habituelle du travail, de l'enseignement, des communications, du commerce et des affaires.

L'Assemblée nationale entend poursuivre cet objectif dans un esprit de justice et d'ouverture, *dans le respect des institutions de la communauté québécoise d'expression anglaise*[4] et celui des minorités ethniques, dont elle reconnaît l'apport précieux au développement du Québec.

L'Assemblée nationale reconnaît aux Amérindiens et aux Inuits du Québec, descendants des premiers habitants du pays, le droit qu'ils ont de maintenir et de développer leur langue et culture d'origine.

Ces principes s'inscrivent dans le mouvement universel de revalorisation des cultures nationales qui confère à chaque peuple l'obligation d'apporter une contribution particulière à la communauté internationale.

Les droits linguistiques fondamentaux

1. Toute personne a le droit que communiquent en français avec elle l'Administration, les services de santé et les services sociaux, les entreprises d'utilité publique, les ordres professionnels, les associations de salariés et les diverses entreprises exerçant au Québec.

2. En assemblée délibérante, toute personne a le droit de s'exprimer en français.

3. Les travailleurs ont le droit d'exercer leurs activités en français.

4. Les consommateurs de biens ou de services ont le droit d'être informés et servis en français.

5. Toute personne admissible à l'enseignement au Québec a droit de recevoir cet enseignement en français.

53

Le Québec, société française

La définition linguistique du Québec se trouve dans le chapitre I de la loi, qui contient un seul article, éminemment court : «Le français est la langue officielle du Québec», ce que le Livre blanc traduit en disant que le Québec est «une société française». Prenant ses distances avec la Loi 22 que la Charte vient remplacer, le gouvernement du Québec affirme dans le Livre blanc qu'«il ne sera donc plus question d'un Québec bilingue[5]». Ce qui signifie en pratique que, dans le respect des diverses minorités, le français sera la «langue commune à tous les Québécois». C'est à cette fin que la Charte définit en cinq articles les «droits linguistiques fondamentaux».

Le français étant proclamé langue officielle, la Charte déclare aussi, en conséquence, le français langue de l'État du Québec, de son Administration et de ses services publics. C'est dans la logique de cette prise de décision que la Charte fait du français «la langue de la législation et de la justice au Québec», ce qui n'empêchera pas, ajoute la Charte, que soit produite une version anglaise des lois, des pièces de procédure et des jugements des tribunaux. Mais, dans tous ces cas, la version française doit être la seule officielle. Ce chapitre de la Charte a été rapidement contesté devant les tribunaux, qui l'ont jugé inconstitutionnel[6]. Le gouvernement du Québec s'est fait rappeler que, dans le contexte canadien actuel, il ne lui est pas loisible d'aller aussi loin dans l'unilinguisme que d'autres provinces canadiennes.

L'Administration responsable de l'ensemble des services publics et des rapports entre les citoyens et l'État doit également utiliser le français dans tous ses documents, dans ses communications internes et avec les citoyens. Cela comprend aussi les organismes municipaux et scolaires, les services de santé et les services sociaux, à l'exception de ceux desservant une population dont la majorité parle une autre langue. Il en va de même des «organismes parapublics», c'est-à-dire des entreprises d'utilité publique et des ordres professionnels. Ceux-ci, comme tous les services publics, ne devront être désignés que par leur dénomination française, seule officielle.

La langue de l'enseignement

On se souvient que le choix de la langue d'enseignement pour les nouveaux Québécois constituait l'enjeu principal des premières lois linguistiques[7]. La Loi 22 avait mis en place une batterie de tests pour l'accès à l'école de langue anglaise, que le premier ministre René Lévesque avait promis de remplacer par une mesure législative plus équitable.

En matière d'enseignement, la Charte repose sur trois grands principes. Le premier veut que l'école commune soit l'école de langue française, de la maternelle à la fin du secondaire (article 72). Le deuxième principe répond au vœu de la communauté anglophone du Québec et lui reconnaît le «droit acquis» (sinon juridiquement, du moins dans les faits) à l'école anglaise. Pour répondre à ce vœu, la Charte établit une «dérogation à l'article 72» selon laquelle un parent (père ou mère) ayant reçu l'enseignement primaire en anglais au Québec a acquis pour ses enfants le droit de recevoir l'enseignement primaire et secondaire en anglais. C'est ce qu'on a appelé la «clause Québec». Celle-ci a été contestée devant les tribunaux et, par suite du jugement, a dû être remplacée par la «clause Canada»[8]. Le troisième principe autorise les enfants qui ne répondent pas au critère du droit acquis, mais qui fréquentent l'école anglaise au moment de l'entrée en vigueur de la Charte, à poursuivre leur formation en anglais. Par souci de l'unité familiale, la Charte accorde le même droit aux frères et sœurs cadets de ces enfants.

Le français au travail

Outre l'enseignement, la francisation du milieu de travail est un objectif prioritaire de la Charte. Déjà, la Loi 22 s'était engagée sur la voie de la francisation des entreprises. Mais elle n'énonçait que des mesures incitatives, sans aucune forme de contrainte ni d'obligation. Le gouvernement Lévesque les jugea bien insuffisantes pour amener toutes les moyennes et grandes entreprises à se franciser intégralement. La Charte spécifie donc que toute entreprise employant 50 personnes ou plus doit obligatoirement engager un processus de francisation pour obtenir un «certificat de francisation» délivré par l'Office de la langue française. Des dates limites sont fixées pour l'obtention du certificat, et des sanctions prévues pour les entreprises qui contreviendraient à cette obligation.

Les programmes de francisation doivent notamment prévoir l'utilisation du français dans les documents de travail, catalogues, manuels, dans les communications à l'intérieur de l'entreprise, avec la clientèle et dans la publicité. Ils doivent prévoir aussi une augmentation à tous les niveaux, aussi bien «au sein du conseil d'administration» que «chez les dirigeants», du nombre de personnes ayant «une bonne connaissance de la langue française» (article 141).

Pour assurer l'efficacité de ces mesures, la Charte oblige toute entreprise employant cent personnes ou plus à créer un «comité de francisation [...] dont au moins le tiers est nommé [...] pour représenter les travailleurs de l'entreprise». Ce comité a la responsabilité de procéder à l'analyse de la situation linguistique, d'établir le programme de francisation approprié et d'en surveiller l'application.

Le respect de la majorité francophone

Le législateur a été particulièrement attentif à ce que le caractère français du Québec soit visible et tangible. Deux ordres de mesures ont pour but de répondre à cet objectif. Les premières concernent ce que le Livre blanc appelle la «francisation du paysage québécois». Répondent à cet objectif les mesures qui imposent le français dans les raisons sociales, et l'unilinguisme français dans l'affichage public et la publicité commerciale (un des rares domaines où la Loi exigeait, à l'origine, l'unilinguisme

moyens qu'elle mettait en place pour implanter dans la réalité cette nouvelle idée du Québec, la Charte a transformé plus en profondeur les rapports de pouvoir au sein de la société québécoise que ne l'avait fait la Révolution tranquille. Elle a suscité et soutenu le mouvement par lequel la majorité francophone a entrepris de se comporter comme une majorité, tout en s'engageant à respecter ses minorités.

Les langues autochtones et le Québec

À l'arrivée de Jacques Cartier, trois grands groupes autochtones vivaient sur le territoire actuel du Québec : les Esquimaux thuléens (connus aujourd'hui sous le nom d'Inuits), les Iroquoiens et les Algonquiens. Ces trois familles linguistiques sont encore représentées aujourd'hui, mais pas toujours par les mêmes langues ou dialectes qu'au XVIe siècle. Dès avant la fondation de Québec, les Iroquoiens rencontrés par Cartier s'étaient retirés en amont de Montréal, créant un vide qui permit aux Micmacs et aux Malécites de monter vers le nord. Les Hurons vinrent s'établir dans la région de Québec au milieu du XVIIe siècle à la suite de la destruction de la Huronie (dans le sud de l'Ontario actuel) par deux peuples de la confédération iroquoise des Cinq-Nations, les Agniers (Mohawks) et les Tsonnontouans (Senecas).

De nos jours, neuf idiomes autochtones continuent d'être parlés au Québec : l'inuktitut (de la famille esquimo-aléoute), le mohawk (famille iroquoienne), l'abénaquis de l'Ouest, l'algonquin, l'atikamek, le cri, le micmac, le montagnais et le naskapi (famille algonquienne). L'abénaquis de l'Est a disparu. Les dernières personnes qui parlaient encore le huron (wendat) sont mortes au début du XXe siècle et le malécite ne compte plus de locuteurs au Québec. Parmi ces idiomes, certains sont des langues à part entière alors que d'autres (le cri, le naskapi, le montagnais et l'atikamek) sont, du point de vue rigoureusement linguistique, les dialectes d'une même langue. Toutefois, les personnes qui les parlent les considèrent comme des langues au sens plein.

La Charte de la langue française, dans son préambule, reconnaît aux Amérindiens et aux Inuits « le droit qu'ils ont de maintenir et de développer leur langue et culture d'origine » et elle permet l'usage d'une langue amérindienne dans l'enseignement donné aux Amérindiens et de l'inuktitut dans l'enseignement donné aux Inuits (article 87). D'autres articles de la Charte en limitent ou en soustraient l'application dans le cas des territoires visés par la *Convention de la baie James et du Nord québécois* et dans celui des réserves indiennes.

Le gouvernement québécois a été le premier au Canada à reconnaître, dès 1983, les peuples autochtones comme des nations distinctes, ayant droit à leur culture, à leur langue, à leurs coutumes et à leurs traditions de même qu'ayant le droit d'orienter eux-mêmes le développement de leur identité propre. Il a aussi, dans le même document, reconnu à ces nations le droit d'avoir et de contrôler des institutions qui correspondent à leurs besoins dans le domaine de la culture, de l'éducation et de la langue. En 1985, ces principes ont été solennellement reconnus par l'Assemblée nationale du Québec dans une *Motion portant sur la reconnaissance des droits des Autochtones*.

Jacques MAURAIS

38. La Charte de la langue française : les ajustements juridiques

JOSÉ **WOEHRLING**

Depuis son adoption en 1977, la Charte de la langue française a été modifiée à plusieurs reprises, dans certains cas pour tenir compte de l'évolution de la situation linguistique, dans d'autres pour la rendre conforme aux décisions judiciaires ayant déclaré certaines de ses dispositions invalides par incompatibilité avec la Constitution canadienne ou, à une occasion, avec la Charte des droits et libertés de la personne du Québec. Nous examinerons les principales modifications apportées dans chacun des trois grands domaines dans lesquels la Loi 101 régit le statut du français : les institutions publiques du Québec, l'éducation et la vie économique.

La langue de la législation, de la justice et de l'Administration publique

L'idée qui avait prévalu lors de l'adoption de la Charte de la langue française était de faire du français la langue principale – ou parfois la seule langue – de la législation et de la réglementation, de la justice et de l'Administration publique. Pour atteindre ce but, on avait restreint – sans le supprimer totalement – le bilinguisme qui existait traditionnellement dans les institutions publiques québécoises. Ainsi, la Loi prévoyait que les lois et les règlements ne seraient plus adoptés qu'en français, l'Administration fournissant une traduction anglaise non officielle. De même, les jugements devaient être rédigés en français ou accompagnés d'une version française dûment authentifiée, qui serait seule officielle.

Ces dispositions, contenues dans le chapitre III de la loi, ont été déclarées inconstitutionnelles par la Cour suprême du Canada, en 1979[11], comme incompatibles avec l'article 133 de la Loi constitutionnelle de 1867. Ce dernier, en effet, impose l'usage du français et de l'anglais dans la rédaction des lois et des documents parlementaires, au Québec et au niveau fédéral. En outre, il permet que l'anglais et le français soient utilisés à volonté dans la procédure écrite et dans les plaidoiries devant les tribunaux fédéraux et les tribunaux du Québec, ainsi que dans les débats des Communes d'Ottawa et du Parlement du Québec.

Le fait que les rédacteurs de la Loi 101 aient sciemment contredit l'article 133 s'explique notamment parce que de nombreux spécialistes pensaient que cet article faisait partie des dispositions constitutionnelles pouvant être modifiées par simple loi. Cette opinion s'appuyait également sur le précédent manitobain de 1890. Lors de la création du Manitoba en 1870, une disposition semblable à l'article 133 avait en effet été insérée dans la constitution de cette province. Par conséquent, la langue française jouissait à cette époque au Manitoba du même statut constitutionnel que l'anglais au

Éric Henry, 1996.
Il faut savoir s'y retrouver dans les modifications successives
à la Loi 101...

Québec. Or, dès 1890, le Parlement manitobain votait une loi faisant de l'anglais la seule langue de la législation et de la justice. La loi manitobaine n'ayant jamais été déclarée inconstitutionnelle, il était tout à fait logique de penser qu'il allait en être de même pour la Loi 101 du Québec. En fait, le chapitre III de la Loi 101 et la loi manitobaine de 1890 ont été invalidés par la Cour suprême le même jour, en 1979.

Par ailleurs, en déclarant inconstitutionnel le chapitre III de la Loi 101, la Cour suprême a donné à l'article 133 une interprétation qui élargissait davantage l'obligation de bilinguisme, en l'imposant non seulement aux lois proprement dites et aux tribunaux judiciaires, mais également à la législation déléguée (règlements) et aux tribunaux administratifs.

L'Assemblée nationale du Québec a modifié en 1986 la Loi sur les services de santé et les services sociaux pour prévoir que «toute personne d'expression anglaise a le droit de recevoir en langue anglaise des services de santé et des services sociaux» dans les établissements désignés à cette fin par le gouvernement, parmi ceux qui sont reconnus par l'Office de la langue française comme fournissant leurs services à des personnes en majorité d'expression anglaise[12].

La langue de l'enseignement

Dans le domaine de l'enseignement, l'objectif de la Loi 101 était d'amener les immigrants à envoyer leurs enfants à l'école de langue française, en limitant l'accès à l'école publique anglaise aux enfants de la minorité anglophone du Québec. À cette fin, on avait inscrit à l'article 73 de la Charte de la langue française une règle communément appelée «clause Québec», selon laquelle n'étaient admissibles à l'école publique anglaise, primaire et secondaire, que les enfants dont l'un des parents avait lui même reçu, au Québec, son enseignement primaire en anglais, ainsi que les frères et sœurs cadets de ces enfants. En pratique, cette règle avait pour effet d'interdire à trois catégories de personnes d'envoyer leurs enfants à l'école publique de langue anglaise : a) les immigrants, y compris ceux dont la langue maternelle ou usuelle est l'anglais; b) les francophones; c) les Canadiens des autres provinces venant s'établir au Québec, à moins qu'une entente de réciprocité n'ait été conclue entre le Québec et leur province d'origine ou que celle-ci n'offre des services comparables aux francophones qui y résident[13].

Cette dernière conséquence a immédiatement été considérée comme inacceptable par les autorités fédérales, qui ont jugé qu'elle était incompatible avec le principe de libre circulation et de libre établissement qui est à la base du régime fédéral. Cependant, à l'époque où la Loi 101 a été adoptée, rien dans la Constitution canadienne de 1867 ne s'opposait à ce genre de disposition. Comme le gouvernement fédéral ne pouvait s'appuyer sur la Constitution existante pour faire invalider la «clause Québec» de la Loi 101, il a fait adopter en 1982, avec l'accord des neuf autres provinces et en dépit de l'opposition du gouvernement québécois, une nouvelle loi constitutionnelle dans laquelle on trouve une disposition expressément conçue pour contrecarrer la Charte de la langue française.

L'article 23 de la Charte canadienne des droits et libertés, adoptée en 1982, établit les critères d'admissibilité aux droits à l'instruction dans la langue de la minorité. L'un d'eux, la «clause Canada», consiste à reconnaître le droit à l'enseignement dans la langue de la minorité (donc, à l'enseignement en anglais au Québec) aux enfants dont l'un des parents a reçu son enseignement primaire dans cette langue **au Canada**. Cette disposition permet donc aux Canadiens des autres provinces qui s'établissent au Québec d'envoyer leurs enfants à l'école publique de langue anglaise. C'est dans cette mesure que l'article 23 de la Charte canadienne entrait en conflit avec l'article 73 de la Loi 101. Deux ans plus tard, la Cour suprême déclarait la «clause Québec» inopérante[14]. Mais cela n'a rien changé au fait que les immigrants, d'où qu'ils viennent, et les Québécois francophones continuent de devoir envoyer leurs enfants à l'école publique de langue française.

La langue du commerce et des affaires

Dans ce troisième domaine, l'objectif de la Loi 101 est de franciser la vie économique. Parmi les principaux moyens utilisés pour y parvenir, la Loi 101 prescrivait à l'origine, sous réserve de certaines exceptions, l'usage exclusif du français dans l'affichage public, la publicité commerciale et les raisons sociales. Cette exigence a été considérée par la Cour suprême du Canada comme contraire à la liberté d'expression garantie par la Charte canadienne des droits et libertés et par la Charte des droits et libertés de la personne[15] du Québec, et comme étant également incompatible avec le droit à l'égalité garanti par cette dernière. La Cour a considéré comme justifié le fait **d'exiger la présence du français** dans la publicité commerciale et les raisons sociales, mais elle a également conclu que le fait **d'exclure les autres langues** constituait une restriction non justifiable des droits garantis par les deux chartes[16].

Slogan couramment affiché quand la Loi 101 était contestée devant les tribunaux ou que des pressions étaient faites pour la modifier.

Pour échapper aux conséquences de ce jugement, le gouvernement du Québec avait fait adopter en décembre 1988 une loi contenant une double disposition de dérogation, afin d'écarter l'application des deux chartes et de restaurer la validité des dispositions en cause, sous une forme quelque peu modifiée[17]. La règle générale continuait d'être que l'affichage public et la publicité commerciale à l'**extérieur** des établissements se faisaient en français uniquement. Par contre, à l'**intérieur** des établissements, la règle générale était désormais que l'affichage et la publicité pouvaient se faire à la fois en français et dans une autre langue, pourvu que le français figure de façon nettement prédominante.

Dans des « constatations » déposées le 31 mars 1993, le Comité des droits de l'homme des Nations Unies, institué en application du Pacte international relatif aux droits civils et politiques[18], est arrivé à la conclusion que, même telles que modifiées par la Loi 178, les dispositions de la Loi 101 sur l'affichage et les raisons sociales violaient encore la liberté d'expression garantie à l'article 19 du Pacte. Par contre, le Comité a été d'avis qu'elles n'étaient contraires ni à l'article 26 du Pacte (droit à l'égalité devant la loi) ni à son article 27 (droits des personnes appartenant à des minorités ethniques, religieuses ou linguistiques).

Peu après cette intervention du Comité des droits de l'homme, le gouvernement du Québec a fait adopter un nouveau régime dans lequel l'affichage public et la publicité commerciale peuvent désormais être faits à la fois en français et dans une autre langue pourvu que le français y figure « de façon nettement prédominante ». Quant aux raisons sociales, elles peuvent désormais être assorties d'une version dans une langue autre que le français pourvu que, dans son utilisation, la raison sociale en langue française figure « de façon au moins aussi évidente ».

Dans chacun des trois grands secteurs de la politique linguistique, la Loi 101 a été vidée d'une partie de sa substance à la suite d'une confrontation avec la Constitution canadienne. Dans le domaine crucial de la langue d'enseignement, la disposition constitutionnelle qui a servi à invalider la « clause Québec » a même été adoptée postérieurement à la Loi 101, dans le but évident de la contredire. Par ailleurs, les articles sur l'affichage public et la publicité commerciale ont été jugés incompatibles non seulement avec la Constitution canadienne, mais également avec la Charte des droits et libertés de la personne du Québec et le droit international. Pour arriver à ce résultat, les tribunaux se sont fondés sur une interprétation très large, et peut-être contestable du point de vue sociologique, de la liberté d'expression, pour en étendre le bénéfice aux messages commerciaux et en faire découler le droit des commerçants et des consommateurs de s'exprimer et d'être renseignés dans la langue de leur choix. Ce faisant, les juges ont accordé la primauté à un droit individuel d'une portée somme toute secondaire sur le droit collectif des Québécois francophones de protéger et de promouvoir leur langue, menacée parce qu'elle est minoritaire partout en Amérique du Nord.

La législation linguistique québécoise[19] :
principaux repères

1961		Création de l'Office de la langue française
1969	**Loi 63**	Loi pour promouvoir la langue française au Québec : • première mention de l'objectif de faire du français la langue du travail et la langue prioritaire dans l'affichage public; • enseignement obligatoire du français, langue d'usage dans le réseau scolaire anglophone.
1974	**Loi 22**	**Loi sur la langue officielle :** • fait du français la langue officielle du Québec; • impose l'usage du français dans l'affichage public; • oblige les entreprises qui veulent traiter avec l'État à appliquer des programmes de francisation; • restreint l'accès à l'école anglaise aux seuls élèves qui connaissent suffisamment cette langue.
1977	**Loi 101**	**Charte de la langue française :** • impose l'usage exclusif du français dans l'affichage public et la publicité commerciale; • étend les programmes de francisation à toutes les entreprises employant 50 personnes et plus; • restreint l'accès à l'école anglaise aux seuls enfants dont l'un des parents a reçu son enseignement primaire en anglais au Québec; • reconnaît comme officielle la seule version française des lois.
1979	Arrêt Blaikie	La Cour suprême du Canada rend inopérant le chapitre de la Loi 101 sur la langue de la législation et de la justice, comme contraire à l'article 133 de la Loi constitutionnelle de 1867*.
1982	Charte canadienne*	L'article 23 est rédigé de manière à invalider le chapitre VIII de la Loi 101 et à élargir l'accès à l'école anglaise au Québec*.
1983	**Loi 57**	• reconnaît, dans le préambule de la Charte de la langue française, les institutions de la communauté anglophone du Québec; • donne à la francisation des entreprises un caractère permanent.
1984		La Cour suprême déclare inopérant le chapitre de la Loi 101 sur la langue d'enseignement comme incompatible avec l'article 23 de la Charte canadienne*.
1986	**Loi 142**	Oblige les instances régionales à élaborer des programmes d'accès aux services de santé et aux services sociaux en langue anglaise.

1988	Arrêt Ford	La Cour suprême conclut que l'interdiction de toute autre langue que le français dans l'affichage public et la publicité commerciale est contraire à la liberté d'expression, mais ouvre la porte à la nette prédominance du français.
1988	**Loi 178**	Recours à la disposition de dérogation (cinq ans) par l'Assemblée nationale pour maintenir l'usage exclusif du français dans l'affichage à l'extérieur des établissements.
1993	**Loi 86**	• nette prédominance du français dans l'affichage public et la publicité commerciale; • refonte du chapitre sur la francisation des entreprises; • accès à l'enseignement en anglais : insertion de la clause Canada; • bilinguisme des lois, règlements et textes d'application : remplacement des articles 7 à 13 de la Charte de la langue française.
1997	**Loi 40**	• rétablissement de la Commission de protection de la langue française, qui avait été abolie par la Loi 86; • ajout de garanties nouvelles au bénéfice des consommateurs, notamment en matière de commercialisation de logiciels.

55

*   Dans plusieurs domaines (comme la langue officielle, la langue d'enseignement, la langue de la législation et de la justice), la législation canadienne (comprenant les dispositions constitutionnelles) s'oppose directement à la législation québécoise, ce qui place les citoyens dans une situation de dualisme et de conflit. La législation canadienne place le français et l'anglais sur le même pied et cherche par tous les moyens à promouvoir l'égalité de statut entre les deux langues, alors que la législation québécoise fait du français la langue officielle du Québec et la langue normale et habituelle des activités publiques de tous les Québécois.

39. Les répercussions sociales et politiques de la Loi 101

ANDRÉ **BERNARD**

On se souvient du tollé qu'ont soulevé la Loi 63 et la Loi 22. En comparaison, on pourrait dire que la Charte de la langue française (ou Loi 101)[20], bien que porteuse de changements profonds, a été adoptée dans un calme relatif. Certes, elle a suscité l'opposition des anglophones et inauguré un débat public qui dure encore, mais son application n'a pas perturbé la paix sociale, bien que le coup de barre qu'elle a donné ait entraîné des effets considérables dans la société québécoise.

Les répercussions sociales

La Loi 101 a d'abord été la charte de promotion sociale et économique des francophones et de leur langue.

De minoritaires à majoritaires

Habitués depuis des décennies à déplorer l'état d'infériorité de leur langue et forcés d'apprendre l'anglais pour occuper des postes supérieurs, les francophones sont promus tout à coup à un véritable statut de majoritaires et constatent que leur langue occupera désormais la première place dans les activités publiques fondamentales, comme le travail et les affaires.

Il s'agit d'un revirement social complet, le plus profond peut-être depuis la cession du Canada à l'Angleterre. Cette « reconquête » par la langue française de son statut de langue « officielle, normale et habituelle » va modifier profondément les rapports de force, de classe et de prestige dans la société québécoise.

Face à l'accroissement de l'utilisation publique de leur langue, les francophones éprouveront une nouvelle fierté et une nouvelle confiance en eux, facteurs qui compteront pour beaucoup dans la remarquable production culturelle, scientifique et technique québécoise qui marque le dernier quart du XXe siècle.

De leur côté, les anglophones, qui historiquement s'étaient souvent comportés comme une majorité au Québec, se sont adaptés non sans difficulté à leur nouvelle condition de minoritaires[21]. D'abord surpris, puis déçus de perdre leurs privilèges, plusieurs ont participé à une opposition qui s'est organisée avec le temps. Mais plusieurs aussi ont compris les objectifs de la Charte et en ont reconnu le bien-fondé[22].

Le résultat net est une augmentation notable de la connaissance du français chez les anglophones. Dans la région de Montréal, entre 1971 et 1986, le pourcentage des anglophones bilingues a augmenté de 19 points de pourcentage, passant de 34,9 % à 54,2 %, ce qui est assez remarquable, alors que le pourcentage de francophones bilingues a augmenté de moins de six points[23].

Effets à court terme de la Loi 101

	1976-77	1984	1986-87
Pourcentage d'enfants d'immigrants fréquentant l'école de langue française*	20,3%		64,2%
Pourcentage du nombre d'entreprises ayant obtenu leur certificat final de francisation**		37,4%	61,1%

* *Rapport du comité interministériel sur la situation de la langue française*, Québec, 1996, p. 295.
 En 1994-1995, ce pourcentage sera de 79,4%.
** *Rapport annuel d'activité de l'Office de la langue française*, 1999, p. 21.
 En 1996, ce pourcentage sera de 78%.

56

Mais l'effet le plus spectaculaire de la Loi 101 – et dont la pertinence a été largement reconnue – a certainement été de renverser complètement en faveur de l'école de langue française le pourcentage des élèves allophones qui fréquentaient l'école de langue anglaise (voir le tableau ci-dessus). Par ailleurs, dès 1979, deux ans après l'adoption de la Loi 101, 87% des anglophones (contre 69% des francophones) constataient une utilisation accrue du français au Québec, notamment dans les activités de commerce et les services[24].

La promotion socio-économique des francophones

Un élément capital des programmes de francisation des entreprises exigés par la Loi 101 était «la connaissance de la langue officielle chez les dirigeants» et «l'augmentation à tous les niveaux de l'entreprise, y compris au sein du conseil d'administration, du nombre de personnes ayant une bonne connaissance de la langue française de manière à en assurer l'utilisation généralisée» (article 141).

Cette disposition a eu comme effet très visible l'accroissement du nombre de francophones dans les hauts postes des entreprises, et par conséquent un relèvement sensible de la condition économique de plusieurs francophones. Entre 1977 et 1988, le pourcentage de francophones dans les postes de cadres des entreprises, pour l'ensemble du Québec, est passé de 38% à 58%.

En même temps, l'écart de revenu de travail, jusque-là défavorable aux francophones, s'est considérablement réduit; le revenu de travail d'un anglophone était supérieur à celui d'un francophone de 30,5% en 1970 et de 9,9% en 1985. Toutefois, ce sont les francophones bilingues qui reçoivent désormais les meilleurs salaires. Même si la Loi 101 a pour objectif de faire du français la langue normale et habituelle du travail, on constate donc que, dans l'immédiat, son effet a été de dévaloriser l'unilinguisme anglais et de donner une plus-value au bilinguisme francophone[25].

Pour ce qui est de la langue du travail à Montréal, on observe une progression un peu semblable : diminution de l'unilinguisme anglais et demande accrue de bilinguisme chez les anglophones. Entre 1979 et 1989, le pourcentage des anglophones travaillant surtout en anglais a subi une baisse notable (de 73 % à 55 %), alors que la proportion des usagers des deux langues au travail a augmenté de 13 points de pourcentage (de 24 % à 37 %). Quant aux francophones, le pourcentage de ceux qui ne travaillent qu'en français a augmenté au cours des deux années qui ont suivi l'adoption de la Loi pour se fixer par la suite autour de 63 %[26].

Les répercussions juridiques et politiques

Ces changements majeurs ne se sont pas produits sans résistances. Jusqu'à quel point la Loi 101 a-t-elle obtenu l'adhésion de la population ? Et à quels débats de fond a-t-elle donné lieu ?

Réactions et prises de position

Il est exact de dire que les Québécois francophones ont appuyé massivement la Charte de la langue française, surtout dans les deux ou trois « années de grâce » qui ont suivi son adoption et qui ont été marquées par un engagement général très positif envers la francisation. Mais, au fur et à mesure que certaines dispositions de la loi (notamment sur l'affichage) seront contestées, le niveau d'exigence des francophones se relâchera un peu.

Avec le chiffre 101, on fait flèche de tout bois.

Ainsi, par exemple, en 1983, même s'ils continuent d'appuyer très fortement (entre 67 % et 87 %) les grands principes de la Charte (voir le tableau ci-dessous), les francophones sont indécis ou partagés quant à l'opportunité de modifier la Loi : 35 % ne veulent aucune modification, 30 % sont indécis et 30 % sont ouverts à des adoucissements (mais quels adoucissements ?)[27]. Il faut dire qu'à cette époque le gouvernement lui-même, sous la pression des anglophones, était prêt à négocier pour faire respecter l'esprit de la Loi.

Les syndicats de travailleurs, comme la CSN, la FTQ et la CEQ, interviendront publiquement pour soutenir la francisation. La Société Saint-Jean-Baptiste de Montréal (SSJB), vouée à la défense des intérêts des francophones, organisera des marches et des manifestations publiques souvent percutantes (1981, 1982, 1983), ainsi que des campagnes d'opinion, chaque fois qu'on tentera de s'en prendre à la Charte de la langue française. Le Mouvement Québec français (MQF) se donnera pour rôle d'orchestrer ces diverses interventions, dont le thème principal allait bientôt devenir un véritable mot d'ordre, notamment lors de l'opération « Québec français » de mai 1986 : « Ne touchez pas à la Loi 101 ».

Les anglophones du Québec, toujours sensibles au contexte politique, étaient restés sous le choc de l'élection du Parti Québécois en 1976. Un an plus tard, l'adoption de la Loi 101 est vécue de la même façon. Craignant le pire, ils découvrent peu à peu qu'ils peuvent s'y adapter. En dépit de ce que disent les éditorialistes du Canada anglais et des États-Unis, le Québec n'est pas intolérant, l'anglais n'est pas banni du Québec, les anglophones non plus[28]. Certains ont prétendu que la Loi 101 avait pro-

**Pourcentage de répondants qui sont d'accord, en 1983,
avec certains grands principes de la Loi 101**

	Francophones	**Anglophones**	**Allophones**
Au Québec, on doit obliger les enfants des nouveaux immigrants à fréquenter l'école de langue française	67 %	24 %	40 %
L'immigrant qui s'établit au Québec doit apprendre le français en premier	87 %	56 %	72 %
Au Québec, le français doit être la langue de travail	79 %	25 %	48 %
Au Québec, le français doit être la langue du commerce	68 %	20 %	35 %

Source : Monnier[29]

57

voqué un «exode» des anglophones du Québec. Cette affirmation a besoin d'être remise en perspective, en tenant compte notamment des migrations interprovinciales des anglophones (qui ne constituaient pas un fait nouveau) et du déplacement économique continental vers l'ouest qui s'est opéré à cette époque, mais le solde migratoire total[30] a été plus négatif en 1977 (déficit de 40 000) que précédemment ou qu'en 1978 (déficit de 27 000) et 1979 (déficit de 15 000).

L'échec du référendum de 1980 avait fait espérer à plusieurs anglophones un retour au bilinguisme. Mais, constatant, un an plus tard, que le Parti Québécois était reporté au pouvoir, leur résignation et leur frustration ont fait place à une opposition ouverte incarnée surtout par le groupe de pression Alliance Québec, créé au début de 1982 et soutenu par le gouvernement d'Ottawa pour défendre les intérêts de la communauté anglophone.

Pour les membres d'Alliance Québec, le gouvernement était allé trop loin avec la Loi 101; pour eux, le Québec devrait être un État bilingue. Au lendemain du congrès d'orientation de mai 1982, leur président a écrit au premier ministre René Lévesque une lettre indiquant les principaux points sur lesquels Alliance Québec entendait négocier des modifications à la Loi. C'est dans la lettre-réponse du 4 novembre 1982 de René Lévesque qu'on trouve le passage ci-dessous – devenu historique – sur l'affichage en français.

Par l'intermédiaire d'Alliance Québec ou autrement, les opposants à la Loi 101 ont eu recours aux tribunaux. Entre 1984 et 1988, une demi-douzaine de jugements (Cour supérieure, Cour d'appel, Cour suprême) ont invalidé ou affaibli certaines dispositions de la Loi 101, notamment au chapitre de la langue d'affichage. Les pressions exercées sur les gouvernements et sur les partis politiques sont responsables aussi de quelques modifications apportées à la Loi[31].

Le visage français du Québec

Il est important que le visage du Québec soit d'abord français, ne serait-ce que pour ne pas ressusciter aux yeux des nouveaux venus l'ambiguïté qui prévalait autrefois quant au caractère de notre société, ambiguïté qui nous a valu des crises déchirantes.

À sa manière en effet, chaque affiche bilingue dit à l'immigrant : «Il y a deux langues ici, l'anglais et le français; on choisit celle qu'on veut.» Elle dit à l'anglophone : «Pas besoin d'apprendre le français, tout est traduit.» Ce n'est pas là le message que nous voulons faire passer. Il nous apparaît vital que tous prennent conscience du caractère français de notre société. Or, en dehors de l'affichage, ce caractère n'est pas toujours évident.

René LÉVESQUE

58

Le double débat

Ces modifications ont été ponctuées d'un double débat. Le premier a trait aux *droits individuels*, par opposition aux *droits collectifs*. Par exemple, dans la question de l'affichage, la Cour suprême, tout en reconnaissant le droit du gouvernement du Québec de protéger et de promouvoir la langue de la collectivité francophone minoritaire en Amérique du Nord, a pris parti dans le débat et estimé que l'unilinguisme français dans l'affichage imposait une restriction trop forte aux libertés individuelles, aussi bien celles du petit commerçant que celles des grandes sociétés commerciales, considérées sans distinction comme des personnes.

Le second débat touche l'aménagement linguistique de la société québécoise par rapport à celui de la société canadienne et oppose les tenants du *bilinguisme* à ceux de l'*unilinguisme*. Ces deux visions différentes[32] sont constamment sous-jacentes dans les débats linguistiques québécois. Devant le renforcement du français proclamé par la Loi 101, la dualité canadienne sentira le besoin de se réaffirmer. Près de vingt ans après la Loi sur les langues officielles du Canada, au milieu des débats portant sur l'accord Meech-Langevin, le Parlement d'Ottawa adoptera, en 1988, malgré les protestations du Québec, la Loi C-72 qui donne aux autorités fédérales la possibilité d'intervenir, par le pouvoir de dépenser, auprès des minorités francophones et anglophones du Canada, auprès des entreprises, des organisations patronales et syndicales, des organismes bénévoles et autres associations, en vue de «favoriser la progression vers l'égalité de statut et d'usage du français et de l'anglais dans la société canadienne» (articles 41 et 43). Vision diamétralement opposée à celle des tenants de la primauté du français au Québec!

En 1979, deux ans après l'adoption de la Loi 101, environ 50 % des non-francophones reconnaissaient qu' «il était temps que le gouvernement permette aux Québécois de vivre en français[33]». Il s'agit désormais d'un acquis primordial et, tout compte fait, les jugements des tribunaux n'ont pas remis en cause l'essentiel de la francisation, comme la langue du travail, la francisation des immigrants, l'universalité des services en français. L'effet psychologique de la Loi 101 s'est peut-être atténué, mais d'autres effets sont là pour durer, par exemple la valorisation et le respect de la langue française. Comme l'a constaté Gary Caldwell :

> Tout ceci a été le résultat de la Loi 101, une intervention socio-politique exceptionnelle. On a su composer avec les données particulières, juridiques, culturelles et historiques, du contexte québécois. Et on atteignait les objectifs visés : à court terme, conversion au français des enfants des immigrants et, à plus long terme, francisation des lieux de travail. Sur les deux fronts, soit en ce qui concerne l'acceptation par tous de la Loi et son efficacité en fonction des buts visés, on faisait mouche. Cela ne fait pas – je crois – l'ombre d'un doute. Il y eut là une rare occurrence où les hommes publics auront trouvé les moyens de rester à l'intérieur des limites du possible tout en visant haut et loin[34].

Pour la première fois, des travailleurs de l'aérospatiale peuvent assembler en français un appareil fabriqué au Québec.

Grandes manifestations linguistiques

L'un des effets majeurs de la Charte de la langue française a été d'amener les anglophones à prendre clairement conscience de leur statut de minoritaires au Québec. La création d'Alliance Québec en 1982 constitue la réaction normale d'une communauté qui cherche à préserver surtout le statut de sa langue et la place qu'elle occupait jusqu'alors. Soutenu par des subventions fédérales annuelles de l'ordre d'un million de dollars, Alliance Québec s'est vite imposé comme l'organisme le plus représentatif de la communauté anglophone. Il s'est employé à combattre vigoureusement des dispositions fondamentales de la Loi 101, comme celles qui ont trait à l'affichage et à la fréquentation scolaire, surtout en faisant pression sur le gouvernement et en apportant un soutien efficace à certaines contestations devant les tribunaux. Au milieu des années 1990, Alliance Québec a dû partager la scène politique anglophone avec d'autres groupes, le nombre de ses adhérents a commencé à diminuer et, récemment, le passage à l'avant-scène de quelques leaders partisans de la confrontation n'a pas aidé à arrêter l'hémorragie.

À la vision d'un Québec bilingue incarnée par Alliance Québec, le Mouvement Québec français (MQF) oppose celle d'une société essentiellement francophone. Le MQF a été fondé en 1971. C'est un groupe de pression aux ressources relativement modestes. Sa force vient de tous ceux qu'il réussit à mobiliser, c'est-à-dire la dizaine d'associations et de centrales syndicales (CSN, CEQ, FTQ, UPA, AQPF, SSJBM, etc.) qui se sont concertées pour lui donner naissance et qui répondent à son appel quand la situation l'exige. On peut donc dire que, du côté francophone, les victoires d'Alliance Québec et les jugements contraires à la Loi 101 ont souvent été précédés ou ponctués par de vigoureuses manifestations orchestrées par le MQF. Les grandes manifestations suivantes méritent, entre autres, d'être mentionnées :

Le 13 décembre 1986 : au centre Paul-Sauvé, rassemblement de 6000 personnes venues entendre 101 personnalités s'opposant au projet de loi 140 qui visait à faire disparaître ou à affaiblir les trois principaux organismes mis en place par la Charte de la langue française.

Le 18 décembre 1988 : au centre Paul-Sauvé, 20 000 personnes manifestent contre le jugement de la Cour suprême sur l'affichage.

Le 12 mars 1989 : au Champ-de-Mars, 75 000 personnes protestent contre la Loi 178 sur l'affichage et contre le projet de loi C-72 du gouvernement fédéral sur les langues officielles.

Le 14 juin 1993 : à l'aréna Maurice-Richard, rassemblement au sujet de la Loi 86 : Jacques Parizeau, Pierre Bourgault et Lucien Bouchard prennent la parole.

CHAPITRE
11

Une langue qui prend sa place

40. La mobilisation des écrivains

LISE **GAUVIN**

En 1982, lors du congrès « Langue et société[1] », un certain nombre d'écrivains sont appelés à faire part de leurs réflexions sur la situation linguistique au Québec. Sans être exhaustifs, ces témoignages constituent une sorte d'état des lieux, de répertoire des questions que se posent alors les écrivains. Mieux encore, de récapitulatif des prises de position antérieures et de point d'orgue. La Loi 101 a, jusqu'à un certain point, apaisé les inquiétudes. Le temps n'est pas au militantisme, mais à la sérénité qui accompagne nécessairement les synthèses et les vues générales.

Dans cette perspective, quelques textes publiés à l'issue de ce congrès retiennent l'attention. Mentionnons en tout premier lieu celui d'André Belleau, qui, discutant des rapports entre langue et nationalisme, prône la nécessité d'un unilinguisme antinationaliste. Voulant en finir avec « l'idéologie de la célébration linguistique », il rappelle que tout peuple a besoin d'une langue pour s'exprimer et que « les hommes qui voient leur langue méprisée ne parlent tout simplement pas. Ce sont des silencieux. » Et il en conclut : « Nous n'avons pas besoin de parler français, nous avons besoin du français pour parler. » La position d'André Belleau prolonge celles qui ont été véhiculées dans les années 1960 par les revues *Liberté* et *Parti pris*. Selon lui, le statut officiel

ustration de Marie Lafrance. Campagne pour la promotion du
ançais, sous l'égide du ministère de l'Éducation, 1997.

Jne des multiples façons dont la langue française
été « valorisée » et « illustrée » au Québec.

accordé à une langue permet d'en valoriser l'usage, sans plus. Cette valorisation n'implique en aucune façon une hiérarchie entre les idiomes, mais plutôt une reconnaissance accordée à la langue parlée par l'ensemble d'une collectivité.

De leur côté, Nicole Brossard, Suzanne Lamy et Louky Bersianik posent le problème du féminin dans la langue ou plutôt de son absence, car «en somme, de constater cette dernière, le féminin a été tiré du masculin comme Ève de la côte d'Adam». Les autres témoignages mettent l'accent sur l'esthétique davantage que sur le politique. Comme si une page de l'histoire du Québec avait été tournée. Comme si l'écrivain, désormais rassuré quant à l'avenir de sa langue, pouvait enfin se permettre d'aborder d'autres sujets que celui du militantisme linguistique.

La trève a été de courte durée. Voilà que les jugements de la Cour d'appel du Québec condamnant l'affichage unilingue français, puis, quelques années plus tard, l'adoption de la Loi 178, ratifiant de sérieuses modifications à la Loi 101, notamment en ce qui concerne la langue d'affichage, ramènent une fois de plus la question linguistique sur la place publique et «les écrivains aux barricades». Une pléiade de textes-manifestes et de numéros spéciaux de revue voient le jour, qui, chacun à leur façon, reprennent l'éternel débat du statut politique du français au Québec. Textes aux titres par eux-mêmes significatifs : *Montréal français*, *Parler 101*, *Watch ta langue*, *Langue/culture : à vendre*... *Montréal français* de Pauline Harvey, sous-titré «récit-intervention», est le récit d'une déambulation dans la ville perçue comme une ville étrangère, une ville devenue une ville fantôme et une ville cliché : «so cute so cheap and the food is so cheap». Quand la narratrice se fait poser des questions en anglais ou encore demander à plusieurs reprises «parlez-vous français?», elle répond: «Montréal c'est un parcours pour apprendre à lutter/C'est une plainte infinie qui dure dans la nuit». On reconnaît là des accents qui rappellent les manifestes antérieurs, de *L'afficheur hurle* de Paul Chamberland à *Speak white* de Michèle Lalonde.

Sur le mode lyrique encore, un groupe de vingt poètes a choisi d'intervenir à la défense de la Loi 101, en 1989, dans un ouvrage collectif intitulé *Parler 101*. Ces «travailleurs de la langue» disent vouloir «simplement conserver leur outil, leur souffle et leur âme» et préfèrent «parler 101 que 178». En guise d'ouverture du recueil, ces vers tirés du poème *Destin*, de Claude Beausoleil : «La langue est un destin/au cœur du temps qui passe...» D'un texte à l'autre, l'inquiétude domine devant cette langue qui risque de disparaître «comme un fait divers parmi d'autres entassés au fond de l'histoire humaine» (Hélène Dorion).

Sur le mode réflexif, un autre groupe d'écrivains prend la parole dans un numéro spécial de la revue *Liberté* intitulé *Watch ta langue*. Pierre Vadeboncœur tient à rappeler que, si les individus peuvent, jusqu'à un certain point, choisir leur langue, la collectivité, elle, n'a pas le choix d'assumer sa responsabilité historique. Si «la langue n'est que l'ombre, selon François Hébert, il ne faut pas pour autant lâcher l'ombre, car elle signale la présence immédiate de la proie». Yves Beauchemin, dans ce numéro comme aussi dans l'ouvrage collectif intitulé *L'Avenir du français au Québec*, énumère les arguments en faveur de l'affichage unilingue français. D'autres textes portent sur la langue et le social (Lise Bissonnette), les langues minoritaires (Fulvio Caccia et Lamberto Tassinari), la qualité de la langue (Jean Larose), le bilinguisme et la liberté d'expression (François Ricard).

« Ne touchez pas à la Loi 101 »

1987. La Loi 101 a dix ans. Elle a déjà porté fruit, mais elle est de nouveau contestée, notamment sur la question de l'affichage. La mobilisation est devenue plus difficile. Entre-temps, il y a eu l'échec du référendum. Des écrivains font le point.

« La langue, au Québec, n'a cessé depuis la Conquête d'alimenter les tempêtes politiques. Les Québécois sont sur cette question d'une susceptibilité extrême. Mais pourquoi se laissent-ils amputer du Labrador sans piper mot alors que l'excision d'un petit bout de la Loi 101 les fait hurler ? Parce que la langue française est l'élément fondamental de leur identité collective. »

> Chantal BOUCHARD, « La langue du plus fort est toujours la meilleure »,
> *Liberté*, « Watch ta langue », spécial 101 ¢, février 1987.

« Oui, la règle de l'unilinguisme français dans l'affichage est devenue inintelligible pour beaucoup de gens, car ils ont oublié. Et ils ont oublié parce que la Loi 101 a réussi à créer un cadre plus favorable au français chez nous. Ils ne se rappellent plus qu'il n'y a pas si longtemps le français était en train de couler à pic sous l'effet de l'anglicisation galopante : celle des francophones comme celle de presque tous les immigrants qui venaient s'établir dans notre pays. [...] Nous avons fait savoir au monde que ce coin de terre d'Amérique n'est pas un *no man's land*, mais notre pays à nous, les Québécois. [...] Voilà ce qu'un visage bilingue ne parvenait pas à accomplir et ce qu'il n'accomplira jamais. »

> Yves BEAUCHEMIN, « L'affichage français », *ibid*.

« C'est au nom de la liberté d'expression que la Cour d'appel a décidé de corriger la Loi 101 et de se prononcer en faveur du bilinguisme. [...] Au fond, la liberté d'expression ici visée est d'abord et avant tout celle des « allophones », tout le monde le sait, et ce que gagnent (ou retrouvent) Alliance-Québec, le PSBGM et la communauté anglophone, c'est en réalité leur pleine liberté d'expansion, c'est-à-dire le droit non pas d'« accueillir » les immigrants, mais bien de laisser jouer en faveur de l'anglais, donc de leurs propres institutions, le poids de la réalité économique nord-américaine. »

> François RICARD, « Notes à chaud », *ibid*.

« [...] Ce qu'il y a de nouveau en regard des années 1970, c'est que le problème de la langue se pose maintenant sans enveloppement, ni appui, ni accompagnement bien déterminé de la politique devant l'histoire. [...] Le temps présent, dangereusement nouveau par plusieurs de ses aspects, exige le renouvellement du discours sur ces questions. [...] La langue française, ici, pendant une époque encore indéterminée, restera maîtresse de bien des choses. Elle subsistera tout ce temps en nous tenant de bien des façons sous son empire, pour le mieux ou pour le pire, selon ce que nous déciderons. De nos décisions dépendront une langue malade ou en santé, et nous en dépendrons nous-mêmes semblablement. [...] La langue française [...] durera, comme un actif, ou bien comme un passif très lourd et qu'il resterait impossible de solder. »

> Pierre VADEBONCŒUR, « Le présent au sens fort », *ibid*.

À ces prises de position s'ajoutent celles de la revue *Possibles*, qui, dans un numéro intitulé *Langue/culture : à vendre*, donne la parole à 17 écrivains. On y lit, entre autres témoignages, celui de Michel Tremblay qui dit s'apercevoir que «quand on s'attaque à la langue, on devient intelligent». Celui de Jacques Brault, qui reprend des fragments de son discours de réception lors de la remise du prix David : «Ne plus avoir de langue ou en avoir une qui prend presque plaisir à s'humilier collectivement et même à prêter aide et assistance aux forces qui l'assaillent et la dénaturent, telle est mon obsession d'écrivain.» Celui, enfin, de Paul Chamberland qui avoue se trouver dans une posture contradictoire : celle du militant qui doit défendre l'unilinguisme francophone au Québec et «refuser la situation de diglossie que tend à imposer à la collectivité québécoise la langue du plus fort»; celle de l'écrivain qui l'oblige à reconnaître qu'«en regard du même, qu'est la bonne communication, l'écriture n'est pas sûre, l'écrivain est suspect».

Le nombre d'écrivains engagés dans ces diverses prises de position donne une idée de l'ampleur de la mobilisation qui a suivi, dans les années 1980, les remises en cause de la Loi 101. Mais cette mobilisation même n'a pas été sans engendrer une certaine fatigue de la part de ceux qui, sans baisser les bras, ont été constamment sur la ligne de front. Et Miron lui-même de clamer bien fort sa colère devant un combat sans cesse recommencé pour que le français demeure chez lui la langue de l'État, de la culture et des communications. «Chus tanné», déclare-t-il lors du colloque organisé par l'Union des écrivains en 1987, laissant libre cours à son exaspération : «Nous revoici à colloquer sur l'avenir du français au Québec! comme si nous n'avions rien d'autre à faire. *Ad nauseam!* Chus tanné.» Tout cela parce que «la langue, ici, n'a jamais été «un donné», c'est-à-dire une institution à partir de laquelle on commence, mais elle est une institution à laquelle il faut arriver. C'est tuant!» Au cri du cœur mironien répond le «Maudite langue», titre d'un numéro spécial de *Nuit blanche* consacré à la langue, qui en dit long sur l'état d'esprit général.

On aura compris que la question linguistique a été et est encore, pour l'écrivain québécois, un champ miné et un terrain de luttes perpétuelles. Le devoir de vigilance qui l'anime ne l'empêche pas de problématiser sa propre relation à la langue et d'éviter ainsi le piège d'un militantisme aveugle. La fatigue qu'il exprime, vers la fin des années 1980, devant la conscription à laquelle il se sent tenu de répondre n'est pas dénuée d'humour. Car il ne faudrait pas oublier que le discours sur la langue, au cours des dernières décennies, s'est profondément modifié. Dans le paysage littéraire québécois, la parole s'est diversifiée et amplifiée de l'apport d'un certain nombre d'écrivains qui, pour avoir fréquenté d'autres langues que le français, n'en ont pas moins cru nécessaire d'intervenir dans un débat qui, jusque-là, avait été accaparé par les seuls écrivains dont le français est la langue d'origine. Dans un texte intitulé *Speak What* (1989), Marco Micone déplace la question posée par *Speak White* (1974) de Michèle Lalonde et affirme la nécessité du recours à la parole, de quelque lieu qu'elle provienne. Le texte de Michèle Lalonde se terminait par un appel à la solidarité de tous les opprimés de la terre : «Nous savons que nous ne sommes pas seuls.» Celui de Marco Micone se clôt sur l'affirmation d'un Québec pluriel et solidaire : «Speak What/ Nous sommes cent peuples venus de loin/ Pour vous dire que vous n'êtes pas seuls.»

Au terme de ce bref parcours, il est important de rappeler que la pensée de la langue qui s'exprime dans les années 1980, si elle témoigne de la *surconscience linguistique* de l'écrivain québécois, n'a pas donné que des textes de circonstance. Elle s'est aussi doublée, sur le plan de l'écriture romanesque, d'une pratique libre et innovatrice et de stratégies textuelles faisant appel à de multiples possibles langagiers, comme c'est le cas dans *La Vie en prose* de Yolande Villemaire, *Volkswagen Blues* de Jacques Poulin et *Maryse* de Francine Noël.

Watch ta langue! spécial 101¢, revue *Liberté*, février 1987. Illustration de Gustave Doré adaptée par François Hébert, 1987.

Les écrivains se mobilisent pour défendre la Loi 101.

41. Une langue qui se planifie

JEAN-CLAUDE **CORBEIL**

Les articles qui précèdent ont retracé les grands moments de l'histoire de la langue française au Québec depuis la Révolution tranquille. Au rythme de ces événements, et surtout pendant les quinze années qui séparent la Commission Laurendeau-Dunton (1963) de la Charte de la langue française (1977), une génération de Québécois de diverses disciplines, qui ont entrepris de réfléchir à la situation linguistique, mettent en mots et en lumière les enjeux du destin de la langue française au Québec et les fondements de son évolution, en vue d'en améliorer le statut et la qualité. Cet effort collectif de réflexion constitue l'acte de naissance de l'aménagement linguistique.

Le terme même d'*aménagement linguistique* a été forgé au Québec au début des années 1970, comme équivalent de ce que la sociolinguistique américaine désignait sous le nom de *language planning*. Au calque *planification linguistique*, qui provoquait une réticence certaine à cause de sa connotation dirigiste, on a préféré l'expression *aménagement linguistique* qu'on peut définir comme

> un effort à moyen et à long terme pour mieux tirer parti d'une ressource collective, la ou les langues, en fonction des besoins et des intérêts de la nation, selon un plan souple qui oriente l'évolution de la société sans la brusquer mais au contraire en réclamant son adhésion et sa participation[2].

L'aménagement linguistique vise deux grands objectifs. D'une part, l'**aménagement du statut de la langue** fixe le caractère et les obligations d'usage de la langue dans des domaines précis; au Québec, ce genre d'aménagement est défini par la Charte de la langue française. D'autre part, l'**aménagement de la langue elle-même** comme système social de communication poursuit un double but : décrire une norme standard de la langue par rapport à laquelle les autres variantes de la langue prennent leur valeur relative, et normaliser des vocabulaires de spécialités permettant de situer les différents termes, plus ou moins équivalents mais tous utilisés, par rapport à un terme recommandé.

L'aménagement du statut de la langue

Distinctions utiles

Au fil du temps, la réflexion a permis de préciser des concepts outils, qui ont encore cours ou dont la discussion se poursuit. Les plus importants ont trait aux distinctions à établir entre bilinguisme individuel et bilinguisme fonctionnel, entre communications individualisées et communications institutionnalisées, et entre intégration et assimilation.

Bilinguisme individuel/fonctionnel

Le terme *bilinguisme* s'est avéré beaucoup trop polyvalent pour être utilisé en aménagement linguistique. Peu à peu, des distinctions y ont été introduites, comme entre *bilinguisme individuel* et *bilinguisme fonctionnel* (on parle aussi de *bilinguisme officiel*, de *bilinguisme institutionnel*; voir à cet égard l'expression *communications institutionnalisées* plus loin). Le *bilinguisme individuel* est le fait d'une personne qui apprend une autre langue pour des motifs personnels, soit d'ordre culturel (voyager à l'étranger, découvrir une culture ou une littérature), soit d'ordre pratique (obtenir un poste, avoir accès à une documentation). Cette forme de bilinguisme est favorisée, au Québec, par l'école où l'on enseigne le français et l'anglais comme langues secondes, souvent l'espagnol comme troisième langue. Elle est considérée comme un enrichissement personnel et un atout dans une carrière. On se souviendra aussi que l'Énoncé de politique qui a donné naissance à la Charte de la langue française encourageait fortement l'apprentissage d'autres langues que le français[3].

Le *bilinguisme fonctionnel* découle du fait que certaines fonctions exigent la connaissance d'une autre langue, à des niveaux de compétence variables. Cette notion est d'application difficile en aménagement linguistique, parce que la tentation est toujours grande d'exiger toujours plus de bilinguisme sans que cela soit vraiment exigé par la fonction. La relation entre ces deux types de bilinguisme est évidente. Le système scolaire assure une connaissance de base des langues étrangères les plus en demande, que chaque individu utilisera pour occuper diverses fonctions tout au long de sa carrière, au besoin en améliorant la connaissance qu'il en a selon ses besoins et ses ambitions.

Communications individualisées/institutionnalisées

La distinction entre communications individualisées et communications institutionnalisées permet de faire porter les dispositions d'aménagement linguistique par les secondes et de respecter la liberté des premières. Les *communications institutionnalisées* sont celles d'une institution qui entre en relation avec ses membres (l'État avec les citoyens, une société avec ses actionnaires, un employeur avec ses travailleurs) ou avec ses clients, ses lecteurs, ses auditeurs, etc. L'institution a l'autorité de définir le type de langue dont elle fera sa norme et les moyens d'obliger ses membres à s'y conformer, puisque sa réputation, la qualité de ses services et même ses profits sont en cause. L'État peut encadrer l'exercice des communications institutionnalisées en ce qui a trait à l'emploi des langues (par exemple, pour éviter de mettre le français et l'anglais sur le même pied) et pour assurer le respect des citoyens. Par contraste, la *communication individualisée* n'est pas touchée par l'aménagement linguistique, puisqu'elle s'établit entre deux ou plusieurs personnes dans une relation de vie privée et doit demeurer entièrement libre de toute contrainte, sauf la contrainte inhérente au respect de l'interlocuteur.

Intégration/assimilation

Enfin, le Québec étant une terre d'immigration dont les citoyens sont de cultures et de langues diverses, il a été nécessaire de définir la relation entre la majorité et les minorités, par rapport à la langue d'abord et par rapport à l'insertion des membres des autres communautés dans la société québécoise globale. Sur le plan linguistique a émergé peu à peu une conception de la langue française à la fois langue officielle et langue commune du Québec, la notion de langue commune renvoyant à une manière de concevoir la langue française comme langue d'intercommunication entre tous les citoyens du Québec, puisqu'elle est la langue de la majorité, la langue de participation aux institutions de la société et la langue de promotion sociale et économique. L'insertion sociale s'est imposée presque immédiatement, à l'évidence pour ainsi dire, comme un processus d'intégration plutôt que d'assimilation. L'*intégration* elle-même comporte des niveaux : intégration de fonctionnement (connaître et savoir utiliser les institutions de la société), intégration de participation (devenir un citoyen actif au sein de la société) et intégration d'aspiration (faire sien l'avenir de la société). L'assimilation, au contraire, est une décision personnelle ou le résultat d'un processus à long terme; elle ne saurait être, au Québec, l'objectif d'une politique gouvernementale.

Principes et interventions

L'aménagement linguistique a été et est toujours le lieu d'un double effort intellectuel : un effort de réflexion sur les principes et les objectifs de l'aménagement linguistique et un effort d'opérationnalisation de ces principes et objectifs sous la forme de mesures concrètes, réalistes et légitimes dans notre type de société.

Des idées-forces

Ainsi se sont dégagées six idées-forces, qui servent, pour ainsi dire, de principes fondamentaux à l'aménagement linguistique du Québec et dont se sont inspirés les grands axes de la législation linguistique.

Les six principes fondamentaux
de l'aménagement linguistique au Québec

1. Le bilinguisme officiel ne doit pas être le projet collectif de la société québécoise, car une langue plus faible (le français) mise à égalité avec une langue plus forte (l'anglais) finit par lui céder le pas.

   D'où la disposition fondamentale de la Charte de la langue française : le français est la langue officielle du Québec.

2. Ce sont les institutions, et non les individus isolés, qui déterminent une situation linguistique donnée et qui peuvent, en conséquence, la modifier. La responsabilité incombe à chaque institution de veiller au statut et à la qualité de la langue dans ses communications internes et externes.

   L'Administration publique québécoise est donc soumise à une politique gouvernementale d'emploi de la langue française, alors que la législation linguistique encadre l'usage du français et des autres langues dans les entreprises, les commerces et les services.

3. L'affichage public et la publicité commerciale se présentent aux yeux des citoyens comme le reflet visible du statut et de la qualité de la langue en usage dans un pays. Le message qu'ils envoient aux citoyens est d'une extrême importance à cet égard.

   D'où les dispositions de la Charte de la langue française en matière d'affichage en français.

4. La protection du consommateur exige qu'on emploie et respecte sa langue dans les inscriptions et les documents qui accompagnent la commercialisation des biens de consommation courante et les offres de service.

   D'où l'obligation imposée par la législation linguistique concernant la présence du français dans la présentation des produits.

5. Dans une société démocratique comme le Québec, les minorités culturelles ont le droit de vivre et de s'épanouir par le maintien de leurs langues et par leurs activités culturelles.

   En conséquence, la loi autorise l'usage de toutes les langues pour ces activités culturelles (médias, associations, commerces de spécialités, institutions religieuses, etc.).

6. Les communications avec l'extérieur du Québec nécessitent souvent l'emploi d'autres langues que le français, le plus souvent l'anglais dans le contexte nord-américain.

   La législation linguistique précise, en conséquence, les modalités d'usage d'une autre langue que le français pour ce genre de communications.

Jean-Claude CORBEIL

61

Des interventions stratégiques

L'application de ces principes doit être clairement balisée afin de maintenir l'équilibre social recherché. Les principales interventions en cette matière viennent généralement de l'État, qui, tout en restant attaché aux principes, doit aussi être à l'écoute des citoyens. Au Québec, l'aménagement linguistique est constitué d'un ensemble de mesures. La Loi linguistique (Charte de la langue française) en est la pièce maîtresse : elle a mis fin à la libre concurrence des langues au Québec qui désavantageait la majorité francophone. Au fil des ans, le gouvernement a complété cette loi en confiant des mandats à d'autres ministères, principalement en matière d'enseignement du français et en matière d'immigration et de formation linguistique des immigrants non francophones. La politique linguistique du Québec est donc définie à la fois par la Charte de la langue française et par d'autres dispositions, nombreuses d'ailleurs, qui touchent à la langue, directement ou indirectement.

De toutes les institutions relevant de l'État, l'école est sans doute celle qui est appelée à jouer le rôle le plus important dans l'aménagement linguistique du Québec. L'école a pour mission d'assurer la connaissance de la forme standard du français aux enfants dont c'est la langue maternelle, ce qui implique le passage d'un registre familier à un registre plus soutenu, non seulement en langue écrite, mais aussi en langue parlée. Ce passage n'a pas encore donné, à ce jour, les résultats escomptés.

L'école doit aussi enseigner le français, langue seconde, aux anglophones et l'anglais aux francophones. Dans l'un et l'autre cas, les parents voudraient que leurs enfants soient parfaitement bilingues à la sortie de l'école, ce qui est nettement au-delà des capacités de tout système d'enseignement, ici ou ailleurs, d'autant qu'il est très difficile de définir pour tous ce qu'on entend par « être bilingue ».

Enfin, l'école a également pour rôle de favoriser l'intégration des allophones à la langue de la majorité, le français, pour leur donner accès à la vie collective et au monde du travail, et faciliter leur promotion économique et sociale. En définitive, l'école joue un rôle de premier plan dans la diffusion du français comme langue commune du Québec.

L'aménagement de la langue elle-même

Au-delà du statut et de la place qu'occupe la langue dans l'usage public qu'on en fait, il convient aussi de s'intéresser à la langue en elle-même et à son développement. À ce sujet, on peut aborder trois thèmes : les attitudes face au français québécois (en lui-même et par rapport au français de France), les travaux de description des usages du français au Québec et la mise à niveau des vocabulaires de spécialités indispensables à la francisation des entreprises.

Les attitudes

Rappelons brièvement l'évolution de ces attitudes[4]. Au début des années 1960, les Québécois sont partagés sur la perception qu'ils ont de leur langue. Les uns disent qu'ils parlent très mal le français. Les autres soutiennent qu'ils parlent français à leur manière et que, si défauts il y a, ils proviennent soit de la faible scolarité moyenne de la population (ce que la création du ministère de l'Éducation peut corriger), soit de la domination de la langue anglaise (ce qu'une politique linguistique pourrait modifier). À cette époque, deux discours sur la langue s'opposent : le discours du *joual*-mépris (référence aux *Insolences du frère Untel* ou au *lousy French* de Trudeau) et le discours du *joual*-fierté, illustré par le courant littéraire en langue populaire urbaine (du *Cassé* de Jacques Renaud aux *Belles-Sœurs* de Michel Tremblay).

Puis, peu à peu, une perception plus réaliste de la langue se diffuse. On prend conscience que les usages de la langue française sont très variés, au Québec évidemment, mais aussi en France où tous les Français ne parlent pas comme dans les livres. Les registres de langue sont légitimes, et l'idéal n'est pas de les faire disparaître au profit d'un seul, mais plutôt de savoir quand et comment passer de l'un à l'autre selon les circonstances. Cette évolution aboutit finalement à soutenir qu'il existe une norme du français correct propre au Québec, pas très éloignée de la norme française (puisque l'intercommunication est possible), mais suffisamment marquée pour ne pas se confondre avec elle. En cela, la communauté linguistique québécoise est semblable à toutes les autres où l'on parle français différemment, en Belgique, en Suisse, en Afrique, dans les Antilles, et même en France.

Face à la langue anglaise, les attitudes sont nettement plus mouvantes. Un grand nombre de Québécois demeurent convaincus qu'il faut connaître l'anglais pour réussir, et ils l'affirment souvent comme un absolu, alors que cette nécessité varie beaucoup selon les types de secteurs et d'emplois, et selon la carrière de chacun. Toutes les fonctions de travail n'exigent pas nécessairement l'anglais. Mais la prolifération actuelle des postes pour lesquels on a tendance à exiger la connaissance de l'anglais contribue à maintenir la perception que l'anglais est une langue indispensable. De plus, le fait que l'anglais soit devenu «la» langue internationale, et que le français accuse un certain recul sur la scène mondiale, n'aide pas à valoriser le français pour qu'il s'impose réellement au Québec. D'une génération à l'autre, cette attitude d'insécurité face à l'anglais – liée de près au marché du travail – revient hanter les jeunes et aussi leurs parents.

La description des usages québécois

La manière de décrire les usages de la langue française au Québec a évolué considérablement à partir de la fin des années 1950. L'enseignement de la linguistique a pris racine à l'Université de Montréal et à l'Université Laval de Québec. Une nouvelle génération de spécialistes se sont formés à une étude plus rigoureuse des faits de langue. Les travaux d'analyse ont porté aussi bien sur la réalité sociale de la langue (sociolinguistique) que sur les différents aspects de la langue elle-même : phonétique et phonologie, morphologie et syntaxe, lexique et terminologie, registres de langue au Québec, comparaison avec les usages français et ceux des autres locuteurs du français, au Canada et dans d'autres pays de la francophonie, contact et concurrence avec la langue anglaise. La description du français du Québec est devenue plus objective et, en conséquence, plus sûre.

L'analyse du lexique demeure privilégiée, mais les méthodes de travail se modifient. Pour observer le lexique écrit et parlé en usage chez les locuteurs québécois, dans sa complexité et son étendue, les chercheurs constituent de grands corpus de textes, aujourd'hui informatisés, qu'ils soumettent à une analyse statistique et lexicologique. Les objectifs de l'analyse sont différents d'une équipe à l'autre : connaître les usages propres au Québec (*dictionnaires différentiels* par rapport à la France), décrire le lexique global du français du Québec (*dictionnaires descriptifs*), fournir des solutions aux difficultés que pose l'emploi du français aux usagers québécois (*dictionnaires de difficultés*). Des ouvrages de chaque type paraissent, accueillis plus ou moins bien par le public. La notion même de dictionnaire est mise sous examen lors de plusieurs rencontres où les opinions les plus contrastées se confrontent. Les travaux se poursuivent toujours et le dictionnaire du français *contemporain* du Québec n'existe toujours pas, malgré le besoin qu'en a la société.

Les publications de l'Office de la langue française (OLF) ont facilité l'implantation d'une terminologie française dans les entreprises et les milieux de travail.

Les vocabulaires de spécialité

La terminologie, c'est-à-dire la mise au point des vocabulaires de spécialité, s'est beaucoup développée à partir du moment où le gouvernement a décidé de faire du français la langue du travail. Dès le départ, en 1961, l'Office de la langue française a mis au point une méthode de travail pour assurer la qualité et la fiabilité des ouvrages de terminologie et a entrepris de la diffuser dans les universités et dans les entreprises. Depuis lors, cette méthode s'est répandue au Québec et dans le monde, dans tous les milieux de la terminologie, et elle s'est beaucoup améliorée. D'autre part, la production terminologique a été considérable au Québec ces vingt dernières années, grâce à l'initiative de l'Office de la langue française et des terminologues des grandes entreprises.

Enfin, on a pourvu au soutien du bon usage du français au Québec. L'Office de la langue française a mis à la disposition du public un service de consultation, rapidement très achalandé. Les grandes entreprises se sont dotées de services linguistiques (traduction, rédaction, terminologie) pour réaliser leur propre francisation et pour diffuser un français de qualité. Il est regrettable cependant que la plupart d'entre elles aient récemment supprimé ces services par souci d'économie. Les ministères ont mis sur pied des directions des communications dont le rôle est d'assurer la qualité et la lisibilité des textes de l'Administration. Les langagiers (traducteurs, rédacteurs, terminologues, interprètes) se sont organisés, ont formé un ordre professionnel et se sont donné les moyens de vérifier et de garantir la compétence de leurs membres.

L'aménagement linguistique, comme nouvelle discipline de la sociolinguistique ou dans ses applications au Québec ou ailleurs, a suscité et suscite toujours un très grand intérêt.

Le Conseil de la langue française, par ses dossiers, ses avis et ses recherches, apporte une contribution de tout premier plan à la compréhension de la question de la langue au Québec, indispensable à la pratique de l'aménagement linguistique de l'État[5]. De son côté, l'Office de la langue française est aussi activement présent dans l'aménagement linguistique en soutenant la qualité de la langue et en offrant au grand public et aux entreprises de nombreux lexiques spécialisés et des guides sur le bon usage de la langue.

Plusieurs colloques consacrés à l'aménagement linguistique ont été organisés au cours de ce dernier quart de siècle, soit plus spécialement orientés vers le cas du Québec, soit destinés à regrouper des spécialistes de ces questions dont les travaux dans d'autres pays pouvaient permettre un approfondissement de la théorie et de la pratique de l'aménagement linguistique.

On peut dire qu'aucun autre projet d'aménagement linguistique n'a été aussi suivi et aussi scruté que celui du Québec.

Depuis sa création en 1977, le Conseil de la langue française (CLF) a réalisé et publié toute une série de recherches sur la situation de la langue dans tous les domaines.

Une terminologie en ébullition

Au cours des deux dernières décennies, plus de 700 publications terminologiques – principalement des vocabulaires et des lexiques anglais-français – ont été conçues et mises à la disposition des entreprises et des organismes afin de faire du français la langue du travail au Québec.

1970-1980

Surtout orchestrés par l'Office de la langue française (OLF), les travaux terminologiques touchent la majorité des grands secteurs d'activité économique en vue de répondre aux besoins les plus pressants des travailleurs québécois relativement aux termes techniques français de leur domaine. Sous la direction du linguiste Jean-Claude Corbeil, l'organisme gouvernemental met au point et diffuse une méthodologie très rigoureuse de la recherche terminologique. Un partage des tâches est proposé : l'OLF se charge des terminologies qui intéressent toutes les entreprises (tronc commun de gestion et tronc commun industriel), alors que les entreprises et les organismes conduisent les recherches terminologiques dans les domaines spécialisés qui les concernent. À titre d'exemples, Bell Canada établit le vocabulaire des télécommunications, IBM, la terminologie informatique, Hydro-Québec, les termes de l'électricité, l'Ordre des comptables agréés du Québec, la terminologie comptable et financière.

1980-1990

Au cours de cette période, l'activité terminologique essaime dans l'entreprise où elle est principalement prise en charge par ses utilisateurs directs. Des regroupements sectoriels – secteurs du transport routier, de l'imprimerie et de l'édition, des pâtes et papiers, de la banque, pour en citer quelques-uns – permettent la mise en commun des efforts et favorisent l'harmonisation aussi bien que l'implantation des divers vocabulaires spécialisés. En raison de contraintes budgétaires, les organismes gouvernementaux doivent réduire de moitié l'effectif d'ordre terminologique, limitant considérablement la production et la mise à jour des recherches terminologiques. Dans les domaines de pointe, qui nécessitent une actualisation constante des terminologies, l'évolution s'accélère de telle sorte que seules des équipes issues de l'entreprise ou d'un regroupement sectoriel, composées de spécialistes de la langue aussi bien que de la technique, arriveront à cerner la notion et à proposer assez rapidement les termes appropriés.

Principaux secteurs d'activité ayant fait l'objet de travaux terminologiques de 1970 à 1990

Aéronautique	Électricité
Alimentation	Environnement
Assurances	Fabrication industrielle, génie mécanique et génie minier
Banque	Gestion et comptabilité
Bâtiment	Produits pharmaceutiques
Communications	Informatique, robotique, électronique
Droit	Textile et vêtement
Édition	Transport

Marie-Éva de VILLERS

62

315

Une toponymie québécoise

La toponymie, qui est la consignation dans le vocabulaire géographique propre des rapports entre le peuple et son territoire, constitue une mémoire collective très riche qu'il importe de conserver et de valoriser, car elle reflète aussi l'état de santé linguistique du territoire concerné. Au Québec, dès 1912, une Commission de géographie a assumé la responsabilité de consigner les noms de lieux du Québec. Depuis lors, l'appropriation et la mise en valeur continue du territoire se sont accompagnées d'une multiplication considérable des noms géographiques.

En 1977, conscient de la nécessité de garantir l'intégrité et la qualité de sa nomenclature géographique, le gouvernement du Québec a créé une Commission de toponymie dont le mandat consiste à répertorier, traiter, conserver, développer et diffuser cette nomenclature. Celle-ci se caractérise par une grande variété, notamment sur le plan linguistique, puisque des couches amérindiennes, inuit, française et anglaise s'y sont superposées au cours des siècles. Cela dit, le mandat de la Commission s'interprète dans le contexte de l'adoption de la Charte de la langue française qui en est l'instrument légal. De ce fait, l'éventail des actions entreprises par la Commission est à la mesure des défis que le monde actuel pose à la toponymie. Il faut d'abord rappeler qu'il importe de maintenir un équilibre entre trois objectifs également justifiés : le respect de l'évocation historique que recèle chaque toponyme, le vœu des populations directement touchées et la consolidation quantitative et qualitative de la toponymie québécoise dans le contexte sociolinguistique qui est le sien.

En vertu du premier objectif, il n'est pas question de franciser systématiquement tous les noms de lieux non français. Le second principe sert de référence pour les choix linguistiques, chaque fois que possible. Par ailleurs, l'adoption de nouveaux toponymes privilégie les noms français, à moins qu'un usage déjà établi n'impose une autre forme. C'est souvent le cas des régions majoritairement peuplées par des autochtones dont la politique de la Commission de toponymie est de respecter le patrimoine toponymique. Le résultat de cette politique est que, de 1969 à aujourd'hui, la proportion des toponymes français est passée de 69 % à 74 %, anglais de 19,6 % à 11,7 % et autochtones de 5 % à 10 %. Cette politique n'avait cependant rien de discriminatoire puisque les toponymes anglais, par exemple, ont vu leur nombre passer de 5529 à 13 559, grâce aux inventaires réalisés par la Commission et qui ont permis de rendre compte fidèlement des noms traditionnels confirmés par l'usage actuel.

Il faut ajouter que la défense du caractère français de la toponymie du Québec exige des interventions jusqu'au niveau international. Dans le cadre de la participation canadienne aux travaux des organismes préoccupés de normalisation toponymique et relevant de l'Organisation des Nations unies, le Québec a été très actif et a pris l'initiative de la formation d'une division des pays francophones au sein de ces organismes. Aussi, la diffusion de publications comme *Noms et lieux du Québec* et le *Répertoire toponymique du Québec* de même que de divers documents techniques contribue à faire connaître universellement les noms géographiques du Québec dans leur forme correcte officielle. Ces interventions ont fait que l'adaptation des noms de lieux du Québec dans des langues utilisant un alphabet différent du nôtre ne se fait plus à travers des déformations linguistiques du type *Montriol* et *Tri Rivers*. Aujourd'hui, la cartographie internationale, y compris celle émanant des États-Unis, respecte dans une mesure de plus en plus satisfaisante la toponymie du Québec dont elle reflète le visage français.

Naturellement, la toponymie du Québec constitue un témoignage éloquent des relations qui ont existé depuis quatre siècles entre le Québec et la France, ce qu'a souligné l'ouvrage récent *La France et le Québec, des noms de lieux en partage*. Des actions commémoratives ont été entreprises de part et d'autre de l'Atlantique pour souligner la continuité de ces relations, notamment par des échanges toponymiques entre les localités québécoises et des communes françaises. Ainsi, l'apport de la toponymie à la consolidation du fait français en terre québécoise se manifeste autant dans le passé qu'actuellement et dans l'avenir.

Henri DORION

63

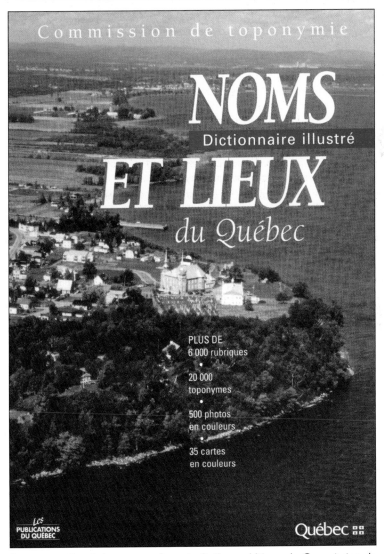

Dictionnaire illustré des noms et lieux du Québec, publié par la Commission de toponymie.

Des recherches qui donnent l'heure juste

En 1977, la mise sur pied d'une politique linguistique au Québec a provoqué un besoin considérable de mieux connaître la situation linguistique, d'en suivre l'évolution et d'aider à l'introduction de changements. La recherche en a été stimulée et la langue est devenue un objet d'étude non seulement pour la linguistique, mais aussi pour un grand nombre d'autres disciplines, tels la démographie, la sociologie, l'histoire, le droit, l'économie, la géographie, la pédagogie. Deux organismes gouvernementaux, le Conseil de la langue française et l'Office de la langue française ont particulièrement contribué à la constitution de ce corpus.

Le Conseil de la langue française, chargé de surveiller l'évolution de la situation linguistique au Québec quant au statut de la langue et à sa qualité, a fait paraître 236 ouvrages entre 1978 et 1998[6]. Il s'est intéressé aux transformations linguistiques de la population (migrations, transferts linguistiques, intégration des allophones) aux variations de comportements linguistiques dans les communications publiques (travail, affaires, commerce, services), au français dans les nouvelles technologies. Du point de vue de la qualité de la langue, le Conseil a cherché à connaître le niveau de langue utilisé et celui que l'on souhaitait véhiculer dans diverses occasions de la vie publique (Administration, médias). Il s'est intéressé à l'enseignement du français à tous les niveaux, du primaire à l'université. Il a aussi élaboré des études à caractère juridique sur l'évolution de la politique linguistique et des droits linguistiques.

De son côté, l'Office de la langue française, responsable de définir et de conduire la politique québécoise en matière de recherche linguistique et de terminologie, a contribué à la recherche sociolinguistique, principalement par des études sur la francisation des entreprises et par l'évaluation de programmes de produits et services. En terminologie, l'Office a produit plus de 260 titres de lexiques spécialisés. Ces contenus se retrouvent dans le *Grand Dictionnaire terminologique du Québec* qui offre la consultation de trois millions de termes.

Enfin, de nombreux colloques internationaux et locaux consacrés à l'aménagement linguistique ont été centrés sur l'expérience québécoise.

Ce corpus de recherche représente, de l'avis des spécialistes, une somme de connaissances unique dans le monde francophone. Nulle part ailleurs, autant d'études et de recherches n'ont été conduites dans un laps de temps aussi court.

Francine GAGNÉ

42. Les relations entre anglophones et francophones

GRETTA **CHAMBERS**

Pendant plus de deux siècles, les communautés francophone et anglophone du Québec ont partagé une histoire commune. Pour retracer l'évolution de leurs rapports au cours de cette période, il faut regarder au-delà des événements qui ont façonné la manière dont chacune a réagi à l'évolution du temps et de ses priorités. Les deux communautés ont subi des influences culturelles et démographiques très différentes.

La communauté francophone, en dépit des changements radicaux qu'elle a subis, notamment depuis cinquante ans, a toujours su préserver son appartenance identitaire. Même si elle a remis en cause ses convictions sociales, religieuses et politiques d'autrefois, elle a conservé de solides liens culturels avec le passé. Les Québécois d'expression française sont liés par leur langue et par le sentiment de devoir en assurer la défense. Leurs objectifs «nationaux», dans les deux sens du terme, sont sans doute très différents de ce qu'ils étaient jadis, mais eux-mêmes sont passés à travers la révolution économique, sociale et religieuse moderne en gardant intacte leur identité collective.

On ne pourrait en dire autant de la communauté anglophone. En dehors du fait qu'elle est l'ombre de ce qu'elle était, ce n'est pas l'ethnicité ni les lieux culturels communs qui en assurent la liaison. Ce que les anglophones du Québec ont en commun, ce sont les liens de la langue dans laquelle leurs institutions ont été créées au service de leur communauté. Ce sont d'ailleurs ces institutions qui forment la substance et assurent la sécurité du Québec anglais. Les anglophones ne craignent pas de perdre leur langue dans un Québec francophone. Lorsque ce phénomène se produit, on considère que c'est la conséquence d'un choix délibéré et non d'un diktat culturel. Ce qu'ils craignent véritablement, sur le plan linguistique, c'est la perte ou l'affaiblissement de leurs institutions. L'incertitude relative aux plans d'accès aux services de santé et aux services sociaux en anglais est l'exemple d'une situation qui inquiète grandement les anglophones du Québec, qu'ils soient ou non suffisamment bilingues et qu'ils connaissent les deux cultures pour recevoir des services en français.

Le fondement institutionnel de ce sentiment d'appartenance à une communauté s'applique désormais à des groupes disparates de Québécois. Les institutions elles-mêmes ont changé et se sont adaptées au fil des ans à une population très différente de celle pour laquelle la plupart d'entre elles ont été créées. C'était pour une population en majorité protestante et anglaise, écossaise ou irlandaise de toute part que le réseau communautaire anglophone a vu le jour. Ces gens se sont pratiquement évanouis. L'immigration ayant pris un caractère de plus en plus multiculturel et multiconfessionnel, il n'est pas facile de définir ou de décrire le Québec anglais d'aujourd'hui par rapport à ceux à qui on doit le fait anglais au Québec. Le Québec français commence à peine à ressentir les effets du pluralisme qui a marqué l'évolution de la communauté anglophone pendant des générations. De moins en moins de Québécois anglophones se définissent comme Anglo-Saxons; ils rejettent catégoriquement ce terme lorsqu'il leur est appliqué par des compatriotes francophones. Néanmoins, il y a toujours parmi cette anglophonie hétéroclite des nostalgiques qui chérissent le souvenir de cette époque révolue.

Depuis cinquante ans, il y a eu deux vagues de francisation qui ont eu des répercussions très différentes à la fois sur les anglophones sur lesquels elles ont déferlé et sur les rapports linguistiques entre ceux qui parlent la langue de la majorité et les membres du groupe linguistique minoritaire. Dans les régions du Québec qui ont toujours été massivement francophones, le problème linguistique ne s'est jamais posé. Les relations entre Canadiens français et Canadiens anglais ont été plus stéréotypées et désincarnées qu'organiques et abrasives. Même dans la ville de Québec où l'anglais conférait jadis[7] un réel pouvoir économique, la hantise que les Anglais n'envahissent tout le territoire n'a jamais été un véritable enjeu politique ou culturel. Le fait que Québec ait été le siège du gouvernement y est certainement pour quelque chose, tout comme le fait que les francophones n'étaient pas seulement nombreux, mais qu'ils avaient leurs propres leaders dans tous les secteurs de la vie publique, privée, professionnelle et institutionnelle.

Montréal et les régions limitrophes des Cantons-de-l'Est et de l'Outaouais ont été les centres nerveux de la francisation du Québec. Dans les Cantons-de-l'Est, région à majorité anglophone pendant des générations[8], le processus s'est déroulé tellement naturellement et progressivement qu'il a été pratiquement imperceptible. Il n'en a pas été moins efficace pour autant. Tandis que les francophones étaient de plus en plus nombreux à s'installer dans la région, ils ont acheté les fermes, ont pris d'assaut les conseils municipaux, ont élargi leurs commissions scolaires, bâti des écoles et contrôlé les établissements commerciaux. L'Estrie est aujourd'hui une région francophone. La transition s'est faite pratiquement sans friction linguistique. Même les anglophones les plus âgés et les plus unilingues acceptent le fait qu'ils vivent aujourd'hui dans une région à prédominance francophone, et leurs voisins francophones montrent à leur égard une grande politesse et une extrême patience à l'égard de leur désavantage linguistique. Les gens eux-mêmes semblent avoir trouvé leur propre *modus vivendi* linguistique.

Le cas de la métropole est tout autre. La région de Montréal est le point d'ignition de l'interface entre francophones et anglophones du Québec. La ville est dominée depuis ses débuts de grande ville par le milieu des affaires anglophone[9] et l'anglais est devenu synonyme d'échanges, de commerce, d'industrie, de transports, de banque, à vrai dire de tout ce qui gagne vraiment de l'argent, y compris les emplois les mieux rémunérés. Avant la Loi 101 (1977), les immigrants envoyaient leurs enfants dans les écoles anglaises, non pas parce que les écoles protestantes anglophones du Québec admettaient tout le monde contrairement aux écoles catholiques francophones qui n'acceptaient que les immigrants catholiques, mais parce qu'on se trouvait en Amérique du Nord et qu'il était socialement plus facile de devenir un Québécois d'expression anglaise que d'être accepté sur un pied d'égalité par la société francophone.

Les Québécois anglophones ne dominent plus l'économie à l'exclusion de la majorité francophone. Depuis la Loi 101, leur réseau scolaire est à toutes fins utiles réservé aux anglophones qui ont des droits historiques acquis. La communauté anglophone est désormais beaucoup moins nombreuse et son renouvellement s'est considérablement réduit. Il est difficile pour un anglophone de comprendre quelle menace il peut bien représenter, à titre individuel ou collectif, pour le Québec français. Montréal, qui est le principal terrain de cohabitation et d'interaction des deux cultures, n'a jamais été aussi français dans son paysage visuel et sonore ou dans sa substance.

La communauté anglo-québécoise

Les gouvernements et les partis politiques du Québec ont reconnu la place de la communauté de langue anglaise et son apport historique précieux à l'édification du Québec. Le 11 mars 1996, moins de cinq mois après le référendum sur la souveraineté du Québec, le premier ministre Lucien Bouchard s'adressait à la communauté anglophone du Québec, au théâtre Centaur, à Montréal :

«[...] Il ne suffit pas de dire que cette diversité [culturelle et linguistique de Montréal] constitue un actif [...]. Il s'agit de bien plus : c'est une partie de l'âme, de la fibre intime de Montréal et donc du Québec tout entier. [...] Ce qui rend Montréal spécial est le mélange de Français, d'Anglais et d'autres peuples se partageant les rues aussi amicalement que n'importe où dans le monde. Si nous perdons ce mélange, ce ne sera plus la même ville.

[...] La communauté anglophone, les individus qui la composent, ont des droits, des institutions, une dignité et une vitalité que le gouvernement du Québec entend protéger et préserver, à la fois parce que c'est normal et parce que c'est un exemple à offrir pour le traitement d'autres minorités en Amérique du Nord.

[...] Il serait bon de faire savoir que le nationalisme québécois que nous bâtissons actuellement ne se définit plus comme celui des Canadiens français, mais comme celui de toutes les Québécoises et de tous les Québécois. Ce mouvement ne cherche plus l'homogénéité, il embrasse la diversité et le pluralisme. [...] Il nous faut une nouvelle approche, tournée vers l'avenir.

[...] La survie de la langue française en Amérique du Nord sera toujours un défi; elle exigera toujours beaucoup de vigilance. La survie du français dans la région de Montréal sera toujours un défi encore plus grand. [...] De toute évidence, il est essentiel que le français soit la langue officielle et commune du Québec et de sa métropole [...]. Si le français perdait sa masse critique à Montréal, ce serait au détriment de tous. [...] Cette ville est et sera une métropole nord-américaine francophone, avec une composante anglophone essentielle qui façonne son histoire, son identité, sa culture, son avenir. Une métropole francophone qui est le cœur du Québec moderne et qui bat au rythme d'un mélange de cultures et de styles.»

Lucien BOUCHARD, 11 mars 1996.

65

La francisation de Montréal n'est pas uniquement attribuable à l'adoption des lois linguistiques. Ces lois ont canalisé et accéléré le mouvement d'affirmation linguistique et culturelle, elles ne l'ont pas créé. Montréal est devenue une ville de langue française par la volonté de sa majorité francophone et non par décret gouvernemental. Cela est une distinction notable aux yeux de la minorité anglophone, qui est encore rébarbative aux diktats linguistiques gouvernementaux, souvent considérés comme étant plus punitifs et tatillons que constructifs et sensés. D'autre part, depuis le retrait de la Loi 178 (sur l'affichage unilingue français), la majorité des anglophones du Québec comprennent et acceptent tant bien que mal le rempart de droit linguistique que constitue la Loi 101 pour le Québec francophone, tout en croyant que Montréal restera francophone tant que la majorité québécoise y sera résolue.

Ce changement de cap linguistique, la retraduction littérale de Montréal à la langue de la majorité de ses habitants, s'explique autant par des facteurs économiques et démographiques que par des pressions politiques et sociales. Les deux guerres

Caricature d'Aislin. © Aislin, 1995.
Après un référendum sur la souveraineté du Québec, partisans du OUI et du NON n'abandonnent pas pour autant leurs relations de bon voisinage.

mondiales et la migration vers l'Ouest des marchés financiers du Canada ont amorcé le processus qui a radicalement modifié le visage socio-économique de Montréal. La Révolution tranquille, suivie de l'élection du premier gouvernement souverainiste et de deux référendums, a ensuite exercé des pressions politiques pour que la langue s'adapte à la nouvelle réalité socio-économique. Et le reste, comme on dit, appartient à l'histoire.

La communauté anglophone, devant le déclin de Montréal comme capitale financière du pays, perdait rapidement de son influence économique. Mais la perception d'avoir perdu ses droits linguistiques *de facto* l'a touchée de beaucoup plus près. Le projet de loi 63 avait fait peu de remous. La Loi 22, en revanche, a mobilisé les esprits sur le but des lois linguistiques. Les anglophones du Québec ont eu le choc de leur vie. L'idée de légiférer sur l'emploi de la langue est complètement étrangère à la culture politique anglo-québécoise et elle le restera sans doute toujours, peu importe qu'elle soit justifiée ou non. Les anglophones ont été tellement épouvantés par la première incursion du gouvernement libéral de Bourassa dans la réglementation de la langue qu'ils ont voté massivement à l'élection suivante pour l'Union nationale, garantissant ainsi par ricochet l'élection du Parti Québécois avec une confortable majorité.

Dès lors, les lois linguistiques se sont succédé rapidement. La Loi 101 a obligé le Québec anglophone à cesser de lutter contre l'inévitable et à essayer de sauvegarder ce qu'il pouvait de la situation. L'époque était à la négociation et aux luttes devant les tribunaux. Les deux ont remporté des succès relatifs. Le bilinguisme a repris racine dans les tribunaux et à l'Assemblée nationale, mais surtout pour une communauté qui se définissait par ses institutions, la Loi 57 a autorisé les municipalités et les institutions dont les résidants ou les usagers étaient d'une langue autre que le français à plus de 50 % à fonctionner en français et dans cette autre langue. L'interdiction de l'affichage en anglais a continué d'être une question non négociable. La Loi 178 du gouvernement Bourassa invoquant la clause dérogatoire pour interdire l'anglais sur les panneaux d'affichage extérieurs, a précipité la création du Equality Party (Parti égalité) et a catapulté quatre de ses membres à l'Assemblée nationale. La chose la plus intéressante que l'on puisse dire du Parti égalité n'est pas son succès électoral plutôt éphémère, mais le fait qu'il ait disparu sans laisser de trace lorsque son programme axé sur une seule question a cédé la place à la *realpolitik*.

Il y aura toujours des phénomènes comme le Parti égalité, l'irruption d'Howard Galganov et la prise de contrôle d'Alliance Québec par William Johnson. Lorsqu'une communauté qui se considère à la fois comme vulnérable et comme partie intégrante d'une société a le sentiment d'être mise de côté par des mesures gouvernementales qui, selon elle, vont trop loin, elle commence souvent à réagir avec rage plutôt qu'avec une sagesse prudente. Et il y aura toujours des gens qui exploiteront cette rage jusqu'à ce que le bon sens retrouve son droit de cité et que les positions extrêmes n'aient plus de raison d'être.

Le choc de la Loi 101 est désormais passé. Mais ce qu'il faut dire et redire, c'est que le *statu quo*, quel qu'il soit, est d'une extrême fragilité. Cela ne s'applique pas à la vie quotidienne où anglophones et francophones vivent, travaillent, commercent, voyagent et jouent côte à côte. Il se peut que les relations linguistiques ne soient pas parfaites, mais elles n'ont jamais été aussi décontractées ni aussi naturelles. Cela est dans une large mesure attribuable à la bilinguisation exceptionnellement rapide des anglophones, surtout des jeunes. Certes, tous les Québécois d'expression anglaise ne sont pas devenus des francophones «pure laine». Certains ne parleront jamais autre chose qu'un français extrêmement rudimentaire. Mais la vaste majorité est résolue à ce que ses enfants soient fonctionnellement bilingues. Les pressions qu'elle a exercées sur ses commissions scolaires, sans l'aide ni le soutien des pouvoirs publics, pour garantir au français une place aussi importante qu'à l'anglais et aux mathématiques dans le programme d'études, ont entraîné une véritable révolution dans le réseau scolaire anglophone. Ne pas arriver à se débrouiller convenablement en français est maintenant très mal vu par tout anglophone qui se respecte. La communauté de langue anglaise a mis beaucoup de temps, des générations en fait, à se mettre au français. Mais depuis une vingtaine d'années, le rattrapage a été très rapide, même aux moments les plus forts de la dénonciation des aspects «irritants» de la réglementation de l'usage de la langue française. Bien sûr, tous les anglophones du Québec ne sont pas devenus parfaitement bilingues. Mais le processus est bel et bien enclenché.

L'Université McGill, prestigieuse institution québécoise de langue anglaise.

C'est au niveau du discours public que les choses se gâtent. Dans les médias, dans les relations entre établissements, souvent dans l'embauche, dans le financement des entreprises et dans les secteurs où être anglophone est un désavantage, voire une tare, beaucoup d'anglophones se sentent dépaysés. Alors beaucoup de jeunes se demandent : « Qu'est-ce que je fais ici ? » Un large segment de la population anglophone est convaincu que la Loi n'est plus une « charte de la langue française », mais qu'elle est devenue un instrument politiquement chargé visant à assurer aux Québécois de langue maternelle française les emplois généralement les mieux rémunérés. Vrai ou faux, tel est le stigmate qui se rattache à la manipulation des lois linguistiques du Québec qui semblent toujours être sur des sables mouvants.

Il faut tout de même faire la part des choses. La communauté anglophone ne s'aide pas. Le sentiment de faire bande à part chez soi ne mène pas seulement à l'exil, il engendre sur place des courants d'opinion et des réflexes sociaux qui renforcent les préjugés et bloquent les débouchés potentiels vers le rapprochement. Le rejet devient carrément réciproque. D'une part, on reproche aux anglophones leur peu de considération, voire leur antipathie à l'égard du français comme langue commune au Québec. On a tendance à interpréter leurs craintes comme un simple refus de la francité québécoise qui est la pierre d'assise du nationalisme québécois, tant civique qu'ethnique. Leurs revendications, mineures ou majeures, passent par le filtre de la méfiance et du soupçon.

D'autre part, c'est exactement le même phénomène qui est à l'œuvre. Le cercle se referme. Une mentalité d'assiégé, de victime, s'empare de la communauté anglophone, et on ne veut plus rien savoir des aspirations et des craintes qui poussent les francophones à défendre leur langue, leur culture, leur vision d'un Québec français avec tous les moyens du bord. Du côté anglophone, on éprouve beaucoup de difficultés à faire la différence entre un nationalisme québécois ethnique à outrance et un nationalisme qui se veut civique, mais, encore là, principalement français. Depuis le référendum de 1995, la communauté anglophone est devenue de plus en plus isolée – non pas totalement recluse, car il y a des brèches appréciables dans ce repliement sur elle-même –, mais, jusqu'ici, l'ouverture au fait français d'une bonne partie du milieu anglophone québécois est sans commune mesure avec le sentiment général de persécution appréhendée d'en haut. Une polarisation politique inévitable par les temps qui courent continue d'exacerber le sentiment de rejet et de marginalisation des anglophones, ce qui entraîne une résistance, pas à la langue française ni à son usage, mais à l'application à des fins politiques d'une réglementation perçue comme mesquine de l'usage de l'anglais. Les relations linguistiques entre les citoyens ne sont pas un problème. À ce niveau, la langue naturelle des échanges francophones-anglophones est devenue le français. Il est dommage que ce soit au moment où l'on est plus que jamais en mesure d'entreprendre un rapprochement qu'on se retrouve, de part et d'autre, retranchés derrière des barricades d'idées reçues qui protègent très mal les meilleurs intérêts de chacun.

43. Les relations entre le Québec et les francophones hors Québec

YVES **FRENETTE**

Étroitement associée au maintien de la langue française, la nouvelle identité québécoise qui fleurit après 1960 est aussi fondée sur un rétrécissement des frontières de la nation canadienne-française. Le territoire physique occupé par l'État du Québec se confond désormais avec le territoire mental de la nation, dont sont plus ou moins exclus les francophones vivant à l'extérieur du Québec, perçus comme appartenant à un autre espace. L'État du Québec doit donc se doter d'une politique face à ces «Autres». Georges-Émile Lapalme, premier titulaire du ministère des Affaires culturelles, à qui revient ce dossier, a une conception précise du rôle du Québec auprès de la francophonie nord-américaine, celui d'être une métropole. Pour lui, seul le gouvernement du Québec est à même de défendre les intérêts des francophones d'Amérique.

Pour assurer les relations avec ces groupes, le ministre libéral crée en 1961 le Service du Canada français outre-frontières (SCFOF). Doté d'un petit budget, l'organisme s'acquitte de cette tâche en attribuant des subventions au sein du réseau institutionnel des francophones à l'extérieur du Québec et en créant un bulletin d'information, *Québec-Amérique*, conçu comme un moyen de renseigner les Québécois et les francophones du continent sur les activités qui se déroulent dans leur coin de pays. Parallèlement, le gouvernement de Jean Lesage entreprend en 1965 la négociation d'ententes pour que «les intérêts des minorités françaises des neuf autres provinces soient sauvegardés et que leurs droits soient respectés intégralement». Mais les pourparlers sont longs et il faut attendre quatre ans avant que ne soient conclues des ententes avec le Nouveau-Brunswick et l'Ontario.

L'action gouvernementale québécoise auprès des minorités francophones se fait dans le contexte de la scission identitaire québécoise/canadienne-française. Celle-ci paraît clairement lors des États généraux du Canada français en 1967. Organisés sous l'égide de la revue *L'Action nationale* et de la Fédération des sociétés Saint-Jean-Baptiste du Québec, les États généraux tiennent leurs premières assises nationales du 23 au 26 novembre 1967 à Montréal; ils regroupent environ 1000 délégués, dont la majorité vit au Québec. Ceux-ci doivent «dialoguer froidement et définir l'avenir constitutionnel de la Nation», en déterminant «les pouvoirs nécessaires au Québec et les droits essentiels aux Canadiens français établis à l'extérieur du Québec». Les délégués québécois s'entendent sur une définition territoriale de la nation, mais leurs homologues des autres provinces refusent cette conception. Ne s'y reconnaissant pas, ils n'acceptent pas la nouvelle vocation du Québec comme État national des

Canadiens français. Les chefs du réseau institutionnel acadien et canadien-français se tournent plutôt du côté d'Ottawa, voyant dans la politique fédérale, notamment dans la Loi sur les langues officielles de 1969, un gage de survie.

Après un désengagement sous le gouvernement de Robert Bourassa, les relations du Québec avec les minorités francophones redeviennent un enjeu politique à compter de 1976. Le gouvernement du Parti Québécois courtise les francophones hors Québec, mais ses objectifs constitutionnels à long terme rendent ces derniers méfiants. Le 14 avril 1977, Claude Morin, ministre des Affaires intergouvernementales, prononce un discours dans lequel il tente de convaincre les francophones canadiens qu'un Québec souverain utiliserait son poids politique pour favoriser l'avancement de leurs droits. Le discours de Morin annonce un changement de politique. Le Québec abandonne le paternalisme attaché à la notion de mère patrie des francophones nord-américains au profit de l'idée de responsabilité « morale » à leur égard. Deux mois plus tard, il reconnaît la Fédération des francophones hors Québec (FFHQ), fondée en 1975, comme le porte-parole de la francophonie canadienne. Il crée la Direction des affaires de la francophonie hors Québec au sein du ministère des Affaires intergouvernementales et il associe la FFHQ aux changements de politique. Les nouveaux programmes de coopération sont regroupés sous le nom d'« Entente-Québec ». Parallèlement, le gouvernement

Les États généraux du Canada français, tenus en 1967, démarquent l'identité des Québécois de celle des Canadiens français hors Québec.

L'Ordre des francophones d'Amérique

En juillet 1978, un an après sa création, le Conseil de la langue française accueille à Québec des représentants des diverses communautés francophones du Canada et des États-Unis, dans le cadre d'une manifestation de grande envergure ayant pour thème la *Fête du retour aux sources*. Cette initiative a pour but de souligner le 370e anniversaire de la fondation de Québec par Samuel de Champlain. À cette occasion, le Conseil crée la distinction de l'Ordre des francophones d'Amérique (voir page 356), pour reconnaître les mérites de personnes qui ont joué un rôle décisif dans le développement et la diffusion de la langue française en Amérique. Il crée en même temps le Prix du 3-juillet-1608 (date de la fondation de Québec), décerné à une personnalité ou à un organisme dont la contribution à la vie française en Amérique est reconnue comme exceptionnelle (voir page 354). Depuis lors, plus de 200 personnes ont ainsi été honorées, dont 76 Canadiens de l'extérieur du Québec et 35 personnalités nord-américaines.

En 1980, le Conseil de la langue française a aussi institué le prix Jules-Fournier pour souligner annuellement la contribution exemplaire d'un journaliste québécois à la qualité de la langue française.

66

ouvre des délégations un peu partout en Amérique, axées tantôt sur la jeunesse, tantôt sur l'âge d'or, ou encore sur des secteurs d'activité comme la presse. Cette initiative connaît un tel succès que le gouvernement met sur pied en octobre 1981 le Secrétariat permanent des peuples francophones (SPPF), qui abrite le quartier général de la Société des rencontres francophones. Financé par le Conseil exécutif et proche du cabinet du premier ministre, le SPFF coordonne aussi les projets visant à promouvoir l'identité francophone nord-américaine.

Mais les tensions constitutionnelles des deux dernières décennies du XXe siècle durcissent les positions du Québec et des minorités francophones. On ne s'entend pas, notamment sur le bien-fondé de la Charte canadienne des droits et libertés, qui permet aux minorités de faire d'énormes progrès, particulièrement dans le domaine de l'éducation, mais qui est perçue au Québec comme un obstacle à l'épanouissement du fait français.

Les francophones hors Québec trouvent également insultantes les expressions qui sortent périodiquement de la bouche de personnalités publiques québécoises, comme les «cadavres encore chauds» d'Yves Beauchemin. De leur côté, les représentants québécois supportent mal que les responsables des minorités francophones se rangent du côté d'Ottawa pendant les débats référendaires et lors des pourparlers autour de l'Entente du lac Meech.

En 1995, le gouvernement rend publique sa «Politique du Québec à l'égard des communautés francophones et acadiennes du Canada». Administrée par le Secrétariat aux affaires intergouvernementales canadiennes (SAIC), la nouvelle politique repose sur l'affirmation que «la vitalité de la langue française constitue un facteur essentiel de survie, de développement et d'épanouissement » des francophones du Canada. Elle met l'accent sur le dialogue, la solidarité, l'établissement de partenariats et la concertation. Le Québec évite ainsi de retomber dans la simple relation d'aide ou dans le paternalisme. Le SAIC dispose d'un budget annuel d'à peine 1,2 million de dollars, mais il pourrait avoir beaucoup d'influence vu que les partenariats subventionnés s'appuient sur les réseaux culturels, éducatifs et économiques. Pour la première fois depuis 1961, on réinsère les réseaux de la société civile québécoise dans les relations entre le Québec et les francophonies minoritaires, une réorientation qui s'avérera peut-être salutaire.

Acadiens d'aujourd'hui

Plusieurs centaines de familles canadiennes-françaises se sont installées dans le nord-ouest et le nord-est du Nouveau-Brunswick au XIXe siècle et ont ainsi participé à l'édification d'une société d'expression française en Acadie. En 1969, les liens historiques entre le Québec et le Nouveau-Brunswick sont reconnus officiellement par la signature d'une entente de coopération et d'échange dans les domaines de l'éducation, de la communication et de la culture, et, en 1980, un Bureau du Québec dans les provinces atlantiques ouvre ses portes à Moncton.

Comme dans toutes les cultures, la langue est intimement liée à la question identitaire en Acadie. Plusieurs facteurs ont agi sur le développement du français acadien, dont l'éclatement de la communauté acadienne en 1755 en raison du Grand Dérangement, l'isolement géographique qui s'ensuivit, l'absence de droits linguistiques qui sévit pendant plus d'un siècle et, bien sûr, le voisinage d'une forte majorité anglophone souvent hostile et peu ouverte au fait français.

La langue parlée par les Acadiens – le français acadien – est distinct du français standard et du français québécois. Le parler de *La Sagouine*, ce personnage célèbre de l'écrivaine Antonine Maillet, est devenu un genre d'archétype de la langue acadienne. Or, contrairement à la croyance populaire, le parler de *La Sagouine* constitue un accent acadien parmi beaucoup d'autres. En réalité, l'accent de *La Sagouine* est peu représentatif du français acadien moderne. L'héroïne de *Pélagie-la-Charrette*, quant à elle, parle un français acadien qu'on peut qualifier de traditionnel.

Les variantes linguistiques en Acadie ne correspondent pas aux frontières interprovinciales ni aux limites communautaires et elles varient beaucoup à l'intérieur d'une même province, tant au niveau de la phonétique que du lexique. En Nouvelle-Écosse par exemple, le parler de Chéticamp au Cap-Breton ressemble peu à celui de la baie Sainte-Marie, mais se rapproche davantage du parler du sud-est du Nouveau-Brunswick.

Pour sa part, le français acadien du Nouveau-Brunswick est riche de plusieurs parlers régionaux. Dans le nord-ouest et le nord-est, vu la proximité géographique du Québec, il y a une nette influence québécoise sur la langue. Puisque les Acadiens de ces deux régions sont à forte majorité francophone, leur usage de mots anglais est plutôt rare. La réalité des Acadiens du sud-est de la province est cependant tout autre. Plus que partout ailleurs en Acadie, l'alternance et l'emprunt à l'anglais y sont fréquents, pour ne pas dire naturels.

Maurice BASQUE

44. Les relations entre le Québec et la France

JACQUES-YVAN **MORIN**

Parler la même langue, pour les peuples comme pour les individus, c'est posséder en commun un trésor qu'on se partage, en quelque sorte à l'insu des autres, surtout lorsque les aléas de l'histoire ont contraint à l'isolement. Quelle joie que de se retrouver, comme en fit l'expérience en 1819 l'évêque de Québec, Mgr Plessis, débarquant au Havre en provenance d'Angleterre : on éprouve, écrivait-il, « un sentiment de délectation dont on n'est pas maître ». Il aurait pu ajouter, comme plus tard Albert Camus : « Ma patrie, c'est la langue française. »

Les retrouvailles (XIXe siècle)

Pendant tout le XIXe siècle et même jusqu'à la Seconde Guerre mondiale, les rares retrouvailles entre les francophones des deux côtés de l'Atlantique entrouvrent des fenêtres sur le passé et sont autant d'occasions de fête. C'est ainsi que *La Capricieuse*, remontant le Saint-Laurent en 1855, est accueillie triomphalement à Québec et à Montréal. Et quelle émotion lorsque le premier ministre Honoré Mercier retrouve le berceau de sa famille en 1891, à Tourouvre, dans le Perche! Mais ces événements ouvrent déjà des portes vers l'avenir.

Ce sont des occasions de célébrer la langue-patrie commune, dont l'universalité paraît à cette époque si assurée qu'elle peut faire oublier la cession de la Nouvelle-France et de l'empire d'Amérique; on ne mesure pas encore la portée de cette perte pour le destin de la langue. Mercier ne va-t-il pas jusqu'à proposer aux Franco-Américains et aux Français « une vaste alliance » en vue de l'épanouissement de tous les peuples d'origine française? Aujourd'hui, la porte de l'avenir paraît plus étroite, mais le propos était prophétique si l'on considère l'ampleur de la coopération organisée depuis quarante ans entre le Québec et la France, dans le domaine linguistique comme dans plusieurs autres.

Établissement de relations avec la France (1960-1967)

Les conflits mondiaux et l'extension des communications ont en effet rapproché les deux peuples, mais ces facteurs signalaient également la montée en puissance des États-Unis et la pénétration de leur influence dans le monde. Les dirigeants traditionnels du Québec des années 1950 sont, pour ainsi dire, médusés par cette présence croissante et il faut attendre la Révolution tranquille pour qu'apparaisse la volonté de faire pièce à cette emprise en nouant des liens plus étroits avec la France.

La langue partagée sert de fondement à cette politique. Celle-ci porte la marque d'hommes comme Georges-Émile Lapalme et Paul Gérin-Lajoie. La création, en 1961, du ministère des Affaires culturelles, de l'Office de la langue française et de la Délégation générale du Québec à Paris montre le sens et la portée de cette démarche, qui s'étendra graduellement au-delà des domaines de la culture et de l'enseignement.

Les premiers fruits en sont l'Accord international portant sur des échanges d'enseignants, d'étudiants, de scientifiques, d'industriels et de techniciens (1964) et l'Entente de coopération culturelle conclue l'année suivante, signée par Pierre Laporte, ministre des Affaires culturelles, et l'ambassadeur de France. On y sent poindre une inquiétude au sujet de l'avenir du français : les deux gouvernements coopéreront à sa diffusion, à sa promotion et à l'amélioration de la terminologie scientifique et technique ; ils favoriseront le travail en commun de leurs organismes respectifs qui veillent à la qualité de la langue.

Les partenaires en viennent ainsi à se sensibiliser l'un l'autre aux risques que court le français chez eux et ailleurs. Aux marches du monde francophone, le Québec, directement exposé à l'américanisation, agit comme révélateur. Il devient bientôt évident que la défense de la langue devra être élargie à l'ensemble des pays ayant le français en partage. Ainsi naîtront, souvent à l'initiative de Québécois, de nombreuses associations internationales francophones et l'Agence de coopération culturelle et technique, en 1970.

Législation linguistique et coopération (1967-1977)

Les accords conclus par le ministre Alain Peyrefitte et le premier ministre Daniel Johnson, dans la foulée de la visite du président Charles de Gaulle au Québec, en 1967, veulent « accentuer ce qui a déjà été entrepris » et l'étendre aux domaines économique, financier, scientifique et technique. On prend conscience du fait que la langue doit être protégée dans tous les secteurs de l'activité humaine. Cependant, les hommes politiques québécois de l'époque ne se sentent guère à la hauteur d'une tâche aussi exigeante.

Caricature de Boris.
« La paille dans l'œil du voisin… » - Les Québécois reprochent souvent aux Français leur engouement pour les mots anglo-américains…

Pourtant, le désir des Québécois de défendre le français se fait alors plus pressant de même que le besoin de coopération avec la France. En moins de dix ans, la législation linguistique connaît une évolution frappante : de la Loi pour promouvoir la langue française (1969) à la Loi sur la langue officielle (1974) et à la Charte de la langue française (1977), chaque nouveau gouvernement étend la protection accordée au français et y ajoute des mécanismes destinés à en assurer l'effectivité, comme le Conseil de la langue française et la Commission de surveillance de la langue française. L'Assemblée nationale n'entend négliger aucun aspect de la question et elle s'intéresse à la langue du travail dans les entreprises. Cela eût été impossible sans l'appui de la coopération franco-québécoise.

Les accords Chirac-Bourassa de 1974 établissent un programme quinquennal de « missions de francisation » pour faciliter l'obtention du certificat de francisation exigé par la Loi. Diverses mesures viennent appuyer la diffusion de la culture technique francophone dans l'enseignement québécois; un système d'échanges est mis sur pied par la Commission permanente de coopération entre les banques de données des deux partenaires, en vue, notamment, d'établir un réseau de néologie.

Mondialisation et uniformisation culturelle (1977-1986)

Le développement économique et les communications ont ainsi amené la France et le Québec à passer, en quelques décennies, de la célébration de la langue commune à la prise de conscience de la vulnérabilité des idiomes nationaux qui ne sauraient pas s'adapter à l'évolution moderne. À l'adoption de la Charte de la langue française correspond un nouveau temps fort du rapprochement et de la coopération entre les deux pays. Les premiers ministres Raymond Barre et René Lévesque décident en effet, en 1977, de se rencontrer tous les ans, accompagnés des ministres intéressés de part et d'autre, en vue de réviser constamment les priorités de leur coopération.

Des équipes de travail bilatérales sont créées à la suite de ces rencontres, comme le Groupe de réflexion sur les enjeux de la francophonie (GRAEF), établi en 1984 par René Lévesque et Pierre Mauroy, pour explorer les liens entre la diffusion du français, le développement scientifique et le rayonnement des industries culturelles. Ce Groupe attire notamment l'attention, dans son rapport de 1986, sur la progression croissante de l'informatique et se fait l'avocat d'un « espace économique de langue française », thème qui reviendra souvent par la suite, tant dans la coopération bilatérale que dans le cadre de la Francophonie.

C'est en 1986 qu'a lieu à Paris le premier sommet des États ayant le français en partage, qui prendront plus tard le nom d'Organisation internationale de la francophonie. Conscients des risques d'uniformisation culturelle engendrés par la mondialisation croissante de toutes choses, le Québec et la France unissent leurs efforts pour assurer la vitalité du français et la diversité linguistique et culturelle dans le monde contemporain.

La place du français dans le « cyberespace » (1987-...)

Certes, il y a eu dans cette coopération des années fastes, mais aussi des périodes creuses. De 1989 à 1994, par exemple, les rencontres des premiers ministres sont interrompues et Québec ne s'intéresse plus guère qu'aux aspects « rentables » des échanges. Aussi le gouvernement élu en 1994 tient-il à réaffirmer, dans le cadre de la Commission permanente de coopération, l'influence de la dimension proprement linguistique des rapports avec la France : celle-ci constitue « la base même du caractère privilégié de la relation entre les deux communautés ».

Aujourd'hui, le risque de domination presque exclusive de l'« anglo-sabir » dans le cyberespace persuade le Québec et la France du caractère essentiel de leur lutte commune en faveur du français.

Les inforoutes, en effet, peuvent constituer une chance pour les langues et les cultures, pour peu qu'elles apprennent à s'en servir. La réflexion consacrée récemment à ces réseaux informatiques, au Québec, dans le cadre du Conseil de la langue française notamment, montre les avantages qu'on peut en tirer pour le français (et d'autres grandes langues). Un vaste espace de coopération s'ouvre ainsi pour la France, le Québec, la Francophonie et d'autres pays.

L'enjeu des relations établies depuis quarante ans entre Paris et Québec paraît donc aujourd'hui plus fondamental que jamais et s'étend bien au-delà des deux partenaires : pourra-t-on, au XXIe siècle, avoir accès en français à toutes les formes du progrès ?

France Québec
UNE COOPÉRATION UNIQUE

UN INSTRUMENT DE MODERNITÉ
Depuis 30 ans, la France et le Québec mettent en commun des compétences, des idées et des projets pour conjuguer le présent et gagner un pari sur l'avenir.

Une revue – et une association – qui mettent en relief la « coopération unique » entre la France et le Québec.

La coopération linguistique franco-québécoise

La coopération linguistique entre le Québec et la France connaîtra son apogée de 1975 à 1979, à la suite des accords Bourassa-Chirac conclus en décembre 1974. Par la suite, l'accent sera mis sur l'«économique», ce qui n'empêchera pas la poursuite des échanges linguistiques avec la France.

Office de la langue française (OLF) - www.olf.gouv.qc.ca

De 1961 à 1971, la coopération franco-québécoise de l'OLF est presque uniquement centrée sur des travaux de terminologie (élaboration de lexiques, par exemple). Au cours de la décennie suivante, elle sera mise résolument au service de la francisation des entreprises. Il y aura d'abord les «missions de travailleurs» et les «missions de cadres» pour permettre à des ouvriers québécois (environ 350) et à des dirigeants d'entreprise de vivre sur place, en France, l'expérience d'entreprises qui fonctionnent en français. Puis, les «missions de francisation» se réaliseront sur une grande échelle. «De 1976 à 1985, l'Office a délégué en France quelque 650 représentants d'entreprises engagées dans la francisation de tous les secteurs économiques et a reçu au Québec plus d'une centaine de spécialistes étrangers». Enfin, le volet «francisation des ateliers et des laboratoires scolaires» aura permis d'envoyer près de 1700 professeurs québécois du secondaire et du collégial en stage d'un mois dans des établissements français d'enseignement technique.

L'action internationale de l'OLF touchant la terminologie, la néologie et les industries de la langue a toujours été importante et se poursuit aujourd'hui. Elle vise à créer et à enrichir la terminologie, à assurer l'harmonisation des termes sur le plan international, à doter le Québec de tout le vocabulaire nécessaire pour assurer son leadership technique.

Conseil de la langue française (CLF) - www.clf.gouv.qc.ca

Chargé de conseiller le gouvernement en matière linguistique, le CLF a publié un nombre considérable d'études sur la situation de la langue, ce qui l'a amené à multiplier les contacts, les recherches et les colloques sur le plan international. Il a participé à des rencontres officielles d'échange et de discussion sur la politique linguistique (Sénat de Paris, Generalitat de Catalogne, organismes linguistiques de France, de Belgique et du Mexique, centres d'études de Scandinavie, de Hongrie, de Grande-Bretagne, d'Amérique latine, etc.). En 1981, il organise, à Montréal, un colloque international sur l'avenir des publications scientifiques en français, où sont divulguées simultanément les recherches françaises et québécoises sur cette question. Bientôt, grâce à ses efforts, conjugués à ceux de la France, la revue *Médecine-Science* voit le jour et devient, sous l'impulsion d'une direction engagée et dynamique – on pense au Dr Michel Bergeron, de l'Université de Montréal –, une revue scientifique internationale de haut calibre en langue française.

Dans plusieurs domaines, comme la «norme linguistique» et la «crise des langues», le CLF réalise des coéditions majeures avec la France. Le CLF tient des réunions et continue à entretenir des liens étroits avec le Conseil supérieur de la langue française de la République française et celui de la Communauté française de Belgique, qui mettent en commun leurs priorités et leurs préoccupations. Il a mis au point et publié des indicateurs permettant de suivre l'évolution de la situation linguistique dans tous les domaines. Parmi les thèmes qui continuent à retenir l'attention du CLF, mentionnons le statut et la qualité de la langue, l'enseignement du français, l'avenir de la langue et son pouvoir d'attraction, le français dans les nouvelles techniques de l'information et de la communication.

Sources : Gaston Cholette, 1997, et Gérard Lapointe, 1998.

45. Le Québec et la Francophonie

JEAN-MARC **LÉGER**

Depuis le début des années 1950, grâce à des individus et à des institutions d'abord, puis par des organismes publics et par l'État lui-même à partir des années 1960, le Canada français et singulièrement le Québec ont été une terre d'élection de l'idée de francophonie, avant même que le vocable ait été consacré.

Le Québec a ainsi été dès le point de départ un acteur particulièrement actif de l'édification de la communauté francophone. Il n'a guère eu de mérite puisqu'il y allait de son intérêt le plus profond, le plus direct, puisqu'il y allait, pour une part, de sa survivance même et du besoin primordial de sortir de son isolement. Dans la création et le développement des premières organisations internationales non gouvernementales de la francophonie, regroupements de personnes sur la base de la profession ou associations d'institutions, des Québécois ont joué fréquemment un rôle déterminant. Il suffit de rappeler l'Association internationale des journalistes de langue française (1952), devenue l'Union internationale de la presse et des journalistes de langue française (où des journalistes canadiens-français ont joué un rôle de pionniers), et, surtout, l'Association des universités entièrement ou partiellement de langue française, longtemps connue sous son sigle AUPELF, puis AUPELF-UREF (Université des réseaux d'expression française) et qui est aujourd'hui l'Agence universitaire de la francophonie, la deuxième en importance et en influence des grands organismes de cette communauté internationale. Créée à l'Université de Montréal en 1961, l'Agence universitaire y a toujours son siège. De même, le Québec et des Québécois ont largement contribué à la naissance et à l'expansion de la première organisation gouvernementale francophone, l'Agence de coopération culturelle et technique, où d'ailleurs le Québec a pu, grâce à l'appui de la France, se tailler une place propre, fût-ce avec le statut relativement ambigu de «gouvernement participant», statut d'ailleurs créé sur mesure pour lui.

La Francophonie est le seul forum gouvernemental international auquel le Québec a un accès direct, y compris au niveau le plus élevé avec la conférence périodique des chefs d'État et de gouvernement (les Sommets), et où il occupe une place distincte. Il y exerce une influence discrète mais réelle, y noue des relations, y réalise des échanges utiles sur plusieurs plans et acquiert une expérience précieuse, quel que doive être demain son statut politique. C'est là une question qui transcende les clivages classiques entre partis politiques. On constate, en effet, que les gouvernements successifs du Québec depuis près de quarante ans ont tenu à préserver et si possible à renforcer les positions et les acquis du Québec dans la Francophonie (c'est le nom officiel de la communauté, depuis le 7e Sommet à Hanoï en novembre 1997).

Célébrons l'avenir du **français** et de la **francophonie**

la **francofête**

DU **13** AU **21 MARS** 1999

« La francophonie, c'est un vaste pays, sans frontières. C'est celui de la langue française. C'est le pays de l'intérieur. C'est le pays de l'invisible, spirituel, mental, moral qui est en chacun de vous. Si vous voulez vous en emparer, puis l'acquérir, le posséder, en être le roi ou la reine, vous n'avez qu'à bien apprendre votre langue. Ça vous appartient tous les jours. »
Gilles VIGNEAULT, extrait de l'émission télévisée de Claire Lamarche du 22 janvier 1998.

Pendant près de vingt ans, ce sont les associations, les organisations non gouvernementales qui ont porté le message et illustré la validité du projet francophone. C'est d'ailleurs dans cette première version de la «francophonie des peuples» que des Québécois, personnes et organismes, ont joué un rôle moteur. La contribution du Québec ne fut pas moins influente dans la phase officielle, celle de l'entrée en scène des États. Il suffit de rappeler que la deuxième conférence générale de l'ACCT et le deuxième Sommet ont eu lieu à Québec, que le Québec a donné à l'Agence deux de ses secrétaires généraux.

On constate par ailleurs qu'il aurait été impossible, ou en tout cas extrêmement difficile pour le Québec, sans l'existence de la communauté francophone, d'établir avec les pays du Sud les liens qu'il a pu nouer et les contacts qu'il a développés, riches et diversifiés, depuis une vingtaine d'années.

Si le Québec trouve un intérêt évident dans sa participation à la communauté des pays francophones, à ses divers organismes et associations, il y apporte de son côté une contribution originale et une tonalité particulière. Il représente pour la francophonie un apport significatif sous trois aspects : comme fait socioculturel singulier, comme expression française de la modernité nord-américaine, comme aventure historique unique.

La Francophonie, c'est aujourd'hui une cinquantaine de pays dont la population globale correspond en gros à 7 % de celle du monde, mais cette indication sommaire ne signifie pas grand-chose si elle n'est pas nuancée, c'est-à-dire mise en rapport avec d'autres données. De cette cinquantaine de pays, plusieurs sont francophones dans une bien faible mesure, le sont plus de vœu que dans la réalité, et certains n'auront toujours, du fait de leur taille, qu'une influence plutôt mineure dans les affaires mondiales. En termes de population, ce sont les pays du Sud qui apportent les gros bataillons, près des quatre cinquièmes[10]. Mais les francophones se trouvent actuellement, pour plus de la moitié dans le Nord, soit 72 millions environ sur 150. *On entend ici par «francophone» la personne qui maîtrise bien le français et dont le français est la langue maternelle ou la langue d'usage, ou encore la première langue d'usage après la langue maternelle.*

Il importe de distinguer entre les institutions de la Francophonie proprement dite et les organisations ou associations internationales non gouvernementales, vouées essentiellement à la langue, le rôle de celle-ci n'étant quant à l'essentiel pas moins important que l'action de celles-là.

C'est ainsi que l'Agence de la Francophonie (anciennement l'Agence de coopération culturelle et technique) et l'AUPELF-UREF, devenue Agence universitaire de la Francophonie, ont pour but principal non pas la défense ou la promotion du français, mais l'illustration des diverses cultures, le progrès économique et social, la solidarité des pays ou des universités membres, leur coopération, tout cela grâce à la langue commune, la langue française. On peut résumer d'une formule en disant que ces organismes œuvrent non pas d'abord **pour** mais **par** la langue française. Cela dit, ils ne sauraient évidemment être indifférents à la langue qui est le fondement de leur entreprise, sans laquelle ils n'existeraient pas. Cela explique les nombreuses initiatives heureusement prises à propos de l'usage, du respect, de la diffusion de la langue. C'est ainsi que l'Agence intervient pour le respect effectif du français dans les organisations internationales, apporte un large concours à la presse et à la radio de langue française dans les pays du Sud, parmi bien d'autres mesures. C'est ainsi que l'Agence universitaire suscite et soutient des filières universitaires en français dans des pays non ou peu francophones, qu'elle a mis en place un précieux système d'édition et de diffusion de l'information scientifique en français par l'exploitation des nouvelles technologies de la communication, etc.

Entre ces organisations vouées au développement de la coopération en français et celles qui se consacrent directement à la défense et à la promotion de la langue commune, il y a naturellement des rapports de collaboration, mais on peut estimer qu'il y aurait lieu de les renforcer considérablement.

Tout comme le Québec français lui-même, contraint à une perpétuelle vigilance, la Francophonie reste fragile, vulnérable aux assauts multiples de l'uniformisation – sous le couvert de la mondialisation – et, dès lors, elle ne doit pas abaisser sa garde. Il y a un double et exigeant devoir de lucidité et d'intransigeance pour tous les francophones : gouvernements, organisations, citoyens. La défense du français et la construction d'une communauté francophone forte s'inscrivent dans une perspective d'universalisme, car elles contribuent au salut de la diversité culturelle du monde, gage de liberté des peuples et des individus.

Peu de pays ont autant que le Québec un intérêt vital au rayonnement international de la langue française et, dès lors, à la réussite du grand projet francophone. Le peuple québécois se trouve directement concerné, car il puise dans sa langue, depuis l'origine, l'essentiel de son identité, et sa propre survivance est fonction, dans une large mesure, de la vigueur des positions mondiales du français autant que de sa créativité.

Deuxième sommet de la Francophonie, tenu au Grand Théâtre de Québec en 1987.

Données relatives à la Francophonie

Les institutions internationales de la Francophonie après le Sommet de Hanoï (1997)[11]

- Il y a d'abord le *Sommet*, c'est-à-dire la Conférence des chefs d'État et de gouvernement des pays ayant le français en partage. La préparation et le suivi des sommets sont assurés par des instances administratives.

- L'*Agence de la Francophonie*, unique organisation intergouvernementale de la Francophonie, est l'opérateur principal des programmes de coopération francophone.

- L'*Assemblée parlementaire de la Francophonie* regroupe députés et parlementaires de langue française et constitue l'assemblée consultative de la Francophonie.

- Enfin, les opérateurs directs et reconnus du sommet sont l'Agence universitaire de la Francophonie et l'Université des réseaux d'expression française (AUPELF-UREF); la télévision internationale francophone TV5; l'Université Senghor d'Alexandrie et l'Association internationale des maires et responsables des capitales et des métropoles partiellement ou entièrement francophones (AIMF).

Le budget total de la Francophonie, y compris la CONFEMEN et les Jeux de la Francophonie, est d'environ 236 millions de dollars canadiens.

Les sommets francophones et le nombre de locuteurs francophones[12]

1986 : Paris	1993 : Île Maurice
1987 : Québec	1995 : Cotonou
1989 : Dakar	1997 : Hanoï
1991 : Paris	1999 : Moncton

(Le prochain sommet : Beyrouth en 2001)

La Francophonie regroupait 47 pays à l'Île Maurice, 52 à Hanoï. On estime à plus de 112 millions le nombre de «francophones réels» (langue première, langue seconde ou langue d'adoption) dans le monde, et à plus de 60 millions le nombre de «francophones occasionnels».

Le Québec fournit deux secrétaires généraux à la Francophonie

En 1970, le journaliste et éditorialiste Jean-Marc Léger, qui était secrétaire général et membre fondateur de l'AUPELF (aujourd'hui Agence universitaire de la Francophonie, basée à Montréal), devient secrétaire général, à Paris, de la première organisation permanente de la Francophonie, appelée alors Agence de coopération culturelle et technique (ACCT), qui, grâce à lui, prend son envol. En 1989, Jean-Louis Roy, délégué général du Québec à Paris, est nommé à son tour secrétaire général de l'Agence. Il y est actif pendant deux mandats : l'ACCT devient alors l'Agence de la Francophonie et son autorité s'étendra à l'ensemble des institutions et organisations francophones.

L'Année francophone internationale

Chaque année est publiée, à Québec, sous la direction de Michel Tétu, L'*Année francophone internationale*, qui présente les principaux événements de la francophonie et donne un aperçu intéressant de la réalité politique, économique et culturelle des pays et régions francophones du monde.

4 | II

LE FRANÇAIS :
LANGUE COMMUNE

Miyuki Tanobe, *Vie de quartier*, 1995.

Vivre ensemble, thème de la semaine interculturelle nationale de 1995.

Une langue qui rassemble

46. La diversité québécoise

ALAIN-G. **GAGNON**

avec la collaboration de STÉPHAN GERVAIS

L e Québec est une société qui se caractérise par sa diversité. La société québécoise accueille environ 28 000 immigrants par année. De ces immigrants, 80 % n'ont ni le français ni l'anglais comme langue maternelle, bien qu'un peu plus du tiers ait une connaissance du français. Selon le recensement de Statistique Canada de 1996, les immigrants représentaient 9,4 % de la population du Québec, un total de 665 000 personnes, soit une hausse de 12 % par rapport au recensement de 1991. Un peu plus de 10 % de la population québécoise utilise l'anglais à la maison et il y a onze nations autochtones qui représentent environ 1 % de la population[1].

Cette diversité amène le Québec, tout comme plusieurs sociétés de démocratie libérale, à chercher à atteindre une plus grande cohésion sociale, ce qui nécessite une redéfinition des rôles et des responsabilités de l'État, des communautés issues de l'immigration et de l'ensemble des citoyens. La citoyenneté[2] se situe donc au cœur du projet collectif.

La société québécoise

La diversité sociale est depuis longtemps une facette de la réalité québécoise. Aux Amérindiens et aux colons français sont venus se greffer les Irlandais et les Écossais, sans parler des Loyalistes qui ont fui les États-Unis dans le contexte de la Déclaration d'indépendance américaine. Depuis la Deuxième Guerre mondiale, ce sont les vagues d'immigration européenne puis asiatique qui se sont succédé. À mesure que l'immigration s'intensifiait, le Québec connaissait une baisse phénoménale de son taux de natalité, si bien que la question de l'intégration des immigrants et, plus largement, de la diversité sociale, est devenue un enjeu majeur sur les plans culturel, identitaire et politique.

L'*Énoncé de politique en matière d'immigration et d'intégration* du gouvernement du Québec[3] et l'Avis déposé par le Conseil des relations interculturelles reconnaissent et valorisent la diversité «dans les limites qu'imposent le respect des valeurs démocratiques fondamentales et la nécessité de l'échange intercommunautaire[4]». Ces deux documents confirment aussi la volonté d'assurer la vitalité et la pérennité de la langue française comme langue officielle et langue de la vie publique et s'inscrivent pleinement dans la reconnaissance de la diversité sociale (présence de communautés spécifiques) et la poursuite de la diversité politique (présence des diverses tendances idéologiques dans un cadre de démocratie libérale)[5].

Plutôt que d'adopter le cadre du libéralisme classique présumant la neutralité de l'État et la suprématie des droits individuels, la position qui semble faire consensus au Québec est celle d'un modèle où l'État, s'appuyant sur l'affirmation et la reconnaissance des desseins collectifs, est garant des droits fondamentaux et des règles de droit. C'est ainsi que le français occupe une place centrale non seulement à titre de langue publique commune, mais aussi de symbole d'identification première à la collectivité québécoise[6].

Plusieurs éléments de cohésion sociale ont été identifiés pour faire en sorte que le sentiment d'être québécois dépasse le simple fait d'habiter le territoire du Québec. Les concepts de culture publique commune (contrat moral)[7] et de cadre civique commun[8] ont été notamment proposés. Le français y joue un rôle intégrateur de premier plan, car il est considéré comme une langue commune «indispensable à l'harmonie de tous les citoyens québécois, quelle que soit leur langue maternelle[9]».

La diversité sociale et la recherche d'une plus grande cohésion sociale incitent à préciser le sens du nationalisme québécois. C'est ainsi que le nationalisme civique, c'est-à-dire la quête de droits égaux pour tous les citoyens à l'intérieur d'une communauté politique fondée sur des valeurs partagées, occupe maintenant une place dominante, non seulement dans les documents gouvernementaux plus haut mentionnés, mais aussi dans la plupart des écrits portant sur les questions de citoyenneté et de gestion de la diversité sociale. Le gouvernement du Québec propose ainsi un pacte social basé sur la promotion d'une nation civique qui fait du français la langue commune permettant le rapprochement des citoyens et le raffermissement des liens entre les communautés. Le projet national québécois prend désormais en considération la vaste gamme des orientations politiques ayant cours dans les démocraties libérales avancées.

Les relations avec la communauté anglophone

Le Québec compte tout près de 600 000 [10] habitants dont l'anglais est la langue maternelle, et dont 75 % vivent dans la région de Montréal. Cette communauté a vu un nombre considérable de ses membres quitter le Québec au cours des années 1970 et 1980. Ces départs représentaient environ les deux tiers des pertes totales du Québec au chapitre des migrations interprovinciales[11]. La communauté anglophone a pu toutefois limiter les effets de ces pertes grâce aux transferts linguistiques (provenant majoritairement des communautés allophones), comme en témoignent les recensements de Statistique Canada des vingt dernières années[12]. Même si les allophones, surtout ceux qui sont arrivés après 1976, optent en plus grand nombre pour le français en raison notamment de la politique gouvernementale qui limite l'accès à l'école de langue anglaise, les gains enregistrés par la communauté anglophone demeurent supérieurs à ceux de la communauté francophone. Un certain clivage apparaît dans les positions privilégiées par ces deux communautés; d'un côté, la communauté francophone, soutenue par l'État québécois, donne la priorité à la défense des droits collectifs; de l'autre côté, la communauté anglophone favorise davantage le respect des droits individuels et le non-interventionnisme de l'État provincial.

Le rôle de la Charte de la langue française et la question des droits de la minorité anglophone sont au cœur des relations entre les deux partenaires. Plusieurs dispositions de la Charte de la langue française sont encore perçues comme des obstacles par les anglophones. Il est intéressant de noter toutefois que 62 % de la population anglophone affirme maintenant être bilingue, contre 33 % au recensement de 1971 [13]. Cela révèle la reconnaissance de plus en plus grande du français comme langue publique au Québec.

Les relations avec les nations autochtones

De grands changements sont survenus au cours des dernières années dans les relations avec les nations autochtones. Ainsi, le gouvernement du Québec a modifié radicalement son approche en préconisant la signature d'ententes permettant de reconnaître «les onze nations autochtones et leur droit à développer leur identité, leur culture, leur base économique et leur autonomie au sein du Québec[14]». C'est ainsi que le gouvernement québécois a conclu en 1999 pas moins de dix ententes avec les autorités mohawks de Kahnawake, près de Montréal, procurant simultanément au Conseil de bande l'autonomie et la responsabilité de la perception et de l'exemption des taxes.

Le gouvernement du Québec reconnaît précisément aux nations autochtones le droit de posséder et de contrôler les terres qui leur sont rétrocédées. L'exercice de ces droits ne doit toutefois pas porter atteinte au principe de l'intégrité territoriale du Québec. Les autochtones ont souvent exprimé un point de vue différent en ce domaine faisant de la question territoriale un problème majeur à résoudre entre les deux partenaires.

Les relations avec les communautés allophones

L'immigration est pour le Québec un atout culturel, économique et démographique indéniable. Pour une société qui souhaite assurer la pérennité du fait français, l'enjeu de l'immigration est de taille, car il s'agit de convaincre les nouveaux arrivants que le français est la langue commune publique, et ce, malgré la force d'attraction de l'anglais comme langue continentale et internationale. L'indice des transferts linguistiques (langue parlée à la maison en relation avec la langue maternelle) confirme la portée du défi à relever[15]. La politique linguistique québécoise, en particulier depuis 1977, a permis notamment de réduire les transferts linguistiques en masse des nouveaux citoyens vers l'anglais[16]. La politique linguistique et la politique d'intégration globale proposées par le gouvernement du Québec, que l'on appelle l'interculturalisme, doivent tenir compte d'une série de facteurs dont la concentration des immigrants dans l'île de Montréal, l'étalement des francophones dans la région métropolitaine et le faible pourcentage d'immigrants adultes allophones fréquentant les Centres d'orientation et de formation des immigrants (COFI). Tout cela sans compter les incohérences entre les politiques linguistiques québécoise et canadienne et les questions de fond soulevées par le projet politique québécois d'affirmation nationale.

La collectivité québécoise se retrouve donc devant le défi de garantir la pérennité de la langue française, tout en assumant pleinement le fait de vivre dans un continent essentiellement anglo-saxon et sur un territoire qui accueille de plus en plus d'immigrants allophones. Du fait que le français n'est pas une langue qui se limite à une ethnie – d'ailleurs, actuellement 94 % des citoyens du Québec[17] en ont fait leur langue commune –, l'affirmation du statut du français et sa promotion exigeraient d'être soutenues notamment par des mesures incitatives à l'apprentissage et par la volonté de faire du français un élément favorisant la pleine participation de tous les citoyens à la vie démocratique.

Enfin, des interventions concrètes, comme la promotion de la Semaine québécoise de la citoyenneté et des programmes de lutte à la discrimination, doivent être encouragées dans l'esprit de la Charte québécoise des droits et libertés de la personne, contribuant ainsi à développer chez tous les citoyens un sentiment d'appartenance à la société québécoise. Il est tout à fait légitime pour l'État québécois de défendre des objectifs collectifs[18], tout en assurant l'ouverture à la diversité culturelle pour la société québécoise et l'affirmation du français comme langue civique du Québec.

Francophones, anglophones, allophones

Au début de la Révolution tranquille, avant 1971, les mots *francophones, anglophones, allophones* se confondaient pratiquement avec *Canadiens français, Anglais, immigrants*. Ils faisaient donc référence à la **langue maternelle** des groupes qu'ils voulaient désigner.

Peu à peu, à compter du recensement de 1971, ces termes se sont mis à désigner et à distinguer les groupes selon la langue parlée à la maison, ou **langue d'usage privé**.

Une autre tendance commence à se dessiner aujourd'hui selon laquelle ces termes désigneraient et distingueraient les groupes selon la **langue d'usage public** (le terme *allophone* tendrait alors à disparaître).

Élise, 6 ans, née à Sherbrooke

Nayla, 10 ans, née à Beyrouth

Zoé, 4 ans, née à Montréal

José Luis, 7 ans, né à Lima

Maxime, 11 ans, né à Montréal

Julien, 8 ans, né à Montréal

Énoncé de politique du ministère des Communautés culturelles et de l'Immigration, 1990.
Au Québec, pour bâtir ensemble. Québécois à part entière, les immigrants sont invités à participer en français à la construction du Québec.

47. Le poids de l'immigration

MARC **TERMOTE**

La société québécoise a adopté, comme d'ailleurs la plupart des sociétés industriellement avancées, un comportement de fécondité qui n'assure pas le renouvellement de sa population. Alors que l'indice de fécondité s'élevait à quatre enfants par femme à la fin des années 1950, en dix ans il tombait à deux, de telle sorte que, depuis près de trois décennies, cet indice est resté inférieur au niveau nécessaire pour le remplacement des générations. Dans ces conditions, si le Québec entend éviter la décroissance du nombre de ses habitants, il doit nécessairement faire appel à l'immigration internationale (malgré celle-ci, la population de l'île de Montréal est d'ailleurs déjà en déclin). Par rapport à l'effectif de sa population, le Québec reçoit chaque année en moyenne sur une longue période un nombre d'immigrants (entre 25 000 et 30 000) qui le situe parmi les pays les plus accueillants du monde. Mais pour que cette immigration puisse compenser l'excédent prévu des décès sur les naissances, il faudra à partir d'un certain moment doubler, voire tripler le nombre actuel d'immigrants, qui sont pour la plupart non francophones et s'établissent très majoritairement dans la région de Montréal.

Le Québec se retrouve donc devant le dilemme suivant : ou bien il accepte de voir diminuer, lentement mais sûrement, le nombre de ses habitants (et donc son poids démographique, voire politique au sein de la Confédération canadienne), ou bien il tente de remplacer les naissances manquantes par un nombre très élevé d'immigrants, avec les conséquences sociales et culturelles (problèmes d'intégration linguistique et économique) et territoriales (déséquilibre croissant entre Montréal et le reste du Québec) que cela implique.

Jamais sans doute la question de l'immigration n'a-t-elle été autant débattue qu'aujourd'hui, même si le niveau actuel des entrées n'est pas particulièrement élevé (au début des années 1950, le Québec recevait certaines années plus de 50 000 immigrants). C'est qu'accueillir annuellement 25 000 personnes en période de stagnation démographique (avec un excédent des naissances sur les décès inférieur à 30 000 et rapidement décroissant, nous sommes proches de la croissance zéro), et cela dans un contexte économique difficile, est bien plus exigeant qu'en période d'expansion démographique et économique. Une famille de dix, dont le revenu s'accroît rapidement, recevra plus facilement à sa table une onzième personne qu'une famille de trois en accueillera une quatrième, surtout lorsque cette famille de trois est vieillissante et que son revenu stagne.

Même si, en comparaison avec le reste du Canada, le Québec reçoit relativement moins d'immigrants, le poids de cette immigration sur la répartition linguistique de la population y est beaucoup plus marqué, à cause de la très forte concentration territoriale des immigrants (les trois quarts se fixent dans l'île de Montréal), de la faible part de francophones parmi ces nouveaux venus (moins du tiers) et de la faible propension de ces derniers à adopter le français. En ce qui concerne ce dernier point, c'est-à-dire celui des choix linguistiques, le recensement de 1996 a révélé qu'à peine 13 % des immigrants dont la langue maternelle n'est pas le français ont choisi celui-ci comme langue d'usage à la maison. Les chiffres des tableaux 1 et 2 ci-après présentent la composition linguistique de la population de la région métropolitaine de Montréal et du Québec et de la population de la ville de Montréal et de l'île de Montréal; ils témoignent des conséquences de l'immigration internationale sur la structure linguistique de la société québécoise.

Évolution démographique et langue d'usage

Tableau 1 – Évolution de la répartition de la population[*] selon la langue d'usage[**], 1971-1996

		RMR[***] de Montréal		Reste du Québec		Total Québec	
		1971	1996	1971	1996	1971	1996
Francophones	Nb ('000)	1819	2294	3051	3536	4870	5830
	(%)	(66,3)	(69,8)	(92,9)	(94,1)	(80,8)	(82,8)
Anglophones	Nb ('000)	683	595	205	167	888	762
	(%)	(24,9)	(18,1)	(6,2)	(4,5)	(14,7)	(10,8)
Allophones	Nb ('000)	241	399	29	54	270	453
	(%)	(8,8)	(12,1)	(0,9)	(1,4)	(4,5)	(6,4)

Tableau 2 – Répartition de la population[*] selon la langue d'usage[**] à l'intérieur de la RMR[***] de Montréal, 1996

		Ville de Montréal	Île de Montréal moins la ville	Île de Montréal	RMR Montréal moins l'île
Francophones	Nb ('000)	624	349	973	1321
	(%)	(62,5)	(46,5)	(55,6)	(85,9)
Anglophones	Nb ('000)	167	281	448	146
	(%)	(16,7)	(37,4)	(25,6)	(9,5)
Allophones	Nb ('000)	208	121	329	70
	(%)	(20,8)	(16,1)	(18,8)	(4,6)

[*] Population en institution exclue.

[**] Contrairement au recensement de 1971, celui de 1996 prévoyait la possibilité de déclarer plusieurs langues d'usage; ces langues «multiples» ont été réparties moitié-moitié lorsqu'il s'agit de langues «doubles» (français-anglais, français-autre, anglais-autre) et par tranches d'un tiers dans le cas des langues «triples» (français-anglais-autre).

[***] Région métropolitaine de recensement.

Marc TERMOTE

Ces tableaux montrent qu'en 1996 les francophones (c'est-à-dire les personnes qui parlent le plus fréquemment le français à la maison) sont très largement majoritaires en dehors de l'île de Montréal, représentant 86 % de la population de la région montréalaise en dehors de l'île et 94 % en dehors de la région de Montréal. Par contre, dans l'île de Montréal ils ne représentent plus que 55 %, et ce pourcentage descend à 46 % dans l'île de Montréal mais en dehors de la ville de Montréal. Dans cette dernière ville, les allophones sont plus nombreux que les anglophones, alors que ces derniers, qui constituent le quart de la population de l'île de Montréal, sont surtout présents en dehors de la ville de Montréal (dans l'île, en dehors de la ville, les anglophones constituent 37 % de la population).

Comme rien ne permet de croire que la fécondité remontera dans les prochaines années et puisque l'immigration continuera donc à jouer un rôle considérable et même croissant, dans l'évolution future, il n'est pas étonnant de constater que tous les scénarios relatifs à l'avenir démolinguistique du Québec aboutissent à renforcer cette dichotomie entre l'île de Montréal et le reste du Québec. Selon les exercices prévisionnels les plus récents[19], on peut s'attendre à une relative stabilité du poids du groupe francophone en dehors de l'île de Montréal. En 2021, les francophones représenteraient près de 85 % de la population de la région montréalaise en dehors de l'île de Montréal (contre 86 % en 1996), tandis que ce pourcentage se maintiendrait à près de 93 % en dehors de la région métropolitaine (contre 94 % en 1996). Dans l'île de Montréal, par contre, les francophones (dont le nombre a fléchi de 57,3 % en 1991 à 55,6 % en 1996) deviendraient minoritaires entre 2016 et 2021, au profit essentiellement des allophones qui y seront alors nettement plus nombreux que les anglophones (29 % contre 22 %). Ces allophones resteront cependant un groupe marginal dans le reste de la région métropolitaine (moins de 7 %) et en dehors de cette dernière (moins de 3 %). Ce groupe est d'ailleurs très hétérogène. Sur les 350 000 personnes qui, en 1996, dans la région de Montréal, ont déclaré une langue d'usage unique autre que le français ou l'anglais, 120 000 parlaient une langue latine, 30 000 le chinois ou l'arabe, 27 000 le grec, 23 000 une langue slave ou une langue indo-iranienne, 21 000 une langue sud-asiatique, etc.

Mais le plurilinguisme ne peut se mesurer à partir de la seule langue d'usage à la maison. Si l'on considère plutôt le nombre de langues «connues» (c'est-à-dire dans lesquelles la personne recensée estime être capable de soutenir une conversation), il s'avère que 44 % des habitants de la région de Montréal connaissent deux langues et que 15 % en connaissent au moins trois, ce qui fait sans conteste de Montréal la région la plus plurilingue du Canada (les chiffres correspondants sont de 36 % et 8 % à Toronto, et de 33 % et 6 % à Vancouver). Une telle situation n'est évidemment pas due seulement à l'immigration. Elle est plutôt le reflet du niveau élevé de «bilinguisme officiel» (connaissance à la fois de l'anglais et du français) manifesté par la population montréalaise (surtout parmi les trilingues) : celle-ci est bilingue anglais-français à 49 %, contre moins de 8 % à Toronto et Vancouver.

Ce plurilinguisme croissant de la population ne devrait pas affecter la prédominance du français comme langue d'usage public (définie comme la langue la plus souvent utilisée dans les communications publiques), même à Montréal. D'une part, en effet, nous avons dégagé les répercussions possibles sur la langue d'usage public de nos prévisions relatives à la langue d'usage à la maison. D'autre part, nous avons réalisé des simulations en faisant varier la composition de la population selon l'origine géographique et culturelle (pays de langue latine) des futurs immigrants. Dans un cas comme dans l'autre, nous constatons que la répartition de la population selon la langue d'usage public est très peu sensible à des modifications plausibles dans la composition de la population selon la langue d'usage à la maison et à des modifications dans la structure des flux d'immigrants selon leur origine. Du moins cela est vrai si l'on se base sur les résultats de l'enquête réalisée par le Conseil de la langue française en 1997[20] pour obtenir les probabilités de passage d'une langue d'usage privé ou d'une langue connue à une langue d'usage public. Le pourcentage de locuteurs du français dans la sphère publique devrait rester stable autour de 68 % dans l'île de Montréal, de 90 % dans le reste de la région métropolitaine et de 95 % dans le reste du Québec.

Dans la mesure où la situation linguistique québécoise est de moins en moins binaire (français-anglais), dans la mesure où le pourcentage des allophones augmente rapidement, dans la mesure où de plus en plus de Québécois connaissent deux ou plusieurs langues, on peut conclure que la société québécoise est de plus en plus une société plurielle. À cause cependant du rôle considérable et croissant de l'immigration internationale, cette pluralité linguistique et culturelle se limite pour l'essentiel à la région de Montréal, particulièrement à l'île de Montréal, et tout porte à croire que cette dichotomie entre Montréal et le reste du Québec se renforcera dans l'avenir. Cette brisure linguistique croissante, qui s'ajoute à une fracture socioéconomique bien connue, constitue un défi considérable pour la cohésion sociale du Québec. Ce défi structurel (territorial et linguistique) ne doit cependant pas nous faire oublier celui des nombres, c'est-à-dire celui de gérer la décroissance prochaine et apparemment inéluctable de l'effectif de la population, et le vieillissement accéléré qui en est le corollaire. Il s'agit de plusieurs défis de taille, qu'il importe de relever au plus tôt. Une politique de la population s'impose.

Ministère des Affaires internationales, de l'Immigration et des Communautés culturelles, 1995.
Peu importe leurs origines, les Québécois sont unis par le cœur et partagent la même langue.

48. *Langue, identité, modernité*

CHARLES **TAYLOR**

L'«identité» est en fait une notion moderne. Nous parlons constamment de nos jours de mon identité, ton identité, notre identité. Il s'agit de l'horizon moral à l'intérieur duquel nous vivons notre vie; il s'agit de points de repère essentiels pour savoir «qui nous sommes». À partir de mon identité, je sais ce qui est vraiment important pour moi et ce qui l'est moins, je sais ce qui me touche profondément et ce qui est de signification moindre.

Or ce qui est spécifiquement moderne, ce n'est pas le fait que nous ayons besoin d'un tel horizon pour nous orienter. Les êtres humains ont toujours été ainsi. Ce qui est nouveau, c'est que nous sommes prêts à envisager cet horizon comme une réponse à la question : qui suis-je ? Avant d'en venir là, il fallait que l'on conçoive l'horizon ultime de chaque personne comme affecté d'un indice personnel. Il fallait que l'on admette ou invente l'idée que chaque être humain a sa propre façon d'être, que donc les questions d'horizon ultime ne se posent pas uniquement dans le registre de l'universel – universel strictement humain, ou universel de classe, ou de rang, ou de statut – que ces questions se posent aussi à des individus dans toute leur particularité[21].

Le discours de l'identité moderne la pose comme quelque chose de personnel, de potentiellement original ou inédit, et partant, dans une certaine mesure, d'inventé ou assumé. C'est ce contexte qui fait voir clairement les rapports de l'identité et de la modernité[22].

Mais l'identité n'est pas seulement le fait d'individus. Il y a aussi des identités collectives, qui participent d'ailleurs de la même logique, elles appartiennent à des sujets collectifs et sont en partie élaborées, redéfinies, assumées (ou rejetées) par ces collectivités.

En un sens, les deux niveaux d'identité se renvoient l'un à l'autre. Mon identité se noue autour de points de repère qui m'orientent dans la vie. Mais l'un de ces points peut bien être mon appartenance à tel groupe historique, culturel, linguistique. Si nous sommes plusieurs à partager cette référence essentielle, nous serons amenés forcément à en élaborer une définition commune. C'est pourquoi les identités collectives sont souvent le lieu d'âpres disputes, comme c'est le cas actuellement au Québec.

Mais cette définition commune est d'autant plus incontournable qu'il s'agit d'une collectivité qui est (ou se veut) société politique. En fait, la démocratie moderne suppose un «peuple» ou «nation» qui exerce la souveraineté. Ces deux termes clés sont nés avec les révolutions américaine et française, qui ont instauré notre monde démocratique. Un «peuple» en ce sens moderne, ce n'est pas un ensemble de sujets passifs, tous soumis à la même autorité. C'est censé être un agent collectif, lieu de délibérations et de décisions communes. Mais pour agir ainsi, il faut qu'il partage une certaine compréhension des bases et principes de l'État. Sans cela, toute discussion publique se perdrait dans des malentendus ou mettrait au jour des différences fondamentales qui empêcheraient de continuer l'entreprise commune.

C'est pourquoi les régimes démocratiques ont besoin d'une «identité politique», un accord de principe sur la constitution et les buts fondamentaux de la société, définition dont les sociétés prémodernes ont souvent pu se passer.

Or, dans le monde moderne, la langue fait souvent partie intégrante de l'identité politique. Cela est parfaitement compréhensible. Un peuple au sens moderne a besoin d'une base de compréhension commune, avons-nous dit. Ses membres ont besoin de communiquer entre eux, et cela de plus en plus intensément avec les moyens de communications modernes. Une langue commune semble s'imposer ou, à défaut, un régime multilingue soigneusement équilibré avec beaucoup de traduction et d'interprétation, comme on le voit au Canada, en Suisse, en Inde, par exemple.

Donc il arrive souvent, soit qu'une société plurilingue en se modernisant se voit imposer une seule langue aux dépens de toutes les autres – c'est le cas de la France par exemple –, soit que ceux dont la langue est menacée d'une telle disparition revendiquent un statut d'égalité ou même l'indépendance, afin d'ériger leur propre État unilingue[23].

On peut donc comprendre comment la langue a pu s'imposer comme élément central de mainte identité politique, ou d'identité collective d'un groupe qui aspire à un statut politique. Si nous prenons l'entité politique qu'est le Québec, par exemple, il est clair que la défense/promotion de la langue française est un objectif fondamental; il est inconcevable qu'un gouvernement québécois de quelque coloration politique qu'il soit s'en désintéresse.

En gros, on pourrait dire que l'identité politique québécoise comporte de nos jours trois éléments essentiels : 1- une éthique politique, essentiellement définie par les droits humains, l'égalité et la démocratie; 2- le français comme langue publique; 3- un certain rapport à notre histoire.

Mais on peut très bien comprendre que, dans une société plurielle comme la nôtre, chacun de ces éléments est le foyer de tensions possibles. Pour que l'identité commune rassemble vraiment tout le monde, il faut beaucoup de souplesse et de doigté dans la réalisation concrète de ses composantes essentielles.

Pour ce qui est de la langue, il faudrait que la défense du français ne soit plus identifiée, comme elle l'est encore par certains ultra-nationalistes, à un texte de loi sacré. Il s'agit moins de compter le nombre d'amendements qu'a subis le texte originel de la Loi 101, pour déterminer combien sa chair vivante a été «charcutée», que de trouver l'équilibre nécessaire, toujours à modifier, entre une langue publique dominante et les autres langues inséparables d'une société polyglotte ouverte sur un monde où une *lingua franca* circule qui n'est pas notre langue commune. Au lieu de chercher une sécurité illusoire dans la belle totalité d'une loi définitive, nous ferions mieux d'admettre que notre situation nous posera une série de dilemmes sans fin, que nous devrions affronter avec la plus grande créativité.

Il peut aussi arriver que les bases d'une nation, du sentiment de former un peuple ensemble, se trouvent ailleurs que dans une langue commune. L'histoire peut arranger les choses autrement. Prenons le cas de l'Inde. Il s'agit d'une vieille civilisation qui a le sentiment de son unité en tant que civilisation, même si cela ne s'est traduit que rarement en unité politique. Cette civilisation a un certain lien historique avec l'hindouisme, mais la signification de ce lien est un point de conflit névralgique dans la société indienne, comme tout le monde sait. Or cette identité «indienne», quelle que soit sa définition, rassemble une population polyglotte à une échelle inimaginable chez nous.

Et pourtant, même en Inde, les langues surgissent comme objet de revendication au niveau des États. Il a fallu refaire la carte interne de l'Inde après l'indépendance afin de créer des États grosso modo linguistiques. C'était le prix de la démocratie. Et certaines rivalités mijotent encore.

Justement parce que l'identité est un phénomène moderne, relié à la différence personnelle et à la démocratie, elle a tendance à s'orienter vers la langue comme point de repère capital, la langue étant à la fois le moyen par excellence d'expression personnelle et le médium incontournable de la communication publique.

Bronze de René Derouin, *Les migrants culturels*, 1996, créé pour le Prix du 3-juillet-1608 (voir page 328).

Ce groupe représente à la fois l'enracinement, la solidarité et l'ouverture sur le monde, trois conditions propices au développement de l'identité et de la modernité.

Quel modèle de nation privilégier?

Avant de définir la «nation québécoise», Gérard Bouchard passe en revue trois modèles de nation. D'abord le «modèle des nations ethniques», selon lequel il existerait au Québec «une nation canadienne-française, une nation anglo-québécoise, une ou des nations autochtones et peut-être d'autres nations parmi les communautés culturelles». Il rejette ce modèle comme étant de nature à «ancrer davantage les cloisonnements, à engendrer des tensions ethniques». Il écarte aussi le «modè-le de la nation civique», qui fait reposer la nation sur l'égalité fondamentale des citoyens, sans égard aux droits collectifs ni à toute autre considération, ce qui rend difficile la construction d'une cohésion collective et d'une dynamique identitaire. Il adopte finalement le «modèle de la nation sociologique», qui tient compte «de l'ensemble des composantes et des dimensions de la nation, le politique aussi bien que le droit, le social autant que le culturel[24]».

La «nation québécoise»

La nation québécoise englobe tous les Québécois

«C'est durant la décennie 1980 et plus encore durant la suivante que, dans l'esprit de la majorité des Canadiens français, le vocable Québécois prit une nouvelle extension pour désigner tous les citoyens du Québec. De l'ancienne nation canadienne-française, on glissait progressivement vers la nation québécoise.»

«Le Québec entend concilier diversité et identité et réaliser son intégration collective par le biais de l'interculturalisme, comme formule de compromis entre l'assimilation et la ghettoïsation : il se constituerait ainsi comme nation au singulier et au pluriel.»

«[Il s'agit de] réaliser un accord sur quelques éléments constitutifs d'un cadre d'intégration symbolique pour l'ensemble de la société québécoise, au-delà du quadrillage dessiné par les idéologies politiques, les convictions partisanes, les appartenances ethniques et religieuses. Il s'agit ici de tracer des balises pour fonder à très long terme la vie commune, dans une tentative pour penser dans toute sa complexité la nouvelle réalité culturelle du Québec.»

«Je pense que la responsabilité principale incombe au groupe majoritaire [...] Il faut faire une place équitable dans l'espace public à d'autres groupes ethniques. [...] Donc, partager la place avec d'autres, inscrire la vieille identité dans un cercle élargi, celui d'une francophonie.»

«Quant au problème posé par le fait que les Canadiens français n'auraient pas d'expérience, de passé commun avec les non-Canadiens français, ce n'est pas tout à fait vrai [...]. Comme on dit : ouvrir le cercle de la nation. Il faut ouvrir le cercle de la mémoire de façon à rendre l'histoire des Canadiens français accessible et intelligible pour les non-Canadiens français. C'est cela le défi : rendre ce passé significatif pour ceux avec qui les Canadiens français n'ont pas vraiment d'expérience commune.»

La langue française, élément fondateur de la nation québécoise

«La nouvelle nation québécoise a aboli l'affiliation exclusive à la religion catholique et aux origines (la "souche") comme critères d'appartenance. Elle se définit principalement, sur le plan culturel, par la référence à la langue française comme langue officielle et, pour le reste, elle admet sous cette enseigne très large toute la diversité ethnique et culturelle qui caractérise la population du Québec. Elle se donne donc comme une francophonie spécifique, métissée par son histoire nord-américaine ancienne et récente.»

«La langue, ce n'est pas négociable. La langue, c'est le fond, le cœur de l'affaire [...]. Elle est le premier étage de l'édifice que nous sommes en train de réaménager, de toute la culture nationale québécoise. [...] Nous ne pouvons pas, comme Canadiens français, jeter du lest ici. [...] Sur ce plan, je suis partisan d'une politique d'ouverture, d'une définition large de ce qu'est un Francophone. [...] Je considère comme Francophone quelqu'un qui est capable de traiter, de communiquer en français, de participer à la vie de la nation. À partir de ce moment, je considère qu'il participe à la francophonie, qu'il en fait partie; peu importe que le français soit sa langue maternelle ou non. Il faut éviter que la définition de la francophonie comme critère d'appartenance à la nation exclue *a priori* des groupes entiers. [...] On touche ici à une question qui a été souvent débattue au Québec, celle qui oppose la langue comme véhicule, comme simple instrument de communication, et la langue comme véritable vecteur de la culture et de l'identité profonde. Pour plusieurs, seule la seconde forme garantirait la survie de la culture nationale. Je pense qu'on a tort de négliger la première. [...] Le passage de la première à la seconde forme se fera dans la longue durée. Il est important d'introduire ici une dimension de temps. [...] L'intégration des immigrants, par exemple, se fait habituellement à la deuxième et à la troisième génération.»

«Non seulement les Canadiens français (ou les Franco-Québécois) n'ont rien à craindre de ce modèle de nation québécoise [...], mais le profit collectif qu'ils peuvent en retirer est substantiel. Par exemple : soustraire leur nationalisme aux accusations d'ethnicisme, insérer leur culture dans des horizons plus vastes, renforcer la francophonie en associant dans une même appartenance tous les francophones du Québec... [...] Voudrait-on exclure de la nation ces larges segments des communautés culturelles qui ont fait l'apprentissage de la langue française? [...] En outre, la Loi 101 oblige depuis plus de 20 ans les enfants des parents néo-québécois à se franciser. Est-il admissible qu'au terme de cet exercice ils se trouvent malgré tout marginalisés? [...]»

Gérard BOUCHARD

72

Fleur de lys stylisée, médaille de l'Ordre des francophones d'Amérique (voir page 328).

À l'ombre des sépales, deux têtes engagent un dialogue au cœur de la nation.

49. Langue et dynamiques identitaires au Québec

CLAUDE **BARITEAU**

Depuis la crise de Saint-Léonard, la langue est devenue un enjeu politique. Les Lois 63, 22 et 101 en témoignent[25]. Il en a découlé des questionnements identitaires majeurs chez la majorité des Québécois. Voilà pourquoi la Loi 101, qui a fait du français la langue officielle du Québec, tout en visant à en faire la langue commune des Québécois, est, depuis, une pièce majeure de la question identitaire québécoise.

Comme on le sait, les lois cherchent à assurer le maintien de la paix civile en arbitrant les conflits et en structurant les rapports sociaux dans un espace territorial donné[26]. Dans les États où les pouvoirs sont partagés, il arrive que les lois peuvent être source de tensions si ces pouvoirs ne sont pas clairement délimités[27].

C'est ce qui s'est produit avec La loi 101. En grande partie sous son impulsion, la question identitaire québécoise s'est transformée. Cette transformation a été cependant neutralisée quelque peu à la suite du rapatriement et des modifications apportées en 1982 à la Constitution canadienne peu après le référendum de 1980. Proclamant le Canada pays bilingue et multiculturel, cette constitution a mis en place des dispositifs qui encadrent la Loi 101. Je pense, entre autres, à l'article 23 qui transforme la *clause Québec* en une *clause Canada* et à certaines clauses de la Charte canadienne des droits et libertés susceptibles d'être invoquées pour neutraliser la Loi 101 en matière d'affichage. Ces dispositifs ont du coup altéré la portée comme les objectifs de la Loi 101. La conséquence en a été l'éclosion de tiraillements identitaires.

La transformation de l'identité québécoise

La Loi 101 a créé un espace public français en Amérique du Nord. Avec elle, le français devenait une langue «civique»[28], c'est-à-dire l'axe central d'une société publiquement définie que tous les Québécois, peu importe leur origine ou leur culture, étaient invités à construire.

En ce sens, la Loi 101 n'a pas été pensée dans l'optique de la protection des minorités nationales qui réclament une certaine autonomie[29]. Son but était tout autre. C'est d'ailleurs ce qui explique qu'elle était en tout point respectueuse des droits individuels, des droits des membres des peuples autochtones et de ceux de la minorité anglophone.

La création de cet espace public français allait de pair avec l'émergence d'une définition territoriale de l'identité québécoise[30]. Définition qu'ont adoptée surtout les Québécois d'origine française, dans la mesure où leur quête identitaire débouchait sur une nouvelle vision d'eux-mêmes et des autres Québécois.

Adoptée dans le sillage de la Révolution tranquille, la Loi 101 a toutefois été perçue par plusieurs Québécois comme un moyen de plus de consolider la position des Canadiens français du Québec. Dans cette optique, ces derniers lui ont parfois attribué un objectif plutôt ethnique ou culturel, banalisant alors la conception civique du Québec que véhicule cette loi.

Cette lecture doit être mise en relation avec le questionnement identitaire qu'a amené cette loi chez les autres composantes de la population du Québec. Avec la Loi 101, les anglophones du Québec sont devenus une minorité culturelle protégée, ce qui a changé fondamentalement l'idée qu'ils avaient d'eux-mêmes. Par ailleurs, les enfants des immigrants allophones étaient dorénavant astreints à un enseignement en français, et leurs parents invités à utiliser la langue française au travail et dans la vie publique, ce qui a remanié d'autant leurs façons d'être au Québec.

Ces derniers questionnements se sont déployés, et se déploient encore, dans un contexte national et international des plus perméables à la reconnaissance de la diversité culturelle. Ils ont conduit à des revendications visant à reconnaître aux membres des communautés culturelles le droit d'exprimer leurs particularismes.

La Loi 101 n'était d'aucune façon réfractaire à de telles revendications. Le gouvernement du Québec, dans le prolongement de cette loi et depuis, s'est préoccupé de l'apport des communautés culturelles. Sa politique culturelle de 1978, son plan d'action de 1981 («Autant de façons d'être Québécois»), son programme d'enseignement des langues d'origine (PELO), et sa déclaration solennelle de 1986 sur les relations interethniques reconnaissaient précisément aux membres des communautés culturelles le droit de faire valoir leurs spécificités dans le respect des valeurs communes propres à la société québécoise.

Aujourd'hui, la diversité culturelle du peuple québécois est une réalité reconnue[31]. Dans ce contexte, le français, langue officielle du Québec, est un moyen de communication entre Québécois, toutes origines et langues maternelles confondues, et de plus, il est pour les francophones une langue d'expression culturelle.

La Constitution de 1982 et la dynamique identitaire québécoise

La Loi constitutionnelle canadienne de 1982 a renforcé la Loi fédérale sur les langues officielles de 1969 et ce, parce qu'elle contenait des dispositions à l'égard de la Loi 101 et intégrait une Charte des droits et libertés. Dans son sillage, la Loi fédérale C-72 de 1988 a modifié l'aménagement linguistique mis en place au Québec par la Charte de la langue française. Par exemple, la Loi C-72 permet au secrétaire d'État du Canada de faire la promotion des deux langues officielles au Québec en appuyant la minorité anglophone, ce qui contribue à renforcer la langue anglaise. Depuis ressort plus clairement l'opposition entre les conceptions linguistiques respectives du gouvernement fédéral et du gouvernement québécois (bilinguisme contre unilinguisme, droits collectifs contre droits individuels[32]) et ce, même si chacun d'eux dispose d'une charte des droits et libertés.

Cette opposition entre les deux niveaux de gouvernement a eu un impact important, parfois déchirant, sur les choix identitaires des Québécois. C'est ainsi que le bilinguisme canadien, parce qu'il a pour but de favoriser l'égalité de statut du français et de l'anglais au Québec comme ailleurs au Canada, contribue à neutraliser l'irradiation, au Québec, d'une culture publique commune avec le français comme pierre d'assise.

Du coup, les Québécois découvrent que la langue française n'est pas la seule langue officielle du Québec. Mieux, que le français et l'anglais sont, dans les faits, comme cela a toujours été le cas principalement dans le grand Montréal, deux pôles intégrateurs[33]. Et ces deux pôles alimentent deux dynamiques identitaires différentes, qui ont leurs répercussions politiques, facilement perceptibles lors des référendums et des élections tant fédérales que provinciales[34].

Ces deux dynamiques sont toujours en lutte au Québec. La dynamique québécoise reconnaît la diversité culturelle, valorise la construction d'une culture publique et s'emploie à faire du français la langue de la vie publique. Par contre, avec la dynamique canadienne, le français et l'anglais étant sur le même pied, la population du Québec se présente comme un ensemble diversifié de cultures et son gouvernement est considéré comme une simple entité subalterne. Aucunement un gouvernement national.

La présence de ces deux dynamiques renvoie à deux conceptions diamétralement opposées du Canada[35]. Chose certaine, elle réduit grandement les chances du gouvernement du Québec de réaliser l'attachement de tous les Québécois autour d'une langue commune ouverte à toutes les cultures, ce que, déjà, la forte pression de l'anglais sur le continent rend difficile.

Cela dit, il ne faut pas pour autant sous-estimer les changements suscités par le déploiement de la dynamique québécoise. Jusqu'à tout récemment, les transferts linguistiques (de la langue maternelle vers l'usage d'une autre langue à la maison) avaient toujours favorisé l'anglais chez les jeunes Québécois. Or, chez les nouveaux immigrants, les transferts se feraient maintenant davantage en faveur du français[36]. Par ailleurs, selon les récentes enquêtes du Conseil de la langue française, pour lequel la langue d'usage public rend davantage compte de la dynamique actuelle des langues, les immigrants adoptent un peu plus souvent le français que l'anglais comme langue publique[37].

Derrière ces faits nouveaux, force est de constater que la Loi 101 a eu une influence structurante, qui demeure cependant limitée. En effet, ces changements sont loin de révéler qu'une société civique québécoise est en train de s'affirmer autour de la langue française dans la région de Montréal[38]. Tout au plus témoignent-ils d'un nouvel équilibre entre la langue française et la langue anglaise, légèrement en faveur de la première. Ce nouvel équilibre corrige l'écart qui se manifestait au tournant des années 1970 en faveur de la langue anglaise.

Voilà ce à quoi ont conduit les efforts de francisation encouragés par la Loi 101. C'eût été probablement fort différent si le gouvernement canadien avait soutenu l'approche civique «québécoise» plutôt que de la neutraliser après l'avoir présentée comme l'affaire quasi exclusive des Québécois de langue française. Mais est-ce réaliste d'imaginer qu'un gouvernement central se subordonnerait ainsi aux lois promulguées par une entité subalterne touchant des éléments déterminants de l'identité nationale?

S'il agissait de la sorte, un gouvernement central reconnaîtrait, en fait, l'existence d'un État souverain sur son territoire. Aussi est-il obligé d'affirmer son autorité. C'est d'ailleurs ce qu'a fait le gouvernement canadien même si, dès 1979, la Commission Pepin-Robarts, constatant avec satisfaction que la Loi 101 respectait les droits de la minorité anglophone, recommandait au gouvernement fédéral de laisser aux provinces seules le soin de protéger leurs minorités linguistiques et de ne prévoir aucune garantie constitutionnelle à cet égard dans la Constitution canadienne.

Deux visions contradictoires de la réalité linguistique incarnées par deux personnalités politiques : le premier ministre du Canada, Pierre Elliott Trudeau (à gauche) et le premier ministre du Québec, René Lévesque (à droite).

Ce point est important. Dans un tel cas, tout État fédéral aurait agi comme le Canada et aurait structuré à sa façon l'espace public d'un État subalterne. Ce faisant, il aurait aussi alimenté la lecture qu'en ont les habitants de ce territoire. Au Québec, c'est ainsi que la politique canadienne incite plusieurs Québécois, qu'ils soient francophones, anglophones, autochtones ou allophones, à se concevoir très souvent en marge de la dynamique québécoise, même si ceux-ci sont tous des membres à part entière de la communauté politique québécoise, ce que fait valoir clairement le gouvernement du Québec.

Que réserve l'avenir? Peut-on penser que tous les Québécois se rallieront progressivement autour de l'idée d'une langue commune, le français, et que les clivages ethniques et culturels qui la traversent s'atténueront en faveur d'une approche civique?

Certes, on n'a pas encore vu tous les effets de la Charte de la langue française. Les premiers enfants de la Loi 101 ont moins de 30 ans, et ce serait faire erreur que de minimiser l'influence de l'école sur les pratiques et l'attachement linguistiques. Il est toutefois une réalité incontournable. Pour consolider le français comme langue publique commune au Québec, on ne peut pas favoriser en même temps l'égalité de statut du français et de l'anglais. Aussi, tant qu'on continuera de mettre le français et l'anglais sur le même pied, il y a de grands risques que l'attachement identitaire oscillera entre les deux pôles et que l'usage de la langue française demeurera à peu de chose près ce qu'il est en ce moment.

Dès lors, pour accorder à la langue française toutes les chances de devenir la langue commune au Québec, cela implique que le Québec soit exempt de l'irradiation du bilinguisme institutionnel et institutionnalisé. Une telle irradiation est incompatible avec les objectifs recherchés par la Loi 101. Voilà qui révèle que cette question demeure toujours un enjeu hautement politique.

La Commission Pepin-Robarts : le Québec cité en exemple pour le respect de sa minorité anglophone

« Nous nous attendons à ce que les droits de la minorité anglophone continuent à être respectés dans les domaines de l'éducation et des services sociaux. Ces droits, il importe de le souligner, ne sont pas garantis par la Constitution canadienne. Et pourtant, ils sont reconnus, déjà, dans la Loi 101, la Charte de la langue française, qui émane d'un gouvernement péquiste. Ainsi avons-nous la preuve, au Québec, que les droits de la communauté anglophone peuvent être protégés, sans pour autant qu'il y ait contrainte constitutionnelle, et que les gouvernements de cette province sont tout à fait capables de réconcilier l'intérêt de la majorité et les préoccupations de la minorité. »

Commission de l'unité canadienne (Pepin-Robarts),
Se retrouver, observations et recommandations, janvier 1979, p. 56.
(Ce rapport a donc été publié avant le rapatriement de la Constitution canadienne.)

50. Les espoirs constitutionnels

RÉJEAN **PELLETIER**

Il est dans la nature même du fédéralisme de chercher à réconcilier et à faire cohabiter deux notions en apparence contradictoires, soit la recherche de l'unité et la reconnaissance de la diversité.

Face au défi linguistique posé à la fédération canadienne par la présence de deux communautés, l'une francophone et l'autre anglophone, et par la concentration de l'une de ces deux communautés sur une partie du territoire, comment cette fédération a-t-elle tenté de concilier ces deux notions d'unité et de diversité?

D'entrée de jeu, il convient de signaler que l'État central et l'État québécois ont utilisé des voies différentes pour répondre au défi linguistique, ce qui témoigne de la difficulté de concilier unité et diversité.

Au niveau central, le rattachement au principe d'individualité traduit la volonté de respecter des droits individuels et d'accorder à chacun les mêmes droits selon une règle d'égalité, principes que la Charte canadienne des droits et libertés est venue constitutionnaliser en 1982. C'est ce que l'on retrouve, en particulier, au chapitre portant sur les langues officielles au Canada ainsi qu'à l'article 23 ayant trait aux droits à l'instruction dans la langue de la minorité. Ces dispositions de la Charte canadienne sont venues heurter de front l'aménagement linguistique prévu à la Loi 101 sur ces mêmes sujets.

Soucieux de mieux satisfaire le Québec dans la fédération canadienne, le nouveau gouvernement conservateur, élu lors des élections fédérales de 1984, est vite devenu plus conscient que ses prédécesseurs de la nécessité d'assurer la primauté du français au Québec. Plutôt que de mettre l'accent sur la recherche de l'unité en imposant des règles d'uniformité et d'égalité, il a tenté d'assurer le principe de diversité en reconnaissant le caractère particulier de la société québécoise. Ce nouvel état d'esprit a conduit les autorités fédérales à rechercher des compromis linguistiques plutôt que l'affrontement avec le Québec.

C'est ainsi qu'est né l'Accord du lac Meech qui reconnaissait, entre autres, l'existence de Canadiens d'expression française concentrés au Québec ainsi que le caractère distinct de la société québécoise. L'Accord prévoyait également la signature d'une entente sur l'immigration dont l'une des dispositions avait trait à l'intégration linguistique et culturelle des immigrants sur le territoire québécois. Ce nouvel état d'esprit a prévalu dans l'Accord de Charlottetown en 1992, qui reprenait essentiellement les dispositions précédentes, mais en atténuait la portée soit en encadrant la notion de société distincte, soit en utilisant un libellé plus vague comme en matière d'immigration. Comme on le sait, l'un et l'autre projet ont échoué, mais non pas à cause du gouvernement fédéral lui-même, qui a, au contraire, défendu ces ententes avec vigueur.

À la suite de ce double échec, l'esprit de 1982 issu de la Charte continue donc à régner, par-delà la volonté des autorités fédérales de rechercher des compromis linguistiques à certains moments. Depuis lors, on constate que, en pratique, l'application du principe d'individualité et de la règle d'égalité qui existent au niveau central profite toujours davantage au groupe dominant qui définit la norme. En d'autres termes, le bilinguisme individuel de type égalitariste dans un contexte d'inégalité linguistique ne peut que conduire à la domination de la langue la plus forte sur l'ensemble du territoire.

Le principe de territorialité adopté au Québec répond à d'autres impératifs. Il s'agit de franciser un territoire et d'établir des frontières afin d'assurer une sécurité linguistique. On reconnaît là les modèles belge et suisse qui ont retenu le principe de territorialité comme base de l'aménagement linguistique de leur fédération respective. Un tel principe s'accorde mieux avec la reconnaissance de la diversité des composantes de la fédération que ne peut le faire le principe d'individualité.

C'est ce qu'admet implicitement la Cour suprême, dans son *Renvoi relatif à la sécession du Québec* :

> Le principe du fédéralisme facilite la poursuite d'objectifs collectifs par des minorités culturelles ou linguistiques qui constituent la majorité dans une province donnée. C'est le cas au Québec, où la majorité de la population est francophone et possède une culture distincte. Ce n'est pas le simple fruit du hasard. La réalité sociale et démographique du Québec explique son existence comme entité politique et a constitué, en fait, une des raisons essentielles de la création d'une structure fédérale pour l'union canadienne en 1867[39].

Les premiers ministres (du Canada et des provinces) lors de l'Accord constitutionnel du lac Meech, qui ne sera jamais ratifié.

La langue dans les projets d'entente constitutionnelle

L'entente constitutionnelle canadienne de 1982 ayant été faite sans l'accord du Québec, des démarches ont été tentées par la suite pour « guérir les blessures » et convaincre le Québec de donner son assentiment à la nouvelle Constitution canadienne « avec honneur et enthousiasme ».

En mai 1985, le Québec proposait, parmi les conditions *sine qua non* pour signer un tel accord :

- que soit explicitement reconnue par la Constitution l'existence du peuple québécois;
- que la Constitution reconnaisse au Québec le droit exclusif de déterminer sa langue officielle et de légiférer sur toute matière linguistique dans les secteurs de sa compétence;
- que partout au Canada, les enfants admissibles à l'enseignement en français puissent effectivement exercer la garantie accordée par l'article 23 de la Constitution.

Le Québec proposait en retour de garantir l'accès à l'école anglaise aux enfants de ceux qui ont reçu leur instruction primaire en anglais au Canada, et de garantir à la minorité anglophone le droit à ses institutions. (« Projet d'accord constitutionnel », Gouvernement du Québec, mai 1985.)

En juin 1987, l'Accord constitutionnel du lac Meech (non ratifié par les provinces) proposait ce qui suit :

1. Toute interprétation de la Constitution du Canada doit concorder avec :
    a) la reconnaissance de ce que l'existence de Canadiens d'expression française, concentrés au Québec mais présents aussi dans le reste du pays, et de Canadiens d'expression anglaise, concentrés dans le reste du pays mais aussi présents au Québec, constitue une caractéristique fondamentale du Canada;
    b) la reconnaissance de ce que le Québec forme au sein du Canada une société distincte.
2. Le Parlement du Canada et les législatures des provinces ont le rôle de protéger la caractéristique fondamentale du Canada visée à l'alinéa 1. a.
3. La législature et le gouvernement du Québec ont le rôle de protéger et de promouvoir le caractère distinct du Québec visé à l'alinéa 1. b.
4. Le présent article n'a pas pour effet de déroger aux pouvoirs, droits ou privilèges du Parlement ou du gouvernement du Canada, ou des législatures ou des gouvernements des provinces, y compris à leurs pouvoirs, droits ou privilèges en matière de langue.

74

C'est alors reconnaître le droit du Québec de chercher, à l'intérieur de la fédération, un espace qui lui permette de s'affirmer comme majoritaire avec sa langue et sa culture et de poursuivre des objectifs collectifs de défense de cette langue et de cette culture.

C'est précisément ce que recherche la Loi 101, qui voulait faire du territoire québécois un État français. Dès lors, en conformité avec le principe de territorialité, la langue que l'on veut protéger ne peut surtout pas cohabiter avec la langue du groupe dominant qui risque de tout balayer sur son passage. Une telle exclusivité est souvent assimilée à un privilège indu accordé à la langue que l'on veut protéger et imposer sur un territoire donné. Mais le privilège peut aussi se concevoir selon une règle d'équité; il s'agit alors de corriger une situation d'inégalité que perpétuerait une règle de stricte égalité.

Recherche de l'unité par la promotion d'un bilinguisme individuel pancanadien de type égalitariste en conformité avec le principe d'individualité. Reconnaissance de la diversité par la volonté de franciser le territoire québécois en conformité avec le principe de territorialité. On ne peut oublier que ces deux notions d'unité et de diversité sont au cœur même de l'idée de fédéralisme et que la reconnaissance effective de ces deux notions permet d'assurer le fonctionnement plus harmonieux d'une fédération. Mais on ne peut oublier également que les langues ont besoin de territoires délimités pour s'affirmer et que, sans territoire, elles risquent de se perdre progressivement.

La politique linguistique québécoise et la politique linguistique canadienne : deux façons de voir difficiles à concilier…

51. L'usage du français, langue commune

MARC V. **LEVINE**

Depuis une trentaine d'années, une véritable révolution linguistique s'est déroulée au Québec et surtout à Montréal où la pérennité du français est le plus menacée. En effet, la mobilisation populaire francophone et l'adoption de lois linguistiques ont modifié la place qu'occupent l'anglais et le français dans les écoles, les entreprises privées, l'Administration publique, les transactions commerciales et les échanges sociaux de tous les jours. En outre, il y a eu révolution des mentalités au sujet de la langue. Pendant les années 1960, l'élite anglophone constituait une minorité qui se comportait en majorité, qui ne se donnait que rarement la peine d'apprendre le français et qui agissait comme si Montréal était une ville britannique où se trouvait à vivre une large population francophone. Aujourd'hui, nous constatons l'existence d'un «nouvel» anglophone québécois, qui n'est habituellement pas d'origine britannique, qui reconnaît la prédominance publique du français et qui est de plus en plus bilingue.

Dans quelle mesure ces changements reflètent-ils l'émergence du français comme langue commune au Québec? Notre tour d'horizon commence par l'économie, secteur d'activité où l'usage du français au travail a progressé considérablement depuis les années 1970, et ce pour tous les groupes linguistiques, à tous les échelons professionnels et dans tous les types d'activité économique. L'usage accru du français au travail – et, par conséquent, sa «valeur ajoutée» sur le marché du travail – est évident dans les statistiques sur le revenu. En 1970, le revenu moyen des hommes anglophones unilingues était de 59% plus élevé que celui des hommes francophones unilingues; en 1995, celui des anglophones unilingues était de seulement 19% plus élevé que celui des francophones unilingues et de 12% inférieur à celui des francophones bilingues (l'inverse de la situation de 1970)[40].

Malgré ces progrès indéniables du français comme langue du travail à Montréal, les gains restent précaires et le français «ne s'impose pas encore clairement comme langue commune» au travail[41]. En effet, la francisation du milieu de travail à Montréal s'est déroulée en deux phases. Tout d'abord, pendant les années 1970, le français au travail a considérablement progressé surtout dans les milieux où les francophones étaient très majoritaires ou dans les sociétés dominées par des francophones. Des gains dans l'usage du français au travail dans le secteur privé étaient signalés par les travailleurs de tous les groupes linguistiques de Montréal entre 1971 et 1979.

Cependant, les années 1980 ont signifié pour Montréal une période de francisation plus difficile, «orientée vers les milieux hétérogènes, les contacts interlinguistiques [... où] les progrès ne pourront provenir que d'une amélioration du français à titre de langue de convergence des communications interlinguistiques écrites et verbales» à l'intérieur des entreprises montréalaises[42]. Les gains réalisés pendant cette «seconde phase» de la francisation sont plus modestes et plus fragiles, et se limitent le plus souvent à un accroissement du nombre d'allophones et d'anglophones qui travaillent au moins une partie de la journée en français. Pour les francophones, l'usage du français au travail n'a pas beaucoup augmenté depuis 1979. Dans les années 1980, «l'usage prédominant de l'anglais a régressé au profit d'un bilinguisme à prédominance française (de 50% à 89% de français) plutôt qu'au profit de l'unilinguisme français» et le pourcentage global du temps de travail en français n'a pas progressé. Il ne faudrait pas sous-estimer la portée de ce changement. L'émergence d'un «bilinguisme à prédominance française» constitue un acquis notable du français par rapport au milieu de travail «de la ville anglaise» des années 1950. Mais cela ne signifie pas pour autant que le français soit devenu la «langue normale et habituelle» du travail à Montréal, comme les stipulations de la Loi 101 le faisaient espérer. En effet, étant donné la proximité des marchés américains, le statut de l'anglais comme langue internationale du commerce et de la haute technologie dans une économie en voie de mondialisation et la place de l'anglais dans l'histoire de l'économie montréalaise, l'objectif qui consiste à faire du français la langue normale et habituelle du travail à Montréal dans les années à venir posera des défis de taille pour les décideurs québécois.

Un important bilan de la situation linguistique du Québec

Le 22 mars 1996, un Comité interministériel, mis sur pied par la ministre responsable de la Charte de la langue française, remettait son bilan sur la situation de la langue française au Québec, le premier depuis l'adoption de la Loi 101. Ce rapport, intitulé *Le français langue commune, enjeu de la société québécoise*, examinait tour à tour l'évolution de la législation linguistique, l'évolution démolinguistique, l'évolution du statut et de l'usage de la langue française dans les différents domaines touchés ou non par la Loi 101, et enfin la qualité et la maîtrise de la langue française au Québec.

Le bilan détermine d'abord neuf domaines dans lesquels les progrès du français ont été particulièrement sensibles depuis 1977. Puis il indique le chemin qui reste à parcourir, dans un contexte relativement nouveau et face à l'objectif de faire du français la langue «commune» de tous les Québécois. À cet égard, il attire l'attention du gouvernement sur sept interventions ou domaines jugés prioritaires.

75

Le français au travail

En 1971, un peu plus de la moitié (52 %) des francophones travaillaient généralement en français. En 1979, cette proportion atteint 62 % et elle se maintient à ce niveau jusqu'en 1993. Toutefois, ces données globales cachent un phénomène intéressant. Des données plus fines montrent que les progrès réalisés au cours des années 1970 proviennent de la francisation du travail des ouvriers et de leurs surveillants ou contremaîtres. Dans les années 1980, il y a poursuite de la francisation, mais auprès du personnel administratif, des employés de bureau et des administrateurs. Par contre, ce groupe représente une partie trop faible de l'ensemble de la main-d'œuvre pour influencer les statistiques d'ensemble.

L'usage du français a aussi progressé parmi les anglophones et allophones. En 1989, 45 % des anglophones et 63 % des allophones utilisent le français au cours d'au moins 50 % du temps de travail. L'accroissement de l'usage du français dans ces deux groupes est une condition nécessaire à la poursuite de la francisation des milieux de travail dans la mesure où, dans la région métropolitaine de Montréal, francophones, anglophones et allophones doivent travailler ensemble plutôt qu'à l'intérieur d'entreprises qui seraient des enclaves linguistiques (les données de 1993 ne sont pas disponibles pour ces groupes).

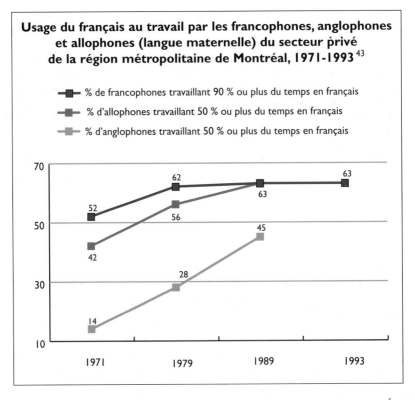

Usage du français au travail par les francophones, anglophones et allophones (langue maternelle) du secteur privé de la région métropolitaine de Montréal, 1971-1993[43]

—■— % de francophones travaillant 90 % ou plus du temps en français

—■— % d'allophones travaillant 50 % ou plus du temps en français

—■— % d'anglophones travaillant 50 % ou plus du temps en français

Paul BÉLAND

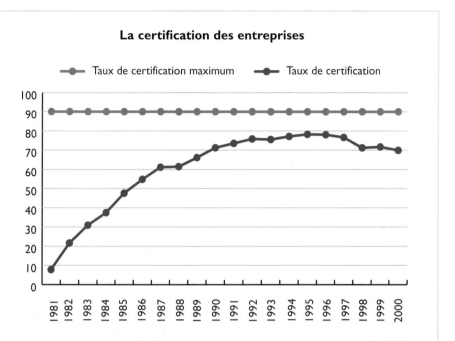

La certification des entreprises

—●— Taux de certification maximum   —●— Taux de certification

Après bientôt vingt-cinq ans (la Charte de la langue française a été adoptée en 1977), la francisation des entreprises n'est toujours pas achevée. L'opération a progressé de manière plus ou moins soutenue jusqu'en 1996, mais depuis on observe une certaine stagnation et même une régression apparente (taux de certification actuel de 70 % comparativement à un taux de 78 % en 1996). Cette situation s'explique par le contexte actuel de mutations socioéconomiques rapides (ouverture des marchés, fusions d'entreprises, etc.) ainsi que par les nouveaux défis qui se posent (création de nouvelles entreprises, avènement des technologies de l'information et arrivée massive d'immigrants ne connaissant pas le français, etc.).

Pierre BOUCHARD

76

Le milieu de travail n'est qu'un des secteurs dans lequel l'usage du français s'est répandu à Montréal. Aujourd'hui, «la possibilité de se faire servir en français est [...] quasiment généralisée partout» à Montréal[44]. Un sondage du Conseil de la langue française mené en 1995 révèle que «l'accueil en français est majoritaire dans tous les types de commerces et dans toutes les zones de l'enquête[45]». En outre, peu importe la langue d'accueil, tous les quartiers et tous les types de commerces étudiés indiquaient pouvoir offrir, dans une forte proportion, leurs services en français. Aujourd'hui, rares sont les commis anglophones du centre-ville de Montréal qui ne passent pas immédiatement au français quand ils s'adressent à un francophone, ce qui constitue un changement énorme par rapport à la situation d'il y a une trentaine d'années.

Quant au visage linguistique de la ville de Montréal, les lois sur la langue ont indéniablement aidé à promouvoir une image plus «française» dans l'affichage commercial. Aujourd'hui, Montréal est bien loin de la ville décrite à l'époque de la façon suivante : «[...] si l'étranger se contente de tourner en rond dans le quartier des hôtels, des grands magasins, des théâtres et des affaires, il aura tout lieu de se croire dans une ville anglaise[46.]» Au milieu des années 1980, sous le régime de la Loi 101 qui exigeait un affichage «en français seulement», une étude du CLF révélait que l'unilinguisme français dans l'affichage commercial était passé à 78,5% et que l'unilinguisme anglais avait été ramené à 7,2%, preuve d'une *francisation* prononcée de l'affichage commercial à Montréal.

La situation du français dans l'affichage à Montréal

Tocqueville au XIXe siècle, l'abbé Blanchard au début du XXe siècle, d'autres observateurs plus récemment ont constaté la très grande place accordée à l'anglais dans le paysage linguistique du Québec, plus particulièrement dans celui de Montréal.

Il existait peu de données sur les progrès ou les reculs de la langue française dans l'affichage commercial montréalais avant 1995. Des études ponctuelles avaient bien été menées au fil des ans, mais, pour des raisons d'ordre méthodologique, elles ne permettaient pas de dresser un portrait global de la situation à un moment déterminé et encore moins d'en observer l'évolution. Avec le bilan réalisé par le comité interministériel sur la situation de la langue française, une première évaluation a été réalisée et elle devait par la suite être reconduite au cours des deux années suivantes selon une méthode similaire. Par ces enquêtes, on est arrivé à évaluer la présence des langues dans l'affichage d'un échantillon d'établissements commerciaux couvrant l'île de Montréal et leur conformité générale avec les dispositions législatives sur la langue de l'affichage. En 1997 et en 1999, deux autres enquêtes ont été réalisées grâce à une nouvelle méthode qui permet des comparaisons encore plus fiables.

Les résultats montrent que l'on trouve désormais du français sur les devantures d'à peu près tous les commerces de l'île de Montréal. En 1999, on a constaté que 97% des commerces avaient, à des degrés variables, du français dans leur affichage et que 2% n'avaient que de l'anglais. Du point de vue statistique, il n'y avait pas eu de changement significatif par rapport à la situation de 1997. En ce qui concerne le respect de la loi, 79,5% des commerces étaient conformes en 1997; deux ans plus tard, cette proportion était tombée à 76,4%.

Par ailleurs, si on examine la situation des langues dans les messages observés, en ne prenant plus le commerce comme unité d'analyse, on remarque que, de 1997 à 1999, la proportion des messages rédigés uniquement en français fléchit de 73,3% à 69% dans l'ensemble de l'île de Montréal. En contrepartie, on observe une hausse de l'unilinguisme anglais et du bilinguisme égalitaire français-anglais.

En bref, dans l'île de Montréal, le français a fait des progrès dans l'affichage depuis la Révolution tranquille. Toutefois, les progrès enregistrés depuis l'adoption des lois linguistiques semblent encore fragiles, puisque la dernière enquête indique une érosion statistiquement significative de l'unilinguisme français.

Pierre BOUCHARD et Jacques MAURAIS

77

En 1997, avec la Loi 86 qui permet l'affichage bilingue avec une nette prédominance du français, des études gouvernementales indiquaient que 46 % des commerces de l'île de Montréal avaient une image linguistique exclusivement française et que 78 % donnaient une image linguistique où le français était nettement majoritaire. Ainsi, concluait-on dans un bilan du gouvernement, « on peut estimer qu'un étranger qui déambule dans les rues de Montréal retient de l'image linguistique de l'affichage la place majoritaire occupée par le français[47] » – changement significatif du visage linguistique de Montréal par rapport à l'époque où l'on a adopté la Loi 101 en 1977.

Dans ce qui constitue probablement le plus grand changement du climat linguistique du Québec des vingt-cinq dernières années, le français est devenu le principal véhicule de communication dans la vie publique au Québec, y compris dans l'île de Montréal. Selon une étude du Conseil de la langue française, dans l'île de Montréal 71 % de la population utilise principalement le français comme « langue d'usage public », c'est-à-dire au travail, dans les centres commerciaux, avec le personnel des CLSC et dans toute autre activité à l'extérieur de la maison. Ce chiffre grimpe à 78 % dans la région métropolitaine de Montréal et à 87 % dans l'ensemble du Québec[48]. Dans la région métropolitaine de Montréal, 97 % de ceux qui parlent le français à la maison utilisent principalement le français dans leur vie publique. Situation également encourageante, les allophones (langue d'usage à la maison) choisissent majoritairement le français comme langue d'usage public. Les allophones montréalais, par exemple, déclarent, dans une proportion de 58 %, qu'ils utilisent plus souvent le français dans les centres commerciaux[49].

CSN, *La force des mots.*

La francisation progresse. Avec l'aide des centrales syndicales, des cours de français sont donnés sur les lieux de travail.

Les langues d'usage public au Québec

La description de l'usage des langues dans les activités publiques, celles qui ont lieu essentiel-lement à l'extérieur de la maison, est particulièrement significative étant donné l'objectif de la Charte de la langue française, qui est de «faire du français la langue normale et habituelle du travail, de l'enseignement, des communications, du commerce et des affaires». L'énoncé des droits fondamentaux au chapitre II de la Charte confirme cette orientation. Ces droits concer-nent tous des éléments du domaine public : l'Administration publique, les services de santé et les services sociaux, les entreprises d'utilité publique, les ordres professionnels, les associations de salariés, les assemblées délibérantes, le travail, la consommation et l'enseignement.

L'usage public des langues permet aussi d'évaluer la contribution des allophones au dyna-misme du français ou au renforcement de l'anglais. En effet, dans la région métropolitaine de Montréal, une forte majorité d'entre eux (92%)[50] parlent une de ces deux langues en public. Ils sont cependant exclus de l'analyse de la force respective des langues lorsqu'on ne tient compte que de la langue parlée à la maison. Cet aspect deviendra de plus en plus crucial puisque leur pourcentage dans la population est en croissance[51].

Dans l'ensemble de la population, 87% des Québécois parlent principalement le français en public. Ce pourcentage est de 78% parmi les résidants de la région métropolitaine de Montréal et de 71% parmi ceux de l'île de Montréal. Si on ne retient que les personnes qui parlent presque exclusivement le français, les pourcentages sont respectivement de 82%, 70% et 61%.

Les francophones et les anglophones utilisent majoritairement leur langue en public, bien que ce soit moins fréquent parmi ces derniers. Dans la région métropolitaine de Montréal, 97% des francophones parlent principalement le français en public et 77% des anglophones principalement l'anglais. Une plus forte proportion d'allophones utilisent le français (54%) plutôt que l'anglais (39%) en public. Le pourcentage de personnes qui parlent le français et l'anglais[52] en public est plus élevé chez les anglophones (26%) et les allophones (22%) que chez les francophones (9%).

Pourcentage de la population de la région métropolitaine de Montréal selon la langue d'usage public, par langue parlée à la maison, population âgée de 18 ans ou plus, native ou immigrée avant 1995, région métropolitaine de Montréal, 1997

Langue d'usage public / Langue parlée à la maison	Français	Surtout le français	Surtout l'anglais	Anglais	Autre	N*
Français	91	6	3	1		3062
Français et anglais	41	21	24	14		121
Anglais	11	12	14	63		3694
Autre	41	13	9	30	8	3111
Total	70	8	6	15	1	9988

* Nombre avant pondération.

Le statut d'une langue sur un territoire dépend, entre autres, du statut socioéconomique des personnes qui la parlent, de la langue des institutions, du soutien institutionnel et législatif et de son usage à la maison et en public. Ces facteurs sont d'ailleurs liés : ainsi lorsque des citoyens adoptent une nouvelle langue à la maison, ils choisissent généralement celle qui leur semble la plus utile en société.

Paul BÉLAND

78

Montréal, deuxième ville francophone du monde, où est également concentrée la majeure partie des anglophones et des immigrants du Québec.

Le bilinguisme (et le trilinguisme) monte en flèche chez les anglophones et les allophones qui s'adaptent à un Québec où le français est la langue commune et officielle. Plus de 60 % des allophones et anglophones disent maintenant pouvoir converser en langue française[53]. Plus de 40 % des écoliers anglophones de l'île de Montréal passent leur journée en français, ils sont inscrits tantôt à un programme d'immersion française, tantôt à un programme régulier en français[54]. Et qui plus est, avec une montée du nombre des mariages entre francophones et anglophones, une nouvelle génération d'anglophones grandit dans des foyers bilingues et biculturels. Entre 1971 et 1996, la proportion des enfants anglophones dont les deux parents avaient l'anglais pour langue maternelle est passée de 62,3 % à 39,8 %; inversement, pendant la même période, la proportion des enfants anglophones dont l'un des parents est francophone, l'autre anglophone, est passée de 25,8 % à 36,2 %[55]. Cette nouvelle génération, véritablement bilingue et biculturelle, est à l'aise dans les deux langues et contribue à l'usage du français comme langue commune au Québec.

L'usage accru du français comme langue commune au Québec se vérifie aussi dans les langues employées par les jeunes allophones. Aujourd'hui, en conséquence des exigences de la Loi 101 sur la langue d'enseignement, 79 % des écoliers allophones de l'île de Montréal fréquentent une école de langue française, ce qui marque un revirement complet de la situation par rapport à 1971, où 90 % d'entre eux étaient inscrits dans les écoles de langue anglaise de Montréal[56]. Ces «enfants de la Loi 101» sont de plus en plus trilingues, ils conservent leur langue maternelle, apprennent le français à l'école et l'anglais à la télévision, dans la rue et par la culture populaire nord-américaine.

Plus précisément, les élèves allophones montréalais inscrits à l'école secondaire de langue française vivent une situation complexe d'intégration linguistique dans laquelle le français prend de plus en plus de place. Les deux tiers des élèves cités dans une étude de l'Université de Montréal se déclaraient trilingues, mais 56 % disaient s'exprimer mieux en français qu'en anglais (seulement 21 % affirmaient maîtriser mieux l'anglais). Les trois quarts des élèves parlent leur langue maternelle à la maison, mais 40 % parlent le français avec leurs frères et sœurs, 43 % utilisent principalement le français dans leurs loisirs et 57 % ont dit employer surtout le français à l'école, à l'extérieur de la classe[57].

Donc, dans l'ensemble, l'usage du français comme langue commune par des allophones semble être bien enclenché dans les écoles francophones de Montréal, et des progrès remarquables ont été faits depuis l'adoption de la Loi 101. Ce qui est le plus encourageant, la francisation des élèves allophones en milieu scolaire va bon train, même dans les écoles de langue française à forte densité non francophone[58].

Citons comme signe évident de ce progrès le phénomène des «transferts linguistiques» à Montréal dans le cas d'interlocuteurs qui se servent d'une langue autre que la langue maternelle à la maison. En 1983-1984, le taux de mobilité vers le français des élèves allophones des secteurs préscolaire, primaire et secondaire dans la région métropolitaine de Montréal était de 4,6 % comparativement à 24,9 % vers l'anglais. Aujourd'hui, le taux de mobilité vers le français est de 15,2 % comparativement à 13,9 % pour l'anglais, une façon d'apprécier «l'effet de la fréquentation croissante de l'école francophone sur l'intégration linguistique des allophones à la majorité francophone[59]». À l'évidence, bien que la langue anglaise conserve une vigueur considérable à Montréal et que la plupart des allophones continuent à parler leur langue maternelle à la maison, les tendances relatives aux transferts linguistiques traduisent des progrès notables du français comme langue commune d'un Montréal multi-ethnique et multilingue.

«Défrancophonisation» ou «défrancisation»?

Malgré les gains formidables du français comme langue commune au Québec depuis les vingt dernières années, l'équilibre linguistique à Montréal demeure précaire et fragile. Deux tendances justifient une attention plus particulière. Tout d'abord, le pourcentage de la population de l'île de Montréal qui dit parler le français à la maison a fléchi entre 1991 et 1996, passant de 58,4 % à 55,2 %. Cette baisse est le fait surtout d'une augmentation de l'immigration internationale dans l'île de Montréal pendant cette période, d'une faible natalité chez les francophones et de l'exode de ces derniers vers les villes de banlieue située hors de l'île de Montréal. Si cette tendance se confirme, les francophones ne représenteront plus la majorité de la population de l'île dans 15 à 20 ans[60]. Dans la période qui a précédé l'adoption de la Loi 101, c'était justement la crainte que la population francophone de Montréal ne se retrouve minorisée qui était un des facteurs qui a lancé la mobilisation populaire sur le champ de bataille de la politique linguistique.

La question fondamentale pour l'avenir du français à Montréal est de savoir si la *défrancophonisation* (baisse du nombre de résidants de langue maternelle française) de l'île de Montréal est un phénomène avant-coureur d'une *défrancisation* (déclin du français comme langue véhiculaire) de l'île et de la région. Il est indéniable que le français comme «langue d'usage public» a fait des progrès au cours des deux dernières décennies; mais dans quelle mesure ces gains peuvent-ils être maintenus si le français régresse comme «langue d'usage privé»[61]? Il se peut bien que le renforcement du français comme langue publique et langue du travail à Montréal soit suffisant pour en maintenir l'usage à la façon dont l'anglais est la langue véhiculaire dans un contexte multilingue à Toronto, à New York ou à Los Angeles. Mais il est difficile d'imaginer, étant donné la fragilité de la dynamique linguistique à Montréal, comment la baisse du nombre des francophones pourrait avoir un effet bénéfique sur l'avenir du caractère français de la ville.

Marc V. LEVINE

79

Dans une économie mondiale, la prépondérance de l'anglais comme langue commerciale internationale et comme langue culturelle transnationale continuera aussi de menacer la pérennité du français comme langue commune au Québec. Bien que l'on constate une francisation lente mais constante des logiciels au travail, «les statistiques [...] indiquent clairement que le français n'occupe pas encore une place dominante dans l'informatique au travail». De même, l'anglais continue de dominer Internet et, jusqu'à maintenant du moins, «les Québécois comptent parmi les Canadiens les moins informatisés et les moins branchés[62]». Cependant, à mesure que les consommateurs et les entreprises du Québec découvrent les vertus du commerce électronique, c'est, avec la prolifération des sites de langue anglaise, une toute nouvelle série de défis qui attend les personnes responsables de la promotion du français comme langue normale et habituelle du commerce au Québec.

Quoi qu'il en soit, même si l'équilibre linguistique à Montréal reste fragile et malgré les nouveaux défis que posent le cyberespace et la mondialisation, le français a gagné du terrain comme langue commune des Québécois. Alors que la chose aurait été inconcevable il y a 30 ans, les anglophones et les allophones emploient le français dans une vaste gamme d'activités. Les transferts linguistiques chez les immigrants récents et les «enfants de la Loi 101» mettent décidément le français en valeur. Pour les francophones, jamais n'a-t-on réussi à vivre et à travailler autant en français. En 1977, le livre blanc intitulé *La politique québécoise de la langue française* proclamait : «Le Québec que nous voulons construire sera essentiellement français. Le fait que la majorité de sa population est française y sera enfin nettement visible : dans le travail, dans les communications, dans le paysage... Il ne sera donc plus question d'un Québec bilingue[63].» Bien que des défis demeurent, il est difficile de nier les progrès réalisés dans le sens de ces objectifs – et de l'établissement du français comme langue commune – au cours des vingt dernières années.

L'avenir du français à Montréal se jouera dans des domaines qu'il n'est pas facile de réglementer au moyen de lois linguistiques. La Charte de la langue française aura été une étape nécessaire, mais non suffisante pour assurer une reconquête linguistique réelle de Montréal, dans laquelle le français se pose comme la véritable langue commune de la métropole. La sécurité linguistique des francophones continuera d'exiger une politique linguistique efficace et souple; bien que les «tendances du

marché» soient beaucoup plus favorables au français qu'il y a vingt ans, la difficile tâche de préserver le caractère français du Québec sur un continent nord-américain anglophone appelle une intervention sans équivoque de l'État. Mais les nouvelles forces qui agissent sur Montréal, tels la mondialisation de l'économie, l'immigration massive et l'étalement urbain, font surgir des enjeux qui débordent le cadre d'application d'instruments traditionnels de la planification linguistique. Plus que les lois linguistiques, ce seront des mesures concernant entre autres l'immigration et le développement urbain qui influeront sur le caractère linguistique et culturel futur de Montréal.

Automne 2000 : des états généraux sur la langue française

En avril 2000, un groupe de travail ministériel présidé par la ministre responsable de la Charte de la langue française déposait un document destiné à alimenter la réflexion des Québécois sur des questions linguistiques préoccupantes, comme l'avenir de la langue française à Montréal. «Le contexte démographique lié à la baisse de la fécondité, à l'accroissement de l'immigration et à l'étalement urbain y occupe une bonne place.» Face à une diminution du français langue maternelle ou langue parlée à la maison, l'augmentation de l'usage public du français est-elle suffisante pour assurer le maintien et le développement d'une société francophone à Montréal?

Le document conclut de la façon suivante :

«[…] La société québécoise doit donc relever un certain nombre de défis, dont notamment
- le maintien et la consolidation du rempart que constitue la Charte de la langue française […];
- l'application d'une politique d'immigration misant sur une meilleure intégration des allophones à la majorité de langue française;
- l'établissement de mesures favorisant le maintien et l'augmentation de la population francophone[64] dans l'île de Montréal en vue d'assurer la masse critique francophone nécessaire à l'intégration des immigrants.»

> Groupe de travail ministériel, *Les défis de la langue française à Montréal et au Québec au XXIe siècle. Constats et enjeux.*

La ministre responsable de la Charte de la langue française a annoncé la tenue, à l'automne 2000, des états généraux sur la situation du français. Dans un article du *Devoir* (9 juin 2000) faisant écho à cet événement, le Mouvement national des Québécoises et Québécois (Louise Paquet, présidente) «accueille favorablement la proposition de tenir ces états généraux» et rappelle ce qui suit:

«Qu'on nous comprenne bien : l'enjeu d'une politique de la langue nationale ne porte pas sur le pourcentage à maintenir dans la population globale du Québec à une catégorie définie comme francophone d'origine par opposition aux groupes de Québécois ayant une autre langue maternelle. À titre de langue nationale du Québec, le français n'est pas la langue particulière d'une partie seulement du peuple québécois. Elle est la langue commune de tous les groupes vivant au Québec et la langue distinctive de notre société par rapport à celles qui nous entourent. Elle est un bien commun national et sa promotion ne vise pas à favoriser un groupe ethnoculturel au détriment des autres, mais bien plutôt à rassembler les Québécois de toutes origines, à fonder l'égalité des droits pour tous.»

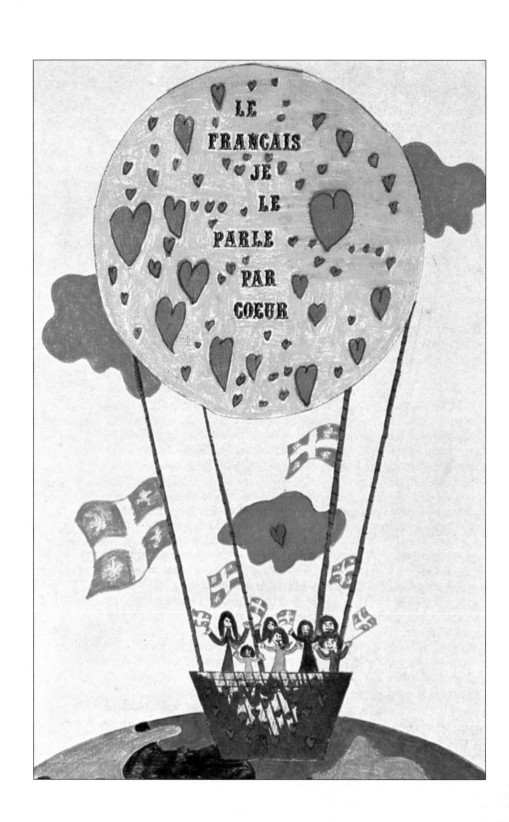

Quelle langue pour l'avenir?

52. Le français au Québec : un standard à décrire et des usages à hiérarchiser

PIERRE **MARTEL** et HÉLÈNE **CAJOLET-LAGANIÈRE**

Évolution de la norme du français écrit et parlé au Québec

Pendant plus de deux siècles, les Québécois ont vécu dans une double insécurité linguistique. D'une part, le français était déclassé par l'anglais, largement dominant dans plusieurs sphères de la société et, d'autre part, il était fortement dévalorisé par rapport au français de France, seul et unique modèle de référence.

La «querelle du *joual*» des années 1960 et 1970 a cristallisé les opinions autour d'une alternative simplificatrice : ou bien la langue des Québécois était le français de France (le plus souvent appelé français international[1], notamment pour ne pas montrer une dépendance vis-à-vis de la mère patrie) et, dans ce cas, tous les efforts devaient être faits pour s'y conformer en tout point; ou bien cette langue était celle du peuple et des gens peu scolarisés, à savoir le parler vernaculaire stigmatisé par le mot «joual» et associé par certains à l'identité du peuple québécois. Cette vision en noir ou blanc de notre situation linguistique était idéologique et irréaliste. C'était comme si le français ne comportait que le niveau «standard», celui du bon usage de l'écrit, et comme si le français québécois n'avait qu'un niveau de langue, le niveau familier, voire la langue relâchée et vulgaire.

La Charte de la langue française, promulguée en 1977, ne contient aucune disposition visant à définir le «français au Québec», la «norme» ou la «qualité de la langue». Mais l'Énoncé de politique qui a donné naissance à la Charte attirait l'attention sur l'obligation d'une langue de qualité. À cause de son appartenance à la «francophonie», lit-on dans l'Énoncé, «la langue française parlée au Québec ne se réduit pas à un phénomène d'originalité régionale» ni à un «quelconque patois avarié et résiduel»[2]. Il semble assez clair que, dans l'esprit des responsables de la politique linguistique, le français utilisé au Québec, tout en gardant ses particularités, correspond à une norme relativement proche de celle de la France. C'est ce que constatait le Conseil de la langue française, chargé par la loi de surveiller l'évolution du statut et de la qualité de la langue française au Québec, dans un avis adressé au gouvernement en 1990[3]. De fait, à regarder son évolution sur une longue période, on doit constater que le français québécois s'est rapproché du français international depuis les dernières décennies.

Le français au Québec n'est plus «en exil»

Malgré cet alignement sensible sur le français général, plusieurs dossiers ont attiré l'attention publique sur les défauts et les lacunes de la langue parlée la plus courante et la plus familière et aussi de la langue écrite des jeunes Québécois. Mais on ne peut pas dire que la qualité de la langue au Québec ait fait l'objet d'un véritable débat de nature à clarifier les choses. Toutefois, chez les spécialistes de la langue, la description de la situation linguistique au Québec et de la langue elle-même s'est nettement précisée depuis l'adoption de la Charte. En 1977, les professeurs de français, réunis en congrès, ont déclaré que le français qui devait être enseigné dans les écoles est le «français standard d'ici». Cette déclaration, dont l'importance et les conséquences ne furent jamais traduites concrètement en directives d'enseignement ou en contenus de programmes, changeait profondément la vision du français parlé et écrit au Québec. La norme du «français standard d'ici» n'était plus le français de Paris, mais le niveau de langue des Québécois qui correspond à «la variété de français socialement valorisée que la majorité des Québécois francophones tendent à utiliser dans les situations de communication formelle». En d'autres termes, les Québécois sont propriétaires de leur langue au même titre que les Français, mais aussi les Wallons, les Suisses romands. Ils se sont approprié la totalité de leur langue en «rapatriant» la norme du français au Québec.

> Quand on dit que la norme du français québécois a été «rapatriée», on veut simplement dire que le système langagier du Québec possède toutes les ressources, tous les outils et toutes les exigences qu'il faut pour se gérer lui-même et qu'il n'a plus besoin de recourir à la norme parisienne pour en juger[4].

Le français québécois est maintenant une variété du français complète et hiérarchisée et non plus démembrée ou écartelée entre un modèle situé à Paris et un usage pratiqué au Québec. Le français québécois forme un tout, ayant comme niveau central un modèle valorisé de bon usage et possédant aussi d'autres usages, les uns plus soutenus, comme les niveaux littéraires et poétiques, et les autres plus relâchés, comme les niveaux familier, très familier (que certains peuvent appeler *joual*), vulgaire, etc. Il importe donc maintenant de décrire l'ensemble de ces usages, de les hiérarchiser entre eux et d'expliciter un modèle, le modèle standard propre aux Québécois, qu'ils doivent s'efforcer de maîtriser. Mais quelles sont les caractéristiques de ce modèle standard de français québécois ?

Principales caractéristiques du français québécois actuel

Très tôt s'est développé un modèle de prononciation du français québécois, situé entre le modèle rural des générations précédentes et le modèle parisien, jugé «affecté» et trop «pointu» dans la bouche des Québécois. Ce modèle a pris naissance notamment chez les gens de Radio-Canada et a été largement diffusé par les journalistes de la radio et de la télévision d'État. Assez curieusement, ce modèle «radio-canadien»[5] a été peu formalisé, mais il s'est vite imposé à l'ensemble de la population qui l'a reconnu comme étant la bonne façon de prononcer le français au Québec[6].

Évolution récente des prononciations

Deux tendances complémentaires paraissent caractériser l'évolution récente des prononciations, toutes deux révélatrices des mouvements d'idées et de l'ouverture au monde extérieur qui ont marqué l'après-guerre et se sont manifestés plus fortement à partir des années 1960.

Une nette volonté d'affirmation

À ce jour, l'affirmation du particularisme québécois est allée jusqu'à admettre comme standard la prononciation de *t* et *d* en *ts* et *dz*, respectivement, devant toutes les formes des voyelles *i* et *u*, comme dans *petit, bottine, soutien; tulipe, étude, actuel; dimanche, Édith, diamant; endurer, Leduc, conduire,* etc.

Ce trait est en effet socialement neutre dans le sens qu'il n'entraîne aucun jugement social défavorable. Cet aboutissement est sans doute dû à son origine ancienne (XVIIe siècle), mais repose par ailleurs sur la condition qu'il ne soit pas trop appuyé phonétiquement : les *tss* et *dzz* sont mal considérés. C'est probablement cette dernière contravention qui faisait parler Rivard d'une «faute canadienne» dans son *Manuel de la parole*[7]. Le trait distingue la majorité des locuteurs québécois des francophones acadiens ou européens; sa neutralité même fait qu'il est pratiqué par les voix modèles des organes officiels (médias parlés, théâtre, cinéma), et adopté sans réserve par les immigrants des vagues récentes; de même, il semble reconnu comme un fait acquis par les francophones étrangers.

La caractéristique probablement la plus originale du français québécois est la généralisation de variantes ouvertes de *i*, *u* et *ou* (*faréne*, *jeûste*, *bôrse*, etc.) par restructuration de divers phénomènes anciens[8]. Ces variantes sont solidement installées dans la langue courante, qui exclut les voyelles trop «pointues», mais n'ont pas accédé pour autant au statut de standard.

L'alignement progressif sur un standard international

La deuxième tendance est celle de se conformer à une norme plus large, et son corollaire obligé est l'abandon, dans l'usage public, d'un certain nombre de traits stigmatisés qui font consensus. Le cas le plus net est sans doute celui de la généralisation, chez la jeune génération, de la prononciation postérieure dite grasseyée du *r* (contre le *r* roulé), indépendamment de la géographie et de l'appartenance sociale.

L'abandon d'autres traits stigmatisés date de quelques décennies déjà : le *t* final traditionnel dans *nuit*, *alphabet*, *manchot*, l'ouverture de *er* en *ar* (*couvarte*, etc.), de même que celle de *è* en *à* à la fin de *balai*, *jamais*, *poulet*, *lait*, etc. Leur utilisation effective aujourd'hui produit un fort effet de décalage, et de réprobation.

À un degré moindre, la conservation de la prononciation historique en *oè* (ou *oé*, selon le cas : *oèseau*, *poèl*, *soèr*; *moé*, *toé*, *voét*) encourt également la réprobation. Ce marqueur social remontant à la fin du Moyen Âge représente un point de différenciation nette entre le français américain et celui d'Europe, à cause de la divergence d'histoire, mais l'écart tend clairement à se résorber en faveur de la variante standard moderne *oa*.

Un autre exemple intéressant est le recul partiel de la prononciation traditionnelle en *ââtion* de la terminaison «-ation» : on a remplacé le *â* par *à* simple, mais plusieurs locuteurs même jeunes conservent la longueur historique, alors que la norme moderne tend à éliminer les deux au profit de *ation*. «Dans ces mots, il faut sans doute éviter de prononcer les A trop fermés; mais il faut aussi se bien garder de les prononcer ouverts. Ni affectation, ni vulgarité», recommande Rivard[9]. Le *â* de la fin des mots (*là*, *ça*, *pas*, *chocolat*) est lui aussi sujet à correction en *a* moins profond, mais dépasse parfois son objectif jusqu'à un à hypercorrectif tout aussi déphasé.

Enfin, la diphtongaison (fragmentation des voyelles longues), conditionnée socialement, est l'objet d'une conscientisation d'autant plus aiguë que ses manifestations patentes sont réprouvées : *faère*, *maère*, *taête*, *baôrre*, *caôsse*, *hâôte*. Elle est ancienne, affecte l'ensemble des voyelles, et certaines différences dialectales entre Montréal (*têêtu*, *gââteau*) et Québec (*taêtu*, *gâôteau*) révèlent une polarisation déjà observable au début de la colonie : on comprend mieux l'omniprésence du phénomène.

Pour finir, toute tentative de prédire l'avenir serait pure spéculation, vu la grande importance des facteurs externes, par définition imprévisibles, qui se combinent aux tendances structurelles internes, plus facilement descriptibles.

Denis DUMAS

81

À l'écrit, par contre, le modèle du «français québécois standard» n'est pas décrit et demeure encore implicite dans l'usage québécois. Cette absence de description a même fait dire à certains auteurs qu'il n'existe pas et qu'en fait, lorsqu'un Québécois écrit, il adopte automatiquement la norme internationale ou française consignée dans les ouvrages européens. Pourtant, plusieurs linguistes ont affirmé son existence :

Un certain nombre d'indices donnent à penser qu'il est en voie de s'établir, au Québec, un usage public, ou encore officiel, du lexique et tout particulièrement du vocabulaire de dénomination. Et ceci, aussi bien dans la langue parlée que dans la langue écrite, de l'élite il va sans dire[10].

Le français québécois standard est présent dans les textes valorisés[11] et dans des textes de qualité. En parcourant ces textes, on a relevé de nombreuses spécificités québécoises par rapport aux codes orthographique, typographique, syntaxique, morphologique et lexical consignés dans les dictionnaires, grammaires et autres ouvrages de référence du français dit international. Le mot «canot» (écrit avec un «t») est un exemple des particularités orthographiques qui sont passées dans le bon usage du français au Québec : il est évident que, dans un dictionnaire québécois, ce mot ne serait pas marqué des qualificatifs «vieux», «régional» ou «XVIIe siècle» qu'on trouve dans les dictionnaires français qui ne consacrent que les usages courants en France.

Caricature de Girerd. © Girerd, 1976.

Dans le parler populaire, les mots anglais ont la vie dure...

On constate aussi des différences entre le Québec et la France dans les conventions d'écriture, les règles et les usages typographiques, les symboles et les abréviations. Ainsi, la Commission de toponymie du Québec, sans condamner les abréviations en usage en France *B^d*, *bd* ou *Bd*, privilégie l'abréviation québécoise *boul.* pour «boulevard». Enfin, la féminisation des titres au Québec se démarque passablement des usages français.

La féminisation des titres au Québec

C'est au cours des années 1970 que se pose véritablement la question de la féminisation des titres au Québec : les femmes accèdent à des fonctions jadis réservées aux hommes, des fonctions dont les appellations ne comportent pas de forme féminine usitée. Outre-Atlantique, les Françaises promues à des postes prestigieux s'enorgueillissent de porter des titres masculins, et ce, même lorsque ceux-ci se déclinent couramment au féminin (par exemple, *Jeanne Dubois, avocat à la Cour, Madame l'ambassadeur*).

À l'instar des Américains qui optent alors pour une neutralisation des appellations afin d'éviter toute discrimination, les organismes gouvernementaux du Québec et du Canada sont tentés par le nivellement des genres. L'adoption de termes neutres qui conviendraient tout aussi bien aux titulaires masculins et féminins semble une solution intéressante et économique. La langue anglaise s'accommode fort bien de cette uniformisation parce que, le plus souvent, les noms ne varient pas selon le genre (par exemple, *Mary is vice-president*) et que les rares exceptions peuvent être normalisées (par exemple, *chairperson* en remplacement de *chairman*).

Toutefois cette neutralisation se révèle rapidement inapplicable en français. Il paraît en effet difficile de remplacer par un masculin une forme féminine déjà couramment utilisée parce que cette forme n'est pas perçue comme neutre, mais plutôt comme masculine. À titre d'exemples, le ministère du Travail du gouvernement fédéral préconise à l'essai de substituer *gardien d'enfant* à *gardienne d'enfant*, *ouvrier couturier* à *couturière* (le nom *couturier* est jugé trop mélioratif), de remplacer *corsetière* par *corsetier*, *dame de compagnie* par *compagnon*. Cette tentative d'asexisation des appellations échoue en raison de l'ambiguïté qu'elle crée et du refus des personnes intéressées d'abandonner un terme féminin usité parfaitement adéquat. De plus, contrairement à leurs collègues européennes, les Québécoises nouvellement promues à de hautes fonctions ne souhaitent pas s'approprier les titres masculins; elles réclament des titres féminins.

Les premiers jalons officiels de la féminisation des titres au Québec coïncident avec la victoire du Parti Québécois en 1976. L'Assemblée nationale du Québec demande alors un avis à l'Office de la langue française (OLF) : «Advenant la nomination d'une femme à la présidence ou à la vice-présidence de l'Assemblée nationale, doit-on lui donner le titre de Madame le Président ou le Vice-président ou de Madame la Présidente ou la Vice-présidente ?» L'OLF procède à une enquête auprès des services du protocole du ministère des Affaires étrangères de France et de l'Élysée. L'organisme examine également les avis linguistiques sur le sujet. Les conclusions de cette étude sont contradictoires, le protocole français exige le recours constant au titre masculin, quel que soit le sexe du titulaire, mais les plus éminents linguistes et grammairiens de la francophonie avalisent depuis longtemps la féminisation des titres.

L'Office de la langue française estime que ce sont essentiellement des faits historiques plutôt que des motifs linguistiques qui expliquent la non-féminisation des titres prestigieux du XXe siècle. L'emploi du masculin dans les désignations de postes dont les titulaires sont des femmes semble passager et tributaire de circonstances juridiques, politiques ou sociologiques, mais en tous points agrammatical et, du fait même de cette agrammaticalité, destiné à se modifier pour revenir à la norme. En conséquence, l'OLF décide de privilégier la position des linguistes et des grammairiens et recommande de féminiser le titre : ce sera Madame la Présidente ou Madame la Vice-présidente.

Quand les nouvelles élues du Parti Québécois réclament aussi des titres féminins, l'OLF leur donne pleinement raison, car il juge que la ministre, la députée sont des titres parfaitement admissibles. Les désignations féminisées sont aussitôt reprises à l'Assemblée nationale ainsi que dans la presse écrite et électronique. Enfin, dans le but de favoriser la féminisation des titres, la Commission de terminologie de l'Office de la langue française publie un avis de recommandation dans *La Gazette officielle du Québec* le 28 juillet 1979, un avis qui sera largement suivi :

« Relativement au genre des appellations d'emploi, l'Office de la langue française a recommandé l'utilisation des formes féminines dans tous les cas possibles :

– soit à l'aide du féminin usité. Exemples : *couturière, infirmière, avocate*;

– soit à l'aide du terme épicène marqué par un déterminant féminin. Exemples : *une journaliste, une architecte, une ministre*;

– soit par la création spontanée d'une forme féminine qui respecte la morphologie française. Exemples : *députée, chirurgienne, praticienne*;

– soit par l'adjonction du mot femme. Exemples : *femme-magistrat, femme-chef d'entreprise, femme-ingénieur*[12]. »

Dans la courte histoire de la féminisation au Québec, les nouvelles ministres et députées du premier gouvernement du Parti Québécois ouvrent la voie qu'empruntent ensuite les syndicats pour appliquer la féminisation des appellations dans les conventions collectives. Et puis, peu à peu, au rythme de leur accès à de nouvelles fonctions, à des professions naguère exclusivement masculines, les femmes du Québec optent très majoritairement pour des titres féminins, des titres qui respectent la logique de la langue et qui témoignent de l'avant-gardisme de la société québécoise. Il est intéressant d'observer que les Belges et les Suisses emboîtent progressivement le pas aux Québécois et qu'en France, deux décennies plus tard, le scénario se joue exactement de la même façon qu'au Québec lorsque huit nouvelles élues du gouvernement Jospin réclament et obtiennent de porter un titre féminin.

Marie-Éva de VILLERS

82

Toutefois, c'est dans le domaine du lexique que se trouve le plus grand nombre de spécificités québécoises. Si les Français et les Québécois possèdent la même langue, ils n'utilisent pas toujours les mêmes mots et ils donnent à certains mots des sens différents. Ces différences se rencontrent dans tous les domaines de la vie courante et professionnelle : mots nouveaux, sens nouveaux, référents nouveaux, groupements de mots nouveaux qui permettent de s'adapter au contexte québécois et nord-américain. Voici quelques exemples choisis parmi des milliers :

- faune et flore : *merle d'Amérique, outarde* (bernache du Canada), *ail des bois* (ail doux), *épinette* (épicéa), *achigan* (perche noire), *érable à sucre*;
- alimentation : *pâté chinois, tourtière, cretons*;
- administration gouvernementale et sociale : *pension de vieillesse, âge d'or* (aînés, retraités), *carte-soleil, autopatrouille, caisse populaire*;
- éducation : *baccalauréat* (licence), *décrocheur, finissant, polyvalente, douance*;
- commerce : *vente-débarras, dépanneur, pourvoirie/pourvoyeur*;
- institution : *cablodistributeur, théâtre d'été, centre d'accueil, écotourisme*;
- géographie : *embâcle* (des glaces), *sapinage, rang* (des épinettes...), *acériculture*;
- étoffe : *catalogne*;
- enfin, parmi certains groupements et expressions, citons : *donner l'heure juste, ne pas dérougir*, etc.

Ces mots, ces sens, ces emplois particuliers et caractéristiques font partie du français québécois standard, et non de la langue familière. Bon nombre d'entre eux ne sont pas encore enregistrés dans les dictionnaires actuels du français ou bien n'y sont pas reconnus comme ils le devraient. Ils méritent d'être consignés et décrits dans des ouvrages de référence accessibles à l'ensemble de la communauté linguistique québécoise.

Emprunts à l'anglais et insécurité linguistique

Tout le monde sait que le français québécois, pour avoir subi une influence marquée de la langue anglaise nord-américaine, contient des emprunts à l'anglais et qu'au cours de l'histoire, combattre ces anglicismes est même devenu pour certains une sorte d'«obsession»[13]. Pourtant, les conclusions d'une récente recherche permettent de relativiser ce phénomène. Sur 4216 «emprunts critiqués» à l'anglais qui ont été répertoriés[14], plus de 93 % présentent une fréquence très basse et près de 60 % d'entre eux ne sont utilisés par les Québécois ni à l'oral ni à l'écrit. Certes, ces données devront être validées dans des corpus plus vastes, mais elles nous incitent déjà à analyser le phénomène de l'anglicisation au Québec avec un regard plus objectif.

En outre, au Québec, on rejette bon nombre d'anglicismes qui sont acceptés en France : on écrit plus fréquemment *traversier, salle de quilles, commanditer/parrainer, bâton, escalier mobile, légère* (bière), *vert, pigiste*, alors qu'en France on écrira plutôt *ferry-boat, bowling, sponsoriser, stick, escalator, light, green* (au golf), *free-lance*.

Le renforcement du statut du français au Québec et la nouvelle assurance linguistique des Québécois agissent comme une protection accrue contre une intrusion indue de l'anglais. La période d'insécurité qui a longtemps caractérisé les Québécois face à leur langue semble maintenant révolue. La production terminologique québécoise, réalisée par l'Office de la langue française en concertation avec les entreprises, a révélé la capacité du Québec de nommer en bon français les réalités les plus diverses et les plus avancées de l'activité et de la technologie modernes. Et on constate que les jeunes Québécois ne font pas piètre figure dans les examens internationaux de français écrit[15]. Il reste maintenant à renforcer, à l'école, l'enseignement systématique du français standard et à mettre en valeur la norme du «français standard d'ici» illustrée dans les écrits des meilleurs auteurs québécois.

L'importance de décrire l'usage valorisé de la langue au Québec[16]

Le Québec n'est plus une société de traduction, mais une société d'expression[17]. Le français n'y est plus seulement un instrument de communication, il est devenu un «milieu de vie», l'expression d'une identité. Les Québécois ne font pas qu'utiliser le français, ils vivent en français. Ils forment une société française à part entière, avec ses

Les parlers français et la francophonie

«Le mariage entre l'unité ou l'universalité d'une part, et la diversité ou la pluralité d'autre part, s'exprime en francophonie de multiples manières. Ainsi, par exemple, le français n'est plus la propriété des seuls Français et l'on ne regarde plus avec condescendance, mais au contraire avec intérêt, voire jubilation, les mots ou les tournures de phrase créés en français par des Québécois, des Belges, des Africains ou des Maghrébins. Ainsi, le français est utilisé pour exprimer des cultures, des imaginaires différents et prend souvent, de ce fait, des couleurs contrastées, des rythmes et des souffles variés. [...] Sur 116 000 définitions du *Dictionnaire universel de la francophonie* publié chez Hachette (1997), environ 10 000 proviennent de l'univers francophone en dehors de la France. [...] Tous les partenaires sont copropriétaires ou colocataires de la langue; il est bon que les inventions circulent, se diffusent largement pour éviter que les divergences ne provoquent dislocation, éclatement et cessation de l'intercompréhension. [...] L'essentiel est que le sentiment soit répandu d'une création collective, partagée et continue de la langue. [...] Il faut saluer ici l'œuvre de linguistes remarquables qui ont été des pionniers dans l'inventaire des français parlés dans le monde : Claude Poirier[18], du Québec, et Danièle Racelle-Latin, de Belgique; il faut rappeler aussi que, dès 1979, Pierre Dumont lançait son *Lexique du français du Sénégal;* en 1984, Noël Anselot publiait *Ces Belges qui ont fait la France;* et qu'en 1988, Loïc DePecker faisait paraître *Les Mots de la Francophonie.* [...] La gageure consiste à faire que chaque partie puisse se sentir autonome tout en restant solidaire de l'ensemble.»

Stélio FARANDJIS, secrétaire général du Haut Conseil de la Francophonie, Paris, dans *France-Québec, Images et Mirages,* Musée de la Civilisation du Québec et Fides, 1999.

«La principale ressemblance [entre les sociétés francophones de Belgique et du Québec] nous vient en quelque sorte par soustraction : nous sommes toutes deux des sociétés francophones mais non françaises. Avec les Québécois, nous entretenons donc une connivence pour affirmer que nous ne sommes pas seulement locataires, mais aussi propriétaires de notre langue française.»

Jean-Marie KLINKENBERG, ancien président du Conseil supérieur de la langue française de Belgique.

valeurs et ses références propres, différentes de celles de la France. Ces différences se reflètent dans leur langue et dans leur norme. Un Québécois et un Français peuvent tous deux parler un excellent français, mais avec des variations dans les prononciations et dans les mots. Et les mêmes mots n'auront pas toujours les mêmes résonances et n'évoqueront pas toujours les mêmes réalités de part et d'autre de l'Atlantique.

Ces spécificités propres aux Québécois ne remettent pas en cause l'existence d'un «tronc commun» français auquel s'alimentent tous les locuteurs français. Par contre, il est important d'établir des liens entre les mots québécois et les autres mots francophones, car les premiers ne sont pas en concurrence avec les seconds, mais plutôt en situation de complémentarité. Les Québécois ont adopté une langue internationale de qualité qu'ils souhaitent partager avec l'ensemble de la francophonie. D'ailleurs, nous pouvons ajouter que plusieurs mots québécois ont déjà été acceptés ou recommandés sur le plan international, comme «traversier», «stationnement», «magasinage», «logiciel», «terminologue».

La description des spécificités linguistiques québécoises n'est pas seulement nécessaire à cet enrichissement francophone. Elle est aussi urgente dans l'optique des outils informatiques modernes à mettre au point pour faire face au développement croissant des technologies de l'information. Mais d'abord et avant tout, elle est dictée par la nécessité fondamentale de permettre aux Québécois de connaître l'édifice complet de leur langue et d'avoir accès à ses différents usages.

Une fois décrite la langue standard, il faut promouvoir sa maîtrise

Maîtriser la langue, c'est d'abord connaître et utiliser correctement les codes définissant le système de communication. C'est également maîtriser ses différents usages et la hiérarchisation de ces usages, et enfin utiliser ces derniers en fonction des situations de communication. Une fois établi le standard souhaité, c'est-à-dire le respect des codes de la langue, lequel inclut nos particularités, on peut alors parler d'en maîtriser toutes les composantes. Et il devient, dans ce cas, possible de prôner le respect de ce standard et du même coup la qualité de la langue utilisée tant à l'oral qu'à l'écrit. Dans le contexte actuel et futur d'une société de l'information, la maîtrise de la forme la plus valorisée de français devient à la fois une nécessité et un atout professionnel. Il y a fort à parier que la pression se fera de plus en plus forte pour que l'école, à cet égard, mette sur le marché du travail des finissants performants plus nombreux que dans le passé.

Avec les travaux de terminologie de la seconde moitié du XXe siècle, la production dictionnairique québécoise commence à prendre de l'ampleur.

Les aires de variation linguistique au Québec

L'étude de la variation linguistique au Québec est prise en charge dans les années 1960 par le professeur Gaston Dulong, de l'Université Laval, qui lance le projet *Atlas linguistique de l'Est du Canada* (Alec) dans le but d'inventorier le parler populaire de la civilisation traditionnelle et ses particularités dans toutes les régions du Québec. L'ouvrage, paru en 1980, décrit une variété de français riche, assez uniforme, qui demeure proche du français général. Quant aux différences de mots et de prononciations, elles révèlent, lorsque transposées sur une carte géographique du domaine, quatre aires de variation distinctes : l'Ouest, le Centre et l'Est dans la vallée du Saint-Laurent et l'aire acadienne dans la région du golfe.

L'aire Ouest

L'aire Ouest rayonne dans la moitié ouest du Québec à partir de Montréal. Quelques îlots de variation apparaissent à l'intérieur de cette aire sur les rives du Saint-Laurent et dans les vallées des rivières L'Assomption et Richelieu. Aire influente et souvent francisante, l'Ouest rejoint bientôt l'Abitibi-Témiscamingue, l'Outaouais, les Laurentides, la Mauricie-Bois-Francs et l'Estrie. À la hauteur de Trois-Rivières, de part et d'autre d'une ligne verticale Mauricie-Bois-Francs, le domaine québécois est fréquemment partagé en deux grandes aires par de nombreux phénomènes linguistiques dont celui du **R** roulé qui ne s'entend qu'à l'ouest de cette ligne alors que le **R** grasseyé est connu partout.

L'aire du Centre

L'aire du Centre (Mauricie-Bois-Francs) s'intercale sporadiquement entre l'Ouest et l'Est. Les formes caractéristiques de cette région sont d'autant plus significatives qu'elles s'opposent à des mots abondamment attestés dans les aires voisines. L'aire centrale où se rencontrent de nombreuses frontières linguistiques constitue une aire de transition aux limites changeantes, mais aux caractéristiques linguistiques certaines.

L'aire Est

L'aire Est dont le cœur est Québec peut s'étendre du golfe Saint-Laurent jusqu'à la Mauricie et l'Estrie, vers l'ouest, sans réussir à pénétrer toutefois l'aire immédiate de Montréal. Plus rurale, à tendance souvent archaïsante, l'aire Est peut inclure en partie l'aire acadienne. Vaste et divisée par le Saint-Laurent, l'Est se fractionne, comme l'Ouest, en sous-aires linguistiques régionales qu'on reconnaît, par exemple, dans Charlevoix ou au Saguenay-Lac-Saint-Jean.

L'aire acadienne

L'aire linguistique acadienne englobe la Basse-Côte-Nord, la péninsule gaspésienne et les Îles-de-la-Madeleine. L'aire acadienne se distingue du parler québécois laurentien par de nombreux traits langagiers dont un **R** roulé typique. Arrivés au Québec après la déportation de 1755, les immigrants de l'Acadie, qui étaient originaires du sud-ouest de la France, ont créé dans cette région maritime, avec le peuplement québécois qui l'a rejoint et qui était historiquement originaire du sud-ouest et du nord-ouest de la France, un parler québécois régional aux accents uniques.

Les études de géographie linguistique québécoise cherchent à décrire les phénomènes de variation et à expliquer la formation des aires qui en découlent en recourant à l'histoire et à la géographie (colonisation, peuplement) et à la linguistique (histoire de la langue et des mots, étymologie, prononciation, emploi, etc.). La présence d'aires de variation linguistique au Québec s'expliquerait en partie par le bagage linguistique des premiers groupes d'arrivants qui provenaient de différentes régions d'une France aux parlers régionaux encore vivants et qui se sont installés à des moments différents en des endroits variés de la colonie naissante (par exemple, Québec en 1608, Trois-Rivières en 1634, Montréal en 1642 et Acadie (Port-Royal) en 1604).

Le Québec n'a pas encore approfondi toute l'histoire et toutes les richesses de sa langue. Beaucoup de questions restent ouvertes et une étude approfondie de chacun des cas de variation apportera un éclairage à la compréhension de la variation géolinguistique au Québec, un phénomène que l'on observe dans toutes les communautés linguistiques d'importance.

Gaston BERGERON

84

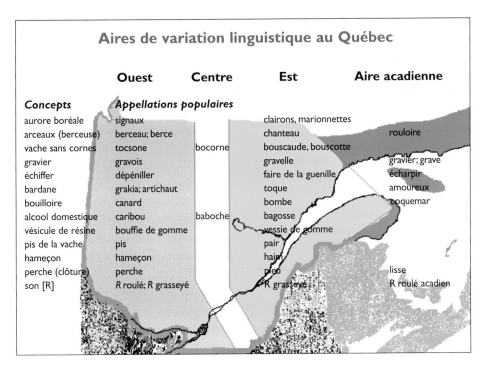

Carte de Gaston Bergeron.
Cette carte illustre les appellations variées d'une même réalité selon les régions du Québec.

53. *Les programmes d'enseignement du français*

GILLES **GAGNÉ**

Certes, les programmes d'études[19] ne disent pas tout de l'enseignement d'une langue, mais ils permettent au moins d'en dégager les orientations, les objectifs, les méthodes.

Du frère Untel au programme-cadre de français (1959-1975)

Le programme d'études pour le primaire publié en 1948 par le Surintendant de l'instruction publique couvrait toutes les matières enseignées, mais donnait la première place à la langue française, après la religion. Centré presque exclusivement sur la langue écrite, il comprenait une liste très détaillée des éléments linguistiques à acquérir. Le français oral n'y faisait l'objet que de corrections, en fonction de l'apprentissage du français écrit. Chaque leçon commençait par un texte à lire, à contenu moralisateur ou esthétique, autour duquel s'organisaient de très nombreux exercices sur la langue, et se terminait par la rédaction d'une composition.

Mais, en 1959, *Les insolences du frère Untel* viennent ridiculiser la qualité du français écrit des finissants de l'école secondaire québécoise, attirant ainsi l'attention du public sur la nécessité d'une réforme de l'enseignement. Le ministère de l'Éducation, créé en 1964 à la suite du rapport Parent, publie donc en 1969 les premiers programmes d'études spécifiques pour l'enseignement du français, l'un pour le primaire, l'autre pour le secondaire.

Ces programmes ne constituent toutefois qu'un «cadre» présentant des orientations générales. Ils rompent avec la tradition du «programme catalogue» et laissent aux commissions scolaires le soin de préciser et de compléter le contenu des programmes. Ils innovent aussi quant au découpage de la matière en quatre «savoirs»: *écouter, parler, lire, écrire*, donnant ainsi pour la première fois une place à part entière à l'apprentissage du français oral, auquel l'enseignant est même invité à accorder une certaine priorité comme point de départ de l'apprentissage du français écrit.

Ce type de programme marque aussi un virage majeur dans les méthodes et les objectifs de l'enseignement du français. La langue doit être perçue non plus comme une «matière» détachée de l'élève, mais plutôt comme un «outil» qui lui permet de penser et de communiquer. La démarche de l'enseignant doit tenir compte du fait que l'élève apprend sa langue d'une façon globale plutôt qu'en la dissociant dans ses éléments spécifiques. Dans un premier temps, appelé «mise en situation», on motive l'élève à s'engager dans des activités de communication réelles faisant appel à la compréhension et à l'expression. Ensuite, un temps d'«exploitation» est prévu pour lui permettre d'analyser ce qu'il a fait et de consolider ses capacités linguistiques.

Mais, sauf à l'oral, les contenus linguistiques du français standard proposés par ce programme manquent parfois de précision, en particulier au secondaire où ils sont formulés de façon très générale. L'abondance des activités de communication l'emporte souvent sur la rigueur des exercices portant sur la langue. C'est la plupart du temps l'intérêt des élèves qui dicte le choix des textes à lire et à écrire. Alors que le programme est muet sur la façon d'apprendre à lire, deux nouvelles méthodes de lecture apparaissent et suscitent de vives controverses : *Le Sablier* et *La Méthode dynamique*.

Des critiques publiques sur le nouveau programme de français (1975-1987)

En 1975, « Le drame de l'enseignement du français », une série d'articles écrits par la journaliste Lysiane Gagnon, secoue le Québec en portant encore une fois un jugement très négatif sur la qualité de la langue orale et écrite des jeunes Québécois : « Des générations cobayes arrivent sur le marché du travail ou à l'université, incapables d'aligner dix phrases qui se tiennent. » Il s'agit d'une critique virulente du programme-cadre de français, du fouillis qu'il a engendré, des « pédagogues de pointe », de l'abandon de la grammaire et des activités traditionnelles comme la dictée, et de l'importance démesurée accordée à l'audiovisuel dans les classes au détriment de la lecture.

En réponse, le ministère de l'Éducation publie, quatre ans plus tard, un nouveau programme de français qui constitue un certain retour vers des contenus plus structurés, mais marque une confirmation et un approfondissement des orientations de base du programme-cadre.

Le « nouveau » programme de 1979 contient bien cette fois une liste d'éléments précis à faire acquérir touchant la langue écrite et son utilisation, mais ces éléments ne constituent que des moyens pour arriver à la compréhension et à la production par l'élève de « discours » oraux et écrits. L'objectif général reste le même et consiste à développer les habiletés de communication de l'élève.

Pour ce faire, la même démarche d'apprentissage (activité de communication suivie d'un retour critique) est cette fois imposée, réduisant malheureusement encore plus les exercices systématiques d'acquisition de la langue. En lecture, la querelle des méthodes est efficacement dépassée par l'objectif fixé dès le début du primaire de développer la compréhension de textes grâce à un ensemble de stratégies précises à acquérir. À l'oral, on vise bien à faire utiliser par l'élève le registre de langue approprié à la situation, mais le programme ne donne à ce sujet aucune précision linguistique qui pourrait correspondre au « français standard d'ici », comme l'avaient défini, deux ans plus tôt, en présence du ministre de l'Éducation, les professeurs de français réunis en congrès.

Des examens d'entrée aux derniers programmes de français (1987-1995)

Au cours des années 1980, les critiques concernant l'enseignement du français continuent de plus belle et sont reprises par les établissements d'enseignement collégial et universitaire, qui décident d'imposer des examens d'entrée touchant la maîtrise du français écrit.

En 1987, le Conseil de la langue française émet un avis officiel et publie deux rapports qui recommandent notamment d'expliciter les contenus relatifs à l'apprentissage de la langue elle-même et les moyens de la faire acquérir, d'accorder une plus grande place au français écrit dans les cours de français et dans toutes les matières, d'instaurer un examen national obligatoire de production écrite pour sanctionner les études secondaires, d'augmenter le temps consacré en classe à l'apprentissage du français, et de mener une campagne de promotion sur la nécessité et l'utilité de la maîtrise du français.

En 1993 paraît un nouveau programme d'enseignement du français pour le primaire et, en 1995, pour le secondaire. Les deux programmes accordent plus de temps et d'intérêt à l'écrit; la lecture et l'écriture font l'objet de deux volets distincts, alors que l'écoute et l'expression orale ont été fusionnées; toutes les matières du primaire doivent se préoccuper de l'expression en français; on y propose des contenus enrichis et une description détaillée des compétences langagières que l'élève doit avoir acquises au terme de chaque année; on y précise enfin les contenus d'apprentissage relatifs au fonctionnement de la langue (lexique, grammaire de la phrase et du texte, orthographe grammaticale et conjugaison, orthographe d'usage, etc.).

Toutefois, concernant le français oral, on n'y trouve pas suffisamment de précisions sur le registre de langue soutenu ou soigné. Est-ce à cause de l'absence d'une norme officielle du français parlé au Québec ou par souci d'éviter des condamnations du français québécois familier? Pourtant, des critères de choix des éléments à enseigner avaient déjà été proposés[20] et des exemples précis de contenus suggérés et mis à l'essai[21].

Au secondaire, en réponse à des critiques portant sur la pauvreté culturelle des programmes de français, on augmente le nombre d'œuvres littéraires en s'ouvrant plus largement sur le répertoire international. On ajoute aussi à la dimension «communication» des programmes antérieurs une perspective de développement utile et contemporain des habiletés de l'élève en traitement de l'information. Enfin, on comble une lacune méthodologique sérieuse en introduisant après l'activité de communication et le retour critique une phase d'acquisition des connaissances qui consiste en des activités portant sur des éléments précis du fonctionnement de la langue et des textes.

Un débat perpétuel sur la maîtrise de la langue

Dans l'introduction à La crise des langues, *ouvrage publié par le Conseil de la langue française du Québec en 1985, Jacques MAURAIS écrit :*

« "Le martyre des langues modernes", "La débâcle de l'orthographe", "Will America Be the Death of English ?", "Eine Industrienation verlernt ihre Sprache", "O nosso pobre português..." : des quatre coins du monde nous parviennent des nouvelles alarmantes sur l'état de santé des langues. Les thèmes semblent partout les mêmes : les jeunes ne maîtrisent plus l'orthographe de leur langue maternelle, les médias – au premier chef la télévision – ont une influence néfaste sur le langage, l'école ne remplit plus son rôle, il y a une invasion de mots étrangers, etc. »

Le Québec n'échappe pas à cette crise universelle des langues. Dans une série d'articles publiés dans La Presse *dès 1975, la journaliste Lysiane GAGNON décrit le « drame de l'enseignement du français » au Québec :*

« [...] C'est au deuxième cycle de l'élémentaire – à partir de la 4e année – que les choses se gâtent. [...] C'est l'apprentissage de la grammaire qui y perd le plus, car (comme au secondaire) on met l'accent sur l'expression personnelle et sur "la mise en situation de communication". [...] La grammaire ? C'est, chez beaucoup d'enseignants – et encore plus chez les théoriciens de la pédagogie, un mot presque tabou. [...] Les parents sont de plus en plus nombreux à réclamer la réintroduction d'un apprentissage formel de la langue. [...] Les étudiants admettent avec simplicité qu'ils ne savent, à toutes fins utiles, ni lire ni écrire, et ils s'en inquiètent de plus en plus à mesure qu'ils se rapprochent du marché du travail ou des études supérieures. »

Vingt-cinq ans plus tard, dans Le Devoir, *enseignants et responsables soulignent aussi la pauvreté du français parlé des étudiants.*

« Chez les adolescents, il est très mal vu de bien parler le français. C'est une mode qui n'est pas étrangère au fait qu'ils baignent aujourd'hui dans un environnement culturel principalement anglophone. [...] Dans cette société organisée autour de l'économie du savoir, ne pas maîtriser sa langue entraîne forcément une dépendance à l'égard de ceux qui sont capables de le faire, et surtout une incapacité à comprendre le sens et les orientations qui se dessinent sur le plan politique et social.

Céline SAINT-PIERRE, présidente du Conseil supérieur de l'éducation,
dans Le Devoir, 14 août 1999.)

Il convient pourtant de faire la part des choses et de tenir compte du contexte :

« La démocratisation de l'éducation a permis à toute une population qui n'était pas habituée au langage de l'école de la fréquenter, d'où une baisse apparente, mais non significative, de la moyenne. [...] Quant au vocabulaire, loin de s'appauvrir, il s'élargit d'année en année [...]. Contrairement à la rumeur populaire qui colporte que "dans le temps, on savait mieux notre français qu'aujourd'hui", ce qui menace le français n'est pas sa piètre qualité. [...] Le français est plus menacé par la perte de fierté de ceux qui le parlent que par un quelconque relâchement. [...] Il faut redonner le goût – et le plaisir – de parler la langue de Molière à ceux qui l'apprennent, afin qu'ils développent avec elle un lien qui soit plus qu'utilitariste. »

Le Devoir, 13 mars 1999.

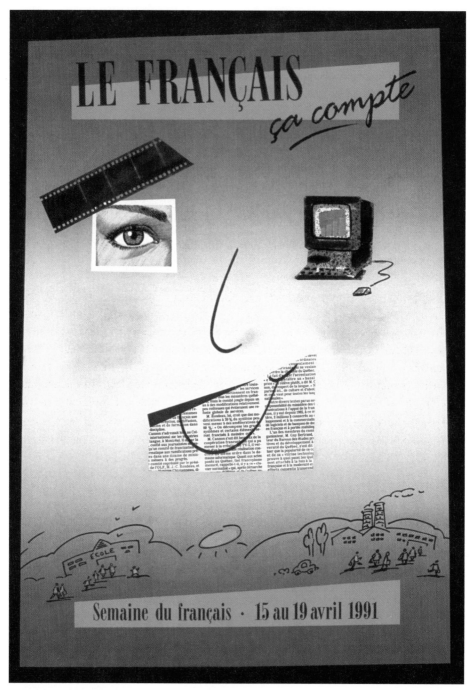

Chaque année, la semaine du français a pour but de valoriser le statut et la qualité de la langue. En 1991, l'accent a été mis sur les rapports entre langue, écriture, ordinateur, etc.

Quel jugement porter ?

Comme dans d'autres pays et pour l'enseignement d'autres langues, les programmes québécois ont beaucoup évolué au cours des quarante dernières années. Les anciens programmes, conçus dans une optique moralisatrice, esthétique et puriste, étaient plutôt centrés sur les aspects formels de la langue écrite. Au fil des programmes apparurent progressivement, en 1969, une pédagogie centrée davantage sur l'enfant et sur l'enseignement de l'oral; en 1979-1980, diverses stratégies de compréhension et de communication faisant appel à des textes courants et, en 1993-1995, un enseignement axé sur des compétences précises, notamment pour le traitement de l'information.

Mis à part l'absence de contenus reliés à la variation linguistique du français oral, on semble donc être enfin parvenu à un certain équilibre dans les composantes langagières enseignées et dans les moyens de les faire acquérir. On peut toutefois s'interroger sur l'obligation de ne faire des exercices sur la langue qu'en relation avec une activité de compréhension ou d'expression et sur l'utilisation exclusive d'une démarche inductive pour l'apprentissage des éléments grammaticaux.

Mais, peut-on dire que les élèves québécois sont compétents ou performants en français? L'étude comparative internationale menée en 1993 par le Groupe DIEPE a montré que les élèves québécois de 3ᵉ secondaire, qui ont neuf ans de scolarité, obtiennent des scores équivalents ou supérieurs à leurs homologues belges et français quant aux dimensions communicatives (aspects et exploitation du sujet) et textuelles (structure, cohérence, enchaînement) de leurs textes, mais inférieurs quant à la langue (orthographe, syntaxe, vocabulaire) et au «style». Par ailleurs, des travaux[22] indiquent que le niveau d'utilisation d'une prononciation correspondant au français standard d'ici par des élèves québécois du primaire et du secondaire, en situation formelle de communication, est relativement faible.

On peut penser que de tels résultats, à l'oral comme à l'écrit, sont en partie le fruit de l'application des programmes de 1979-1980 dont ils semblent bien refléter les contenus. La réforme des programmes de 1993-1995 permettra-t-elle de réduire, même de combler l'écart constaté quant à la maîtrise de la langue, tout en maintenant ou en améliorant la qualité des performances positives touchant les autres aspects?

Il faut le souhaiter, car l'école québécoise n'a pas le choix dans le contexte grandissant de la mondialisation : elle devra mettre sur le marché des finissants compétitifs qui possèdent une solide maîtrise de la langue française.

Fréquentation scolaire et taux de scolarité [23]

Encore en 1959, la majorité des enfants ne dépassaient pas l'école élémentaire au Québec. Le pourcentage de ceux qui entreprenaient des études secondaires n'atteignait pas 35%. Au plus 4% parvenaient aux écoles professionnelles supérieures ou à l'université. La mise en place d'un système d'éducation moderne, dans la foulée du rapport Parent, a donné un vigoureux essor à la scolarisation des Québécois, obligés de fréquenter l'école jusqu'à l'âge de 16 ans.

En 1996, 18% seulement des Québécois âgés de 15 ans et plus ont moins d'une 9e année, alors que près de 40% ont entre 9 et 13 ans de scolarité. Plus de 30% ont fait des études post-secondaires (cégep) et plus de 12% ont obtenu un diplôme universitaire. Par rapport aux autres pays de l'OCDE, le Québec affiche une « espérance de scolarisation » de 19,4 années, ce qui le place dans le groupe de tête avec l'Australie (19,3), la Belgique (18,3) et la Suède (18,0). Pour l'enseignement postsecondaire, « le Québec occupe nettement le premier rang, avec un taux de scolarisation pour le groupe 17-34 ans de 20,3%, suivi du Canada (y compris le Québec) (16,9%), des États-Unis (16,2%) et de l'Australie (15%) ». À l'intérieur même du Québec toutefois, le taux de scolarisation des groupes anglophone et allophone dépasse encore celui du groupe francophone.

86

En 1998, l'écrivaine québécoise Marie-Claire Blais a rédigé et lu sa *Dictée des Amériques*.

La populaire *Dictée des Amériques* constitue chaque année un événement médiatisé, qui mobilise des participants de plusieurs pays et contribue à la fois au bon usage de la langue et au rayonnement du français sur le plan international.

Savoir écrire au secondaire : étude comparative auprès de quatre populations francophones d'Europe et d'Amérique[24] par le groupe DIEPE

Parue en 1995, cette étude constitue la plus sérieuse comparaison sur la compétence à écrire dans le monde francophone. Elle a été réalisée auprès d'élèves de 3e secondaire (9e année d'études) dans quatre populations dont le Québec, la France, la Belgique et le Nouveau-Brunswick. Les résultats obtenus sont généralisables à l'ensemble de la population de cette cohorte; l'échantillon comptait 7 000 élèves dont 2 000 Québécois. L'étude renseigne aussi sur les conditions et les méthodes d'enseignement qui existent dans chacune des populations. Elle est l'œuvre d'un groupe de recherche international, le groupe DIEPE, composé de chercheurs des quatre communautés.

Deux types d'épreuves ont été utilisés, soit une rédaction de 400 mots et des épreuves à choix multiples portant sur la grammaire-orthographe, la ponctuation, le lexique et la syntaxe (194 éléments).

À l'épreuve de rédaction, les résultats globaux des Québécois sont comparables à ceux des Belges et des Français. Les quatre types de critères indiquent cependant des forces et des faiblesses très dissemblables. Les Québécois sont les meilleurs pour leur capacité à structurer leur texte; pour les aspects liés à la communication, ils ont obtenu des résultats comparables à ceux des Français et des Belges; par contre, ils sont moins performants que les Belges pour tous les critères qui évaluent la langue (orthographe, ponctuation, lexique et syntaxe) et également moins performants que les Belges et les Français pour les aspects stylistiques regroupés sous la rubrique *qualités particulières*.

Pourcentage et erreur type

	Belgique	France	Nouveau-Brunswick	Québec
Global	**70,7 *(0,5)***	**68,7 *(0,5)***	**59,4 *(0,4)***	**69,6 *(0,5)***
Texte	66,6 *(0,8)*	65,8 *(0,7)*	62,6 *(0,5)*	71,4 *(0,7)*
Communication	84,5 *(0,4)*	85,1 *(0,6)*	73,7 *(0,5)*	85,0 *(0,4)*
Langue	69,7 *(0,6)*	64,4 *(0,6)*	51,5 *(0,4)*	64,2 *(0,6)*
Qualités particulières	45,2 *(1,1)*	45,5 *(1,1)*	38,3 *(0,5)*	39,6 *(0,8)*

Le deuxième type d'épreuves (à choix multiples) est venu confirmer les résultats obtenus sur les connaissances et les savoir-faire linguistiques.

Étant donné son ampleur et le professionnalisme apporté à sa confection, l'étude constitue une référence incontournable pour qui veut avoir l'heure juste sur le savoir-écrire au Québec.

Francine GAGNÉ

54. *Langue et médias électroniques*

FLORIAN **SAUVAGEAU**

> *« En réalité, la radiotélévision, la culture,*
> *la langue et la société québécoise*
> *ont grandi ensemble[25]. »*

Depuis quelques années, la télévision québécoise change. Les chaînes se multiplient. Les espaces où l'on parle français sont de plus en plus nombreux, mais le français qu'on y parle serait de plus en plus boiteux. De Musique Plus, où souvent on jargonne, au Réseau des sports où Georges Dor dit retrouver « le sous-sol de la langue française, la pauvreté langagière érigée en système, la répétition cafouillante d'un misérable vocabulaire et d'une syntaxe écrabouillée[26] ». Le cas du sport étonne. Ne disait-on pas il n'y a pas si longtemps que des commentateurs de Radio-Canada, tel René Lecavalier, avaient « francisé » le vocabulaire des sports et inventé des termes « qui s'enracinèrent si bien que la concurrence privée, la presse écrite et les amateurs de sports les ont peu à peu adoptés, puis assimilés[27] ».

Que s'est-il donc passé pour que la radio et la télévision dont on célébrait encore il n'y a pas 15 ans le rôle qu'elles avaient joué dans le « raffermissement linguistique » des Québécois, soient aujourd'hui parmi les principaux acteurs de l'« officialisation du mal parler français », selon l'expression de Gil Courtemanche. Le mal est-il généralisé ? L'état de la langue à Radio-Canada se compare-t-il à sa condition dans le secteur privé ? La situation dans l'information, malgré les difficultés de l'improvisation qu'impose aux journalistes le direct omniprésent, n'est sans doute pas celle du divertissement, chez certains humoristes en particulier, où règne un « charabia gélatineux qui tient de moins en moins du français et qui ressemble de plus en plus à une sorte de créole local[28] ». Faut-il décréter l'état d'urgence ? Il n'y a pourtant pas d'étude systématique qui constate la catastrophe. Mieux vaut chercher à comprendre ce qui s'est passé.

Depuis sa création en 1952, trois périodes ont marqué l'évolution de la télévision québécoise, auxquelles correspondent trois étapes dans l'évolution de la langue qu'on y parle.

1. Radio-Canada, qui jouit pendant quelques années d'un pouvoir sans partage, impose au départ ses volontés. L'auditoire n'a pas le choix. Il regarde ce que l'on offre ou ferme le poste. Le souci du français de qualité fait partie, avec les concerts et les téléthéâtres, du projet culturel que se sont donné la Société et l'élite qui la dirige. Au début des années 1970, des chercheurs constatent que, pour les Québécois francophones, le français de Radio-Canada représente le modèle de la langue parlée[29].

René Lecavalier, en compagnie de Jean-Maurice Bailly, animant la soirée du hockey à la télévision durant la saison 1968-69. Il a contribué de façon remarquable à faire passer dans l'usage courant les termes français de ce sport hautement québécois.

2.   À partir de 1961, la création de Télé-Métropole – le canal 10, comme on appelle familièrement la télévision privée – va lentement changer la donne. L'histoire d'amour du public francophone avec sa télévision se complique : un ménage à trois s'installe. Le canal 10 est proche de son public, il réagit à la demande; c'est une télévision de marché. Radio-Canada doit se plier aux règles de la concurrence et la langue n'échappe pas à la lente transformation que va connaître la télévision publique. Une langue plus populaire, mais le plus souvent tout à fait correcte, remplace peu à peu le français parfois un peu guindé de la Société Radio-Canada.

À cette époque, un comité de Radio-Canada scrute chaque message publicitaire avant sa diffusion, afin de s'assurer qu'il est rédigé dans une langue irréprochable. Au début des années 1960, le directeur du service de linguistique de Radio-Canada, le célèbre Jean-Marie Laurence, rejette un message de la General Foods qui vante les quatorze «saveurs» des produits Jell-O; il souhaitait que le message célèbre plutôt les quatorze «parfums», un terme mieux adapté au caractère synthétique du produit. On a peine à imaginer, à la lumière des débats d'aujourd'hui, que nos médias aient pu il y a quelques années s'intéresser à ces subtilités. La menace du transfert de tout le budget de publicité de General Foods à Télé-Métropole, qui venait d'être créée, persuada toutefois Radio-Canada d'accepter le message[30]. Concurrence oblige.

Mais le français de Radio-Canada fera encore école pendant de longues années. Une enquête réalisée en 1982 auprès des animateurs des secteurs publics et privés de la radio et de la télévision a révélé que le français de la radio et de la télévision publiques restait le mieux coté et donnait toujours le ton. Si les animateurs avaient alors un modèle, c'était et de loin Pierre Nadeau, l'un des représentants les plus éminents de la tradition linguistique radio-canadienne[31].

3. Les digues ont cédé à la fin des années 1980 avec l'explosion technique et la multiplication des chaînes qu'elle a entraînée. C'est pour empêcher l'exode des francophones vers les nouvelles chaînes anglophones (surtout américaines) qui se multipliaient, que l'on a augmenté le nombre des chaînes spécialisées de langue française. Le péril américain a toujours fait frémir les membres du Conseil de la radiodiffusion et des télécommunications canadiennes (CRTC). C'est aussi pour défendre l'écoute de la télévision en français, menacée de désertion au profit de la télévision de langue anglaise et des émissions américaines, que Télévision Quatre-Saisons a été créée au milieu des années 1980. Pour nous sauver de l'anglais, le nouveau réseau nous proposa des films américains doublés, des émissions violentes, souvent inspirées de la télévision «bas de gamme» américaine, avec en prime le charabia des humoristes.

Dans la foulée, Radio-Canada a continué de changer. En voulant augmenter ses ventes de publicité pour compenser les compressions budgétaires que lui ont infligées les gouvernements, la télévision publique a perdu son caractère «distinctif». Ses gestionnaires qui convoitent les auditoires les plus larges – et les recettes publicitaires qui les accompagnent – utilisent pour les attirer les mêmes appâts que leurs collègues du secteur privé. Les émissions dites «culturelles» disparaissent et le parler mou se répand. À la radio publique, où les contraintes commerciales n'existent pas, les émissions sont plus subtiles et la langue semble moins massacrée.

La télévision n'a plus de prétentions artistiques. Elle s'est «démocratisée». Tout le monde passe à la télé. Il faut bien meubler le temps d'antenne des chaînes qui se sont multipliées. Comment alors s'étonner que la langue se soit transformée? Mais il ne faut pas non plus exagérer. La télévision d'aujourd'hui, c'est un bazar où le pire côtoie le meilleur, du *joual* aux concours d'orthographe.

L'histoire de cette «mutation» de la langue est fort bien résumée dans un texte de 1997 consacré aux médias électroniques et à la langue française. La télévision, rappelle l'auteur, était jadis un monopole de service public dont la mission culturelle comprenait la défense du français; aujourd'hui des chaînes plus nombreuses, financées par la publicité, recherchent la plus large audience. Ainsi, les présentateurs «à la voix solennelle et à la diction impeccable» ont fait place aux animateurs qui «jouent la familiarité et se laissent aller à toutes les incorrections du français mal parlé», les émissions de variété atteignant les sommets du mauvais usage. Tout est là pour expliquer les maux qui nous affligent, sauf que l'auteur examine la situation de la langue et de la télévision... en France[32]. Partout, les mêmes causes donnent les mêmes effets.

Le cinéma québécois

Le dynamisme du cinéma québécois fut placé durant les quarante dernières années sous le signe de la recherche d'un langage spécifique (codes et matériaux filmiques). Et la langue qu'on y parlait a constitué à elle seule l'indice sûr d'une originalité. Jusqu'au milieu des années 1950, la langue des films était soit emphatique et ruraliste (pensons aux documentaires de l'abbé Proulx), soit impersonnelle et incolore parce que pure traduction de l'anglais (les productions de l'Office national du film). Durant la décennie 1960, qui voit l'apparition d'un véritable cinéma national, les œuvres contribueront à donner à tout un peuple une image de lui-même. De là viendra un cinéma de la particularité, une particularité linguistique qui étonnera les spectateurs d'ici et d'ailleurs.

S'il a fallu à cette époque passer par les films de Pierre Perrault pour retrouver une langue originelle, dont les archaïsmes et l'accent devaient certifier une identité québécoise, il n'en demeure pas moins que ce n'était pas exclusivement les Tremblay et les Harvey de l'île aux Coudres qui traduisaient la soif existentielle d'une langue à soi. C'était également les personnages des films de fiction de Gilles Groulx, Claude Jutra, Gilles Carle, Jean-Pierre Lefebvre, même s'ils n'adoptaient pas cette langue populiste qui caractérisera les longs métrages des deux décennies suivantes (car les personnages y étaient plutôt des intellectuels, grands rêveurs, grands bavards).

De 1970 à 1990, les cinéastes s'intéresseront de plus près aux gens du peuple, particulièrement à ceux des villes, désœuvrés et aliénés. Les Denys Arcand, André Brassard, Michel Brault, Gilles Carle, Marcel Carrière, André Forcier, Pierre Harel, Jean-Claude Labrecque, Micheline Lanctôt, Francis Mankiewicz, en employant des acteurs célèbres de téléromans, espèrent traduire avec une langue le plus souvent vernaculaire les racines populaires de leurs personnages. Cette langue est crue ; sacres, expressions idiomatiques, mots argotiques et orduriers et anglicismes forment un tissu langagier reconnaissable pour l'ensemble des spectateurs québécois ; *joual* ostentatoire, elle prend la forme d'un rituel tribal (l'action de nombreux films se déroule, par exemple, dans la petite pègre montréalaise).

Avec la crise – mondiale – du cinéma des années 1990, cinéastes et producteurs veulent mettre le film québécois à l'heure internationale. Du coup, la langue emprunte son vocabulaire à la mode et à la publicité plutôt qu'à la réalité. Le cas d'auteurs comme Denys Arcand, Jean Beaudin et Charles Binamé est patent : une rhétorique de l'urbanité y accouche d'une langue neutre, correcte mais appauvrie, une langue *bis* qui dénature plus qu'elle ne gomme particularismes et accents. Contre cette dépersonnalisation linguistique résistent quelques francs-tireurs comme André Forcier et Robert Morin, qui privilégient une langue populaire dont le réalisme est transcendé par la poésie, et la crudité par le lyrisme. Une langue qui n'existe que par les personnages, à travers eux, en prise directe sur la vie d'aujourd'hui.

André ROY

Le français dans les inforoutes et les nouvelles technologies de l'information : réalité et défi d'avenir.

Une langue en prise
sur son temps

55. Langue, nouvelles technologies
et économie du savoir : pièce en trois actes

RÉJEAN **ROY**

Premier acte : une langue absente

La presque totalité des grands événements de l'histoire de l'informatique s'est produite aux États-Unis. Le premier ordinateur digne de ce nom, l'ENIAC, y vit le jour pendant la Deuxième Guerre mondiale, à l'instigation de l'armée américaine; Univac et IBM y lancèrent, dans les années 1950, les premières machines d'utilisation commerciale; des chercheurs de la NASA y créèrent, à l'automne 1969, ce qui allait devenir plus tard le réseau Internet; enfin, la révolution micro-informatique y prit son envol sous l'impulsion de sociétés comme Apple et Microsoft.

Cette suite d'*accidents* historiques, jumelée au fait que l'anglais est, avec le swahili, l'une des deux seules langues du monde ne comportant pas d'accents ou de caractères complexes[1], explique que l'informatique et les inforoutes se soient, pendant quelque quarante années, développées autour de l'utilisation de standards et de produits répondant mal aux besoins des non-anglophones.

Ainsi, pendant quatre décennies, il fut difficile, voire impossible, aux Québécois et aux autres francophones de se doter de programmes informatiques fonctionnant en langue française; de se servir du français pour remplir une base de données (la présence de caractères accentués y était perçue comme une forme de corruption); d'envoyer dans Internet des messages rédigés en français courant (certaines lettres, comme le *é* ou le *ç* avaient la manie de se métamorphoser pendant le trajet); de se procurer des claviers permettant de taper aisément les lettres de l'alphabet français, etc.

Comment cela était-il possible? Eh bien, même si le problème était réel, il faut se rendre compte qu'avant 1980 – époque à laquelle la grande majorité des ordinateurs se trouvait encore dans de grandes salles où le port du chapeau de fourrure était recommandé –, le fait que la machine était anglophone n'affectait encore qu'une poignée de spécialistes sachant l'anglais comme langue première ou seconde. Par conséquent, apporter des correctifs ne paraissait pas urgent.

La situation changea toutefois au début des années 1980, avec la pénétration dramatique des micro-ordinateurs dans les entreprises et dans les foyers du Québec. En 1982, on pouvait recenser sur le territoire québécois plus de 12 000 appareils américains dotés de claviers anglais et accompagnés de logiciels en grande majorité anglophones.

L'ordinateur n'était plus seulement un produit hautement spécialisé; dorénavant, il était aussi un produit de masse.

Deuxième acte : la contre-attaque

La *contre-attaque* du français dans le secteur de l'informatique a commencé dès l'apparition de l'informatique de masse. Deux grands facteurs expliquent cela. Premièrement, l'acheteur d'un produit de masse préfère habituellement être servi dans sa langue. Tout comme les Mexicains, les Finlandais ou les Japonais, les Québécois se sont donc, dès le début de la révolution micro-informatique, mis à rechercher des produits fonctionnant dans leur langue.

Malheureusement, le libre fonctionnement du marché ne put suffire à lui seul à satisfaire l'ensemble des attentes des clients québécois; vers 1985, il demeurait souvent difficile de mettre la main sur la version française d'un logiciel grand public ou sur du matériel informatique en français. Seul un deuxième facteur, l'entrée en scène de l'État québécois, put assurer l'intensification de l'offre de produits francophones.

L'intervention de l'État dans le dossier a pris différentes formes au fil des ans. Le gouvernement a, par exemple, négocié avec certains éditeurs de logiciels pour rendre disponible au Québec la version française de certains produits; il s'est servi de son pouvoir d'achat pour généraliser la diffusion de matériel informatique en français (à partir des années 1990, il est devenu obligatoire pour les ministères de se procurer des claviers «canadiens-français»); il a appuyé financièrement la production de contenus électroniques en français, etc.

Quel fut le résultat de ces actions ? Tout n'est pas parfait, mais les choses se sont grandement améliorées. Premier constat : il est possible d'affirmer qu'il n'existe plus, aujourd'hui, d'obstacle technique incontournable à l'emploi du français sur le web et en informatique.

Deuxième constat : une part croissante des logiciels et du matériel dont ont besoin les francophones est maintenant disponible en langue française. Respectivement 86 % et 76 % des logiciels de gestion et de programmation utilisés dans les grandes entreprises québécoises peuvent par exemple être commandés en version française.

Troisième constat : les contenus électroniques francophones mis à la disposition des Québécois répondent de plus en plus à leurs besoins. Une enquête[2] a ainsi révélé qu'une forte majorité des sites les plus populaires auprès des internautes du Québec sont des sites en langue française.

Dernier constat : comme ailleurs, les contenus électroniques produits par les Québécois le sont majoritairement dans la langue nationale. À titre d'exemple, environ 75 % des pages enregistrées dans le domaine Internet « qc.ca » possèdent un contenu de langue française.

Cela dit, la partie est loin d'être gagnée. En effet, il est permis de se demander si les francophones sauront relever l'un des principaux défis linguistiques et économiques qui se posent à eux à l'orée du XXIe siècle : apprendre à la machine à utiliser le français un peu comme ils le font naturellement.

Le français, l'anglais, l'espagnol… Apprendre d'autres langues constitue un atout pour l'avenir. Parmi les logiciels *Machina sapiens*, on trouve le populaire « Correcteur 101 » pour le français écrit, le correcteur « CorText » pour l'anglais et « El primer corrector gramatical del idioma español ».

Troisième acte : l'informatique des lettres

Pour assurer l'essor du français dans les décennies à venir, le Québec et ses partenaires auront à mettre au point les outils qui permettront aux francophones de passer de la vieille informatique, l'informatique des chiffres, à la nouvelle, l'informatique des lettres. La différence entre les deux peut être expliquée de manière relativement simple. Dans la première, le mot est strictement perçu comme une chaîne de caractères qui ne peut être qu'identique, ou non, à une autre chaîne de caractères, tandis que, dans la seconde, il est appréhendé par la machine comme un objet complexe – un objet à analyser sur les plans linguistique et sémantique. Cela explique qu'un logiciel de la nouvelle génération pourra percevoir la similitude existant entre des termes comme « technologie », « tehcnologie » (oups !) ou « technologies », ou encore des noms comme « placement » et « investissement », qu'un outil de la vieille informatique n'aurait pas vu.

Pourquoi le passage rapide de l'informatique des chiffres à celle des lettres est-il nécessaire ? Tout simplement parce que, comme ailleurs dans le monde, une nouvelle économie se met en place au Québec, une économie où l'exploitation efficace de l'information revêt une importance majeure et où les consommateurs et les entreprises ont des liens de plus en plus étroits avec les producteurs et les acheteurs d'autres pays.

Plusieurs écrits récents font état de la transformation des sociétés occidentales en *sociétés de l'information*. Dans *Au-delà du capitalisme*, Peter F. Drucker souligne par exemple que « la ressource économique de base – les "moyens de production", pour parler comme les économistes – n'est plus le capital, ni les ressources naturelles (la "terre"), ni le travail. C'est, et ce sera, le *savoir* ». En d'autres mots, les biens conçus dans la société industrielle contenaient une forte proportion de matières reliées les unes aux autres par un peu d'information (par exemple, chargement de blé, lingot d'aluminium), tandis que les biens conçus dans la société actuelle sont constitués d'une grande quantité d'information enrobée d'une mince couche d'atomes (par exemple, logiciels, médicaments).

Les conséquences de cette transformation sont décisives sur le plan linguistique. En effet, comme c'est à l'information qu'est attribuable, dans la nouvelle économie, la majeure partie du prix de vente des produits et services lancés sur le marché *et que c'est grâce au langage qu'est produite la plus grande part de l'information*, productivité économique et productivité linguistique sont de plus en plus liées l'une à l'autre.

L'accroissement de la productivité d'une langue passe d'abord par celui des habiletés langagières de ses utilisateurs. Il faut en effet que ces derniers puissent mener à bien l'ensemble des tâches de lecture, d'analyse, de synthèse, de rédaction, etc., qui doivent être accomplies dans une économie moderne. Des progrès devront être réalisés à cet égard au Québec. Ainsi, alors que la production de notes de service ou de lettres incombe au Canada à 54 % des travailleurs, 58 % des Québécois de 16 ans et plus ont, selon un récent rapport de l'OCDE, de très faibles capacités de lecture et d'écriture.

Cela dit, l'accroissement de la productivité d'une langue passe également par son traitement informatique. En effet, l'emploi que font les êtres humains de la langue est souvent si lent et inefficace que les communautés linguistiques incapables de s'appuyer sur l'ordinateur pour la réalisation de certaines opérations langagières lourdes et répétitives en paieront le prix économique. Le passage à une véritable informatique des lettres aura, au contraire, des retombées positives. Par exemple, il rendra plus conviviale l'utilisation des ordinateurs par l'ensemble de la population québécoise (pour la majorité des gens, il sera plus facile d'utiliser la voix ou l'écriture manuscrite pour communiquer avec la machine que le clavier); il accélérera la recherche des données nécessaires aux travailleurs québécois à l'ère informationnelle (quiconque s'est jamais aventuré dans Internet connaît les difficultés que représente le repérage rapide de la bonne information); il favorisera la transformation de simples données en information (certains logiciels permettent de générer automatiquement des rapports écrits très fouillés à partir de simples chiffres de vente).

Tout comme l'apparition de sociétés axées sur l'exploitation de l'information, la mondialisation croissante de l'économie québécoise, à la suite de l'apparition de technologies[3] permettant à des acheteurs ou fournisseurs situés à des milliers de kilomètres de distance d'établir des contacts étroits ou rendant possible ou rentable l'acheminement de produits ou de services vers n'importe quel coin de la planète, rend de plus en plus nécessaire la mise en place d'une informatique des lettres performante.

Le français dans les sciences

Les foyers de la production scientifique occidentale se sont déplacés, depuis la révolution scientifique, de l'Italie à l'Angleterre et à la France, puis à l'Allemagne, et aujourd'hui aux États-Unis. La langue des publications scientifiques a suivi ces mouvements. Au début du XVIIe siècle le latin est encore la langue principale de la communication scientifique. À l'aube du troisième millénaire, c'est l'anglais qui est la *lingua franca* de la science. Aujourd'hui, 85 % de tous les articles scientifiques sont publiés en anglais.

Le français occupe la troisième place, derrière l'allemand. Seulement 4 % des articles scientifiques sont aujourd'hui publiés en français. La production québécoise n'échappe pas à la règle. En effet, moins de 2 % des articles québécois en sciences naturelles sont publiés en français alors que cette part était encore de 13 % en 1980. Toutes les disciplines ne sont pas affectées de la même façon par l'anglicisation. Les sciences sociales et humaines font davantage appel au français parce que les objets de recherche de ces disciplines sont plus locaux. Mais dans l'ensemble, la tendance est très nette.

Toutefois, malgré l'omniprésence de l'anglais dans les écrits en sciences, la science se pratique en français au Québec et on forme les étudiants et les chercheurs en français. Par ailleurs, le public en général a accès aux connaissances scientifiques produites dans d'autres langues grâce à des ouvrages et des revues de synthèse dans lesquels les chercheurs diffusent la science au Québec et ce, peu importe la langue d'origine de celle-ci.

Benoît GODIN

En effet, l'augmentation des échanges internationaux et du nombre de maillages de toutes sortes entraîne la multiplication des contacts interlinguistiques, laquelle débouche le plus souvent sur l'emploi de l'anglais, *lingua franca* des temps modernes. Au lieu de faire leurs courses rue Sainte-Catherine, à Montréal, en français, les consommateurs québécois achètent en anglais leurs disques ou jouets chez Amazon.com; plutôt que de s'approvisionner en français chez un fournisseur voisin, les entreprises locales se procurent en anglais leurs composantes chez un producteur chinois moins coûteux; au lieu d'échanger dans leur langue sur l'intranet organisationnel, les employés des multinationales implantées au Québec correspondent en anglais pour être bien compris de l'ensemble des membres présents et futurs de l'entreprise, et ainsi de suite.

L'apparition de logiciels de traduction automatique pourrait toutefois permettre de corriger la situation et favoriser l'avènement d'un nouveau standard linguistique basé sur la coexistence des langues, plutôt que sur la prédominance de l'une d'entre elles. L'exemple suivant, avancé par Michael Dertouzos, professeur au MIT, démontre bien comment l'emploi de tels outils pourrait, à terme, se substituer à celui de l'anglais dans des sphères spécialisées :

> Un grossiste en fruits et légumes de l'Europe du Nord émet un formulaire électronique de demande de soumissions : il est à la recherche de 100 tonnes d'oranges – qualité et taille particulières – à livrer le lendemain. [Grâce à la technologie], le formulaire est instantanément traduit en grec, en espagnol et en italien [...] à l'intention des fournisseurs du bassin méditerranéen. Ces derniers examinent la demande [...] – et quelques minutes après, l'affaire est conclue.

Création d'interfaces de plus en plus conviviales permettant à la machine de s'adapter aux besoins de l'être humain plutôt que le contraire, élaboration d'outils logiciels rendant possibles un repérage de plus en plus précis de l'information ou la transformation de données brutes en information, traduction automatique, tout cela ne signifie au fond qu'une seule et même chose : la langue, le support privilégié de transmission du savoir et de l'information, est désormais un matériau qu'il est nécessaire de traiter avec un maximum d'efficacité. Par conséquent, souligne avec raison le linguiste Florian Coulmas, « il est souhaitable d'investir dans la langue, au sens propre comme au sens figuré ».

Épilogue : le suspense demeure

Comment la pièce se terminera-t-elle ? Difficile de le dire, tant à cause de l'incertitude existant encore sur la taille des moyens financiers et humains que les francophones voudront – et pourront – bien consacrer à la création d'outils de traitement du français toujours plus perfectionnés[4], qu'en raison de la lenteur relative avec laquelle progressent les travaux en ce domaine. Une chose est sûre cependant. L'ordinateur ne deviendra un réel levier pour la productivité des Québécois et l'un des éléments clés de la renaissance du français dans le monde qu'à une condition : l'augmentation de la maîtrise qu'il aura de cette langue.

56. Le pouvoir économique francophone : le cheminement du « modèle » québécois

YVES **BÉLANGER**

Longtemps avant les années 1960, la prise en main de l'économie québécoise était déjà perçue comme un levier susceptible de soutenir la promotion du fait français. En plaçant cet objectif au centre de sa stratégie économique, le gouvernement Lesage donne une impulsion nouvelle à l'esprit d'entreprise francophone. L'originalité de sa démarche réside essentiellement dans la recherche d'une mise en commun des efforts du secteur privé, des pouvoirs publics et d'agents sociaux en vue de promouvoir le développement d'une classe d'affaires proprement québécoise. Le cheminement du Québec dans ce dossier traversera quatre phases.

Au cours de la première phase (années 1960), le gouvernement met en place un réseau de sociétés d'État qui, de façon très pragmatique, appuie les milieux d'affaires privés. Le Conseil d'orientation économique du Québec, la société Hydro-Québec, la Société générale de financement et la Caisse de dépôt et de placement en demeurent les principaux fleurons. Il faut cependant préciser que ces organismes viennent essentiellement en aide à des entreprises privées, créant un environnement qui permet notamment de freiner l'érosion du pouvoir économique francophone.

L'incapacité des administrateurs en poste dans les sociétés privées à donner corps à des stratégies en prise directe sur des projets collectifs et à élargir les assises francophones dans le domaine financier amènera différents grands commis de l'État à concevoir, au tournant des années 1970, une politique à la fois plus ambitieuse et plus interventionniste. S'amorcera alors la deuxième phase de la marche économique du Québec contemporain. Les sociétés d'État deviendront des agents actifs de la modernisation de la base industrielle québécoise. Plusieurs groupes privés s'associeront à cette démarche tout en s'inquiétant de son incidence sur leurs choix comme sociétés et leur liberté d'action.

Il était toutefois devenu manifeste que le vent de renouveau allait gonfler leurs voiles. Entre 1961 et 1978, la part des emplois rattachés à des entreprises sous direction francophone progresse de façon spectaculaire, y compris dans le domaine manufacturier, traditionnellement dominé par les capitaux anglophones et étrangers. Dans ce dernier secteur, la proportion des emplois localisés dans les entreprises francophones passera de 14 % en 1961 à 28 % en 1978. Selon François Vaillancourt, 54,8 % des Québécois travaillent pour des sociétés francophones en 1978. Ce fait nouveau pèse d'un poids décisif en faveur du français dans le dossier de la langue du travail.

Le premier gouvernement du Parti Québécois élu en 1976 raffine ce qu'on désigne déjà, à tort ou à raison, comme le « modèle québécois » ou « Québec inc. » pour évoquer la progression de la domination francophone dans le domaine économique. Un impressionnant enchaînement d'études menées entre 1977 et 1982 pose un diagnostic détaillé sur la santé de l'économie québécoise et préconise une politique favorable à la poursuite du mouvement de prise en main orienté à la fois vers le territoire québécois et vers la conquête des marchés extérieurs. Le gouvernement aura recours à la formule des sommets économiques réunissant des brochettes variées d'acteurs pour amener les entrepreneurs privés à partager sa vision du développement économique.

L'élection de 1985 lance la troisième phase du cheminement québécois. Sans remettre totalement en cause les fondements de la politique mise en œuvre par son prédécesseur, le gouvernement Bourassa redonne au secteur privé le haut du pavé dans le dossier du développement économique. La classe d'affaires née de la Révolution tranquille diversifie ses assises dans des domaines encore inexplorés grâce à des privatisations et à l'exploitation de divers fonds de développement axés sur le renouveau technologique. La concertation adopte une nouvelle direction avec la mise en chantier de grappes industrielles dont la mission est de stimuler le développement dans les principaux secteurs d'activité. L'originalité du concept découle d'un pragmatisme fort apprécié par les gestionnaires privés.

Le pouvoir francophone sur l'économie du Québec atteint son apogée. L'emprise sur l'activité intérieure approche 65 % des emplois au seuil des années 1990. L'évolution du contrôle de l'emploi exercé par les entreprises francophones franchit la barre du 40 % dans le domaine manufacturier. Des créneaux sectoriels comme le bois, l'imprimerie, les produits métalliques, le domaine agroalimentaire, la construction d'avions, l'ingénierie et la gestion des ressources financières provinciales peuvent maintenant être clairement associés aux milieux d'affaires francophones. Mais les gestionnaires qui incarnent « Québec inc. » demeurent sous-représentés dans les grandes sociétés, et le nombre de groupes ayant une véritable stature transnationale continue d'être modeste.

La signature de l'ALE, celle de l'ALENA et les accords commerciaux internationaux encadrés par l'OMC plantent le décor des années 1990 et provoquent une rupture qui donne un sens plus dramatique à la quatrième phase de l'évolution récente du Québec. Émerge maintenant la nécessité d'un arrimage plus offensif à l'économie mondiale. Ajoutant à la difficulté, le gouvernement québécois choisit d'exploiter l'ouverture des marchés et le repositionnement consécutif des forces économiques internationales pour prendre pied dans ce que nous nommons la « nouvelle économie ». La société québécoise fait actuellement face à des défis qui dépassent le seul cadre entrepreneurial pour prendre forme dans toutes les dimensions de la vie économique, y compris le développement des communautés régionales et locales. Le projet social mis au point au cours des années 1960-1970 est également remis en question.

La Société générale de financement (SGF), une des grandes sociétés de l'État québécois qui ont aidé les entreprises privées à prendre leur essor.

Comme le nombre de groupes québécois disposant d'une véritable stature internationale est limité (Bombardier, Québécor, etc.) et que les percées francophones significatives dans l'univers de la nouvelle économie ne sont guère plus nombreuses, l'intégration à l'économie mondiale se fait principalement par l'entremise des filiales de sociétés étrangères. Les occasions de vendre à des capitaux étrangers se multiplient.

L'effort d'intégration aux espaces économiques continental et mondial, au demeurant sous domination anglo-saxonne, remet évidemment le dossier de la langue à l'ordre du jour. Il est, bien entendu, encore tôt pour porter un jugement définitif sur le fait français en affaires, mais on ne peut que constater une progression accélérée de l'anglais. Il convient également de s'interroger sur l'impact qu'auront les manifestations tangibles de la mondialisation sur la langue du travail.

La stratégie gouvernementale comporte actuellement deux volets. Elle tente, premièrement, de créer un environnement fiscal attrayant pour les investisseurs étrangers, notamment dans les secteurs porteurs sur le plan technologique, et elle maintient, deuxièmement, une politique de partenariat et de soutien au développement des entreprises axée sur les sociétés dominées par des Québécois. Actuellement, les pressions pour que l'État délaisse certains grands leviers collectifs de développement se font de plus en plus vives.

Mais ce partenariat privé/public, qui a été le moteur du changement depuis quarante ans, résiste. Il est aujourd'hui confronté à la nécessité d'évoluer dans un sens compatible avec le cadre imposé à l'économie mondiale par les grandes puissances, ce qui contraint le gouvernement à s'effacer devant un secteur privé qui entre dans une phase difficile de son cheminement. Des centaines d'entreprises appartenant à des gestionnaires au seuil de la retraite changent de main; cependant, le transfert du pouvoir économique d'une génération à l'autre a toujours été un exercice périlleux. Par ailleurs, le «modèle» québécois n'a pas encore démontré qu'il pouvait concilier les contraintes inhérentes au marché global et les intérêts de la collectivité québécoise.

57. *La langue pacifiée*

GILLES **PELLERIN**

P renons une nation dont l'histoire – il n'est pas facile de se l'avouer – s'est écrite de lacune en absence, en retrait de la Révolution américaine pourtant voisine et incapable de répondre «Présente!» quand la Révolution française ébranlera l'Occident par la redéfinition épistémologique que l'*Encyclopédie* donnait au réel. Remarquons ensuite que son premier roman coïncide avec l'année même, 1837, où elle s'offrait presque un grand événement romantique. Aussi, quand cette nation a eu le sentiment de voir poindre une date charnière qui lui appartînt enfin, elle en a fait le moment de toutes les ruptures, a chanté le millésime 1960 sur tous les tons et l'a baptisé, toujours sur le mode du *presque*, de l'oxymore souffreteux «Révolution tranquille».

Le repère était commode, nous nous en rendons compte maintenant que nous sommes en mal de grandes dates et de coups de gueule. À l'appui de cette culée contre laquelle il était possible de considérer les temps modernes comme advenus et de les détecter à l'envi, çà dans l'émergence du *joual*, là dans la configuration neuve des personnages romanesques, les arts du langage (littérature, théâtre, chanson, cinéma) s'engageaient dans un vaste élan d'épiphanie, ce qui avait été si longtemps caché se révélait enfin, y compris l'expression nouvelle des émotions, la colère comme l'amour.

Le militantisme a vécu. D'aucuns ont parlé, dans les années qui suivent le premier référendum, de la «mort des idéologies». Dans le sillage, les écrivains se retrouvent dépourvus de cause. En ont-ils besoin? De prime abord, l'art ne trouve que profit à se retourner sur lui-même, débarrassé de motivations historiques. Le militantisme (dans notre littérature, il a, pour l'essentiel, emprunté les causes indépendantiste, formaliste, féministe et homosexuelle) ne vire-t-il pas volontiers au jdanovisme[5], réprouvé dans la république des lettres?

Le réalisme règne encore et toujours sur nos lettres, mais sans assujettir la langue des écrivains à la reproduction magnétophonique de l'expression de la rue. Si le français demeure menacé comme langue quotidienne, cela ne s'est pas traduit au cours des dernières années par un investissement politique de l'usage littéraire. L'écrivain (romancier, dramaturge) n'arrive plus sur la place publique porteur d'une mission mironnienne, mais avec le souci d'émouvoir d'une Marie Laberge, chantre célébré du pathétique familial, la prose en émulsion d'un Gaétan Soucy ou le laconisme paradoxal d'un Pierre Ouellet. L'horizon d'attente à l'égard de l'écrivain s'est pareillement modifié. Quand on l'interroge[6], on cherche moins à lui faire dégager des enjeux globaux qu'à le mettre sur le même plan que ses personnages, comme s'il était l'ami de ceux à qui son acte narratif ou dramatique prête vie. Quant aux poètes, on les laisse à l'écart.

De cette apparente perte de perspective, personne ne songe à se plaindre. L'épiphanie, la révélation de ce qui était dissimulé, a pris le virage psychologique, ce qui tendrait à illustrer le fait que l'ère des enjeux collectifs est caduque et que nous sommes engagés dans une de ces périodes où le «je» l'emporte sur le «nous». La qualité d'une intrigue ne dépend pas de son aptitude à proposer une lecture métaphorique du Québec moderne, mais de la capacité de l'écrivain à faire sourdre la grandeur et les misères d'une âme. De surcroît, les intellectuels sont maintenant réticents à seller le cheval de bataille, alors que le monde actuel affecte d'être libéré de la notion, protectionniste (donc conservatrice), de frontière. La défense du français échappe à l'ordre du jour quand on place la question dans l'axe spécifiquement littéraire. Ailleurs dans le corps social, la légitimité de défendre la langue est parfois remise en question au nom des principes qui gouvernent le monde de ce tournant de siècle, principes internationalistes en vertu desquels le nationalisme est volontiers perçu comme tribalisme ou fascisme. Or la langue a toujours fait chez nous figure de dénominateur commun! Se porter à sa défense pourrait être suspect. On ne saurait dorénavant se rassembler sous le chapeau d'une nation «tricotée serrée». Non plus que revendiquer la transmission de certaines valeurs culturelles à nous identifiées comme actes constitutifs de notre littérature, ainsi que l'a constaté Monique LaRue, prise à partie quand elle s'est interrogée sur la signification actuelle de l'épithète dans l'étiquette *littérature québécoise*.

La langue des personnages, dans ce cadre diégétique, est coupée de la fonction mimétique qu'on lui a parfois prêtée. Elle répond plus volontiers à des impératifs formels dont l'expression la plus achevée se trouve peut-être dans le champ de la nouvelle. Le parcours qui mène du conte folklorique du XIXᵉ siècle à la nouvelle actuelle, avec ces magnifiques relais que constituent les recueils d'Yves Thériault et de Jacques Ferron, est en effet exemplaire sous ce rapport. Le texte narratif court s'était d'abord campé dans la prise de parole typée, vernaculaire, du conteur présent dans le texte (le *Jos Violon* de Fréchette en constituant l'archétype); l'on se retrouve maintenant à l'autre bout du spectre, avec des personnages frappés de mutisme (la réduction au strict minimum des parties dialogiques est l'un des traits qui permettent de dégager la nouvelle québécoise dans la pratique contemporaine du genre). La langue narrative n'est guère plus encline à rendre compte de son appartenance au réel; ses préoccupations se situent ailleurs : superposition de la pensée et de l'action, position critique simultanée à l'événement rapporté, rupture syncopée de la syntaxe, etc.

De-ci de-là continuent à paraître, comme dans tout domaine national, des œuvres qui s'emploient à traduire l'âme d'une région, dans la symbiose de la langue, du décor et de l'événement, mais le phénomène est somme toute négligeable. Si la poésie, le roman, le théâtre n'entretiennent pas le débat sur la langue, l'essai en revanche ne cesse d'y revenir. Les querelles qui ont traditionnellement agité littérature, théâtre et arts de la scène consistaient à accuser les uns de parler, chanter, déclamer, écrire comme les Français, ô trahison, et les autres d'écrire comme ils parlent – quand on

Ce printemps
LE QUÉBEC FLEURIT À PARIS

Le Printemps du Québec en France
16 mars au 21 juin 1999

Québec ::

MINISTÈRE DES RELATIONS INTERNATIONALES

Une idée originale du *ministère des Relations internationales*, conception et réalisation graphique *Bleu Outremer Communication graphique*.

Printemps 1999 : le Québec est l'invité d'honneur du Salon du livre de Paris, ce qui donne aux écrivains québécois l'occasion de mieux se faire connaître du public français.

sait qu'ils parlent comme ils marchent! De nouveau, sur la place publique[7], on se jette des brûlots, des essais descriptifs, voire lyriques, et des dictionnaires au visage. Se démarque l'extraordinaire jubilation d'un Rober Racine, romancier, musicien (pour qui le français est écrit en la majeur!) et promoteur d'un dictionnaire jardin.

La littérature de fiction a beau emprunter une voie qui place la langue comme texture, matière, signifiant *et* signifié, forme *et* fond, le commentaire scolaire n'en continue pas moins d'opérer à partir de la même grille qu'à l'époque où l'on pouvait se contenter de faire de la littérature l'appendice des sciences humaines. Ainsi on parle encore couramment de la question identitaire, à peu près impuissante à déceler ce qui ressortit à la langue, notamment en ce qui a trait à la caractéristique stylistique probablement dominante de notre époque, l'exiguïté syntaxique. À peu de choses près (on ne dénonce plus l'utilisation du subjonctif imparfait), le postmodernisme est resté fidèle à la phrase moderne, brève, voire nominale, estimant *faire naturel*, c'est son tour, en coupant court à toute médiation susceptible de naître de la phrase ample et du mot non usuel. En classe – c'est tout de même là que, pour la majorité d'entre nous, s'acquiert la vision de notre littérature, devant l'abandon des grands médias –, on salue toujours 1960 par des feux de Bengale. La marque idéologique offre, re-connaissons-le, des garanties pour l'enseignement. *Les Têtes à Papineau* de Jacques Godbout[8], qui est en somme notre *Micromégas*, est sur ce point exemplaire, la piste symbolique y est limpide et le profit assuré, autant que dans l'œuvre de terroir. La littérature a beau s'être libérée de la Révolution tranquille, c'est par les œuvres et les moyens de lecture que l'on continue à relier le littéraire au social.

Et maintenant? Si l'on en juge par les livres et par l'écho qu'ils trouvent sur la place publique (le Salon du livre de Paris de mars 1999, dont le Québec était l'invité d'honneur, a servi à cet égard de formidable porte-voix), la «parole migrante» occu-perait le centre du tableau.

En cela, le Québec a enfin atteint ce qu'il réclamait, la participation à des enjeux plus vastes que lui, son histoire, sa culture séculaire. Le métissage est redevenu un idéal (perceptible chez les Portugais du XVIe siècle), la littérature du domaine linguis-tique voisin, anglo-saxon, est devenue une affaire qui outrepasse largement la des-cendance strictement britannique ou étatsunienne d'un Shakespeare ou d'un Melville, ce qui doit tout de même être révélateur de ce que sont les temps modernes, eu égard à la position qu'occupent les États-Unis sur le marché de la culture. Nos écrivains désormais s'appellent aussi Émile Ollivier, Dany Laferrière, Ying Chen, Sergio Kokis. Une enfance haïtienne, des mythes venus d'ailleurs que de la Petite Patrie ou de Kamouraska pénètrent dorénavant notre espace littéraire[9].

Le «transfert symbolique d'une situation collective sur le plan strictement personnel du refoulé et du non-dit» auquel se livre l'écrivain, selon Marcel Bélanger[10], s'en trouve élargi. Dès le début de *La Mémoire de l'eau*[11], Ying Chen nous propose de réfléchir à notre expérience du langage grâce à l'effet de transparence qu'elle sait tirer de son propre apprentissage des pictogrammes chinois. Je me dis par l'autre. L'autre est en moi et c'est parfois lui qui me rappelle que, si j'exige de lui qu'il parle ma langue, je dois du moins lui proposer un français adéquat, une langue qui ne se donne pas pour la sous-langue, la langue *cheap* de ce continent. Le dire vrai ne passe pas nécessairement par l'indigence et la servilité.

En définitive, le dire vrai littéraire niche peut-être dans l'équation suivante : écrire l'Amérique dans une langue européenne. Claude Beausoleil témoigne, dans la foulée d'un Grandbois, mais avec le nouvel esprit de rapaillage qui nous habite : « Mexico m'apprend le sens du dedans[12] ». Nous puisons désormais à l'expérience des autres, nous allons à leur rencontre, chez eux. Qu'aurions-nous à perdre au contact des Anglo-Américains, des Hispano-Américains et des Lusitano-Brésiliens ? Jean-Pierre Girard s'approprie le grand mythe de la route, dans sa langue à lui, sa langue à nous, modulée au contact des argots. « La neige est une terrifiante émotion noire[13] », écrit Jean Charlebois. La littérature se livre toute nue, simple appropriation de l'univers par les mots, les phrases. L'Abitibi de Pierre Yergeau est plus que l'Abitibi : au commencement est toujours le verbe.

L'effilochement idéologique a effacé les marques par lesquelles nous pouvions nous reconnaître. On ne demande plus à Michel Tremblay s'il utilise la langue populaire dans les parties dialogiques de ses romans (ainsi qu'il peut le faire à loisir au théâtre) pour se moquer des gens – « le vrai monde ». On n'aura, hélas, pas vidé la question de la dichotomie que le procédé crée entre la narration et les dialogues, ce qui aurait contribué à placer le français parlé au Québec sur un autre plan de discussion – esthétique. Peu importe, après tout, notre américanité française se résout peut-être dans le propos suivant de Louis Hamelin : « Sa voix me chantait le français comme si nous avions pu mettre en musique la senteur d'un pré rempli de grillons[14]. »

S'il fallait nommer l'œuvre qui, en ce moment, recueillerait en son sein toutes les tendances, peut-être la trouverait-on chez Robert Lalonde. Depuis toujours il explore le métissage antérieur, combien plus délicat, des univers amérindien et euro-québécois. Dans *Le Petit Aigle à tête blanche*[15], Lalonde se souvient de Marie-Claire Blais et d'Anne Hébert, de même que des grands thèmes qui ont joué à saute-mouton par-dessus 1960, l'exil au pensionnat, la retraite en forêt, l'amour sans descendance, la déraison qui clôt fatalement toute quête. L'écrivain connaît le théâtre et le roman d'apprentissage, aussi insère-t-il dans son roman initiation et magiciennes macbéthiennes.

Que l'on soit né ici ou ailleurs, il semble que, dans nos lettres, l'on continue à s'accorder sur un point : le français est encore porteur de nos vérités et de nos incertitudes. Des écrivains sont venus trouver leur voix chez nous; d'autres continuent à décrire l'exil intérieur d'un peuple d'Amérique qui se croit chez soi éloigné de la Terre promise. Et qui voudrait bien qu'ailleurs cela s'entende.

Jouer de la langue

En émigrant et en choisissant le Québec comme lieu de séjour, j'ai choisi une langue, la langue française, un instrument qui, je pense, a été capable de nourrir et de soutenir ma création. Du plus loin que je remonte le courant de mes souvenirs, la langue française a été pour moi une sorte de « luxe exquis » associée aux pulsions, aux désirs et aux rêves de ma vie, même si elle n'a pas été tout à fait la mienne au point de départ[16]. Elle n'a pas été immédiatement liée à la construction volontaire de mon inconscient, elle n'était qu'une carte dans ma transaction imaginaire et ludique avec le monde. Beaucoup plus tard, j'ai appris à m'en servir comme d'un puissant instrument, me cantonnant presque exclusivement dans cette langue au point d'éprouver des difficultés inextricables pour en acquérir d'autres qui seraient essentielles à ma vie d'intellectuel.

En vieillissant, je me perçois atteint d'une sorte d'infirmité : j'aurais dû avoir plusieurs langues paternelles ou, tout au moins, une maîtrise suffisante de l'anglais, autre langue dont l'usage dans l'espace montréalais est presque obligé. Cela aurait pour vertu de n'être pas coupé de mes voisins de quartier et surtout d'avoir un accès infini à une autre grande culture. Comme disait Joseph Roth : « Écrire en une langue seulement, c'est comme avoir un seul bras. »

Vivre, donc, au Québec me permet d'habiter une langue. Récemment, un journaliste venu m'interviewer s'étonnait que j'aie émigré au Québec. Parce que je voulais, lui ai-je répondu spontanément, vivre en français. En effet, je ne désirais pas changer de langue, ce qui aurait été probablement le cas si j'avais émigré dans un pays anglophone ou hispanophone.

Je vis aujourd'hui corps et âme en français. Suis-je pour autant un francophile et un idolâtre du goût français ? Je ne le crois pas. L'horrible s'est produit dans ma vie depuis que je me suis arraché au pays natal (le beau pays du roi qu'il n'a plus revu depuis l'adolescence). Je ressuscite chaque matin, à Montréal, en français, depuis trente-cinq ans, même si les soubresauts d'une ancienne musique tapie dans les plis et replis d'une mémoire encore vigile continuent à me hanter. Je ne suis pas pour autant un monstre de foire, car j'appartiens à une espèce aujourd'hui en voie de prolifération : je suis un écrivain migrant qui navigue dans un entre-deux (entre deux pays, entre deux langues).

Toute la place diurne est occupée par la langue française, seule apte à dire les cent noms de la neige, le cri des goélands, les aurores boréales, la traversée nonchalante de la route par l'orignal, l'après-midi dans le Parc des Laurentides, l'automne, quand les érables se dépouillent de leurs feuilles d'or.

En tant qu'écrivain, je continue à me questionner inlassablement. Au-delà d'une question de langue, je ressens dans la plus grande urgence la nécessité d'aller plus loin, de m'installer au cœur même du langage en tant que système symbolique qui permet la nomination, l'appropriation et la représentation du monde. C'est à ce niveau que se traduit, quelle que soit la langue utilisée, mon rapport au réel. En termes clairs, tout écrivain doit délaisser, et s'il ne le fait pas il doit changer de métier, la langue à usage utilitaire, la langue courante pour s'installer sur un territoire qui, au point de départ, se présente comme une *terra incognita* qu'il a le devoir d'explorer avec sa propre sensibilité, sa propre voix.

Qui sommes-nous, écrivains originaires de terres blessées, voix venues d'ailleurs, sinon des passeurs d'idées, des traducteurs de tranches de vie saignantes ? Dans un monde de transhumance et de déplacement de personnes et de communautés entières, dans un monde où l'extinction des particularismes est à l'ordre du jour ; qui sommes-nous, écrivains de l'exil, sinon

420

des joueurs de langue ? Jouer de la langue, n'est-ce pas en user, en abuser sans crainte; n'est-ce pas considérer qu'une langue, comme une histoire, ne devrait pas mourir, elle devrait se transmettre comme un nom en traînant ses archaïsmes, ses marques de transhumances et de déportations. Qui sommes-nous sinon des désenfouisseurs de langues pour tirer de l'oubli les mots qu'enfant nous entendions sans comprendre : langue du halètement, langue de l'allaitement, langue à peine articulée des exclamations, des guiliguilis, mots qui ne représentent rien, qui ne sont que chuchotements, fragments de soupirs, flèches plantées dans notre chair et que nous retrouvons au détour d'une phrase, à l'âge adulte. Car les langues sont mortelles. Elles peuvent, semblables à un astre vieilli, perdre de leur éclat, claudiquer, devenir exsangues et être reléguées au grenier des vieilleries si rien ne vient les étayer.

Émile OLLIVIER

90

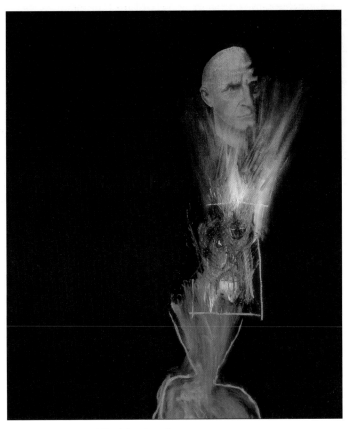

Marc Séguin, *L'écrivain*, 1999 - Galerie Trois Points.
«Un écrivain, c'est une écriture», un rapport d'amour et de création avec la langue.

L'écrivain est indispensable à la langue

Un écrivain n'est pas un auteur, c'est une écriture, une utilisation particulière du lexique, de la syntaxe et de la musique d'une langue naturelle, en rapport avec la pression du sens. Cette relation particulière s'établit, je crois, dès l'âge des balbutiements qui mettent l'enfant en communication avec l'autre et le font entrer dans l'ordre du langage. Le rapport de l'écrivain à sa langue est affaire de tempérament, de «caractère», dit Schopenhauer.

Ma grand-mère maternelle prononçait «litte» pour lit, disait «cygne» pour évier, «desk» pour pupitre, des expressions que ma mère évitait d'utiliser. Parmi les premiers mots que j'ai déchiffrés, il me semble qu'il y a les affiches «for sale» devant les maisons, que nous interprétions comme signifiant : «très sale». Mon père travaillait pour Impôt Canada où, dans les années 1950 et 1960, l'anglais était maître. Toute sa vie, le français a été son refuge et sa fierté. Cruciverbiste, il aimait les mots et la grammaire. Le français est devenu objet de désir quand il me lisait des histoires. Les robes en «percale» et en «popeline» de la Sophie de la comtesse de Ségur, née Rostopchine, les «hérissons» de son jardin, le vouvoiement et les ordres qu'elle adressait à sa bonne, la «diligence» de Paris, le «cassis» qui lui donnait des indigestions, le mystère que constituait le fait d'habiter un «hôtel». Depuis la curiosité suscitée par les mots et par leurs sourdes rivalités, je sais que le trésor langagier m'intéressera plus qu'aucun autre mystère humain. La découverte des registres linguistiques me révélait la nature du langage, le signifiant conduit toujours ailleurs. On n'y est donc jamais chez soi. Aussi suis-je personnellement, et par tempérament, très proche de la position de Franz Kafka qui, écrivant en allemand depuis Prague, disait être l'«invité» de la langue allemande. Le bagage contradictoire et hétéroclite que j'ai reçu en héritage est l'infime part d'un palais où je suis l'«invitée» et qui communique avec toutes les autres langues, en particulier le latin et l'anglais appris au collège, l'allemand et le grec ancien fréquentés à l'université, ou encore l'espagnol et le japonais connus par le biais de mes enfants, qui m'interpellent en tant que «maison de l'Être» (Heidegger).

L'écrivain n'a pas le même rôle à jouer que tout le monde dans le champ du langage. Son combat et son honneur consistent à s'arracher à la langue commune, à lutter contre toutes les pressions «globalisantes» qui s'exercent à l'intérieur de la langue en tant qu'instrument de communication. L'écrivain s'avance dans le cercle de l'incompréhension, prend le risque du malentendu, car il débusque et déconstruit les solidifications linguistiques : le kitsch, le cliché, la langue de la famille, la langue du groupe, le jargon professionnel, les langues de bois et toutes les rhétoriques totalisantes. Cette tâche de passer la langue à la moulinette n'est à ma connaissance remplie par aucun autre art et elle rend la littérature irremplaçable. Elle s'appuie sur la connaissance et elle n'a rien à voir avec l'irrespect ou le laxisme.

La tradition pose un faux dilemme à l'écrivain du Québec : se rapprocher de la langue écrite légitime de l'expression littéraire en français, et encourir le sentiment de trahir sa voix, ou donner une légitimité littéraire aux parlures de sa culture, et risquer de s'exclure du champ littéraire. Mais l'histoire de toute langue est un peu celle de la tension entre langue distinguée et langue vernaculaire. Et c'est toujours la langue vivante qui gagne. Personne ne peut écrire longtemps en latin quand personne ne parle plus latin. La langue vivante gagne non parce que son emploi serait plus démocratique, parce que le lecteur s'y identifierait, mais parce que l'écriture est un rapport vivant avec une langue vivante, et non l'obéissance à une langue fixée et rigide. L'écrivain est le gardien non pas d'un état ou d'un autre de la langue, mais de l'essence de la langue où réside ce pouvoir de nommer, de faire exister, qui est celui de la création. Quand, dans une langue, apparaît une écriture originale, il arrive même que l'écrivain ajoute au fonds collectif. La langue littéraire, en effet, signifie toujours au-delà de l'ici et du maintenant. Mais, même mineur, voire amateur, l'écrivain est essentiel à la langue. Sans le retournement stylistique qu'il lui fait subir, fût-elle conservée à prix d'or, la langue se momifie. La disparition de la littérature menacerait donc la langue. Elle la menace…

Monique LARUE

91

Illustration de Marie Lafrance, *Salon du livre.*
La prolifération des maisons d'édition a mis sur le marché un français québécois de niveau international.

Apprivoiser Babel

*Nous sommes cent peuples venus de loin
pour vous dire que vous n'êtes pas seuls.*

J'ai besoin de parler français, mais je n'ai pas besoin du français pour parler. De mes trois langues, aucune ne suffit à exprimer ce que je suis. Je n'écris qu'en français, sachant que, dans le Québec multiethnique d'aujourd'hui, le français québécois se nourrit désormais de l'*imaginaire* de toutes les autres langues.

L'espace identitaire, qu'il soit individuel ou collectif, ne peut être traduit exclusivement par les mots et encore moins par ceux d'une seule langue. L'anglophone de vieil établissement, parlant peu ou pas du tout le français, n'exprime-t-il pas en anglais une manière d'être québécois ? Et l'immigrant, qui n'a réussi à apprendre ni l'anglais ni le français, ne révèle-t-il pas l'étranger en chacun de nous ?

L'affirmation du français ne doit se faire que dans le respect des autres langues, car tout être humain a le droit de conserver au moins une langue identitaire. Le mot d'ordre de Michèle Lalonde : « change de langue et tu feras partie des miens » appartient à un passé révolu où on n'hésitait pas à répondre à l'exclusion par l'exclusion, à l'assimilation par l'assimilation.

En milieu hétérogène, une identité ne sera réussie que si elle se nourrit de plusieurs allégeances et appartenances linguistiques, tout comme le français québécois ne survivra que s'il réussit à exprimer plusieurs identités. Il n'y a que quelques pays dont la citoyenneté est fondée sur le droit du sang qui entretiennent encore le mythe de la correspondance entre langue et identité nationales.

Aux identités multiples qu'exprime le français québécois, s'ajoute la diversité de la langue selon les époques, les régions et les usages. Peut-on imaginer une langue qui n'ait pas subi d'influences dues aux migrations et aux conquêtes, aux communications et aux traductions ? Ce que d'aucuns qualifient de dégénérescence n'est que l'évolution normale des langues. Le français et l'italien, entre autres, ont déjà été considérés comme du latin mal parlé. Le sort du français québécois est celui de toutes les autres langues : ouverte, elle s'épanouira ; fermée, elle s'étiolera.

Il est donc normal qu'il y ait plusieurs variétés de langue au Québec. On ne parle pas comme on écrit, et la langue des adultes n'est pas celle des enfants. C'est la hantise de la disparition du français qui nous rend esclaves de la norme. Pourtant, les progrès accomplis depuis la promulgation de la Loi 101 sont évidents. Pensons au rattrapage des francophones sur le plan socio-économique, à la fréquentation massive des écoles de langue française par les jeunes allophones et à la généralisation de l'affichage en français (dans la région de Montréal, plus de 80 % des messages sont unilingues français).

Nous ne sommes plus en 1916, lorsque Louvigny de Montigny pouvait écrire : « Le français est en danger. Nos enfants ne savent plus écrire. » Ce discours de la dégénérescence et de l'assimilation ne profite qu'aux nationalistes cultivant la peur et le ressentiment. On n'édifie pas une nation, et encore moins une saine démocratie, sur de telles assises !

Tout autre est l'attitude des jeunes francophones. Peu d'entre eux, en effet, partagent les inquiétudes de leurs aînés. Outre qu'ils ont grandi avec la Loi 101, toute leur vie ils ont été témoins de la grande vitalité du milieu culturel : notre théâtre est présent sur tous les continents et il se publie dix fois plus de romans aujourd'hui, au Québec, qu'il y a trente ans. Ils ne doivent pas non plus être indifférents au fait que les plus haut salariés sont désormais des francophones et que des écrivains allophones de grand talent écrivent en français comme le feront, à l'avenir, les anglophones québécois pour qui la langue de Ducharme et de Tremblay finira par devenir leur deuxième langue identitaire.

Le brassage d'idées et de langues, auquel nous participons en ce tournant de siècle, nous prépare à une transformation culturelle qui devrait enfin nous permettre d'apprivoiser Babel. Nous pourrons alors être Italiens à Rome, Cubains à La Havane et Égyptiens au Caire tout en restant Québécois; car de tous les humains, ne sommes-nous pas les mieux placés pour le rester?

Marco MICONE

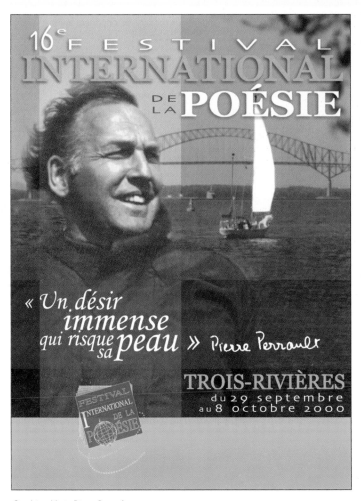

Graphiste Marie-Pierre Bonenfant.
Le Festival de la poésie, créé en 1985 à Trois-Rivières, est devenu depuis dix ans un événement international où se font entendre les voix de poètes du monde entier.

Le don du français

Pour moi, le français fut d'abord une révélation, puis un don avant de devenir un trésor jamais totalement acquis : je me bats pour le garder tout en m'en servant. Écrivain, j'ai toujours su qu'on ne se sert d'une langue qu'en la servant. Et je le sais encore plus vivement pour avoir consciemment, volontairement changé de langue. Cela m'a coûté, comme écrivain, quinze, vingt ans de silence. Durant ces années je m'exerçais, cependant, à écrire des articles, des textes pour la radio, de sorte que cette traversée du désert ne m'est pas apparue comme exorbitante. La lutte n'est pas terminée, elle continuera tant que j'aurai d'autres livres à écrire.

En changeant de langue, on ne perd pas la sienne. Elle persiste en sourdine. Car une langue qui est un instrument d'échange est plus que cela pour l'écrivain. Elle est révélation, lien avec le réel, vision du monde, prise en charge du paysage et des êtres qui l'animent. C'est par la langue que j'établis d'abord mon rapport avec l'autre. Habitué à me battre avec la mienne, celle que je cherche perpétuellement à posséder, je sais qu'il importe d'aller au-delà de la surface, de chercher ce qu'elle cache, ce qu'elle recouvre, de s'efforcer de lever le voile afin d'atteindre le mystère du mot et tenter de le transformer en parole.

Écrire, pour moi, c'est raconter une histoire. Les idées elles-mêmes, celles qui surgissent du fond de l'être, sont aussi des histoires. Pour livrer le récit de ma vision du monde, de mon appréhension des autres, les mots me semblent insuffisants. C'est qu'ils ne sont pas dociles et quand, d'emblée, je ne leur obéis pas, ils m'échappent.

La langue n'est pas une bataille au sein d'un territoire. Elle n'est pas une lutte contre d'autres langues, car celle qu'on élit, qu'on choisit, que l'on reconnaît, contient toutes les autres, ouvre les portes de toutes les autres. Elle est la clef du monde. Je n'ai pas perdu ma langue en choisissant le français. Mon français inclut les images découvertes et les sensations éprouvées en arabe. Si, porteur de ma langue nouvelle, j'ai parcouru des espaces, mon rapport avec le temps est encore gouverné par ma langue première. J'affronte, de ce fait, des contradictions que je m'acharne à aplanir, à réconcilier. Ce serait vain de les nier et impossible de les effacer. Je me rends compte, dans l'humilité et la vigilance, qu'une langue qui peut dégrader une autre en y semant le non-sens, en y introduisant la confusion, peut aussi l'enrichir, l'augmenter de ses images et, quand l'entreprise est menée avec précaution, lui faire atteindre une grande plénitude dans l'appréhension des objets et des êtres.

Le long chemin qui m'a conduit d'une langue à l'autre ne fut pas qu'une traversée du désert. Il fut surtout une métamorphose. Oriental, j'ai appris l'Occident comme on déchiffre une phrase dans une langue étrangère. Les lettres s'alignent et forment un mot. Les mots se suivent et aboutissent à une phrase et le sens se révèle, apparaît dans des éclairs successifs. Après les longues années vécues en Occident, en ce Québec qui est l'Amérique, l'Extrême-Occident, je me rends compte que l'Orient ne disparaît pas en moi, mais renaît en un Occident toujours à faire et qui est partiellement né de l'incomplétude d'un Orient toujours en quête de lui-même. Le français m'a ouvert la porte d'un monde autre sans que j'aie à renier le mien.

Naïm KATTAN

La chanson d'aujourd'hui

Au lendemain du premier référendum, la culture québécoise traverse une série de changements en profondeur. Elle cherche moins à véhiculer la québécitude qu'à se fondre aux grands courants de la mondialisation. La mode est aux préoccupations planétaires, on se sent citoyen du village global. La politique locale semble bien secondaire devant les problèmes écologiques et la menace des conflits armés.

Ainsi, la chanson commence-t-elle à assumer, d'un côté, son identité nord-américaine (Pierre Flynn avec *Sur la route*, Richard Séguin avec *L'Ange vagabond*) et, de l'autre, son appartenance à un espace francophone sans frontières. L'industrie du disque se structure de plus en plus et se donne les moyens de rivaliser avec les standards de production internationale.

L'effet *Starmania*, opéra rock de Luc Plamondon et Michel Berger, provoque une augmentation notable de la circulation franco-québécoise. Revenue de sa période nombriliste, la chanson d'ici fait désormais la promotion d'un français international, acceptable chez nous, mais exportable partout (Jean Leloup, *1990*; Daniel Lavoie, *Ils s'aiment*). La comédie musicale *Notre-Dame de Paris* (encore Plamondon, mais appuyé cette fois du compositeur Richard Cocciante) confirmera cette tendance à la fin des années 1990 avec son succès sans précédent dans l'espace francophone.

D'autres ont choisi d'illustrer le Québec en se faisant connaître sur la scène internationale. C'est le cas de Céline Dion. En moins d'une décennie, la petite fille de Charlemagne, localité de la banlieue est de Montréal, écoulera pas moins de cent millions de disques à travers le monde, en anglais pour la plupart, appliquant la recette du succès à l'américaine... tout en jouant la carte de l'exotisme.

À côté de cet exceptionnel cas de figure, le marché domestique, comme l'identité québécoise, se fragmente et prend des allures de mosaïque multiculturelle. Alors que domine la variété internationale, réapparaît une chanson [de souche], marquée par les régionalismes. Le *joual* reprend ses droits, mais véhicule désormais une conscience planétaire et sociale bien plus que politique. De Gaspésie, Kevin Parent souligne ses origines à gros traits, sur fond de *folk* à l'américaine. Du Lac-Saint-Jean, les Colocs et leur défunt meneur Dédé Fortin chantent [*Tassez vous de d'là*] et *Pissiômoins* sur un nuage de *reggae* jamaïcain, alors que l'Abitibien Richard Desjardins s'impose, en trois albums, comme l'un des plus grands poètes vivants de la francophonie, à la fois enraciné et universel.

Par ailleurs, la contribution immigrante se fait de plus en plus présente et laisse une empreinte grandissante sur la chanson québécoise. Dans la foulée du trio Dubmatique (premier groupe *rap* à connaître un succès grand public avec l'album *La Force de comprendre*, 1997) émerge une nouvelle génération de groupes *rap*, d'abord à Montréal puis dans toute la province, avec un succès majeur auprès des adolescents. Ces groupes (notamment Sans Pression et Muzion) se font le porte-parole du Québec métissé de ce tournant de siècle, proche d'Haïti comme de la France et des États-Unis pour l'influence culturelle. D'où cette langue créolisée, empruntant allègrement aux trois idiomes, jouant sur les sonorités, toujours avec une extrême souplesse et un refus des barrières. «Le bug de l'antéchrist arrive, on ne sait même pas où aller/Représenté par Jasmine descendante de Douadé/Je protège ton lakail il y a du piyaye in and out/C'est la panique totale, freestyle des criminals» (*La vie ti'neg*, de Muzion).

Cette poésie urbaine, qui a un fort pouvoir identitaire auprès d'une bonne partie de la jeunesse québécoise avec des thèmes forts (problèmes de société, de repères), pourrait bien ouvrir une nouvelle voie pour la chanson d'expression française, la régénérer en profondeur et la mettre en phase avec le reste du monde. En effet, le rap est un mouvement international, la France est le deuxième marché après les États-Unis. L'Afrique, les Antilles et l'Amérique latine y succombent aussi.

Serait-ce une chance à saisir pour inscrire le Québec dans une culture mondiale globale?

Nora BEN SAADOUNE
Jean-Christophe LAURENCE

94

Notre-Dame de Paris, comédie musicale (1998) de Luc Plamondon (paroles) qui a triomphé à Paris. Le spectacle *Starmania* de Luc Plamondon a également connu un grand succès à Paris.

Langue et théâtre au Québec

Deux tendances apparaissent sur nos scènes avant 1950, qui marquent le demi-siècle suivant. Gratien Gélinas, avec les *Fridolinades*, puis *Tit-Coq* en 1948, exploite une langue «populaire correcte»; Claude Gauvreau utilise déjà pour *Bien-être* en 1947 l' «exploréen» et l' «abstraction lyrique».

Avec Gélinas, c'est le triomphe, car le public se reconnaît dans les expressions savoureuses et l'esprit frondeur de Fridolin comme dans le parler du bâtard trompé par sa fiancée. La langue est directe, les régionalismes abondants, les jurons à peine reconnaissables («Morsac !»), bref, le ton général apparaît plutôt bon enfant. On sourit aujourd'hui en réécoutant Tit-Coq susurrer à sa mam'zelle Toute-Neuve qu'il a le béguin pour elle, et l'on a peine à comprendre la condamnation d'un intellectuel de l'époque, François Hertel, qui trouva cette culture «désespérément peuple».

Gauvreau, de son côté, invente une langue double. Si l'abstraction lyrique – ou automatisme surrationnel – suit la syntaxe française («Le jour se drape dans un pubis de géante et le nuage pourpre la gamahuche en ne sciant pas ses fils télégraphiques» – *Les oranges sont vertes*), l'exploréen strict est constitué d'un assemblage de sons basé sur des bribes de mots abstraits producteurs d'images («Toupla. Imbec brec tap-pala-pala» – *La Charge de l'orignal épormyable*). C'est seulement dans les années 1970 que ce langage sera reconnu comme précurseur, grâce aux mises en scène de Jean-Pierre Ronfard au Théâtre du Nouveau Monde, à Montréal.

Mais juste avant, en 1968, deux tendances opposées surgissent une fois encore en même temps sous la plume de deux auteurs de vingt-quatre ans. Cette année-là, en faisant résonner de sacres les vieux murs du Rideau Vert, suscitant la déflagration que l'on sait avec *Les Belles-Sœurs*, Michel Tremblay fait de l'ombre aux pirouettes linguistiques de Réjean Ducharme, dont *Inès Pérée et Inat Tendu* et *Le Cid maghané* tirent leur efficacité d'une poésie *joualisante*, mais déformée, «maghanée». Si le langage lépreux des femmes de Tremblay exprime une férocité, une rage collective qui exulte dans les chœurs, la folie juvénile des héros ducharmiens les fait glisser dans une surréalité à caractère plus intimiste.

Entre Gélinas et Tremblay, Marcel Dubé puise d'abord sa langue rude dans les ruelles montréalaises, pour émigrer graduellement vers les salons de banlieue, où des personnages embourgeoisés parlent un français plus châtié mais plus hypocrite. Traquant toujours la vérité, Dubé n'a de cesse cependant de corriger certaines répliques : «J'y vais» devient «J'y vas» pour redevenir «J'y vais» dans les trois versions de *Zone* parues entre 1953 et 1960.

Les deux pôles principaux de la langue parlée sur nos scènes subsistent aujourd'hui. Aux poètes Gauvreau et Ducharme succèdent Michel Garneau ou Carole Fréchette. Quant à Jean-Claude Germain, Jean Barbeau, Antonine Maillet, Michel Marc Bouchard et Marie Laberge, ils penchent davantage pour la couleur locale. Restent ceux dont la langue, à l'accent moins marqué, tient à la fois du poétique et de l'identitaire, tels Normand Chaurette ou Daniel Danis. Chez eux, si le contexte est encore reconnaissable comme québécois, la langue ne l'est plus vraiment. D'où la facilité avec laquelle leurs œuvres (comme le *Petit Köchel* ou le *Chant du dire-dire...*) circulent dans la francophonie.

Cela ne veut pas dire que des auteurs à la langue plus «locale» ne travaillent pas leur écriture, au contraire. Jean Marc Dalpé, inventeur narquois de jargons (de la boxe, du fond des bois, du monde des courses de chevaux, de la pègre) en est un bon exemple. D'autres, enfin, tels René-Daniel Dubois et Robert Lepage, ne reculent pas devant une écriture multilingue, signe d'une nouvelle forme d'ouverture sur le monde.

Michel VAÏS

58. L'avenir de la langue française

SIMON **LANGLOIS**

La langue française a acquis au Québec une assurance qu'elle n'avait pas jusqu'à récemment. Il a été souvent question de survivance et de défense, surtout de 1840 jusqu'à tout récemment, mais la situation a changé, comme l'illustrent le discours actuel ainsi que le roman et le théâtre québécois contemporains. On y parle moins d'identité et de moisson, mais de plus en plus des inquiétudes contemporaines, universelles, partagées. Le navigateur aurait-il pris le dessus sur l'arpenteur? Non, car ce n'est pas ainsi que se pose la question puisqu'il y a place bien évidemment pour les deux et que l'arpenteur sera toujours nécessaire[17].

Disons les choses autrement. Dans un essai sur la mémoire, Fernand Dumont avance : «La culture est à la fois un legs qui nous vient d'une longue histoire et un projet à reprendre [...][18].» Legs historique et projet à reprendre, voilà bien les deux faces de la langue comme de la culture. Ne discute-t-on pas de langues et de politiques linguistiques dans des pays aussi sûrs d'eux-mêmes que les États-Unis ou la France? Si la langue est bien un projet à reprendre dans ces pays-là, elle l'est à plus forte raison dans une société comme le Québec.

Quels sont les contours de l'avenir de la langue française? Répondre à cette question exige d'examiner trois enjeux. Tout d'abord, l'avenir du français au Québec ne se pose pas indépendamment de l'avenir du français comme langue internationale. Quelle est la place du français dans le nouvel ordre mondial qui se dessine rapidement sous nos yeux? Y parlera-t-on principalement anglais? Répondre à cette question est en quelque sorte un préalable à toute réflexion sur la langue. Cet examen nous amènera à dégager une opposition entre langue de communication internationale et langues de cultures nationales. Le second enjeu n'est pas étranger au premier, puisqu'il a trait à la place du français dans la société civile au Québec. La langue est le trait commun qui permet aux citoyens de participer à la vie civique commune, d'où l'intervention politique qui la prend comme objet. Plus qu'un moyen de communication, la langue est porteuse d'identité. Langue et identités (au pluriel, notons-le), voilà un enjeu qui, plus que les autres peut-être, est lié à l'avenir, au projet à reprendre dont parlait Dumont. Enfin, si le français a bien un avenir au Québec – et sans doute est-ce la conclusion qu'il faut retenir de l'examen de la situation qui est proposé dans cet ouvrage –, de quel français s'agira-t-il? Français du Québec, français de France, français international? Poser cette question, c'est aussi soulever un enjeu de taille, quelle sera la norme du français d'ici?

L'avenir du français, langue de communication internationale

Les scientifiques et les universitaires des Pays-Bas, de Pologne, d'Israël, de Norvège ou de Suède (la liste des pays n'est qu'indicative et elle pourrait s'allonger) publient maintenant de plus en plus leurs travaux en anglais, sauf s'ils écrivent sur leur pays, sauf s'ils entendent d'abord s'adresser à leurs concitoyens, comme c'est le cas en littérature ou en histoire. Pourquoi? Parce qu'écrire dans sa langue maternelle enferme l'auteur dans son pays, dans un pays dont la langue est pratiquement inconnue en dehors de ses frontières. Pour ces personnes, publier en anglais devient une condition d'accès à l'universel. Les Néerlandais, les Polonais, les Israéliens, les Norvégiens ou les Suédois lisent leurs romans dans leur langue, étudient leur histoire nationale dans leur langue, assistent à des pièces de théâtre dans leur langue encore, discutent des essais sur la conjoncture dans leur langue toujours, mais ils acceptent facilement de diffuser leurs travaux qui ont une portée universelle directement en anglais, s'ils veulent être lus en dehors de leur pays.

La situation est différente en France. La langue française est une langue universelle, une langue connue et parlée dans un grand nombre de pays. Les scientifiques français diffusent en majorité les résultats de leurs travaux dans la langue qu'ils parlent avec leurs enfants, mais pour combien de temps encore? Plusieurs auteurs s'inquiètent du déclin de leur langue dans le monde scientifique en France même. Les Français sont placés devant un dilemme. Ils ne semblent pas avoir d'autre choix que de se tourner de plus en plus vers l'anglais pour maintenir leur place dans le monde nouveau qui se dessine, mais, ce faisant, ils contribuent à affaiblir leur langue comme langue de communication internationale aux yeux des étrangers.

Le portrait qui vient d'être dressé est-il trop négatif? Dans ce nouveau contexte mondial, le français a-t-il encore un avenir comme langue universelle? Oui, disons-le sans hésiter, pour un ensemble de bonnes raisons. La première tient au prestige de cette langue et à la place historique qu'elle a tenue dans de nombreux pays. Si elle régresse comme langue seconde apprise, elle se maintient comme troisième langue, ce qui contribue à soutenir son rôle de langue internationale. Plusieurs grandes organisations internationales fonctionnent largement en français et il ne faut pas mésestimer le poids des institutions internationales francophones dans les domaines scientifiques et politiques. Il est toujours possible de rejoindre de larges auditoires en publiant et en travaillant en français. Les bases démographiques et institutionnelles existent pour assurer le développement du français comme langue de communication internationale. Son rôle ne sera plus ce qu'il a été, certes, et l'anglais est devenu la *lingua franca* du monde. Mais cela n'empêche pas la langue française de jouer elle aussi un rôle majeur dans ce nouvel environnement mondial.

On pourrait penser que le développement des communications par Internet et la mise en place d'un monde virtuel avec l'extension des nouvelles technologies de la communication vont contribuer à la régression de la place du français dans l'espace international. L'écrivain canadien Peter Newman soutient que l'Internet va contribuer au déclin du nationalisme québécois en marginalisant de plus en plus le fait français parce que la langue dominante dans cet espace virtuel est maintenant largement l'anglais. Nous avons plusieurs raisons de penser que Newman est sur une fausse piste et que le monde virtuel qui se profile va au contraire devenir une force en faveur du développement du fait français dans le monde.

À mesure que les autres pays vont s'ouvrir à l'Internet, on va assister à une diversification linguistique des sites, des usagers et des échanges. L'anglais va occuper une place centrale dans cet espace virtuel, certes, mais le français y aura aussi une place déterminante. Bien plus, un nouvel espace virtuel se met déjà en place avec l'appui de ces nouvelles technologies. Les cultures minoritaires francophones pourront être ainsi en relation avec d'autres cultures majoritaires qui partagent la même langue. Les Libanais francophones pourront avoir accès à toutes sortes de services et d'informations sur le web venant de France ou du Québec. Les Franco-Manitobains peuvent lire des articles de *La Presse* et du *Devoir* chaque jour sur Internet ou commander des livres à Montréal. Il est encore trop tôt pour parler de *déterritorialisation* de la culture, certes, mais des tendances nouvelles sont en émergence.

L'Internet n'est pas un jeu à somme nulle, dans lequel ce qui est donné à l'un est enlevé à l'autre. Créer des sites dans Internet ne se fait pas au détriment de quelqu'un d'autre, comme c'est le cas lorsqu'une compagnie «enlève des parts de marché». Bien au contraire, chaque nouveau site qui s'y ajoute fait grossir le volume d'ensemble.

Ne devrions-nous pas tous utiliser l'anglais afin de partager la même langue de communication et ainsi accroître notre visibilité? Non, car il y a place pour les grandes langues universelles que sont le français, l'espagnol, l'allemand ou le russe dans leurs espaces géographiques respectifs, leurs aires d'influence et leurs réseaux. Le problème se pose pour les langues nationales qui ne sont parlées que dans un seul pays (le japonais, le norvégien, le suédois, etc.). Dans ce cas, si on veut s'ouvrir vers l'extérieur, on choisira souvent l'anglais, mais les autres grandes langues d'usage auront aussi leur part lorsque la proximité ou les intérêts géopolitiques sont en jeu. Loin de conduire à une uniformisation appréhendée, Internet offre déjà des possibilités nouvelles de développement dans toutes les directions.

La langue française jouit encore d'un grand prestige, étant perçue comme une langue universelle de culture. Il y a aussi une satisfaction personnelle à connaître une ou plusieurs autres langues et on peut penser que l'ouverture plus grande sur le monde, l'exposition à des médias étrangers et aux produits culturels d'ailleurs, les échanges d'étudiants, les échanges économiques accrus et le tourisme international vont inciter plus de gens à s'engager dans de tels apprentissages, et ici le français est bien placé pour continuer à attirer de nouveaux locuteurs qui l'adopteront comme deuxième langue dans le monde anglophone et comme troisième langue ailleurs.

L'anglais instrumental, devenu la langue de communication internationale – et qui n'est ni l'anglais académique ni l'anglais populaire –, ne pose pas de problème identitaire particulier en France, en Suède, en Chine ou ailleurs. Cet anglais ne menace aucunement la culture nationale et son apprentissage est même un atout pour le voyageur ou le commerçant. Il en va différemment au Québec, société qui prend place dans un environnement où la langue anglaise est aussi une langue dominante de culture à la fois savante et populaire, et non pas avant tout un instrument de communication comme elle l'est en France ou en Allemagne. C'est ce qui explique que les Québécois se sentent menacés par l'anglais, contrairement à ce qui se passe dans d'autres pays. Car l'anglais est au Québec bien plus qu'une langue de communication avec l'extérieur, elle est aussi la langue d'intégration sociale majoritaire de l'État fédéral et la langue dominante de son espace géopolitique et économique.

L'avenir du français, langue de l'intégration sociale et de l'identité

La politique de francisation des milieux de travail, la croissance des grandes entreprises à propriété ou à contrôle francophones et la mise en place de sièges sociaux régionaux pour le Québec de plusieurs grandes entreprises ont contribué à faire aug-

La Toile du Québec, site internet très fréquenté des Québécois.

menter l'usage du français comme langue du travail à Montréal. Mais si le français a gagné du terrain depuis les années 1960, il est indéniable que l'anglais est fortement présent dans le monde du travail, comme l'a montré une enquête du Conseil de la langue française[19]. Tout d'abord, Montréal compte une minorité anglophone dont les membres travaillent en anglais dans les multiples institutions, services, sociétés et entreprises qu'ils dominent. Montréal est une ville internationale où sont implantées de grandes entreprises multinationales, des sièges sociaux internationaux et des entreprises financières dont un grand nombre de services fonctionnent en anglais. Les programmes de francisation des grandes entreprises ont cependant permis de changer l'ordre des choses qui existait jusqu'au milieu des années 1970, mais le véritable défi se présente du côté des petites entreprises de moins de 50 employés qui ne sont pas tenues de préparer des programmes de francisation.

Le visage linguistique des entreprises, grandes ou petites, est maintenant fort complexe et diversifié. Les deux langues se côtoient et interagissent au quotidien. En fait, le bilinguisme individuel a remplacé l'unilinguisme anglais dans bien des milieux de travail à Montréal. Sera-t-il possible d'aller vers une francisation plus marquée ? Seul l'avenir le dira, mais les forces du marché – notamment le libre-échange et l'intégration continentale accrue de l'économie – poussent plutôt vers le bilinguisme des individus, dans un contexte institutionnel qui accorde au français une place dominante. Les travailleurs et les employés vont plus souvent travailler en français, certes, mais ils devront aussi être bilingues en plus forte proportion. L'apprentissage de l'espagnol s'impose dans les entreprises qui traitent avec l'Amérique latine, alors à plus forte raison l'anglais est-il prescrit à celles qui veulent faire du commerce avec le monde anglophone. Le plus petit partenaire impose rarement sa langue au plus gros.

La majorité des immigrants s'installent à Montréal. Les enfants d'immigrants sont tenus de fréquenter le réseau scolaire francophone aux niveaux primaire et secondaire, mais ils peuvent ensuite poursuivre leurs études en anglais et s'intégrer à la communauté anglophone, qui représente le plus souvent pour eux la majorité canadienne. Les lois linguistiques et le nouveau contexte sociopolitique ont amené une proportion plus élevée d'immigrants à apprendre le français, mais aussi à s'intégrer à la majorité francophone. L'analyse des comportements des nouvelles générations donne à penser que les transferts vers le français ont augmenté, mais l'attrait de l'anglais reste irrésistible, comme le montrent les transferts linguistiques. La langue française est bien devenue la langue de la société civile, la langue commune du Québec, la langue dans laquelle les citoyens sont en mesure de communiquer les uns avec les autres. Est-elle cependant devenue la langue de l'identité ?

La langue n'est pas seulement un instrument neutre de communication, elle aussi au cœur de l'identité des personnes et des collectivités[20]. Quand l'État d'Israël a été créé, on a ressuscité l'hébreu parlé et écrit comme langue nationale. Les communautés amérindiennes du Canada tentent de développer l'enseignement des langues ancestrales en plus de l'anglais ou du français. Il en va de même au Québec, où la langue française est devenue la pierre angulaire de l'identité québécoise contemporaine. Mais la langue est aussi importante dans la nouvelle identité canadienne, qui valorise le bilinguisme individuel et institutionnel. Il existe deux grands modèles identitaires en concurrence au Québec et au Canada qui prennent appui sur la langue. Nous commencerons par analyser comment se pose la question du point de vue canadien, avant de faire ressortir comment elle se présente du point de vue québécois.

Le modèle canadien repose sur le postulat que les individus ont des droits linguistiques et que les institutions doivent être bilingues afin de leur offrir des services. Dans ce nouveau Canada où se sont établis des millions d'immigrants qui se sont

La langue française est un élément rassembleur capable d'unir les Québécois face à leur avenir.

intégrés à la majorité anglophone, le Canada français n'existe plus comme entité normative unitaire et la référence nationale canadienne-française a maintenant éclaté en références régionales francophones[21]. Mais si le français régresse chez les francophones canadiens, il a quelque peu progressé comme langue seconde et le bilinguisme officiel est devenu une constituante identitaire acceptée, valorisée même, au Canada. L'appareil fédéral est devenu bilingue, les hauts fonctionnaires fédéraux maîtrisent mieux la langue de Gabrielle Roy, environ 300 000 enfants sont inscrits dans les classes d'immersion française en dehors du Québec et les juges francophones sont majoritaires à la Cour suprême du pays en 1999. *Indirect rule, petite loterie,* répliqueront certains? Peut-être, mais si les communautés francophones hors Québec connaissent un fort taux d'anglicisation, force est de constater que la place du français au Canada a fait des progrès indéniables, sans cependant le transformer en pays bilingue.

Le Québec, de son côté, a choisi une voie différente en privilégiant une approche qui fait du français la langue commune de tous les citoyens qui y vivent, comme l'anglais est la langue commune du reste du Canada. Il en est résulté ce qu'on pourrait appeler un conflit entre deux références nationales – pour reprendre un concept mis en avant par Fernand Dumont –, mais aussi un conflit entre deux sociétés globales. Bilinguisme institutionnel sur le plan fédéral et unilinguisme anglais de fait dans la vie civile d'un côté (au Canada anglais), unilinguisme officiel français, mais bilinguisme individuel de fait plus marqué au Québec (surtout à Montréal).

Comment se pose la question identitaire dans ce contexte où se côtoient deux modèles? La réponse est claire du côté canadien. L'*identité à trait-d'union* (en anglais: *hyphenated identity*) est en train de disparaître : il n'y a plus de Canadiens anglais ni de Canadiens français, mais des Canadiens tout court[22]. Les francophones hors Québec se définissent comme Canadiens bilingues et affirment leur identité francophone comme une identité régionale. Au Québec, la situation est plus ambiguë. Le mot « Québécois » désigne une nouvelle référence nationale qui a remplacé la référence canadienne-française. Deux conceptions de l'identité québécoise s'affrontent en ce moment. La première définit la nation à partir de la conscience historique, comme c'est le cas chez Fernand Dumont. La seconde met l'accent sur la culture publique commune, la nation territoriale, la nation civique ou encore la nation québécoise. « Est Québécois tout habitant du Québec », soutient-on et certains auteurs avancent l'hypothèse qu'émerge en ce moment une nouvelle francophonie au Québec, qui donnera naissance à ce que Gérard Bouchard (1999) nomme la *nation québécoise*[23].

Dominique Schnapper a bien montré que la nation était en fait étroitement liée à un projet politique et que l'État jouait un rôle clé dans sa construction[24]. Or il semble bien que deux projets politiques différents, conflictuels même, sont à l'œuvre au Québec et au Canada, ce qui implique des politiques linguistiques différentes.

L'avenir du français : quel français ?

Il paraît incontournable d'aborder la question de la qualité de la langue au Québec, et plus précisément la question de la norme. Français québécois ou français standard ? Cette question de la norme est capitale dans le contexte d'une plus grande ouverture des sociétés les unes aux autres, puisque la communication avec l'étranger prendra au fil des années de plus en plus d'importance : Internet, télévision internationale (TV5), circulation de produits culturels, etc. Les Québécois veulent vendre à l'étranger leurs films, leurs romans, leurs manuels scolaires, leurs émissions de télévision, leurs produits culturels. Or ces derniers sont marqués par la langue. Si le français québécois s'écarte trop des usages en cours ou des usages valorisés ailleurs dans la francophonie, quelles en seront les répercussions ? La variété d'anglais qui s'est développée aux États-Unis s'écarte de la norme britannique, nous le savons. Mais les États-Unis sont assez puissants pour imposer une norme qui leur est maintenant propre. Le film *Naked Gun* a été diffusé partout dans le monde anglophone sans sous-titre, car les gens ont sans doute fait l'effort pour comprendre l'anglais américain vernaculaire. Les films de Louis de Funès ont aussi été diffusés partout dans la francophonie. Mais qu'en est-il du film *Elvis Gratton II*, pour rester dans le même type de produits culturels ? *Think big, stie* a-t-il des chances d'être compris à Rabat, à Lyon, à Varsovie ?

Le débat sur la question de la norme est vif, on le sait, et les ouvrages polémiques ne manquent pas. Quelles sont les thèses en présence ? Elles se résument à deux. La première s'appuie sur le postulat qu'il existe d'abord des langues nationales, des langues ancrées dans une tradition, une histoire, un territoire, par opposition à une langue standard qui imposerait ses normes considérées comme universelles. Dans cette perspective, le français québécois se différencie du français de France et il apparaît comme une variété autonome du français qui en respecte les règles syntaxiques fondamentales. La deuxième thèse avance que la langue sert d'abord à communiquer avec les autres, et notamment avec les personnes des autres cultures qui ont le français en partage. Le français étant une langue internationale, les Québécois ne seraient pas libres de faire ce qu'ils veulent de leur langue puisqu'ils la partagent avec d'autres, sous peine de s'enfermer dans leurs différences si la distance devient trop grande.

Un bref rappel de la pensée de deux auteurs servira à illustrer le débat. Marty Laforest et ses collaborateurs ont dénoncé ce qu'ils appellent le concert des lamentations, plaidant pour une vision moins réductrice de notre réalité linguistique et affirmant que « [...] les jugements portés sur la langue reposent sur les valeurs sociales qu'on lui accorde et non pas sur les caractéristiques de ces langues elles-mêmes[25] ». Dans un ouvrage bien argumenté, Diane Lamonde critique durement les aménagistes de la langue qui confondent la langue vernaculaire et la langue officielle[26]. Pour Lamonde, il faut voir un état de diglossie dans ce qu'on appelle le français québécois. L'usage québécois se caractérise par un double vocabulaire – sacoche/sac à main, piastre/dollar –, l'un appartenant à la langue populaire et l'autre à la langue standard.

Les gens eux-mêmes font la différence entre les deux niveaux de langue et l'usage écrit diffère de l'usage parlé. Les Québécois veulent parler français à la québécoise, avec leurs accents et leurs expressions propres, mais ils tiennent à écrire le français standard.

Quelle doit être la norme du français au Québec? Ne faut-il pas répondre à cette question en ayant en tête la nécessité qu'impose la communication avec l'extérieur, avec la francophonie? Si le Québec peut difficilement imposer une nouvelle norme – contrairement à ce qui s'est passé aux États-Unis où l'anglais américain est la norme –, il peut cependant contribuer à l'élaborer dans le monde francophone, comme c'est le cas dans le dossier de la féminisation de la langue. Certains usages proposés tombent cependant dans la caricature et rendent difficile la communication avec les autres francophones. Mais les Québécois ont aussi montré que la féminisation de la langue pouvait se faire en respectant l'oreille, l'intelligence du lecteur et de l'auditeur, sans oublier le génie de la langue elle-même. Qu'on emploie maintenant la ministre ou la professeure ne paraît pas gênant. Certains usages inventés ou répandus au Québec sont maintenant acceptés en France et encore plus facilement ailleurs dans la francophonie.

Que conclure? Le français est encore une grande langue internationale, qui s'impose par son histoire certes, mais aussi par la richesse des productions culturelles et artistiques actuelles de ses locuteurs. Contrairement à ce que certains donnent à penser, le nouveau contexte mondial et le développement des nouvelles technologies de la communication vont contribuer à consolider l'avenir du français. Un véritable espace virtuel francophone est déjà en train de se mettre en place, espace qui va permettre aux petites communautés où vivent des francophones d'être en relation avec les centres de la francophonie. La toile qui se tisse sera multilingue et le français est en bonne position pour y trouver une place de choix. Dominé par l'anglais, certes, le nouvel espace virtuel parlera aussi français, et la nouvelle économie du savoir donnera une place au français.

S'il y a lieu d'être assez optimiste quant à l'avenir du français, il faut ajouter que le principal défi auquel sera confronté le Québec de demain est celui de bâtir une société dans laquelle la langue française sera plus qu'une langue fonctionnelle, plus qu'un simple moyen de communication. La langue est porteuse de significations et à travers elle se construit une identité collective, partagée. Langue et conscience historique sont liées. Nous voici revenus au *projet à reprendre* dont parlait Fernand Dumont, un projet qu'il voyait en lien avec le legs historique.

La langue française au Québec, un projet à reprendre? Quatre cents ans d'histoire sont là pour l'appuyer.

Un portefeuille linguistique d'avenir

Dans la perspective de l'intégration des Amériques, la langue française entre en interaction avec les langues anglaise, espagnole et portugaise. La population active de la région métropolitaine de Montréal affiche le portefeuille linguistique le plus diversifié, si on la compare à celle de Toronto ou de Vancouver. Cette population connaît le français à 93%, l'anglais à 70% et les deux langues à 63%. Une personne sur 20 connaît l'espagnol et une sur 25 peut soutenir une conversation dans ces trois langues. Enfin, une personne sur cent connaît le portugais. Le Québec se positionne donc avantageusement sur la carte des Amériques sur le plan des interactions linguistiques d'avenir.

Nombre et pourcentage de personnes qui connaissent le français, l'anglais, l'espagnol, le portugais

Population active[*] de Montréal, Toronto et Vancouver, 1996

Connaissance des langues[***]	Montréal[**]		Toronto[**]		Vancouver[**]	
	Nombre	%	Nombre	%	Nombre	%
Français	1 556 714	93,0	215 714	9,6	88 393	9,0
Anglais	1 163 571	69,5	2 200 179	98,0	963 143	97,7
Français et anglais	1 057 536	63,2	214 821	9,6	87 857	8,9
Espagnol	83 214	5,0	74 393	3,3	27 929	2,8
Français, anglais et espagnol	66 357	4,0	16 964	0,8	9 214	0,9
Portugais	20 643	1,2	70 607	3,1	6 429	0,7

[*]. Personnes de 15 ans et plus au travail ou en chômage.

[**] Région métropolitaine de recensement (RMR).

[***] Y compris les personnes dont c'est la langue maternelle.

Source : Statistique Canada, Recensement de 1996, fichier de micro-données à grande diffusion, particuliers.

Louise SYLVAIN

*Le Québec
est un mot
qui grandit.*

Pierre Perrault

La langue, ancre et moteur d'un monde en mutation

Au terme d'un voyage de quatre cents ans, il convient de faire le point, de tirer les leçons du passé et d'envisager l'avenir. Il s'agit donc, d'abord, non pas de résumer les différentes étapes du parcours, puisque cela a été fait dans l'introduction, mais de dresser un bilan global, c'est-à-dire de constater la situation et de dégager les acquis. Ensuite et surtout, de préparer la prochaine phase de notre cheminement, en essayant de cerner les défis qui nous attendent et les voies de solution qui s'offrent à nous.

Bilan global

Une réalité française incontournable, mais encore fragile

Il n'y a pas cinquante ans, la plupart des attributs ou des représentations mentales associés aux Canadiens français du Québec et à l'état de leur langue pesaient lourd comme un boulet qu'on traîne de génération en génération : assimilation, résistance, survivance, condition de dominés, infériorité, autodépréciation, insécurité, comportements de minoritaires. D'une façon générale, l'économie et l'emploi étaient aux mains de la minorité anglophone, les travailleurs francophones gagnaient moins que les anglophones, les enfants des immigrants fréquentaient en grande majorité l'école de langue anglaise et l'anglais prédominait dans l'affichage et dans les entreprises.

En moins de trente ans, un retournement majeur s'est produit. Dans l'emploi et la rémunération, la situation n'est plus désavantageuse pour les francophones. La proportion des enfants d'immigrants fréquentant l'école de langue anglaise s'est renversée du tout au tout en faveur du français. Et l'on observe dans l'affichage public une nette prédominance du français. Les vieilles perceptions ont fui comme un vol de corbeaux avec les réalités qu'elles traduisaient. Quels attributs colorent l'esprit des générations d'aujourd'hui ? Affirmation, vie, liberté, autonomie, sécurité, comportements de majoritaires, ouverture, valorisation, confiance en soi.

Ce changement n'est pas le résultat d'un coup de vent qui peut être à nouveau balayé. Il repose sur des bases sociales et politiques profondes, mûries par deux siècles de résistance. Certes, aucune situation linguistique n'est en elle-même irréversible. Mais quarante années de débats intenses et de lois sur la langue ont conduit à la reconnaissance du caractère réaliste et légitime de l'aménagement linguistique québécois, c'est-à-dire de l'ensemble des principes et des moyens qui règlent l'emploi public des langues dans notre société. La langue française a été promulguée langue officielle, langue de l'État, et langue normale et habituelle du travail, de l'enseignement, des communications, du commerce et des affaires. Ce **statut** ne saurait être remis en cause. Il repose sur les principes d'un sain équilibre linguistique; il respecte les droits fondamentaux d'une société démocratique; il est bâti sur un consensus de plus en plus large.

Malgré cela, l'édifice linguistique demeure fragile pour trois raisons. D'abord, parce que le consensus social peut s'effriter à la longue si on ne prend pas les moyens d'en faire voir constamment le bien-fondé. Ensuite, parce que la langue française, dans le contexte géopolitique canadien et nord-américain, aura toujours besoin – ce qui n'est pas le cas de l'anglais – d'être soutenue par des mesures particulières, volontaristes et parfois coûteuses. Enfin, parce que le statut et l'usage d'une langue dépendent en dernier ressort de la volonté de ceux qui la parlent ou qui en facilitent l'usage. À cet égard, la situation du français et sa généralisation comme langue du travail et comme langue d'intégration des immigrants continuent d'être des préoccupations fondamentales pour tous.

Pour ce qui est de l'**usage** de la langue française, on constate un revirement aussi décisif que pour son statut. La cote du français s'est grandement appréciée dans le portefeuille linguistique québécois. La connaissance du français a augmenté chez les anglophones. On observe, depuis 1970, une tendance plus favorable au français dans les transferts linguistiques des jeunes générations d'immigrants. Et les allophones emploient de plus en plus le français dans leurs activités publiques. Bref, le français est en train de devenir, non seulement en principe mais dans les faits, la langue commune de tous les Québécois. À leurs yeux, parler français entraîne moins de coûts et plus de bénéfices, le français devient de plus en plus une langue utile, indispensable, rentable.

Enfin, la **langue elle-même** est sortie de l'état de dépréciation et de subordination dans lequel elle se trouvait et semble s'orienter lentement, mais sûrement vers une forme de plus en plus standard, proche du français international. Après le siècle du *French Canadian patois*, après l'épisode du joual, la langue française du Québec, soutenue par l'intense activité terminologique et les travaux des linguistes qui en ont recensé et structuré les éléments, se présente de plus en plus comme un système complet et autonome, capable de s'autoréguler et de répondre en même temps aux exigences d'intercompréhension de l'espace francophone. Elle est devenue aussi technologiquement outillée et porteuse d'une grande variété de produits culturels.

En un mot, au terme de ces quatre cents ans d'histoire et de vie, la langue française, au Québec, est désormais une réalité incontournable.

Des acquis humains substantiels

Mais la langue pourrait n'être qu'un moyen de communication interchangeable. Une langue jetable comme un stylo qui ne peut plus écrire ou qui a fait son temps. Pourquoi y tenir alors qu'il serait si facile d'utiliser l'anglo-américain? La réponse est donnée par l'histoire et elle ne vaut pas uniquement pour les Québécois. La valeur d'une langue lui vient surtout de ce qu'elle représente : un peuple, son patrimoine, son dynamisme. Elle lui vient aussi de ce qu'elle est capable d'accomplir : rassembler, construire, créer. Une langue n'est pas seulement un système de communication, elle est aussi et surtout un lieu de cohésion, de repères, de valeurs. En un mot, la langue est au cœur de l'identité et au cœur de la nation à construire.

Cette présence de quatre cents ans a façonné en profondeur les descendants des premiers Canadiens. Ils sont ce qu'ils n'ont jamais cessé d'être, des francophones d'Amérique. Mais ils le sont maintenant avec toute la prise de conscience et d'identité collective qu'ont provoquée en eux leurs appartenances successives ou multiples – à la France, à la Grande-Bretagne, au Canada, au Québec – en même temps que l'évolution du contexte géopolitique canadien et nord-américain. Et ils sont devenus ce qu'ils sont envers et contre tout.

On les destinait apparemment à l'assimilation par le groupe britannique, à l'annexion aux États-Unis, à la domination par le Canada anglais, à l'extinction dans le grand tout nord-américain. Or, ils ont franchi tous les obstacles, ils vivent maintenant en français, ils sont enfin devenus «eux-mêmes». Désormais conscients de leur majorité, ils sont disposés à partager le nom de «Québécois» avec tous les citoyens du Québec, espérant que ceux-ci accepteront de construire l'avenir avec eux dans le partage d'une langue commune. Voilà le constat le plus frappant, l'acquis le plus substantiel.

On pourrait ajouter que si les francophones ont réussi à préserver et à développer leur identité, ils le doivent d'abord à cette capacité d'endurance et à cette indépendance d'esprit que les observateurs notaient déjà chez les premiers Canadiens. Endurance soutenue d'abord par une grande capacité de renouvellement et d'adaptation, ensuite par une longue patience préférant habituellement les moyens démocratiques plutôt que le recours à la force.

Ils le doivent aussi à l'esprit de tolérance, d'ouverture aux autres, de coexistence pacifique, que les événements ont favorisé chez eux. On constate, par exemple, que le

Québec, à plusieurs reprises, a été cité en exemple pour la place qu'il fait à sa minorité anglophone et qu'une réflexion publique soutenue s'est instaurée au Québec, depuis plusieurs années, visant à fonder la conscience nationale et l'équilibre fonctionnel de la société sur le respect et la concertation de tous les citoyens.

Certes, tout n'a pas toujours été «pur» dans ce portrait du Québécois francophone. Tantôt on a pu constater une frontière ambiguë entre le respect de l'autre et l'obligation de complaisance du «colonisé». Tantôt on a remarqué des hésitations entre le «il faut» et le «peut-être», des contradictions entre les exigences d'un choix à faire et le refus d'abandonner quoi que ce soit.

Mais, en chassant les maux qui affligent un peuple, l'histoire le révèle souvent à lui-même dans ce qu'il a de plus positif. En libérant la langue française de ses entraves et en faisant d'elle un milieu de vie qui leur est propre, elle a amené les Québécois à consolider leurs rapports entre identité et langue française. C'est là l'acquis fondamental, qui nous permet d'affronter l'avenir avec assurance.

Perspectives d'avenir

Personne ne peut prévoir l'avenir à long terme. Mais nous avons déjà les deux pieds dans le proche avenir. C'est celui-là qu'il faut examiner de près.

Quels défis? quelles réponses?

La mondialisation

On peut être pour ou contre la mondialisation. Mais rien n'y fait, on y est. L'intégration des marchés et la globalisation des échanges touchent à la fois les capitaux, la production, la recherche, la technologie, les biens et services, et la culture n'y échappe pas. Les entreprises, comme leurs produits, sont à la fois ici, là-bas et ailleurs. Phénomène de circulation universelle, de fusion, d'intégration, susceptible de redéfinir les espaces et les identités.

La mondialisation est en train de transformer le rôle des États-nations et de réduire à une valeur quasi nominale les frontières économiques entre pays. Elle suscite des alliances nouvelles et force les territoires politiques à regrouper leurs intérêts et leurs ressources dans des ensembles plus vastes pour mieux la piloter, à défaut de la contrôler. Après l'Union européenne, l'intégration des Amériques est prévue pour 2005, avec la création d'une zone de libre-échange des Amériques (ZLEA), qui touchera 34 pays.

Qu'adviendra-t-il de la langue française dans cet ensemble? Une perte d'identité est-elle à craindre? Comment et pourquoi le Québec et les Québécois devront-ils faire valoir et préserver leur spécificité?

Si toutes les réponses ne dépendent pas d'eux, les Québécois ont toutefois en mains plusieurs atouts sérieux pour faire face à la situation. L'ouverture et l'esprit d'entreprise qu'ils ont manifestés dans l'ALE et l'ALENA pourront leur servir à nouveau dans la ZLEA. Mais ils devront s'attendre à utiliser encore leur capacité de résistance et de revendication, si la ZLEA succombe au danger réel de devenir une autoroute à sens unique, un marché agrandi offert à la circulation d'une culture de masse et d'une langue prédominantes.

Qu'en sera-t-il de l'identité québécoise, préservée et renforcée par deux siècles et demi de luttes? N'est-ce pas là une référence passéiste incompatible avec la nouvelle dynamique mondiale? Bien au contraire! Les meilleurs spécialistes de la mondialisation, et tout particulièrement Manuel Castells[1], reconnaissent que «dans un monde caractérisé par des flux mondiaux de richesse, de pouvoir et d'images, la recherche d'identité collective et individuelle devient essentielle et fondamentale». Le Québec s'insérera avec d'autant plus de force dans le courant mondial qu'il aura réussi à réaliser son unité et sa spécificité autour de réalités identitaires largement partagées, comme la langue.

On sait déjà que l'écrivain n'atteint vraiment l'universel que s'il est enraciné dans sa culture locale. Il n'en va pas autrement ici. L'affirmation de l'identité linguistique et culturelle n'est pas un frein, mais un tremplin. Dans le contexte de mondialisation, elle joue un double rôle: elle crée d'abord les conditions les plus propices de synergie, d'entraide et de complicité qui permettent à un groupe de se propulser avec audace et confiance vers les aventures et les alliances les plus larges et les plus prometteuses; elle permet ensuite de contrer les effets réducteurs et uniformisants de la mondialisation en valorisant l'attachement de chaque groupe ou de chaque nation à ses propres repères.

Le Québec possède encore deux autres atouts, qui lui viennent, l'un de sa position économique face aux États-Unis, et l'autre, de son appartenance à la francophonie mondiale. Bien que sa population soit 40 fois plus petite que celle de son voisin américain, le Québec est le 6e fournisseur des États-Unis, qui reçoivent 85 % de ses exportations totales, et dont il est le 7e client. À cet égard, il constitue pour les États-Unis un partenaire économique plus important que l'Italie, la France ou la Russie. Pour le Québec, les échanges commerciaux se sont plutôt développés dans l'axe nord-sud. Avec les accords de libre-échange (ALE et ALENA), la Nouvelle-Angleterre reçoit une part appréciable des exportations de haute technologie du Québec, et la disparition graduelle des frontières place les Québécois dans une situation qui ressemble en partie à celle qu'ont vécue les premiers Canadiens au début de la colonisation de l'Amérique du Nord. Partie prenante de la configuration nouvelle du grand espace américain, le Québec est donc autorisé, comme partenaire non négligeable des États-Unis, à faire valoir ses points de vue et à défendre son américanité française pour résister, s'il le faut, à l'américanisation.

Il peut aussi parler à titre de membre actif de la francophonie mondiale. On estime à environ 15 millions le nombre de francophones réels et occasionnels[2] dans l'ensemble des Amériques. Certes, l'anglais, l'espagnol et le portugais l'emportent sur le français, aussi bien en Amérique que dans le monde, pour le nombre de locuteurs. Mais la portée d'une langue ne lui vient pas uniquement de son rang démographique. Sur la base d'un indice composé, mis au point par le British Council[3], pour mesurer l'influence des différentes grandes langues parlées aujourd'hui, la langue française se placerait au troisième rang des langues les plus importantes dans le monde, derrière l'anglais et l'allemand, mais devant le japonais et l'espagnol. En se prévalant de ses acquis et de ses titres, le Québec peut, s'il le veut, contribuer à assurer le respect et la promotion de la langue française dans l'ensemble de l'espace américain, en se souvenant que dorénavant tout aménagement linguistique national est tributaire de son volet international.

Pour répondre adéquatement aux exigences de l'avenir et assurer l'équilibre de la zone de libre-échange, le Québec est sans doute appelé – au moyen d'ententes et de protocoles officiels – à veiller au plurilinguisme[4] institutionnel des structures supranationales de l'espace américain, et à faire préciser dans les textes la reconnaissance pleine et entière du Québec comme marché francophone (au même titre que la France), et non comme *domestic market* des États-Unis. Il serait souhaitable aussi qu'il continue à susciter, parmi les Québécois – suivant l'invitation même du premier ministre lors de l'ouverture de la Décennie des Amériques –, le goût des langues et l'émergence d'un trilinguisme effectif (français, anglais, espagnol ou portugais).

Mais cela ne suffit pas. Pourquoi le Québec ne s'investirait-il pas résolument dans son rôle de leader régional de la francophonie dans l'espace américain? Ce rôle de premier plan lui revient, puisque la masse critique des francophones d'Amérique est concentrée sur son territoire. En termes de synergies économiques, le Québec peut se positionner à la fois comme porte d'entrée de l'Amérique du Nord et comme «nœud» de relations spécifiques et spécialisées à l'intérieur du réseau francophone mondial. L'enjeu économique est considérable et propose à la langue française un défi réel à l'intérieur de ce réseau qui en recoupe d'autres: celui de jouer un rôle déterminant dans le nouveau modèle de développement économique, comme véhicule d'échange d'informations et d'apprentissages collectifs conduisant à la création de savoirs.

Et l'enjeu culturel n'est pas moins important. Par exemple, le Québec pourrait veiller, avec la collaboration éventuelle de partenaires francophones, à la promotion et à la diffusion de la langue française dans l'espace continental américain, par le moyen des arts et des lettres, et par une contribution active à l'enseignement et à la formation dans les pays membres de la zone de libre-échange. Enfin, ne pourrait-il pas compenser l'absence de réflexion culturelle constatée dans les instances du Sommet des Amériques (Miami, 1994; Santiago, 1998) en proposant l'élaboration, par un groupe de travail interaméricain, d'une charte des cultures destinée à baliser le flux des produits culturels et à donner leur chance aux « cultures de petite taille » qui ne peuvent s'imposer d'elles-mêmes.

La société de l'information

La société de l'information nous a déjà happés. Elle est omniprésente et fait corps avec la mondialisation. Les technologies de l'information ont désormais une influence fondamentale sur les stratégies d'essor économique et de développement tout court. La compétitivité et le degré de développement des sociétés contemporaines se mesurent à la capacité qu'elles ont de traiter et d'utiliser l'information pour produire de nouvelles connaissances.

À la fois capital, matière première et produit, l'information circule dans le monde avec une fluidité extraordinaire et tisse autour de la terre un filet qui nous englobe tous. Ses autoroutes se multiplient chaque jour et chacun de nous y a accès, souvent sans droit de péage. La force et la richesse appartiennent à celui qui sait capter l'information utile, la traduire, la transformer, en faire un outil pour créer du savoir, pour produire et innover.

Bien sûr, la production et la transmission de l'information s'appuient sur plusieurs technologies, et son utilisation suppose au minimum la maîtrise de l'outil informatique. Mais, en définitive, l'information a un support : la langue. Et la langue a un prix : la compétence. Ce qui veut dire que, dans le nouveau contexte de mondialisation, le développement de la compétence linguistique revêt une signification primordiale. L'essor économique ne peut plus faire l'économie du développement de la langue et de ses outils de traitement informatisé.

Pour l'heure, selon *Global Reach*, l'anglais est la langue de 51 % des utilisateurs d'Internet, suivi du japonais (7 %); le français, avec 4 %, se place derrière l'allemand, l'espagnol et le chinois. On estime qu'à brève échéance la part de l'anglais va diminuer et celle d'autres langues augmenter, ce qui ne cause aucun préjudice, puisque, l'espace virtuel étant infini, le nouvel espace occupé par une langue n'enlève rien aux autres. Chacune peut donc prendre toute la place dont elle a besoin. Mais le défi de l'avenir – la concurrence – réside moins dans la quantité d'espace qu'on occupera que dans la capacité réelle qu'on aura de traiter l'information. Comme la langue française se classe au deuxième rang, après l'anglais, parmi les langues les plus « outillées » du monde, c'est-à-dire celles qui disposent du plus grand nombre de logiciels de traitement de la langue (repérage, traduction automatique, etc.), elle a de bonnes chances – pourvu qu'on y mette la volonté politique et les moyens – d'occuper une place plus marquante dans la société de l'information. À cet égard, le Québec a un rattrapage à faire, puisque 26 % seulement des ménages comptent au moins un utilisateur mensuel du réseau Internet.

Bref, comme le suggère David Crystal[5], vouloir modifier l'équilibre des langues dans le monde exige d'intervenir avec beaucoup de détermination. Et il serait souhaitable que ces interventions portent à la fois sur l'accroissement des sites et des contenus en français, sur l'augmentation du nombre d'utilisateurs francophones, sur la mise au point d'outils de traitement automatique du français et sur l'accès facile et gratuit à ces outils.

Pour passer d'une « société de traduction » à une « société d'expression », le Québec du XXe siècle a dû investir beaucoup dans les moyens, les techniques et les infrastructures nécessaires (imprimerie, édition, terminologie, radio, télévision, théâtre, production culturelle, etc.). Il n'en ira pas autrement pour passer maintenant à la « société de l'information » du XXIe siècle, société dans laquelle la langue tirera sa force de son dynamisme économique, de sa capacité de produire et de contribuer à la richesse collective.

La « maîtrise du français écrit », la « connaissance d'autres langues », la « production et l'utilisation du matériel de traitement informatisé du français et des autres langues » sont des mots clés pour occuper une position avantageuse dans la société de l'information. À partir de là, on pourrait imaginer quelques mesures à mettre en œuvre, comme, par exemple, former des diplômés maîtrisant parfaitement le français; des traducteurs susceptibles d'optimiser les chances du Québec de s'approprier et de diffuser le maximum d'information possible; d'« ingénieux ingénieurs-linguistes » capables de mettre au point des outils efficaces de traitement du français et des autres langues.

La diversité culturelle et l'unité linguistique

D'une part, la population des pays occidentaux ne se renouvelle pas, c'est en quelque sorte un constat d'avenir, et, d'autre part, elle subira de plus en plus la pression migratoire en provenance de pays plus peuplés et moins nantis. L'évolution rapide des sociétés vers la diversité culturelle, favorisée par l'immigration, par la libre circulation des personnes et par le respect des droits individuels, soulève à la fois la question de la cohésion sociale et celle de l'usage public des langues. Sommes-nous prêts à affronter l'avenir?

Les jeunes de la nouvelle génération considèrent la langue française comme un fait acquis au Québec. Mais ceux qui ont connu la situation d'autrefois et qui s'en souviennent continuent de se poser des questions, surtout quand on leur dit que la proportion des francophones à Montréal diminue inéluctablement et que le pourcentage des allophones ne cesse d'augmenter. Car la position de Montréal est doublement stratégique, à la fois pour l'intégration des immigrants et à cause de son poids démographique dans l'ensemble du Québec. Et cette préoccupation se double de la représentation intérieure que chacun se fait de la place et du rôle des néo-Québécois dans la préservation et le renforcement de la société francophone du Québec.

Peut-on concilier pluralité culturelle et unité linguistique dans le Québec de demain? Même si 94 % des Québécois déclarent connaître le français, l'usage public du français est-il suffisamment assuré, et cet usage public est-il suffisant pour garantir la pérennité du français ? Quelles mesures prendre pour accroître la force d'attraction du français et créer une véritable responsabilité de tous les citoyens face à la langue française? Voilà des questions qui sous-tendent notre avenir. Un avenir on ne peut plus présent.

Selon le sens commun traditionnel, la langue la plus forte serait celle qui ne rassemblerait que des locuteurs nés dans cette langue. Mais cette cohésion ethnico-linguistique n'existe pratiquement plus nulle part dans le monde; elle est même devenue une sorte de faiblesse, s'il n'y a pas autre chose pour soutenir la langue. Aujourd'hui, la force d'une langue ne se mesure plus que dans un contexte de concurrence linguistique. Plus une langue est forte par rapport aux autres, moins on se questionne sur sa valeur et sur ses locuteurs : elle est indispensable, et tout le monde la parle. À l'extrême opposé, la langue la plus faible est celle qui ne peut plus compter, pour survivre, que sur ses défenseurs les plus sûrs, par exemple ceux qui sont nés dans cette langue. À la limite, la valeur de cette langue est alors réduite à sa dimension ethnique, qui remplace sa valeur pratique ou sa valeur sociale reconnue. Fort heureusement pour tous les Québécois, la langue française du Québec a élargi son appartenance et ne se situe plus à cet extrême.

Certains poseront néanmoins la question : la valeur pratique, sociale et personnelle qu'on attache à la langue sera-t-elle aussi forte chez un francophone adoptif que chez un francophone natif? Et l'intégration des immigrants peut-elle être faite par des francophones adoptifs ou ne faut-il pas un bassin critique de francophones natifs? Autrement dit : pour assurer l'intégration des immigrants et l'avenir de la langue, quel poids doit-on accorder à ce que représente la langue pour l'individu et la société?

Ces préoccupations donnent à penser que, pour bien des Québécois, « être francophone » ne veut pas seulement dire « parler français », mais aussi « être attaché à la langue française » comme élément constitutif de la société québécoise, ce qui est compréhensible chez les locuteurs d'une langue extrêmement minoritaire dans un ensemble continental fortement dominé par l'anglais. Elles donnent peut-être à entendre également que seuls les francophones natifs seraient capables de cet attachement, ce qui serait non seulement contestable, mais aussi périlleux pour l'avenir de la langue, dans la perspective certaine d'une diminution de leur nombre.

Les concepts de *langue d'usage public* et de *langue d'usage à la maison* auraient intérêt à se compléter et à se renforcer l'un l'autre. Car l'avenir du français sera assuré par les deux. Une langue d'usage public devient plus forte si elle s'enracine aussi dans les habitudes les plus personnelles. Une langue parlée à la maison est condamnée à moyen terme si elle n'est pas utilisée publiquement. Par son début d'attachement au français et par son engagement à parler le français en public, un immigrant, même si les conditions ne sont pas encore réunies pour qu'il parle le français à la maison, contribue à l'avenir du français, et sa contribution doit être reconnue comme non négligeable.

Notre lecture du comportement linguistique des immigrants est de date récente et nous n'en avons pas encore tiré toutes les conclusions. Certaines d'entre elles sont «connues», mais ne sont pas encore «reçues». D'autres attendent d'avoir subi l'épreuve du temps. Car ici le temps compte pour beaucoup. Il faudra attendre généralement la deuxième ou la troisième génération avant que ne s'opère l'adoption du français comme langue d'usage à la maison. On a déjà constaté que l'adoption du français comme langue d'usage public conduit généralement l'enfant ou le citoyen à épouser peu à peu les points de vue des francophones sur la langue. Il reste à vérifier si cette pratique le prédisposera aussi en faveur du français comme langue parlée à la maison. Il n'y aurait rien d'étonnant à ce que cela se produise, quand on sait que la force d'entraînement d'une langue qui s'impose dans l'espace public peut être plus déterminante que celle d'une langue qui s'impose dans l'espace privé, surtout si cette langue représente aux yeux des nouveaux citoyens la clé de l'insertion et de la promotion sociale, l'accès indispensable aux activités les plus utiles de la vie et le moyen de se procurer emploi, richesse et bien-être.

Le véritable critère pour assurer l'avenir ne serait-il pas finalement l'engagement des citoyens face à la langue française considérée comme facteur de cohésion de la société québécoise? Or, cet engagement peut être – et devenir de plus en plus – le fait aussi bien de locuteurs adoptifs que de locuteurs natifs. La différence entre francophones deviendrait dès lors superflue. Et ce critère commence à être une réalité, il s'agit de le renforcer. Un tel défi n'est peut-être pas plus facile, mais certainement plus probable que l'augmentation significative du taux de natalité.

> Les grands principes qui fondent le cadre civique commun font largement consensus dans notre société. Affirmer que le Québec est une société démocratique et pluraliste où le français constitue la langue commune de la vie publique et qu'il possède un patrimoine que tous et toutes sont invités à partager et à transformer, voilà les composantes de ce cadre civique qui sont largement partagées et qui devraient être mieux connues.

C'est le Conseil des relations interculturelles, dont les membres proviennent de différents groupes ethniques, qui écrit ces lignes après une vaste consultation. L'unité linguistique est donc possible dans la diversité culturelle, et l'avenir de la langue française peut compter sur tous les Québécois. N'ayons pas tendance non plus à minimiser le succès de l'intégration des immigrants au Québec français, succès relatif et de date récente, mais succès quand même!

La majorité francophone a déjà commencé d'ailleurs à concevoir et à réaliser ce nouveau contrat social avec tous les Québécois. Il faut signaler la réflexion soutenue qui a eu cours ces dernières années sur l'«identité québécoise», puis sur la nature et les éléments constitutifs de la «nation québécoise», et celle qui s'est engagée récemment sur la «citoyenneté québécoise», enfin le débat qui a permis de mettre en lumière les aspects de convergence et de solidarité de l'«interculturel» et les dangers d'effritement inhérents au «multiculturalisme». On peut penser aussi que l'intense production culturelle québécoise des quarante dernières années et ses réalisations sur la scène internationale, aussi bien en Amérique qu'en francophonie, peuvent servir de base à une consolidation de la force d'attraction du français auprès de tous les Québécois et à leur association de plus en plus étroite au fait français; l'explosion de l'expression française des néo-Québécois, notamment dans le roman et la chanson, est à cet égard un fait porteur d'avenir.

Les francophones d'origine doivent se tourner vers les autres Québécois pour assurer avec eux l'avenir du français. Non pour être bien vus, mais par nécessité, par réalisme et en raison d'un souci d'enrichissement. L'aventure peut être concluante, surtout si l'on découvre que ces «autres» Québécois sont capables d'être sensibles à l'essentiel de la mémoire collective et d'apporter une contribution majeure et originale à la construction de la solidarité québécoise, ce qui suppose, entre autres, un enseignement de l'histoire et de l'éducation civique adapté et motivant pour tous.

Quelles conditions de réussite?

L'avenir ne se laisse pas cerner ni maîtriser si facilement. Même lorsque les orientations à prendre sont claires, les garanties de réussite ont besoin d'être confortées par les conditions les plus stables et les plus favorables. Quelles sont ces conditions? Nous les résumons en trois mots : continuité, renouvellement, volonté.

Continuité

Se tourner vers l'avenir ne veut pas dire tourner le dos au passé. La première balise, pour un aménagement linguistique renouvelé et durable, c'est la continuité. Le Québec évoluera toujours dans un environnement continental fortement marqué par la domination de l'anglais : les acquis du français ne peuvent jamais être instantanés ni définitifs. Il faut compter avec les générations et garder le cap sur les objectifs à atteindre. Dans un tel contexte, une législation linguistique n'est ni une béquille, ni un pis-aller, ni un remède passager. C'est une nécessité permanente pour soutenir et gérer un bien qui appartient à la collectivité. Car la langue est un «bien commun» et, pour son usage public, l'État ne peut pas s'en remettre au choix ou à l'initiative privée des citoyens, car la gestion du patrimoine comporte des incidences et des retombées d'ordre collectif qui dépassent les préférences et les intérêts individuels.

La Charte de la langue française a atteint une bonne partie de ses objectifs, comme nous l'avons déjà souligné. Sur quelques points, elle a donné ouverture à un certain bilinguisme restreint en faveur de la minorité anglophone du Québec dont elle a reconnu les institutions. Cependant, même si cet aménagement linguistique fait maintenant l'objet d'un consensus de plus en plus large, il suscite encore des oppositions et la partie n'est pas gagnée. Malheureusement, certains rêvent de mettre le français et l'anglais sur le même pied au Québec, ce qui ne pourrait que ramener la domination de l'anglais. L'esprit de l'aménagement linguistique québécois, fondé sur le principe du français langue officielle et commune, continue à être heurté de front par celui de l'aménagement linguistique fédéral, qui repose sur l'égalité des deux langues officielles du Canada et qui, loin d'aider et de soutenir la dynamique linguistique propre au Québec, utilise le pouvoir de dépenser pour promouvoir au Québec même l'égalité des deux langues.

Ces tiraillements entretiennent des équivoques persistantes chez bien des Québécois, et sans doute surtout auprès des immigrants et des anglophones. Plusieurs font mal la distinction entre le bilinguisme, voire le trilinguisme personnel – éminemment souhaitable – et le bilinguisme officiel ou institutionnalisé (celui des services publics), inconciliable avec le statut du français langue officielle et commune et incompatible avec la volonté de la société québécoise de fonctionner en français.

Bref, l'aménagement linguistique québécois tient toujours, mais ses acquis ont besoin d'être préservés, et l'usage de la langue généralisé. La francisation des immigrants et leur intégration à la société québécoise constituent à l'heure actuelle une priorité majeure. On se questionne sur Montréal, sur son équilibre linguistique et sur son avenir, en fonction notamment de l'intégration des immigrants qui y sont concentrés. Pour trouver des solutions à cette question, ne faudrait-il pas lancer un appel indistinctement à tous les citoyens du Québec à titre de francophones ou de francophiles et solliciter leur collaboration en tant que Québécois ayant une responsabilité face à la langue française dans la tâche commune d'un avenir à construire ?

Renouvellement

Mais l'avenir qui nous attend est sans commune mesure avec ce que nous avons connu : nous ne pourrons donc pas maîtriser l'avenir en reconduisant le passé. La dynamique des langues, toujours à base de concurrence, demeurera un combat aussi acharné, mais un combat sans bruit et sans guerre. Les défis de l'avenir sont d'un autre ordre. Il s'agit d'être nous-mêmes jusqu'au bout de nos capacités d'alliance et de créativité, dans l'affirmation positive de notre identité légitime. Et plusieurs seront conviés au combat de la compétence et de l'excellence.

Sur certains points, l'excellence signifiera de pousser plus loin le mouvement amorcé. Ainsi, par exemple, la compétitivité nous commandera peut-être d'aller jusqu'au bout de notre cheminement relatif à la norme du français standard québécois et de promouvoir, un peu partout dans nos activités publiques, l'usage d'une langue française qui, tout en gardant son autonomie et sa spécificité, soit également solidaire des exigences de compréhension mutuelle qui incombent à tous les pays de la francophonie. De même, dans nos rapports avec la Francophonie, tout en souscrivant à la politique de plurilinguisme[6] et de diversité culturelle mise en avant dans l'espace francophone, ne faudrait-il pas donner un souffle nouveau à la volonté francophone, pour faire en sorte que le français devienne vraiment la langue commune de la Francophonie et que l'exigence de plurilinguisme sur le plan international s'accompagne d'un engagement pour les francophones d'utiliser le français en toute occasion, particulièrement dans les instances où le français est langue officielle ?

Sur d'autres points, l'excellence voudra dire la recherche d'un équilibre dans un contexte en pleine transformation. Ainsi, par exemple, que signifiera «travailler en français» dans un contexte de mondialisation et de société de l'information, sinon recourir aussi à l'anglais, à l'espagnol, au portugais et à d'autres langues pour les échanges internationaux, l'appropriation de l'information et la mise en marché des produits québécois destinés à l'exportation, et en même temps sauvegarder le contexte interne de travail en français dans l'entreprise québécoise et assurer en français aussi bien la chaîne de distribution et de diffusion au Québec des produits extérieurs que la chaîne de production des produits québécois destinés à l'exportation.

Autre exemple de recherche d'équilibre pour les Québécois. On a dit que l'État-nation – et pas seulement au Québec – a tissé une enveloppe protectrice autour de la société et que cette membrane, aujourd'hui de plus en plus poreuse ou fissurée, laisse passer plusieurs langues, ce qui amène parfois le citoyen à se sentir désemparé et mal outillé pour faire face à la situation. Certes, la nouvelle donne constitue un véritable défi pour les États-nations et rend sans doute plus difficile le positionnement de chacun. Le nouvel équilibre consistera, pour un bon nombre de Québécois, à contracter le goût des langues et à devenir trilingues, voire plurilingues, tout en étant d'abord et avant tout francophones de cœur et d'usage. Mais cela ne doit pas porter atteinte au choix qu'ont fait l'État et la société québécoise de fonctionner et de se développer en français.

Les défis de l'avenir – participation au pilotage de la mondialisation, maîtrise de l'information, intégration de la diversité culturelle – ont tous quelque chose en commun: ils correspondent à une dynamique nouvelle inconnue dans le passé; ils commandent un renouvellement des attitudes et une stratégie de combat intelligente et sensible, fondée sur l'excellence, la compétitivité et la valeur ajoutée d'une spécificité québécoise partagée et inclusive.

Volonté

Face aux exigences de l'avenir, la condition essentielle de réussite est de «vouloir». Pourtant, cette évidence ne semble pas toujours acquise, du côté des citoyens comme du côté de l'État.

On peut comprendre que des citoyens, pour des motifs ou des intérêts personnels, manifestent plus d'opposition que de volonté face à l'aménagement linguistique québécois.

C'est à l'État qu'incombe la responsabilité première d'établir et de faire respecter les principes, les critères et les limites de son aménagement linguistique, en accord avec les exigences d'une saine démocratie. C'est à son niveau que se perçoit l'ensemble et qu'on doit travailler d'abord et avant tout à l'intérêt général et éviter de se mettre à la remorque d'intérêts particuliers. L'État n'a plus à tergiverser, car il irait alors à l'encontre du bien commun, la langue devenant de plus en plus, comme cela a été dit, un facteur primordial de croissance et de développement économique.

Malheureusement, la langue française au Québec a été trop souvent, jusque dans ses principes de base, un objet de marchandage politique ou de calcul électoraliste. Elle n'est pas encore enchâssée dans une constitution, elle demeure exposée à toutes les attaques judiciaires, tout le monde peut y toucher, bref elle est encore l'affaire de bien des chicaneurs politiques.

Par respect pour le Québec et pour les Québécois, l'avenir commande que la langue française soit hissée au niveau politique le plus noble, qu'elle soit considérée comme un bien commun et l'élément constitutif premier de la société québécoise, qu'elle soit enfin inscrite dans un texte qui en assure la durée et qui la mette hors d'atteinte de toute considération partisane. Le discours politique devrait se hausser au même niveau et marquer, pour la langue française, une préoccupation aussi forte et aussi constante que pour l'économie, les richesses naturelles, l'éducation.

Les liens entre l'éducation et la langue sont d'ailleurs essentiels et mériteraient, dans l'avenir, de recevoir une attention et un investissement prioritaires. À cet égard, on pourrait penser à deux préoccupations majeures. La première a trait à la démarche civique qui fonde l'avenir du Québec sur l'unité de la langue dans la diversité des cultures. Elle touche à des aspects fondamentaux comme l'ouverture aux autres, le respect des différences, le «contrat moral» qui engage tous les Québécois face à la langue française. Également, la reconnaissance des droits historiques des Premières Nations, la compréhension et le développement des rapports linguistiques entre Québécois et autochtones font partie de cette éducation civique qui commence à l'école.

La seconde préoccupation viserait à donner aux Québécois le goût et le plaisir de parler français et la capacité d'avoir recours de façon aisée à toutes les possibilités de la langue. Ce qui voudrait dire : enseigner à tous les Québécois non pas une langue française de niveau minimal ou moyen qu'ils connaissent déjà ou peuvent acquérir par eux-mêmes – les établissements d'enseignement demeureraient alors bien en deçà de leur mission –, mais la langue française du niveau le plus soutenu et le plus exigeant, susceptible de leur fournir les meilleures chances de réussite et la plus grande audience possible sur le plan international.

Finalement, c'est dans les services publics relevant du gouvernement et des instances officielles que peut se manifester le plus clairement la volonté de l'État de soutenir le français pour qu'il devienne vraiment la langue commune de tous les Québécois. À cet égard, on s'attend à ce que l'Administration publique joue un rôle exemplaire, en utilisant constamment la langue officielle, en dehors des services qui s'adressent clairement et directement à la minorité anglophone et de certains services fournis aux immigrants non encore francisés. Il serait dommageable qu'à cause d'un manque de critères ou en raison d'un manque d'empressement à respecter la Loi, des représentants de l'État ou des organismes officiels ouvrent la voie au bilinguisme public en agissant comme s'ils étaient à la remorque des citoyens ou comme si chacun pouvait utiliser la langue de son choix.

Personne ne comprendrait que l'appareil gouvernemental puisse manquer de cohérence et de volonté face à des exigences que l'Assemblée nationale a situées au cœur du devenir et du développement de la société québécoise lorsqu'elle a décidé, depuis un quart de siècle, sous l'impulsion des divers gouvernements qui se sont succédé, de faire du français la langue officielle du Québec, la langue de l'Administration, la langue normale et habituelle de tous les services publics.

En rappelant ces vérités, ce n'est pas une application stricte et intransigeante de la Loi que nous visons, mais l'éveil d'une conscience et l'exercice d'une responsabilité. Nous croyons en effet que, pour construire une société québécoise faisant appel à l'engagement de tous ses citoyens envers la langue française, le régime d'obligations juridiques mis en place par la Loi doit se doubler progressivement et de plus en plus d'un «contrat» de responsabilité civique. L'appareil gouvernemental est et demeure le premier responsable de l'application de la Loi, mais son influence et son rôle d'entraînement seront aussi déterminants dans la mise en place de la nouvelle dynamique souhaitée, qui repose essentiellement sur la volonté et la conviction de chacun.

Dans l'univers où nous entrons maintenant, le rôle de la langue française «pierre angulaire» du développement économique et culturel du Québec constitue à l'évidence, au plus haut niveau, une priorité majeure pour le Québec.

Michel PLOURDE
coordonnateur du comité scientifique

Voir la bibliographie pour les références ne comportant que le nom de l'auteur et l'année de publication.

Première partie
Chapitre 1

1. Le mot « Canada », d'origine iroquoise, était déjà connu du temps de Jacques Cartier. – Quant à l'appellation « Nouvelle-France », qui englobe toutes les possessions françaises d'Amérique (y compris l'Acadie dont le premier gouverneur a été nommé en 1603), elle était déjà mentionnée sous le nom de Gallia Nova ou Francia Nova sur une carte de Jérôme Verrazano datée de 1529 (il rendait compte d'une expédition de son frère, mandaté par François Ier). – Jusqu'à la fin du Régime français, les mots « Canada » et « Nouvelle-France » sont souvent utilisés comme synonymes dans la correspondance officielle des administrateurs.

2. Voir l'article de Jean Poirier sur les noms français en Amérique.

3. L'Acadie compte alors plusieurs établissements de quelques centaines de personnes, dont Port-Royal demeure le chef-lieu. Elle sera cédée à l'Angleterre en 1713; ce que la France tentera de compenser par la construction d'une forteresse considérable à Louisbourg, à la pointe du Cap-Breton.

4. Concernant la population de 1760, les historiens avancent des chiffres allant de 60 000 à 70 000. Les plus récentes études effectuées par le département de démographie de l'Université de Montréal donnent 70 000. Voir : « La population française de la vallée du Saint-Laurent avant 1760 », *Atlas historique du Québec* publié sous la direction de Serge Courville.

5. Lettre du 17 mai 1674 de Colbert à Frontenac.

6. Voir l'article de Fernand Grenier, qui évoque la Conquête et la fin du « rêve français ».

7. Avant 1663, date à laquelle le roi établit son emprise directe sur la colonie, le développement de la Nouvelle-France fut laissé en quelque sorte au bon plaisir des compagnies, sociétés de commerce, de traite et de colonisation auxquelles la Couronne concédait des monopoles d'exploitation. La plus importante fut la Compagnie des Cent Associés (1627-1663).

8. Richaudeau, Émile, 1876, vol 2, p. 388-389.

9. Au XVIIe siècle, « franciser » ne consistait pas uniquement à faire apprendre le français, mais aussi à inculquer les manières, les sentiments et le mode de vie des Français.

10. Sagard, Gabriel, 1632, *Le grand voyage du Pays des Hurons*, Paris, Denys Moreau.

11. D'une poignée au début, le nombre de coureurs des bois a augmenté aux alentours de huit cents dans les années 1680.

12. Voir les articles de Lothar Wolf et de Raymond Mougeon.

13. Charlevoix, Pierre-François Xavier de, 1744.

14. Rousseau, J. et G. Béthune, 1977.

15. Casgrain, l'abbé H.-R., 1889-1895, *Journal du Marquis de Montcalm durant ses campagnes en Canada de 1756 à 1759*, Québec (Collection des manuscrits du maréchal de Lévis).

16. Allard, Michel et autres, 1976, t. 2, p. 154.

17. Charlevoix, 1744, *op. cit.*

18. Dupuy à Maurepas, 20 octobre 1727, *Archives des Colonies*, série C11A, vol. 49, p. 330.

19. Conseil de Marine; Les négociants domiciliés au Conseil de marine, 29 mars 1719, *Archives des Colonies*, série C11A, vol. 40, p. 264.

20. Bougainville, Louis Antoine de, « Journal de l'expédition d'Amérique commencée en l'année 1756, le 15 mars », dans *Rapport de l'Archiviste de la Province de Québec*, 1923-1924, p. 377.

21. *Relations des Jésuites*, 1972, t. 1, p. 14.

22. Le Roy, Claude Charles, dit Bacqueville de La Potherie, 1722, *Histoire de l'Amérique septentrionale*, Paris, Nyon Fils, vol. 1, p. 288.

23. Oury, Guy, 1971, *Marie de l'Incarnation, Correspondances*, p. 102, 108, 390, 508, 678, 735, 801, 890.

24. Nicolas-Claude Fabri de Peiresc, conseiller au Parlement de Provence, 1580-1637, *Catalogue des raretés*. Cité dans Gravit, Francis W., décembre 1946, « Un document inédit sur le Canada », Québec, *La revue de l'Université Laval*, vol.1, n° 4, p. 288.

25. Bélonie, principal compagnon de route de Pélagie. Il incarne la mort, comme Pélagie représente la vie.

26. « S'engotter » : s'étouffer.

Chapitre 2

1. Pour la documentation complète relative à ces témoignages (XVIIe-XIXe siècles), voir la thèse de Caron-Leclerc, Marie-France, 1998.

2. Le Clerc, Chrestien, 1691, t. II, p. 15.

3. Le Roy, 1722, t. I, p. 279.

4. Charlevoix, 1744, *op. cit.*, t. III, p. 79-80.

5. Rousseau, J., et G. Béthune, 1977, *op. cit.*

6. Costes, Charles, 1935, p. 31.

7. Casgrain, l'abbé H.-R., 1889-1895, *op. cit.*, vol. 7, p. 64.

8. Charbonneau, 1997. Le Bassin parisien est formé de l'Île-de-France (Paris), de la Normandie (Rouen), de laPicardie, des pays de la Loire, de la Bourgogne,de la Champagne et de la Lorraine. À elles seules, les deux provinces de Normandie (avec 17%) et de l'Île-de-France (avec 16%) ont donné 33% des colons. Ces recherches se poursuivent et ne couvrent, pour le moment, que le XVIIe siècle (environ la moitié des colons).

9. *Ibid.* Parmi ces provinces périphériques, les trois provinces maritimes de l'Ouest – le Poitou (avec 12%), l'Aunis (avec 11%, La Rochelle) et la Saintonge (avec 6%) – ont donné 29% des colons.

10. Charbonneau, Hubert, 1997.

11. Audet, Louis-Philippe, 1971b, p. 21.

12. Trudel, Marcel, 1969 et 1973.

13. Audet, Louis-Philippe, 1972, « L'instruction des dix mille colons, nos ancêtres », *Les Cahiers des Dix 37*, p. 43.

14. Source : *Atlas de la langue française*, 1995. Paris, Bordas.

15. Notes de Claude Galarneau.

16. Roy, Antoine, 1930, *Les lettres, les sciences et les arts au Canada sous le régime français*, Paris.

17. Landry, Yves, 1992.

18. En référence aux émigrants qui s'engageaient à travailler trois ans dans la colonie.

19. Barbaud, Philippe, 1984.

20. C'est le pourcentage qu'obtient Yves Landry en appliquant le modèle de Philippe Barbaud à la population des « filles du roy ».

21. La France d'oc se situait au sud d'une zone frontalière qui comprenait, d'ouest en est, les provinces suivantes : Saintonge, Angoumois, Poitou, Berry, Bourbonnais, Lyonnais, Nord du Dauphiné et Savoie.

22. Rivard, Adjutor, 1914; Dulong, Gaston, 1973; Barbaud, Philippe, 1984 et 1994.

23. Charbonneau, Hubert, 1997; Charbonneau Hubert et André Guillemette, 1994, « Provinces et habitats d'origine des pionniers de la vallée laurentienne », Québec, *Langue, espace et société : les variétés de français en Amérique du Nord* (sous la direction de Claude Poirier), Sainte-Foy, Presses de l'Université Laval.

24. Trudel, Marcel, 1977; Charbonneau, Hubert, 1997.

25. *Ibid.*

26. Poirier, Claude, 1994, p. 256.

27. Poirier, Claude, 1975, « La prononciation québécoise ancienne d'après les graphies d'un notaire du XVIIe siècle », *Travaux de linguistique québécoise*, t. 1 (sous la direction de Marcel Juneau et Georges Straka); Poirier, Claude, 1994; Juneau, Marcel, 1972; Juneau, Marcel et Claude Poirier, 1973, *Le livre de comptes d'un meunier québécois*, Sainte-Foy, Presses de l'Université Laval.

28. Trudel, Marcel, 1977.

29. Barbaud, Philippe, 1994; Charbonneau, Hubert, 1997.

30. Trudel, Marcel, 1983.

31. Le cas des formes en *vas* est particulièrement instructif. Il s'agit de formes qui à l'époque de la Nouvelle-France se trouvaient dans nombre des parlers régionaux de la France d'oïl et qui, à en juger par les pièces de Molière et les œuvres de Vadé, étaient employées par les paysans ou les membres des couches populaires urbaines. Au contraire, les formes en *vais* étaient employées par les classes plus élevées. Les textes du XVIIe siècle révèlent aussi que les formes composées (y compris *en*) étaient nettement moins fréquentes que les formes simples. Toutes ces tendances ont été préservées en français québécois. Dans cette variété de français, les formes en *vais* font partie du registre officiel et sont typiques du parler des couches sociales élevées, et les formes simples sont nettement plus fréquentes que les formes composées (voir Mougeon 1996).

32. Pignon, J., 1960, *La gente poitevine : recueil de textes en patois poitevin du XVIe siècle*, Paris, D'Artrey.

33. Cette traduction a été gracieusement fournie par Pierre Rézeau.

34. Wolf, Lothar, 1991.

35. Voir : Rivard, Adjutor, 1930, *Glossaire du parler français au Canada*, Dulong, Gaston et Gaston Bergeron, 1980; *Atlas linguistique de l'Est du Canada*.

36. Thurot, C., 1901; Rosset, Théodore, 1911; Deloffre, Fr., 1961, *Agréables conférences de deux paysans de Saint-Ouen et de Montmorency sur les affaires du temps (1649-1651)*, Paris.

37. Juneau, Marcel, 1972; Juneau, Marcel et Poirier, Claude, 1973.

38. Voir Straka, Georges, 1981, pour les changements dans la prononciation parisienne au XIXᵉ siècle.

39. Voir : Juneau, Marcel, 1972; Morin, Yves-Charles, 1994.

40. Rivard, Adjutor, 1914.

41. Caron-Leclerc, Marie-France, 1998.

42. Straka, Georges, 1981.

43. Voir : Gendron dans Poirier, Claude, 1987, *Dictionnaire du français plus*, à l'article « prononciation ».

44. Voir : Asselin, Claire et Anne McLaughlin, 1994; Poirier, Claude, 1994.

45. Juneau, Marcel, 1972.

46. Morin, Yves-Charles, 1994.

47. Halford, Peter W., 1994.

48. Mentionnons surtout Rivard, Adjutor, 1930, *Glossaire du parler français au Canada*, ou encore le *Dictionnaire historique du français québécois* (Claude Poirier, dir.), 1998, et les Atlas linguistiques récents (Dulong, Gaston et Gaston Bergeron, 1980, *Atlas de l'Est du Canada*; Lavoie, Thomas et autres, 1985, *Les parlers français de Charlevoix, du Saguenay, du Lac Saint-Jean et de la Côte Nord*).

Épilogue

1. Bailyn, Bernard, 1987, *The peopling of British North America, An Introduction*, New York, Knopf. - Voir aussi : chapitre 1, note 4.

2. Les dates entre parenthèses indiquent l'année de fondation.

3. Un monument à la mémoire de vingt soldats canadiens morts pour la cause de l'Indépendance américaine a été érigé à Old Norwich, dans le Connecticut. En outre, une médaille frappée à l'occasion du deuxième centenaire de l'État d'Indiana qualifie l'abbé Gibault de «Patriot Priest of the Northwest».

4. La version la plus complète des Journaux (1794-1796) et de la Description... du Haut-Missouri, de Jean-Baptiste Trudeau (ou Truteau) se trouve dans le fonds Viger-Verreau des Archives du Séminaire de Québec.

5. Il n'est pas sans intérêt de noter que 31 des États américains ont été découverts, explorés ou colonisés par des Français et des Canadiens français. On estime à plus de 5000 les noms de localités dont la désignation est d'origine française.

6. Dans *Considérations sur les effets qu'ont produits en Canada les établissements du pays, les mœurs, l'éducation, etc. de ses habitants*.

7. *Le Canada reconquis par la France*, 1855, Paris, Librairie Le Doyen.

8. En 1880, Louis Fréchette reçoit le prix Montyon de l'Académie française.

9. Faucher de Saint-Maurice, 1890, *La question du jour. Resterons-nous français?*, p. 136.

10. Dans *La Vérité*, journal que Tardivel a lui-même fondé en 1881.

Deuxième partie

Chapitre 3

1. Frégault, Guy, 1955, p. 334, 357-358.

2. *Documents relatifs à l'histoire constitutionnelle du Canada, 1759-1791*, 1921, p.18.

3. Malgré les engagements pris, la France ne remboursera pas l'argent du Canada. Elle est en banqueroute. Les Canadiens sont ruinés. Voir Frégault, Guy, *op. cit.*, p. 369. Aussi Trudel, Marcel, 1952, *Le régime militaire dans le Gouvernement de Trois-Rivières 1760-1764*, Le Bien Public, p. 167-179. Ouellet, Fernand, 1966, p. 56-67.

4. Frégault, Guy, *op. cit.*, p. 359-361.

5. Douville, Raymond, 1980, «Bruyères, John (Jean,Joseph)», dans *Dictionnaire biographique du Canada*, volume IV, Québec, p. 118.

6. Dufebvre, B. et Émile Castonguay, 1950, *Cinq femmes et nous*, Belisle, p. 41.

7. Voir l'article de Danièle Noël.

8. *Documents relatifs à l'histoire constitutionnelle du Canada, 1759-1791*, 1921, p. 549; aussi Thorpe F. J., et Sylvette Nicolini-Maschino, 1980, «Chartier de Lotbinière, Michel», dans *Dictionnaire biographique du Canada*, volume IV, p. 155-157.

9. Imposé à tout candidat à la moindre charge publique, le serment du Test était inacceptable à un catholique. En plus de nier l'autorité du pape et la transsubstantiation, ce serment proclamait «superstitieuse et idolâtre» la dévotion à la Vierge et aux saints.

10. Vaugeois, Denis, 1992, p. 25-26, 70-77, 92-94, 124, 141-142.

11. Normalement, il aurait dû y avoir 50 députés. Or, Salaberry a été élu dans deux circonscriptions et F.-A. Larocque est mort avant d'avoir pu siéger.

12. Vaugeois, Denis, *op. cit.*, p. 146.

13. Il n'en reste pas moins, pour la petite histoire, que, devenu veuf, il épousa, le 15 novembre 1802, Mary Charlotte Munro, fille d'un conseiller législatif du Haut-Canada. Trois filles issues de ce mariage survivront à leur père. L'une, héritière de la seigneurie de Vaudreuil, épouse Robert Unwin Harwood, la seconde qui avait reçu en partage la seigneurie de Rigaud, épouse William Bingham, fils d'un sénateur américain que Chartier de Lotbinière avait connu pendant sa captivité, la troisième, Christine, convole avec Pierre-Gustave Joly, qui mit admirablement en valeur la seigneurie de Lotbinière. Leur fils, Henri-Gustave, sera premier ministre du Québec en 1878-1879. Sur Michel-Eustache-Gaspard-Alain Chartier de Lotbinière et sa descendance : *Dictionnaire biographique du Canada*, 1987, volume VI, p. 144-145.

14. Sur le débat, voir Noël, Danièle, 1990, p.162-168 ; Vaugeois, Denis, *op. cit.*, p. 148-152.

15. Brun, Henri, 1970, *La Formation des institutions parlementaires québécoises, 1791-1838*, Sainte-Foy, Presses de l'Université Laval, p. 131.

16. Noël, Danièle, *op. cit.*, p. 149-150.

17. Cité dans *The Natural and Civil History of the French Dominion in North and South America*, publié en 1761.

18. Noël, Danièle, *op. cit.*, p. 152. Aussi *Dictionnaire biographique du Canada*, 1988, volume VII, p. 744-747.

19. Cité dans Guy Bouthillier et Jean Meynaud, 1972, p. 139-147.

20. Groulx, Lionel, 1960, *Histoire du Canada français*, p. 190. Voir aussi Groulx, Lionel, Conférence du mercredi 12 avril 1916, p. 16-18; Noël, Danièle, *op.cit.*, p. 334; Lacoursière, Jacques, 1997, *Histoire populaire du Québec*, tome 3 (1841-1896), p. 41.

21. Groulx, Lionel, 1920, *Les lendemains de la conquête*, Canada, Bibliothèque de l'Action française, p. 122.

22. Voir : note 9.

23. *Documents relatifs à l'histoire constitutionnelle du Canada*, 1759-1791, 1921, p.182.

24. *Ibid.*, p.197.

25. Morel, André, 1960, «La réaction des Canadiens devant l'administration de la justice de 1764-1774», dans *La Revue du Barreau de la Province de Québec*, t. 20, n° 2, p. 51-63.

26. Sheppard, Claude-Armand, 1971, *The Law of Languages in Canada*, Commission royale d'enquête sur le bilinguisme et le biculturalisme, Étude 10, p. 10.

27. Kolish, Evelyn, 1980, *Changement dans le droit privé au Québec et au Bas-Canada entre 1760 et 1840 : attitudes et réactions des contemporains*, thèse de doctorat en histoire, Université de Montréal, p. 241.

28. Nantel, Maurice, «Autour d'une décision judiciaire sur la langue française en Canada», dans *Les Cahiers des Dix*, n° 6, p. 147.

29. *Ibid.*, p. 149.

30. Morin, Augustin-Norbert, 1825, *Lettre à l'honorable Edward Bowen, Ecuyer, Un des juges de la Cour du banc du Roi de Sa Majesté pour le District de Québec*. Montréal, James Lane, p. 15 (Réédition-Québec).

31. Bouthillier, Guy et Meynaud, Jean, 1972, p. 141.

32. Noël, Danièle, 1990, p. 296.

33. Perrault, Joseph-François, 1832, *Moyens de conserver nos institutions, notre langue et nos lois*, Québec, Imprimeur Fréchette et cie, 32 p.

34. Voir également l'article de Denis Vaugeois sur cette question.

35. Sheppard, Claude-Armand, *op. cit*, p. 62-63.

36. Morel, André, «La réception du droit criminel anglais au Québec, (1760-1892)», dans *La Revue juridique Themis*, vol. XVII, n⁰ˢ 2-3, p. 463.

37. Kolish, Évelyn, *op.cit.*, p. 423.

38. «En raison des gens qui versent leur poche sur le dessus.» Cité par Greer, Allan, 1985, *Peasant, Lordand Merchant. Rural Society in Three Quebec Parishes, 1740-1840*, Toronto, University of Toronto Press, p. 150.

39. Greenwood, Murray, 1993, Toronto, The Osgoode Society.

40. Tocqueville, Alexis de, (J.-P. Mayer, éd.), 1957,

Œuvres complètes, tome V, *Voyages en Sicile et aux États-Unis*, Paris, Gallimard, p. 213.

41. Fyson, Donald, 1995, *Criminal Justice, Civil Society and the Local State. The Justices of the Peace in the District of Montréal, 1764-1830*, thèse de doctorat, Université de Montréal.

42. Robert, Jean-Claude, 1994, p. 93.

43. Little, Jack I., 1991, *Crofters and Habitants. Settler Society, Economy, and Cluture in a Quebec Township, 1848-1881*, Montréal et Kingston, McGill-Queen's University Press.

44. Massicotte, Daniel, 1995, *Montréal et son marché immobilier locatif de 1731 à 1831: Stratification sociale, ségrégation spatiale et transition vers le capitalisme*, thèse de doctorat, Université de Montréal, p. 299.

45. Ruddel, David-Thiery, 1991, *Québec, 1765-1832. L'évolution d'une ville coloniale*, Hull, Musée canadien des civilisations, p. 150.

46. Toqueville, Alexis de, *op. cit.*, tome V, p. 211.

47. Ruddel, David-Thierry, *op. cit.*, p. 252.

48. Massicotte, Daniel, *op. cit.*, p. 302.

Chapitre 4

1. «Instructions au gouverneur Murray», *Documents relatifs à l'histoire constitutionnelle du Canada, 1759-1791*, 1921, p.166-169.

2. *Ibid.*, p. 166.

3. Montgolfier, Étienne, «Mandement pour faire chanter un *Te Deum* [...]», 1 fév. 1762, *Mandements des évêques de Québec*, II, p. 159.

4. Cette offensive est «globale, structurée» et embrasse également la vie politique, économique et sociale. Voir Wallot, Jean-Pierre, (mars 1963), «Sewell et son projet d'asservir le clergé canadien, 1901», dans *Revue d'histoire de l'Amérique française*, XVI, 4, p. 550-551.

5. Mountain, Jacob, 1963. Cité dans Wade, Mason, p. 121-122.

6. Wallot, Jean-Pierre, *op. cit.*, p. 549.

7. «Mgr Plessis à l'abbé François-Emmanuel Bourret, 10 mai 1807», cité dans James H. Lambert, *Monseigneur, The Catholic Bishop, Joseph-Octave Plessis, Church, State, and Society in Lower Canada : Historiography and Analysis*, 1981, Sainte-Foy, Université Laval, thèse de doctorat, p. 870.

8. «Conversations entre Son Excellence sir James Henry Craig et l'évêque catholique de Québec», 1811, *Mandements des évêques de Québec*, III, p. 59-72.

9. «Pétition du 21 nov. 1822». Citée dans Lambert, James H., *op. cit.*, p. 1071.

10. Bouthillier, Guy et Jean Meynaud, 1972, p. 144.

11. Rousseau, Louis, 1976, p. 139-147.

12. Brodeur, Raymond, 1998, p. 283.

13. Mgr Joseph Signay, «Circulaire pour engager le clergé à user de son influence pour faire signer la requête contre l'Union», 25 janvier 1840, *Mandements des évêques de Québec*, III, p. 400.

14. Mgr Bourget à Mgr Pierre-Flavien Turgeon, 20 novembre 1837. Cité dans Michel Brunet, 1976, *Notre passé, le présent et nous*, Montréal, Fides, p. 80.

15. Mgr Bourget, «Lettre pastorale de monseigneur l'évêque de Montréal, aux fidèles de la ville et de la paroisse de Ville-Marie, pour annoncer l'ouverture d'une retraite», 12 déc. 1840, *Mandements des évêques de Montréal*, I, p. 105-107.

16. Noël, Danièle, 1990, p. 231.

17. La Salle, Jean-Baptiste de, 1870, *Conduite à l'usage des écoles chrétiennes*, Versailles, Beau, p. 22-29.

18. *Mélanges religieux*, V, 28 mars 1843, p. 362.

19. Lemire, Maurice et Denis Saint-Jacques (dir.), 1996, p. 141-143.

20. Verrette, Michel, 1989, p. 148.

21. Cité par Wade, Mason, 1963, *Les Canadiens français de 1760 à nos jours*, Montréal, Cercle du livre de France, p. 103.

22. Voir l'article de Danièle Noël à ce sujet.

23. Voir Wade, Mason, *op.cit.* p. 122-123.

24. Voir également les articles de Claude Galarneau et Nive Voisine sur cette question.

25. Wade, Mason, *op.cit.*, p. 124.

26. Cité par Bourque, Gilles, 1970, p. 295-296.

27. Noël, Danièle, 1990, p.147.

28. Voir Déclaration d'indépendance du Bas-Canada, dans Miron, Gaston et Andrée Ferretti, 1992, *Les grands textes indépendantistes*, Montréal, L'Hexagone, p.61.

29. L'article 41 a été abrogé en 1848.

30. *Le rapport Durham*, 1969, p.118.

Chapitre 5

1. Ce texte s'appuie sur la documentation du Trésor de la langue française au Québec (Université Laval) et sur le *Dictionnaire historique du français québécois*, Claude Poirier (dir.). Son auteur a bénéficié des recherches de Gabrielle Saint-Yves sur les ouvrages correctifs de Thomas Maguire et de Jean-Philippe Boucher-Belleville (thèse de doctorat inscrite à l'Université de Toronto), de l'étude de Thérèse Guay sur l'adaptation orthographique des anglicismes (mémoire en cours), ainsi que des commentaires de Jean Bédard, Chantale Gingras et Anne-Marie Beaudouin-Bégin.

2. Les mots suivis de l'astérisque font l'objet d'un article ou d'une remarque dans le *Dictionnaire historique du français québécois*.

3. *Lettres des nouvelles missions du Canada 1843-1852*, (éd. par L. Cadieux), Montréal-Paris, Bellarmin-Maisonneuve et Larose, 1973, p. 951.

4. Pour cette appellation, voir le *Dictionnaire du français plus*, Claude Poirier (dir.), 1988, Montréal.

5. Cité d'après Caron-Leclerc, Marie-France, 1998, p. 94.

6. Dans *La Bibliothèque canadienne*, février 1826, t. II, n° 3, p. 119.

7. Voir aussi l'article de Maurice Lemire.

8. Dans *L'Observateur*, 4 juin 1831, p. 341-343; article repris et développé dans *L'Encyclopédie canadienne*, sept. 1842, p. 253-26.

9. Le prix d'abonnement moyen à une gazette, in-folio de 4 pages, alors hebdomadaire, est de 15 à 20 shillings/an (plus des frais de postes élevés), ce qui équivaudrait à quelque 1000 $/an aujourd'hui.

10. Wallot, Jean-Pierre, 1983, « Frontière ou fragment du système atlantique. Des idées étrangères dans l'identité bas-canadienne au début du XIXe siècle » dans *Historical Papers/Communications historiques*, p. 9-10.

11. Tocqueville, Alexis de, 1957, *Œuvres complètes. Tome V : voyages en Sicile et aux États-Unis*, Paris, Gallimard, p. 211.

12. *La Minerve*, 27 novembre 1826.

13. Langevin, Hector, 1855, p. 141.

14. Huston, James, *Répertoire national*, III, p. 247.

15. D'autres détails sur cette polémique figurent dans l'article de Claude Poirier.

16. *Les Guêpes canadiennes*, 1881-1883, p. 239.

17. Huston, James, *op. cit.*, I, p. VII.

Troisième partie
Chapitre 6

1. Rioux, Marcel, 1976, p. 81; Dumont, Fernand, 1993, p. 326-330.

2. Smith, Peter J., 1997, « The Ideological Origins of Canadian Confederation », dans Janet Ajzenstat et Peter J. Smith (dir.), *Canada's Origins. Liberal, Tory or Republican ?*, Ottawa, Carleton University Press, p. 47-73.

3. Kelly, Stéphane, 1997, p. 202-209.

4. Bonenfant, Jean-Charles, 1911, p. 9.

5. Bastien, Hermas, 1938, *Le bilinguisme au Canada*, Montréal, Éditions de l'A.C.F., p. 27.

6. *Débats parlementaires du Canada-Uni*, 8 mars 1865.

7. Prujiner, Alain, (mars 1983), p. 48-50.

8. Arès, Richard, 1967, p. 539.

9. Groulx, Lionel, 1933, p. 35-36.

10. *Débats sur la Confédération*, 1864, p. 374.

11. Silver, Arthur I., 1981, *The French-Canadian Idea of Confederation, 1864-1900*, Toronto, University of Toronto Press, p. 53 et 218. Selon Silver, cette ignorance des Canadiens français à l'égard des Acadiens qui étaient revenus s'établir dans les Maritimes après la Déportation de 1755 subsistait, malgré la publication en 1859 du livre de Rameau de Saint-Père, *La France aux colonies*, où il était largement question des Acadiens. Voir aussi : Jeaenen, Cornelius J. (dir.), 1993, *Les Franco-Ontariens*, Ottawa, Presses de l'Université d'Ottawa, p. 233.

12. Creighton, Donald, 1964, *The Road to Confederation. The Emergence of Canada, 1863-1867*, Toronto, Macmillan, p. 178.

13. Bastarache, Michel et Andréa Boudreau-Ouellet, 1993, « Droits linguistiques et culturels des Acadiens et des Acadiennes de 1713 à nos jours », dans Jean Daigle (dir.), *L'Acadie des Maritimes*, Moncton, Centre d'études acadiennes, Université de Moncton, p. 407-408.

14. Martel, Marcel, 1998, *Le Canada français. Récit de sa formulation et de son éclatement, 1850-1967*, Ottawa, Société historique du Canada (collection « Les groupes ethniques du

Canada», brochure n° 24), p. 9.

15. Hurtubise, Pierre, Codignola, Luca et Fernand Harvey (dir.), 1999, *L'Amérique du Nord française dans les archives religieuses de Rome, 1600-1922. Guide de recherche*, Sainte-Foy, Éditions de l'IQRC, p. 14-16.

16. Sur le débat concernant la nature de la constitution de 1867, voir : Arès, Richard, 1967, *Dossier sur le pacte confédératif de 1867. La Confédération : pacte ou loi ?*, Montréal, Éditions Bellarmin. Voir aussi Paquin, Stéphane, 1999.

17. E. Duvergier de Hauranne, *Huit mois en Amérique. Lettres et notes de voyage, 1864-1865*, Paris, 1866.

18. Hamelin, Jean, 1979, «La dimension historique du problème linguistique», dans Lionel Boisvert, Marcel Juneau et Claude Poirier, *Travaux de linguistique québécoise*, n° 3, Sainte-Foy, Presses de l'Université Laval, p. 265.

19. Canada, *Débats de la Chambre des Communes*, 15 février 1938, vol. 1, Ottawa, 1938, p. 489; *Statuts du Canada*, 2 Geo VI, chap. 7, p. 19. Voir aussi : Heward, J., juillet 1966, *History of Bilingualism and Biculturalism*, Ottawa, p. 37-41.

20. *Deuxième congrès de la langue française au Canada. Compte-rendu*, 1938, Québec, Éditions Ferland, 529 p.; *Troisième congrès de la langue française. Compte-rendu*, 1953, Québec, Éditions Ferland, 475 p.

21. *Le Congrès de la Refrancisation*, 1959, Québec, Éditions Ferland, 6 vol.

22. Bouthillier, Guy et Jean Meynaud, 1972, p. 326-328.

23. «Honorable Maurice Duplessis», dans *Le Congrès de la Refrancisation*, vol. 2, *op. cit.*, p. 31-33.

24. Québec, 1956, *Rapport de la Commission royale d'enquête sur les problèmes constitutionnels*, vol. III, tome 1, p. 274-276; Frégault, Guy, 1978, p. 115.

25. Lavoie, Elzéar, 1986, «La constitution d'une modernité culturelle populaire dans les médias au Québec, 1900-1950», dans Yvan Lamonde et Esther Trépanier (dir.), *L'avènement de la modernité culturelle au Québec*, Québec, Éditions de l'IQRC, p. 288.

26. Roby, Yves, 1990.

27. Kelley, Ninette, et Michael Trebilcock, 1998, *The Making of the Mosaic. A History of Canadian Immigration Policy*, Toronto, University of Toronto Press.

28. Harvey, Fernand, 1987, p. 1-55.

29. Behiels, Michael D., 1991.

30. Fournier, Daniel, 1990, «Pourquoi la revanche des berceaux? L'hypothèse de la sociabilité», dans *Recherches sociographiques*, vol. 30, 2, p. 171-198.

31. Henripin, Jacques, 1968.

32. Lachapelle, Réjean, 1990, p. 7-34.

33. Arès, Richard, mars 1963, «La grande pitié de nos minorités françaises», dans *Relations*, n° 267, p. 65-68.

34. Chartier, Jean-Baptiste, 1871, «La colonisation dans les Cantons de l'Est», dans *Le Courrier de Saint-Hyacinthe*, p. 55.

35. Lavoie, Yolande, 1980, p. 217.

36. Charrette, Pierre-Philippe (dir.), 1884, «Noces d'or de la Saint-Jean-Baptiste. Compte rendu officiel des fêtes de 1884 à Montréal», Montréal, *Le Monde*, p. 405.

Chapitre 7

1. Little, John Irvine, 1989, *Évolution ethnoculturelle et identité régionale des Cantons de l'Est*, Ottawa, Société historique du Canada, p. 18.

2. Cité dans *Dictionnaire des œuvres littéraires du Québec*, 1978, p. 618.

3. Wade, Mason, 1963, p. 381.

4. Cité dans Frégault, Guy et Marcel Trudel, 1963, *Histoire du Canada par les textes*, tome I : (1534-1854), Montréal, Fides, p. 71.

5. Cité dans Drolet, Jean, 1974, p. 245.

6. Rumilly, Robert, 1953, p.741.

7. Citations tirées :
   1) de Groulx, Lionel, fév. 1934, «Le national et le religieux», dans l'*Action nationale*, p. 93-98;
   2) de Gaboury, Jean-Pierre, juin 1968, « L'État français ou Lionel Groulx et la souveraineté du Québec », dans *l'Action nationale*, vol. LVII, n° 10, p. 954;
   3) de Lacroix, Benoît, 1967, p. 57, 76.

8. Saint-Denis, Dominique de, 1956, p. 254.

9. *Les cahiers d'histoire du Québec au XXe siècle*, n° 2 (été 1994), p. 67-68, p. 111, n. 17; p. 113, n. 34.

10. Gagnon, Serge, 1999.

11. Champoux, Micheline, 1993, *De l'enfance ignorée à l'enfant roi : cinquante ans d'enfants modèles dans les manuels scolaires québécois (1920-1970)*, mémoire de maîtrise (Études québécoises),

Université du Québec à Trois-Rivières, p. 192-194.

12. En ce qui concerne les année médianes de scolarité, il s'agit ici de toutes les personnes ayant eu 9 ans avant 1880.

13. Ces données doivent être prises avec prudence, car les personnes les plus âgées ne se souvenaient peut-être pas exactement du nombre d'années passées à l'école, surtout que la fréquentation était très irrégulière au XIXᵉ siècle. De plus, il faut préciser que les personnes déclarant être allées à l'école huit ans, par exemple, pouvaient n'avoir atteint que la quatrième ou la cinquième année, compte tenu des redoublements. Enfin, pour évoquer la période entre 1841 et 1881, il faut se référer à des personnes très âgées. Ces cohortes avaient été décimées déjà. Se peut-il que la mort ait touché différemment les illettrés et les personnes sachant lire et écrire ?

14. Anctil, Pierre, 1992, «L'immigration comme facteur de transmutation dans le milieu culturel montréalais», dans Jean Brunet et autres (dir.), *Migration and the Transformation of Cultures*, Toronto, Multicultural History Society of Ontario, p. 174.

15. Juteau-Lee, Danielle, 1983, «La production de l'ethnicité ou la part réelle de l'idéal», dans *Sociologie et Sociétés*, XV, nº 2, p. 39-54.

16. Bouchard, Laurette, 1981, *Courtepointe d'une grand-mère*, Hull, Asticou, p. 32.

17. Cité par Groulx, Lionel, 1952, «Histoire du Canada français depuis la découverte», Montréal, *L'Action Nationale*, p. 144

18. Sur le nationalisme de Bourassa et sur la question scolaire, voir aussi l'article de Fernand Harvey. Sur le discours de Notre-Dame, voir l'article de Serge Gagnon.

19. Sur les activités de la *Société du parler français au Canada*, voir aussi l'article de Louis Mercier.

Chapitre 8

1. E. de Nevers, 1896, *L'Avenir du peuple canadien-français*, Henri Jouve, Paris. Cité dans Bouthillier, Guy et Meynaud, Jean, 1972, p. 285-286.

2. Buies, Athur, «Barbarismes canadiens», *Le Pays*, octobre-novembre 1865. Cité dans Guy Bouthillier et Jean Meynaud, 1972, p. 181-187.

3. Rivard, Adjutor, 1913, *Premier Congrès de la langue française au Canada. Compte rendu.* Québec, Imprimerie de l'Action sociale limitée, p. 398-399.

4. Tardivel, Jules-Paul, «La langue française au Canada», conférence prononcée le 10 mars 1901, dans Guy Bouthillier et Jean Meynaud, 1972, p. 294-296, reprise dans *Le Devoir*, 22 juin 1912.

5. À ce sujet, voir également l'article de Louis Mercier.

6. Duhamel, Roger, 17 avril 1953, «Le français en péril», *La Patrie*.

7. Morin, Jean-Marie, 23 mai 1953, «Propos sur l'éducation», *La Presse*.

8. Laurendeau, André, 17 octobre 1958, «La langue que nous parlons», *Le Devoir*.

9. Fabre-Surveyer, Edouard, janvier 1903, « Une vieille question », dans *La Revue canadienne*. Cité dans Bouthillier, Guy et Jean Meynaud, 1972, p. 306.

10. Hertel, François, 14 janvier 1941, «L'éducation du patriotisme par la langue», *Le Devoir*.

11. Dagenais, Gérard, 25 janvier 1960, « Réflexions sur nos façons d'écrire et de parler : Le vocabulaire anglais des Français », dans *Le Devoir*.

12. Dunn, Oscar, 1880, p. XIX-XX.

13. Voir l'article qui précède (Chantal Bouchard) sur la question du *French Canadian patois*.

14. Clapin, Sylva, 1894, p. VIII-IX.

15. Société du parler français au Canada, 1930, p. VIII. Sylva Clapin et la SPFC ne s'en tiendront pas toujours à une position aussi impartiale. En 1913, Clapin publiera au Massachusetts un répertoire correctif intitulé *Ne pas dire mais dire. Inventaire de nos fautes les plus usuelles contre le bon usage* (Worchester, Librairie J. A. Jacques). Immédiatement après la rédaction de son glossaire, la SPFC entreprendra celle de ses *Corrigeons-nous*, trois séries de feuillets qui seront distribués dans les maisons d'enseignement et alimenteront une chronique du même nom qui paraîtra notamment dans *Le Canada français* de 1930 à 1945 (Sainte-Foy, Université Laval).

16. *Ibid.,* p. VIII.

17. *Ibid.,* p. VII.

18. L'auteure traite de la première vague d'emprunts dans l'article «Le français et les langues amérindiennes» (voir: Chapitre 1).

19. Crémazie, Octave, *Œuvres*, tome II: *Prose*, texte établi, annoté et présenté par Odette

Condemine, Ottawa, Presses de l'Université d'Ottawa, p.88.

20. Voir aussi l'article de Louis Mercier à ce sujet.

21. Buies, Arthur, 1888, *Anglicismes et canadianismes*, Québec, Typographie de C. Darveau, p. 9. Le texte a d'abord été publié en feuilleton dans *l'Électeur*, au cours des mois de janvier et de février de la même année.

22. *Ibid.*, p. 48.

Projection d'avenir

1. Black, Conrad, 1977, *Duplessis*, Montréal, Éditions de l'Homme, 2 vol. Nouvelle édition abrégée en 1998.

2. Gouvernement du Canada, 1965-1969, *Rapport de la Commission royale d'enquête sur le bilinguisme et le biculturalisme*. Livre III (*Le monde du travail*). Ottawa, 3.1, p. 15-24.

3. Léger, Jean-Marc, 3 nov.-déc. 1953, « Pour une union culturelle française », dans *L'Action Nationale*, XLII, p. 158-163.

4. Anonyme, mars 1952, « L'État provincial et l'immigration », dans *L'Action Nationale*, n° 39, 2, p. 85-86.

5. Anonyme, mai-juin 1954, « Problème majeur », dans *L'Action Nationale*, n° 43, 5, p. 385-386.

6. *Id.*, mars 1957, « Priorité de l'action politique dans le Québec aujourd'hui », dans *L'Action Nationale*, n° 46, 7, p. 489-490.

7. Lapalme, Georges-Émile, 1988.

8. Candide (pseudonyme d'André Laurendeau), 21 octobre 1959, *Le Devoir*.

9. Frère Untel (pseudonyme de Jean-Paul Desbiens), 3 novembre 1959, *Le Devoir*.

10. Laurendeau, André, 30 septembre 1960, *Le Devoir*.

Quatrième partie

Chapitre 9

1. Brazeau, Jacques, 1968, p. 37.

2. Voir l'article de Jean-Claude Gémar.

3. Voir également l'article de Jean-Claude Gémar.

4. L'intervention gouvernementale en matière de langue avait des précédents au Canada. Le Manitoba et l'Ontario avaient déjà eu recours aux mesures législatives pour contrer l'usage du français. Le Parlement du Québec avait adopté

la Loi Lavergne en 1910.

5. Pour plus de détails, voir l'article de Jean-Claude Robert.

6. Gouvernement du Québec, 1964, *Rapport de la Commission royale d'enquête sur l'enseignement dans la province de Québec*, tome II, 3e partie, p. 39 à 45. – Le rapport contient 1454 pages et plus de 600 recommandations.

7. *Ibid.*, p. 44.

8. Gouvernement du Canada, 1965, *Rapport de la Commission royale d'enquête sur le bilinguisme et le biculturalisme*, Rapport préliminaire, p. 5, et 114-117; Livre 1, p. XXVI et XXXVII.

9. *Ibid.*, Livre 1, p. XXIII, XXIX, XXXII

10. Voir l'article de Jean-Claude Robert, qui précède celui-ci.

11. Gouvernement du Québec, 1972, *Rapport de la Commission d'enquête sur la situation de la langue française et sur les droits linguistiques au Québec*, t. 1 : *La langue de travail*, p. 302.

12. Voir également l'article de Jean-Claude Robert.

13. Voir Gémar, Jean-Claude, 1983, p. 112 et suiv.

14. Gouvernement du Québec, 1972, *Rapport de la Commission d'enquête sur la situation de la langue française et sur les droits linguistiques au Québec*, t. 2 : *Les droits linguistiques*, p. 49.

15. Létourneau, Jocelyn, 1991, p. 35.

16. Dumont, Fernand, 1993.

17. Voir l'article de Jean-Claude Gémar.

18. En 1931, les Francophones canadiens qui vivent en dehors du Québec représentent 19 % des francophones du Canada. Voir Arès, Richard, 1967, pour une étude jusqu'aux années soixante de la présence française hors du Québec. (« Un siècle de vie française en dehors du Québec », dans *Revue d'histoire de l'Amérique française*, vol. XXI, n° 3a, p. 533-570.) À la même époque, on estime entre 900 000 et 925 000 le nombre de Franco-Américains (Dumont, Fernand, 1997; Lavoie, Yolande, 1980).

19. Sur la fin du Canada français et les transformations identitaires des années 1960 dans l'ex-Canada français, voir Dumont, Fernand, 1997, ainsi que les ouvrages de Martel, Marcel (1995) et de Thériault, Joseph Yvon (1995) cités dans la bibliographie.

20. Au Canada hors du Québec la proportion des francophones décline certes à partir de 1931 passant de 19 % à 16 % de l'ensemble de la

population canadienne de langue maternelle française. En chiffres absolus toutefois de 1951 à 1961 cette population passe de 721 820 à 853 462, soit en une décennie une croissance de plus de 130 000 (Arès, Richard, 1967).

21. Les travaux de Hubert Guindon, (1990) *La modernisation du Québec*, et le livre de Jean-Jacques Simard, (1979) *La longue marche des technocrates*, demeurent les travaux les plus explicites sur la Révolution tranquille et la montée d'une classe moyenne francophone.

22. Dumont, Fernand, 1997, *Récit d'une émigration*, Montréal, Boréal, p. 143.

23. Voir les travaux de Charles Taylor, notamment : 1992*, Rapprocher les solitudes, écrits sur le fédéralisme et le nationalisme au Canada*, Sainte-Foy, Presses de l'Université Laval, p. 56.

24. Voir en particulier le livre pamphlet de Pierre Vallières, *Nègres blancs d'Amérique*, 1967.

25. Voir notamment Rioux, Marcel, 1969 et Dumont, Fernand, 1971.

Chapitre 10

1. Gouvernement du Québec, mars 1977, *La politique québécoise de la langue française*, p. 17.

2. *Ibid.*, p. 29

3. *Ibid.*, p. 30

4. En italique : ajout au texte de la loi fait en 1983.

5. *La politique québécoise…* , *op. cit.*, p. 35.

6. Voir l'article de José Woehrling.

7. Voir l'article de Jean-Claude Gémar.

8. Voir l'article de José Woehrling.

9. Voir ci-après les articles de José Woehrling et d'André Bernard.

10. Voir le dernier répertoire des publications, études et recherches du Conseil de la langue française, Gouvernement du Québec, septembre 1999.

11. *P.G. Québec c. Blaikie*, [1979] 2 R.C.S. 1016; voir aussi : *P.G. Québec c. Blaikie*, [1981] 1 R.C.S. 312.

12. *Loi modifiant de nouveau la Loi sur les services de santé et les services sociaux*, L.Q. 1986, c. 106.

13. *Charte de la langue française*, art. 86 et 86.1 (cette dernière disposition a été ajoutée en 1983).

14. *P.G. Québec c. Quebec Protestant School Boards*, [1984] 2 R.C.S. 66.

15. *Charte des droits et libertés de la personne*, L.R.Q.,

16. *Ford c. P.G. Québec*, [1988] 2 R.C.S. 712; voir également *Devine c. P.G. Québec*, [1988] 2 R.C.S. 790.

17. *Loi modifiant la Charte de la langue française*, L.Q. 1988, c. 54 (mieux connue comme la Loi 178).

18. *Pacte international relatif aux droits civils et politiques*, (1976) 999 R.T.N.U. 107 (entré en vigueur le 23 mars 1976).

19. D'après «OLF jalons historiques» : www.olf.gouv.qc.ca

20. Pour avoir un aperçu plus complet de l'impact de la loi 101, il faut également lire les articles de José Woehrling et Marc Levine. En ce qui concerne les lois 63 et 22, voir aussi l'article de Jean-Claude Gémar.

21. Voir Caldwell, Gary et Eric Waddell, 1982.

22. Moins de six ans après l'adoption de la Loi 101 parut The Anglo Guide to Survival in Quebec (Montréal, Eden Press, 1983), un guide de survie humoristique au Québec, présenté comme «the funniest thing since Bill 101» et destiné aux membres de la minorité anglophone qui «n'avaient pas ri depuis 1976» (date de l'élection du Parti Québécois).

23. Voir Conseil de la langue française, 1992, *Indicateurs de la situation linguistique au Québec*, p. 7.

24. Bouchard, Pierre et Sylvie Beauchamp-Achim, 1980, p. 85-87.

25. Conseil de la langue française, 1992, *op. cit.*, p. 51 et 68.

26. *Ibid.*, p. 57

27. Voir : Monnier, Daniel, 1986, «Francisation apparente ou francisation réelle», dans *L'état de la langue française au Québec, bilan et prospective*, Conseil de la langue française, tome I, p. 334 à 341.

28. Sur les réactions de la presse de langue anglaise et des anglophones en général à la loi 101, voir Lévesque, René, 1986, *Attendez que je me rappelle*, Montréal, Québec/Amérique, p. 391 et suiv.

29. Monnier, Daniel, *op. cit.*, p. 338-339.

30. Migrations interprovinciales et internationales, tous groupes linguistiques confondus.

31. Voir l'article précédent de José Woehrling. Voir aussi : *La situation linguistique actuelle*, Avis du Conseil de la langue française, 25 janvier 1985.

32. Voir l'article de Jean-Claude Gémar.

33. Bouchard, Pierre, 1980, *loc. cit.*

34. Caldwell, Gary, février 1987, «La loi 101 contre les chartes des droits de la personne», dans la *Revue Liberté*, «Watch ta langue!», hors série.

Chapitre 11

1. Cinq ans après l'adoption de la loi 101, le Conseil de la langue française renoue avec la tradition des grands congrès de la langue française (1912, 1937, 1952); il organise, du 11 au 13 novembre 1982, en collaboration avec l'Association québécoise des professeurs de français (AQPF) et la Revue *Québec français*, un immense congrès sur le thème *Langue et société au Québec*. Le Conseil a publié les textes des principales conférences et communications de ce congrès.

2. Corbeil, Jean-Claude, 1980, p. 9.

3. Gouvernement du Québec, mars 1977, *La politique québécoise de la langue française*, p. 27-30.

4. Voir l'article de Pierre Martel et Hélène Cajolet-Laganière.

5. Voir en particulier : CLF et Éd. Le Robert, 1987c, *Politique et aménagement linguistiques*.

6. Lapointe, Gérard, 1998, *Le Conseil de la langue française, 1978-1998*, p. 39 et 40.

7. À l'époque de l'Union (1841), presque la moitié de la population de la ville de Québec était anglophone.

8. Les colons qui s'établirent dans les Cantons-de-l'Est à compter de 1791 étaient des Américains de la Nouvelle-Angleterre. La pénétration francophone dans cette région ne commence qu'après 1867.

9. De 1831 à 1867, la ville de Montréal était majoritairement anglophone. Voir l'article de John A. Dickinson dans la 2e partie de cet ouvrage.

10. C'est dire que sous l'angle de la démographie, l'avenir de la francophonie se trouve dans ces pays.

11. Haut Conseil de la Francophonie, 1999, *État de la Francophonie dans le monde*.

12. *Ibid.*

Chapitre 12

1. Voir Gouvernement du Québec, édition 1998, *Le Québec en mouvement. Statistiques sur l'immigration*. Données pour les quatre dernières années disponibles (1994-1997). *Québec 1999*, 1999, Montréal, Éditions Fides - Le Devoir, tableau 12, p. 21 (données tirées du recensement de Statistique Canada, 1996, données-échantillons - 20 %).

2. Citoyenneté : «La citoyenneté comporte des aspects juridiques liés au statut de citoyen et à son acquisition; elle réfère aussi à une certaine identité nationale et à l'intégration» des immigrants. Le Conseil des relations interculturelles «invite le gouvernement à réitérer le choix d'un modèle d'intégration pluraliste, c'est-à-dire qui reconnaît que l'intégration des nouveaux arrivants est un processus à long terme qui n'est achevé que par une pleine participation à la société québécoise et le développement d'un sentiment d'appartenance à son égard». (Gouvernement du Québec, 1997, *Un Québec pour tous ses citoyens* p. 20-22.)

3. Gouvernement du Québec, 1990, *Énoncé de politique en matière d'immigration et d'intégration*, et Gouvernement du Québec, 1997, *Un Québec pour tous ses citoyens. Les défis actuels d'une démocratie pluraliste*.

4. *Énoncé, op. cit.*, p. 15.

5. *Énoncé, op. cit.*, p. 15.

6. *Énoncé, op. cit.*, p. 16.

7. Contrat moral : «La communauté d'accueil s'attend donc que les immigrants et leurs descendants s'ouvrent au fait français, consentent les efforts nécessaires à l'apprentissage de la langue officielle et acquièrent graduellement un sentiment d'engagement à l'égard de son développement» (*Énoncé de politique, op. cit.*, p. 16). En contrepartie, le Québec s'engage à faciliter l'intégration des immigrants, en les soutenant dans l'apprentissage du français, en établissant des relations intercommunautaires harmonieuses, en favorisant leur participation à la vie publique.

8. Cadre civique commun : Ensemble des éléments pouvant servir de base à la cohésion sociale de la société québécoise. Ce cadre doit favoriser l'émergence d'un «discours intégrateur pour développer chez tous les citoyens un sentiment d'appartenance commune et de solidarité sociale». Comme base de ce cadre civique, «tous s'accordent pour affirmer que la société québécoise se définit comme une société démocratique et pluraliste dont la langue commune est

le français » (*Un Québec pour tous ses citoyens, op. cit.,* p. 27-28).

9. *Un Québec pour tous ses citoyens, op. cit.,* p. 38.

10. Population selon la langue maternelle. Recensement de 1996. Statistique Canada, tableaux de la série *Le Pays.*

11. Une perte de 24 100 sur une perte nette provinciale de 37 400. « Scolarité, Mobilité et Migration ». Statistique Canada, *Le Quotidien,* 14 avril 1998.

12. Voir Recensement de 1996 : « langue maternelle, langue parlée à la maison et connaissance des langues », *Le Quotidien,* 2 décembre 1997, et pour 1971 : Charles Castonguay, « L'évolution des transferts linguistiques au Québec, selon les recensements de 1971 et 1981 », dans Lapointe, Gérard et Michel Amyot, 1986, tableau IV.I; pour 1981 et 1986 : Statistique Canada, recensement de 1986, catalogue n° 93-153.

13. Voir Recensement de 1996, *loc. cit.*

14. Gouvernement du Québec, Secrétariat aux affaires autochtones, *Partenariat, développement, actions,* avril 1998, www.saa.gouv.qc.ca/ref, p. 1.

15. Chartier, Jean, 30 mars, 1999, « Le français n'est parlé que dans 44,8 % des foyers de la CUM, hormis Montréal », *Le Devoir,* p. A3.

16. Gouvernement du Canada, 1996, *Le français langue commune. Enjeu de la société québécoise,* p. 146-147.

17. *Québec 1999, op. cit.,* tableau 14, p. 23.

18. Charles Taylor, « Le pluralisme et le dualisme » dans Gagnon, Alain-G., 1994, p. 61-83.

19. Termote, Marc, 1999.

20. Béland, Paul, 1999.

21. C'est la révolution que j'identifie avec Herder, un des plus grands porte-parole de cette nouvelle conception de l'individu. « Jeder Mensch hat ein eigenes Maass » : chaque être humain a sa propre mesure. J'en parle plus longuement dans *Sources of the Self,* 1989, chapitre 21.

22. J'ai traité plus amplement de ces facettes de l'identité dans « Les Sources de l'identité moderne », 1996, p. 347-64.

23. Cette dynamique des langues comme moteur des nationalismes est au cœur de l'ouvrage de Ernest Gellner, *Nations and Nationalism.*

24. Ces citations ainsi que les extraits de cet encadré sont tirés des ouvrages suivants :
    • G. Bouchard, 2000a, « Construire la nation québécoise, Manifeste pour une coalition nationale », dans *Penser la nation québécoise.*
    • G. Bouchard, 2000b, *Genèse des nations et cultures du Nouveau Monde.*
    • G. Bouchard et M. Lacombe, 1999, *Dialogue sur les pays neufs.*

25. Chevrier, Marc, 1997, p. 23.

26. Senarclens, Pierre de, 1998, *Mondialisation, souveraineté et théories des relations internationales,* Paris, Armand Colin.

27. C'est le cas au Canada, le Québec étant une entité nationale sous-étatique partageant certains pouvoirs avec le gouvernement central. Voir James, Paul, 1996, *Nation Formation,* Londres, SAGE Publications.

28. Concernant cette conception « civique », voir l'article d'Alain-G. Gagnon dans cet ouvrage.

29. Pour une distinction entre souveraineté et autonomie, voir Yangoumalé, Jean, janvier 1992, « Qu'est-ce qu'une minorité nationale », dans *Le Monde diplomatique,* p. 15.

30. Sur ce point, voir Thériault, Joseph Yvon, 1994, p. 15-32.

31. Voir le troisième chapitre du livre de Claude Bariteau, 1998.

32. Voir en particulier les articles de José Woehrling et de Jean-Claude Gémar dans cet ouvrage.

33. Laczko, Leslie S., 1995, *Pluralism and Inequality in Quebec,* Toronto, University of Toronto Press.

34. Drouilly, Pierre, 1996, a très bien fait ressortir ce point dans son livre *L'espace social de Montréal.*

35. Ce point est clairement mis en relief par Bartkus, Viva Ona, 1999, *The Dynamic of Secession,* Londres, Cambridge University Press.

36. Voir Castonguay, Charles, 1998, « Le rôle moteur de l'école française », dans *La Presse,* 25-1-1998, p. A-6 et Gouvernement du Québec, janvier 1999, *Immigration et langue : un portrait à partir des données du recensement de 1996,* MRCI.

37. Béland, Paul, 1999.

38. Sur ce point, voir Levine, Marc V., 1997.

39. Cour suprême du Canada, *Renvoi relatif à la sécession du Québec,* 20 août 1998, art. 59.

40. Touchette, Christine, août 1999, *La différenciation des revenus de travail en fonction des groupes linguistiques au Québec, 1995,* rapport de maîtrise, Université de Montréal, p. 48.

41. Gouvernement du Québec, 1996, *Le français*

langue commune. Enjeu de la société québécoise, p. 74.

42. Conseil de la langue française, 1995, p. 154-155.

43. *Ibid.,* p. 103 et 115.

44. Gouvernement du Québec, 1996, *op. cit.,* p. 99

45. Monnier, Daniel, juin 1996, p. 4-5.

46. Cité dans Proulx, Jean-Pierre, 12 décembre 1988, « Tocqueville a lancé le débat sur l'affichage en… 1831 », dans *Le Devoir,* p. 4.

47. Gouvernement du Québec, 1996, *op. cit.,* p. 96.

48. Voir Béland, Paul, 1999. Ce nouvel indicateur de langue d'usage public repose sur les réponses que 14 000 personnes ont données au cours d'un sondage réalisé en 1997.

49. *Ibid.,* p. 24.

50. Toutes les données proviennent de Béland, Paul, 1999.

51. Termote, Marc, 1999.

52. Somme des personnes qui parlent « surtout le français » et de celles qui parlent « surtout l'anglais ».

53. Norris, Alexander, 31 mai 1999.

54. Levine, Marc V., *op. cit.,* p. 209.

55. Norris, Alexander, *op. cit.*.

56. Gouvernement du Québec, mars 1999, ministère de l'Éducation, « La situation linguistique dans le secteur de l'éducation en 1997-98 », dans *Bulletin statistique de l'éducation,* n° 10, p. 3.

57. Giroux, Luc et autres, 1992, *Les adolescents et la télévision de langue française,* Montréal, Département de communication, Université de Montréal, p. 57.

58. Mc Andrew, Marie, Veltman, Calvin, Lemire, Francine et Josefina Rossell, 1999.

59. Gouvernement du Québec, *op. cit., Bulletin statistique de l'éducation,* mars 1999, p. 3. Pour l'ensemble de la population allophone au Québec, avant la Loi 101, les trois quarts des allophones – quand ils passaient de leur langue maternelle à une autre langue parlée à la maison – se rabattaient sur l'anglais (et devenaient, par le fait même, anglophones). En 1996, le taux général des transferts linguistiques au profit de l'anglais chez les allophones baissait à 49 % (et parmi les allophones qui sont arrivés depuis 1981 – soit la génération d'après la Loi 101 – seulement un peu plus de 30 % des transferts avantageaient l'anglais).

60. Termote, Marc, 1999, p. 113.

61. *Ibid.,* p. 111. Malgré sa prévision que le groupe francophone (langue maternelle) sera minoritaire dans l'île de Montréal dans quinze ou vingt ans, le démographe Marc Termote écrit « qu'il est fort peu probable de voir changer significativement, du moins à court et moyen terme, la répartition de la population selon la langue d'usage public ».

62. Roy, Réjean, avec la collaboration de Pierre Georgeault, 1998, p. vii.

63. Gouvernement du Québec, 1977, *La politique québécoise de la langue française,* p. 34-35.

64. Population francophone de langue d'usage à la maison.

Chapitre 13

1. Voir, par exemple : Office de la langue française, 1969, *Les canadianismes de bon aloi,* Québec, Cahiers de l'office de la langue française, n° 4.

2. Gouvernement du Québec, mars 1977, *La politique québécoise de la langue française,* p. 64, 66-67.

3. Conseil de la langue française, 1991, *L'aménagement de la langue : pour une description du français québécois.*

4. Voir en particulier : sous la direction de Jacques Maurais, 1983, *La norme linguistique,* Conseil de la langue française, p. 291, 464-468.

5. Voir une description de ce modèle dans le *Dictionnaire du français plus,* 1988.

6. Voir : Conseil de la langue française, 1984, *La langue des animateurs de la radio et de la télévision francophones au Québec,* p. 17.

7. Rivard, Adjutor, 1928, p. 124,146.

8. Dumas, Denis et Aline Boulanger, 1982, « Les matériaux d'origine des voyelles fermées relâchées du français québécois » dans *Revue québécoise de linguistique,* 11-2, p. 49-72.

9. *Op. cit.,* p. 76; aussi, Kemp, William et Malcah Yaeger-Dror 1991 [1981] « Changing realizations of A in *-ation* in relation to the "front a - back a" opposition in Québec French », dans Eckert, Penelope et autres, *New Ways of Analyzing Sound Change,* San Diego, Academic Press, p. 127-184.

10. Gendron, Jean-Denis, 1990, « La conscience linguistique des francoquébécois depuis la Révolution tranquille », dans *Langue et identité,* Sainte-Foy, Presses de l'Université Laval, p. 53-62.

11. Voir : Martel, Pierre, et Hélène Cajolet-Laganière, 1996.

12. Dans la plus récente position de l'Office de la langue française en matière de féminisation des titres publiée en 1986 dans *Titres et fonctions au féminin : essai d'orientation de l'usage,* cette dernière solution n'a pas été retenue. Ce sont les termes *magistrate, ingénieure* ainsi que le nom épicène *chef* accompagné d'un déterminant féminin qui sont maintenant préconisés.

13. Voir l'article de Chantal Bouchard.

14. Les auteurs ont fait un recensement des « emprunts critiqués » à l'anglais dans les principaux répertoires d'anglicismes au Québec et en ont vérifié la fréquence dans des textes québécois de 7 millions de mots puisés dans la Banque de données textuelles de Sherbrooke (BDTS).

15. À ce sujet, voir l'encadré de Francine Gagné dans l'article suivant.

16. Voir aussi l'article de Jean-Claude Corbeil.

17. Voir l'article de Jean-Claude Gémar.

18. *Dictionnaire historique du français québécois,* 1998.

19. Pour les différents programmes d'études du français langue maternelle, voir les publications du Comité catholique du Conseil de l'instruction publique (1953, 1959), et celles du ministère de l'Éducation (1969, 1979, 1980, 1993, 1995)

20. Gagné, Gilles, 1983.

21. Ostiguy, Luc, et Gilles Gagné, 1988, *Le développement du français oral soutenu par l'analyse du langage (3ᵉ - 6ᵉ années),* Montréal, Université de Montréal, Centre de diffusion du PPMF primaire.

22. Gagné, Gilles, Luc Ostiguy, Louis Laurencelle et autres, 1999, *Recherche didactique sur l'utilisation d'aspects phoniques du français oral soutenu chez des élèves québécois,* Montréal, Université de Montréal, Centre de diffusion du département de didactique.

23. Sources : Institut de la Statistique du Québec, mai 2000 (www.stat.gouv.qc.ca).– Statistiques Canada (www. statcan.ca).– Ministère de l'éducation du Québec (www.meq.gouv.qc.ca).

24. Groupe DIEPE, 1995.

25. Gouvernement du Canada, 1986, *Rapport Caplan-Sauvageau,* p. 230.

26. Dor, Georges, 1996, *Anna braillé ène shot* [Elle a beaucoup pleuré], *Essai sur le langage parlé des Québécois,* Montréal, Lanctôt Éditeur, p. 171.

27. Gouvernement du Canada, 1986, *Rapport Caplan-Sauvageau, op. cit.,* p. 229.

28. Courtemanche, Gil, 1ᵉʳ septembre 1997, « Parle parle, mal, mal », dans *L'actualité,* p. 55-59.

29. Conseil de la langue française, 1984, *La langue des animateurs de la radio et de la télévision francophones au Québec,* p. 17.

30. Allard, Jean-Marie, 1989, *La pub, 30 ans de publicité au Québec,* Montréal, Libre Expression, Le Publicité Club de Montréal, p. 49.

31. Conseil de la langue française, *op. cit.,* p. 129.

32. De Broglie, 1997, p. 8-9.

Chapitre 14

1. En termes techniques, on pourrait dire que les anglophones, contrairement aux francophones ou aux Chinois, peuvent se satisfaire d'une séquence de sept 0 ou 1 (ou sept bits) pour encoder électroniquement les lettres contenues dans leur alphabet. Les francophones ont besoin de huit bits; les Chinois, de 16.

2. Voir à ce sujet Réjean Roy et Pierre Georgeault, 1998.

3. On pense ici à l'avion, au téléphone, au courriel, au réfrigérateur, au conteneur, à la base de données, etc.

4. Le savoir-faire en matière de traitement d'une langue appartenant généralement aux spécialistes parlant cette langue, ce serait se leurrer que de croire que Silicon Valley pourra mettre au point – si tant est qu'elle veuille le faire – les traducteurs automatiques, logiciels de reconnaissance de la voix, synthétiseurs vocaux, etc. dont auront besoin les francophones. En matière de génie langagier, une communauté linguistique ne peut compter que sur elle-même.

5. De Jdanov, maître d'œuvre de la politique culturelle stalinienne qui trouve son application littéraire et artistique dans le réalisme socialiste soviétique, chantre des vertus de la vie kolkhozienne, par exemple.

6. On ne saurait méconnaître l'importance de la réception de la littérature par la radio, la télé et les rubriques des quotidiens. Alors que, en dépit de notre précarité démographique, la littérature proliférait (un bref retour sur les répertoires de titres révèle qu'il se publie dix fois plus

de textes littéraires qu'il y a trente ans, seul le théâtre naviguant hors de cette profusion sans cesse croissante), le nombre de tribunes critiques diminuait. Plus de titres génèrent donc moins de commentaires; chaque commentaire pèse lourd, le premier jugement pouvant être définitif ou susciter des clones. Ainsi a-t-on pendant longtemps fait état de l'ampleur lexicale de Louis Hamelin, reléguant parfois le commentaire à ce qui aurait dû n'être soulevé, s'il le fallait, qu'à titre de considération esthétique. N'est-il pas normal en effet qu'un auteur soit soucieux de précision?

7. Les tribunes libres des quotidiens témoignent cependant que faute de nourrir la matière narrative, la préoccupation linguistique reste primordiale dans le public.

8. Godbout, Jacques, 1981, *Les Têtes à Papineau*, Paris, éditions du Seuil.

9. L'on fait grand cas maintenant de l'intégration à notre littérature d'écrivains issus d'une autre tradition culturelle et linguistique. Pour les Michel van Schendel, Alexis Lefrançois (né Ivan Steenhout), Anne-Marie Alonzo, Suzanne Lamy, Dominique Blondeau, Monique Bosco, Roland Bourneuf, Hans-Jürgen Greif nés ailleurs et écrivant ici, le français abolissait toute présomption d'exotisme.

10. Bélanger, Marcel, 1993, *Libre cours*, Montréal, éditions de L'Hexagone, p. 107.

11. Chen, Ying, 1992, *La Mémoire de l'eau*, Montréal, éditions Leméac.

12. Beausoleil, Claude, 1992, *Fureur de Mexico*, Trois-Rivières, Écrits des forges; Echternach, Phi ; Moncton, Perce-Neige, p. 65.

13. Charlebois, Jean, 1998, *L'Oiselière*, Montréal, éditions de L'Hexagone, p. 145.

14. Hamelin, Louis, 1996, *Le Soleil des gouffres*, Montréal, éditions du Boréal, p. 22.

15. Lalonde, Robert, 1994, *Le Petit Aigle à tête blanche*, Paris, éditions du Seuil.

16. N.D.L.R. – Émile Ollivier est d'origine haïtienne.

17. Nous reprenons ici l'allégorie de Monique Larue, 1996, *L'arpenteur et le navigateur*, Montréal, Fides, à propos de la littérature québécoise, écrivaine à qui certains ont fait un procès d'intention fort injuste.

18. Dumont, Fernand, 1996, p. 43.

19. Béland, Paul, 1999.

20. Bouchard, Chantal, 1998.

21. Dumont, Fernand, 1997, p. 419-468.

22. Langlois, Simon, 1999, p. 323-329.

23. Bouchard, Gérard, 1999, *La nation québécoise*, Montréal, VLB éditeur.

24. Schnapper, Dominique, 1994, *La communauté des citoyens : sur l'idée moderne de nation*, Paris, Gallimard.

25. Laforest, Marty et autres, 1997, *États d'âme, États de langue. Essai sur le français parlé au Québec*, Québec, Nuit blanche éditeur, p. 129.

26. Lamonde, Diane, 1998, *Le maquignon et son joual. L'aménagement du français québécois*, Montréal, Liber.

Conclusion

1. Castells, Manuel, 1997, *The Power of Identity*, Blackwell Publishers.

2. L'édition 1997-1998 de *L'état de la francophonie dans le monde*, publié par le Haut Conseil de la francophonie (La Documentation française), donne les chiffres suivants pour le continent américain : 10,5 millions de francophones réels (dont le français est «langue première, langue seconde ou langue d'adoption»), et 4,1 millions de francophones occasionnels. Aux États-Unis, 13 millions de personnes sont d'origine francophone, mais on n'a compté ici que le 1,3 million de locuteurs qui parlent le français à la maison.

3. Graddol, David, 1998, *The Future of English?*, Londres, British Council.

4. Le terme «plurilinguisme» est surtout employé ici dans le sens institutionnel : dans le contexte de mondialisation, les structures supranationales devront avoir recours à l'emploi de plusieurs langues pour respecter la diversité des nations composantes et celle des consommateurs.

5. Crystal, David, 1997, *English as a global language*, Cambridge, Cambridge University Press.

6. Plusieurs pays de la francophonie possèdent d'autres langues officielles ou d'usage à côté du français. La politique de «plurilinguisme» mise de l'avant au sein de la Francophonie (et dans les institutions internationales) a pour but d'assurer la présence et l'usage du français dans le respect des autres langues.

Bibliographie

Quand un titre est cité dans le présent ouvrage, le numéro de l'article ou de l'encadré qui en fait état est indiqué entre crochets à la fin du titre.

ALLARD, Michel et autres (1976 à 1986). Collection *L'histoire canadienne à travers le document*, 6 tomes, Montréal, Éditions Guérin. [1, 6]

ARÈS, Richard (1945). *Notre question nationale*, 2 tomes, Montréal, Éd. de L'Action nationale. — (1967). « Un siècle de vie française en dehors du Québec », *Revue d'histoire de l'Amérique française*, vol. XXI, n° 3a, p. 533-570. [20, 35]

ASSELIN, Claire, et Anne MCLAUGHLIN (1994). « Les immigrants parlaient-ils le français? », *Les origines du français québécois*, Sainte-Foy, Presses de l'Université Laval. [9]

Atlas de la langue française (1995). Paris, Bordas, collection « Les Actuels ». [E-6]

Atlas historique du Canada (1987). Montréal, Presses de l'Université de Montréal. [6]

AUBA, J. (1988). « Le français dans le monde contemporain », Paris, *Revue des Sciences morales et politiques*, Académie des Sciences morales et politiques, p. 43-62. [44]

AUDET, Louis-Philippe (1971a). *Histoire de l'enseignement au Québec, 1608-1971*, Montréal, Holt, Rinehart et Winston, 2 volumes. [15, 24] — (1971b). « La Nouvelle-France et ses dix mille colons », *Les Cahiers des Dix*, 36. [6]

BAILLARGEON, Mireille, en collaboration avec Nicole TURCOTTE (1995). *Immigration et langue : dossier statistique*, Montréal, ministère de l'Immigration.

BALTHAZAR, Louis (1986). *Bilan du nationalisme au Québec*, Montréal, l'Hexagone. — …, et Jules BÉLANGER (1989). *L'école détournée*, Montréal, Boréal.

BARBAUD, Philippe (1984). *Le choc des patois en Nouvelle-France. Essai sur l'histoire de la francisation au Canada*, Sainte-Foy, Presses de l'Université Laval. [6, 8] — (1994). « Des patois au français, la catastrophe linguistique », *Les origines du français québécois* (sous la direction de Raymond Mougeon et Édouard Beniak), Sainte-Foy, Presses de l'Université Laval. [8]

BARBEAU, Victor (1939). « Le ramage de mon pays », *Le français tel qu'on le parle au Canada*, Montréal, Valiquette.

BARITEAU, Claude (1998). *Québec : le 18 septembre 2001*, Montréal, Québec Amérique. [49]

BASQUE, Maurice, Nicole BARRIEAU, Stéphanie CÔTÉ et autres (1999). *L'Acadie de l'Atlantique*, Québec, *L'année francophone internationale*, collection « Francophonies ».

BEAUDET, Marie-Andrée (hiver 1990). « Les écrivains aux barricades! », *Québec français*, n° 76, p. 86-89. [40] — (1991). *Langue et littérature au Québec, 1895-1914*, Montréal, l'Hexagone, (collection Essais littéraires). [31]

BEAULIEU, André et Jean HAMELIN (1973). *La presse québécoise des origines à nos jours, tome 1, 1764-1859*, Sainte-Foy, Presses de l'Université Laval. [18]

BEHIELS, Michael D. (1991). *Le Québec et la question de l'immigration: de l'ethnocentrisme au pluralisme ethnique, 1900-1985*, Ottawa, Société historique du Canada. [22]

BÉLAND, Paul (1991). *L'usage du français au travail : situation et tendances*, Québec, Conseil de la langue française. — (1999). *Le français, langue d'usage public au Québec en 1997*, Québec, Conseil de la langue française. [47, 49, 51, 58, E-78]

BÉLISLE, Louis-Alexandre (1957). *Dictionnaire général de la langue française au Canada*, Québec, Bélisle éditeur. [29] — (1979). *Dictionnaire nord-américain de la langue française*, Montréal, Beauchemin, 3ᵉ édition. [29]

BERGERON, Gaston (août 1996). « Géographie linguistique et aires de variation du parler au Québec », *Terminogramme - Bulletin d'information terminologique et linguistique*, Office de la langue française, Québec, n° 80, p.1-5. [E-84]

BERNARD, André (1996). *La vie politique au Québec et au Canada*, Sainte-Foy, Presses de l'Université du Québec.

BIBAUD, Michel (1830). *Épîtres, Satires, Chansons, Épigrammes et autres pièces de vers*, Imp. La Minerve. [E-24] — (1842). « Études grammaticales », dans *L'Encyclopédie canadienne*, t. 1, n° 3, p. 101-106; n° 6, p. 225-228; n° 9, p. 340-345. [17]

BONENFANT, Jean-Charles (1911). *Les Canadiens français et la naissance de la Confédération*, Ottawa, Société historique du Canada (brochure n° 11).

BORINS, Sandford F. (1983). *Le français dans les airs. Le conflit du bilinguisme dans le contrôle de la circulation aérienne au Canada*, Montréal, La Chenelière et Stanké. [33]

BOUCHARD, Chantal (1998). *La langue et le nombril; Histoire d'une obsession québécoise*, Montréal, Fides. [28, 31, 32, 33, 58]

BOUCHARD, Gérard (2000). *Genèse des nations et cultures du Nouveau Monde*, Montréal, Boréal. [E-72] — ... et Michel LACOMBE (1999). *Dialogue sur les pays neufs*, Montréal, Boréal. [E-72]

BOUCHARD, Pierre (1991). *Les enjeux de la francisation des entreprises au Québec (1977-1984)*, Québec, Office de la langue française. — ... et Sylvie BEAUCHAMP-ACHIM (1980). *Le français, langue des commerces et des services publics. Le point de vue de la clientèle*, Québec, Conseil de la langue française. [39]

BOUCHER-BELLEVILLE, Jean-Philippe (1855). *Dictionnaire des barbarismes et des solécismes les plus ordinaires en ce pays, avec le mot propre ou leur signification*, Montréal, Imprimerie P. Cérat. [17]

BOURASSA, Henri (1915). *La langue française au Canada*, Montréal, Imp. du Devoir. — (1918). *La langue gardienne de la foi*, Montréal, Bibliothèque de l'Action française. [23]

BOURQUE, Gilles (1970). *Classes sociales et question nationale, 1760-1840*, Montréal, Parti pris. [12, 16]

BOUTHILLIER, Guy et Jean MEYNAUD (1972). *Le choc des langues au Québec, 1760-1970*, Montréal, Presses de l'Université du Québec. [11, 12, 14, 16, 28, 31, 32, 33]

BRAZEAU, Jacques (1968). « La question linguistique à Montréal », *Revue de l'Institut de sociologie*, 41,1, p. 31-32. [33]

BRINCOURT, André (1997). *Langue française, terre d'accueil*, Monaco, Éditions du Rocher. [44]

BROCHU, André (1974). *L'Instance critique*, Montréal, Leméac. — (1993). *La grande langue, éloge de l'anglais, essai-fiction*, Montréal, XYZ éditeur.

BRODEUR, Raymond (1998). *Catéchisme et identité culturelle dans le diocèse de Québec de 1815*, Sainte-Foy, Presses de l'Université Laval. [14]

BROGLIE, Gabriel de (1997). « Les médias électroniques et la langue française », dans *Communication et langages*, n° 112, 2ᵉ trimestre, p. 4-14. [54]

BROUILLETTE, Benoît (1939). *La pénétration du continent américain par les Canadiens français 1763-1846 : traitants, explorateurs, missionnaires*, Montréal, Librairie Granger Frères. [10]

BRUNET, Michel (1969). *Québec Canada anglais, deux itinéraires / un affrontement*, Montréal, Éditions Hurtubise HMH.

BRUNOT, Ferdinand (1926). *La Pensée et la langue*, 2ᵉ éd. , Paris, Masson. [E-82] — (1966-1972). *Histoire de la langue française des origines à nos jours*, 13 vol., Paris, A. Colin.

BUIES, Arthur (1888). *Anglicismes et canadianismes*, Québec, C. Darveau.

BURRILL, Meredith F. (1956). « Toponymic Generics », dans *Names, Journal of the American Name Society*, vol. 4, p. 129-137 et 226-240. [E-10]

CAJOLET-LAGANIÈRE, Hélène et Pierre MARTEL (1995). *La qualité de la langue au Québec*, Québec, Institut québécois de recherche sur la culture. — ..., et Noëlle GUILLOTON (1996). *Le français au Bureau*, 4ᵉ édition, Québec, Office de la langue française.

CALDWELL, Gary et Eric WADDEL (1982). *Les Anglophones du Québec, de majoritaires à minoritaires*, Québec, Institut québécois de recherche sur la culture. [39]

CALVET, Jean-Louis (1974). *Linguistique et colonialisme. Petit traité de glottophagie*, Paris, Payot (collection Petite bibliothèque Payot). [12]

CAPPON, Paul (1974). *Conflit entre les Néo-Canadiens et les francophones de Montréal*, Sainte-Foy, Presses de l'Université Laval. [33]

CARON-LECLERC, Marie-France (1998). *Les témoignages anciens sur le français du Canada (du XVIᵉ au XIXᵉ siècle) : édition critique et analyse*, thèse de doctorat (non publiée), Sainte-Foy, Faculté des lettres, Université Laval. [6, 9, 17]

CASANOVA, Jacques-Donat (1975). *Une Amérique française*, coédition de La Documentation française et de l'Éditeur officiel du Québec. [10]

CASTELLS, Manuel (1997). *The Power of Identity*, Cambridge (Mass.), Blackwell Publishers. [conclusion]

CASTONGUAY, Charles (1994). *L'assimilation linguistique : mesure et évolution 1971-1986*, Québec, Conseil de la langue française. — (1999). *Immigration et langue : un portrait à partir des données du recensement de 1996*, Gouvernement du Québec, MRCI. [49]

CHAMBERLAND, Roger et André GAULIN (1994). *La Chanson québécoise de la Bolduc à aujourd'hui*, Québec, Nuit Blanche Éditeur. [E-51]

CHARBONNEAU, Hubert et André GUILLEMETTE (1997). « Lieux de provenance des Français établis dans la vallée du Saint-Laurent au XVIIᵉ siècle », Bourges, *Conférences et actes du congrès national et Salon de généalogie de Bourges, Information généalogique du Haut-Berry*, n° 38. [6, 8]

CHARLEVOIX, Pierre-François Xavier de (1744). « Histoire et description générale de la Nouvelle France », *Journal d'un voyage fait par ordre du Roi dans l'Amérique septentrionale*, Paris, Nyon Fils. [1, 6]

CHEVRIER, Marc (1997). « Des lois et des langues au Québec », *Études et documents*, Québec, Gouvernement du Québec. [49]

CHOLETTE, Gaston (1997). *L'action internationale du Québec en matière linguistique*, Sainte-Foy, Presses de l'Université Laval. [44, E-68] — (1998). *La coopération économique franco-québécoise de 1961 à 1997*, Sainte-Foy, Presses de l'Université Laval. [44]

CHOQUETTE, Robert (1987). *La foi gardienne de la langue en Ontario, 1900-1950*, Montréal, Éditions Bellarmin. [23, 26]

CLAPIN, Sylva (1894). *Dictionnaire canadien-français ou Lexique-glossaire des mots, expressions et locutions ne se trouvant pas dans les dictionnaires courants et dont l'usage appartient surtout aux Canadiens français*, Montréal-Boston, C. O. Beauchemin.

CLAS, André (dir.) (1976). *Bibliographie des chroniques de langage parues dans la presse au Canada*, vol. I (1876-1950), vol. II (1950-1970), Montréal, Département de linguistique, Université de Montréal. [28]

CLIFT, Dominique et Sheila McLEOD ARNOPOULOS (1979). *Le fait anglais au Québec*, Montréal, Libre Expression.

Congrès de la langue française au Canada (Comptes rendus). (1913) *Premier congrès*, RIVARD, Adjutor, Québec, Imp. de l'Action sociale — (1938), *Deuxième congrès*; (1953), *Troisième congrès*; (1959), *Congrès de la refrancisation*, Québec, Éditions Ferland. [20, 28]

CONSEIL DE LA LANGUE FRANÇAISE (1984). *Actes du congrès « Langue et société au Québec »*, 4 tomes [40] — (1984). *La langue des animateurs de la radio et de la télévision francophones au Québec*. [52, 54] — (1984). *Douze essais sur l'avenir du français au Québec*. — (1986). *L'état de la langue française au Québec, bilan et prospective*, 2 tomes. — (1987a). *L'enseignement du français, langue maternelle. Avis à la ministre responsable de l'application de la Charte de la langue française*. [53] — (1987b). *Le français à l'école, aujourd'hui et demain. Rapport du Conseil de la langue française sur l'enseignement du français, langue maternelle*. [53] — ... et ÉDITIONS LE ROBERT (1987c). *Politique et aménagement linguistiques*, Québec et Paris. [41] — (1991). *L'aménagement de la langue : pour une description du français québécois*. [52] — (1992). *Indicateurs de la situation linguistique au Québec*. [39] — (1995). *Indicateurs de la langue du travail au Québec*, édition 1994, [51] — (1996). *L'arrivée des inforoutes : occasion pour une nouvelle renaissance du français, mémoire soumis à la Commission de la culture*. [55]. (Pour toutes ces publications : Québec, Gouvernement du Québec, Éditeur officiel.)

CORBEIL, Jean-Claude (1980). *L'aménagement linguistique du Québec*, Montréal, Éditions Guérin. [38, 41] — …, avec la collaboration d'Ariane ARCHAMBAULT (1986). *Dictionnaire thématique visuel*, Montréal, Québec Amérique.

CORMIER, Yves (1999). *Dictionnaire de la langue acadienne*, Montréal, Fides. [5, E-67]

COULMAS, Florian (1992). *Language and Economy*, Cambridge (Mass.), Blackwell. [55]

COULOMBE, Michel et Marcel JEAN (1999). *Dictionnaire du cinéma québécois*, 3ᵉ édition, Montréal, Boréal. [E-88]

CRYSTAL, David (1997). *English as a Global Language*, Cambridge, Cambridge University Press. [conclusion]

DAGENAIS, Gérard (1960). « Réflexions sur nos façons d'écrire et de parler : Le vocabulaire anglais des Français », dans *Le Devoir*, 25 janvier 1960.

DANSEREAU, Jean (octobre 1999). « La politique linguistique du Québec. Vérités et mensonges », dans *Revue internationale d'études québécoises*, vol. 2, n° 2.

DELÂGE, Denys (automne 1992). « L'influence des Amérindiens sur les Canadiens et les Français au temps de la Nouvelle-France », dans *Lekton*, vol. 2., p. 103-191.

DEMERS, Jeanne, Josée LAMBERT et Line McMURRAY (1989). *Graffiti et Loi 101*, Montréal, VLB éditeur. [40]

DENIAU, Xavier (1992). *La Francophonie*, 2ᵉ édition, Paris, Presses Universitaires de France (collection Que sais-je ?). [45]

DERTOUZOS, Michael (1997). *What Will Be : How the New World of Information Will Change Our Lives*, New York, Harper Collins. [55]

DESBIENS, Jean-Paul (1960). *Les insolences du frère Untel*, Montréal, Les Éditions de l'Homme, préface d'André Laurendeau. [32, 36, 53]

DICKINSON, John A. et Brian YOUNG (1992). *Brève histoire socio-économique du Québec*, Sillery, Éditions du Septentrion, 2ᵉ édition. [13]

Dictionnaire biographique du Canada (1966-1988). Volumes I-VII, Sainte-Foy, Presses de l'Université Laval. [11, 13]

Dictionnaire des œuvres littéraires du Québec (1978-1982). Montréal, Fides. [6, 23]

Dictionnaire historique du français québécois (voir POIRIER, Claude).

DIONNE, Narcisse-Eutrope (1912). *Une dispute grammaticale en 1842*, Québec, Laflamme & Proulx. [17]

Documents relatifs à l'histoire constitutionnelle du Canada, 1759-1791, (1921). *1791-1818* (1915). *1819-1828* (1935). A. Shortt, A. G. Doughty, D. McArthur et N. Story, Ottawa, Imprimeur de Sa Très Excellente Majesté le Roi. [11, 12, 14]

DORION, Henri (1972). *Les noms de lieux et le contact des langues*, Sainte-Foy, Presses de l'Université Laval.

DROLET, Jean (1974). « Henri Bourassa : une analyse de sa pensée », en collaboration, *Idéologies au Canada français 1900-1929*, Sainte-Foy, Presses de l'Université Laval, p. 223-250. [23]

DROUILLY, Pierre (1996). *L'espace social de Montréal*, Sillery, Éditions du Septentrion. [49]

DUBOIS, Jean, et autres (1994). *Dictionnaire de linguistique et des sciences du langage*, Paris, Larousse. [E-82]

DUBOIS, Lise et Annette BOUDREAU (dir.) (1997). *Les Acadiens et leur(s) langue(s) : quand le français est minoritaire. Actes du colloque* (édition revue et corrigée), Moncton, Éditions d'Acadie, CRLA, Université de Moncton. [5, E-67]

DUFOUR, Andrée (1996). *Tous à l'école. État, communautés rurales et scolarisation au Québec de 1826 à 1859*, Montréal, Éditions Hurtubise HMH. [24] — (printemps 1998). « Les institutrices rurales au Bas-Canada : incompétentes et inexpérimentées ? », dans *Revue d'histoire de l'Amérique française*, 51, n° 4, p. 521-548. [25]

DULONG, Gaston (1966). *Bibliographie linguistique du Canada français*, Sainte-Foy/Paris, Presses de l'Université Laval/Klincksieck. [31] — ... et Gaston BERGERON (1980). *Le parler populaire du Québec et de ses régions voisines. Atlas linguistique de l'Est du Canada*, Québec, ministère des Communications en coédition avec l'Office de la langue française, 10 vol., (Études et Dossiers). [9, E-84]

DUMAS, Denis (1987). *Nos façons de parler. Les prononciations en français québécois*, Québec, Presses de l'Université du Québec. [E-81]

DUMONT, Fernand (1971). *La vigile du Québec, Octobre 1970 : l'impasse*, Montréal, Éditions Hurtubise HMH. [35] — (1993). *Genèse de la société québécoise*, Montréal, Boréal, (collection Boréal compact). [20, 35] — (1996). *L'avenir de la mémoire*, Québec, Nuit blanche. [58] — (1997). « Essor et déclin du Canada français », dans *Recherches sociographiques*, vol. XXXVIII, 3, p. 419-468. [35, 58]

DUMONT, Micheline (1990). *L'instruction des filles au Québec*, brochure de la Société historique du Canada, n° 49. [25] — ... et Nadia FAHMY-EID (1986). *Les couventines. Histoire de l'éducation des filles dans les pensionnats de religieuses, 1840-1960*, Montréal, Boréal Express. [25]

DUNN, Oscar (1880). *Glossaire franco-canadien et vocabulaire de locutions vicieuses usitées au Canada*, Québec, Imprimerie A. Côté et Cie.

DUROCHER, René (1989). « L'ouverture du Québec sur le monde extérieur, 1960-1966 », dans R. Comeau (dir.), *Jean Lesage et l'éveil d'une nation*, Sainte-Foy, Presses de l'Université du Québec, p. 108-115. — ..., Paul-André LINTEAU et Jean-Claude ROBERT (1989). *Histoire du Québec contemporain*, t. 1 (1867-1929), ... et François RICARD, t. 2 (depuis 1930), Montréal, Boréal.

FARANDJIS, Stélio (1999). « Les parlers français et la francophonie », dans *France-Québec Images et mirages*, Montréal, Fides, p. 75-99. [E-83]

FARIBAULT, Marthe (1999). « L'emprunt amérindien en français de la Nouvelle-France : solutions à quelques problèmes d'étymologie », *Français du Canada - français de France*. Actes du cinquième colloque international de Bellême, Tübingen, Max Niemeyer Verlag. [4, E-41]

FAUCHER de SAINT-MAURICE (1890). *La question du jour. - Resterons-nous français ?*, Québec, Imp. Belleau; (1990). Réimpression : préface de Camille LAURIN, présentation de Michel PLOURDE, Montréal, Éditions Hurtubise HMH.

FILTEAU, Gérard (1937). *La naissance d'une nation*, Montréal, Éditions de l'Action canadienne-française. [E-6]

FISHMAN, Joshua A. (1973). *Language and Nationalism*, Rowley (Mass.), Newbury House Publishers. [12]

FOURNIER, Jules (1922). *Mon encrier*, 2 vol., Montréal, Mme Jules Fournier.

FOURNIER, Louis (1982). *F.L.Q. Histoire d'un mouvement clandestin*, Montréal, Québec Amérique. [33]

FOURNIER, Marcel (1989). *Les Européens au Canada des origines à 1765 (Hors France)*, Montréal, Éditions Fleuve. [13]

FRÉGAULT, Guy (1955). *La guerre de la conquête*, Montréal, Fides. [10, 11] — (1968). Série d'articles dans *Le XVIIIᵉ siècle canadien*, Montréal, Éditions Hurtubise HMH. [1] — (1978). « Combats pour la langue française », dans *Cahiers de l'Académie canadienne-française*, n° 15. [20]

FRENETTE, Yves (1998). *Brève histoire des Canadiens français*, Montréal, Boréal. [22, 43]

GAGNÉ, Gilles (1983). « Norme et enseignement de la langue maternelle », Édith Bédard et Jacques Maurais (dir.), *La norme linguistique*, Paris/Québec, Le Robert/Conseil de la langue française, p. 463-509. [53]

GAGNON, Alain G. (1994). *Québec : État et Société*, Montréal, Québec Amérique. [46]

GAGNON, Lysiane (1975). *Le drame de l'enseignement du français*, Montréal, Éditions La Presse. [53]

GAGNON, Nicole et Jean HAMELIN (1984). *Histoire du catholicisme québécois. Le XXᵉ siècle, tome 1, 1898-1940*, Montréal, Boréal Express. [24]

GAGNON, Serge (1999). *De l'oralité à l'écriture. Le manuel de français à l'école primaire (1830-1900)*, Sainte-Foy, Presses de l'Université Laval. [E-32]

GALARNEAU, Claude (1970). *La France devant l'opinion canadienne (1760-1815)*, Sainte-Foy et Paris, Presses de l'Université Laval et Armand Colin (collection Les Cahiers de l'Institut d'histoire). [10, 17] — (1978). *Les collèges classiques au Canada français (1620-1970)*, Montréal, Fides. [15, 24]

GAULIN, André (1993). « Tours d'horizon. La chanson, par monts, par vaux, par cœur », dans Denis Bégin (dir.), *Comprendre la chanson québécoise*, Rimouski, UQAR, monographie 39, p. 15-62.

GAUVIN, Lise (1975). « Parti Pris littéraire », Montréal, Presses de l'Université de Montréal (collection Lignes québécoises). [36] — (1981). « De Crémazie à Victor-Lévy Beaulieu; langue, littérature, idéologie », dans *Langages et collectivités; le cas du Québec*, Montréal, Leméac, p. 106-176. [40] — (2000). *Langagement. L'écrivain singulier et la langue au Québec*, Montréal, Boréal.

GÉMAR, Jean-Claude (1983). *Les trois états de la politique linguistique du Québec*, Québec, Conseil de la langue française. [34, 38]

GENDRON, Jean-Denis (1966). *Tendances phonétiques du parler français au Canada*, Paris/Sainte-Foy, Klincksieck/Presses de l'Université Laval. [9] — (1970). « Origine de quelques traits de prononciation du parler populaire franco-québécois », dans *Phonétique et linguistique romane*, Lyon.

GEORGEAULT, Pierre, en collaboration : voir Réjean ROY (1998). *L'inforoute en français : un portrait québécois,* Québec, Conseil de la langue française. [44, 51, 55] — (1981). *Conscience linguistique des jeunes Québécois,* Québec, Conseil de la langue française.

GILDER, Alfred (1998). « La langue française est-elle en péril ? », *La Lettre d'Alexandrie,* Université Senghor, Alexandrie, p. 12-17. [44]

GODIN, Benoît et François VALLIÈRES (1995). *Endangered Species : Une nouvelle estimation de la part du français dans les communications scientifiques,* Montréal, INRS-Urbanisation. [E-89]

GODIN, Pierre (1990). *La poudrière linguistique,* Montréal, Boréal. [33]

GOUVERNEMENT DU CANADA (1965-1969). *Rapport de la Commission royale d'enquête sur le bilinguisme et le biculturalisme.* Ottawa, 5 tomes. [32, 34] — (1969). *Loi sur les langues officielles.* — (1982). *Loi constitutionnelle.* — (1986). *Rapport Caplan-Sauvageau,* Groupe de travail sur la politique de la radiodiffusion, Ottawa, Approvisionnements et Services Canada. [54] — (1988). *Loi C-72 (langues officielles).*

GOUVERNEMENT DU QUÉBEC (1964). *Rapport de la Commission royale d'enquête sur l'enseignement dans la province de Québec.* [34] — (1969). *Loi 63.* — (1972). *Rapport de la Commission d'enquête sur la situation de la langue française et sur les droits linguistiques au Québec.* [34] — (1974). *Loi sur la langue officielle (loi 22).* — (mars 1977). *La politique québécoise de la langue française.* [37, 41, 52] — (août 1977). *Charte de la langue française (Loi 101).* — (1983). *Loi 57.* — (1986). *Loi 142.* — (1986). *450 ans de noms de lieux français en Amérique du Nord* [E-9] — (1987). *Bibliographie toponymique du Québec, Québec,* Commission de toponymie. [E-9] — (1988). *Loi 178.* — (1990). *Énoncé de politique en matière d'immigration et d'intégration,* Québec, ministère des Communautés culturelles et de l'Immigration. [46] — (1993). *Loi 86.* — (1994). *Noms et lieux du Québec,* Dictionnaire illustré. [E-9] — (1996). *Le français langue commune. Enjeu de la société québécoise,* (Bilan de la situation de la langue française au Québec en 1995), Rapport du comité interministériel sur la situation de la langue française. [38, 46, 51] — (1997). *Loi 40.* — (1997). *Un Québec pour tous ses citoyens. Les défis actuels d'une démocratie pluraliste, Conseil des relations interculturelles.* [46] — (édition 1998). *Le Québec en mouvement. Statistiques sur l'immigration,* ministère des Relations avec les citoyens et de l'Immigration. [46] — (1999). *La France et le Québec - Des noms de lieux en partage.* [E-9] (Toutes ces publications : Québec, Gouvernement du Québec, Éditeur officiel.)

GRADDOL, David (1998). *The Future of English?,* Londres, British Council. [55, conclusion]

GRENIER, Fernand (1952). *Papiers Contrecœur et autres documents concernant le conflit anglo-français sur l'Ohio de 1745 à 1756,* Sainte-Foy, Presses de l'Université Laval. [10] — (1990). *De Ker-Is à Québec. Légendes de France et de Nouvelle-France,* Illustrations de Rémi Clark, Québec, Galerie Le Chien d'Or. [10]

GREVISSE, Maurice (1993). *Le Bon Usage,* 13e éd. révisée par André Goosse, Gembloux, Duculot. [E-82]

GROULX, Lionel (1932). *Le français au Canada,* Paris, Librairie Delagrave. — (1933). *L'enseignement français au Canada,* Montréal, Librairie Granger Frères. [20] — (1958). *Notre grande aventure - l'Empire français en Amérique du Nord, 1535-1760,* Montréal, Fides. [10] — (1960). *Histoire du Canada français,* Montréal, Fides. [11] — (Conférence du mercredi 12 avril 1916). « Nos luttes constitutionnelles », V, « Les Droits du français », dans *Le Devoir.* [11]

GROUPE DIEPE (1995). *Savoir-écrire au secondaire. Étude comparative de quatre populations francophones d'Europe et d'Amérique,* Bruxelles, De Boeck Université. [53, E-87]

GRUTMAN, Rainier (1997). *Des langues qui résonnent. L'hétérolinguisme au XIXᵉ siècle québécois*, Montréal, Fides, (collection Nouvelles études québécoises). [31]

GUINDON, Hubert (1990). *Tradition, modernité et aspiration nationale*, Montréal, Éditions Saint-Martin. [35]

HALFORD, Peter W. (1994). *Le français des Canadiens à la veille de la Conquête, Témoignage du père Pierre-Philippe Potier*, Ottawa, Presses de l'Université d'Ottawa. [4, 9, E-41]

HAMEL, Réginald, sous la direction de (1997). *Panorama de la littérature québécoise contemporaine*, Montréal, Éditions Guérin. [36]

HAMELIN, Jean (1973). *La dimension historique du problème linguistique*, Commission sur la situation de la langue française et sur les droits linguistiques au Québec, Étude E. [12] — (1984). *Histoire du catholicisme québécois. Le XXᵉ siècle, tome 2, de 1940 à nos jours*, Montréal, Boréal Express. [24]

HARE, John (1970). *Lexicologie politique au Canada français, 1784-1812*, thèse de doctorat, Sainte-Foy, Université Laval, Département d'histoire. [12] — ... et Jean-Pierre WALLOT (1967). *Les imprimés dans le Bas-Canada. 1801-1810. Bibliographie analytique, tome 1, 1801-1810*, Montréal, Presses de l'Université de Montréal. [18]

HARVEY, Fernand (1987), « La question de l'immigration au Québec. Genèse historique », *Le Québec français et l'école à clientèle pluriethnique. Contributions à une réflexion*, Québec, Conseil de la langue française, p. 1-55. [22] — (hiver 1988). « Les groupes ethniques : enjeu de la lutte linguistique au Québec », dans *Journal of Canadian Studies/Revue d'études canadiennes*.

HARVEY, Pauline (1987). « Montréal français », Montréal, Éditions Lèvres urbaines. [40]

HAUT CONSEIL DE LA FRANCOPHONIE (1999), *État de la Francophonie dans le monde*, (rapport annuel publié depuis 1986), Paris, La Documentation française. [44, 45]

HÉBERT, Louis-Philippe (1984). « Le Québec et la micro-informatique : programmer ou être programmé », dans *L'avenir du français au Québec*, Québec, Conseil de la langue française.

HENRIPIN, Jacques (1968). *Tendances et facteurs de la fécondité au Canada*, Ottawa, Bureau fédéral de la statistique. [22]

HOMIER, Pierre (1913). *La langue française au Canada*, Montréal, Ligue des droits du français.

HUBERT-ROBERT, Régine (1945). *L'Épopée de la fourrure*, Montréal, L'Arbre. [10]

HUSTON, James (1848-1850). *Le Répertoire national*, 4 vol., Lovell et Gibson. [19]

JACQUIN, Philippe (1996). *Les Indiens blancs. Français et Indiens en Amérique du Nord (XVIᵉ - XVIIIᵉ siècles)*, Paris et Montréal, Payot et Libre Expression. [10]

JEAN, Marcel (1991). *Le Cinéma québécois*, Montréal, Boréal (collection « Boréal Express »). [E-88]

JETTÉ, René (1983). *Dictionnaire généalogique des familles du Québec (des origines à 1730)*, Montréal, Presses de l'Université de Montréal. [E-10]

JONES, Richard (1987). « Politics and the Reinforcement of the French Language in Canada and Quebec, 1960-1986 », dans Michael D. Behiels (dir.), *Quebec Since 1945. Selected Readings*, Toronto, Copp, Clark Pitman. [33]

JUNEAU, Marcel (1972). *Contribution à l'histoire de la prononciation française au Québec : étude des graphies des documents d'archives*, Sainte-Foy, Presses de l'Université Laval. [8, 9]   — (1977). « Aperçu sur la lexicologie québécoise », *Problèmes de lexicologie québécoise. Prolégomènes à un Trésor de la langue française au Québec*, Sainte-Foy, Presses de l'Université Laval, p. 11-55. [29]

KELLY, Stéphane (1997). *La petite loterie ou comment la Couronne a obtenu la collaboration du Canada français après 1837*, Montréal, Boréal. [20, 26]

LACHAPELLE, Réjean (1990). *Évolution des groupes linguistiques et situation des langues officielles au Canada*, Ottawa, Secrétariat d'État du Canada, p. 7-34. [22]

LACOURSIÈRE, Jacques (1995, 1996, 1996, 1997). *Histoire populaire du Québec*, 4 tomes, Sillery, Éditions du Septentrion. [11]

LACROIX, Benoît (1967). *Lionel Groulx*, Montréal, Fides. [23]

LANCTOT, Gustave et autres (1941). *Les Canadiens français et leurs voisins du Sud*, New Haven, Yale University Press et Montréal, Bernard Valiquette. [10]

LANDRY, Yves (1992), *Orphelines en France, pionnières au Canada. Les filles du roi au XVIIᵉ siècle*, Montréal, Leméac. [6]

LANGEVIN, Hector (1855). *Le Canada, ses institutions, ressources, produits, manufactures, etc.*, Québec. [18]

LANGLOIS, Simon (dir.) (1995). *Identité et cultures nationales. L'Amérique française en mutation*, Sainte-Foy, Presses de l'Université Laval.   — (1999). « Canadian identity : A Francophone Perspective », dans Paul Robert Magocasi (dir.), *Encyclopaedia of Canada's Peoples*, Toronto, University of Toronto Press. [58]

Langue et culture, à vendre /for sale (printemps 1987), Montréal, revue *Possibles*.

Langue nationale et mondialisation : enjeux et défis pour le français (1995). Conseil de la langue française du Québec, Conseil supérieur de la langue française de Belgique et Conseil supérieur de la langue française de France, Québec, Les Publications du Québec.

LAPALME, Georges-Émile (1988). *Pour une politique. Le programme de la Révolution tranquille*. Montréal, VLB éditeur. [32]

LAPIERRE, André (décembre 1981). « Le Manuel de l'abbé Thomas Maguire et la langue québécoise au XIXᵉ siècle », dans *Revue d'histoire de l'Amérique française*, vol. XXXIX, p. 295-312. [19]

LAPOINTE, Gérard (1998). *Le Conseil de la langue française, 1978-1998*, CLF, Québec, Gouvernement du Québec. [E-64] — ... et Michel AMYOT (dir.) (1986). *L'État de la langue française au Québec. Bilan et perspective*, Québec, Conseil de la langue française. [39, 46]

LAPORTE, Pierre-Étienne (1994). *Les nouvelles stratégies en faveur du pluralisme linguistique à la fin du XXᵉ siècle*, Québec, Conseil de la langue française.

LAURIN, Camille (1978). *Le français, langue du Québec*, Montréal, Éditions du Jour. — (1999). *Une traversée du Québec*, Montréal, l'Hexagone.

L'avenir du français au Québec (1987). Collectif Québec Amérique. [40]

LAVOIE, Thomas, Gaston BERGERON et Michelle CÔTÉ (1985). *Les parlers français de Charlevoix, du Saguenay, du Lac-Saint-Jean et de la Côte-Nord*, Les Publications du Québec, 5 vol. [9, E-84]

LAVOIE, Yolande (1980). « Québécois et francophones dans le courant migratoire vers les États-Unis aux XIXᵉ et XXᵉ siècles », dans *Critères*, vol. 27, p. 205-219. [E-31, 35] — (1981). *L'émigration des Québécois aux États-Unis de 1840 à 1930*, Québec, Conseil de la langue française.

LECLERC, Jacques (1986). *Langue et société*, Laval, Mondia. — (1989). *La guerre des langues dans l'affichage*, Montréal, VLB éditeur.

LEGAULT, Josée (1992). *L'invention d'une minorité. Les Anglo-Québécois*, Montréal, Boréal. — (1996). « La question linguistique ou de l'urgence d'agir », dans *Les nouveaux démons*, Montréal, VLB éditeur.

LÉGER, Jean-Marc (1987). *La francophonie : grand dessein, grande ambiguïté*, Montréal, Éditions Hurtubise HMH. [45] — (printemps 1989). « Le Québec dans la Francophonie », L'Action nationale. [45]

LEMIEUX, Denise (1986). « Des mythes de la mère à la parole des mères », *Identité féminine, mémoire et création*, Québec, IQRC, p. 71-84. [25] — …, et Lucie MERCIER (1989). *Les femmes au tournant du siècle 1880-1940. Âges de la vie, maternité et quotidien*, Québec, IQRC. [25]

LEMIEUX, Lucien (1989). *Les XVIIIᵉ et XIXᵉ siècles. Tome 1 : Les années difficiles (1760-1839)*, Montréal, Boréal, (*Histoire du catholicisme québécois* dirigée par Nive Voisine, II). [14]

LEMIRE, Maurice (dir.) (1991-1992-1996-1999). *La vie littéraire au Québec*, tome 1 (1764-1805); tome 2 (1806-1839); … et Denis SAINT-JACQUES (dir.), tome 3 (1840-1869); tome 4 (1870-1894); Sainte-Foy, Presses de l'Université Laval. [14, 18, 19, 31] — (1978-1980-1982). [dir.], *Dictionnaire des œuvres littéraires du Québec*, tomes I à III, Montréal, Fides. [31]

LÉTOURNEAU, Jocelyn (1991). « La nouvelle figure identitaire du Québécois : Essai sur la dimension symbolique d'un consensus social en voie d'émergence », dans *British Journal of Canadian Studies*, vol. 6, n° 1, p. 17-38. [35]

LEVINE, Marc V. (1990). *The Reconquest of Montreal*, Philadelphia, Temple University Press — Édition en français (1997), *La reconquête de Montréal*, traduction de Marie Poirier, Montréal, VLB éditeur. [33, 49, 51]

L'HERBIER, Benoît (1974). *La Chanson québécoise / Des origines à nos jours*, Montréal, Les Éditions de l'Homme. [E-51]

LINTEAU, Paul-André (1992). *Histoire de Montréal depuis la Confédération*, Montréal, Boréal (collection Boréal compact). — …, René DUROCHER et Jean-Claude ROBERT (1989). *Histoire du Québec contemporain*, t. 1 (1867-1929), Montréal, Boréal. [32] — …, René DUROCHER, Jean-Claude ROBERT et François RICARD (1989). *Histoire du Québec contemporain*, t. 2 (depuis 1930), Montréal, Boréal. [33].

MAGUIRE, Thomas (1841). *Manuel des difficultés les plus communes de la langue française, adapté au jeune âge, suivi d'un Recueil de locutions vicieuses*, Québec, Fréchette & Cie. [17, 29]

MAILHOT, Laurent (1997). *La littérature québécoise*, Montréal, Éditions Typo. [31, 36]

MAJOR, Robert (1979). « Parti Pris : idéologies et littérature », dans *Cahiers du Québec. Littérature*, Montréal, Éditions Hurtubise HMH. [36]

MARCEL, Jean (1973). *Le joual de Troie*, Montréal, Éditions du Jour. [36]

MARCOTTE, Gilles (1976). *Le roman à l'imparfait*, Montréal, Éditions La Presse. [36]

MARIE DE L'INCARNATION, (1971). *Correspondance*, Guy Oury (éd.) Solesme, Abbaye Saint-Pierre. [3]

MARTEL, Marcel (1995). *Les états généraux et la fin du Canada français*, Ottawa, Presses de l'Université d'Ottawa. [35] — (1997). *Le deuil d'un pays imaginé. Rêves, luttes et déroute du Canada français. Les relations entre le Québec et la francophonie canadienne (1867-1975)*, Ottawa, Presses de l'Université d'Ottawa. [43] — (1999). « Les politiques publiques fédérale et québécoise à l'égard des minorités francophones du Canada (1960-1980) », dans *Francophonies d'Amérique*, n° 9, p. 199-208. [43]

MARTEL, Pierre, Normand BEAUCHEMIN et Michel THÉORET (1992). *Dictionnaire de fréquence des mots du français parlé au Québec*, Peter Lang, New York. — … et Hélène CAJOLET-LAGANIÈRE (1996), *Le français québécois : usages, standard et aménagement*, Québec, Institut québécois de recherche sur la culture. [52]

MARTIJN, Charles A. (1991). « Gepèg (Québec), un toponyme d'origine micmaque », dans *Recherches amérindiennes au Québec*, vol. XXI, n° 3. [4, E-41]

MATHIEU, Jacques (1991). *La Nouvelle-France. Les Français en Amérique du Nord XVIᵉ-XVIIᵉ siècle*, Sainte-Foy, Presses de l'Université Laval. [1] — … et Jacques LACOURSIÈRE (1991). *Les mémoires québécoises*, Sainte-Foy, Presses de l'Université Laval. [1]

Maudite langue (été 1989). Québec, Nuit Blanche Éditeur, n° 36. [40]

MAURAIS, Jacques (dir.) (1983). *La norme linguistique*, Québec, Conseil de la langue française et Éd. Le Robert [41, 52] — (1985). *La crise des langues*, Québec, Conseil de la langue française et Éd. Le Robert [E-85] — (1992). *Les langues autochtones du Québec*, Québec, Conseil de la langue française. [E-54]

McANDREW, Marie, Calvin VELTMAN, Francine LEMIRE et Josefina ROSSELL (1999). *Concentration ethnique et usages linguistiques en milieu scolaire*, Montréal, Immigration et Métropoles, Université de Montréal. [51]

MERCIER, Louis (1992). *Contribution à l'étude du Glossaire du parler français au Canada (1930) : Analyse de l'enquête linguistique (1902-1922) de la Société du parler français au Canada et de ses liens avec la genèse du dictionnaire*, Sainte-Foy, thèse de doctorat, Université Laval. [29]

MIRON, Gaston (1970). « Recours didactique », dans *L'Homme rapaillé*, Montréal, Presses de l'Université de Montréal. [E-49] — (décembre 1983). « Les signes de l'identité », dans *Québec français*, n° 52, p.22-23. [40]

MONIÈRE, Denis (1977). *Le développement des idéologies au Québec : des origines à nos jours*, Montréal, Éditions Québec Amérique. [12]   — (1983). *André Laurendeau et le destin d'un peuple*, Montréal, Québec Amérique.

MONNIER, Daniel (juin 1996). « La langue d'accueil et de service dans les commerces », dans *Bulletin du Conseil de la langue française*, vol. 13, n° 2.   — (1993). *Les choix linguistiques des travailleurs immigrants et allophones*, Québec, Conseil de la langue française.

MORIN, Augustin-Norbert (1825). *Lettre à l'honorable Edward Bowen, Écuyer, Un des juges de la Cour du banc du Roi de Sa Majesté pour le District de Québec*, Montréal, James Lane.

MORIN, Jacques-Yvan (1985). « Des défis que doit affronter le fait français dans le monde et de quelques moyens de les relever », dans *Revue des Sciences morales et politiques*, Académie des Sciences morales et politiques, p. 113-127. [44]   — (1998). « La langue française a-t-elle un avenir en Amérique du Nord ? », dans *Actes du Colloque sur la langue française*, Paris, Alliance Française et Fondation Singer-Polignac, p. 33-45. [44]

MORIN, Yves-Charles (1994). « Les sources historiques de la prononciation du français du Québec », *Les origines du français québécois*, Sainte-Foy, Presses de l'Université Laval. [9]

MORISSONNEAU, Christian (1978a). *Le langage géographique de Cartier et de Champlain*, Sainte-Foy, Presses de l'Université Laval. [E-9] — (1978b). *La Terre promise : Le mythe du Nord québécois*, Montréal, Éditions Hurtubise HMH (collection Cahiers du Québec). [10]

MOUGEON, Raymond et Édouard BENIAK (1994). *Les origines du français québécois*, Sainte-Foy, Presses de l'Université Laval. [8, 28] — (1996). « Recherche sur les origines de la variation *vas, m'as, vais* en français québécois », dans Thomas Lavoie (dir.), *Français du Canada — français de France*, Tübingen, Nyemeyer, p. 61-78. [8]

NEATBY, Hilda (1966). *Quebec : The Revolutionary Age, 1760-1791*, Toronto, McClelland and Stewart Limited. [12]

NOËL, Danièle (1990). *Les questions de langue au Québec, 1759-1850*, Québec, Conseil de la langue française, Éditeur officiel du Québec. [11, 12, 14, 16, 19, 28]

NORRIS, Alexander (1999). « The New Anglophone », dans *The Montreal Gazette*, 29 mai au 6 juin. [51]

OFFICE DE LA LANGUE FRANÇAISE (1965) *Norme du français écrit et parlé au Québec.* — (1990). « Titres et fonctions au féminin. Essai d'orientation de l'usage », dans *Répertoire des avis linguistiques et terminologiques mai 1979 – septembre 1989*, 3ᵉ éd. revue et augmentée, Québec, Les Publications du Québec, p. 189-201. [E-82].   — *Le Grand Dictionnaire terminologique*, www.olf.gouv.qc.ca — *Cahiers de l'Office de la langue française*, Terminologies propres à divers secteurs d'activités, Guides et Lexiques, Québec, Éditeur officiel du Québec.

OSTIGUY, Luc et Claude TOUSIGNANT (1993). *Le français québécois: normes et usages*, Montréal, Éditions Guérin. [E-81]

OUELLET, Fernand (avril-juin 1961). « L'enseignement primaire : responsabilité des Églises ou de l'État ? (1801-1836) », dans *Recherches sociographiques*, vol. II, n° 2, p. 171-187. [15]   — (1966). *Histoire économique et sociale du Québec, 1760-1850*, Montréal, Fides. [11]

OUELLON, Conrad et autres (1999). *La norme du français au Québec. Perspectives pédagogiques, Terminogramme,* n° 91-92, Québec, Éditeur officiel du Québec. [E-81]

PAGÉ, Michel (1991). « Intégration, identité ethnique et cohésion sociale », dans OUELLET, Fernand et Michel PAGÉ, *Pluriethnicité, éducation et société : construire un espace commun,* Québec, Institut québécois de recherche sur la culture.

PAILLÉ, Michel (1995). *La situation démolinguistique au Québec et dans la région de Montréal à la fin du XXe siècle,* Québec, Conseil de la langue française.

PAPINEAU, Louis-Joseph (1998). *Un demi-siècle de combats, interventions politiques* (choix de textes et présentation par Yvan Lamonde et Claude Larin), Montréal, Fides. [26]

PAQUIN, Stéphane (1999). *L'invention d'un mythe. Le pacte entre deux peuples fondateurs,* Montréal, VLB éditeur.

Parler 101 (1989). Trois-Rivières, Écrits des Forges/CSN. [40]

PELLAND, J.O. (1890). *Biographie, discours, conférences, etc., de l'honorable Honoré Mercier,* Montréal.

PELLERIN, Gilles (1995). *Québec : des écrivains dans la ville,* Québec, L'instant même et Musée du Québec. — (1997). *Récits d'une passion : florilège du français au Québec,* Québec, L'instant même.

PELLETIER, Réjean (1992). « La Francophonie canadienne et les politiques linguistiques : de l'individualité à la territorialité », dans André BERNARD et Jean TOURNON (dir.), *La Francophonie et le Canada,* Talence, Association française d'études canadiennes, n° 1, p. 103-118.

PELLETIER-BAILLARGEON, Hélène (1996). *Olivar Asselin et son temps, t. 1, le militant,* Montréal, Fides. [26]

PÉRONNET, Louise, et autres (1998). *Atlas linguistique du vocabulaire maritime acadien,* Sainte-Foy, Presses de l'Université Laval. [5, E-67]

PERRAULT, Jean-François(1832). *Moyens de conserver nos institutions, notre langue et nos lois,* Québec, Imprimerie Fréchette.

PINKER, Steven (1994). *The Language Instinct,* New York, William Morrow. [25]

PLOURDE, Michel (1985). *La langue française au Québec,* Québec, Conseil de la langue française . — (1988). *La politique linguistique du Québec,* Québec, Institut québécois de recherche sur la culture. [38]

POIRIER, Claude (1987). Rédacteur principal. *Dictionnaire du français plus,* sous la responsabilité de A.E. Shiaty, Montréal, Centre éducatif et culturel. [9, 52] — (1994). « La langue parlée en Nouvelle-France : vers une convergence des explications », *Les origines du français québécois,* Sainte-Foy, Presses de l'Université Laval. [8] — (1995). «Le français au Québec», dans Gérald Antoine et Robert Martin (dir.), *Histoire de la langue française 1914-1945,* CNRS-Éditions, p. 761-790. [29] — (1998) direction de Claude Poirier, équipe du TLFQ. *Dictionnaire historique du français québécois,* Sainte-Foy, Presses de l'Université Laval. [4, 17, E-4, E-41, E-83]

POIRIER, Jean (1983). *Regard sur les noms de lieux, Études et recherches toponymiques 3,* Commission de toponymie, Québec, Gouvernement du Québec.

POTIER, Pierre-Philippe (1905-1906). « Façons de parler proverbiales, triviales, figurées, etc. des Canadiens au XVIIIᵉ siècle » (manuscrit de 1743-1758 souvent appelé le « Glossaire » du père Potier), *BPFC*, vol. 3 et 4. [9]

PROULX, Pierre-Paul (1999). « L'intégration économique dans les Amériques : quelles stratégies pour tenter d'assurer l'américanité plutôt que l'américanisation du Québec », *Politique et Sociétés*, Symposium sur l'américanité du Québec, vol. 18, no. 1, p. 129-150.

PROVENCHER, Jean (1996). *Chronologie du Québec, 1534-1995*, Montréal, Bibliothèque québécoise.

PRUJINER, Alain (mars 1983). « Le bilinguisme judiciaire au Québec », dans *Les Cahiers de Droit*, 24, 1.

Rapport Durham, le (1969). Montréal, Éditions Sainte-Marie. [16]

RAYBURN, J. A. (1970). « English Geographical Names in Canada with Generic Terms of French Origin », dans *The Canadian Cartographer*, vol. 7, n° 2, p. 88-104. [E-10]

REICH, Robert (1993). *L'économie mondialisée*, Paris, Dunod. [55]

Relations des Jésuites (1972). Montréal, Éditions du Jour, t.1,1611-1636. [3]

REY, Alain (décembre 1972), « Usages, jugements et prescriptions linguistiques », dans *Langue française*, n° 16, p. 4-26. [E-38]

RICHAUDEAU, Émile (1876). *Lettres de la révérende mère Marie de l'Incarnation*, Paris, Casterman. [1]

RIOUX, Marcel (1969). *La question du Québec*, Paris, Éditions Seghers. [35] — …, et Yves MARTIN (dir.) (1971). *La société canadienne-française*, Montréal, Éditions Hurtubise HMH. [28]

RIVARD, Adjutor (1906). « Les dialectes français dans le parler franco-canadien », dans *Bulletin du parler français au Canada*, vol. 5, n° 2, p. 81-95. [8] — (1914). *Étude sur les parlers de France au Canada*, Québec, J.-P. Garneau. [8, 9] — … et L.-P. GEOFFRION (1930). *Glossaire du parler français au Canada*, Québec. [9] — (1928, 2ᵉ éd.). *Manuel de la parole*, [1901], Québec, J.-P. Garneau. [E-81]

ROBERT, Jean-Claude (1994). *Atlas historique de Montréal*, Montréal, Art global / Libre Expression. [13] — …, Paul-André LINTEAU et René DUROCHER (1989). *Histoire du Québec contemporain, t. 1 (1867-1929)*. — … et François RICARD (1989), *t. 2 (depuis 1930)*, Montréal, Boréal.

ROBY, Yves (1990). *Les Franco-Américains de la Nouvelle-Angleterre, 1776-1930*, Sillery, Éditions du Septentrion. [10, 22]

ROCHER, Guy (1973). *Le Québec en mutation*, Montréal, Éditions Hurtubise HMH. — (1992). « Autour de la langue : crises et débats, espoirs et tremblements », dans Gérard Daigle et Guy Rocher (dir.), *Le Québec en jeu*, Montréal, Presses de l'Université de Montréal. — (1987). Avec Mireille Ferland. *La Loi 101 et l'école primaire à clientèle pluriethnique*, Québec, Conseil de la langue française.

ROSSET, Théodore (1911). *Les origines de la prononciation moderne étudiée au XVIIᵉ siècle*, Paris. [9]

ROUILLARD, Jacques (dir.) (1993). *Guide d'histoire du Québec, du Régime français à nos jours* (bibliographie commentée), Montréal, Éditions du Méridien. [1]

ROUSSEAU, J. et G. BÉTHUNE (1977). *Voyage de Pehr Kalm au Canada* (traduction annotée), Montréal (édition originale suédoise publiée de 1753 à 1761 à Helsingfors). [1, 6]

ROUSSEAU, Louis (1976). *La Prédication à Montréal de 1800 à 1830, approche religiologique*, Montréal, Fides (coll. Héritage et projet, 16). [14] — ... et Frank W. REMIGGI (dir.) (1998). *Atlas historique des pratiques religieuses, Le Sud-Ouest du Québec au XIXᵉ siècle*, Ottawa, Presses de l'Université d'Ottawa. [14]

ROY, Antoine (1930). *Les lettres, les sciences et les arts au Canada sous le régime français*, Paris. [E-6]

ROY, Jean-Louis (1993). *La francophonie, le projet communautaire*, Montréal, Éditions Hurtubise HMH. [45]

ROY, Réjean, avec la collaboration de Pierre GEORGEAULT (1998). *L'inforoute en français : un portrait québécois*, Québec, Conseil de la langue française. [44, 51, 55]

ROYER, Jean (1987). *Le Québec en poésie*. Paris, Gallimard. — (1995). *Chronique d'une Académie 1944-1994. De l'Académie canadienne-française à l'Académie des lettres du Québec*, Montréal, l'Hexagone.

RUDDEL, David-Thiery (automne 1990). « Consumer Trends, Clothing, Textiles and Equipment in the Montreal Area, 1792-1835 », dans *Material History Bulletin/Bulletin d'histoire de la civilisation matérielle*, 32 , p. 45-64. [13]

RUDIN, Ronald (1985). *The Forgotten Quebecers. A History of English-Speaking Quebec, 1759- 1980*, Québec, IQRC. [13]

RUMILLY, Robert (1953-1969). *Henri Bourassa. La vie publique d'un grand Canadien*, Montréal, Chanteclerc, Les Éditions de l'Homme. [23, 26]

SAGARD, Gabriel (1632). *Le Grand Voyage du Pays des Hurons*, Paris, Denys Moreau. [1]

SAINT-DENIS, Dominique de (1956). *L'Église catholique au Canada. Précis historique et statistique*, Montréal, Les Éditions Thau. [23]

SALES, Arnaud (1999). « Internationalisation du travail hautement qualifié et défis pour la langue française », dans Pierre Bouchard (dir.), *Langues et mutations identitaires et sociales*, Québec, Éditeur Officiel du Québec, p. 269-278. — ... et Noël BÉLANGER (1985). *Décideurs et gestionnaires, étude sur la direction et l'encadrement des secteurs privé et public*, Québec, Conseil de la langue française.

SCHULL, Joseph (1968). *Laurier* (traduit par Hélène J. Gagnon). Montréal, Éditions Hurtubise HMH. [26]

SIMARD, Jean-Jacques (1979). *La longue marche des technocrates*, Montréal, Éditions coopératives Albert Saint-Martin. [35]

SMITH, Elsdon C. (1988). *New Dictionary of American Family Names*, New York, Gramercy Publishing Company. [E-10]

SOCIÉTÉ DU PARLER FRANÇAIS AU CANADA (la) (1930). *Glossaire du parler français au Canada*, Québec, L'Action sociale limitée; (1968). Réimpression : Sainte-Foy, Presses de l'Université Laval. [29]

STEWART, George A. (1970). *American Place-Names. A Concise and Selective Dictionary for the Continental United States of America*, New York, Oxford University Press. [E-10]

STRAKA, Georges (1981). « Sur la formation de la prononciation française d'aujourd'hui », *Travaux de linguistique et de littérature*, XIX, 1, Strasbourg, en dépôt à la librairie C. Klincksieck, Paris. [9] *Strangers in Paradise, Étranglés au Québec* (juin 1989), revue *Liberté*, Montréal.

TARDIVEL, Jules-Paul (1880). *L'anglicisme, voilà l'ennemi*, Québec, Imp. du Canadien. — (1901). « La langue française au Canada » : voir BOUTHILLIER, Guy. [28]

TAYLOR, Charles (1989). *Sources of the Self*, Cambridge (Mass.), Harvard University Press. [35, 48] — (1992). *Grandeur et misère de la modernité*, Montréal, Fides. — (1996). « Les Sources de l'identité moderne », dans Mikhaël Elbaz, Andrée Fortin, et Guy Laforest (dir.), *Les Frontières de l'Identité : Modernité et postmodernisme au Québec*, Sainte-Foy, Presses de l'Université Laval. [48]

TERMOTE, Marc (1999). Avec la collaboration de Jacques Ledent, *Perspectives démolinguistiques du Québec et de la région de Montréal à l'aube du XXIe siècle. Implications pour le français langue d'usage public*, Québec, Conseil de la langue française. [47, 51, E-78]

TÉTU, Michel (1987). « La Francophonie », Éditions Guérin, Montréal. [45]

THÉRIAULT, Joseph Yvon (1994). « Entre la nation et l'ethnie », Sociologie et sociétés, XXVI. [49] — (1995). *Identité à l'épreuve de la modernité : Écrits politiques sur l'Acadie et les francophonies canadiennes minoritaires*, Moncton, Éditions d'Acadie. [35]

THUROT, C. (1901). *De la prononciation du français depuis le commencement du XVIe siècle d'après le témoignage des grammairiens*, Paris, Imprimerie nationale. [9]

TOCQUEVILLE, Alexis de (1957). *Oeuvres complètes, tome V : Voyages en Sicile et aux États-Unis*, Paris, Gallimard.

TRUDEL, Marcel (1969). « Les débuts d'une société : Montréal, 1642-1663 », dans *Revue d'histoire de l'Amérique française*, 23/2. [1, 6, 9] — (1973). *La population du Canada en 1663*, Montréal, Fides. [1,6,8] — (1963-1999). Dans la série *Histoire de la Nouvelle-France* (plusieurs volumes), Montréal, Fides. [1] — (1983). *Catalogue des immigrants, 1632-1662*, Montréal, Éditions Hurtubise HMH. [8]

TURCOTTE, Paul-André (1988). *L'enseignement secondaire public des frères éducateurs, 1920-1970*, Montréal, Éditions Bellarmin. [24]

VACHON, André avec la collaboration de Victorin CHABOT et André DESROSIERS (1982). *Rêves d'empire : le Canada avant 1700*, collection Les documents de notre histoire, Ottawa.

VADEBONCŒUR, Pierre (1976). *Un génocide en douce*, Montréal, l'Hexagone. — (1987). « Le présent au sens fort », dans *Watch ta langue* (voir *infra*).

VALLÉE, Jacques (présenté par) (1973). *Tocqueville au Bas-Canada*, Montréal, Éditions du Jour. [18]

VAUGEOIS, Denis (1992). *Québec 1792. Les acteurs, les institutions et les frontières*, Montréal, Fides. [11]

VERREAULT, Claude et Thomas LAVOIE (1996). « Genèse et formation du français au Canada : l'éclairage de la géographie linguistique », dans *Revue de Linguistique Romane*, Strasbourg, Société de linguistique romane, tome 60, n° 239-240, p. 413-462. [E-84]

VERRETTE, Michel (été 1985). « L'alphabétisation de la population de la ville de Québec de 1750 à 1849 », dans *Revue d'histoire de l'Amérique française*, vol. 39, n° 1, p. 51-76. [15] — (1989). *L'alphabétisation au Québec 1680-1900*, Sainte-Foy, thèse de doctorat, Université Laval, XXXIV. [15, E-19]

VÉZINA, Robert (1999). « Le français du Québec : visite guidée », dans *France-Québec, Images et mirages*, Montréal, Fides.

VIGER, Jacques (1998). *Néologie canadienne* (manuscrits de 1810) (édité par S. Blais), Ottawa, Presses de l'Université d'Ottawa. [17]

VILLERS, Marie-Éva de (1990). *Francisation des entreprises (1970-1989). Analyse de l'activité terminologique québécoise*, Québec, Conseil de la langue française. [E-62] — (1997). *Multidictionnaire de la langue française*, 3ᵉ édition, Montréal, Québec Amérique.

VOISINE, Nive (1987-1999). *Les Frères des Écoles chrétiennes au Canada*, 3 vol., Québec, Anne Sigier.

WADE, Mason (1963). *Les Canadiens français de 1760 à nos jours*, Montréal, Cercle du livre de France. [14, 16, 23, E-31]

Watch ta langue, spécial 101¢, (février 1987). Numéro spécial de la revue *Liberté*. [39, 40]

WOEHRLING, José (1998). « La Constitution du Canada, la législation linguistique du Québec et les droits de la minorité anglo-québécoise », dans Nicolas Levrat (dir.), *Minorités et organisation de l'État*, Bruxelles, Bruylant, p. 561-630. [38] — ... et Jacques-Yvan MORIN (1994). *Les constitutions du Canada et du Québec. Du régime français à nos jours*, 2 tomes, Montréal, Éd. Thémis.

WOLF, Lothar et autres (1991). *Französische Sprache in Kanada*, München, E. Vögele. « Le langage de la Cour et le français canadien. Exemples de morphologie et de syntaxe », *Français du Canada - français de France* : actes du deuxième colloque international de Cognac du 27 au 30 septembre 1988, publiés par Brigitte Horiot, Tübingen, Niemeyer, (Canadiana Romanica, vol. 6). [6, 9]

YAGUELLO, Marina (1978). *Les Mots et les femmes*, Paris, Payot. [E-82]

Crédits iconographiques

Abréviations

ANC : Archives nationales du Canada
ANF : Archives nationales de France
ANQ : Archives nationales du Québec
BNQ : Bibliothèque nationale du Québec
MBAC : Musée des beaux-arts du Canada
MQ : Musée du Québec
ROM : Royal Ontario Museum

Première partie : page d'ouverture, MQ, photo Jean-Guy Kérouac.

Chapitre 1 : p. 4, photo Luc Beaulieu; p. 7, *Atlas de la langue française*, sous la direction de Ph. Roussillon, Bordas, coll. «Les Actuels», 1995; p. 9, ANC (C-010520); p. 10, MBAC, Ottawa, n° 28179; p. 15, BNQ; p. 18, ANF, fonds des Colonies, série C^{11A}, vol. 19; p. 20, tiré de *Les Raretés des Indes*, «Codex canadiensis», édition de 1930, Université de Montréal, Service des livres rares et des collections spéciales; p. 21, BNQ; p. 23, ANC (C-106968).

Chapitre 2 : p. 24, MQ, photo Patrick Altman; p. 29, Musée McCord d'histoire canadienne, Montréal (M662); p. 32, ANC (C-029486); p. 36, ANC (C-011925); p. 37, *Atlas de la langue française*, sous la direction de Ph. Roussillon, Bordas, coll. «Les Actuels», 1995; p. 43, Université de Montréal, Service des livres rares et des collections spéciales; p. 44, Musée McCord d'histoire canadienne, Montréal (M967.100.21).

Épilogue : p. 51, ANQ, Centre de Montréal, fonds de la Société Saint-Jean-Baptiste (P82, S16.2, P7); p. 53, Conseil de la vie française en Amérique, Université Laval, département de géographie.

Deuxième partie :

Chapitre 3 : p. 58, ANC (C-011043), © Gary Sherriff-Scott; p. 61, BNQ; p. 63, MQ, don de la succession de l'honorable Maurice Duplessis, photo Patrick Altman; p. 64, Claude Bouchard, *Nos racines*, n°s 34 et 39; p. 68, Rogers Communications ; p. 71, ANC (C-073725); p. 75, ANC (C-001884); p. 79, ANC - (C-116824); p. 82, ANC (C-000040); p. 88, © ROM; p. 90, ANC (C-095766); p. 91, Archives photographiques Notman, Musée McCord d'histoire canadienne, Montréal (M2615).

Chapitre 4 : p. 92, MQ, photo Patrick Altman; p. 95, MBAC, Ottawa, n° 6279; p. 98, Musée de la civilisation, dépôt du Séminaire de Québec (n° 1991.74); p. 101, Musée des Ursulines; p. 103, BNQ; p. 106, BNQ; p. 109, publié dans *L'Album Julien*, Éditions Beauchemin, 1916, ANC (C-018294).

Chapitre 5 : p. 114, MQ, photo Patrick Altman; p. 116, Musée de la civilisation, dépôt du Séminaire de Québec (n° 1991.2479); p. 119, *American Mechanic*, 28 mai 1842, gracieuseté de Kevin Crisman, A&M University, Texas; p. 121, BNQ; p. 124, BNQ; p. 126, photo Luc Beaulieu; p. 130, BNQ, album de E.-Z. Massicotte; p. 133, Société Saint-Jean-Baptiste de Montréal, photo Paul Simon.

Troisième partie : p. 134, MQ, coll. Imasco, photo Patrick Altman.

Chapitre 6 : p. 138, ANC (C-000733); p. 141, ANC, Division des archives gouvernementales (RG 2, vol. 5354) - (C-116600); p. 144, MQ, photo Patrick Altman; p. 150, tiré de l'*Almanach de la langue française, 1920 et 1921*; p. 153, *La Presse*, 10 décembre 1940; p. 156, Archives photographiques Notman, Musée McCord d'histoire canadienne, Montréal (M985.230.5033); p. 157, tiré de *Nos racines*, n° 119; p. 162, Musée McCord d'histoire canadienne, Montréal (1329); p. 166, MBAC, Ottawa, n° 6673; p. 168, tiré de Girard, *La Province de Québec*, 1905.

Chapitre 7 : p. 174, tiré du Premier livre de lecture, Éditions Granger frères; p. 176, MQ, photo Patrick Altman; p. 181, ANC (PA 112883); p. 183, photo Tibor Bognar/Réflexion; p. 185, MQ, photo Patrick Altman; p. 189, BNQ; p. 190, Archives du Centre de recherche Lionel-Groulx (C1/T1,30.23); p. 192, *Almanach de la langue française*, 1922; p. 194, Académie canadienne-française; p. 196, BNQ.

hapitre 8 : p. 199, *Almanach de la langue française, 1924*; p. 202, MQ, photo Jean-Guy Kérouac; p. 209, *Le trésor de la langue française au Québec*, Université Laval; p. 212, ANC (C-098980); p. 215, Archives photographies Notman, Musée McCord d'histoire canadienne, Montréal (MP.000030.9); p. 217, Université de Montréal, Service des livres rares et des collections spéciales; p. 218, MQ, photo Jean-Guy Kérouac; p. 221, photo André Le Coz.

Projection d'avenir : p. 224, *La Presse*, photo Roger St-Jean; p. 226, *La Presse*, 23 juillet 1962; p. 229, MQ, photo Jean-Guy Kérouac.

QUATRIÈME PARTIE : p. 230, *La Presse*, 24 juin 1994, photo Bernard Brault.

QUATRIÈME PARTIE I :

Chapitre 9 : p. 238, Le Parti libéral du Québec; p. 242, Éditions de l'Homme, 1972; p. 243, *La Presse*, 4 septembre 1968, photo Michel Gravel; p. 246, archives FTQ, photo Serge Jongué; p. 251, La Presse, 28 octobre 1969, photo Pierre McCann; p. 253, Office de la langue française; p. 256, photo provenant des médias d'information qui ont couvert l'événement ou des comités régionaux de l'«Année du français»; p. 262, Éditions de l'Homme, 1960; p. 263, Éditions de l'Homme; p. 265, photo Guy Dubois; p. 270, journal *Le Soleil*; p. 272, Office de la langue française.

Chapitre 10 : p. 274, ANC (PA-133218); p. 277, *La Presse*, 17 décembre 1988, photo Luc Simon Perrault; p. 278, *La Presse*, 12 août 1980; p. 286, Éric Henry, tiré de *La francisation en marche*, vol. 14 n° 1, automne 1996, Les Publications du Québec; p. 288, Société Saint-Jean-Baptiste de Montréal; p. 294, *La Presse*, 15 mars 1989, photo Armand Trottier; p. 298, archives FTQ, photo Serge Jongué.

Chapitre 11 : p. 300, réalisation Labelle et Fille, photo Luc Beaulieu; p. 305, Revue *Liberté*, février 1987; p. 312, Office de la langue française, photo Luc Beaulieu; p. 314, Conseil de la langue française, photo Luc Beaulieu; p. 317, Les Publications du Québec; p. 322, *The Montreal Gazette*; p. 324, Université McGill, photo Nicole Rivelli; p. 327, Archives du Centre de recherche Lionel-Groulx, P1/T1, 29.19; p. 331, CSN, *La force des mots*, numéro 2; p. 333, ministère des Relations internationales; p. 336, Office de la langue française, photo Luc Beaulieu; p. 338, ANQ, photo Marc Lajoie.

QUATRIÈME PARTIE II :

Chapitre 12 : p. 342, ministère des Relations avec le citoyen et de l'Immigration, photo Luc Beaulieu; p. 347 et 351, ministère des Relations avec le citoyen et de l'Immigration; p. 354 et 356, Conseil de la langue française, photos Luc Beaulieu; p. 360, Presse Canadienne, photo Fred Chartrand; p. 363, Presse Canadienne, photo Charles Mitchell; p. 365, photo Guy Tessier; p. 371, CSN, *La force des mots*, numéro 5, photo Michel Giroux; p. 373, photo Perry Mastrovito/Réflexion.

Chapitre 13 : p. 378, ce dessin a été réalisé par l'un ou l'une des jeunes qui ont participé aux activités de l'«Année du français» dans le cadre d'un concours de dessin; p. 389, Archambault, Ariane et Corbeil, Jean-Claude. *Le Visuel dictionnaire thématique*, collection Langue et culture, Éditions Québec Amérique, 1986 - Dagenais, Gérard, *Dictionnaire des difficultés de la langue française au Canada*, Éditions françaises, 1984 - Poirier, Claude, *Le dictionnaire historique du français québécois*, TLFP - Trésor de la langue française, 1998 - Villers, Marie-Éva de, *Multidictionnaire de la langue française*, collection Langue et culture, Éditions Québec Amérique, 1992 - le logiciel de correction *Antidote,* Druide informatique, photo Luc Beaulieu; p. 396, Office de la langue française, photo Luc Beaulieu; p. 398, photo Michel Tremblay; p. 401, *La Presse*, 8 février 1969, photo Gilles Sabourin; p. 404, Office de la langue française.

Chapitre 14 : p. 407, © 2000 - Machina Sapiens inc.; p. 413, Société générale de financement; p. 423, Salon du livre de Montréal; p. 425, *Le visage humain d'un fleuve sans estuaire,* Pierre Perrault, Écrits des Forges, Trois-Rivières, 1998 ; p. 428, *La Presse*, 1er septembre 2000, photo Alain Roberge; p. 433, © 2000 La Toile du Québec Communications Inc.; p. 435, ministère des Relations avec le citoyen et de l'Immigration, photo Luc Beaulieu.

Index des thèmes

Les chiffres renvoient aux numéros des articles et non aux pages.

Les chiffres précédés de la lettre « E » renvoient aux numéros des encadrés. Les chiffres en caractères gras réfèrent aux articles qui abordent de façon prioritaire ou plus marquée le thème indiqué.

P = Préface; I = Introduction; C = Conclusion; R1, R2, R3 = Résumé (vue d'ensemble) de la 1ère, de la 2ᵉ partie, etc. (incluant les encadrés de début de partie).

493

Index des noms propres

CHRONOLOGIE

PREMIÈRE PARTIE

1534 Premier voyage de Jacques Cartier au Canada.

1605 Fondation de Port-Royal, en Acadie.

1606 Première représentation théâtrale en Nouvelle-France, le *Théâtre de Neptune*, de Marc Lescarbot, à Port-Royal.

1608 Samuel de Champlain fonde Québec.

1611 Jusqu'en 1680, rédaction et publication des *Relations des Jésuites*, principaux témoignages écrits de ce qui s'est passé chaque année en Nouvelle-France.

1627 Création de la Compagnie de la Nouvelle-France par Richelieu.

1629 Prise par les frères Kirke, Québec est aux mains des Anglais pendant trois ans.

1632 Gabriel Sagard publie *Le Grand Voyage du pays des Hurons* (avec un *Dictionnaire de la langue huronne*).

1635 Fondation de l'Académie française.
Fondation du collège des Jésuites à Québec.

1639 Fondation de l'école des Ursulines à Québec.
Entre 1639 et 1672, Marie de l'Incarnation rédige ses lettres et ses écrits.

1640 Fondation de l'Imprimerie royale à Paris.

1642 Maisonneuve fonde Montréal (Ville-Marie).

1647 Publication des *Remarques sur la langue française*, du grammairien Vaugelas.

1652 Représentation du *Cid*, de Corneille, à Québec.

1657 Marguerite Bourgeoys ouvre une école de filles à Montréal.

1663 Fondation du Séminaire de Québec.
Louis XIV fait de la Nouvelle-France une possession royale. La coutume de Paris demeure la loi de la Nouvelle-France.
Entre 1663 et 1673, les filles du roi arrivent en Nouvelle-France.

1665 Jean Talon, intendant de la Nouvelle-France (1666 : premier recensement).

1672 Frontenac, gouverneur de la Nouvelle-France.

1673 Expédition de Jolliet et du père Marquette dans la vallée du Mississippi.

1682 Cavelier de La Salle découvre les bouches du Mississippi et nomme ce territoire « Louisiane » en l'honneur de Louis XIV.

1685 Apogée de l'époque des coureurs des bois.
La Nouvelle-France compte 10 275 habitants, contre 160 000 en Nouvelle-Angleterre.

1690 Mgr de Saint-Vallier publie le premier *Catéchisme du Diocèse de Québec*, qui restera longtemps en usage au Canada.

1694 Parution du *Dictionnaire de l'Académie*.

1697 Sœur Marie Morin commence la rédaction des *Annales* de l'Hôtel-Dieu de Montréal.

1701   Grande paix de Montréal avec les autochtones.

1713   Traité d'Utrecht : cession à l'Angleterre de l'Acadie, de Terre-Neuve et de la baie d'Hudson.

1729   Gilles Hocquart, intendant de la Nouvelle-France.

1743   Jusqu'en 1758, le père Potier, premier lexicographe du français au Canada, rédige son glossaire intitulé *Façons de parler proverbiales, triviales, figurées, etc., des Canadiens au XVIIIe siècle*.

1744   François-Xavier de Charlevoix publie son *Histoire et description générale de la Nouvelle-France*.

1755   Début de la déportation des Acadiens.

1756   Début de la guerre de Sept Ans entre la France et l'Angleterre.

1759   Capitulation de Québec.

1760   Capitulation de la Nouvelle-France.

DEUXIÈME PARTIE

1760   Après la Conquête, la plupart des écoles ferment leurs portes.

1763   *Traité de Paris* : la France cède le Canada à l'Angleterre. La nouvelle « Province of Quebec » est amputée de ses attaches dans la région des Grands Lacs. *Proclamation royale* : la *Common Law* britannique remplace les lois civiles françaises; le serment du Test empêche les Canadiens (catholiques) d'avoir accès aux charges publiques.

1764   Création d'une imprimerie à Québec.
         Publication du premier journal *The Quebec Gazette / La Gazette de Québec* : toutes les ordonnances sont publiées en français et en anglais.

1765   Pétition adressée au roi par 95 Canadiens demandant que la justice soit rendue en français, que les ordres du roi soient promulgués en français, et que les Canadiens puissent agir comme jurés et avocats.
         Premier manuel scolaire imprimé à Québec : *Alphabets ou A.B.C. français complets*.
         Le Séminaire de Québec devient le premier collège classique.

1767   Ouverture par les Sulpiciens du futur collège de Montréal.
         Les Ursulines de Québec reprennent leur enseignement.

1774   *Acte de Québec* : les lois civiles françaises sont rétablies, mais le texte ne dit rien sur le statut des langues. Les Canadiens peuvent accéder aux fonctions publiques. La région des Grands Lacs est de nouveau rattachée à la province de Québec.

1778   Début de la publication de *La Gazette littéraire de Montréal*, premier journal uniquement français.

1783   Ouverture de la Bibliothèque de Québec (1 800 livres, dont plus de la moitié en français).
         Près de 6 000 Loyalistes américains s'installent au Québec après la guerre de l'Indépendance.

1791   *Acte constitutionnel* : le Canada est divisé en deux provinces, le Bas-Canada (très majoritairement français) et le Haut-Canada (très majoritairement anglais). Le texte est muet sur le statut des langues.

1792   Jean-Antoine Panet est élu président de la chambre d'Assemblée du Bas-Canada, en dépit de l'opposition britannique qui invoquait une question de langue.

1793   Débat sur l'emploi des langues à la Chambre : les députés anglais s'opposent à la reconnaissance officielle du français, qui sera néanmoins employé.

1800   Le français étant la langue utilisée dans l'Ouest canadien, la Compagnie du Nord-Ouest embauche des centaines de Canadiens comme voyageurs, guides, interprètes.

1802   Joseph Quesnel écrit sa pièce de théâtre *L'anglomanie ou Le dîner à l'angloise*.

1805   La bourgeoisie britannique de Québec fonde le journal *Quebec Mercury*, qui se donne pour mission d'assurer la suprématie de l'oligarchie britannique. L'année suivante, Pierre Bédard réplique en fondant *Le Canadien*, pour défendre les intérêts des Canadiens français.

1810   Manuscrit de Jacques Viger, *Néologie canadienne ou Dictionnaire des mots créés en Canada et maintenant en vogue* […].

1815   Louis-Joseph Papineau, chef du parti canadien (futur parti patriote), occupe le poste de président de l'Assemblée législative jusqu'en 1837.

1817   Pendant une quinzaine d'années, Michel Bibaud publie ses chroniques sur la langue et anime plusieurs journaux.

1819   Importante vague d'immigration irlandaise.

1822   Violente opposition des Canadiens à un projet d'union des deux Canadas proscrivant l'usage législatif du français, opposition qui conduit à une pétition de la chambre d'Assemblée.

1824   Une loi pour encourager l'ouverture d'écoles de paroisse, ou de fabrique, marque le début d'un système scolaire confessionnel.

1825   Lettre-plaidoyer d'Augustin-Norbert Morin au juge Bowen démontrant les fondements légaux de l'usage de la langue française au Canada.

1829   Fondation de l'Université McGill.
        Une loi des écoles de syndics, payées en partie par l'Assemblée, donne ouverture à un système scolaire laïque.

1830   Les Irlandais catholiques forment 20 % de la population à Québec.

1831   Étienne Parent relance le journal *Le Canadien*, avec la devise *Nos institutions, notre langue et nos lois*.
        Commentaires d'Alexis de Tocqueville sur la langue des Canadiens.
        De 1831 à 1865, la population de Montréal sera majoritairement anglophone.

1834   Ludger Duvernay fonde la Société Saint-Jean-Baptiste.

1837   Échec de la rébellion des Patriotes (1837-1838).
        Les Frères des écoles chrétiennes ouvrent leurs premières classes à Montréal.
        Philippe Aubert de Gaspé fils publie le premier roman canadien, *L'influence d'un livre*.

1839   Dans son rapport, lord Durham recommande l'assimilation des Canadiens français, l'union des deux Canadas et l'instauration d'un seul parlement de langue anglaise.

1840   *Acte d'Union* : l'article 41 fait de l'anglais la seule langue officielle du Canada-Uni.
        De 1840 à 1850, la crise économique fait fuir 40 000 Canadiens français aux Etats-Unis.

1841   *Loi de l'Instruction publique* : début d'un véritable réseau d'enseignement public, création de commissions scolaires (en 1842, le taux de fréquentation scolaire n'est que de 4,4 %).

Dispute sur la langue après la publication par l'abbé Maguire de son *Manuel des difficultés [...] de la langue française* [...].

1842   Louis-Hippolyte La Fontaine défend les droits du français comme langue parlementaire.

Étienne Parent dénonce la politique d'anglicisation des autorités britanniques.

Ouverture de la première imprimerie de langue française à Québec.

C.-O. Beauchemin fonde une librairie et une maison d'édition à Montréal.

1844   Première librairie de langue française à Québec (*À l'enseigne du livre d'or*).

Fondation de l'Institut canadien de Montréal, qui publie *L'Avenir* dès 1847.

1845   Début de la publication de l'*Histoire du Canada*, de François-Xavier Garneau.

Adresse de la chambre d'Assemblée demandant à la reine l'abrogation de l'article 41.

1848   Abrogation de l'article 41 de l'*Acte d'Union* qui proscrivait l'usage du français à l'Assemblée.

Publication du *Répertoire national ou Recueil de littérature canadienne*, de James Huston.

1849   Le gouverneur, lord Elgin, lit le discours du trône en anglais et en français.

Mouvement en faveur d'une annexion du Canada aux États-Unis.

Le Canada-Est compte 2 005 écoles publiques et 11 collèges classiques.

F.-X. Valade publie le *Guide de l'instituteur*, qui consacre 75 pages sur 318 à la langue.

Vers 1850, le visage de la colonie est entièrement anglais (affichage, etc.).

TROISIÈME PARTIE

1850   Entre 1850 et 1940, près de 900 000 Canadiens français quittent le Bas-Canada pour les États-Unis.

1851   La population du Haut-Canada dépasse celle du Bas-Canada.

1852   Fondation de l'Université Laval, à Québec.

1855   Arrivée de *La Capricieuse*. Reprise des relations avec la France.

1861   Les Canadiens français redeviennent majoritaires à Montréal.

1865   Ernest Gagnon publie *Chansons populaires du Canada*.

1866   À l'occasion de la Saint-Jean-Baptiste, à Ottawa, discours de Mgr Laflèche sur la langue française et sur l'usage de l'anglais.

1867   L'*Acte de l'Amérique du Nord britannique* (constitution canadienne) entre en vigueur : l'article 133 impose le bilinguisme aux parlements de Québec et d'Ottawa et devant les tribunaux québécois et fédéraux.

1870   Conférence d'Oscar Dunn : *Pourquoi nous sommes français*.

1871   Les écoles catholiques de langue française du Nouveau-Brunswick sont soumises à des mesures discriminatoires.

1876   Fondation de l'Université de Montréal.

1879	Causerie de Jules-Paul Tardivel : *L'anglicisme, voilà l'ennemi !* Fondation du journal *La Patrie*.
1880	Oscar Dunn publie son *Glossaire franco-canadien* […]. Adolphe Routhier compose l'hymne national *Ô Canada*.
1882	Les Canadiens français deviennent majoritaires au Conseil municipal de Montréal.
1883	La devise *Je me souviens* est ajoutée aux armoiries du Québec.
1884	Fondation du journal *La Presse* (« le plus grand quotidien français d'Amérique »).
1885	La pendaison de Louis Riel soulève la colère au Québec : 50 000 manifestants à Montréal.
1887	Le premier ministre du Québec, Honoré Mercier, adopte une attitude autonomiste face à Ottawa et veut que le Québec s'affirme comme « nation française et catholique ». *La légende d'un peuple*, de Louis Fréchette, est couronnée par l'Académie française.
1888	Arthur Buies publie *Anglicismes et canadianismes*.
1890	Loi du Manitoba abolissant les écoles catholiques et l'usage du français. Publication du poème *Notre langue*, de William Chapman. Faucher de Saint-Maurice fait paraître *La question du jour. Resterons-nous français?*
1896	Henri Bourassa fait son entrée au parlement d'Ottawa. Entre 1896 et 1914, arrivée au Canada de plus de trois millions d'immigrants surtout d'origine britannique.
1897	Le quart des Québécois âgés de plus de 9 ans ne sait ni lire ni écrire. Le gouvernement veut créer un ministère de l'Éducation, mais se heurte à l'épiscopat.
1900	Alphonse Desjardins fonde, à Lévis, un mouvement coopératif d'épargne et de crédit, devenu une puissance financière et un symbole de réussite des Canadiens français.
1902	Fondation de la Société du parler français au Canada, qui commence à publier son *Bulletin du parler français au Canada* et qui organisera les grands congrès de la langue française.
1904	Fondation du journal *Le Nationaliste* (Olivar Asselin, Jules Fournier).
1907	Fondation de l'École des Hautes Études Commerciales.
1908	Henri Bourassa et Armand Lavergne entrent à l'Assemblée législative du Québec. Fondation du premier collège classique pour jeunes filles (Marguerite-Bourgeoys).
1910	Henri Bourassa fonde *Le Devoir*. Il prononce son fameux discours sur la langue à l'église Notre-Dame de Montréal, en réplique à Mgr Bourne qui préconisait l'anglais. Loi Lavergne pour le bilinguisme des compagnies de services publics au Québec.
1912	Premier congrès de la langue française : grand ralliement au monument des Braves, à Québec. L'Ontario restreint l'usage du français dans les écoles (règlement XVII).
1913	Fondation de la Ligue des droits du français, pour la diffusion du français dans l'industrie et le commerce. La Ligue publiera l'*Action française* à compter de 1917.
1915	Lionel Groulx commence son enseignement de l'histoire du Canada, à Montréal.
1917	Création du *sou de la survivance française* pour aider les minorités francophones du Canada.

Premières campagnes pour la refrancisation de l'affichage, qui se fait alors presque uniquement en anglais au Québec.

Jules Fournier publie ses deux lettres sur *la langue française au Canada*.

1918 Discours d'Henri Bourassa sur *la langue gardienne de la foi*.

1922 Inauguration de la première station radiophonique de langue française (CKAC), à Montréal.

1923 Fondation de l'Association canadienne-française pour l'avancement des sciences (ACFAS).

Création de la Société du bon parler français, qui organisera des concours de bon parler.

1930 La Société du parler français publie son *Glossaire du parler français au Canada*.

1931 Les Canadiens français forment 80 % de la population du Québec.
La population de l'agglomération de Montréal dépasse un million d'habitants.
La population rurale du Québec n'est plus que de 37 %.

1933 Parution du premier numéro de l'*Action nationale*, organe de la Ligue d'action nationale.

1934 Entre 1934 et 1960, plusieurs journaux publieront des *Chroniques sur la langue*.

1936 Maurice Duplessis, à la tête de l'Union nationale, devient premier ministre du Québec.
Création de la Société Radio-Canada. qui fera beaucoup pour la diffusion d'un français standard.
Le parlement d'Ottawa adopte la monnaie bilingue.

1937 Deuxième congrès de la langue française : on réclame la création d'un Office de la langue française, et l'on crée un comité permanent de la survivance française.
Fondation des Éditions Fides.
Publication des cahiers de *La Bonne Chanson*, de l'abbé Gadbois.

1942 Référendum sur la conscription : fracture entre francophones et anglophones.
L'instruction devient obligatoire.

1944 Victor Barbeau fonde l'Académie canadienne-française.
Roger Lemelin publie *Au pied de la pente douce*.

1945 *Bonheur d'occasion*, de Gabrielle Roy. — *Two Solitudes*, de Hugh McLennan.

1946 Lionel Groulx fonde l'Institut d'histoire de l'Amérique française.
Le français devient l'une des cinq langues officielles et l'une des deux langues du travail de l'Organisation des Nations unies nouvellement créée.

1948 Naissance de l'Association canadienne des éducateurs de langue française (ACELF).

1948 Le fleurdelisé devient le drapeau officiel du Québec.
Publication du *Refus global* (contre l'« obscurantisme » québécois).

1950 Pierre Elliott Trudeau et Gérard Pelletier fondent la revue *Cité Libre*.

1952 Début à Montréal de la télévision canadienne de langue française (en moins de huit ans, 90 % des foyers québécois auront la télévision).
Troisième congrès de la langue française.

1953 Création de la Commission Tremblay qui, comme l'Académie canadienne-française et la Société du parler français, recommandera la création d'un Office de la langue française.

Fondation des Éditions de l'Hexagone.

Succès de *Tit-Coq*, pièce de Gratien Gélinas.

1954   Fondation de l'Université de Sherbrooke.

Fondation de l'Union canadienne des journalistes de langue française.

1955   Mobilisation publique contre l'appellation de l'hôtel *Queen Elizabeth*.

Émeute au Forum, par suite de la suspension du champion de hockey Maurice Richard.

Félix Leclerc enregistre *Moi, mes souliers*.

Le comité permanent de la survivance française prend le nom de Conseil de la vie française en Amérique.

1956   Congrès de la langue française sur le thème de la refrancisation.

1957   Publication du *Dictionnaire général de la langue française au Canada*, de L.-A. Bélisle.

Fondation de l'Alliance laurentienne, qui prône l'indépendance du Québec.

75 % des enfants d'immigrants sont inscrits aux écoles de langue anglaise au Québec.

1958   Marcel Dubé publie sa pièce de théâtre *Un simple soldat*.

1959   Fondation de la Revue *Liberté* par un groupe d'écrivains.

Décès du premier ministre Maurice Duplessis.

G.-É. Lapalme propose d'édifier l'avenir du Québec « en fonction du fait français ».

André Laurendeau soulève la question du *joual* et commence à publier les propos du frère Untel.

QUATRIÈME PARTIE
(On comprendra que l'espace ne permet pas de rendre compte ici de l'abondance des faits de langue ou des écrits québécois des quarante dernières années.)

1960   Élection du Parti libéral de Jean Lesage.— Début de la Révolution tranquille.

Publication des *Insolences du frère Untel* qui dénoncent le parler joual.

Fondation du Rassemblement pour l'indépendance nationale (RIN).

1961   Création de l'Office de la langue française.

Création de la délégation générale du Québec à Paris.

Début des travaux de la Commission d'enquête Parent sur l'éducation.

Création, à Montréal, de l'Agence universitaire de la francophonie (alors AUPELF).

1962   Le gouvernement francise certains noms de lieux de la toponymie du Québec.

Une déclaration de Donald Gordon sur les Canadiens français provoque une manifestation.

Succès du slogan *Maîtres chez nous !*

Lancement du *Boréal Express* et du *Jeune scientifique* (futur *Québec Science*).

Naissance du mot « informatique ».

1963   Commission d'enquête Laurendeau-Dunton sur le bilinguisme et le biculturalisme.

Début de l'« Opération visage français » (Société Saint-Jean-Baptiste).

Fondation de la revue *Parti pris*.

1964   Création du ministère de l'Éducation.

Un numéro de la revue *Liberté* est consacré à la langue.

1965   L'Office de la langue française publie sa *Norme du français écrit et parlé au Québec*.
        Gilles Vigneault chante pour la première fois *Mon pays*.
        Campagne du RIN et occupation de restaurants pour obtenir des services en
        français.
        Le 24 mai, fête de Dollard des Ormeaux ou de la reine : violente manifestation à
        Montréal.
        Signature, à Paris, des premiers accords de coopération France-Québec.

1967   Exposition universelle de Montréal.
        Le général de Gaulle lance son cri *Vive le Québec libre !*
        René Lévesque fonde le Mouvement souveraineté-association.
        Tenue, à Québec, de la seconde Biennale de la langue française.
        Tenue, à Montréal, des États généraux du Canada français, qui démarquent les
        Québécois des francophones hors Québec.
        Ouverture des 12 premiers collèges d'enseignement général et professionnel
        (CÉGEP).

1968   Le Québec est invité à la conférence des ministres des pays francophones (au Gabon).
        Création de l'Université du Québec.
        Création de Radio-Québec et de l'Office franco-québécois pour la jeunesse.
        René Lévesque fonde le Parti Québécois.
        Première représentation des *Belles-Sœurs*, de Michel Tremblay.
        Émeute à l'occasion du défilé de la Saint-Jean-Baptiste.
        Pierre Elliott Trudeau est élu premier ministre du Canada.
        Création de la Commission Gendron sur la situation de la langue française.
        Création du ministère de l'Immigration du Québec.
        Crise linguistique de Saint-Léonard, à la suite de la décision de la Commission
        scolaire de faire du français la seule langue d'enseignement.

1969   Émeute de Saint-Léonard. Adoption du projet de loi n° 63 sur la langue
        d'enseignement.
        Manifestation « McGill français ».
        Adoption de la Loi sur les langues officielles du Canada.

1970   Gaston Miron publie *L'Homme rapaillé*.
        Première nuit de la poésie au Gesù, à Montréal.
        Élection du Parti libéral de Robert Bourassa.
        Actions terroristes du Front de libération du Québec (FLQ) : Crise d'octobre, Loi
        sur les mesures de guerre.

1971   Le Québec devient membre de l'Agence de coopération culturelle et technique
        (ACCT).
        Le Québec refuse le rapatriement de la Constitution à moins d'obtenir le droit de
        veto.
        Création du Mouvement Québec français (MQF).
        Le recensement de 1971 révèle la situation précaire des francophones à la fois à
        Montréal et dans l'ensemble canadien.

1974   La Loi 22 proclame le français langue officielle du Québec.
        Accords Bourassa-Chirac : programme quinquennal de « missions de francisation ».
        Michèle Lalonde publie *Speak White*.
        Tenue de la Superfrancofête à Québec.

1975   Création de la Fédération des francophones hors Québec (FFHQ).

1976   Le Parti Québécois de René Lévesque est porté au pouvoir.
       Bataille des Gens de l'air.

1977   Le gouvernement rend publique sa *Politique québécoise de la langue française* (mars).
       Promulgation de la Charte de la langue française, ou Loi 101 (août).
       Fondation de l'Union des écrivains du Québec.

1978   La compagnie d'assurance Sun Life annonce le transfert de son siège social de Montréal à Toronto.
       Création de l'Ordre des francophones d'Amérique (Conseil de la langue française).

1979   La Cour suprême rend inopérant le chapitre de la Loi 101 sur la langue de la législation et de la justice.

1980   Premier référendum tenu au Québec sur la souveraineté-association.
       Début de la pénétration des micro-ordinateurs.

1981   Le gouvernement canadien, avec l'appui des neuf provinces anglophones, procède au rapatriement de la constitution canadienne sans l'accord du Québec.

1982   La nouvelle loi constitutionnelle (adoptée sans l'accord du Québec) s'oppose directement à la Loi 101 au chapitre de l'accès à l'école de langue anglaise au Québec.
       Fondation d'Alliance-Québec.
       Grand congrès du Conseil de la langue française sur le thème *Langue et société*.

1983   La Loi 57 reconnaît les institutions de la communauté anglophone du Québec (dans la Loi 101).

1985   Élection du Parti libéral de Robert Bourassa (réélection).
       Parution du premier numéro de *Médecine-Science*.

1986   Projets de loi 140 et 142.— Manifestations sous le thème *Ne touchez pas à la Loi 101*.
       Québec, première ville nord-américaine inscrite au patrimoine de l'UNESCO.
       La population du grand Montréal dépasse les trois millions.
       Publication du *Dictionnaire thématique visuel*, de Jean-Claude Corbeil et Ariane Archambault.

1987   Tenue, à Québec, du 2e Sommet de la Francophonie.
       Décès de René Lévesque.
       Dans un numéro spécial de la revue *Liberté*, « Watch ta langue », des écrivains se portent à la défense de la langue.
       Le premier ministre canadien Brian Mulroney et les premiers ministres des dix provinces signent l'accord constitutionnel du lac Meech.

1988   Jugement de la Cour suprême sur l'affichage — Adoption de la Loi 178, qui maintient l'usage exclusif du français dans l'affichage extérieur.
       Signature de l'Accord de libre-échange (ALE) entre les États-Unis et le Canada.
       Loi C-72 sur les langues officielles (Canada).

1989   Grande manifestation contre les Lois 178 et C-72.
       Dans un collectif intitulé *Parler 101*, vingt poètes interviennent en faveur de la langue.

1990   Commission Bélanger-Campeau sur l'avenir politique du Québec.
       Fondation du Bloc Québécois à Ottawa, après l'échec de l'accord du lac Meech.
       Le gouvernement du Québec publie son *Énoncé de politique sur l'immigration et l'intégration*.

1991   Publication du premier dictionnaire de la langue inuktitut.

1992   Rejet de l'accord constitutionnel de Charlottetown.
Réhabilitation officielle de Louis Riel, pendu en 1885.
Signature de l'Accord de libre-échange (ALENA) entre les États-Unis, le Canada et le Mexique.
Le Conseil de la langue française publie ses *Indicateurs de la situation linguistique au Québec*.
Publication du *Multidictionnaire des difficultés de la langue française* (2e édition), de Marie-Éva de Villers.

1993   La Loi 86 permet l'usage d'une autre langue dans l'affichage, pourvu que le français y soit nettement prédominant.
Démocratisation de l'accès à l'Internet.
Le Parti libéral de Jean Chrétien est élu à Ottawa. Le Bloc Québécois forme l'opposition officielle.

1994   Élection du Parti Québécois de Jacques Parizeau.— Un avant-projet de loi sur la souveraineté du Québec est soumis à la consultation populaire.
Création d'un réseau de diffusion permanente d'information télévisée en français (Radio-Canada).
Premier Sommet des Amériques : une Zone de libre-échange est prévue pour 2005.
Radio-Québec prend le relais des championnats internationaux d'orthographe de Bernard Pivot en instituant la *Dictée des Amériques* à laquelle participent une douzaine de pays.

1995   Second référendum sur la souveraineté du Québec : le NON l'emporte de peu.
Le premier ministre du Canada fait adopter une motion sur la société distincte du Québec.

1996   Lucien Bouchard succède à Jacques Parizeau comme premier ministre du Québec.
Rapport (bilan) du Comité interministériel sur la situation de la langue française.

1997   Dans l'île de Montréal, 71 % de la population parle principalement le français en public, mais 55 % seulement le parle à la maison (contre 58 % en 1991).
Adoption de la Loi 40, qui rétablit la Commission de protection de la langue française.
Création du prix Georges-Émile-Lapalme (prix du Québec) pour la langue française.

1998   Publication du *Dictionnaire du français québécois*, de Claude Poirier.

1999   Mort de Camille Laurin, père de la Charte de la langue française.
Tenue, à Moncton, du 8e Sommet de la Francophonie.
La population du Québec dépasse les 7,3 millions (près de 83 % parlent le français à la maison).
Le Québec est l'invité d'honneur du Salon du livre de Paris.
Succès à Paris de la comédie musicale *Notre-Dame de Paris*, du parolier Luc Plamondon.

2000   Le gouvernement annonce la tenue, à l'automne, d'états généraux de la langue française.